教育叢書
林玉体 主編

美國教育史

林玉体 著

三民書局

國家圖書館出版品預行編目資料

美國教育史／林玉体著.－－初版一刷.－－臺北市；
三民，2003
　　　面；　　公分－－(教育叢書)
　　參考書目:面
　　含索引
　　ISBN 957–14–3676–3　　(平裝)

　　1.教育–美國–歷史

520.952　　　　　　　　　　　　　　　　91021204

網路書店位址　http：// www. sanmin. com. tw

©　美國教育史

著作人　林玉体
發行人　劉振強
著作財　三民書局股份有限公司
產權人　臺北市復興北路386號
發行所　三民書局股份有限公司
　　　　地址／臺北市復興北路386號
　　　　電話／(02)25006600
　　　　郵撥／0009998–5
印刷所　三民書局股份有限公司
門市部　復北店／臺北市復興北路386號
　　　　重南店／臺北市重慶南路一段61號
初版一刷　2003年2月
編　　號　S 52101
基本定價　拾壹元
行政院新聞局登記證局版臺業字第○二○○號

「教育叢書」總序

　　教育是人人關心的課題，但把教育作為大學教授學術研究的對象，卻起步甚晚。高等教育學府中，設「教育學系」、「教育研究所」，及「教育學院」的時間，也比學術上的其他學科遲了很多。更不用說頒授教育學士、教育碩士，或教育博士學位了。此種狀況，看起來甚為荒謬也詭異，在大學院校謀職的學者專家，研究的領域是「上窮碧落下黃泉」，無論天文地理或人文，無所不包，但「大學院校」本身是個「教育場所」，卻對「大學教育」這個議題冷漠對之，或是予以忽略，這是不應該的。「高等教育」這種題材不受學界重視，更不用說是中小學教育了。

　　許多人包括著名的大學教授在內都認為，「教育」沒有什麼；其實，名哲學家康德說過，教育是人類最艱鉅的工程之一。由於世人對「教育」的無知與冷漠，才造成教育的積弊叢生，這是極令人遺憾的！

　　三民書局是我國最具規模的書局之一，對學術論著的出版，貢獻甚大。多年來規劃「教育叢書」，網羅國內名家撰述並評論教育，包括大學教育及中小學教育，學界應樂觀其成，且共襄盛舉。

林玉体 謹識

2002 年 12 月於考試院

自　序

獻給兒童們

今日，不管兒童所住的地方多遙遠或多簡樸，已找不到一個地方的老年人知道的比兒童多。過去，經常是年紀大的人在一種文化制度之下成長，他們憑經驗就比孩童知得多，但今日已不是如此！

—— Marcaret Mead

教育史權威 Cremin 有三本美國教育史的完整著作，第一本是《美國教育——殖民地經驗，1607～1783》(*American Education: The Colonial Experience, 1607～1783*)，出版於 1970 年。第二本是《美國教育——國家經驗，1783～1876》(*American Education: The National Experience, 1783～1876*)，出版於 1980 年。兩書的用意，旨在把美國教育史用一種綜合性及學術性方式予以撰述。第一本敘述的史實，可以追溯到歐洲文藝復興，描述教育機構由歐洲轉到新大陸，那是十七及十八世紀殖民者的努力目標；但這些機構經由嶄新的社會及經濟環境而漸漸有所修正，並且這些機構也扮演邁向獨立建國運動中的角色。第二本的歷史寫到 1876 年 (獨立建國後一百年)，剖析道地的美國本土教育及優雅文化 (*Paideia*)，包含有福音傳播的虔敬，民主的期望，功利的企圖，以及以「安和樂利」來建立一獨立的國家社會。但也因為如此，這個社會竟然發生內戰。第三本是《美國教育——大都會環球經驗》(*American Education: Matropolitan Experience, 1876～1980*)，強調重點在於教育的多元化及轉型，以及美國變成國際中心時，教育的職責。美國如何輸出自己的文化及文明到世界各國 (地)，尤其是各種族及各宗教相輻輳的結果而生的教育機構，如何使得美國的「安和樂利」，有了性質上的改變。這當中追溯到進步主義改革者史無前例的擴大中學及大學院校的教育機會，也建立了許多以社會服務為導向的教育中心，大眾傳播媒體已

是一種實質且重要的教育管道。對大眾而言，是正導也是誤導；此外，圖書館、博物館、及其他文化機構，從向來只稍帶有教育意味的單位，轉變為以教育為主軸的場所了；而農、工、軍等人員之培養，過去是靠師徒制的非正式訓練，對象人數少，時間短，現已轉為計畫詳細、組織嚴密、受教育對象數以百萬計、時間較長的職業學校教育了。此外，宣教師、商人、慈善家、政府官員，也把美國教育制度移轉到海外，效果參差不齊，卻經常產生諷刺的畫面。總之，在所有這些發展中，可以看出千奇百怪的教育普及化、多元管道化，以及政治化，這是美國教育最重要的特色。除了展現出驚人的成就之外，也製造出棘手的問題。

從教育史上看，尤其從美國教育的發展而言，教育應該定義得很廣。只要經仔細考量過的、系統的、且長期的努力，來傳遞、引發、或獲取知識、價值、態度、技能、感受性，以及任何經由此種努力而得的學習，不管直接或間接、有意或無意，都算是教育。根據此定義，吾人得注意到情境及機構的擴散意義。尤其值得特別一提的是，二十世紀各種教育機構並存所產生的教育影響。首先是大中小學及大眾傳播媒體的普遍存在、學生個人與這些機構難免相互接觸。其次，教育理念也需檢討，不是論述那些與生活無直接相關的想法或只是把存在實體予以理由化而已，而是把一種活生生的教育功能運作在社會關係脈絡中，那才是應予以注意的理論；也只有那種功能才可以影響人民的認知，發現在教育領域中那些是可行兼有價值的部分。雖然二十世紀以來，教育機構更有組織化、更系統化、更強有力，但每個學生在接受教育時，也會自有安排，在上學過程中，有自己的感受，也產生自己的目的。最後，我們也不要忘了，所有發生在過去的事，千萬別以為那都是早已設定或安排好的，如此就犯了「時空倒置」(anachronism) 的毛病了；也別以為那都是不能變更的。其實美國教育史，是人民、政治、及機運共同結合在一起的特殊組合，所有的人類歷史也莫不如是！

1964 年，American Historical Association（美國歷史學會）祕書長 W. Stull Holt, U.S. Commissioner of Education（美國教育總長）Francis Keppel，以及 Carnegie Corporation of N.Y.（紐約卡內基基金總會）總裁 (president)

John Gardner，擬在 1967 年的 U.S. Office of Education（美國教育官署）成立一百年時，出版一套大型的學術研究美國教育史著作。美國教育史權威 Cremin 當時答應在七年內出版三本，結果卻花了二十三年之久。上述機構皆耐性十足也一再鼓舞 Cremin 的寫作，尤其是 Carnegie Corporation 在 Alan Pifer 的領導之下，還於 1973 年撥額外的款額予以支助。

　　Cremin 寫作這些書時，其雙親辭世，他的父母於生前讀他出版的每一個字，刪除任何一個不該出版的字；也欣賞、喜愛，評論書內觀點。Cremin 研究過家庭教育的眾多資料，但他自認來自於他自己家庭對他的教育啟迪最多，因此，對其雙親致最大的敬意。

　　Cremin 的教育歷史研究法，值得臺灣教育學術界參考之處甚多。本書編寫者除了大部分摘述 Cremin 所出版的許多著作之外，還採用了不少其他作者的研究結晶。此外，有時加上一些評註、增刪或套上部分臺灣本土的教育史情節，在寫作美國教育史的同時引出臺灣本土的感情。如能有一套完整詳備的《台灣教育史》著作，那將是本書編寫者最大的願望！

林玉体

序於 2002 年夏

美國教育史

目　次

表　次

第一章　英人的先見及教育經驗的移植 (1607～1689)

吾人必須好好考慮，吾人是處在一個山丘上的城市，全民的眼光都在注視著我們。

—— John Winthrop

上帝的旨意，神的要求，及教徒的宗教使命感，是早期移民來美者最明顯的氣氛。移民者如只想牟利，上帝也不會讓他成功。

—— Miller, 106, 111–112

第一節　美洲新大陸的開發

一、Hakluyt 的鍥而不捨

　　1584 年秋季，可能是九月末，一位年輕的英倫傳教士 Richard Hakluyt 榮獲伊利莎白女皇 (Elizabeth) 一世（1533～1603，於 1558～1603 為英女皇）的召見，獻給女皇一本建言書 (1552～1616)，《論西方墾殖》(*Discourse of Western Planting*)，該書是 1583 年夏天應朝臣、史家、及航海家 Walter Raleigh(1552～1618) 之請而寫。晉見女皇之事，滿意收場，Raleigh 時值勢力如日中天，曾早在數月之前就期求女皇授權讓他到新世界去墾殖，如同其兄一般。新世界還未為基督人民或王室所占領，當時有不少人垂涎該地，都想盡辦法獲取女皇歡欣頒授墾殖專利權。女皇首肯，對 Raleigh 是一大勝利，但他知悉墾殖是費錢的投資，過去他的同父異母哥哥 (Sir Humphrey Gilbert，1539～1583，航海家) 曾享有該權，但經營失敗。他知道最迫切不

過的，是向皇室要錢，不過女皇一向節省惜財，要她答應，必須理由充分。基於此種緣故，Raleigh 才求助於 Hakluyt，在當時，似乎無其他人選。

　　其時 (1584)，Hakluyt 正值壯年，三十出頭，卻早在地球學的研究上聲名卓著。卒業於牛津 (1577)，又享有教會聖職。不過他真正在這方面的教育，卻來自於他的堂兄，名為 Richard Hakluyt (與他同名同姓)，是個律師，堂兄是第一位慫恿他研究地理的人，還收他當藝徒。1580's 年代，就知悉當時的地理知識，包括名地理學家 Gerhardus Mercator(1512～1594) 的作品，又虛心於蒐集並研究歐洲各種語文所出版的論文、地圖、及旅遊報告。其中引起他注意的人，當然是 Gilbert 及其朋友 —— 包括女皇祕書 Sir Francis Walsingham、Walsingham 養子 Christopher Carleill、及女婿 Sir Philip Sidney (1554～1586，軍人，詩人，政治家)。Hakluyt 最重要的蒐集作品，就是《發現美洲的各種航道》(*Divers Voyages Touching the Discoverie of America*, 1582)。該書使 Gilbert 的投資廣受大眾注目，且也因此獲皇室答應。呈獻該書給 Sidney 時，這麼寫著：「我想這是件怪事，美洲自從被發現以來已超過九十年了，西班牙及葡萄牙人征服且墾殖過該地，難道我們英國人沒有那種光彩，在那塊富饒肥沃且氣溫宜人的地方落足，也要如同西班牙及葡萄牙人那般不在那裡生根發展嗎?」他排除眾議，第一次公開宣布他將傾畢生精力，為英人在新世界墾殖而賣命。

　　早在 1583 年春季，Hakluyt 實際上就想跟 Gilbert 到美洲，但他改變計畫，卻於次年秋季到巴黎作英國駐法大使 Sir Edward Stafford 的跟從牧師。在巴黎除了履行公職之外，他「勤奮的探討研究邁向西方發現的光明大道」，經常送情報資料給 Walsingham、Carleill、及 Sidney，也一再表明他隨時準備「西征」。終於機會來了，可能是由於 Walsingham 的提議，Raleigh 尋求 Hakluyt 協助來獲取女皇授予的專利開墾權。Hakluyt 遂得准假返國暫住倫敦，1584 年夏天獨自準備手稿向女皇說項，在公開場合則「鼓吹」Raleigh 的計畫，成效良好；呈給女皇的「墾殖論」在當時是一件大事，也實質的代表了伊利莎白女皇的墾殖政策。

　　為開墾新世界，包括從現在加拿大的紐芬蘭 (New Foundland) 到佛羅里達 (Florida)，答辯書的正式內容包括有貿易、政治、宗教福音、地理、

社會政策。理由有五：(1)藉由 Gilbert 的開墾，女皇不但有權、且也經由信仰的維護者立場，女皇更有責任在新世界擁有殖民地；(2)女皇如不願如此，則他人將會取而代之；(3)殖民地可以恢復英國的貿易活力，經濟上可以使全國自給自足；(4)殖民地可以緩和大英國協的社會及政治不安，因為懶散及流浪漢有了遙遠的收容所；(5)開墾殖民地可以挫西班牙王菲力普二世（Philip II，1527～1598，在位期間 1556～1598）的銳氣，直接攻陷該國在西印度的屬地，該地財富誘人，但因西班牙軍鞭長莫及，防守不易。新教至上，國家第一，帝國為首，且重商掛帥，這些十六世紀擴張主義的口號，都變成 Hakluyt 努力游說女皇接納他建言的理由。

　　該建言書並沒有立獲回音，當時英國使盡全力與西班牙作海上殊死戰，又派陸軍侵入荷蘭，女皇授與 Raleigh 的，除了口頭鼓勵之外，大概也沒能提供實質的協助。不過，Raleigh 在新大陸維吉尼亞 (Virginia) 中西部的 Roanoke 試圖殖民兩次，第一次的遠征在 1585 年，失敗而歸；殖民者由於人數不多，補給不繼，又頻受紅人威脅。第二次冒險在 1587 年，也重蹈覆轍，殖民者失蹤，無跡可尋。1589 年再度重燃墾殖念頭，Raleigh 把他的專利墾殖權分送給一群倫敦的商人，其中的一位，竟然就是 Richard Hakluyt，這是極為有趣的一件事。只是此時英國四面作戰，Raleigh 瞬即蒙羞失寵。在伊利莎白當道時，並無進一步進行長期殖民的企圖。

　　不過，該建言書的長程影響，倒難以估計。不只結集有早期殖民的理由，同時也指出未來殖民的方向。它將女皇王朝時功敗垂成的冒險，以及 Stuart 王朝時代收穫頗豐的移民措施，二者作了理念上的聯繫。只是該建言書直到 1877 年才公開於世，雖曾有數冊手抄本流傳，但 Hakluyt 的計畫，除了女皇、Walsingham 及 Raleigh 之外，到底有多少人知曉，不無問題。

　　Hakluyt 不屈不撓，1589 年他出版《主要的航路》(The Principal Navigations) 一書，是一本偉大的經典著作，內容涉及新陸地的發現、冒險、及開墾，後來的史家 James Anthony Froude（1818～1894）稱呼該書是現代英國的散文史詩。1598 年，《主要的航路》增加不少新資料再版，Hakluyt 重提往事，認為英國應對新世界有所表示，也提到 Raleigh 於 1587 年對 Roanoke 的墾殖事件，使當年的冒險觀念重新復活。隔年 (1599)，《主要的

航路》修訂版問世，在獻給 Sir Robert Cecil 時又老調重彈，向這位爵士大唱殖民美洲的論調，催促 Cecil 勿操煩愛爾蘭的事，也不憂心於圭亞那 (Guiana，位居南美)，因為擺在鼻前的就是一片廣大又遼闊的維吉尼亞。1603 年，他又說服 Bristol 商人駕駛 *Martin Pring* 船到新英格蘭 (New England) 作偵察之用。

1606 年，Hakluyt 現身於倫敦，是倫敦公司 (London Company) 墾殖維吉尼亞的主要發號司令者，這也是他畢生所奉獻的事業。為何到維吉尼亞，理由都已相當清楚，眾人也都能領會。一來可以向原住民宣揚福音，弘揚國威，提昇祖國聲望，不只國家財源滾滾而入，二來贊助墾殖者也可以滿載而歸。不過，此時的環境已今非昔比。在祖國之內，英格蘭與蘇格蘭兩皇室已結合為一，愛爾蘭也被征服，Tudors 王朝簽署合約，大英國協團結一致，共禦外侮；國外境狀也有大變，西班牙勢力已明顯沒落。因此大眾對殖民的興趣高漲，這得歸功於 Hakluyt；所需費用已有著落，大型組織的聯合股票公司已成立，新的殖民領袖如 Sir Thomas Gates, Sir Thomas Smith, 及 Sir Ferdinando Gorges 已冒出頭來。倫敦公司於 1606～1607 年之交的冬季首次作墾殖嘗試，其他公司立即跟進。三十年間，英國人口倒向北美，已四下散處各地，從加拿大的紐芬蘭到英屬西印度群島之一的 Barbados (1966 年 11 月獨立，首都是 Bridgetown)，Hakluyt 的殖民帝國夢終於實現。

二、新大陸的開發

Hakluyt 呈獻給女皇建言書之後，他也準備另一資料，於 1585 或 1586 年出版。其中有個附件，也可說第二十一章，內容是一些具體又詳實的細節，卻是打算向荒地墾殖者的必讀物。這些資料真是不可或缺，包括有食物清單及生活必需品。墾殖之地為能增加價值，得經由農耕、工廠製作、貿易買賣、軍事、及海上航行來達成。此外，還有一些瑣碎但卻有趣的建議，那就是任命⑴一兩位牧師，以便「榮耀上帝，教訓人民，防止抗命，崇尚服從」；⑵一位普通醫生，一位外科醫生，一位藥劑師，一位釀蜜者 (因為據報，新世界的蜜蜂奇多)；⑶囚房是人力重要且傑出的資源，小偷是狀

元料，只要善加利用，都可以人盡其才；不過，顯然支持天主教羅馬教皇者一定要排斥在外。多才多藝者尤為第一人選，因為新世界變化多端，需才孔急。

建言書配上附件，Hakluyt 所提的上述看法，皆是當時極優秀的殖民理論；其實，除了英國之外，其他列強也有過不少殖民經驗。在波羅的海有德國式城市，在 Levant （地中海及愛琴海）有義大利式城市，中南美則有西班牙的墾荒地，英國人也在愛爾蘭努力過，葡萄牙人、荷蘭人、及西班牙人來過臺灣。特別有必要一提的是，威尼斯人在地中海及黑海有「基地」(fondachi)，這些皆是一種共同生活區，也是相互的投資，是一種大型的社區組織型態，共同接受單一的政治指揮，中央立法並執法，任命官員，商人在此種社區擁有貿易買賣專權；另有邊界據點，作為交易之用。除了尋求自然資源以充實財富之外，還雇男工來服役。

墾殖政策最具意義之大改變，是第二次 Roanoke 墾殖時 (1587)，也把女人及小孩帶進新大陸。設若此次墾殖成功，則移民理論將有重大變遷。但 1606 年，維吉尼亞公司 (Virginia Company) 獲取特許狀來開墾該地時，墾殖者心目中的想法仍然是老式的，一批冒險者集結在南北墾殖地，用意與伊利莎白女皇時，大同小異。他們的目的在於征服與得利，腦袋中充斥著的概念，就是裝備良好的船隻，船員準備掠奪或定居以便生產作物，然後資本贏利就川流不息的流入囊中。但殖民的實際經驗，給此種理論性的殖民設計打了個大巴掌，十七世紀一系列的殖民措施，使墾殖性質有了重大的轉移，比較倒向 Hakluyt 經過精心設計的規劃，且也苦口婆心的教訓移植人民。此種轉移，首度出現在 Virginia，原先到該新處女地之移民，是一群通曉多種語言的紳士、藝工、及硬頸人士，他們慢慢經過猶豫再三的演變而成為一個有秩序的社會。Massachusetts 也代表一種典型，作風與傳統的殖民態勢有別；清教徒至該地墾殖成功，他們召募一群嚮往幸福生活哲學觀的人，猶如大家憧憬古希臘優雅文化 (Paideia) 的景觀一般。此外，New York 又是另一模樣，英人至該處體認到，要是能容忍接納由荷人墾殖而生的各自互異文化，而不予以打壓，則必然是利多弊少。

不管上述三地如何轉型，教育卻扮演又深又遠的因素。以維吉尼亞為

例，初期時，教育權擺在教會人士手中，教育是陶冶及規範殖民人士的工具，也是馴服在地人的設計來贏取他們對英國的忠誠。這種安排，完全符合教徒到新大陸的旨意。在新大陸上既無家也無兒童，因此除了達成上述功能之外，別無他求。西班牙人兩年以來瘋狂的尋覓並掠奪金礦寶藏，這是西班牙人的慣有作風。英人呢！不得不作地域的探查並屈服原住民，使之易受駕馭而成為較文明也較勤奮的工作者，並教導他們如何作買賣。因此耐性是必要的，否則維吉尼亞終將不是一個有利的墾殖地。

移民人口中，開始有了家庭及小孩成群結隊到新世界；他們的觀念是，不以淘金夢列為第一，反倒認為「定居」是首要，因此種植五穀是燃眉之急，尤其是製作煙草。維吉尼亞還規定人民除了禱告及學習教義問答書之外，需一天上教堂兩次，以免受惡魔所污，被異教人士所毒染。並防止殖民人士之背叛及謀反，目的在於使維吉尼亞成為「繁榮地」(a flourishing state)。殖民政府制訂井田制，以公田來維持牧師的活動費用。在 Henrico 找一塊一萬敏的地來蓋一所學院，教育對象是他教人士的子弟，使之虔誠，有德性，在此世或來生皆有用途。殖民地政府想辦法使墾殖男人定居下來，其中之方式就是讓他們娶妻生子。

約在 1617 年，英王詹姆斯二世 (James II，1633～1701，在位期間 1685～1688) 曾致信給大主教，請求所有國協內的教區都應捐款，以便在維吉尼亞建立「一些教堂及學校，來教育蠻荒地區的孩童」。結果以超過 2,000 英鎊的費用打算籌建學院，倫敦公司還下令 Henrico 地方作為大學及學院的校址。此外還撥捐款的一部分來教導印地安的年幼者認識基督教原則。要不是 1622 年 3 月 22 日發生大屠殺慘案，則此種計畫必定大有收成。該案件使得不少捐款者及有志於教育者大為寒心，他們認為似乎縱容了「野人」。

雖然仍有零星的努力，但總括來說，1618～1622 年之間，並無實際的教育計畫具體實行過。不過，英國及西班牙在美洲開墾，措施及理念卻有重大差異。英國採取落地生根作法，墾殖地自給自足。由於家庭之存在，勢必解決子女的教育問題。1620's 年代以後，所有在新世界的英人，都無法忽略下一代的教育問題。西班牙人則抱過客心態，並不擬永久在美洲定

居。

數年後，John Winthrop 在評估清教徒於新世界的墾殖事業時，發現早期的英國冒險家犯了三大錯誤，他及他的隨從應該予以避免：(1)雇用一群烏合之徒；(2)未組合有效率的政府；(3)只擬滿足生理情色需要，未見宗教旨趣。因此針對此缺陷，他們召募的墾殖者是經過挑選的，來美後，也組成政府，且信仰不可或忘，如此則墾殖保證成功，不只有經濟牟利，且對教會及國協皆有幫助，兩全其美。

(一) Plymouth，Virginia

朝聖客 (Pilgrims) 在 1620 年左右，到 Jamestown 北方約六百英里處落居，取名為 Plymouth 殖民地，也經由 Virginia 公司所許可。這群分離者 (Separatists) 本來逃到荷蘭，因為 1607～1608 年他們不勝安立甘教派 (Anglican) 之騷擾，抱著與荷人相忍為生的立場，融入荷人的生活圈。但最令他們傷感的是他們的孩子都在荷蘭縱欲成習，敗壞風氣盛行，不聽父母管教，遂不得不又逃難到新大陸，目的在於建立一個新社區，來保有宗教及文化的原有傳統。在 Plymouth，他們雖然人口不多，但卻有其獨有的特色，如同 Jamestown，早年的教育落在家庭及教會上，而非送子弟入中小學校或學院。其實他們當中也沒多少人受過正規的教育，也無教會任命的牧師，對神學也沒深入研究。Plymouth 之具有文風，大部分應歸功於個人的表現，如 Elder William Brewster, Jr., (1567～1664) 及 Governor（總督） William Bradford 等人，他們也擁有圖書館。

(二) Massachusetts

Winthrop 又代表另一模範，以他為首的一群清教徒，如同朝聖客一般，在麻州 (Massachusetts) 定居，旨在建立一個團結的家庭及友誼，並為此而共同效命，保存固有文化及宗教遺產。尤其重要的，他們要向世人昭示，一種含有上帝旨意，秩序井然的基督地區將會出現。其後廣被引用的一句結尾話，就是：「吾人必須好好考慮一種基督慈善的楷模，吾人是處在一個山丘上的城市，全民的眼光都在注視著我們。」(For wee must Consider that wee shall be as a City upon a Hill, the eies of all people are upon us.) 這是他在 1630 年的航行中向同僚說的話。

　　這群清教徒在荒野中找到了錫安山 (Zion) 來執行上帝的使命。「可目睹的聖者」(Visible saints)，為基督的兄弟之愛而付出。教育的沉重負擔終於顯現，不只傳揚文化而已，更擬創新文化。因此，家庭、學校、教會、大學、及社區都共為型塑新人而奮鬥。Hutchinson 事件後，最高行政官署的「國民議會」(General Court) 下令，任何城鎮或個人，不得款待陌生人，除非有兩個官員證明陌生人是好人。Henry Vane 並不以為然，指責此種政策是專制獨裁；但司令官 Winthrop 卻不以為然，認為安全與福祉的考慮應列為第一。時為 1637 年。(Miller, 1956: 41)

　　稍早 (1629)，Winthrop 曾批評祖國英國，「知識及宗教的底子壞了。」英人又不承擔教育的責任，導致於「大部分的小孩，即令是最伶俐聰明、最具潛能、而前程似錦的，也步入歧途；且因惡例充斥及政府之縱容而徹底腐化」。英王解散國會，他發現在英進行宗教改革已無指望，乃遠渡重洋到新大陸，建立一個嶄新的英格蘭，使老英格蘭都應向新英格蘭學習。(Perry, 158) 但是在這個新的錫安山，牧師及官員都環伺在側，教育改革如同教會及社區之淨化一般，彼此攜手合作。1645 年 7 月 3 日向 General Court 演說，認為人民有權選官吏，但無權向官吏要求如何施政。人民的自由權，只能按權威當局所指令的範圍內行使，只能有行「善、義、及誠」之自由 (It is a liberty to do that only which is good, just, and honest.)。但誰來定義 good、just、及 honest，當然是官吏。這種論調，與宗教改革的健將 Martin Luther(1483～1546) 所持之信教「自由」同，人民只能按首長所信的教來信教，首長才有選擇信教的自由權。(Miller, 161)

　　Massachusetts 的灣區 (Bay Colony)，最早抵達該地的移民中，有相當高的百分比是受過大學教育的。他們通過立法，規定家長應教導子女會讀並了解宗教原則，以及國家法律。教會也進行教義的解說工作，一地區如超過五十戶，就有必要指定教師負責教學讀及寫；超過一百戶，就得設立文法學校，且設立學院來「提升知識，後代永續維持」其活動。歡迎設立印刷廠，使英美兩岸人民能獲取閱讀資料而不虞匱乏。在 Massachusetts，如同希臘時代但基督化的文教區 (*Paideia*) 出現了，含有文化及倫理提升的期求。教育在歷史上很少能完成什麼人類的願望，但人類一再地用高貴的

心且熱切的予以嘗試，教育成為西方世界傳統上持續不停的論題。在這方面，學校更應扮演重大角色，不可寄情於家長。如同 Martin Luther 於 1524 年向日耳曼教會長老及首長所說的一般，這位宗教改革的先鋒健將指責部分家長缺乏虔敬心及公正性，如同鴕鳥 (ostrich) 把蛋生下，但孵出的小駝鳥卻不視為己出而予以虐待。

㈢ New York

Charles Stuart 於 1660 年因其父去世，而由國會判定要立即返國來享王位，這才是合法、令他人不會疑惑、且符合父死子繼的制度。全國歡欣鼓舞，但他發現那批歡呼者，只是期望他帶回黃金以挹注國庫之空虛而已。「我錢袋空空」，他向國會說話時如此直截了當的坦誠以告。「我回英後也沒有一分一毫給我兄弟」，這些話都是他其後數年的口頭禪。不過英王卻可不費一先令就授予他人頭銜或爵位。1664 年他就給他弟弟 James Stuart 一大片由 Maine 到 St. Lawrence、Long Island、Martha's Vineyard、Nantucket，從 Connecticut River 到 Delaware 西岸的大塊地區的土地權。這位時為 York 公爵 (duke) 的皇親，尤其高興最後所提的那塊，因為那塊包括了新荷蘭 (New Netherland)。不多久，在新荷蘭的新阿姆斯特丹 (New Amsterdam)，位於曼哈頓 (Manhattan) 的人民也向英政府投降。但由於住民的異質性高，因此官方文件要用三種文字宣布。在紐約市有時甚至都會產生一個問題，即官方文件到底要保存英文的或荷文的，或二者兼具。宗教信仰亦有分殊現象。

三、英國文教在美洲的優勢

荷蘭於 1664 年退出紐約，荷人帶來的 judicial torture（法律審判時的折磨苦難）及 easy divorce（輕易離婚）風俗隨之消失。(Curti, 33) 英荷兩國在北美墾殖，其實這不是十七世紀歐洲唯有的兩個國家人民來新大陸而已，並且這兩國人民也比其他歐洲人較為晚到。西班牙人早在 1565 年就建 St. Augustine 於 Gulf of Mexico（墨西哥灣），法國則於 1605 及 1608 於 Acadia (Nova Scotia) 及 Quebec 設立墾殖地，瑞典也在 1638 年於 Delaware 設新瑞典 New Sweden。此外，北美也有一些 French Huguenots（法國新教徒）、及

Portuguese Jews（西班牙及葡萄牙猶太人）、Scottish Presbyterians（蘇格蘭長老教信徒）等，他們共同成群結隊或單身赴新大陸尋覓一個陌生但卻彼此相忍共存的社會。

移民的國家不同，因此也帶來各自的風俗傳統；加上美洲印地安人的文化及來自非洲農奴的生活作息，數種因素交雜在一起，文化比較、競爭、協調、及融合，即變成美國社會的基本事實。但英國卻居上風，且早就如此。1689 年時，美洲人口總共約二十萬，英人與荷、法、西班牙人相比占多數，技術上又比紅人及黑人為優，英人之居優勢，是勢所必然。

英國文化占美洲的領先地位，並不純粹依賴人口多及技術優而已，教育居舉足輕重的地位。1620's 年代時英人在美洲，居住較有定所，不似他國墾殖人士之遊走不定；英人自力更生，他人則依搶劫為活。英人墾殖地是由家庭、教會、福音所、印刷店、及學校共同組成，這對宣揚英國的觀念、語文、法律、及文學大有幫助。法、荷、及西三國在十七世紀於北美同樣也有類似社會組織，但沒有一國像英國一般的發展教育。移居於美的英人，大半是教徒，教徒應該服從政府規定，愛國是教徒的使命。英國的敵國是西班牙及法國，這兩國是天主教國家，英則屬新教國家。荷裔及德裔的喀爾文及路德教新教徒（Calvinists 及 Lutherans）也因反 Romanism（舊教），因此偏英。

新英格蘭的人說他們不是喀爾文 (John Calvin) 的跟隨者，深信以自己的眼睛在看《聖經》。但從歷史角度而言，他們對《聖經》的闡釋，卻是屬於喀爾文派 (Calvinist)。

舊大陸文化移轉到新大陸來，因素非常錯綜複雜：

1. 英國文化是歐洲文化的縮影，也與荷、西、法、及義大同小異，皆承繼相同的文化遺傳。英人到美攜帶 Bibles，Augustine 的作品，Virgil 的詩，Cicero 的文學，他國人民亦然。其次，比較特殊性及地方型的文化，則也陪伴到新大陸去，Erasmus 是荷人，Vives 是西班牙人，Castiglione 是義大利人，Montaigne 是法國人。移轉到美的英國文化，很少是純英國自己所獨有的文化。歐洲自文藝復興以來，文化有大同主義傾向。

2. 英國本身於十七世紀時，有了變遷及衝突；新教與舊教，Anglican（安

立甘教）及 Puritan（清教），Royalist 及 Partiamentarian（國王派及國會派），科學及人文，地主與佃農，武士及商人之對立等。新大陸亦有彼此之間的紛爭，但並不完全雷同；有些盛行於祖國的觀念及制度，並不一定重現於美洲，反之亦然。

3.即令是得自於歐洲而轉移到美洲的一切，也因美洲特有社會及物理的情境，而有所變質，不可能原封不動，照單全收，悉數按照原樣。修改或增刪，這都難免。加上既屬異質文化，則彼此之衝擊乃自然天成。如英語中就有一些是荷蘭的專門用語。這種現象在臺灣教育及文化史上也出現。

4.歐美兩地相互影響，文化交流，那是遲早的事。打從墾殖開始之時，美洲新大陸即開始對歐洲有了影響，美洲的食物生產，如白馬鈴薯、玉米(maice)、柿子、野生莓、及煙草，大為英人所喜愛。新大陸的存在，光這件事，就足以激起歐洲人心湖上的漣漪，不得不促使歐洲人重新省思由來已久的理念。哲學家摩爾(More)及洛克(Locke)，認定他們的 Utoplas（理想的園地，烏托邦）就在美洲。新大陸中的紅人、動植物、地形，對英國政治、宗教、及科學的影響，非同小可。至於抵美的英人，受新大陸本身的影響，自是活生生的事實，不在話下。

總而言之，正式教育或非正式教育，都扮演極吃力的角色。其一，教育本身，就是文化資產，也是觸媒劑，移植到美後，也開始變質。其二，教育是一種過程，文化變遷，就是一種教育景觀，不只傳遞或保存本有文化，且也指導墾殖人民在陌生地如何適應新情境，培養新智慧，解決新問題。

首先抵美的歐洲人，清一色都是新教徒，新教徒中最具教義理論的是喀爾文教派(Calvinism)。喀爾文認為上帝創造宇宙，非來之於上帝的「理性」(rationality)，也不是基於上帝的「仁慈」(benevolence)，而是顯示上帝的「威力」(power)。(Miller, 112) 上帝讓英國人失去首次發現新大陸的美名，為了平衡，也使英國在占領與開墾新大陸時備極艱辛。不少極為虔誠的教徒在此種過程中，遭逢不幸，喪失生命。上帝也不因人之善行與否來作為挑選為上帝子民的考慮，這叫做「宿命論」(predestination)，神早已預選註定某些人永遠幸福，某些人則萬劫不復。但上帝既挑選子民，總有挑選的

條件，如果條件不能用人的理性予以領會，則總應該把該條件明確的說出來，而不應恣意橫行或胡作非為的亂選。(Miller, 54–55) 此種說法，為新教派別林立鋪下了路。其中一種闡釋，倒頗為盛行，這種闡釋，叫做「神約說」(covenant)，John Preston 是此說的佼佼者。如果上帝與人之間，有個「神約說」，則政府與人民之間，也該同樣有一種「契約」存在。

John Preston，1622 年是 Cambridge 大學 Emmanuel College 的 Master（碩士兼教授），死於 1628 年，也是行動派的宣教師。1630 年的「大移民」(Great Migration)，他早有預感，「福音傳播的途徑現在就猶如太陽的行徑一般，是從東到西，在上帝的時段裡，還會更向西進行」。他還說，在 Bible 中曾出現 covenant 這個字，但解釋混亂也雜，Luther 及 Calvin 皆避而不談；Puritans 等人則認定 covenant 是一種「交易、合同、相互同意、簽字雙方相互約束的文件，在證人或顯貴之前公開簽署」(a bargain, a contract, a mutual agreement, a document binding upon both signatories, drawn up in the presence of witeness & sealed by a notary public)。既然上帝俯就願意放下身段與祂的創造物（人）簽約，可見上帝也具仁慈心，不必再以為上帝的殘酷及凶暴（為了正義），卻充滿情愛。理神論 (Theism) 因之出現，用理性可以知上帝，抵新英格蘭的荷人及英人，皆本此 covenant 觀念。

1. 人不能只等待上帝的拯救，卻應積極作為，以待神寵的來臨。

2. 神與人訂有 covenant，神會守諾言。

3. 人不守諾言，會遭譴。(Miller, 59–60)

自然環境上，⑴北方多岩石，耕種困難，但樹木多，桅船之製作，獨步全球，沿海及河流又多鯡魚及鱈魚；⑵中部土壤肥沃，氣溫宜人，河深又寬，可航行到上游，是農商發展的好所在；⑶南部地廣人稀，煙草種植是有利的收成。宗教信仰上除了 Maryland 屬天主教之外，其餘是基督教（新教）的勢力；新教當中，教友派 (Quakers) 較具自由思想，該派居住於賓州費城者最多。

第二節　家

> 整個學習的王國不會凋零枯萎，只是要維持一個世俗及宗教的良好
> 狀況，是有困難。
>
> —— Urian Oakes

美洲之殖民，源於歐洲之擾騷不安；前者可以「安頓」(settlement)，後者則「無法安頓」(unsettlement)。十七世紀的西方世界，充滿危機，從封建制度過渡為資本主義社會；在轉型期，總有適應不良的現象，這也是文藝復興時代的政治組織效力不彰所顯現出來的變動革命。不管原因如何，危機皆存，且在各地以不同模式出現。對殖民地的人民而言，荷蘭及英國兩地持續不斷地發生政治革命，關係美洲新大陸最巨，影響了經濟結構及社會組織。

1540 年以後，英國政治上發生了致命的更動，英格蘭及威爾斯人口暴增，直到 1620 年時，傳統的社會組織發生搖撼，勞動力人口比例上升，使得富有階級希望出生率能大於貧窮階級。同時，物價高揚，1500～1640 年時，劇增 400 ～ 650%，食物費用也水漲船高，農作物跟著獲利，但工資則增額有限，導致社會緊張不安，土地炒作大為流行，資金流向某些家族，國內外貿易集中於一群巨商及企業家手中。此種景觀，必定造成社會大幅度的流動。一方面是橫向的流動，即一種職業轉成另一種職業，一地移到另一地；一方面是直向流動，即社會身分之上下調整。在地理位置上，鄉村人口湧向城市，尤其湧向倫敦，不管出身是佃農或士紳，都可以在大都會謀求一職半業，或作學徒，或作技藝匠，甚至就是作牧師或商人。英人輾轉換個地方謀求發展機會，在心態上已非往昔之安土重遷可比。他們之移民到美洲，只不過是國內遷移戶口之擴大地理層面而已。

在直向流動上，買賣土地是重大因素，價格無法持穩。1610's 年代的地價漲到最高峰，比 1560's 年代的時價高出兩倍左右。其次，社會身分之

爬升因素，是政治的得勢，利潤雄厚的生意，婚姻對象的選擇，以及接受
更高的教育。社會地位也有往下降的現象，這也是不用贅言的事實，尤其
對士紳家庭之子弟而言；他們在無法取得繼承或祖先所留不多的條件下，
不得不自力謀生，社會的穩定性及不變性趨弱。人民充滿混亂、不安、與
不耐。人文學者剖陳此種衝突、矛盾、無可理解的心態寫入小說及戲劇裡。
就制度面而言，傳統根深蒂固的家庭倫理觀念、教會儀式、行會行規、及
村莊教堂禮拜，都引發大家的質疑與批評。處在此情此景之下，英人普遍
期求有個明確的生活型態，及行為指南式的品德陶冶。家庭、教會、及學
校的處理方針，以及所有機構都應帶有教育意義等，就不難理解了。

　　所有制度或機構，一方面要有持續性及穩定性，一方面也得扮演變動
性及改良性角色，這是兩難。新興的富有商人及田僑（出賣農地而成暴發
戶者），斥資興學者最多，雖說是基於慈善心腸及人道動機，但他們的意願
總不出乎於傳播他們的理念，更不用說為其子孫之謀職著想了。他們的理
念是利用長老式的家庭、純淨化的社會、以及「先知的學校」，來栽培新人
民，重塑新社會。與舊社會相比，此種企圖，的確是激進。

　　上述的兩難，困惑了英人，新殖民對它也無解。在新大陸上，因變化
而產生的緊張狀態，更因城鄉差距、環境之陌生、社會之新穎，加上天天
面臨的蠻人威脅，而更加複雜化。舊大陸的英人不易定義的事項，如虔誠、
俗世禮節、及知識研究之事宜，新大陸的英人更是束手無策；而新大陸解
決此問題之迫切性，又比舊大陸為急。如何在蠻荒地帶保存文明，如何釐
清人生目的，如何達成願望，這些都是對新殖民者的一大挑戰。

　　但舊大陸的情結及難題，如影之隨形的跨過大西洋而存於新大陸中。
文明的遷移，帶有制度或機構之遷移。在新殖民地上，這些遷移，有的是
種下了根，有些也很快就出現在新大陸上，但有些則枯萎或死亡。人類歷
史並非空無所有 (exnihilo)。英國在文藝復興時代所形成的制度，就是美洲
的英人所取法的模本，即令兩地機構所要求的目的不相干，但英國的社會
機構，就是美洲英人的典範。

一、英國家庭教育

> 國家及教會，以家庭為起源；在這方面，前二者都應考慮後者。既
> 然家庭是國家及教會的基本始原，則道德及儀態上亦然。種子栽培
> 的好壞，會影響植物的優劣，也支配了國家或教會這個果園的興衰。
> 果園裡果樹之良窳，果子之甜美與否，都由種子決定。同理，學校
> 經營得井然有序，學生奠定了知識的基礎，品德善良，畢業後盡職，
> 更為國家及教會服務，最能增添國家及教會二者最珍貴的光彩。
>
> ── Thomas Cobbett

在西方基督教的家庭裡，一夫一妻制由來已久，父權觀念也是長期的傳統。家裡成員以血統相關者為主，家庭供應食衣及住方面的幫助；家世也是社會地位、經濟機會、宗教連屬的象徵。家更充當為教堂、運動場、工廠、軍隊、法庭、及學校的場所；就後者而言，年幼者從小就在家接受理念的灌輸，了解大自然，並塑造行為模式。

有關文藝復興時代英國人對家的想法，吾人所獲得的資料，是散亂不全的。吾人認識最多的，是來自於少數社會賢達所留下來的文字記載，他們住在鄉下、豪宅、或生活於大都邑尤其是倫敦、Bristol、及 Norwich 的巨室中。一位義大利人於亨利七世（Henry VII，1457～1509，英 Tudor 王朝第一代國王，在位期間 1485～1509）時調查倫敦的家居生活，批評很嚴厲。這位義大利人發覺倫敦的家庭生活冷酷無情，尤其是對孩子的教養。「英人缺乏對孩子的情愛，強烈的顯示在對孩子的照顧上」；「先是把孩子留在家，到了七歲或頂多九歲時，就把孩子（男生及女生皆然）送到別人家作辛苦的服役工作，時間是七年到九年不等；此時稱為學徒，作打雜工作，很少孩童能例外。不管家庭多富有，孩子總要送到別人家接受陌生人的教導，他自己也要收容陌生孩童，為何要如此，答案是家長認為如此的孩童可以學到端正的品行。」

這種「易子而教」的社會習俗，顯然是武士教育的遺風；但在 Tudor 王朝早年，即已式微。不過，整個王室的家族就如同最高的武士教育學府，

培養武德、剛直、及儀態，這是王朝特別予以獎勵的，且發揚王朝聲望也賴此為之。貴族後裔加入皇太子的教育行列，接受皇帝親諭的師傅予以教導，騎術、長矛打鬥、歌詠、舞蹈、宗教儀式、舉止言行、及語文品嘗，皆是教導項目。皇家此種要求，也等於是皇室以下各貴族家庭教育的典範；在碉堡及田莊進行，目的在重振古時武士雄赳赳及彬彬有禮之氣度。至於商人階級也遣送孩子外出，與貴族士紳之子孫為伍，共同接受類似武士式的教育。

　　王室及貴族以外的社會階級之家庭教育，吾人所知有限，有技在身或從事買賣為生者，多半生活於村莊。麵包師、酒販、食品商、雜貨店主人等，也都在自家處理這些技藝業，教導自己的子女有關此方面的知識及技能。家庭教育注重模仿及解說，有時在自家進行，有時則在別家實施；教區牧師定期來傳播福音。其他如沿街叫賣的小販、巡迴講道的傳教士、居無定所者、以及吟遊詩人間歇性的教學，也稍可補業餘教育之不足。

　　文藝復興時代的英國家庭，人口數量及居家空間之大小，頗難精確斷定。根據當時出生、結婚、及死亡記錄，大致可知當時中下階層的英國家庭，人口由一至二位、到一打或一打以上不等，平均四到五人。大部分的家庭是核心家庭 (nuclear family)，換句話說，家庭成員是雙親及子女、一兩位或數位學徒或僕人。祖父母或曾祖父母同住者很少。一家之平均人口，如下表所示：

表一　文藝復興時，英中下層家庭人口數

地　區	時　間	平均一家人口數
Stratford	1622	4.02
Litchfield	1688	4.66
Stoke-on-Trent	1701	4.39
Kent（共 33 村莊）	1705	4.47

表二　Northamptonshire 的 Cogenhoe 村莊家庭戶口數目表 (1616～1628)

年　代	人口數	家庭戶口數
1616	187	32
1618	185	33
1620 (5/30)	150	30
1621 (6/29)	154	31
1623	174	34
1624 (8/15)	176	33
1628	180	33

表三　Kent 地區 Goodnestone-next-Wingham 村莊戶口數目表 (1676)

身　分	戶口數	住家人口數	人數	孩童數	僕人數	住家大小平均數
士　紳	3	2,3～23	28	7	16	9.3
小地主	26	2～12	151	64	34	5.8
生意人	9	1～8	35	16	2	3.9
工　人	12	2～6	38	15	0	3.2
窮　人	12	1～6	25	11	0	2.1
總　數	62	1～23	277	113	52	

說明：小地主戶的人口 (2～12)，多於生意人 (1～8)、工人 (2～6)、及窮人 (1～6)。
　　　但士紳家人口最多 (23 人)，因士紳之家除了三代或四代同堂之外，還住有
　　　守衛、家管、親友、及僕人；子女又較早婚，一半以上在二十二歲以下結婚，
　　　3/4 則在二十五歲結婚，一般人之平均結婚年齡則為二十六歲；士紳子女又比
　　　較不會早夭。

　　家庭人口數量及結構之改變，也改變了時人對兒童養育的觀念。中世
紀時代，出生到成年這段時間的「人」，根本在社會上沒有人的地位；但文
藝復興時，此段年齡比較受重視；此段時間也有別於人生的其他年齡階段，
並且幼童時段是人生週期的好時光，有其獨有的活動及特質。穿著比較特
別，繪畫及雕刻也以兒童當題材，文學寫作更以兒童當對象。並且，家庭
既是養兒育女的所在，家庭的重要性也隨之增加。家庭作為社會結構中的
一部分，其功能也與其他社會組織有別。既然如此，則以往把孩子送到別
家當學徒或只給予非正式的教導，就有必要改弦更張，而較注意自家的兒
童教育了。在士紳之家，女孩或長子留在自家的機會較多，其他孩童則仍
一按舊往，送給他家當學徒。其後，孩童入附近的文法學校、學院、或法
學院，也漸成常事。

家庭教育的型態大概有三：

1. 口授言談方式：儘管當時歐洲各地印刷術已早為人知，各地印刷資料之多寡有別，流傳量也在各種不同社會階層中大為不同，但家庭教育仍以言說為主。

2. 局部性：受限於地理環境的隔絕，各家之教育方式並不齊一；其後士紳家及專業家之彼此互通訊息，地方局部性的家教性質，才稍改觀。

3. 不穩定性：時有時無，尤其是小地主、佃農、商人等家庭為然。他們的社會成就，風險較大，對子女之家教方式，也隨之有所變革。

不過，家庭承擔較正規的教育，倒日見明顯。Tudor 王朝時，這也是社會政策之一。就宗教面而言，Tudor 重新確認基督家庭的傳統責任，強調教導年幼者基本的精神生活。亨利八世 (Henry VIII，1491～1547，在位期間 1509～1547) 於 1536 年頒布的「聖旨」(Royal Injunctions)，下令教區牧師或教會人士，要勤勉的「敬告父母、師傅、及監護人，在他們的監視照顧之下，教導子女及僕人；從嬰兒期起引發子女及僕人，了解主祈禱文 (Pater Noster)、信仰條款 (Articles of Faith)、及十誡 (Ten Commandments)，使用母語。經過如此的教導，年幼者常常背誦以求領會」。為了減輕家長的教育負擔，教會牧師有必要在定期佈道時，討論所欲傳布的資料，並且幫助家庭獲得印刷書籍，供家教之用。同樣的，訓令也要求家長承擔子女的宗教教育任務，以母語的初級讀本為引導。此種「聖旨」，在亨利八世之子愛德華六世 (Edward VI，1537～1553，在位期間 1547～1553) 登基時 (1547) 及伊利莎白一世 (Elizabeth I) 於 1559 年都一再的三令五申。家庭成為宗教教育場所，牧師予以監督並協助。

亨利八世的聖旨，規定父母、師傅、及監護人，有責任教導年幼的學童及僕人，讀書並謀職或耕作，盡各種方式予以勸勉、訓誡、諮商，希望孩童及僕人免於懶散。無一技之長就容易流於行乞、偷竊、或過奢侈放浪生活；由於怠惰及無精打采，導致於墮落沉淪，不只偷搶，甚至還謀害殺人，那真是罪大惡極，也是不幸與悲劇，這都應歸咎於成人之疏忽教育職責。要是孩童自小就接受好教育，有正當工作，則日後就是一家之主，還可利己利人，也利社會國家。家庭教育是社會穩定及經濟發展的主力，已

技藝化的學校活動跟著出現；由富商出資，並由行會經營的英文及算術等實用科目，也配合著社會需求而生。

文藝復興及宗教改革時，古文精髓之鑽研及宗教信仰之洗禮，彼此合流。1509 年聖保羅 (St. Paul's) 公學 (Public School) 的重建，主旨在此。公學的教育，展開新面貌；1480～1640 年之間是公學勢力的高峰期，課程制度化，教育較為普及，辦校者也來之於世俗商人。一來亨利八世及愛德華六世沒收了教會財產，本為富者唱詩以慰在天之靈的寺院機構解體，宗教團體辦校的傳統現象隨之絕跡，士紳及富商設學的傾向越趨明顯。一時，文法學校及公學如雨後春筍的四處可見，作風多仿聖保羅公學，各采邑及封地也紛紛辦理慈善性質的文法學校。教會壟斷教育事業，已成明日黃花。教育的世俗化，漸成火候。

Tudor 及 Stuart 王朝時，服公職需專業的導向更濃。人文學者強調，古文的系統研究，一方面既可培養優秀的官員，一方面在教會任職，也綽綽有餘。因此，士紳及都市中產階級之子擬日後成為牧師、議員、地方法官、或律師者，紛紛奔向文法學校就讀，作為入大學或法學院的進階。自耕農、佃農、及工人子弟，也入小學校學習，以便獲一技半業，稍懂《聖經》。由牧師的助理、看店者、或家庭主婦，負責任教。

在 Tudor 王朝時，為了「統一」宗教信仰起見，在教育上採取標準教科書措施，且也下令教師要取得證照方可教學。由於印刷術的使用，使得教科書一致，既廉價又大量供應，都變為可能。不過，《聖經》之翻譯卻帶來痛苦的爭辯，當時的標準本教科書如下：

教義問答書 (Catechism) 由英國國教評議會 (Conocation) 於 1537 年發行。

文法 (Grammar) 採用《Lily 的文法》(*Lily's Grammar*)，是 Colet-Lily-Erasmus 三人所編輯。(1889 年以前的文字，與現不同，如 Latin 寫為 Latyn，English 寫成 Englyshe，)

其次，教師證照制度之建立，始於十二世紀初期。當學校漸漸擺脫教會及寺院而獨立運作，又碰上 Lollard 事件 (1530's 及 1540's 年代 Wycliffe 門徒自由解釋聖經)，教師之發照更形嚴格，教學之監督更為緊束。1553 年，

非傳統學徒（藝徒）制度可以比擬。

　　實際上，英國的藝徒制度延續將近三百年時光。由行會所衍生的此項措施，到了十六世紀，已慢慢定型，程序也廣為大眾接受。伊利莎白時代的法條中有兩項與此有關，一是 1563 年通過的「技工法規」(Statute of Artificers) 及 1601 年的「濟貧法案」(Poor Law)，不只把藝徒措施予以制度化，且納入為國家經濟政策的一環。茲分述如下：

　　1. **技工法規 (1563)**：重訂工資標準，並訂學徒及僕人之聘用手續。無業而年齡在十二歲到六十歲者，強迫作農田耕作，建立「無業不能活」(no living without a calling) 的觀念。其次，正式法定化藝徒年限為七年，且明確規定師徒之權利義務；如此一來，勞動力就有著落，不虞匱乏。難怪以後此法規被貼上「重商」(mercantilist) 標號。復次，Tudor 時代的政策，採取以家庭為中心，來緩和或消弭日漸增加壓力的社會問題，如貧窮、失業、對鄉土冷漠疏離。藝徒制與教育有關，是社會控制也是社會流動的工具。

　　2. **濟貧法案 (1601)**：去貧是本法案中明顯的要旨。自 1536 年以還，一大群失業遊民流浪街頭、無家可歸，本法先約束他們的活動範圍，行乞也應在特定區域，不可乞遍全國；乞者必須耕種田地，從事基層的技術工作；教區有人負責監視，有權徵稅來興建工廠，發展英國的新興工業，即紡紗織布。工地變成貧者子女的教育場所。

　　其後較富有者捐資興校，他們並非不知家庭教育的重要性，而是體認到家庭教育之不足。家庭教育應與學校教育二者合一，相互補充而非彼此衝突。原先認為二者矛盾的兩難現象，現已消失於無形。

二、殖民地的家

　　到美洲墾殖的歐洲人雖有荷蘭、法國、瑞典、芬蘭、及比利時人 (Walloons)，但英人最多；不過英國社會各階層的人士，並非等量的來美；貴族及精英士紳出資從事殖民地的企業經營，但這種社會階級來美的並不多，有些真的來過新大陸，但如曇花一現，只作為英皇的代表而已。中下階層的商人及專技師倒真正代表著移民的多數。「中產階級」是主流，其中以小地主、自耕農、牧師、及生意人居多。他們來美後，簽訂短時期的服務契

約，就可獲得自由身而擁有自耕農地及商店。另一些無技在身的勞工，他
們來美並非心甘情願，只是被抓來當奴差，這種人是少數。極富及極貧這
兩個極端，在殖民地方皆不多見。家庭結構也少有數代同堂者，不過都羨
慕那些貴族家庭的名位、頭銜、學位、及聲望。不管如何，移民到美洲的
歐洲人，都深受文藝復興精神的影響，他們較體認家庭生活的重要性，視
家庭為促進人際關係及教育的機構。清教徒也鼓吹此種任務，並且在蠻荒
地帶，家人要上教堂或入大中小學之機會，都比在歐洲大都會型的社會環
境為少。家庭承擔教育責任，迫切性自可了解；家庭內的因素有之，家庭
外的理由更有之。

在英國，如同前述，法規要求家庭負起教育責任，殖民地人士在英國
早就熟悉。1642 年 Massachusetts 法常被引用，該法明文寫著：「授權每市
鎮行政首長 (selectmen)，時時為家長及監護人設想，並考慮他們的孩童依
能力來閱讀並領會宗教原則，及這個地區的重要法律。」要求孩童當學徒，
在還未謀職之前予以養育成長。與英國不同的是，執行此法的人員是人民
選出來的行政首長，而非如同祖國之由教會人士來承擔。

Connecticut 於 1650 年通過類似的法，規定孩童及僕役必須會讀英文，
認識主要法律，每週唸教義問答書，習於田地耕種，或作點小生意，以使
自己謀生並能經濟獨立，增進地方福祉。New Haven 於 1655 年跟進，New
York 於 1665 年、Plymouth 則於 1671 年仿之。新開墾的殖民地 Pennsylvania
於 1683 年規定，所有家長及孩童之監護人，都得促使孩童會讀會寫，如此
才能看《聖經》，直到十二歲止；然後教導一些有用的生意技巧，使窮人自
力更生，富者一旦淪為貧者，生計也無所缺；Virginia 法雖無直接明言，但
卻也堅定的要求家長，要送孩童及僕役到當地教堂接受每週一次的宗教教
學，也規定教會人士報告失職的家長及監護人名單，以防這些人疏忽了教
導年幼者及失學民眾有關教義問答的責任，違反者則實質的予以處分。

家長無職因而無力養育的孩童，法律規定要送到師傅處當學徒，由公
款購買器具及原料供學徒使用。英國制訂的上述兩法，除了 Virginia 法規
融入了 1601 年的「濟貧法案」(Poor Law) 之外，並不曾出現美洲的翻版。
其實祖國的兩法都屬規範性質，只部分作實情的描述而已，到底當時的英

人遵守與否，真正實踐多少，現在也很少人知道。在 Massachusetts，市鎮官員時時責備家長及師傅，不應使孩童及門徒停留在目不識丁及無知狀態。1688 年議會因感於社會的普遍不安，有重新執行 1642 年法律的必要，下令行政首長應履行其職責。此外，並無證據顯示 Virginia 的家長因未送孩童接受宗教教學，即未遵守 1646 年的法律規定，就曾被罰過五百磅煙草的情事。整個殖民地時代之法院判決案件，大部分都與藝徒契約、孤兒養育、在社會上無依無靠者之疏忽有關。

不過整體比較起來，殖民地區的家庭，比祖國大都會的家庭，較負起教育責任。在英國，家是社會組織的基本單位，同時也是家人團聚的中心，是供應食物或製作產物、更是宗教生活的焦點。殖民地區的家庭，多半小又擁擠，個人的隱私相對的降低，主要是作為生活起居及睡眠之用；臥房裡，住有雙親、孩子、寄居者、僕人，有時友人來訪，也住在同一家裡。一間房有時住兩三位，有時四位同居；供吃飯、工作、遊玩、煮飯、烤麵包、釀酒、紡織、裁縫之用，一張床有時也睡兩到四人。起居室包括廚房，另一間則有多重功能，週邊有火爐，其中點了蠟燭，口誦祈禱文、朗讀課本等，盡在其中。

如同英國，家人日以繼夜的為生活奔波，都是廚房活動的延伸。在農家，主人及孩童有時還加上一兩位僕人，到田地裡種黑麥 (rye)、小麥、乾草、玉米、及煙草，最常使用的農具是大小鐮刀、鋤頭、及鏟刀；婦女則整理庭院。有家畜用地、倉庫房、豬場、花園、及果園。勞動分工並不顯著，在家人生病需要大家照顧時，則任何家人皆包攬所有工作，下種及收割時也如此。並且在休耕的晚秋及早春之際，大家也忙著修理工具、施以肥料、去穀殼、玉米除葉等。

開店舖或作技工者，也用家庭或另蓋的茅屋或小棚作為「營業用地」(homelot)，其實，農商不分，種田與作生意合一。在新英格蘭，市鎮裡的生意人都擁有數畝市鎮區外的田地，由其兒子、僕人、或佃農耕作。Virginia 也如此，因為地廣人稀。「有一間屋子，應有盡有，年年儲存大麻與亞麻，並予以紡織，聘有織工，有一間製革房，可以製作皮革，以便穿用；雇用八名鞋匠，四十名黑奴，養育長大可以販賣；年年有大量的小麥及大麥，

每三十六升 (bushel) 賣四先令，還殺了好多海狸，供船客食用。另有大群母牛，一間雅緻的擠奶間，豬及家禽更無以勝數」。這是 Virginia 的住家情形。

在這種眾業集中於家庭裡的狀況，「家人」都有機會進行「學習」活動，聽、看、參與，就是廣義的教育了。兒童自小就感染其間，潛在課程持續在進行。殖民地區的兒童衣著與大人之不同，比不上歐洲之尖銳對比，可能是蠻荒地帶的成人穿著比較靠近自然，不似文明人之錦衣繡鞋等裝飾。就比較正式的學習活動而言，家居生活中最明顯的是認字讀書。John Cotton 之孫 Josiah Cotton(1680～1756)，在日記上寫著：「我的年幼生活是四下遊盪，儘作些小孩式的荒唐與虛榮行為。不過，我馬上學會了讀書，記得我並沒有上學過。」當時是使用母語，個別閱讀，立即的對應閱讀，或共同閱讀，這些都是常事，多半一對一方式來進行；由父母或長輩、兄弟姐妹或同儕友朋當教師。若無此種機會，則到鄰居處學。偶爾有個好太太願意在她的廚房定期教導，僅收小額費用，那就變成「媼婦學校」(dame school) 了；若有任何一個 Virginia 家庭，決定聘用一位私人教師來承擔己家家教兼指導鄰居小孩，這個家庭就變成「小型學校」(petty school)。一屋二用，這在十七世紀的歐美兩地，皆屬常見。其實，上述兩種「學校」，名稱皆可互用。

家用閱讀的材料，主要的是「角帖書」(hornbook) 或初級認字的 ABC；先出現字母或字本身，然後是句子；其次是祈禱文或教義問答書 (Catechism)，一問一答的方式且以宗教為主要內容。各行各業的子弟皆可適用，孩童從中認出母音及子音的字母，認識字、句子、對話，甚至取《聖經》為讀本。朗讀背誦是孩子唸書的習慣，而以教義問答書作為《新英格蘭初級讀本》(*The New England Primer*) 的主要內容，各教派的家庭皆採用該書作為教本。

墾殖地本土出版的《判決日》(*The Day of Doom*, 1662)，由 Michael Wigglesworth 所作，用民歌體裁，以詩詞方式描繪審判日 (Judgement Day) 的種種聳人聽聞的細節：如上帝可怖的詛咒，罪犯無助的誓言，及地獄驚怕的折磨等。許多小孩熟背這些「冊歌」式的教材，終生難忘；一讀再讀，獨自背或大家一起背且大聲朗誦。人生觀及價值判斷定了型，成為制訂法律的潛藏基礎，也是生涯規劃的準則。殖民地人士除了採用歐洲學者所著

的有關孩童教養方面的書籍之外,該書在美洲最受歡迎。族長式的管教,施以鼓勵、讚美、及懲罰,就是教育的重要手段。誠如 Cotton Mather 記載去世的兄長 Nathaniel Mather 一般:「他不需父親之照顧來授予好教育,好教育自有上帝賜與,使他免於淫蕩或步入野路,太多孩子耽溺於此,放棄上帝的管束而受魔掌所控。神恩之寵愛造臨了這年輕人的頭,使他稍有所成。他在有生之年,儘可能去學習,繼續不斷的禱告,也下苦工夫,勤勉有加,虔誠之心已非尋常。當他死時,即 1688 年 10 月 17 日,還不到二十歲,已是『無灰髮的老人』。」其父 Increase Mather 並非平凡的爸爸,Nathaniel Mather 也不是普通小孩,但祈禱式及吃苦忍痛式的教育,是 1670's 年代家庭教育的範型。

新教及長老式的教育觀念,是長輩都有絕對威權來管束孩童。「所有孩童雖不盡相同,卻都因傲慢而極為固執,心意剛毅,這種天性必先予以擊滅或降服;如此,謙卑及馴良性的教育方能奠基,其他品德也才可望有成。」折服孩童的倔強性,懲罰及痛毆就是手段。Cotton Mather 說小孩是「小陰險的人」(little vipers)。(Thayer, 15) John Wesley 在新英格蘭發現後一個世紀,還向父母親建議「斷了孩童的意志」(break their child's will),使用皮鞭令孩子害怕。不過,也應採取鼓舞方式來獎勵正當行徑,樹立好榜樣,予以說理解釋,並利用羞恥感及恐懼心來代替斥責,給孩子一種終被拯救的期望機會。這些都是家庭教育所採用的方法。從政治及教育的立場來說,家庭是政府及教會之本,家庭的教育方式,也就是治國及教會活動的方式。

宗教上的虔誠 (piety) 兼品德上的端莊 (civility),二者之外,還應給孩子一職半業 (calling),使他能合法謀生。不但男生受父親教導之後,有能力理家、耕地、開店,女生也同樣應受母親之啟迪。不繼承父業的孩子,就有必要送給別業者當學徒;擬從事專業工作者,上正規學校就是最佳管道。學校教師的角色,形同家中的父親享有父權 (in loco parentis)。學(藝)徒制度的教育方式,都是「做中學」;先仿師傅榜樣,後實際操作。至於農田耕作或其他技藝,雖有 Thomas Tusser 的《耕地五百要點》(Five Hundred Points of Good Husbandrie, 1557, 1580),但按書行事,恐怕不多見;是否有紙上談兵之譏,下面引用一首吟詩,表示農夫在新灌木滋長於春雨過後予

以剪斷的雜草中所唱的歌：

> 樹枝插岸剛完成，一些雜草萌出；
> 供作肥料當滋補。
> 陣雨過後除草一把，
> 不如從根拔起往外丟擲。

女子就是其後的家庭主婦，也附和其兄弟之歌，唱著：

> 好亞蔴、好大蔴，女人的所有；
> 五月天，好主婦替它下土；
> 生長後，視需要修葉剪枝，
> 有些留作種子，有些紗紡成布。

殖民地的藝徒教育措施，大致仿自英國，但有重大改變。一來因勞動力的極度不足，因此充當藝徒之年歲也提前，修業期限也非七年，有個別差異性，能力強者，年限減少。拜師費及條件都放寬，甚至取消；二來技藝行會或商會在英國大行其道，在新大陸則無此組織，而由市鎮官員負責。因此謀職之機會相對的容易許多，訓練的要件也鬆了不少，經濟的自主及自由民之取得，困難減少。在社會流動上，極具意義。

一般而言，殖民地時代的藝徒制度，功能有四：

1.**還債**：雙方訂下契約，以工作抵債；販賣藝徒也可抵債，但只能賣給同行者，也只能賣在本地。

2.**處分懶散者，要求勤奮工作**：任何人無所事事，不進行生產工作，整天遊手好閒，會受法庭的制裁。

3.**濟貧**：如同英 1601 年之「濟貧法案」，Massachusetts 於 1636 年，Virginia 於 1672 年規定，男屆二十一，女到十八歲，凡父母無法供應子女生活者，子女皆應作藝徒。

4.**早年教育的一種方式**：1642 年 Massachusetts 下令所有家長及師傅，「應盡力教學，由自己或他人負責承擔，教導自己孩子及學徒知識，能說流暢的英語，了解主要的法律，要誠實、守法、勤奮工作，違反者將子女

送到其他師傅處。女藝徒的學習時間較長,但教育機會較少。」(Paul H. Dauglas, Apprenticeship as a Form of Education, in Gross and Chandler, 42–45)

最後更值得一提的是家庭藏書對知識傳遞的重要性。Plymouth 的 William Brewster, Boston 的 Increase Mather, New Amsterdam 的 Gysberg van Imborch, Virginia Lancaster County 的 John Carter,他們的家用圖書館,都藏有不少實用性的書與資料,如法律、醫學、農作、戰技,更不用說小說及神學作品了。友朋相借極為頻繁,是不可或缺的精神食糧。

英國在 1640's 及 1650's 年代時,家庭原承擔的教育角色,漸漸由教會及大中小學校所分攤。學校及教會離家之距離,以小學最近,大學最遠;而教區教堂則近在咫尺。此種現象,殖民地區也亦步亦趨,迫隨其後。不過,家庭的教育重擔之百分比,仍比祖國為多,尤其在荒野而非大都會地帶。

就美洲墾殖地而言,位於北方的新英格蘭,人口較多,清教徒是多數,他們從來就認定家庭是教會及社會的縮影,也是滋生虔誠信仰的搖籃。此外,原住民的印地安人及被迫來美當農奴的黑人,漸漸的失去原有的家居生活方式,慢慢的也橫仿歐洲人了,且住在白人家庭裡。不過在他們內心中的惶恐及困擾,卻無留存文獻可資研究,倒是日後種下了種族歧視的教育理論與實際,變成美國教育史上的棘手難題。

此外,家庭是文化傳遞及保存的單位。在農作耕種上,白人從印地安人處學了種玉米及煙草的技術;但其後清教徒擬在新英格蘭作貿易及工廠投資,商業網路連絡了波士頓、倫敦、及西印度群島,此種經濟開發,也變更了傳統的家居生活。不管如何,農作耕種、作生意等所需的技術、知識、價值觀,皆非由書本或手冊中學得,更非依正式由大中小學教育中獲得,卻泰半由家庭實際生活中口授而來。作為品德陶冶、行為禮儀、宗教信仰的角色上,家庭是提供下一代多才多藝、彈性變通、實用技能的最佳溫床。

第三節　教　會

> 宣教師與教師的職務，看起來就是不同。宣教師的特殊工作，是管告誡的，因此他得使用智慧的字眼；教師則負責教義，所以使用知識的字眼。

> ——劍橋教會教規 (The Cambridge Platform)

一、祖國狀況

　　基督教本來就是一種教育性的宗教團體，耶穌是教師，門徒眾多，有義務宣揚教義及於全民。教會是除了家庭之外，最重要的教育場所之一。教堂四處林立，教徒無時無刻都可見到教堂，聽到教堂鐘響，上教堂頗為方便，教堂也是社會生活的中心。一般的教堂，張貼很多教規、繪畫、影像、遺物，每樣皆代表教義的內涵，古代的箴言，神祕的奇蹟，及永恆的敬畏。一千多年以來的演變中，宗教的儀式，宗教假日，懺悔禱告舉動，洗禮奉獻，聖歌演唱，花車遊行等，這種基督教生活已完全變成歐洲人生活的全部。

　　教義的傳播，大半靠口授而非依宗教書籍之流通，賴教士而非家長來負責。在 Tudor 時代，教士要處理民間雜務，為皇室效忠而非完全聽命於羅馬教皇。工作地點是倫敦，也是王室政府中的一員。因此他們除了研究神學之外，還得懂法律；在實際行政上，多半成為政客而非神職人員。許多教士不學無術，John Colet 曾埋怨過，教士既無知，行為也不良。此種哀嘆也引起人文學者的共鳴，他們希望作徹底的激烈改革。不過，批評者可能太過誇張；因為教士階級的知識水平，可能都在一般人之上。

　　1534 年英宣布王室至尊 (royal supremacy) 法案，英國境內最高的宗教指揮官是英王而非羅馬教皇，新教精神從此在英國紮根。教徒直接研讀《聖經》，是信仰的第一要件；經由 Thomas Cromwell 之慫恿，亨利八世下達命

令，每一教區的教堂，都應有一部英文《聖經》。英國變成新教國家，從此
走上不歸路。以《聖經》作為信仰的最後判決，因此《聖經》必須經過正
規的學習，這對於傳統以口授來非正式了解宗教義理，大不相同。販賣贖
罪券及佈施收禮，這些都違反路德及喀爾文的新教措施。

　　注重內在的精神而非外表的儀式，是宗教改革時期英國的重要新教運
動。Hugh Latimer 力主講道的重要性大過於一切。這位被封為上帝「派往
英國的使徒」(apostle to the English)，卻在 Mary 當政時殉道，是英國新教
的開路先鋒。他傳播福音，講解闡釋《聖經》，以日常經驗來說明宗教大道
理，去除原罪，過神聖生活。此種理念，大有普及教育的意味。清教傳教
士本身就是牧師，教堂就是「基督學校」(School of Christ)。英王在與羅馬
教皇決裂後，沒收寺院財產，Elizabeth 於 1558 年登上王位，制訂了「權力
至尊法案」(Act of Supremacy) 及「信仰一致法案」(Act of Uniformity)，前
者使英國國教的《祈禱書》(*Book of Common Prayer*) 作為「英國教會」
(Church of England) 的官方版。禮拜日必上教堂，全國有一致的宗教假日，
教會使用的所有資料，都得經王室審訂核准方可使用流傳。

　　幸而這些法案並無認真執行，其實也窒礙難行。英國是個典型有傳統
包袱的國家，制度既久，惰性即大，大變無法一朝一夕瞬即有成。統一的
印刷機構印刷合法的書，發行全國，但同樣也可刊出不遵國教者的資料。
沒收及焚書，無法全部奏效。伊利莎白及詹姆斯一世採取較柔性政策，因
此漏網之魚也不少。

　　牧師必須講道，這給牧師帶來很大的教育壓力。轉型初期，弔詭的是，
牧師的服務品質卻下降，其中因素頗為複雜。經濟上，教會不得徵收什一
稅，捐款獻禮減少；政治上，在英王與教皇爭權時，教會地位不穩；社會
上，由於士紳掌控當地教士的任命權，只求偏私而不顧資格。伊利莎白登
基之前的 1558 年，九千個教區中有二千個教區無人上教堂，且經年如此；
其他七千個教區的教堂，由兼職者包辦，但時時缺席，其資格也令人起疑。
他們的無知程度，令人不敢置信，不會寫不會讀者也不少，還把 Jesus 當成
Judas（出賣 Jesus 者）。

　　1558～1640 年，上述的惡劣狀況已大幅改善，教士的教育水平提升了

不少。下表顯示 Oxford 及 Worcester 教區牧師的教育程度：

表四　英國國教中 Oxford 及 Worcester 教區牧師的教育程度表

Rector 及 Vicar	1560 年		1580 年		1600 年		1620 年		1640 年	
獲有學位者	Oxford	Worcester	O	W	O	W	O	W	O	W
	38%	19%	50%	23%	66%	36%	80%	52%	96%	84%
出缺超過六個月以上的人數	17	1,294	7	6	7	5	6	5	2	6

說明：教區總數在 Oxford 是 173，Oxford 教區比較例外，因當地有個最古老的大學；
　　　在 Worcester 於 1560 及 1580 年時是 190，1600 年時是 189。
　　　Rector 指教區收入不給俗人之教區長，Vicar 指分享教區收入之牧師。

到 1640 年時，教區幾乎都有牧師來講道。在教區內，牧師除了替人民講道之外，還充當宗教領袖，道德視導員，民事行政官，法律顧問，醫療諮詢員，及新聞發布員。佈道時，論題很多，包括時下的熱門話題；公共政策也在教壇上作火熱的爭辯。他還挨家挨戶拜訪，查看住家環境及家庭教育狀況；更在自宅、教堂、附近學校教英文及拉丁，提供教區民眾有關文化、政治、及技術的消息，任務多且繁重。

二、殖民地情形

十七世紀的美洲，宗教信仰教派之多，就如同社會階級及族群教堂之眾一般，除了從英倫轉來的之外，另有由歐陸移來的，更不用說還有 Indian（紅人）及 African（黑人）之拜傳統祖先神明了。不過，英國的信仰習俗，卻是主流。之所以如此，主因乃是英人移民最多，英國的清教徒人數壓過其他教派；加上新教牧師之狂熱，傳播福音之無遠弗屆，改宗異教徒無所不用其極，積極興建教堂等，都促成英國新教勢力如日中天。

1. Virginia：國王詹姆斯一世（James I）在占有 Virginia 殖民地時，就下了訓令，明確的表達基督教義應宣揚於新大陸，不只移民者如此，各地蠻人也須信奉基督教。由國王之名而興建的城市 Jamestown 立即成立教區，任命一位不眠不休的教區長 (rector)，名為 Richard Hakluyt，此任命也獲上級教會即祖國 Canterbury 大主教 (Archbishop) 的同意。這是一項大光榮，

其後也如此。不過真正跨海到這塊可怕的新領地的教士，卻是教區牧師 Robert Hunt。在他領導之下，殖民地教徒天天於晨昏各作一次禱告，週日有一場講道，每三月一次聖日聚會，這種活動直到牧師去世，幸而有更多的牧師接替。

2. Massachusetts：除了宗教性質的活動之外，牧師還負有懲罰犯重罪及醜聞者之責，懲戒及驅逐出教是常用的手段。1648 年制定劍橋教會教規 (Cambridge Platform)，由新英格蘭四個殖民地區所組成，Massachusetts 教會是主力。1708 年 Connecticut 也有教規 (Saybrook Platform)，對殖民地住民進行福音傳播工作。1643 年 New England Confederation (新英格蘭聯盟)成立，教會享有徵稅維持教士、牧師薪津之權力。

1650 年時，Virginia 已有二十七個 Anglican（安立甘）教會，新英格蘭則有五十九所 Congregational（公理教）教會（屬 Puritans），可見 Anglicanism（安立甘教派）已根深蒂固於新世界中。不過，除此之外，新大陸另有各種不同教派，相互競爭與挑戰，衝突也不少。Massachusetts 於 1635 年禁止 Roger Williams 的活動，因為他的「分離」(separatist) 色彩不見容於當局，他遂帶一些附和者到 Providence，追求良心意願的自由；Anne Hutchinson 等人也面臨相同問題，她們終也被 Virginia 政府所禁 (1640's 年代)。Massachusetts、Virginia、及 Connecticut 三個殖民地區都訂法律嚴禁 Quakers（教友派），只是效果不彰。

3.其他：New Holland 在早期擬成立 Dutch Reformed (荷蘭改革教會)，但 Dutch（荷人）本有寬容傳統，且此地人口結構屬異質性。

Maryland 本是 Roman Catholics（羅馬天主教）的逃亡收容所（Mary 女皇是天主教徒），但在 1649 年的「寬容法案」(Act of Toleration) 後，也歡迎新教徒。

Pennsylvania 於 1681 年被墾殖時，即作為「神聖實驗」(holy experiment)之用，崇尚宗教自由及政治自由。

面對多種教派的互爭長短，交相希望居民入教，使教區牧師之傳教講道更不得懈怠；加上除牧師之外，別無他人可以分憂解勞（當時學校只是零星而已），又擔心受到蠻人的威脅，所以他們負擔之重，可想而知。不過

在新英格蘭的 Puritan（清教）牧師，大家集體行動，人數又比他地多，遂形成波士頓—劍橋一帶，變成文化的產生地而非消費處。Virginia 與英皇關係較密，但苦於教區牧師之短缺，教區又幅員遼闊，導致於牧師很少能家家照顧；1662 年時有四十五至五十八個教區，卻只有牧師十位；1680 年時，牧師才增加到三十五名。教區牧師受過大學教育，講道水平很高，有時還把宗教教學的內容全程包辦，從神學的探討、公共事務的研究、日常生活行為的檢視，到無精打采的純教義閱讀。

新英格蘭的教區教堂，通常有兩位牧師，一位叫 pastor（訓戒師），一位叫 teacher（教師）；前者主管勸戒及精神啟導，教會活動，信徒之道德規範，並拜訪家長；後者則負責教義解釋，定期講道，闡釋《聖經》要點，並給年幼者教義問答。不過，二者角色可以互換，並不單獨承擔各自職責。週日有早午講道，一週有時還有額外「講課」（lecture），大抵在週四進行，一兩小時不等。「水露計時器」（hourglass）是教壇中標準的裝備。授課內容包含神學、政治、個人的事宜，用語淺白明確，童叟皆曉，但仍以《聖經》之引用為主軸，教徒有時細細咀嚼其內容，獲益不盡。

講道之外，另有對幼童之教義問答，那也是牧師的主要工作。在 Virginia，早於 1614 年就有固定時間於週日下午進行教義問答活動，1619 年的法律，更希望全 Virginia 地區皆採行；1631 年該地區議會議決，每週日，教區牧師須以半小時或半小時以上，於晚祈禱文之前來檢驗、問答、並教導年幼及無知者十誡、信仰規約、及主祈禱文，認真聆聽他們對教義問答是否熟背。要求家長、師傅、及監護人，必須送子女、僕人、學徒上教堂學《聖經》，不得缺席；聽從牧師之教訓，違者遭斥。不過，學童獲得的知識猶如人們撒麵包屑給麻雀一般，既少又質劣。1671 年 Virginia 州長 Berkeley 感謝上帝，該州並無免費學校及印刷廠，並且期望一百年也不要有這些機構。「學習會帶來不服從的心態，邪說及教派充斥於世，加上印刷事業予以宣揚，對最好的政府也予以譭謗。上帝讓我們避開這兩種吧！」(Hughes, 244)

在新英格蘭，要孩童背教義問答，眾人認為是家庭職責而非教區牧師的任務。早年的法規曾如此明訂，但其後牧師的認真與家長的疏忽，使得局

勢改觀，牧師也承擔了教義問答之責。牧師多半在週日於講道之前或後，來了解孩童對教義問答書之領會程度。Massachusetts 於 1669 年，Connecticut 於 1680 年，殖民地行政長官皆要求教區牧師於週日向孩童作教義問答。教義問答，顧名思義，就是一問一答，很呆板也很機械，重覆背誦是當時的教學主要技巧。不過，經由背誦，則讀書、認識古文，也就順理成章。

牧師還向居民訓誡或作私人顧問或諮商，希望大家「在神寵中成長」(grow in grace)。犯教條者予以訓斥，甚至威脅要予以驅逐出教或拘送法庭。對十七世紀的美洲人而言，教會可以說是家庭之外唯一的聚會所，大家在教堂內交換意見與觀點，甚至利用教會作為交易的所在，如同市場一般，或是演講臺讓大家發表見解。在這種處境下，一方面不同生活型態的人湊合在一起，一方面也受束於牧師的教條規約，這就是宗教陶冶的實質內容。

印地安人及黑人也進行基督教信仰活動：

1.**印地安人接受基督教信仰：**教區除對歐洲移民進行宣教工作之外，原住民之接受基督教影響，則又是另一種歷史。第一批到 Virginia 的英人，狂熱的以為印地安人可以順利又快速的成為基督徒，認為蠻人渴望福音，體認基督教的優越性。1612 年，Alexander Whitaker 向祖國人士描述多采多姿的傳教給印地安人的事宜。他信心十足的說，紅人天生虔誠也馴良，希望祖國大力支持他向紅人的宣教工作。他也成功的使印地安酋長之子 Pocahontas 成為教徒；這位酋長之子也訪問過英國，造成旋風，更使得蓋一所學院於 Henrico 終告實現。但由於 1622 年的大屠殺，改宗紅人之事，功敗垂成。

其後，經過各種努力，印地安人改信基督教者日多，各界捐款者也不少，還擬在哈佛設 Indian College（印地安學院）；但仇恨卻也暗流洶湧，疑心日重。紅人教了白人如何種五穀，設圈套抓海狸，剝樹皮，雙方交流雖是相互的，但並不對等，埋下了日後衝突的種子。

2.**黑人之信仰基督教：**同樣的情形也發生在黑人身上。牧師向這批來自於非洲之黑奴傳教，內心充滿矛盾，他們認為黑人身為奴隸，是否夠資格成為教徒，只是受洗就可以自動解放他們嗎？ Virginia 於 1667 年時，認為經過洗禮並不能改變身受枷鎖的條件。

　　新英格蘭地區較無黑人入教堂的情況。John Eliot 說到黑人信基督教問題時，警告那些擁有黑奴的白人說：「不要以為萬能的上帝創造了成千上萬具理性的東西是無所事事，他們不是只為了替享樂主義者或拜金作風者的揮霍奢侈作服役而已。」這句引語的前半段是說黑奴，後半則指當主人的白人。要是主人願意送黑人到教堂來，牧師也會替他們傳播福音。不幸的是，這位也獻身於印地安人的基督化工作者，言之諄諄，但聽者藐藐；黑人自生自滅，只好在大環境中接受基督教文明的潛移默化了。

　　對紅黑兩樣人種之傳教，這位受過劍橋（1622 年畢業）Jesus College（耶穌學寮）教育的英人是主角。John Eliot 生於 1604 年，卒於 1690 年。曾因不遵英國國教而逃亡荷蘭，後決定移民到新英格蘭尋覓一塊宗教樂土，於 1631 年帶了一群六十人左右的同道，跨海渡洋；1631 年 9 月先到波士頓，作教區牧師，希望每一教堂都有「印地安人的使徒」；每次講道，都要使他的講壇如同發出閃光一般的照亮大地，務使年輕人免於因「病害意見而生壞疽」（gangrene of ill opinions），嚴厲的譴責誤入歧途者，勿中了惡魔的甜言蜜語陷阱。他參加過 Mrs. Hutchinson 的異端審判，宣稱她的解釋不能令人滿意。1642～1685 年還是哈佛的校董。主張用印地安語作為向印地安人傳教的工具，為印地安兒童發行書籍，教導他們，照顧其福利。總而言之，他不但關心白人之信仰，也同時把黑人及紅人包括在內，一視同仁。

三、教派林立

　　Anglican 及 Puritan 教會都早在美洲土壤生根，教徒熱心傳道並講學（教義），克服蠻荒障礙，建立基督社會。白人的價值觀及生活方式，不只從舊大陸轉移到新世界，也為美洲原住民的印地安人及遠自非洲來的黑奴所取法。

　　不過，這些類似廣義的普及教育措施，一開始即面臨棘手問題。一來，殖民地區的宗教派別五花八門，由下列數字就可見端倪：

表五　　1689 年殖民地教會所屬教派表

教派名稱	教會數
Anglican	71
Congregational	116
Baptist	15
Dutch Reformed	17
Presbyterian	15
French Reformed	12
Roman Catholic	9
Lutheran	5

此外，Quakers、Mennonites、Huguenots、Anabaptists、及 Jews，雖無正式的教會組織，也缺明顯的精神領袖，但各自的傳教活力，不下於有形的教會。族群習俗之維持，文化傳統的綿延，皆是各自教派人士的上帝使命。不過，⑴語言不同：至少有荷文、法文、與英文三種語文，加上美洲原住民母語；多語現象，極為顯著。⑵信仰紛歧：新教與舊教之對立，遵英國國教（如 Anglican）及不遵英國國教 (Nonconformist) 並存；共奉上帝及耶穌，閱讀《聖經》，但觀念及解釋互異。

其次，地方型色彩極為濃厚，各教會各自為政，不相連屬，也無上下之分。「特殊性」(particularism) 比較能適應地方個別狀況，但卻缺乏全體一致性的步驟。

最後，也因上述兩點，使美洲新大陸的政府無法產生統一型的宗教信仰政策，各種教派勢力擬壓抑或禁止其他教派之活動，都無法得逞。分殊、多元、甚至對立，是美洲宗教信仰的景觀。保守與開明作風，都在新大陸呈現。Nathaniel Ward 於 1647 年作如下宣布：「作為新英格蘭的傳令官，基於我的職責，代表本殖民地，我膽敢向世人告示，所有其他教派者都可以自由自在的遠離我們，且儘速離開，越快越好。」早在 1637 年 Massachusetts 的「國民議會」（最高行政官署）也明白說明，除非事先獲取正統教派的同意，否則不准住在該地。(Thayer, 7)

但是，開明派的 Thomas Hooker, Anne Hutchinson, 及 Roger Williams，也有不少支持者。加上經濟上的土地遼闊，產生粗獷的個人主義；富有商

人階級之興起，認定個人與政府是契約關係。祖國早有先例，英人不滿詹姆斯一世宣布君權神授，也把查理一世送上審判臺，只有上帝才擁有任意判決權。移居新大陸而於 1620 年乘坐《五月花》(*Mayflower*) 船者，強調人人平等，在船上，許多「陌生客」同舟共濟、共渡難關，抵達新天地。

1. Thomas Hooker 在 1638 年宣布，人民與官員之間的定義是「權威首先奠定在人民的自由同意之上」，「公共官員的選擇，落在人民手中，這是上帝默認之事。」「有權任命官員及首長者，也有權制定權力之範圍及限制。」(Thayer, 9)

2. Roger Williams 更企圖去除教會的勢力。Cotton Mather 說，Williams 是對教會的「第一個背叛者」(first rebel)。Williams 依據《聖經》作為辯論武器，基於宗教良心的自由，並主張政教分離 (separation of church & state)。John Cotton 說政府源於神意，Williams 同意此說；但他認為，上帝意旨在於政府要保護人民的肉體及財務安全和平，而不涉及到人民的精神及智力活動。「凱撒歸凱撒，上帝歸上帝」；依 Hobbes 及 Locke 之說，政府是應社會需要而生，「不然整個世界就像一個大海，人如魚，相互獵取，大吃小」。

「政」(state) 及「教」(church) 各司其事，互不侵犯。政府不能管宗教良心之事，政府也不可偏愛或支助任何一種宗教活動。改變別人的信仰，只好靠文字、語言、理念，而非靠武力。

其中，新教的兩大教派陣營，在政府權力分配上的看法，也南轅北轍：

長老教派 (Presbyterianism)：中央集權、代表制、聯邦制

公理教派 (Congregationalists)：地方分權、全民制、州權制（勢力較大、成為主流。）

第四節　中小學校

　　主啊！讓我們四處有學校吧！讓我們的學校校運昌隆！每一位成員回家，促成一所好學校在城鎮裡，在吾人去世前，可以很高興的看到在這塊墾殖地上，大家都積極的籌設一所好學校。

—— John Eliot

一、祖國中小學校教育

英倫的興辦中小學，係基於宗教及文化因素。自 597 年使徒 Augustine 來英開始，即有興學規劃；八世紀後半時，Alcuin 在 York 辦校，使英倫變成基督國度。

Augustine 不辱使命，抵英後獲 King Ethelbert of Kent 之幫忙，即以 Canterbury 作為傳教基點向四處擴散福音，建立教堂。為了培養後繼者，流利於 Latin 語文，熟悉基督教義之著作，並知曉羅馬天主教 (Roman Catholic) 禱告文，只好創設學校來達成此目的。學校課程就是古代的七藝──文法、修辭、邏輯、算術、幾何、天文、及音樂。

Alcuin 於 730's 年代在 York 的大主教堂教學，接受其師 Albert 的古典傳授。「求知若渴的心，受到各種教學的水流及各色各樣的雨露所滋潤，有文法規則，也有注入修辭的溪圳；在法律的磨刀石上磨得光亮奪目，唱著天籟式的聖詩，別人吹奏著笛子，在山丘上踏著抒情的步調。教師的教導，使眾人知悉上天的諧和，太陽及月亮的辛菩，天空的五帶，七星球及恆星之法則及起落，空氣之流動，海水潮汐之漲落，人、馬、家禽之屬性及形狀，並向眾人確認復活的嚴肅意義。最重要的是，開啟《聖經》著作中的奧祕，探索古代律法的深淵。他所看到的年輕人，都有才氣、具智慧，邀他們與他同伍，予以教導、養育、關愛；卷冊中學徒不少，技藝日有進展。」

其後數百年，此種教育活動持續進行，宗教目的是核心。中世紀時，大主教堂 (Cathedral) 有此種學習活動，其他教會、寺院、醫院、行會等也仿此。另外，有錢人或貴族聘教士準備為他的來生詠唱聖歌，這種社會習俗，也在中世紀大行其道；教士在詠唱之餘，教導附近孩童一些知識及技巧，使得古代的文雅教育及宗教情懷，二者合一。十二世紀大學成立之後，上述的教育活動轉而比較偏重拉丁文法的學習，Donatus 及 Priscian 等文法作品，廣為師生研讀。這些機構規模小、學生少，與家庭、教會、及學校，三者皆有關聯。

文法學校之外，另有「小學校」(petty schools)，提供基礎知識，讀寫算是基本科目。當然，宗教意味仍存。隨著工商貿易的繁榮，較世俗化及

Mary 皇后下令 Bonner 主教檢視所有教師及牧師有關他們的宗教觀點是否屬於正統，若稍有懷疑，就立即予以去職。伊利莎白登基時的 1558 年聖旨，也採取類似措施。1562 年國會通過法案，規定所有公私立學校教師都須宣誓效忠英皇，不可聽命於羅馬教會；1570 年女皇被羅馬教會下令驅逐出教，這是最嚴厲的處分，她也予以反擊，對教師之效忠女皇要求更為迫切；倫敦的 Bishop（主教）Alymer 於 1586 年要了解教師在「宗教、生活、及談話」中的真誠度，是否按時上教堂，參加聖禮朝拜，使用標準本教義問答書，甚至私人活動也不放過，並禁止與羅馬教宗有蛛絲馬跡的關聯。

當時的學校，一般而言，是指小學校 (petty schools) 及文法學校 (grammar schools)；前者注重讀、寫、算，以母語教學，修業二、三年，大家流行用 hornbook（角帖書）來教學字母及祈禱文，是文字學習的 ABC（初步），如 ba-bi-bo-bu, ca-ci-co-cu；是文字學習的初步。後者則加強拉丁文教學，另附希臘文及希伯來文。不過，二者之分野並不明顯。因為二者之教學所在，是家、店、聖壇所、及校舍。

文法學校之修業年限為七年，課程型態有八，大部分的學生並沒修完。年限長，科目又多，因此修畢者寥寥可數。科目也有八種「形式」(forms)：

1.低年級班 (lower forms)：《Lily 的文法》，拉丁語交談並作文，挑選拉丁名作，內容偏於道德格言之背誦，如《伊索寓言》(Aesop's Fables)，Cato 之 Distichs，Erasmus 之《會談》(Colloquies)，Terence 之喜劇，Ovid 之《書信》(Epistles) 及《變質》(Metamorphoses)，及《聖經》。

2.高年級班 (upper forms)：唸拉丁文，課本如 Horace, Virgil, Juvenal, Caesar, Sallust, 及 Cicero，且及希臘文文法初階。文學如 Homer, Euripides, Isocrates, Hesiod, 及希臘文聖經 (Greek Testament)，加上 Hebrew 文法。慣例是早上學文法，下午讀文學，週五複習或考試，週六作文，週日作宗教活動。教師多半擁有大學學位。

文法學校畢業生，大部分準備入大學接受高等教育。出身寒微家庭之子弟也不少，這種教育背景，影響了美洲墾殖地的學校教育。

二、殖民地的學校

北美殖民地區的教育型態，在十七世紀中葉以前，向皆採福音傳播方式，學校教育措施比較晚出現。隨著地方安定，居民自信心漸增的結果，學校教育的重要性越趨明顯。墾殖人士深悉，有形的教育較無形的教育有速效。在教徒與荒地的惡魔作戰稍有所成之後，學校跟著設立。Jonathan Mitchell 於 1663 年寫著:「我們在這個地區，是遠離文明世界的，因此更有必要盡最大的努力來促進知識學習，幫助所有人接受教育。否則墮落、野蠻、無知且無宗教將闖入來。」學校教育的功能，早是墾殖人士的共識，無爭議餘地。

1.**維吉尼亞:** 墾殖人士在移美搭上《詹姆斯皇家》(Royal James) 號船時，早已簽名捐款 70 英鎊，擬在 Charles City 建「公共免費學校」(public free school)，由 Reverend (牧師) Patrick Copland 所發起，Virginia Company 也捐了一千畝的地，來濟助一名教師與管理員，雇用一位木工與五名藝徒來建校舍，聘 Mr. Dike 為教師，選用教科書，取校名為東印度學校 (East India School)，卻未曾真正立校。由於處理不當，一些必備品也丟失在海中。1624 年，Virginia Company 決定，船上自願捐的錢，與其蓋一所學校，不如建一個醫院。

其他努力也未嘗稍衰，一位無名氏捐 550 英鎊作為教育之用，但結局卻去建了一座鐵工廠，將贏利所得來教導印地安學童。1622 年的大屠殺，此計畫也胎死腹中。1624 年 Edward Palmer 的遺囑中交代，要設牛津學堂 (*Acdemia Virginiensis et Oxoniensis*)，但卻無消息，1620's 年代在大屠殺之後，倫敦的冒險家並不把興學列為優先，他們希望興學應由當地墾殖人士來發動。

Virginia 的墾殖人士有了反應，1635 年名為 Benjamin Syms 者捐二百英畝地於 Poquoson，位處 Chesapeake 灣小支流; 指定八隻牛及生的小牛之價值來建一所免費學校, 教導 Elizabeth City 及 Poquoson 兩地附近的小孩。第一次生的水牛賣出的金錢，作為蓋一間教室的開銷; 其後生的小牛之售價，則可提供貧苦學童的就學費用。1643 年 3 月，Virginia 議會 (assembly)

鼓勵他人起而傚尤，表揚 Syms 的遺囑符合上帝旨意，校舍真的蓋了起來。數年後，可能受到此種精神感召，一位軍醫名叫 Thomas Eaton 捐了更多的財產，包括五百英畝的地，二十隻豬 (hog)，十二頭母牛 (cow)，二隻公牛 (bulls)，二名黑奴，作同樣用途，方式與 Syms 的學校同。當時州長 Berkeley 還感謝上帝，因在 Virginia 並無一所免費學校。這位州長於 1671 年在回答一項詢問問題時，突然說：「不過，感謝上帝，此地並無免費學校，也無印刷廠；我但願一百年以後也不要有這些，因為讀書會帶來異端，品德叛逆，教派也將出現在世界上；而印刷廠會洩露這些消息，且對最佳的政府予以誹謗，上帝讓我們遠離這二者。」

2.**新荷蘭**：荷屬西印度公司 (Dutch West India Company，設於荷蘭阿姆斯特丹) 及其在墾殖地的代表，一樣的對興學表現出極大的興趣。在 1664 年被英國逐出之前，已在十一或十二個荷蘭社區中建立了學校。在老祖國裡，荷人的學校教育熱忱不但不下於英人，且有過之而無不及。不過荷屬西印度公司的主要動機，在於吸引更多移民者，而非放在文化教育上。不管如何，該公司倒也在 1638 年的 New Amsterdam 上支助第一所市鎮學校的成立，負責教師薪水，且也鼓舞在市鎮郊區設校；1659 年，還在 New Amsterdam 設一所古典學校。

3.**新英格蘭**：情況與上述二地截然不同，設校之原動力非來自於祖國，而是源於殖民地的人士。Plymouth 殖民地成立時，並無學校，子女之教育重責落在家庭及教會上。不過灣區卻早就實驗各種正式的教育設計。Cambridge 於 1638 年以三英畝地永久作為市鎮公用，目的在蓋一所學校或學院。在 Massachusetts 墾殖的初期十年內，二十二市鎮中就有七個市鎮採取公共經費來興學。

1642 年的 Massachusetts 學校法 (School Law) 規定(1)培養學童有能力讀書，了解宗教原則以及本區的主要法律，否則接受處分；(2)無力上學者，可當學徒；(3)男女不可共處，否則易生頑皮、不誠實、及不宜的行為。(Gross and Chandler, 1964: 5) 1647 年，Massachusetts 在花了近十年的時光實驗各種不同的學校教育措施後，最具舉足輕重的是 1647 年 11 月 11 日，通過另一學校法：

惡魔這個老騙子有一項主要計畫，那就是讓人們不能接觸《聖經》。如同以往一般，把《聖經》要義用人們不知的語文來書寫，其後又慫恿大家少用該語言，因此至少《聖經》的原始要義及意旨，就掩蓋在由外觀看起來似乎是聖徒，但卻是騙者的詮釋之雲堆裡。其實，教會及國家內的學習活動，不應隨同先父們同埋地下。上帝支持吾人之努力。

基於此種理由，吾人下令在管轄區內，每當上帝准許人們增加到五十戶數時，就應在市鎮內指定一名教師來教導所有孩童的讀書及寫字，酬勞由雙親或孩童之監護人或一般住戶來支付。……戶口數如已到達一百，就須設一文法學校，教師之能力必須足以教導學生升入大學。任一市鎮忽略此法超過一年，則須罰款 5 英鎊，交給鄰近學校，直到自己市鎮能履行職責為止。

此法公布後的最初十年，當時超過一百戶的市鎮共有八個，皆符合規定設文法學校；超過五十戶的住區，則只有 1/3 市鎮設小學校。Connecticut 於 1650 年也訂了相同的法律。Plymouth 於 1658 年設小學校，1677 年規定超過五十戶數的住區，要設一文法學校。1689 年時，Virginia 有學校六所，Maryland 有一所，New York 有十一所，Massachusetts 則有二十三所。其中尤以 1642 年 Boston 的文法學校最為出色，該校培養出美國獨立宣言的學生 Benjamin Franklin, Samuel Adams, John Hancock, Josiah Quincy, 及 Robert Treat Payne。星條旗在校園飄揚後，也造就出 Ralph Waldo Emerson, Charles Francis Adams, Henry Ward Beecher, 及 Charles William Eliot, George Santayana, Leonard Bernstein 等名人。

辦校初期，皆非靠稅收，卻是由一些人的捐贈，如金錢、田地、家畜。捐贈者之孩童入學免費，其他則要交錢。

學校經營方式不一，但課程倒一致。先教字母 (alphabet) 及音節 (syllables)，以角帖書或 ABC 為教本，然後讀教義問答書、初級讀本 (primer) 或《聖經》詩篇 (Psalter)，文法學校注重學拉丁文，也包括希臘文，有時還涉及希伯來文；目的在入哈佛。1655 年的哈佛入學規定是，學生須會研讀並

了解 Cicero、Virgil 等古典作家之作品，會寫會說拉丁詩詞 (verse)、散文 (prose)，用希臘文造句合乎文法，分析 Greek Testament 及 Isocrates 等詩人之詩作。拉丁文文法採用 Lily，也用 John Amos Comenius 之《世界圖解》(*Orbs Pictus*, 1659)，《伊索寓言》(*Aesop's Fables*)，Erasmus 之《會談》(*Colloquies*)，然後精選 Ovid、Cicero、Virgil、Horace，及 Juvenal 作品；希臘文法學了之後、乃研究 Homer、Hesiod、Isocrates、及 Greek Testament；Hebrew 在文法學校比較不強調，但大一時因清教徒側重原典《聖經》的研讀，加上校長 Henry Dunster 及 Charles Chauncy 更感興趣，而地位大增。

仿祖國方式，文法學校修業七年，注重虔誠 (piety) 及儀態的端莊 (civility)。學習材料以一年為一單位，學生視個別狀況進進出出，即令休學一年，來年入學，在課業進度上也不成問題。1684 年在 New Haven 的 Hopkins 文法學校 (Grammar School) 最為典型，該校給那些前途最有希望的年輕人來學習 Latin 及其他古文，以便作為日後入大學或服公職、或為教會服務之用。師生早上六至十一點，下午一至五點（夏天，冬天則改為四點）進行教學活動，先教簡短的禱告詞 (prayer)，週日複習，週六下午一至三點背教義問答書，注意行為品德，違者開除。

Hopkins 的文法學校，不收女生，也拒絕未唸好英文的男生。學校人數不多，大概四十名學生左右。教師素質，參差不齊，有稍識字的家庭主婦，也有大學畢業生。虔誠是基本要件，宗教正統信仰不可或缺；但 Rhode Island 重視宗教寬容，Maryland 則仰賴羅馬教宗，是兩個例外。知識要件，則是熟悉古文學及語言。務使學生不得信仰不堅、行為出醜、未依基督規則。教師具備條件算是嚴苛，但薪水卻微薄，一年收入平均從 10 英鎊到 50 或 60 英鎊不等，前者是付給鄉村小學校負責讀書寫字的老師，後者是給有名的文法學校教師；此外，另有特別的獎助或福利，如贈地、給屋子、供燒火用木頭、學費分紅、免稅免兵役等。當時勞力嚴重欠缺，此種誘因吸引不住優秀人才投入教學行列，導致師資不足，只好用兼職或暫代（客串）方式解決。其實客串方式是一項福音，1642～1689 年，哈佛有 1/4 的畢業生，在接受正式宗教職務訓練或在等候職業之前，擔任過一段時間的教學，這股資源，就是師資人力的供應站。不過，繼續保留在教學職務上的哈佛

畢業生，則只有 3%，其餘皆就醫、商、公職、及教會職務了。在十七世紀，這些職業的年俸皆高過教師；也因此，挖走了大量的好教師離開教職。兼職之風在殖民地時代頗盛，律師、醫生、法官、軍官兼作教學工作者很普遍，甚至釀酒者、裁縫師、旅店老闆、及挖墳者，也可兼差充當教師職。

當時名師也有一些，其中以 Ezekiel Cheever 最為突出。較佳的師資皆出身哈佛，但 Cheever 卻在祖國接受教育；大部分的教師皆視教職為客串，他卻視為終生志業；絕大多數教師收入奇差，他卻在 Boston 免費學校 (Free School) 獲年薪 60 英鎊；不少教師之名聲四播，但範圍只在該地而已，他卻是全新英格蘭人人皆知的名師。1615 年 1 月 25 日生於倫敦，父執紡織業，上過 Christ's Hospital 及 Emmanuel College (Cambridge 大學)。1637 年跟一批人移民到 Massachusetts，如同 Cotton Mather 其後所描述者，他「跟著這批好人，心中憧憬著一片平和的分離地，在美洲蠻荒所在，尋覓在此作純福音傳播，奠定信奉偉大救贖者的機構」。隔年與 John Davenport 及 Theophilus Eaton 轉到 New Haven 創辦一所學校。他本人並不富有，但卻對公共事務極為積極，參與教會募款工作，在 Ipswich 先作一名文法學校教師，吸引了附近學童入學，當地有一名富商捐資興建一棟學校建築物及教師宿舍，面積是兩英畝。十一年之後轉到 Charlestown，力爭學校設備的改善，要求付薪 30 英鎊（一年）。不久，Boston Free School 邀他去接替 Benjamin Tompson 的缺，年俸 60 英鎊，還擁有校產，使用校屋。1671 年 1 月履新職，直到 1708 年去世為止，都在該校任職，享壽九十三歲。

根據各項資料報告，Cheever 是傑出教師。他的教學法，可由《語形變化》 (Cheever's Accidence) 中看出。該書是教科用書，1709 年編輯完成，由其外孫 Ezekiel Lewis 幫忙協助。他的教學效果，從他所教過的學生大部分皆入哈佛就可以看出。尤其 Cotton Mather 的詩，更能彰顯這位名師的特有品味：

> 一位學者精通各種語言，
> 獲得知識寶藏，語言是鑰匙。
> 他善於教導我們，領會是要旨，

將如金的鑰匙置於我們手中。

要不是他，我們對讀書形同啞巴，

也如土耳其人一般說不出話來。

文法早已絕響，但在他的腦裡，

又重新點燃起燭光；

修辭似早被剝去得意的榮耀，

但從這位教師的衣櫥裡，

卻供應修辭，應有盡有。

這位教師名為 Cheever，名聲四播。

一聽其名，就如同重述好聽的 Latin。

虔誠的教徒，學富五車；

填滿了好奇求知者的裝備。

修改學生的寫作、體裁、與格調，

現在，羅馬及雅典從廢墟中重建；

柏拉圖時代再生，吾人不用驚奇。

在我們的校內，奇蹟已生；

死語文復活，此事已成真。

他熱愛工作，喔！我們也相似！

不敢遊玩嬉戲，不然我們對他忘恩負義。

工作仔細安排妥當，

勤快如同遊戲之樂趣；

小夥子多虧他的親切照顧，

一群孩童也作了不太寧靜的禱告。

若是缺乏此種學校的教導，

羅馬天主教大教堂 (Lateran) 也將窩藏不少貓頭鷹。

愛拼才會贏，我們還好有個 Cheever⋯⋯。

在新英格蘭、美洲大陸，

教導文法，《聖經》就是神聖的文法。

規範了說話法則及內容；

也指導了 Lily，傳播福音。

拯救貧窮子弟獲取神恩，

糾正字句，獲益良多。

從 Tully 的 *Offices* 學了不少，

但由他的地方學了最多。

更上一層樓，則學 Cato，耶穌之訓。

靈魂得救！

另外也研究 Ovid 的《變質》(*Metamorphoses*)，

他要求我們自己造句作詞，不可有一閃失，

老師不准我們徒勞無功。

三、結語

　　英美相距三千英里。十七世紀的英國，教育有了大變革，此種教育變革也流傳到美洲大陸，但有修正也有補充。不過，認定學校教育是提升虔誠及品德的基礎，則是兩地人民的共識。殖民地人士堅信讀書之重要性，此種認知在荒野地帶實難能可貴，各地興學就是最確切的證明。Nathaniel Bacon 持續不停的向 Governor Berkeley 州長質問：「政府到底提升了什麼技藝、科學、學府、或製造業？」

　　無論如何紮根，時人總把學校教育當成促進大一統的工具，教育變革就在殖民地上制度化了；也因此在祖國復辟文教轉趨後退時，殖民地則照常推行，那是制度化的結果，美洲也就享受到一些古典時代的教育了。學校教育制度的建立，使教育更為社會化，比較能夠免於某一特殊家庭或教會的限制。甚至因為學生之流動，從甲校轉到乙校，因此也能擺脫某一學校教育的狹窄教化影響。開啟新觀念的門窗與管道，現象更為明顯。

　　各社會機構皆扮演教育功能，彼此界限頗難劃分；教育不只在課室裡進行，同時也在廚房、教堂、牧師住宅、公共聚會堂、田野小棚、市鎮店舖中進行，學童無處不在接受教育，教育也無所不在。學校教師、父母、家教、牧師、小販、醫生、律師、技藝工匠、店東等人，皆負有教育任務，

方法是採個別式的。不過，殖民地人民越來越看重學校教育的重要性。墾殖國的公司、立法單位、各地法庭，皆關注教育活動，大家出錢出力的結果，所謂「免費學校」(free school) 這個名詞，出現在 Massachusetts 的有些地方，免費是指捐資興學者之子弟免費入學，如 Roxbury；有些地方則是貧窮者入學才免費，如 Salem；有些則限定免費學童人數，如 Ipswich；有些地方則全部學童皆免費入學，如 Dedham。經過數年之努力，最後這一項免費概念，已擴及到全部殖民地區。

New England 之外，教育發展所呈現的進步，沒有如此明顯，不過引起的「公眾關注」(public concernment) 則頗為一致。1661 年 Virginia 一項胎死腹中的努力，擬興建一所學院及一所免費學校，來「增進學術，提升虔誠，並供應具有能力也能成功扮演牧師角色之用」。1671 年 Maryland 也有雷同之打拼，且教師證書頒授權擬由教會手中轉移到俗世人士手裡；雖皆功敗垂成，但教育已成為大眾注目的焦點。

最後，學生來源也是一大問題。十七世紀時，入英語學校的管道已越來越多，學歷已取代了社會身分，至少白人社會即如此，但印地安人及黑人子弟之入學問題較為複雜。1622 年的種族大屠殺之後，有色人種之教育不進反退。征服他們易，教化他們難；印地安人粗魯、野蠻、赤裸、散布各地，人數不多，這有助於白人之戰勝印地安人，卻不利於使他們文明化。征服可以一舉成功，教化則頗為緩慢，費時頗長，且費力最多。在新英格蘭，白人對印地安人及黑人之教育可能性，觀點並不明確，但倒是有日漸增加的有色人種孩童入學。1650 年時，黑人、紅人、與白人孩童一起入校，哈佛校規在該年也提及該大學「教育了英人及印地安學生」。1653 年新英格蘭的 SPG (Society for Propagation of the Gospel，福音傳播協會) 請求在哈佛設一個印地安學院 (India College)，不久，課程也出來了，特選一批年輕的印地安學生先入預科，即劍橋文法學校 (Cambridge Grammar School)，由 Elijah Corlet 負責，在 Roxbury 則由 Daniel Weld 掌管。其他地區並無此成績，黑人入學更少。對有色人種之教育，牧師居功最偉。

第五節　大學院校

> 今年，雖然朝聖人民的家產消耗了不少；不過如果從積利於基督教
> 會及政府的角度來看，由於主的賜福，在教育上這批人民建立了一
> 所大學；神意也插手，認可此項工作，遣送一位忠誠的信徒，即大
> 家尊崇的 John Harvard 先生，加入位於 Charlestown 的基督徒行列，
> 在他突然告別人世時，遺贈近 1000 英鎊的錢來協助該項工作。政府
> 因此認為應該取該校之名為哈佛學院 (Harvard College) 以資紀念。
>
> —— Edward Johnson

一、英國的大學

　　英國的大學教育，起源不明。一派學者認為牛津 (Oxford) 地區於十二
世紀時，快速的進行神學研究而起，有 Beaumont Palace 及 Abingdon 寺院，
又有 St. Frideswide 之僧侶教學，及當地數個傳統教會的宗教活動；另一學
派則明確指出，由英赴法求學的學生，在巴黎大學於 1167 年時奉召回英，
這是 Canterbury 大主教 Thomas à Becket(1118～1170) 與英王亨利二世
（HenryII，1133～1189，在位期間 1154～1189）長期熱火沸騰的爭執（前
者被殺）所得的結果。不管如何，位於牛津的學風，慢慢蔚成高等教育的
聚會所，即學者的組合 (*studium generale*)，在十二世紀末出現；並且在 1209
年，附近的劍橋因牛津發生市民與大學生 (town-gown) 之吵鬥，也成立第二
所學者的組合，這個事實，有明顯的史料可徵。

　　各大學成立的特殊條件各有差異。但中世紀出現的大學，如英國的兩
大學及法境的巴黎 (Paris) 大學，皆是十二世紀文學再生的產物，不只七藝
復活，使得亞里斯多德 (Aristotle)、查士丁尼一世 (Justinian)、伽林 (Galen)、
希波克拉底 (Hippocrates)、歐幾里德 (Euclid)、及托勒密 (Ptolemy) 再世，
且新法律、新哲學、新科學陸續現身。新知、新師生、及新學術重鎮也登

上舞臺，波隆尼亞 (Bologna) 的法學，沙列諾 (Salerno) 的醫學，巴黎的神學，是三個母大學。為了適應時代要求，大學組成集團 (gilds)，來促進且保護師生的權益；巴黎大學形成以教師為中心的集團，Bologna 則是以學生為主的集團。教皇或王室給予立校特許狀，大學從此制度化，也安頓了下來。文、法、神、醫四個教授團也伴隨而生，這是現代大學的雛形。

　　牛津及其後幾乎仿牛津而成立的劍橋，慢慢的成為典型的中世紀大學。現存最早的規章，年代是 1253 年；教皇的授權，始於 1254 年。課程因不同學位而異，這是學巴黎大學的，不過較有彈性。巴黎大學的課程是：

　　　　文科先唸文法，Priscian 及 Donatus，

　　　　邏輯則攻讀亞里斯多德及包伊夏斯 (Boethius)，

　　　　修辭以亞里斯多德、西塞羅、包伊夏斯為主，

　　　　算術及音樂，研究包伊夏斯，

　　　　幾何則從歐幾里德取材，

　　　　天文是托勒密的天下。

　　另有三類哲學——自然哲學、道德哲學、及心靈哲學，則以亞里斯多德為宗師。修業第二年後，學生參與辯論 (disputations)，修業第四年則以讀課 (lecture) 為主。

　　醫學研究環繞在 Galen 及希波克拉底的著作，佐以其他如發高燒及藥理方面的書；神學則取 *Bible*、Peter the Lombard 的《法條宣判》(*Sentences*)；在民法及宗教法上，Justinian 的《民法》(*Corpus Juris Civilis, Body of Civil Law*)，Gratian 的《宗教法大全》(*Decretum*)，Gregory IX 等人之《律令》(*Decretals, Decrees*) 是核心教材。

　　牛津大學的課程設計，也如同上述；各地的大學也大同小異。如此，師生可以方便轉學。不過有兩件事情的發展，牛津卻別樹一幟：一是「學寮」(college)，一是「法學屋」(Inns of Court)。茲分述如下：

　　1.就「學寮」來說，十二世紀的巴黎大學就出現這種建築物，來滿足大學生的迫切需要；遍布於全歐的十四或十五歲年輕學子來大學就學，大學本身並無義務提供吃住，因此，宿舍 (dormitories) 或廳堂 (halls) 就蓋了

起來，稱為「住所」(*hospitoa*)。大學生在上課或參與辯論期間，就住在「住所」裡。十二世紀末，不少「住所」或「學寮」(*collegia*) 在大學附近到處可見，給貧窮學生免費吃住，捐資者聘請一位教師或管理員作一些管理工作。不過一開始，大學的教學活動是在外頭進行，並非在任何「住所」或「學寮」內。

在英，一群學子常租一個廳堂共住，大家分攤費用，其中選出一位叫做學寮長 (principal) 來代表學寮，與歐陸一般。原先教學也在外頭進行，但時過境遷之後，學寮之收入是供應年輕的文科教師之主要財源。文科教師不能享有聖俸，也無法從學生繳交的讀課費中獲取分文，這兩項收入是最為穩固可靠的。文科教師只好在學寮教學，學寮的用途就慢慢變成不只是單純的住宿了。但是此種演變，並非一日可就，至少到了十六世紀早期，大部分的大學生及教師還都住在私人居處。不過，學寮內倒有少數優秀分子在教會掌大權，而且也有一些傑出的贊助者，他們在中世紀時代熱心興蓋學寮而非大學。

2. 與學寮演進密切相關的，就是「法學屋」，此種現象，十足的反映出英倫與歐陸在法學系統中的重大出入。在歐陸，大學設有法科研究科目，主教羅馬法（即民法）及宗教法。歐陸大都會的大學皆有法科，在英則不然。英倫的羅馬法被抵制而注重本土法，主要採自 Anglo-Saxon 判例及法條，但海軍法 (admiralty law) 及宗教法 (canon law) 例外。法庭審理案件，與大學所教的法理，二者分道揚鑣。律師本身養了一群學法藝徒，這些藝徒也要吃住，吃住所在，即稱為「法學屋」(Inns of Court)，Inns 形同 college，一方面是吃住場所，一方面也是教學場所。

Sir John Fortescue 有一經典著作，在論英國法律時，描述了 Inns 的狀況。該著作寫於 1468～1471 年之間，他說：「英國法律之教學，是在公共學苑 (public academy) 進行，比任何大學更方便，也更適合。學苑通常分由十所較小的學校或四所較大的學校組成，前者稱為 Inns of Chancery（檔案館），後者叫作 Inns of Court（法學屋）。學苑通常位於王宮附近，天天有訴訟案件在那辯論，法科學生蜂湧而來。學苑除了教法律之外，也兼及儀態、舞蹈、歌唱、以及所有的各種遊戲，但必須與高貴氣質有關，如同在王室

裡的一切活動一般。」

　　證據顯示，十五世紀末期，Inns 發展到黃金時段，貴族中的精英在 Inns 裡接受抗辯及辯護的實際演練後，就可以到王室服務。這種既方便又實用的教學，兩大學盡付闕如，尤其兩大學在 Lollard 事件時，遭受正統當局的猜忌與壓抑，大學負責人經常不在校，疏忽其職責；大學課程又充斥著教父哲學。加上只要能攀附教會關係，就可免除學位的規定。這些不正常的現象，都阻礙了學術的發展。不過不管如何，在中世紀時，兩大學及 Inns 都是吸引學子探討知識的所在。

　　Inns 與大學二者之整合，使之變成社會組織脈絡中的一環，是 Tudor 及早期 Stuart 時代社會轉型中最重要的事件。1480～1640 年之間，英國高等教育也因此發生了重大變遷。

　　第一、大學形同文法學校，漸漸世俗化。十五世紀末，教區教會之掌控大學，已時不我予。牛津本受 Lincoln 主教之指揮，劍橋原受 Ely 主教之使令，但在牛津發生與 Archbishop（大主教）Arundel 之衝突後，兩大學之管轄權，從十五世紀開始，已漸漸的由教會轉到皇室，更不用說亨利八世與羅馬教皇公開決裂之後，兩大學已完全不受羅馬教會的宰制了，而完全落入英皇手中。皇室可任命王公大臣來視察兩大學，重要的非教職人員也加入視察行列；最明顯的莫過於 1535 年，英皇指派一位世俗人士 Thomas Cromwell 為劍橋校長。

　　同時，國會於 1571 年通過立法，兩大學變成英政府的正式機構，由英王授予大學權利及自由，並負擔經費。這些原本是教會承攬的，現在皆轉到政府身上。詹姆斯一世（James I, 1566～1625，在位期間 1603～1625）國王更在 1604 年賜兩大學在國會有代表席位，視大學如同古代封邑一般，而非屬於寺院或教會財產。士紳貴族及富商斥資重建老學寮，並新蓋宿舍，也在 Elizabeth 及 Stuart 早年時代，變成一股熱潮；慷慨興學，蔚為風氣。

　　第二、十六世紀末及十七世紀初，學寮從小規模又孤立自足的社會單位，也是大學的邊緣配角，搖身一變而成為英國高等教育的主角。在伊利莎白登基之前，捐資者即把巨額金錢拋擲在新舊學寮的建築上，學寮又收取願付費的學生。原先寄居於大學附近租屋而住的學生，幾乎都變成學寮

的主人了。不只學寮建築醒目，性質也丕變。1570 年伊利莎白同意也確認
學寮負責人掌有劍橋大學實權，這是劍橋大學校長 William Cecil 及三一學
寮 (Trinity College) 教師 John Whitgift 雙方共同努力的成果；牛津大學的校
長 William Laud 於 1631 年也作過相同的奮鬥。值得一提的是，學寮在大學
教育的分量加重之時，法學屋的分量卻日減。原因是十六世紀時，法律訴
訟只重形式而非強調實質，不必實習或研究，照樣也可履行辯護功能。

　　第三、十六世紀末及十七世紀初的大學演變中，比較突出的是入大學
及法學屋的學員，人數多，品質雜。除了窮人之外，自耕農、技工，甚至
佃農，官冊中凡有土地的子弟，也可入學，更不用說士紳、商人、及專業
家庭之子弟了。

表六　　1560～1699 年英國高等教育資料表

年　　代	入大學數	入法學屋數	私人自家教育數	總　　數
1560～1569	約 654	80	50	約 780
1570～1579	約 780	79	50	約 910
1580～1589	770	103	40	910
1590～1599	652	106	40	800
1600～1609	706	119	40	860
1610～1619	884	140	50	1,070
1620～1629	906	120	50	1,080
1630～1639	1,055	137	50	1,240①
1640～1649	557	109	100	770②
1650～1659	753	118	80	950
1660～1669	740	118	※ 110	970
1670～1679	722	124	※ 160	1,010
1680～1689	558	119	※ 170	850
1690～1699	499	95	※ 230	820

※包括入 academies 者。
①人數最多的 1,240 人中，430 名服務於教會職，160 名從事律師，30 名是醫生，其
　他約一半的人數則謀教師職、從政、經商等。
②革命後，人數頓減。

　　第四、課程有了根本的改變，尤其是文科。學寮及法學屋的重要性大
增後，非學術性的教育活動大大增強其活力。儀式、非正式的討論、天天
進行的社交 —— 這就是 Cotton Mather 日後稱呼的「學寮式的生活」(Colle-

giate way of living) —— 與正式上課，二者並駕齊驅，分庭抗禮。其次，訓誨師 (tutor) 的地位也高漲。隨著圖書館所藏印刷的書日多之後，訓誨師又有權處置這些書籍，教學比較彈性，也比較個別式。新科學、數學、現代外語等新課程就出現在校園裡，孕育諸如培根 (F. Bacon)、霍布斯 (Thomas Hobbes)、密爾頓 (John Milton)、及韋伯斯特 (John Webster) 所鼓吹的新知。

傳統中世紀留下來的三分天下局面，開始重新洗牌。政府、教會、大學 (imperium-sacerdotium -studium ,state-church-university) 已非等邊三角形了。但吾人也不能說，一夜之間，大學就變成科學及哲學的重鎮。不過，大學至少也能滿足當時師生的求知欲。

二、墾殖地區的高等學府

美國教育史學者 Dixon Ryan Fox(1887～1945) 指出，由英轉向美的文雅及專業知識，經過四個不同的階段。第一、在英大都會受過良好訓練的人，到美殖民地定居執業；第二、上述的子弟回英接受訓練後返美；第三、高等學府在美出現，型態仿英，教師也來自英；第四、美本地的高等學府羽翼已豐，美本土自己培育教師。Fox 的觀察，具有參考價值，但有數點應予以補充。以下就上述四點予以敘述：

第一、不錯，殖民地本來就是由英大都會的人來墾殖的，這些人大半受過良好教育。當初清教徒於 1646 年以前，「大移民」(Great Migration) 到新英格蘭的英人中，至少有一百三十位受過大學教育，其中有一百位是劍橋出身，三十二位是牛津畢業（有的人唸兩所大學）；八十七位擁有 B.A. (Bachelor of Art，學士) 的學位，六十三位有 M.A. (Master of Art，碩士)。九十八名到新英格蘭後服教會職，二十七位作公務員，十五位當老師，五名經商，三位行醫（有人身兼兩職，且幾乎大家都兼農夫）。1660 年英王 Charles II 復辟 (Restoration) 之前，有四十三名返英；留下來定居者，在當時新英格蘭人口約二萬五千中仍令人注目。

表七　十七世紀英劍橋大學課程表

年級 學年	月份	早課	午課
第一年	1	Logic 1	Th omas Godwin, *Romanae histsriae anthologia*
	2		
	3		Marcus Junianus Justinus, *Historiarum Philippicarum*
	4	Logic 2	Cicero, *Epistles*
	5		D. Erasmus, *Colloquies*
	6		Terence
	7	Logic 3	Alexander Ross, *Mystagogus Poeticus*
	8		Ovid, *Metamorphoses*
	9		Greek Testament
	10	Ethics	Terence
	11		Cicero, *Epistles*
	12		Erasmus, *Colloquies*
			Theognis
第二年	1	Physics	拉丁文法、Greek 文法
	2		Lorenzo Valla, *De elegantia linguae Latinae*
	3		Franciscus Vigerius, *De Praecipuius Graecae-dictionis idiotismus*
	4	Logic、Ethics、及 Physics	Cicero, *De senectute、De amicitia、Tusculanae quaestiones、De oratore、Aesop's Fables*
	5		
	6		
	7	Metaphysics	Florus、Sallust、Quintus Curtius
	8		
	9		
	10	各科之辯論	Virgil, *Eclogues* 及 *Georgics*
	11		Ovid, *Epistles*
	12		Horace、Martial、Hesiod、Theocritus
第三年	1	辯論	Nicolas Caussin, *De eloquentia*
	2	Ju lius Caesar Scaliger, *De Substilitate*	
	3		
	4	Aristotle, *Organon*	Cicero, *Orations*
	5		Demosthenes, *Orations*
	6		
	7	Aristotle, *Physics*	Famianus Strada, *Prolusiones academicae*
	8		

	9		Robert Turner, *Orationum*
			Quintilian, *Institutio oratoria*
	10	Aristotle, *Ethics*	Jurenal、Persius、Claudian,
	11		Virgil, *Aeneid*
	12		Homer, *Iliad*
第四年	1	Seneca, *Quaestiones natu-*	Hans Cluver, *Historiarum totius mundi*
	2	*rales*	*epitome*
	3	Lucretius	Suetonius
	4	Aristotle, *De anima*、*Decaelo*	Aulus Gellius,
	5		Macrobius Saturnus
	6		Plautus
	7	Aristotle, *Meteorologica*	Cicero, *Orations*、*De officiis*、*De finibus*
	8		
	9		
	10	Marcus Frederik Wendelin,	Seneca, *Tragedics*
	11	*Christianae theologiae*	Lucanus
	12		Homer, *Iliad*、*Odyssey*

新英格蘭以外的殖民地，受過大學教育的人則較少。1646 年時，Virginia 至少有二十八位大學畢業生，全都是教會中人，其中也有人兼作醫生或政府官員。

第二、由美回英接受牛津及劍橋大學教育者，兩大學也樂意收哈佛大學的畢業生。1660 年時，至少有十二位哈佛畢業生在英兩大學獲 M.A.，也有人在倫敦上法學屋 (Inns of Court)。

1. 維吉尼亞人 John Lee 於 1658 年上牛津, Ralph Wormeley 於 1665 年上牛津, Henry Perrott 於 1673 年上劍橋, 隔年上 Gray's Inn, William Spencer 於 1684 年入劍橋, 次年上 Inner Temple。(Inns of Court 有四, 即 Inner Temple, Middle Temple, Lincoln's Inn, 及 Gray's Inn)

2. 新英格蘭人 James Ward 搶得先機, 在英兩大學宣布樂意收哈佛學生入學時，即於 1648 年入 Magdalen College, Oxford。Sampson Eyton, Henry Saltonstall, William Stoughton, 及 Joshua Ambrose 也到牛津進修。John Stone, William Knight, John Haynes, 及 Leonard Hoar 在劍橋。入 Gray's Inn 者有 Sampson Eyton (1658) 及 Stephen Lake (1668), 入 Middle Temple 者有 William Wharton (1681)。

此外，Samuel Mather 及其弟 Increase Mather 從 Trinity College, Dublin 大學獲 M.A.，而 Nathaniel Brewster 也在 Dublin 獲神學學士學位。

Samuel Bradstreet，Leonard Hoar，及 Thomas Oakes 在英學醫後返美開業，當時有不少人留在英執壺。

不過，由美赴英，這趟旅途充滿變數，費用又高，回祖國深造者只是少數；在美土生土長的英籍移民，倒是留在殖民地居多，他們希望學一些實用性的職業科目，如法律及醫學，而那種純理論或系統化的教育，比較不適宜於美洲殖民地的需要。就法律而言，去英的大學生，喜愛上法學屋，若留在哈佛，也可自唸一些法律書籍，或當律師助手。從學醫來說，也是如此；1689 年之前，美雖無醫院，但擬當醫生者也去已開業的私人醫生處作實習醫生。從事教會教職就比較困難，一定得受過正規的教育，因為英荷兩國皆極注重牧師工作的神聖性及資格性。

理論式的大學教育，轉變為較具實用性，因為在殖民地受過高等教育的人，多半身兼數職，如：

Massachusetts 的 John Wilson 是牧師、醫生、Medfield 校長 (schoolmaster)，從 1651 年到去世共四十年，皆如此。Thomas Thacher 是牧師兼醫生，先在 Weymouth 後到波士頓，著有 *A Brief Rule to Guide the Common People of New-England How to Order Themselves and Theirs in the Small Pocks, or Measels* (1677)，是美第一本有關處理天花及麻疹等醫學方面的書。Leonard Hoar 於波士頓作牧師兼醫生，還當 Thacher 的助手，1672 年接哈佛大學校長。John Rogers 於 Ipswish 也是牧師兼醫生，1682 年為哈佛大學校長。羅德島 (Rhode Island) 的 John Clard（與 Roger Williams 被波士頓當局驅逐），在 Newport 教會當牧師兼醫生。Virginia 的 Robert Paulett 於 Jamestown 在 1619～1622 年之間，也是牧師兼醫生；Nathaniel Hill 則於 1686 年之後，在 Henrico 當醫生及教師。這種現象，馬偕 (Mackey) 在臺灣也如此。

高等教育之較為就業取向，可以在 Harvard College 成立時的規章看出痕跡。「上帝帶我們安全抵達新英格蘭，我們建好了家園，生計無虞，找到方便的地方蓋了教堂，治安也委由政府處理之後，其餘一件亟應作的事，也是寄望的事，就是增進知識並永世繼續終生學習。」因此，1636 年 10 月

28 日 Massachusetts 的「國民議會」(General Court) 乃「同意提供 400 英鎊，來籌設一所中小學校或學院；隔年又撥 200 英鎊，完工時再撥 200 英鎊。下次的議會再決定校地及建築模式」。一個立法機構成立未及八年，即成立一所學院，而該學院的所在地，殖民時間也未及十年。這在現代殖民歷史上，都是史無先例。

其實，1636 年的努力，並非試圖在殖民地建高等學府的第一次。Virginia 的 Henrico 更早籌備一所大學，但一事無成，前已敘述。1622 年多達 2,000 英鎊的捐贈有了眉目，建校委員會也有了譜，Virginia Company 維吉尼亞公司劃定一大塊土地作為建校指定地點，圖書設備也有了些，宗教聚會場所更無問題，且任命 Reverend（牧師）Patrick Copland 為校長 (rector)；但 1622 年的印地安大屠殺，Virginia Company 解體，使得籌建計畫慘受重創，一蹶不起。留在英但卻是麻州灣區的繁榮推動者 John Stoughton，也在 1634～1636 年之間想要「找一塊地建校來學習語言，教導白人及外教子弟，並且把印地安學童也包括在內，只要他們落入吾人手中，再多也應予以教導」。上述學府特別提出，應該收容非白人學生。

Harvard 之設立，代表美洲本土人士的奮鬥成果，不只造福給殖民地人民，且也利及英國人民。本校仿自英國，具有「先知」(prophesyings) 意味。伊利莎白時代，大學皆有此色彩，皆在培養傳教士。1570 年以後，清教徒感受到信仰統一 (uniformity) 的壓力日增，乃利用此潮，把「先知」轉化為「先知學校」(schools of the prophets)，不只培養了名牧師如 Henry Smith, Robert Browne, 及 Lawrence Chaderton；且也籌建了此種性質的學寮，其中最有名的是劍橋大學的 Emmanuel 學寮，1584 年由 Sir Walter Mildmay 所建；及 Sidney Sussex 學寮，1596 年由 Sussex 的伯爵夫人（Countess Sir Philip Sidney 之姑姑）所建。Mildmay 希望 Emmanuel 學寮來培養傳教士，「一下子就能變成知識豐富、熱心十足、及教導一切學問者所應知的領域，但必須應用其所學為改革信仰而服務。」伊利莎白女皇有次與他談話，內容頗具意義：「Sir Walter, 我聽說你為清教奠定了基礎，設了一所學寮。」Mildmay 的回答更有意思了：「不，皇上! 陛下所定的法條，臣絕不敢不遵。不過，臣只不過是下了一顆橡樹種子 (acorn)，當長大成為橡樹 (oak) 時，

只有上帝才知是什麼果子。」Emmanuel 學寮為美洲新大陸的新英格蘭下了 acorn 種子；這個學寮比劍橋或牛津的其他學寮，供應給美洲殖民地更多的校友，其中一位，就是 John Harvard。

英語殖民區 "collegiate"（學寮式）學府，除了在 1693 年設 College of William and Mary 之外，在這之前，另有唯一的一所，是 1677 年於 Maryland 的 Newton 設的 Jesuit College，但該校如同設於歐美兩地之拉丁文法學校，不似英的 colleges（學寮）或歐陸的 universities（大學）。

總而言之，高等教育對清教徒而言，都是他們生活於英格蘭及新英格蘭兩地的重要經驗。社會當中最主要的人口結構，成員竟然是受過最佳教育者，這在史上是第一遭，他們努力經營這片殖民地，把它變成「山丘上的城市」(a city on a hill)。墾殖人士既受過很好的教育，他們也自承責任來規劃文明社會藍圖，所以，大學馬上興建了起來。哈佛之成立，是水到渠成，極為自然，一點也不令人驚訝。

1637 年 11 月 15 日，該學府地點決定設於 Newetowne（新城），隔年 5 月，地名改為 Cambridge（劍橋）；11 月 20 日，校政委由一委員會（即以後的董事會，board of overseers）負責，成員是六名政府要員 (magistrates)，及六名長老 (elders)。這十二名中的七名是劍橋大學校友，一名牛津大學校友；剩下的四名校董，他們的父親或兄弟是劍橋大學畢業生。1637 年終之前，Nathaniel Eaton 被任命為「該校教授」(professor of the said School)，負責處理捐款事宜。Eaton 曾就讀於劍橋大學的 Trinity College，也曾在名清教神學家 William Ames 門下，在荷蘭的 Franeker 大學學習。1638 年暑假，授課開始，該年 9 月 14 日，住在 Charlestown 的 Reverend（牧師）John Harvard 因肺病去世，遺產中有一半約 779 英鎊 17s.ed. 以及他的圖書館全部藏書四百本皆捐給本學府，國民議會於 1639 年 3 月 13 日為了謹表謝意，乃下令「以前大家同意設於 Cambridge 的學府，取名為 Harvard College。」

選擇 Eaton 來主持校政，卻是不幸的決定。他的學生描述他：「比較適合於作審判所 (Inquisition) 的官員，或是懲戒囚房的訓導師，而非教導基督學子的導師。」除此之外，他的妻子負責供應學生飲食，卻不端出肉類，麵包變酸，布丁也是乾乾的。1639 年 9 月 9 日，Eaton 被解職，直到 1640 年

8 月 27 日，本校形同關閉，該日才又禮聘 Henry Dunster 為校長 (president)。
Dunster 是劍橋大學 Magdalene College 畢業；這當中，總督 Jr. John Winthrop
曾力邀十七世紀歐洲最具深度的教育神學家 John Amos Comenius 來美主持
校政，兩人曾在 1641 年於英碰面，但毫無下文。在 Dunster 掌管之下，校
務穩定發展，到 1654 年辭職時，十四年共畢業了七十四名學生。1650 年國
民議會授予該校特許狀；一座像樣的圖書館出現，藏書約一千冊；三棟建築
物昂然矗立於校園裡，一是有塔樓的寬廣大樓，名為老學院 (Old College)，
一個是 Goffe's College，另一是校長公館，公館內有印刷所，因為 Dunster
娶了 Jose Glover 寡婦為妻，Glover 是個傳教士，他本希望在 Massachusetts
設一印刷廠，但在橫渡大西洋時卻因船難去世。

　　Dunster 主政之下，一本小冊子在 1643 年出版於倫敦，極為流行。小
冊名為《新英格蘭人的第一種果實》(*New England's First Fruits*)。其中說
明了哈佛的學生生活是：「認識上帝及耶穌，才會永生」；「以基督為底子，
那是所有知識的基礎」；「經文 (scriptures) 一天要唸兩次，精熟之；以語文
及邏輯，向經文作理論性的探討；並將宗教真理付諸實踐，精神有了皈依。
教師依學生能力之差別，來進行教學。」學生必須勤奮上課向學，遵守校規，
嚴禁瀆神言行，不結交惡友；非經訓誨師、家長、或監護人允許，「不准外
出到他市」。正式課程三年，精悉 Cicero，說流利拉丁語，也得粗解希臘文
文法；辯論分語言學及哲學兩類，前者依三藝（文法、修辭、邏輯）內容，
如⑴希臘文是辭句最豐富的語文；⑵修辭性質有別於邏輯；⑶共相存有於
心中，心外無共相。後者則包括三種哲學，即物理學、倫理學、及形上學，
如⑴謹慎細心 (prudence) 是品德中最難做到的；⑵形狀 (Form) 是殊相 (ac-
cidental)；⑶萬有皆善 (everybeing is good)。

　　1655 年的課程，是由 Dunster 的繼任者 Charles Chauncy 所制定，除了
追認 Dunster 時代希望增加一年課程之外，其餘皆同。加重倫理學、物理學、
及形上學的分量，也強調辯論及演說 (disputations 及 declamations)。另規
劃 M.A. 學位。到十七世紀時，教科書以 Johann Heinrich Alsted、Petrus Ra-
mus、Bartholomaüs Keckermann 為主，神學則以 William Ames，邏輯則以
Ramus（兼及亞里斯多德）為核心。

表八　哈佛大學 (1642) 上課時間表

	8 am	9 am	10 am	1 pm	2 pm	3 pm	4 pm
第一年							
週一、週二	邏輯、物理				Disputations（辯論）		
週三	希臘字源學及造句法				Greek 文法（文學）		
週四	Hebrew 文法				Hebrew 聖經閱讀		
週五	修辭	演說	修辭學		修辭	修辭	修辭
週六	教義問答 神學	話家常		歷史；植物性質			
第二年							
週一、週二		倫理學、政治學				辯論	
週三		希臘哲學				希臘詩	
週四		"Chaldee" 文文法				Chaldee 文練習 Ezra & Diniel	
週五	修辭	演說	修辭		修辭	修辭	修辭
週六	教義問答 神學	話家常		歷史；植物性質			
第三年							
週一、週二			算數、幾何、天文				辯論
週三	希臘文體(style) 理論	希臘文體理論	希臘文體理論		希臘文體練習，散文及韻文		
週四			Syriac文文法				Syriac 練習 新約
週五	修辭	演說	修辭		修辭	修辭	
週六	教義問答 神學	話家常		歷史；植物性質			

　　上課作理論性的講解之外，十七世紀的哈佛，還以三項學術上的練習

作重點，即讀課 (lecture)、演說 (declamation)、及辯論 (disputation)，旨在要求學生把內容作系統的一致性整理，說明精要，且口才便給。

1.讀課：先提命題來作探討對象，予以分析再分析，把各細目個別予以解釋，說明彼此之連帶關係。讀課其實是一種口授式的讀書，常採古典經文的評論方式來進行，有時逐字逐句作闡釋。此部分由教師承擔。

2.演說：由學生負責，有條不紊的敘述，尤重修辭之典雅。引用古典經文內容，但學生常取大家習慣的話題，如戰爭、和平、生與死、善與惡作談資。

3.辯論：選擇一爭論性的對象，提出理由予以支持，對方則予以反駁，挑出彼此邏輯推論上的謬誤或瑕疵，事實或內容上的錯失。辯論活動是令師生最感興奮與緊張之事，可考驗爭辯雙方之機智，臨場應變；裁判者作評語後結束。雖然以後被指責為流於形式、口舌、語文之爭，但卻又可訓練口才之表達，對牧師之講道，教師之教學，公職人員之宣導政令，有莫大之幫助。

就學術面而言，哈佛與當時英倫的牛津及劍橋相同，尤其是劍橋的 Emmanuel。規模小，性質也是啟蒙式。師長是校長及三名教師，一位膳務員，廚師，及數名僕人。學生從二十至五十名不等。在 Dunster 為校長時，大一學生年齡平均為十七歲；Chauncy 時，降到十五歲；到十七世紀結束前，大概是十六歲左右。最大多數的學生背景是新英格蘭的清教徒，但仍有不少學生來自維吉尼亞、新荷蘭、百慕達 (Bermuda)，甚至還有來自英格蘭者。一開始，本學府定位為英美式大學，而非只是美式而已。如同英倫大學，入學生泰半屬中上階級，但下層社會階級之子弟仍有一些。在來自英倫、簽約是農奴、然後到美可以成為自由民 (indentured servant) 的人中，1673 年次的那一班，John Wise 是第一位。學生在校四年，享受校內外之學術及業餘休閒活動，玩樂、變把戲、吵架、打鬥等，都會影響一個人一生。

1640～1689 年之間，哈佛有六位校長：

1.Henry Dunster (1640～1654)，任期長達十四年，獨立支撐校政運作，根基日穩。

2.Charles Chauncy (1654～1672)，是 Cambridge 畢業生，能力較差。

3. Leonard Hoar (1672～1675)，從他開始的校長，都是哈佛畢業生，但他在劍橋獲 M.D.。後因學生頓減，被迫辭職。

4. Urian Oakes (1675～1681)，作過 Dunster 的助理（手）。

5. John Rogers (1682～1684)，哈佛畢業生。

6. Increase Mather (1685～1701)，在 Dublin 的 Trinity 獲 M.A.。

教師總共四十三位，在校服務時間，短為數月，長達八年。

首任校長 Dunster 有必要一提，吾人對他在英的幼年生活，所知貧乏。生於 1609 年的 Lancashire, Bury 地方的一位小自耕農之家，1634 年獲劍橋大學 Magdalene College 之 M.A. 後，充當教師及副牧師 (curate)，直到 1640 年移民來美為止。抵達波士頓之後三週，被推選為哈佛校長，時離他的三十一歲生日祝賀還差三個月。

校長科科皆教，至少頭幾年是如此。1642 年上課時間表之排定，是方便校長教導各年級學生。大一早上八點到九點的課，週一到週四；大二則為九點到十點上課；大三是十點到十一點。週五及週六是全校學生集合練習修辭及宗教活動，或辯論或背誦。校長的兩名助手於 1643 年才來，負責大三學生的教學，這兩名是哈佛1642年班的畢業生，John Bulkley 及 George Downing。校長及助手們的辦學作風，是清教徒式的，注重自我反省，精神提升，日日精進，虔誠第一。Dunster 接掌校務時，他的認知是「校長兼撞鐘」，教學也是校長任務，且是重要任務，並且也「別無其他操心或分心」(no farther care or distraction)。主政十四年，雖已成立校董會，但校政他一手包。履新之前，Old College 建築物還未完工，那是 Nathaniel Eaton 當權時開始興建的。他還得找回失散的學生，另外再找新生。1641 年結婚後，發覺入不敷出，遂不斷的向官方即國民議會及私人捐款者請求幫助。為使校務穩定且合法的發展，正式提出「特許狀」的要求，1650 年終獲立校特許狀；細節部分是他得天天面臨校規的制定，設備的使用辦法，校務的運作模式，這些都變成哈佛的傳統。仿愛丁堡大學 (U. of Edinburgh) 方式，畢業典禮時應發表演說；採牛津及劍橋兩大學的校規及格言，修修補補，1654 年時，羽毛未豐的大學習俗已慢慢成型。

Dunster 於 1654 年辭校長職，因為不只與學生有激烈且一系列的衝突，

還與校董及國民議會對立，起因於他擬把大學三年制改為四年制，並爭回校務的財政管理權。此外，更致命的一項因素，是他加入了嬰孩洗禮的風波；他的校長職，被當局懷疑其正當性及效率性。殖民地裡不少名望一時的人極想迫其去職，他們不滿 Dunster 對浸信洗禮持「異教」論點；1652 及 1653 年時，他的校長職位仍不動如山，不料 1654 年 2 月 2 日及 3 日，Dunster 指出嬰孩洗禮是違反《聖經》經文的，此種主張，終使他的校長地位不保。6 月 10 日提出辭呈，後到 Plymouth 殖民地作傳教士，1659 年去世。

三、結語

New England's First Fruits 指出，哈佛學院 (Harvard College) 之建立，旨在增進虔誠、端莊、及學問 (piety, civility, learning)；並使知識學習永世不滅，傳諸後代，生生不息；如此才不擔心首批移民去世後，教會留下來的都是一些文盲的教徒。Harvard 建校初期，對於文、藝、及科學的增進，列為教育目標，且也把教育對象擴及印地安人，使他們既有知識又行為善良。由於時間的演變，Boston 文法學校之教師，也由本大學培養，其他專業人員也多半是本大學畢業生。虔誠 (piety)，端莊 (civility)，學問 (learning) 變成三位一體。

1642～1689 年之間，畢業生有一半從事於教會職務，但有一半走入醫學、公職、作生意、教書、或經營土地事業。在校時學過古典語文，但走出校門後，現代生活問題即迎面而至。學生時代爭辯、討論的話題，已性質丕變。此種現象，與當時的牛津及劍橋情況，一模一樣。

殖民地的環境促使哈佛的一些措施與英不同。其一，哈佛的學位授予並非來自於英王、國會、或國民議會，也不可能源於當時早已存在的「學者集團」(*studium*) 或大學 (當時殖民地並無一所大學比哈佛還早)。由 Dunster 及校董頒贈學位，不受英王查理一世的管轄。其二，校務行政權也作了重大的革新，哈佛是由創建者組成校董會促使大學成立，然後把大學的權力轉移到教授身上。這種作法，與英國大學無別。1650 年的哈佛特許狀也明言，哈佛的組合，由校長 (president)、財務長 (treasurer)、及五名學友 (fellows) 來經營行政並管理財務。不過，特許狀內的規定，使得哈佛的校董會

表九　1642～1689 年哈佛校友就業表

年　代 項　目	1642～1658	1659～1677	1678～1689	1642～1689
傳教士	76	62	42	180
醫　生	12	11	4	27
公　職	13	17	12	42
教　師	1	8	4	13
富　人	3	6	1	10
農場主人（紳士）	4	5	2	11
軍　人（海）	0	1	4	5
雜　業	2	3	0	5
早夭者※	11	5	11	27
未知者	27	35	6	68
總　數	149	153	86	388

※在校時即喪生，或是畢業後五年內去世。在生之時，無職業者。

變成雙軌制，一軌由政府官員及教會神職人員組成，另一軌則由大學行政首長及教師代表所組成。這也是大學趨向世俗化的必然現象，英國如此，在美的殖民地也如此。但哈佛之走向此種途徑，卻很具本土味。

　　經費上也有一些更動。早年對本大學的經濟支助，除了捐款及學費外，是特別指定的稅收，如 Boston 到 Charlestown 渡船船租。所有的這些顯然不足供應大學之開銷，所以大學籌募基金之措施，早就在哈佛實施。有些人到祖國去遊說，有些則設計「大學穀物」(college corn)，即每家自動捐 1/4 的農作穀物給大學；國民議會直接捐地並徵稅，作為 Chauncy 於 1654 年當校長後的薪水。1669～1682 年，大學的年收入中，由政府提供者占 52.7%，由捐贈所提供者占 12.1%，由學費提供者占 9.4%，由此可見，此種現象又與英倫有別。

　　最後，哈佛對印地安人的教育，雖陷入無底洞，但也深具意義。白人以為印地安人也擬提升社會及文化地位，1654～1655 年之間於哈佛校園中設立的印地安學院 (Indian College)，係應聯合殖民委員 (Commissioners of United Colonies) 之要求而來。提供一間「完全的教室於大學裡」，來教導約六名有前途的印地安年輕人。完工後，校長 Chauncy 埋怨兩層樓的房舍未充分使用，乃要求准許收容一些白人學生在內。校長的埋怨卻是成真的預

言，因為絕少印地安人入學。在 Indian College 未建之前，早有一名印地安人名為 John Sassamon 於 1653 年讀了一兩個學期，他是 John Eliot 的門徒。1689 年之前從未超過四名印地安學生，其中只有一位名為 Caleb Cheeshahteaumuck 的獲 B.A.，但畢業後一年即因肺結核去世。Indian College 此後的主要用途，倒是安裝了印刷機來印 Indian 聖經，Eliot 的一群人也利用該處編原住民的教科書 (Algonquian texts)。

哈佛成立後，有一些校友返歐陸及英倫繼續深造。殖民地的高等學府，學術聲望如何提升，如何與既有大學並駕齊驅，此問題的嚴重性越來越明顯。但遠在三千英里外的大學院校，及傳統大學學術群對此問題的解決也鞭長莫及。實用性的科目，在殖民地之需要比舊大陸還殷切，醫生及律師的需求量大增，此種條件迫使哈佛課程不得不轉向，也使得老大學擬維持舊古文學風者，振振有詞的指責哈佛學風不古，學術根柢脆弱，無法與老大學一爭短長。哈佛之校友，怎能與 Oxford、Cambridge、Padua，及 Edinburgh 同日而語? 不過，哈佛大學課程範圍拓寬了，哈佛並無 Inns of Court (法科)，也無 Royal College of Physicians（醫科），但卻有法、醫方面的課程；尤其在十八世紀之後，這兩方面的專業知識，哈佛有其特色。殖民地的大學自走自的路，已不跟老大學亦步亦趨了!

美殖民地沒有出現如同大戲劇家莎士比亞，大畫家米開朗基羅，大音樂家貝多芬，大化學家巴斯德，只有一位傑出科學家富蘭克林。在殖民地早期，新大陸移民對陌生地較具離心心態，對倫敦則較有向心力。男女衣著、說話、屋內布置等，先是完全仿照歐洲老傳統，但移民新環境及新建材的使用，已漸漸有美洲本土風味；未悉倫敦俚語，原是會被取笑的，後則覺得極其自然。新英格蘭自有學府培養自己的教士及治世人才，Cotton Mather 誇口說，新英格蘭存在的第一個世紀，為老英格蘭造就的牧師，數量大過於老英格蘭為新英格蘭造就的牧師。雖然富蘭克林沒有受過大學教育，但殖民地時代高等學府如哈佛，卻早有獨立學風；新英格蘭各地紛紛宣布獨立來脫離英國時，學校及宗教教會，尤其是哈佛大學，是最先宣布獨立的機構。

第六節　社區

> 我們安頓下來，形成了村莊或市鎮。每個村莊或市鎮有五千英畝，成四方形，至少有十個家庭，每個家庭按政府規定各有五百英畝……。比這更多的土地，表示一種貪婪無厭，這並非我們的安頓原則。這麼空曠的荒野，再多的土地不予耕作，等於毀了它，也毫無利益可言。我認為社會裡，大家彼此互助，忙於交易，教導年幼者，糾正人民的行為禮儀，方便於宗教集會，鼓勵工藝，築好道路，如能滿足這些需求，是眾人所一致支持的。

—— William Penn

一、英倫的社區

所有機構都帶有教育角色，都微妙的在型塑人民的思及言，甚至人生觀。法律的規定更是明確的引導人民趨向正義、善良、與公理；而技藝工作也有如此功能，可以使人發揮所長，自我完足。古人在這方面體認頗深，他們之教育觀念，絕不局限在雙親之對孩子、或教師之對學生而已，反倒利用儀式祭典、體育競賽、詩歌朗誦、建築雕刻、組織政府、並在哲學演說中，處處來影響他人。文藝復興時代恢復了古希臘羅馬人的作風，英倫的人文學者從摩爾 (Sir Thomas More) 到培根 (Francis Bacon)，也充分了解社區的教育地位。

1.村莊 (villages)：鄉下人因姻親、血統、及共同經驗而聚成村莊；村莊規模不大，大約有三百人口，六十到七十戶家庭。大家耕種土地，有些作牧草之用，有些則種小麥、大麥、黑麥 (rye) 等，其中必留一地作休耕。村莊人耕種之外，仍有村人兼作工匠。在 Stuart 時代，英國有約 75～80% 的人口住在村莊裡，雖人口流動率也不小。但十七世紀以前的英國社會，就是如此的人人日出而作，日入而息。村莊裡的家庭、教會、或學校，都

在教導著村人的一舉一動。1547 年的 Homily on Obedience（家規）警告著：

「如無皇帝、君王、治者、官員、法官，以及上帝所指派的身分者，則無人可以無恙的在街上或公路上行走而不被強劫；沒有人能夠在家安睡而不遭殺害，也沒有人可以使妻子、孩童、及家產平安無事；不論身體或心靈，家當或公共財產，一切皆同，會悉數毀壞；大家群相胡鬧，災難必至。」

　　教會牧師及宣教師散布消息，將皇室詔令、國會法規、地方約定條例等傳給村莊人民了解；有些村民到異莊或他鄉作客，回家後也傳達別村信息及作為。有時軍隊糾結，領地莊園舉辦盛會，村裡喜事，巡迴傳教牧師蒞臨，沿街叫賣小販抵達等，也都能擴大村人視野；加上印刷紙張之漸漸普及，尤其是民歌民謠曲調、宣傳小冊、號角廣播等，村民天天耳聞目睹，涵泳其間，也潛移默化。有錢的小地主家之少爺，可能上文法學校、大學，或到倫敦入法學院 (Inns of Court)，甚至到歐陸深造，此種個例，也非少見。不過大多數的村民安土重遷，還是以祖厝為安居樂業之地；家居及村內教堂，成為主要的文教場所，依此來規範村民的觀念及行為。

　　2.市鎮 (towns)：比村莊大，但比大都會（如倫敦）小的人口聚集處，如 Norwich、York、及 Bristol，人口在一萬到二萬之間。有些市鎮之繁榮，乃因是貿易貨物集散地，如 Bridgewater（位於 Somerset）、Cranbrook（位於 Kent）、Stratford-upon-Avon（位於 Warwickshire，莎士比亞之故居所在地）；Norwich 是紡織中心，Bristol 是第二大港口；而 Newcastle、York、Salisbury 或 Exeter，因有大主教堂建築，遂變成宗教活動重鎮。

　　家居及教會仍然是市鎮社會的核心結構，但其他機構瞬即出現，如市鎮陪審團、地方法院、公共事務諮詢會、商會、技藝工會、教會人士聚會所、博覽會、感化院、拘留所、醫院及救濟院等紛紛林立。並且職業分工較細，謀生種類較複雜，一些專業工作也是市鎮居民的專長，醫、法、商等，不一而足。加上人口較為密集，入文法學校或聘私人家教機會也較多，基本知能較村莊人民為高。不過大體而言，除了少數較大的市鎮之外，市鎮與村莊之「文教」生活，並無太大出入。有人研究過，在 1688 年時，除了倫敦之外，八十七萬的英人中有一半的市鎮，人口不及一千三百人。

　　3.倫敦：1500 年時，人口為六萬，占全英人口的 2%；但到 1600 年時，

即快速增加為二十二萬五千，占總人口 5%；1688 年時，又增為五十五萬，占全人口 10%，是西歐人口最多的大都會；不只是英國王室的政治發令中心，皇權至高的標誌，經營的壟斷所，也是文教及學術活力的源泉。在十七世紀，尤其是 Stuart 時代，倫敦凸顯出耀眼奪目的地位。

大都會裡的正式及非正式組織，比起村莊或市鎮複雜得多。廣場四處可見，公園林立，壯麗又氣派；展覽或花車慶典、及遊行，次數不少，非他處可以匹敵。大小教堂高聳入雲，儀式多采多姿；另有工商行會、皇家外匯交易所 (Royal Exchange)，萬商雲集；碼頭及船隻，代辦處所，公司總站，皆集中於此。酒店、商場、及旅館，是會商、談價，甚至是與外地文明世界互通觀念與訊息的樞紐。至於娛樂活動，包括戲劇、舞蹈、木偶戲、擊劍、賭博、以狗逗熊把戲 (bearbaiting) 等，五花八門。知識學習機會則有文法學校、繪畫教學、書法學校、算術學校、軍事學校，以及法學院 (Inns of Court)。作禮拜則到 St. Paul's Cross (聖保羅十字堂)，公共演說則在 Gresham College，神學講座必屬聖保羅教堂 (St. Paul's Church)，人體解剖講座在「手術大廳」(Surgeon's Hall) 舉行。St. Paul's Churchyard (聖保羅的教堂廣場) 有書籍販賣。單指這些機會而言，就足以讓 Sir George Buck 說，倫敦是「英倫的第三所大學」(third university of England) 了。不只可在倫敦學到傳統的文雅科目，並且只要天分夠、心胸又開闊的人，皆可就地學到全部或大部分的學問及技術。在這第三所大學進進出出的人，包括全部英帝國的臣民，在此地受訓、受試、也受測。

大都會生活無奇不有。目睹手巧心敏的扒手 (剪紐仔)，耳聞語驚四座的辯護律師，都富有教育意義，只要肯學習，則三人行必有我師焉！倫敦又如同全球，尤其是全英的網路連絡站 (network, or reticulation)，全英訊息四通八達，無遠弗屆。全英如類似人身，倫敦則形同頭腦。

第一、倫敦是英國共和政治 (commonwealth，指 1649 年查理一世被處死至 1659 年在 Oliver Cromwell 及其子統治之下的共和政治) 時期中，政治、宗教、及商業首府。Tudor 王朝及 Stuart 王朝的政策，是將皇家廣場 (Court) 及教會 (Church) 作為全英的雙子座 (twin centers)，前者代表王權 (*imperium*)，後者是教會權 (*sacerdotium*) 的象徵；二者集結在皇家宮廷裡，

作為家居生活的典型範本。國王本身是一家之主，既是君師也是慈父，公侯爵士等相繼仿之。倫敦巨商享有全國統一度量衡及幣值之福，掌控全國財經大權。國家意識漸漸取代市鎮及鄉村之地域及宗族觀念，此種氣氛，影響了全英的教育。

第二、倫敦也是出版中心，主因由於 1557 年的「文具商店公司」(Stationers' Company) 之合併。Tudor 王朝第一代國王亨利七世 (Henry VII，1457～1509，在位期間 1485～1509) 管制印刷事業，授權一群人組成「公司」，全權印刷全英書籍（其他公司其後也享有此專利）；私下出版者，則處以罰款或囚禁出版商。1559 年，伊利莎白女皇也予以認可，她在該年的「聖旨」(Royal Injunction) 上又規定：⑴任何新書之出版，必須取得印刷執照，由皇帝本人、六名樞密院官員、或特定官員負責發照事宜；⑵小冊、傳單、民謠印刷，由倫敦市至少三名國教教會人員負責授權印刷；⑶其他有關宗教及政治書籍之重印及發行，在「海洋兩岸」，都由國教教會人員負責。二十七年之後，「星法宮」(star-chamber，1641 年以前，以專斷出名的民事法庭) 再度重申上述皇令，文具商店公司及英國國會之印刷權限大增。無印刷專利權者，皆不可印刷各種文件。此舉目的在於統一信仰，阻止分歧，並消除「異端邪說」。政府出版物皆要「正統」，異質性的文教，變成同質化了。有人估計，1400 年左右，倫敦的居民中，男性有 40% 會讀拉丁文，50% 會唸英文，與其他都市相較，1377 年的 Winchester 及 1466 年的 Norfolk，33% 男性不是文盲。Cromwell 軍隊中則有 60～70% 的軍人識字（識字認定以會簽名為標準）。

第三、倫敦是文教中心，也是人民品味及價值觀念的指標地。巴洛克 (Baroque) 式的城市建築，在型態、色彩、材料、裝飾、紋理上，都獨領風騷。革命 (Revolution，1688 年放逐 Stuart 王族之革命) 之前，倫敦清教徒之演說，國會時代 (Parliamentary，1640～1660) 之報紙發行，復辟時期 (Restoration，1660 年查理二世復位) 咖啡屋如雨後春筍般林立，都是倫敦特有的景觀。尤其應該特別指出的是，1660 年成立的「皇家學會」(Royal Society)，旨在促進「物理、數學的實驗」(physico-mathematical experimental learning)，一群學術界的人士先在倫敦的 Gresham College 聚會，擬超越兩

古老大學之外，非強調神學聖義或政治，卻集中於「哲學的探討」(philosophical inquiry)。皇家學會挑戰牛津及劍橋大學，還發行刊物《哲學會報》(*Philosophical Transactions*)，及非正式的通訊聯絡，深深的支配了英國的學術風貌，也對當時十七世紀的教育理念及措施有所酷評。

作為英國殖民地的美洲，也是倫敦網路上的一網站。雖然倫敦與英倫內陸的網站聯絡，比倫敦越洋與美殖民地的聯絡容易得多，但倫敦與波士頓，倫敦與紐約或倫敦與維吉尼亞兩地之互通聲息，卻比波士頓與紐約及維吉尼亞三地之相互連繫較不困難，甚至還比波士頓與波士頓附近地區之交往較為方便。透過人與人、書籍、及理念之溝通方式，倫敦的一切現象，向四方擴散。海洋兩岸之官員、教會人士、及商人之往返，都能使兩陸發生的各種事件，雙方瞭如指掌。

倫敦也輸入許多書籍到殖民地，1689 年時，殖民地區至少有四家出版社，分布於 Cambridge(1638)、Boston(1674)、St. Mary's City (1685)，及 Philadelphia(1685)。不過印刷並不理想，可能是費用太貴，欠缺鉛字模，也擔心審查不過；首度由殖民地出版的印刷物，集中在講道文集、編年曆、教義問答書上，這些皆能迎合當地需要，其他的書籍則仰賴倫敦供應。在殖民地，自學的機會高過於在英倫，書籍對有心人而言，太過重要了。

殖民地讀書人模仿倫敦最流行的美感價值觀念，並獲悉最新的知識訊息。以 Jr. John Winthrop 為例，他是康乃迪克州州長、化學家、礦物學者、醫生、商人，且也是皇家學會的創會會員，當他於 1663 年 5 月 23 日回英度假時，被正式推為會員 (Fellow)，該年回美後，是該學會非正式的美方聯絡員。他與 Henry Oldenburg（該會祕書）、Robert Boyle、Sir Robert Moray、Robert Hooke、William Brereton、Isaac Newton 等人皆有通信，互換研究心得；也使新英格蘭的礦石發現及印地安原住民的一切等為英學術界熟知；並且木星 (Jupiter) 的衛星，及北美才可目見的彗星，都是皇家學會極感興趣的研究對象。Roger Williams 也在 1663 年被選為會員，但他似乎未在會員名冊中簽字。Thomas Brattle 是個會員，但皇家學會記錄中查不出他的名字。1683 年，Increase Mather 及波士頓一群士紳，也擬組成一個非正式的哲學學會，仿倫敦模式，但倫敦的那群學者並無一人參加。在波士頓的學

會，因此並未存活下來，倒應了 Winthrop 的傷感，他認為殖民地太過孤離，曾致信給 Theodore Haak 表達他的不利處境：「離世界太遙遠，好又傑出的東西，要靠支流從活水源頭裡流出來，太不容易了。」

二、殖民地的社區

十七世紀的美洲殖民地，社區型態大概粗略的可分兩種，一是 New England 略具農業市鎮型，一是 Chesapeake 地區散布各處的村落型。

1. **New England**（北方）地區的「市鎮」(township)：英文中的 town，來自於者英文的 tun，意為荒野村莊。township 指村莊及村民所耕種的四周土地，面積約為四至十平方英里，大約是臺灣的鄉。市鎮裡有個「公會所」(common)，一間教堂，一所小學校，一塊墓地，及原先移民者的居所。農耕地之距離，遠近不一，按抽籤分配；其後之土地買賣使農地或變多或變少，也變更原先的社會身分，這都是房地產有大有小的原因。一群人聚集成為鄉村或市鎮，多半是互衛，也具宗教及經濟因素。如此一來，教育意味也涵蓋其中。

表十　十七世紀 Massachusetts 教育機構表

年代 項目	1650	1689	說明
人口數	14,037	48,529	
戶口數	c. 2,339	c. 8,088	
教會數	43	88	一家六口計算
學校數（中小學）	11	23	
大學數	1	1	
印刷所數	1	2	

原先第一批移民，認真、賣力、誠實，那是典型的清教徒 (Puritan) 精神；但到美後，卻有些變成「懶散、笨拙、混日子」(idle, lazy, or dronish life)，那似乎是北方佬 (Yankee) 觀念了。Cotton Mather 於十七世紀末諷刺的說，Plymouth 地區是「宗教帶給後代，女兒卻毀了媽媽」。

2. **Virginia**（南方）：開墾初期，Jamestown 可以說是個半軍事社會，

住民幾乎是男性，住家用圍籬圍住，以生產瀝青、松脂為首要，這些產物都銷到英國。偶發現金礦，乃改以採金為主。1622 年發生印地安人大屠殺的不幸悲劇，當時沿著 James 河有八十戶人家，印地安人被有計畫的逐出於水域範圍之外，白人擁有不動產的土地耕種權。

1612 年 John Rolfe 首度種了煙草，是 Virginia 墾殖史上的大事。從此，煙草生產變成該地的最大宗產業。人口也陸續增加，投資大量湧入，農作物為煙草所取代，1622 年有 60,000 英鎊的煙草輸入英倫。運輸煙草主要靠水道，河流邊也就散布著村莊市鎮。教會的教區，幅員遼闊，平均約一百平方英里，教區有時也無教會人士，也沒有學校。地廣人稀，教育活動，尤其是正規式的，甚為少見。

1689 年之前，Virginia 並無大學，居民擬接受高等教育者，只好負笈英倫，或上哈佛，或私人聘請家教；中小學校也少，教育責任落到家庭上。

表十一　十七世紀 Virginia 教育機構表

年　代 項　目	1650	1689	說　明
人口數	18,731	52,101	每戶以六口計算，＋表示其中含黑人人戶數。
戶口數	c. 3,122	c. 7,232＋	
教會數	27	52	
學校數（中小學）	1＋	8	
大學數	0	0	
印刷所數	0	0	

3.**中部地區:** 住民彼此之間相距太過遙遠，是設校興學的最大阻力。其次，此地區的住民來自於歐洲各地，宗教信仰也各異。就後者而言，有清教 (Puritans)、瑞典改革教 (Swedish Reformed)、芬蘭路德教 (Finnish Lutherans)、法國喀爾文教 (French Calvinists)；就前者來說，有荷蘭 (Dutch)、瑞典 (Swedes)、德國 (Germans)、法國 (French)、芬蘭 (Finns)。非英語民族的移民是來自荷蘭，墾殖地叫作新荷蘭 (New Netherland)。早期移民，重點放在與印地安人交易獸皮，其後也有農墾地出現。1664 年，住民超過五千，新荷蘭包括有十二處荷蘭 (Dutch) 村莊，其中以新阿姆斯特丹 (New Amsterdam) 等地較有人跡。

表十二　十七世紀 New Netherland — New York 教育機構表

年代 項目	1650	1689	說　明
人口數	4,116	13,501	黑人人口在 1689 年為 1,623 人。
戶口數	c. 686	c. 2,250(-)	每戶以六口計算，其中包括
教會數	8	34	黑人，但黑人無住戶，故以
學校數（中小學）	7	11	(-) 表之。
大學數	0	0	
印刷所數	0	1	

　　4.**大都市**：新英格蘭的住區，比較符合「聚居式的鄉村社區」(nucleared village communities)；Virginia 則較有「散居式的農耕安頓區」(dispersed agri-cultural settlements)。這是美墾殖地的兩大典型地區。除此之外，市集地區也慢慢成型，波士頓、紐約、及費城之人口漸多，本來也是鄉村市鎮，後來可以比美在英的 Bristol 或 Southampton 了。居民的教育機會隨之增加，種類及性質也較複雜化，接受外來的訊息——主要來自於倫敦——也分殊化；然後再「零售」到殖民地各鄉村市鎮。海洋兩岸之商品交易，New England 以 Boston 及 Newport 為主要港口，中部地區則以紐約及費城為主要都市，南方殖民地則直接與 London 或 Bristol 為交易對象。

三、結語

　　北美開始墾殖時，恰好是西方世界的文教昌盛達到頂點之際。因此毫無訝異的，正式的教育機構也就在新大陸興建起來，在扮演歐洲文教之保存及傳遞功能上是主角。到了 1689 年時，西方人的價值觀念、知識技巧，都已翻版在新殖民地上，書籍數量及種類也不少，暢銷書、小說也在新大陸出現。新大陸的移民，有些精曉中世紀邏輯神學家 Ramus 及古希臘哲學家亞里斯多德的邏輯，甚至到 1680's 年代時還懂得笛卡爾的懷疑精神，因此批判心態也濃厚。第一所殖民地的大學，歡迎「異見」及新科學。墾殖地不但免於大家所擔心的是蠻荒區域，且嶄新的學術、教育、及文化風貌，

已在醞釀中。

原先，墾殖地人民的耕作型態、家庭布置、建料裝飾、閒居娛樂、紡紗織布等，這些有形的生活方式，皆與英國大都會以外的人民生活方式無別。在美的英人，與在英 Devon、York、或 Lancashire 的居民，沒什麼兩樣。這在殖民的第一代更是如此。但第二代開始，隨著殖民地環境之變化，文教之理論及實際，就與歐洲分道揚鑣。

具體而言，正式的教育訓練所形成的理念，反而與殖民地的實際經驗格格不入。學術與常識不合，恰是文教另闢蹊徑的主因。受過高等教育的學者，在神學論文涉及「魔術巫師」(witchcraft)，醫學作品談到「放血」(bloodletting)，藥理學小冊描述「身體外徵理論」(doctrine of signature)，科學文章說明「印地安人的心靈」(the souls of the aboriginal Indians) 時，一再的顯示出正統觀念的錯誤百出；在「真理」探討上，讀書人反比文盲更胡說八道。新大陸千奇百怪的新現象不斷出現，老理論在解釋時，頗感不足。不過儘管如此，「書」的傳統魅力，仍是未嘗稍衰，只要稍識字，就可操「專業」。Reverend (牧師) John Clayton 提及 1684 年的 Virginia 時說：「當地很少讀書人，但只要有人讀了書稍具知識，他就可以算是半個醫生、半個律師；對自然奧妙有些微的敏銳觀察力，就可以逗笑他人。」「由於無書可讀，他們只好從人身上讀到更多。」(For want of books they read men the more) 同樣的狀況也發生在 Cotton Mather 五年後的觀察，他所說的是新英格蘭的年輕人，看起來「極為敏銳，且能力早熟」。

墾殖人士一方面抱定上帝的意旨，虔誠為懷；但另方面卻也擬在新大陸致富，尤其是 Virginia 的人。傳教又經商，是十七世紀新大陸歐洲人的雙重心態。對新英格蘭的人而言，文教水準最高，該地有一個大學，一處印刷所，這是其他殖民地區無法望其項背的。英人擁有現代化的科技優勢，雖殖民人士較少，但與印地安人作戰數次，皆獲壓倒性的勝利，原住民只好退居山區。

第二章　殖民地教育經驗的轉型
(1689～1783)

他是一個美國人，這個人，繼承著祖先留給他的全部心中偏愛及行
事風格，又接受了他過新生活方式所承擔的心中偏愛及行事風格。
他遵守新的政府，有了新的社會地位。在我們的偉大母校所鋪下的
寬闊襯布裡，他成為一位美國人。

—— J. Hector St. John De Crévecoeur

第一節　概　述

一、英國人的處境

光榮革命 (Glorious Revolution) ，學者指出，既不十分光榮，也非一場
革命，那只不過是一系列的妥協與彼此調適，才免除了英國發生第二次內
戰。1688～1689 年，從政治角度來看，是 James Stuart 與 William of Orange
之間的動員爭執；前者是查理二世 (Charles II, 1630～1685, 於 1660～1685
為英王) 的弟弟，宗教信仰上屬羅馬天主教 (Roman Catholic，舊教) 陣營；
後者是 James 女兒 Mary 之夫，屬於改革的新教 (Reformed Protestant)。
William & Mary 登基 (William III, 1650～1702, 於 1689～1702 為英國國
王, 1694 年以前的王后 Mary II 共同秉政) 的結果，發布「民權宣言」(Dec-
laration of Rights)。其實，國會早就享有「古代權利及自由」，限定了皇室
一些特權，人民可向詹姆斯二世 (James II, 1633～1701, 在位期間
1685～1688) 申訴。因此，這也不是大變革，沒有與傳統決裂。

　　1689 年 5 月 24 日，公布「寬容法案」(Toleration Act)，政府不可強
迫全民接受統一的教義解釋。話雖如此說，不遵國教者仍被排除在公職名
單之外，也不可入大學；國教祈禱書 (Prayer Book) 隻字未改，羅馬天主教
徒 (Roman Catholics) 仍無享有法定權（合法權益）；他們的處境，如同新教
反對英國國教者 (Protestant Dissenters) 一般。1689 年的真正進步，是結束
了積極的宗教迫害。其後的宗教寬容，導源於此。若從這個角度來看，英
美兩地，的確在進行光榮革命，結束了「絕對主義」(absolutism)、天主教
主義 (Catholicism)、及詹姆斯 (James) 皇帝。在殖民地的政治發展上，英國
的光榮革命，馬上凍結了詹姆斯謀略多時的「新英格蘭自治領」(Dominion
of New England) 政策。1689 年 4 月，暴亂先發生於波士頓，瞬即把星星之
火燎原到紐約及馬里蘭，還遠及維吉尼亞。獨立之前形成的人民議會
(House of Burgesses)，立即把總督 Lord Howard of Effingham 趕出殖民地。
從長遠發展來看，此暴亂的影響，是 1691 年 Increase Mather 在 Massachu-
setts 州獲得一特許狀，雖讓該州總督在位，但卻得組成有代表性的議會，
根據財產值而非宗教信仰，由各市鎮擁有不動產之居民挑選議會代表，總
督與議會代表共同制定合理有利的法律、規章、條例、及訓令，加上懲治
細節。依宗教角度來說，「寬容法案」一過，殖民地上本已存在的信仰，分
殊及多元性就受到法律的保障，歧異之見及不遵英國國教，並不犯法，這
是史無前例的；並且 James 國王的天主教主義，也從此不能威脅新教的安
立甘信徒 (Anglicans) 從英跨海到新大陸傳播福音了。

　　這對教會的影響太大了。宗教上異見之士，可以根據自己的教義解釋，
安全自由的向人民佈道，教師之證照認定及大學特許狀之獲得，也鬆了綁。
光榮革命在學術氣氛上最為光榮的一件事，就是前瞻式的思想家輩出，尤
以牛頓 (Isaac Newton) 及洛克 (John Locke) 為著，前者的《數學原理》(Prin-
cipia Mathematica, 1687)，後者的《論寬容》(Letters Concerning Toleration,
1689, 1690, 1692)，《人類悟性論》(An Essay Concerning Human Understand-
ing, 1690)、 及《政府雙論》(Two Treatises of Government, 1690)，如同大
水沖洗般的衝擊著英美兩地的學術界、文化界、及教育界。這兩位巨擘，
都是同時代人物。洛克生於 1632 年的 Bristol，是律師之子，小康之家但家

世顯赫；牛頓生於 1642 年聖誕日，其父是 Lincolnshire 的小地主，但去世於 1641 (2?) 年 10 月。洛克就讀於 Christ Church (基督教堂學寮), Oxford；牛頓則在 Trinity College (三一學寮), Cambridge 上課。二者當學生時，就不受當時大學流行的亞里斯多德哲學所影響，洛克聽過天文學家 Seth Ward、幾何學家 John Wallis 的課，也讀過 Descartes 的書；牛頓則經由數學家也是劍橋首設數學講座 (Lucasian Chair) 的 Isaac Barrow 之講學來研究數學。兩人作為大學生時，即已醞釀著其後一生的學術研究理念。洛克在 Christ Church 高年級時 (1658)，即思考著「文官政府」(civil government，有別於教會行政) 及信仰寬容的問題，令人驚訝的是他有 Hobbes 哲學色彩；牛頓則在 1665 年及 1666 年瘟疫時，熱切的探討數學微積分及光學實驗，為其後的《數學原理》(*Principia*) 及《光學》(*Opticks*) 預設架構。兩人皆在大學任教，不過洛克被迫離開 Christ Church，只好私下行醫。二者皆被推為皇家學會 (Royal Society) 會員，牛頓還擔任 1703～1727 年的會長 (1727 年去世)。這兩位大學者皆獨身未娶，牛頓在未經英王召集而自行集會的國會 (Convention Parliament, 1688) 中，屬於 Whig (自由黨派)，同意邀請 William & Mary 登基；洛克於 1689 年 2 月陪 Mary 共乘 *Isabella* 船返英。兩人皆由 William 王任命為政府要員，洛克是「上訴委員會委員」 (commissionship of appeals) 及稅務督導官，牛頓則擔任督導官 (wardenship)，其後是造幣廠推事 (mastership of the mint)。洛克於 1689 年返 London 時，兩人相會於 Lord Pembroke 的男爵沙龍，展開彼此之間的精神交流，互通有關哲學、科學、政治、及宗教的看法。兩人的友誼曾一度有了傷害，1693 年牛頓誤以為洛克要他捲入女人的糾紛中，洛克一向表現得極為沉著有耐性，數週後牛頓的道歉才又恢復了兩位名學者的交情，直到 1704 年洛克去世為止。洛克曾向荷蘭數學家 Christian Huygens 確定牛頓的計算是否正確，以便研究 *Principia* 的一般命題；牛頓也特地為洛克作了演算，證明地心引力法則之反平方 (inverse square)，可以解釋橢圓形之軌道。不論如何，洛克對牛頓的一般性命題，印象頗為深刻，在 *Essay* 的首頁上恭稱「天下無敵的牛頓先生」(the incomparable Mr. Newton)，而牛頓也評論並推薦洛克在 1690's 年代的一些作品，尤其是有關宗教及政治的論題。

洛克於 1697 年的《悟性行為》(*Conduct of the Understanding*) 中說：

> 兩種意見當中何者為真，處此狀況之下，以中立 (indifferent) 態度對
> 之，這是正確的心態，可以免於被其中一種意見所灌注。繼續維持
> 中立，直到吾人盡力以求而獲得真理為止，這也是唯一直接且安全
> 的抵達真理之路。

較具意義的是兩人的著作，皆在各自成為知交之前即已完成。他倆代
表著十七世紀學術主流趨勢，牛頓代表新的經驗科學，洛克則代表新的經
驗政治學。套句牛頓經常引用的話，兩人皆站在巨人的肩膀上。牛頓累積
了伽利略所做的有名分辨，釐清天體的實情及表象；Tycho 及 Kepler 的數
學假設，以為星球軌道是橢圓形狀；Descartes 的解析幾何及 Huygens 運用
解析幾何於理論物理學上，以及培根 (F. Bacon) 那種無法予以壓制的信心，
相信人有能力領會大自然。牛頓將前人之努力成果予以綜合，頓即改變了
時人的念頭。本來大家都以為宇宙是一個神祕體，由吾人所無法領會的上
帝來指揮管制；上帝雖具無窮的智慧，但卻是隨興之所至來治理宇宙。牛
頓的學說一出，人們才認為宇宙之運行皆有秩序可循，上帝也准許人類去
了解宇宙的奧祕。

洛克應用新的自然哲學方法於心靈哲學及道德哲學上。他在政治學說
上的先輩是 Thomas Aquinas, Machiavelli, More, 及 Sir Thomas Smith；有
關歷史觀察法及比較觀察法的先人，則是 Edward Coke, Algernoon Sidney,
和 James Harrington；至於利用歸納資料來分析政治，則前有 Thomas
Hobbes 及 Sir William Temple，認識自然的樂觀信心來自培根，將這些思想
淵源予以綜合，兼有經驗主義也有理性主義，遂認定人及社會現象，政治
及教育，皆在知識範圍之內，那是宇宙的一部分。而人對宇宙的可認知性，
無庸置疑。經由理性之光，加上經驗及實驗之所得，則一切皆可由人的知
識予以理解。這種思潮，若與啟蒙運動時堅信治者必經被治者同意始可組
成政府，教育為生活而準備，及世界的進步具有可能性等相比，只差一小
步而已。光榮革命時代的英國，與保守黨 (Tory) 對立的民權黨（Whig，自
由黨）要角，皆有此種信念。

　　牛頓及洛克不僅在綜合前人研究結晶上有顯著成就，還將新觀念作系統且一致的闡釋，並且能言善道，如同學術上的分光鏡一般，把四下古今收集來的知識之光，向大眾各階層放散，倫敦就是散光地。洛克及牛頓的想法，瞬即抵達美墾殖地。Massachusetts 的 Thomas Brattle，實際上應用牛頓的學說，把他觀察到的一系列彗星資料，送到英國的格林威治天文臺 (Greenwich Observatory)，牛頓從而獲得該項珍貴資料。*Principia* 也由墾殖地的知識分子所熟悉，早在 1690's 年代 Cotton Mather 就是其中一個。不過，最早擁有該部作品的學者，是把該書放在 1708 年 4 月的 James Logan 之個人圖書館內。洛克的著作，到美更早，1700 年時，賓州 (Pennsylvania) 就有不少人向倫敦書商 Awnsham and John Churchill 代購《人類悟性論》(*An Essay Concerning Human Understanding*)，《教育論叢》(*Some Thoughts Concerning Education*, 1693)，《政府雙論》(*Two Treatlses of Government*)，《論寬容》(*Letters Concerning Toleration*)，及《基督教義合理化》(*Reasonableness of Christianity*, 1695)。除了兩人的專著之外，他人的介紹，也使得二者的理念遐邇皆知。Henry Pemberton 著《牛頓哲學觀》(*A View of Sir Isaac Newton's Philosophy*, 1728)，Issac Watte 的《心靈改善》(*The Improvement of The Mind*, 1741, 1751)，前者稱頌牛頓，後者發揚洛克。此外，報紙、年曆、講道、小冊等，也都是宣揚兩人學說的管道。

二、美殖民地的狀況

　　1689 年的時候，美墾殖地的英人約有二十萬，散布新大陸各地。由於地區遼闊，印地安人也極為凶悍，山脈又多，交通極為不便。海岸市鎮與倫敦之通訊，竟然比墾殖地各村鎮彼此之間的交往更為方便。1765 年時，英國向美洲殖民地徵收印花稅而通過「印花條例」(Stamp Act)，致使海洋兩岸陷入戰爭危機；當時美墾殖地人口已增加了九倍，達到一百八十萬之多，沿海地區及內陸到 Appalachian 山背，都已開墾過；法國轄區及印地安區，也經過數次戰役而被征服。英的勢力直達密西西比河，各殖民地之間的通訊網，也已接近完成，對各地區分途發展文教，大有助益。

　　人口之暴增，因素頗多。其中之主因，是由於社會已趨安定，經濟漸

漸繁榮，因此人口自然增加。十八世紀如同十七世紀，移民到美的人口，大部分仍舊是英人。但十八世紀的移民裡，有更多的人民來自 Scots（蘇格蘭），Scotch-Irish（蘇格蘭兼愛爾蘭），French（法國），Germans（德國），及非洲，這些人多半定居於中部與南部。此種現象，原因很複雜。

非洲黑人之來美，有兩種方式，直接由西非的販奴港口來美，或間接經由拉丁美洲或西印度群島 (West Indies) 輾轉來美。不管如何，黑人到美皆非自願，條件也差於說出口。日爾曼人之來美，乃因三十年宗教戰爭，家園已變成戰場所致，逃難尋找和平地區安居，才是主因；愛爾蘭的蘇格蘭人 (Scots) 因不滿土地政策，租期短，租費高，光榮革命時三十年為期的土地訂單，在 1718 年行將到期，他們乃選擇美新大陸來尋找永遠屬於自己的農耕地。至於在蘇格蘭的蘇格蘭人，則因年年欠收，畜牧牛羊又受瘟疫侵襲，民不聊生；新大陸對他們而言，是一大希望。法境內的新教徒 (Huguenots) 之離歐赴美，因 1685 年的「教皇勒令」(Edict of Nantes) 取消了宗教寬容法案，他們擔心再度受到迫害。除了非洲黑人之外，所有白人皆認定美洲新大陸之土地極為廉價，經常免費，可擅自占用而不起紛爭。經久不停的勞工短缺，加上宗教信仰的自由，這些條件對歐洲人來說，簡直就是天堂。不到數十年，這批新移民填補了老移民地區的空隙，還向西推進，越過 Allegheny 山（賓州），到達匹茨堡 (Pittsburgh)，也往南延伸到 Virginia 的 Piedmont 及卡羅萊納 (Carolina)；人口之集中，使紐約，費城，及十幾個小內陸鄉村變成市鎮。隨著這種發展，帶來了各地豐富但又殊異的文化教育面貌，深深的影響了美國人的生活特色。

移民者心態的殊異，造成各自定居的墾殖地文教的多元化。各殖民地皆有其特色，不過這種現象，新英格蘭最不顯著。這個老移民區，文教較為一致；即令到了十八世紀，也對新移民較不友善也較不好客。但在 Maryland，Virginia，及南北兩個 Carolina，卻十足的凸顯出文教分殊的情調來。這些墾殖區都畜養黑奴作為經濟主力，也因此有了不同的社會階級制度。此外，Georgia 原先是個逃債者的避難所，在英國開始不鼓勵移民時，卻也提供移民另類選擇，這是極盡諷刺之事，也因此該地居民性質也有別於他處。居民背景之不同而表現出文教之互異，此種情況，中部殖民地區最為

典型，如 Jerseys 河區，Delaware，尤其是賓州。賓州的歷史發展，首先的一百年，可以說是美洲居民分殊性的縮影。

　　一開始，William Penn 就認為他所擁有的新大陸廣大土地，是作為被迫害者的安息所，他積極主動的力請慘遭壓抑的英倫及歐陸人士來美定居，利用私下拜訪，強力文宣，且答應給地的方式來遊說。1682 年之後，英Quakers（教友派）的一批人最先抵達，其後為數不少的威爾斯人 (Welsh)及德國人新教徒也組團來此定居，他們保存原有的語言及風俗習慣。不過一小群隊伍是安立甘信徒 (Anglicans)，他們選擇費城為落腳處，人數雖不多，聲量卻大。這一小群人形成一個政黨派別，來抗拒絕大多數的 Quakers。Welsh 人多半也是 Quakers，而德人（日耳曼人）則分為 Mennonites, Dunkers, Amish, 及 Schwenkfelders。1702 年 Queen Anne 宣布新的移民政策，在英國政府的鼓勵之下，更多的路德教派 (Lutherans) 及改革教會 (Reformed)者渡海來美。1766 年時 Franklin 估計，賓州的人口約有十六萬白人，其中1/3 是 Quakers，1/3 是 Germans，1/3 則是 English Anglicans, Scots, Scotch-Irish Presbyterians, Moravian Brethren, French Huguenots, 以及少數的 Swiss, Celtic Irish, Dutch Reformed, 及 Swedish Lutherans。另有約五千人的黑奴，但有數百位已具自由身了。

　　紐約 (N. Y.) 本非英人統治，1660's 年代，荷人同時占領臺灣及 NewNetherland（即現在的紐約）1664 年隔著哈得遜河 (Hudson) 所墾殖的紐約，到了十八世紀時，社會處境與賓州大同小異。從教育的角度來看，差別之處在於紐約是個多語言地區，但英語者最為強勢。英人在紐約是個征服者，在賓州卻是開拓者（發現者）。既是經由占領，因此並不分享政治權力給予他國的移民。此種局勢，直到革命戰爭前夕才改觀。第二、英人在紐約滿意於行政制度的安立甘化，同時也允許稍微的文化及宗教上的分殊性；但英人在賓州則進行文化上系統的安立甘化。第三、當時殖民地區的聯繫網並未建立起來。紐約在 1664 年時頗為孤立，不似十八世紀的紐約及賓州。

　　聚居於賓州移民中，日耳曼人最擔心的對象是英國教友派 (English Quakers) 及安立甘信徒 (Anglicans)，此種擔心且持續不斷。十七世紀第一批日耳曼移民來美者，是中產階級的虔誠派信徒 (Pietists)，他們的外表及

性格，與 Quakers 相似；但其後來的日耳曼人，大半是農民出身，語言、宗教、價值觀、及儀態，就與 Quakers 大有出入。1720's 年代以後，此類型的人大量湧入，欠缺原先來此者的耐性、包容、與好客，一改而為陰沉的性情，懷疑、多愁善感。1727 年 James Logan 寫給 John Penn 談到日耳曼移民的狀況時說：「看這種情形，日耳曼人把此當作殖民地，如同 Britain 在第五世紀從 Saxony 獲得英國土地一般。」1727 年，賓州國民議會通過一法案，要求所有男性日耳曼人超過十六歲者，皆須宣誓向英王效忠。兩年後，Logan 再度對過多的移民感到憂心，為了降低移民數，規定每位日耳曼人移民者課以 20 先令的稅，視之如同外人。不過此種舉措，是事倍功不及半。

　　1740's 年代時，富蘭克林 (Benjamin Franklin) 加入關懷合唱隊伍，由於擬召募一批非正規軍來抵抗法國，雖計畫未成，他的書信及小冊卻轉而爆發出苛評聲，對當地的墾殖人士有所指責。他說，日耳曼人 "underlived" 於英人之下（生活受制於英人），因此他們能夠 "underwork"（在下面工作），但也 "undersell"（暗中出賣）英人。日耳曼教區牧師不足以控制教區民眾，教區民眾「還認為沒有自由，且以為他們的自由是可以濫用自由來侮辱他們的教師」。政治上，日耳曼人是不可信賴的，他們站在法國那邊來剝削邊疆地區的移民。最糟的是，日耳曼人恐嚇要把英人趕出境外，至少也擬在文化上壓過英人，「不出數年，這裡將成為日耳曼的殖民地」。1751 年，富蘭克林寫給友人 James Parker 是這麼說的：「他們非但不學我們的語文，反而我們要學他們的。我們好像住在外國一般，荷人住的區域附近，英文已絕響，聲調非常不協合，聽起來很不自在。不久，韻律或數目字也同樣會在本區消失。」

　　富蘭克林的警告如此強而有力，他深怕英國人德國化，而非日耳曼人安立甘化，使得他的朋友也是英國的國會議員 Peter Collinson 大為動心，這位英國中央民代提議採取具體行動，禁止用德文印刷官方文件，取締所有區內的德文印刷所，阻止德文書進口，限制日耳曼人移民；這是消極措施。積極面上應興建英文學校，投票公民不可以是英語文盲，鼓勵英德男女通婚。同樣的提案也在殖民區的議會討論過，但英國國會及賓州的議會並不為所動；還好富蘭克林的操煩也有具體成果，所謂的慈善學校 (charity school) 建了起來，扮演安立甘化的角色。此種學校的構想，原先之主意來之於 Reverend（牧師）Michael Schlatter，1746 年來到賓州時，供應「忠誠的牧師及教師」，來教導「貧乏」的日耳曼學童。此議一出，在荷蘭即募了一筆錢，也引來了在 Amsterdam 英國改革教會 (English Reformed Church) 牧師 (Reverend) David Thomson 的注意，後者將此種構想不只向英格蘭教會總部 (Church of Scotland 的 General Assembly) 提出，且由於他也是為賓州德國人做 SPCK (Society for the Propagation of Christian Knowledge Among the Germans in Pennsylvania，賓州德國人宣揚基督教知識協會) 活動的要角，該會總部設在倫敦，是個慈善性的組織。此種訴求在倫敦討論時，政治的、宗教的、及教育上的考慮也就牽涉其中。1753 年 12 月，William Smith 寫一信給該組織，Smith 本人參與費城實科學校 (academy) 之規劃，曾到英尋求安立甘教派的同意支援，他狂熱的贊成該組織的提案，在信中作如下的評斷：「讓英德的年幼學童在同校接受相同的教育，彼此認識，相互有聯繫，深深的在他們心底下，滋生出愉悅及開放的心懷，學英語及學共同的儀態就可以形成，共享自由的樂趣與意義，形同家庭，也類似一個相親相愛的社會。一旦此種聖名深中心坎，了然於胸，各國的重要家族相互通婚，因為大家早就在學校是同窗，也會講相同的語言，則敵人之任何技巧，也無法分裂他們的情愛。單靠家世或血統等而生的狹窄之階級分殊性，在考慮更高的利益時將會為大家所遺忘，且永久遺忘。」

　　該組織立刻有了行動，任命 Smith 為董事會董事，行使該項工作的監督權。其他董事還包括賓州總督 James Hamilton，賓州大法官 William Allen (the provincial chief justice)，賓州祕書長 (provincial secretary) Richard Peters，以及處理賓州印地安人事務官 Conrad Weiser（是董事會中唯一的日耳曼人）。當然，Franklin 亦為董事。設校的主要任務，落在 Schlatter 身上，1755 年首批此種性質的學校設了起來。該年 10 月，董事會也購買了一座荷蘭文印刷所供為教育用途，是富蘭克林捐了 25 英鎊的結果，也是該印刷所的出價價格。不過，此種投資風險太大，一開始就註定落空。賓州日耳曼籍的名政論家 Christopher Saur，痛斥該項設校計畫，嚴厲譴責此種運動，特別指明批判 Schlatter 做了錯誤又粗率的示範，扭曲了日耳曼文化且失去對日

耳曼的忠誠度。他的說法，引起了日耳曼人的共鳴，日耳曼地區無人出錢出力。此項運動的頂峰期是 1759 年，學生近六百至七百五十人之間，2/3 是日耳曼籍，然後日漸沒落，1764 年關門大吉。對日耳曼人而言，最重要的影響是德人要加倍努力來永續發揚日耳曼語文及文化。

不過日耳曼人的安立甘化，卻是最後的結局。他們接受富蘭克林及 Smith 的安排，教育的廣度倒擴充了不少，至少在富蘭克林有生之年是如此。舉例來說，在 1750's 年代，日耳曼人在傳統上有與世無爭的和平作風，但印地安人的攻擊發生於「藍山區」(Blue Mountain region)，雖然德人 Saur 堅持不用武，但日耳曼人不得不與英人共存亡，同時也站在富蘭克林及 Smith 這一邊。1758 年 Saur 去世，同時也基於其子批評當局而將他驅逐出境，因此英德分離之宣傳遂告中止。德人在宗教信仰上，容或與英有區隔，但也開始說英語並仿英文化了。獨立戰爭時，德裔的社區堅定的支持富蘭克林，德「美」之親密到達頂點。1787 年時，日耳曼人仍擁有自己的學校及教會，甚至在 Lancaster 設 Franklin College，以便訓練宗教領袖及公職人員，但「美」德人民已無嫌隙的共同生活在一起了。

科學及知識的演進，帶來了殖民地之間彼此的互通訊息，較以往頻繁與方便，這要感謝牛頓及洛克的貢獻。十八世紀時白人休戚與共之心，慢慢成為共識。富蘭克林首度提議 Albany 聯盟計畫 (Plan of Union) 來共禦印地安人的劫奪，但竟遭賓州議會拒絕，置日耳曼人於印地安人的危險攻擊範圍之內，也導致於促使德人與富蘭克林同一陣線。費城的都市繁榮，已是殖民地上的大都會，不只與殖民地各區有貿易往返，也與歐洲有交易；也因文教之流通，富蘭克林經營的印刷所不限於局部地方型態，而具有環球架勢了。富蘭克林，David Rittenhouse，及 Benjamin Rush，不是只具地方名望而已，卻是北美盡人皆知的大學者。富蘭克林被任命為駐喬治亞州 (Georgia) 代表 (1768)，紐澤西州 (New Jersey) 代表 (1769)，麻州與賓州代表 (1770)。加上「大覺醒」(Great Awakening)，造成德國路德教徒 (German Lutherans) 及德國改革教徒 (German Reformed) 發覺他們與英國新教徒 (English Protestant) 並無根本上的差別。這些因素，使得日耳曼人感覺到他們住在新興的美式地區，遠比生活在過去的英式社區較為安適。墾殖地這

種本有環境，演變成此種結局，使得他們願意接受華盛頓的指揮，共抵外侮，為美國獨立犧牲生命。

三、教育方式

開墾新大陸的先鋒健將，沒有時間搞發明創造，他們只不過是適應與模仿而已。為了生存，經驗是最好的學習資產。在美的德國人，蘇格蘭人，愛爾蘭人，法國人，甚至是非洲來的黑奴，都具備了與生俱來的傳統觀念及制度，雖然新大陸的移民中，主要觀念及制度以英人為主，但英人之外的他地移民，仍努力維持他們各自不同的祖先想法與措施。

其實殖民地的移民不是純粹只做消極性的適應與傳統性的模仿而已。美洲嶄新的環境，逼使移民不得不「拒絕歐洲」(rejection of Europe)，另謀對策。舊有的種子，在不同的土壤裡，可能孕育出新的生命來，混種也時而出現，無可預料。富蘭克林在費城所提議設立的 Academy 就是一個佳例；他坦率地說，他的觀念，借助於 John Milton 及 John Locke 等人。但他的課程規劃及教育目的，卻全然是美洲式的。當然，英國當時也有體制外的實科學校 (Academy)，如位於 Northampton 的 Philip Doddridge 的實科學校 (Academy)，但費城的 Academy 絕非完全仿之而照單全收，在費城實際成立的 Academy，也因與富蘭克林的本意有別，引發他日後不客氣的指責。十八世紀在美出現而名為 Academy 者，既不像 Northampton，也不是費城的抄本，卻各具特色，五花八門。

教育方式也花樣百出，Jonathan Edwards 以教會作為教育機構，Franklin 用曆書作為啟蒙用途，Thomas Jefferson 提出「普及知識法案」(Bill for the More General Diffusion of Knowledge, 1799)，要求小學要負起教育百姓的責任。這些都是新大陸異於舊大陸的作風。富蘭克林曾在 Boston 拉丁學校 (Latin School) 求學一年，與三十年後他擬設立的 Academy of Philadelphia，兩種教育機構出入甚大。變與不變，正考驗著新大陸的移民，尤其挑戰教育工作者的智慧。富蘭克林的爸爸 Josiah 要他離開拉丁學校，卻把他先安置於 George Brownell 的學校學寫字及計算，又要他到堂兄 Samuel 及哥哥 James 處去當學徒，這就是美洲新大陸的教育型態。

最後一點有必要提出的是，美洲新大陸的教育，先採自倫敦大都會的模式，其後有漸仿巴黎及愛丁堡的措施；原來是單行道式的，其後則是相互的雙行道。並且一方是大都會型的複雜性，一方則較有原始的純樸觀。1689 年時，歐洲人提出一個問題，北美是否可以開墾成文明地以便適合於人住；一世紀之後，問題性質丕變，歐洲人開始想，如何從北美處學到新土地的新教育所產生的新人類之新希望。由義大利來美的一位教會人士寫信給他在巴黎的友人說：「這個年代是歐洲的全部衰落，也是美洲的移民時期。歐洲的全部都將腐朽，包括宗教、法律、藝術、科學；在美則一切快速再生復活。這不是開玩笑的話，此種說法，在英國人的爭辯中也佔上風。我提過、宣布過，諄人教誨過，已二十多年了，我的預言也應驗了。因此，不要再在 Chaussée d´Antia 買房子了，應該到費城去買。我比較不高興的是在美並無修道院 (abbey)」。

第二節　宗教狂熱的教育模式

真正的宗教植基於情愛感受 (affections)，如果這種說法屬真，則吾人就得使用情愛感受的伎倆，運用各種方式引發人們產生情愛感受。研讀類似這種的書，採取傳遞福音的手段，神權授階的各種儀式措施，向上帝祈禱的氣氛，及讚美詩的吟唱等，都是可以選擇的工具，都可以製造一種深深打動參與者心坎的情愛感受。

—— Jonathan Edwards

一、「教友派」(Quaker) 在賓州的文教活動

中世紀歐洲城市裡的人，每天出現在眼簾的，就是教堂或碉堡中雕刻或繪畫著令人悚怖的最後審判圖像，他們的生活怎能愉快呢? (Miller, 217) 經過宗教改革及經驗主義大師洛克等人的洗禮，此種景觀已大有改變。

在洛克的觀念裡，有三種管道可以產生宗教的信念。第一、理性 (reasons) 或是推論性的思考 (inferential thought)；第二、信仰 (faith)，超越理性而抵啟示境界，但本身與理性相互衝突；第三、狂熱 (enthusiasm)，把理性摒棄一旁，盲目的接受啟示，絲毫無理性成分。洛克接著說：「因此在效應上，狂熱撇開了理性與啟示，留下來的空間，由人類腦袋裡那種無根無據的空想來填補，還以為那才是意見及行動之所依。」

洛克 *Essay* 的第四版出世於 1700 年，他加了一章討論「狂熱」(enthusiasm)，直接襲擊狂熱分子的自負及空洞，這些人愚昧的認定他們所信的是如此堅定不移，自以為那是來自於上帝的啟示，同時也說由於那是來自上帝的啟示，所以深信不疑。整個歷史所顯示出來的，就是曾有人因擁有一種特殊且立即的上帝接觸感，而從該種唐突感中衍生出人類史上最黯淡的思想及行動，洛克因之陷入沉思。

宗教改革時的「左翼」，在英荷兩地非常囂張，尤其從 1649 年 Charles I 被處死至 1659 年，在 Oliver Cromwell 及其子創下的共和政治 (Common Wealth) 時為最，這也是洛克擬無情予以立即打擊的目標。在宗教寬容的情況下，各教派都聲嘶力竭及持續不停地對教義大發議論，每個教派皆言，發自於內在的特別靈見，就可以散發出亮光，照明了神的真理。原先是以宗教做出發點，但結果卻無可避免的與政治扯上關係，因為這些教派都會把教義誇張，又過激的闡釋為平等、民主、與個體性，這些口號都對社會秩序帶有傾覆性。他們對教育的立場，是希望教義單純化，蔑視那些冬烘先生自以為神學知識非常高深。「左翼」的運動，明顯導致於知識無用論的結局。此外，政教分離，使得大中小學校皆由民事政府來負責。洛克在牛津曾與此教派交手過，卻被這些教派的「熱情」(passions)、「幻想」(fancies)、及「狂熱」(enthusiasm) 所擊敗。數年之後，他修改主張，他也擔心寬容會變成無政府狀態。

在歐陸，虔誠風吹遍了各地；強調基督教就是個人對上帝之間的經驗，既是個人性的也是村落式的；基督信仰是一種生活方式，並不執著於歷史的禮儀。好多不同的教派，都高舉「虔誠」大旗，昂然移民到美洲。其中，「賓州」(Pennsylvania) 之由來，饒富意義。英皇因欠 Admiral Sir William Penn 一筆債，乃贈一塊大地（有 England 加上 Wales 一般大）給其子

William Penn 而來。為表示對英皇的忠誠，William Penn 每年付一對海狸皮 (beaver pelts)。Penn 雖精於海戰，但卻是和平主義者，也相信人間互愛，這是上帝的旨意，但他一生卻捲入與他人的口角與紛爭中；更堅信在上帝的眼中，人人平等，但同時卻也認為富人是主派遣下來為貧者作管家的人，寧可放棄在歐洲宮庭中優遊自在的生活，也不願捨棄在美洲新大陸過最簡樸的生活。

有必要特別一提的是「教友派」(Quakers) 之入主賓州。他們自認是個較特殊的教派，孩童的教育也要與他教顯然有別。「品德操守、純淨、貞潔、善良、謙恭、有禮、正直及愛等方面，都應超過他人。」孩子的教育先要灌輸教友派的歷史及信念；其次免於周遭世界的敗壞，進行「保護教育」(guarded education)。在 William Penn 的作品裡，充分表達這種想法。他的書信充斥著家庭禱告、定期聚會、系統的家長教學與監督，以使孩子從小就與上帝有過內在的神靈附身，外在的彰顯無瑕疵的虔誠行為。Penn 本人是 Royal Society（英國皇家學會）會員，毫無疑問的，他熟悉 Sir William Petty, John Dury, Samuel Hartlib 等其他會員的作品，他們皆運用培根方法來討論教育，也跟從洛克的教育理念。Penn 在他的《孤獨之果》(*Some Fruits of Solitude*, 1693) 中說：「孩童第一件最清楚的事，就是他所感受的。」但「我們卻壓迫他們背誦太多東西，把他們搞糊塗了。緊張、功課太重、都在記公式及文字，了解文法與修辭，也要會說一兩種陌生語言。其實日後用得著的，不到十分之一，卻忘了他們的天分可以用在機械或物理、及自然上，反而這些不予以教導而忽略了。這些對生活太有用了，他們也喜歡」。此種論點，也就是教友派 (Quaker) 為什麼瞧不起正規教士訓練課程的原因。Penn 不容情的指責大學，不過只要教育在進行「實用知識，符合真及善」者，他是絕對支持的。

Quakers 自認「上帝之光內存於己」(Light Within) 不需一切外在的做作、儀式、及服飾，也不必受洗。作為主的僕人，不期求任何報償；一週兩次，志同道合者共處一室，冥思沈默，眼眶現出靈光，生活簡樸。說話、儀態皆極盡單純，無社會階級之分。反戰，反死刑，反教會稅收；自我立法，善待印地安人，欠債者不必坐牢。當時偷一條 5 分錢的手帕都是一種

致人於死地的罪過。Quakers 認為只有殺人犯才應受死刑宣告，信仰完全自由。Penn 曾是 Royal Society 的一員，也是 Oxford 畢業生，讀過拉丁、希臘、法文及荷蘭文，但 Quakers 不是清教徒，卻是「反智論者」。讀書非但無用，且讀書越多，越為危險。大學變成「罪惡淵藪」(dens of evil)。取 Locke 及 Comenius 之教育觀，重自然、強調理解、感官第一、實用至上；「實物」(things) 優先於文字 (words)。教其子 William Jr. 用仁慈及微笑，不怕他如同小黑人般的嬉戲。

Penn 作為賓州總督，因此該殖民地洋溢著教友派氣氛 (Quakerism)。1679 年他寫道：「為了國家的需要來訂定一種新法律，沒有一種智慧比年輕人的教育更重要的。」教育的主旨首放在虔誠或舉止端莊、過善良生活，或政府行事合乎正義原則上。他的立法用意，真正通過都還得等數十年才能實質實施，原因也太具教育意義了。早期的教友派 (Quakers) 領袖，一方面注重虔誠教育，另方面也強調寬容，因此不能採強迫方式，只能用鼓勵手段，這種困難，Rhode Island 幸而未遇到。美洲多元社會中，公共教育所面臨的兩難困境，首次在賓州出現。

賓州的自然資源與地理位置，太有利於發展貿易買賣，此種潛力有必要設計一種綜合性的教育來配合。一位改宗為教友派 (Quaker) 也是賓州議員的 Thomas Budd 就指出這一點，小冊子《建立好秩序》(*Good Order Established in Pennsylvania and New Jersey in American*, 1685) 中，Budd 就規劃出七年的學童教育，教導「最為有用的技術及科學，但要適合於學童能力，方便於領會」。科目包括英文及拉丁文的讀寫，算術，簿記，以及交易買賣，給男生一些有關木工、紡織、製鞋的奧祕技巧，女生則學刺繡、編織、或裁縫。學校遍設於城鎮，一所一千英畝地，男生和父親負責耕種五穀作物，女生和媽媽以編織來自力更生。他稱呼此種學校為「公立學校」 (public school) 以有別於家庭教育的私人 (private) 性質，收容的學生不分貧富，紅人或白人，也不分教派，悉數歡迎。Budd 的教學設計，並沒訴諸實踐，總督府並未採取任何行動。不過各地聚會所倒利用聚會地作為教育用途，發動募捐來維持教師薪水。

更值得一述的是，基於 Quaker 對平等的觀念，教育對象遂沒有把紅人

及黑人排斥在外。因為耶穌為眾人而被釘在十字架,眾人包括黑人及紅人。Penn 雖默認奴隸制度,在他管轄的殖民地,對黑人和紅人,他是用父親的態度對待他們;經常說,福音應廣被。十八世紀時,Quaker 的一些教師更超越過 Penn,直言奴隸制度是一種無法獲得原諒的罪惡;描述奴隸的苦狀,慘不忍睹。主張黑人及紅人應解放,且予以教育。由於 Quaker 一向反對奴隸制度,加上賓州地方的經濟特質,賓州黑人較少;1750 年,黑人只三千人左右。不少黑人在白人家接受教導,少數與白人一起上學;費城的黑人較多,足以興蓋一所黑人學校;1758 年終於在 Thomas Bray's Associates(屬於英人慈善機構)的贊助下,建設完成。另一所則在 1770 年立校,是 Anthony Benezet 奔走的結果,他也在該校當校長兩年後去世。

Penn 的寬容政策,以及積極鼓吹大家來賓州移民,共享該州的「寧靜生活」(quietism)。Quakers 與其他教派,彼此相安無事,致使移民者日眾。大家如同 Quakers,都重視「保護教育」(guarded education),了解家庭、聚會所、及學校的教育功能。在十八世紀,各教派都營造賓州成為文教昌盛的殖民地;也與 Quakers 同,他們不喜那種學究式的牧師 (learned ministry),而較甲意那些「具有神感的兄弟」(inspired brethren),後者能領悟《聖經》經文。不過,在殖民的地方,他們也設置了學校,且分配教派內的兄弟當教師來負責教學,其中較出色的是 Francis Daniel Pastorius,他本是德國法蘭克福律師,於 1683 年移民賓州,興建德國城 (Germantown) 學校;以及 Christopher Dock,1714 年到新大陸,於 Montgomery County 的 Skippack Creek 建校,教學直到 1771 年去世為止。

1. Pastorius 於 1698～1700 年在教友會辦的學校任教(死於 1972 年),為新成立的德國城學校負責校政,精於古典,通百科。但 1700 年以後,興趣轉到功利取向上,認為學童的功課應以實用為主,此觀念與 Penn 同。

2. Dock 的教學,是 Schuykill 河谷 (Valley) 的日耳曼人家曉戶喻之事,從他去世後出版的一本《學校經營》(*Schulordnung School Management*) 書中的描述,可以知道教室內洋溢著愛的氣息。「我以愛來對待孩子,他們既怕我但也愛我」;採用一種改良式的班長制教學,班長年紀稍長,作為導生 (guards),教導年幼者。課程中以宗教音樂為主軸,與教派活動一般。在各

教派教義之中，不應遺漏基督教義，也不鼓動各教派進行狂熱的教義紛爭。就十八世紀賓州地區人口結構之異質性而言，此種作法頗具代表意義。學校通常皆由某一種教派所建，但收容的學生卻是教派信仰不一的學童。Schulordnung 樹立的這種楷模，是美洲公共教育處在多元社會裡的自處之道。另外還有一特點，Dock 的學校地點，是宗教信仰紛歧之處，還好大家都來自日爾曼，種族血統倒頗為一致。在美洲大陸，日耳曼是少數民族。

有人批評賓州地方的文教比新英格蘭的文教落後，此種傳統上粗略的評斷，有失公允。沒錯，George Fox 等人曾公開反對那些異教徒，也不贊成 Anglican 領袖在該地區進行教育，似乎展現出 Quakers 不重視讀書識字之作風；Quakers 在賓州，確實不像 Puritan 先一代的人在新英格蘭一般地那麼尋求公共政府對教育的支援。不過在賓州也有不少學校啊！Quakers 之出錢出力，總是不爭的教育史實。賓州地區並不像新英格蘭興建了哈佛及耶魯，但 Quakers 在賓州的文教努力，使殖民地子弟的生活素質大為提高，由平民中也孕育出美國歷史上的大人物，不必靠大學教育的培養，自也能造就出美國歷史上的領航人，B. Franklin 就是其中之一。George Fox 一向希望學校教育應偏向實用，一世紀之後，Franklin 提議建立 Academy 來教導「最實用也最能裝飾門面」(most useful and most ornamental) 的學科。雖然 Franklin 不是 Quaker，但是他的 Academy 能在 Quaker 當道的社區中，廣受歡迎，且變成最興旺的核心地，箇中原因，不辯自明。且處在教派對立又有可能是信仰迫害無以寧日的時代裡，Quaker 之寬容作法，使教派和平共存，真是功不可沒。

二、宗教復甦運動

Ronald Knox 在他的經典作品《狂熱》(Enthusiasm) 中分析，神祕主義 (mysticism) 及福音傳播主義 (evangelicism)，二者所表現的現象相似，相互有關，但在「靈悟」(inspiration) 上卻大不相同。前者規避外在的恩寵神學，只重視上帝之常在人心；後者則擬真正的查知人的墮落狀態，因而關懷是否有被拯救的可能。各教派中的神祕主義，都根源於歐洲，發現美洲空曠的大陸是塊沃土。同理，福音傳播的虔誠派，活泉也來自歐陸的 Utrecht,

Lingen, Frankfurt, 及 Halle 等大學，一傳到殖民荒地後，就得重新調整其角色。

　　傳遞角色的主角，首先是荷蘭牧師 Theodoms Jacobus Frelinghuysen，1720 年奉紐澤西州 Raritan Valley 的荷蘭改革教派 (Dutch Reformed) 之召抵美，立刻引發大家議論紛紛，他受過 Lingen 大學之教育，也深深感染虔誠精神，清楚又強有力的主張內在信仰大過外在的服從教義，要求教區內的教徒「放下所有的驕衿、高傲、本有的價值觀，在主的面前，深深的謙卑自己」。只有懺悔、信仰、正直，幡然改過者，才有機會被邀到主的桌子。此話一出，馬上有人攻擊這種說法是邪說，他起而奮戰，不止他的教區日益昌盛，勢力從荷蘭改革教會向外擴充，且長老會牧師也有不少人站在他那邊，其中尤以 Gilbert Tennent 為最，以 Frelinghuysen 作為他的楷模。

　　Tennent 歸依 Frelinghuysen 之前，曾在他的父親處受教二十年。先在愛爾蘭，之後在美洲四處的荒野活動，其父 William Tennent 也是牧師，1716～1718 年之間，移民來美，到過紐約及賓州，堅信只有內心改宗者，才有資格參與「主的聖餐」(Lord's Supper)。同時，他創辦了一所圓木學院 (Log College，帶有輕蔑學術知識意) 來培養教派教師，包括自己的孩子在內。從蘇格蘭及愛爾蘭移民來設的 Academies，加上長老教會中的福音傳播，圓木學院就 High 到最高點了。「新派」(New Side) 與舊派 (Old Side) 分頭齊進，教義與特性卻與歐洲有別。但都受到歐陸大覺醒運動的虔誠精神所感動，旅行各地，上山下海，親自向大眾說明他自己的改宗經驗，鼓勵創學校建教堂，培育良好的牧師。

　　最後更值得一提的是 George Whitefield，他積眾人的努力於一身，1738～1770 年全美走透透，共作三十次的巡迴講道，從 New Hampshire 到 Georgia。與各教派皆有接觸，神職授任來自安立甘教派，也附屬於 Methodist，心向上卻是喀爾文派 (Calvinist)，但看起來他也不屬於任何教派。他的講道注重新生，新改變。聽眾人山人海，各教派皆有。有一位署名為 Juventus 者在《紐約週刊》(*The New York Weekly Journal*, 1739) 寫出如下的詩篇，代表了當時的心聲，稱呼 Whitefield 是個真正的美洲英雄。

Whitefield 是他的大名，也是好聽的名字，

　　我的心全被攫住；

　六翼天使 (seraph) 來自上空，

　　啟迪他的心胸滿是神通。

　上帝授予，他帶有使命，

　　　旨在宣布福音，

　　　遍及世界各地，

　　　廣傳救主之名。

看呀！看！他來了，天庭的聲音，

　從他悅耳的語言中流露出來！

　　叛逆的人受悚於驚恐

　　定了重罪有如針刺

　吾人靜靜聆聽，大感驚訝；

　歡天喜地拴住了我們的心。

　　他的音調令人心迷，

　　不知時光之流逝。

　　褻瀆神明者一聞恐怖聲，

　　顫抖驚懼無已時。

　他宣布了他們的重罪，

　　大聲的布告律法。

Whitefield，你的神聖音腔，

　我們仍然訝異的傾聽，

　我們似乎抵達了不朽境界，

　　到了天庭轉送站。

　凡塵之下，芸芸眾生，

　大家群聚圍繞唱歌，

　樂於唱出救世主之名，

那是一位活人嘴裡所說的聲音。

1657～1622 年發展出的「半途約定」(halfway covenant)，父母親如與教會訂有「聖約者」(covenanters)，則子女生來即享有作為教會儀式聚會的會員權，但要等到享有聖恩 (grace) 時，才能享受主餐 (Lord's Supper)。不過，即令如此，仍然很難挽回宗教氣氛日益淡薄的走勢。新英格蘭的人，一開始就認定只有來自上天的神寵，使個人親自體驗到內心的改變，才是真正獲救的標記。就是行善事也非上帝選民的具體象徵。原先在「山丘上的城市」(city upon a hill) 的子民，都難有該項個人經驗了，更不用說其後在十八世紀那批「混雜的眾人」(mixed multitudes)。後者一方面在宗教信仰所依的教派很多，非由一家所壟斷；一方面也因地震、流行病、戰爭、以及人口流動等而分了心。美洲早期最偉大的神學家 Johnathan Edwards 就在這種環境下誕生。

社會呈現不穩，道德宗教淪喪，既成教會遂要求進行正規形式上的儀式。但墾荒地生活上的孤寂與單調，1730's 及 1740's 年代的覺醒運動就因此發生，主角正是 Johnathan Edwards。生於 1703 年，在耶魯受教，被 Samuel Johnson 所指導，享受 Dummer 的圖書館，熟悉牛頓、洛克、及劍橋柏拉圖學者 Ralph Cudworth 學說。在耶魯時光，有了信仰上的大變，「在心中有個甜蜜的燃燒」(a sweet burning in my heart)。在學術上為「主觀觀念論」所迷，視那些認為「物質乃是最具體的存在，精神只是陰影」者，犯了「最大的錯誤」(gross mistake)。其實「上帝的恩寵」(grace of God) 及「榮耀光輝莊嚴感」(sense of the glorious majesty)，才最實在。他直率地反對時下的「理神論」(deism)，也不滿時髦的安立甘主義 (Anglicanism)，倒默認上帝擁有絕對的力道，最為優異，也無遠弗屆。

1720 年畢業於耶魯，在 New Haven 繼續兩年的神學研究後，短期在紐約當牧師，還在耶魯任教，奉召赴 Northampton 主持教會事務，在該處二十年。「上帝之靈開始大量湧入」，使得 Edwards 教區的信徒發生奇妙的事，尤其是年輕人被他說動者，不計其數。1735 年夏天，該市「似乎充滿上帝現身的模樣」。其他市鎮人民視他為奇貨，爭相邀他去講道。1746 年發表

《論宗教上的情愛感受》(*A Treatise Concerning Religious Affections*)，指出最重要也最真正的宗教，是植基於「情愛感受」(affections) 上，真正的基督徒也擁有一種「新靈感」(new spiritual sense)，那是「聖靈」(Holy Spirit)以光輝的情愛 (gracious affection) 展現在人身上所致；此刻的信徒，即已邁向聖者的大道了。

在開始撰述 *Treatise* 時，他擬走中道，介於 George Whitefield 之毫無保留的採福音傳播活動，也同樣毫無條件的學 Charles Chauncy 之批判，二者之間他希望無所偏；事實上，折衷兩極之作法，他比同代的人更為成功。在學術探討上，更「尊重來自內心的宗教」(religion of the heart)。不過他正努力步上中庸之途時，覺醒運動已如火如荼展開。不分教派，也不考慮支持者個人的學術背景或師從何人，即令是 Whitefield，也大家都投入此波潮流中。「新光」(New light) 派出現在所有傳統的教會裡，無論各教區，知識分子及目不識丁者，皆無例外受到波及。福音傳播之狂熱，雖各地及各時有消長，但對十八世紀的美洲人而言，的確是一股不可擋的勢力。

大覺醒可解釋為宗教、社會、及政治的運動，但顯然地並非大規模的教育運動。不過，本質上此運動把教會改為教學機構，指責傳統法定的講道是既形式又無聊。Benjamin Franklin 在他的《自傳》(*Autobiography*) 中，有一段描述費城長老教會的牧師 Jedediah Andrews，他說：「他的主要論題不是作學理的論辯，就是作教派中某特定教義的解析說明，對我來說，太枯燥乏味，不感興趣，也不具薰陶意義；由於道德原則未能陶冶出來，也未能強化，此方式的說道，似乎只是造就好長老會教徒，而非培養好公民。」Andrews 本人對自己的作法，也是心知肚明。在教派林立中，各教派對某一特定教義的解析說明，皆有出入，他只好採長老教會之觀念作核心，使他的聚會所基於虔誠的教學而把教義作較正確的詮釋，從而教徒才能有正當行為。不過，不少參與者所提的實際問題，如「如何作才有救」，則只依虔誠是無法使他們滿足的。這種現象，導致費城及全部殖民地區，在 1730's 及 1740's 年代都痛苦地承受著「宗教的兩難困境」(religious dilemma)。此種危機，也帶給了「復活者」(revivalists) 展現其活力的機會。

傳統的講道解經方式，如 Andrews 者，當然有人不滿；Frelinghuysen、

Tennent、Edwards、及 Whitefield 等人，則採另一嶄新方式予以取代，他們把地獄敘述得極為恐怖嚇人，將那些不信教者的惡毒心境挖出來用明鏡一照，也無情地揭開謬誤教派者誤以為自己得救，其實他們犯了不可恕的罪。只要「復活」，則一切皆可重來，那是基督的另次勝利。當時有人描述 Gilbert Tennent 在作公共佈道時的情形，時值「大覺醒」(Great Awakening) 勢力鼎盛時：「他似乎並不注意自己用什麼適宜的姿勢，來取悅於聽者的眼睛，也不講究說出什麼好聽的話，來使聽者的耳朵快活，卻直接訴求於他們的良心及良知，使他們敗壞的幻想一覽無遺；也讓他們知悉，他們在宗教信仰的轉移上，犯了無數的偽善及見不得人的隱祕。」反應於此種講道者，屈指難數。聚會所的成員哭成一團，欷歔不已；有的因驚恐而大叫，雙膝一跪，請求救贖。弟弟 John 及 William 也形同昏厥，醫生還斷定 William 已逝，眾人準備予以埋葬呢！不過他卻突然醒來，復活了，還向大家報告，他在這種轉變過程中，所體驗到那種非口舌、文字、或筆墨所可描繪的美。

此種經驗是真是假，其效度之分析，派別有二，一是「老光」(Old Light)，一為「新光」(New Light)。

1.老光：認為恐怖的經驗只不過是一種幻覺，經文之正確解釋以及行善事，乃是虔誠的精髓，也是神寵的徵記。因此教育及養育，是虔誠的要方；指控對方（狂熱分子）侮蔑人的理性及推論式的講道。

2.新光：除非個人真正有過再生經驗，獲神寵造臨過，否則經文的正確解釋或行善事，才是一種幻覺；教育及養育是次要的，甚至無關或有害於虔誠。

新光與舊光之紛爭，兩個問題是兩派所不可避免的，那就是誰有資格在教會教學，以及在教會裡誰應該是教學的對象。大膽提出第一個問題的人是 Gilbert Tennent。1740 年在紐澤西的 Nottingham 作有名的佈道時，他以〈未改宗牧師的危險〉(The Dangers of an Unconverted Minisitry) 為題，在他的觀念裡，只有上帝的召喚，人才夠資格當牧師。這種論調恰與當時教會的合法作為互為水火。並且，上帝只會召喚那些復活者。「自然人，上帝不會召喚他去當牧師工作。」長老教會的此項主張，極為堅持，導致 1740 年的教會分裂。被烙記為未嘗復活者，大家成群結隊來維護既得利益，否

則就辭職了之。雙方敵對火藥味十足。各派常揚言他們享有自由來召喚各自的牧師，刺耳的指控及反指控，不絕於耳。此問題與教育多少有關，因為誰才夠資格來「教」，那是十足的教育問題了。

第二個問題，誰才獲允許列為學生資格，此問題在新光派上，並無共識。一方面，他們深信，只有復活者才可享此殊榮，也才可獲主餐之賜；並且更只有參加教會聚會的成員，才是教會真正的信徒。一方面，他們反對學生的條件資格太鬆，有必要淨化現有教會，吸取新教友，免於敗壞。但另一方面，新光派擬擴大組織，接納新會員。此種搖擺觀念，在 Frelinghuy-sen 及 Tennent 的講道中就明顯地看出來，他們說人在上帝面前，絕對無助；但同時又說，人不得不「選」基督，來進行「重生」。Tennent 甚且還開了一系列的書目作為懺悔者復活的引導。理論上，上帝有無窮智慧來賜予人們恩寵，而復活者又告訴人們，應透過自己的努力，上帝才會賜予恩寵。

年幼者更提供給新光派很大的「教育」市場，因為新一代的心靈，顯然未曾復活者居多。Whitefield 在波士頓利用各種機會，接觸學童，希望他們選擇基督，若家長拒絕，孩子也可獨自步上天堂。Jonathan Edwards (1703～1758) 的《上帝神奇工作的真實描述》(*A Faithful Narrative of the Surprising Work of God*) 中，以 Phebe Bartlet 為女主角，在她過四歲生日後，就充分把傳統悔悟的特徵顯現出來，常退回隱處私下禱告，對宗教尤感趣味盎然，熟背教義問答書，神魂顛倒地聆聽 Edwards 的講道。「她眼裡現出對上帝的畏懼，過分擔心犯原罪觸怒上帝。」經過努力，孩童與女性「復活」者較大人及男性多。不過，仍有人批評，女子與孩童之宗教狂熱，正是「幻想」的例證，因為他們無知。Edwards 之講道，聽眾狂叫、震驚、悚怖，擠滿教堂甬道及講壇，不少人還希望他不要再講下去，否則受不了。他十四歲時即讀洛克的書，深感愉快，「好比最貪心的吝嗇鬼，比在一堆新發現的寶藏中找到一大把金銀財寶時還快樂。」滿腦子裝滿洛克及牛頓的思想，牛頓教他因果律是不可抗拒的，洛克則教他牧師使用的語文「所彰顯出來的意義，絕不超出自然純真的經驗範圍之外」。(Miller, 175)

Jonathan Edwards 角色似 St. Thomas Aquinas，調和宗教與理性。

第三節　實科學校 (Academies)

一、英國的實科學校

美洲殖民一百年之後，1720's 及 1730's 年代之宗教危機，不僅是宗教信仰的教義解釋問題，且也因教會領袖嚴重缺乏，致令教會十分緊張。英國內地鞭長莫及，要教會提供更多負責人，力所未逮。殖民地本身則素質不夠，能力不足。到底應設多少教會？牧師多少人？條件應如何？各教派陷入意見十分不一致的爭論。北方新英格蘭的哈佛，1701 年又加入耶魯，在 1701～1740 年共提供八百五十名牧師畢業生，但短缺仍存，尤其在非都會地帶。耶魯之立校，旨在提升且廣被基督新教教義，由一代一代的知識分子及正統教會人士來承擔。南方的 College of William and Mary 在 1693 年立校，是一所「福音牧師的神學院」(a seminary of ministers of the gospel)，也提供安立甘教會人員，但數量有限，使該地長期以來沒有一位主教。不過情況最嚴重的，應屬中部地區。費城的長老教會，企圖往東延伸到不列顛群島 (British Isles)，北方擴充到新英格蘭來敦聘牧師，但成績不大；除安立甘之外，另有改革教派及路德教派之牧師充斥其間。

Gilbert Tennent 在他的《他教牧師的危險》(*The Danger of an Unconverted Ministry*) 中發出警語，為了補救上述危機：「使教會裡儲有一位忠心的牧師，最好的方法就是鼓動私人興學，或建神學院，由富有經驗也具技術的基督徒負責經營，收容經過嚴格考試進來的學生，培養既理性又慈愛的判斷力，以及看起來又有一清二楚的宗教體驗。現有的學府或公立學校，既腐敗也被扭曲。虔誠又有信仰體驗的年幼者，擁有自然潛力，在牧師的提攜之下，意願十足，動機強。我們應到各地去尋找這種料子的年輕人，請他們先入先知的私校，這是公共學校做不到的。」他的爸爸 William Tennent 就曾經辦過這種性質的學校，來為新光派儲存牧師。根據 George Whitefield 拜訪過該校所得的印象，Tennent 在賓州 Neshaminy 於 1727 年

所辦的學校狀況是:「有點像天堂般」，校園似主的葡萄園，戲稱為學院 (college)，是木頭屋 (log house)，長寬各 20 呎，簡易的認識《聖經》經文，吃野草，過非常純真的樸實生活。Tennent 曾在 U. of Edinburgh 上過學，時為蘇格蘭啟蒙運動 (Scottish Enlightenment) 前夕的 1690's 年代初期。1690 年曾有「英國國會大學考查團」(Parliamentary Visitation Commission) 之造訪，加上歐陸回來的學生不少，尤其從荷蘭的 Leiden。並且名師不少，如數學家 David Gregory，醫生 Robert Sibbald。主要的辦校作風、課程、及方法，是受到歐洲各地興辦實用性的 Academies 所致，不只校風丕變，且也為不遵英國國教者留下一條通路，可以在牛津劍橋之外接受高等教育。1662 年的統一法案 (Act of Uniformity)，1665 年的五哩法案 (Five Mile Act)，促成了 Academies 之興盛。

二、殖民地的實科學校

英國 Academies 之興建，還會受到傳統學府的抵制或比較，在美殖民地，則無此困擾，因為無其他中上學校機構，尤其在紐澤西 (New Jersey)、賓州 (Pennsylvania)、及德拉威 (Delaware)。1689 年後，學風更自由了許多；Academies 的數量、規模、及勢力，擴充了不少；人民的教育機會也增加了。有人估計 1727～1783 年之間，也就是 Tennent 定居於 Neshaminy 時，長老教會設有五十二所 Academy，而光是 1783 年長老教會也設二所 college 及二所 Academy，其他教派次之。總共所設的 Academies 約有百所。

長老教會的 Academy 與 Scottish 大學，關係密切，因為 Edinburgh 或 Glasgow 大學的校友及 Academy 的畢業生，他們也在新大陸上設校，其中之一的校友就是 Tennent；另一位 Edinburgh 的校友 Francis Alison，在賓州的 New London 於 1742～1752 設一所 Academy，該校後遷移到費城；而 Samuel Blair 從圓木學院畢業後，也在賓州的 Fagg's Manor 設 Acadmy，Samuel Finley 與 Tennent 也在 Maryland 的 Nottingham 立校。四位皆精於古典，也在十八世紀培養最優秀的長老教會牧師，還教導英文法及英作文、文學、自然哲學、道德哲學、拉丁文、及希臘文。有些 Academy 的學術水平，不下於 college；有些則僅是中小學性質。有些為教會支助，有些則係

私人出力；有些還得到官方認可，有些則否。當時，學校教育還未系統化及制度化，多樣式的教育措施並存。

　　合格有證的牧師不多，也欠缺授予學位的大學。一些程度較高的 Academy 遂轉型為授予學位的學府，而早已授予學位的大學，則重新改組以應新時代的需要。College of New Jersey 可以說是由 Tennent 的 Log College 轉型而來，雖然實際上兩校並無直接關聯，且事實上創辦 College of New Jersey 的計畫也要等老 Tennent 逝世後才成立，以免兩校競爭太激烈。創校元老的七人中，有四人是新光派教師（新光派成立於紐約），另三人則是熱中於紐約公共事務，是俗世人士。該校創校意旨，是結合上帝恩寵與學術研究，以造就教會牧師為目的。為政治及財政上的考慮，本校廣收各教派學生入學，既不完全採私立 Academy 方式，也不走耶魯漸漸形成傳統科目的學術研究傾向，1746 年獲立校特許狀，實用科目及宗教課程雙方兼顧。1747 年 5 月開學，位於紐澤西的 Elizabethtown，校長是 Jonathan Dickinson（曾在該地負責 Academy 多年）。該校一成立之後，勢力漸被四方感受，其他勢力團體所設的長老會之 Academies 都被本校吸收，校址也在十年之後轉到 Nassau Hall 了。

　　College of Rhode Island 則從 Hopewell (New Jersey) 之 Academy（立校於 1756 年）轉型而來，支持的教會是費城浸信會 (Philadelphia Association of Baptist Churches)。Academy 的校長是 Reverend Isaac Eaton，是 Hopewell 地方的 Baptist 教堂牧師 (pastor)。該 Academy 成功地培養牧師、律師、及醫生，因此費城浸信教會乃鼓勵升格為 college 或 university，但要由浸信教徒 (Baptists) 來主掌。Rhode Island 這塊殖民地，以信教自由聞名，恰好 Hopewell 畢業生年滿二十四歲的 James Manning 也完成了 College of New Jersey 的教育，乃被推為 College of Rhode Island 的首任校長 (1765)，不分教派的學生皆可入學，免宗教測驗；課程擴充，包括公共教學及古典教學；排除教派自我本位立場。校董事會成員有教友派 (Quakers)、公理教 (Congregationlists)、安立甘教 (Anglicans)、及浸信教徒 (Baptists)。1770 年學校搬到 Providence，以 Nassau Hall 的普林斯頓大學為範本。

　　New Hampshire 的 Dartmouth College，也是由位於 Connecticut 的

Lebanon 之 Academy 轉變而來，該 Academy 為 Reverend Eleazar Wheelock 所辦，轉型為大學在 1769 年。Wheelock 是公理教新光派 (New Light Congregationalist) 之牧師，深受狂熱運動所感染，並聽了 Whitefield 的巡迴講道 (1740)，立下心意向印地安人行福音。他挑選數名紅人與白人合住，以便改變紅人的信仰成為虔誠的基督徒。1766～1768 年，在英募款達一萬二千英鎊之多，是美獨立戰爭之前募最多款項者。錢多好辦事，本大學遂立校於 Hanover，作風與位在 Lebanon 之 Academy 大為不同。

Queen's College 是大覺醒時期重新改建而成者，本成立於 1776 年於紐澤西，由荷蘭改革教會 (Dutch Reformed Church) 的「新光派」所創辦。由於擔心 1754 年成立於紐約市的 King's College，是由荷蘭牧師與安立甘派合作的結果，會危及荷蘭改革教會在美的生存權，1771 年遂將 Queen's College 改制且移到 New Brunswick，學生要學學術性語言、文科、實用科、及科學，尤其是神學，為牧師工作及其他「好職業」(good offices) 預作準備。主事者是 Theodorus Jacobus Frelinghuysen 之子 Reverend（牧師）Theodore Frelinghuysen。

新光派的 George Whitefield 於 1760's 年代之間，努力將許多學府轉型為大學，但有一件轉型案失敗。他積極擬把 Bethesda 孤兒院 (Orphan Asylum) (Georgia) 改為授予學位的高等學府機構，但沒有成功。該孤兒院本為 Charles Wesley 所辦，但因病無法推動工作，Whitefield 取而代之，「傾全力而為」。錢有了，地也有人捐了，1740 年時，住家戶口也在五十至七十五之間，但他卻去擔任英樞密院 (Priry Council) 職務而離美返英。樞密院中一要角 Tomas Secker 是 Canterbury 的大主教 (archbishop)，不喜 Whitefield 之狂熱，堅持學府必須是安立甘性質，此種堅持與 Whitefield 之教派融合相互對立。Whitefield 心涼了半截，其後 1770 年 Georgia 立法也沒給 Bethesda 之 Academy 特許狀，該機構也就因此未能成為高等學府。

不管是新光或舊光，Academy 一建立之後，目的及結構都擴充了不少，但都象徵著立校地區的宗教生活。隨著時代及社會之演變，原先立校者的用意，多多少少有了變更，比較無教派色彩了。比如說，耶魯之立校是 Connecticut 的人認為該地必須擁有自己的大學，但其主因卻是不滿哈佛在神學

上漸趨自由的結果。耶魯立校時,校政完全掌控在公理教 (Congregational) 牧師手中,要求所有學生必須修習該校所規定的必修神學課程,除此之外,別無其他。1754 年校長 Thomas Clap 還說該校是最優越的宗教社區,「教區也是一種社區,旨在訓練普通人;大學則是牧師的社區,目的在培養牧師。」

不過耶魯日後仍步哈佛後塵,該校也不是個純神學府了。早期有一半校友作牧師,1760's 年代時只剩下 1/3,同個校長 Clap 於 1776 年改變口吻的說:「所有新教教派的信徒,都可以在此地享受教育,入校前或是入校後,皆不必經過宗教測驗來檢查他們對宗教信仰的特殊感情。」哈佛本就無宗教測驗,神學的自由風,吹遍校園;在 Holyoke 校長任內,教授可以公然抨擊 Whitefield 是個狂熱分子,指責其熱情十足的講道迷惑了聽眾,犯了「危險的錯誤」(dangerous errors),且褻瀆「神明」(blasphemy);Hollis 神學講座教授 (Hollis Professor of Dirinity) Edward Wigglesworth 也可以邀請班上同學盡情地批判現有的各種神學紛爭體系;有些學生家長希望子弟信 Anglican(安立甘教派),而不信 Congregational(公理教派)。

Academy 及 College,如同 Church,都屬教派性質,各自培養各教派的神職人員。「教派主義」(denominationalism) 因之形成,不管新光如何對抗舊光,異端如何與正統作對,各教派都互爭短長。殖民地社會是異質的、公開的、無傳統及習性之包袱,這就形成一般性的基督教教育史了。其實 Academy、College、及教會更使殖民地人民有了同舟共濟的念頭,產生共同的機會及團結一致的心態。在同舟共濟上,人民皆接受古典及經文的教育,Academy 及 College 把宗教生活及宗教狂熱,予以人文化;新光比舊光在這方面,更視這些機構是個最好的宗教社區,特別重視福音傳播。各教派瘋狂地進行福音傳播時,彼此間的間隙已縮小,摩擦也較不尖銳,核心觀念也四下發酵、擴散、而減輕其原色。久而久之,不管設立的是 Academy 或 College,在大覺醒時代運作的結果,都把美洲的新教徒馴化了,也把他們塑造成同屬於共同的基督教徒。在這個大傘之下,各教派只不過是群聚於傘下的人民。美洲殖民地是個「大家一清二楚可以看到的彌賽亞王國」(visible Kingdom of the Messiah)。

三、富蘭克林的示範

　　除了讀書可以自我反省之外，年輕人追求實用知識，也可以從教師那邊得到系統的教導。如果年輕人幸運的住在大都市，則他可以不必當學徒就可以享受知識的學習。波士頓、紐約、費城、及 Charleston，如同倫敦一般，都是新興都市。市場需要技術勞動者，此種環境提供給私人教師一個大好的投資機會；只要聞道在先，術業有專攻，又樂意傳授他人，他就可以收取學費設帳教學。藝徒制度仍存，但費時多，也花錢不少。要是一種技術比較特別，除了一般知識之外，仍需經過一系列的訓練，如測量、航海、或簿記，則收費教學，倒比當藝徒較為經濟又省時。

　　波士頓在 1689 年之前就有八位私人教師從事上述教學工作，除了教寫字之外，另教記帳；其後不少教師還登廣告，招徠學生，教的項目也越來越雜，如航海、測量、經商、舞蹈、裁縫、劍道等。雖然這種現象並不是說學校就必然存在，但私下教學在波士頓，卻是不爭的事實。其他大都市如紐約、費城、Charleston，較小城市如 New Haven、Albany、及 Norfolk 也如此。1709～1755 年之間，除了新罕布夏及北卡羅萊納兩州之外，共有二百名私人教師教各種科目。

　　據私人教師的招生廣告所示，學生可以依自己的方便選修早晨課、下午課、或夜間課；有些則只開夜課，因師生在白天皆有事做。有些日間部教師也在夜間部上課，如此可貼補家用。如有人專精於計算、鑽探、翻譯、測量、或買賣，則也可就自己之所專來教學，不過都在夜間進行。私人教師也多半允許學生去當學徒或到學校上正規課。這些私人教師之所以還有學生找上門來，也因為他們之所教，非藝徒制度或正式學校所可取代。殖民地時代最多才多藝的私人教師，就是教導富蘭克林的 George Brownell，教導的課程連算術、刺繡都包括在內，他也在波士頓、紐約、及費城等地教約二十五年之久；Andrew Lamb 在費城教航海及簿記也有二十年時光，John Hutchins 在紐約也如此。但人存政舉，人亡政息，教師不能「正式」授課，他的「學校」也就關門了。

　　時存時滅的性質，引來了富蘭克林的思謀補救。他在 1743 年草擬了在

費城設實科學府 (Academy) 計畫。當時費城人士對教育議題爭論不休，由於宗教信仰及族群複雜，因此課程內容應如何編寫，以及教育目的應建立在何種哲學上，大家意見紛歧。富蘭克林根據自己在接受 George Brownell 的教學經驗，也深悉英美兩地的教育實情，認為有必要設個永續性的教育機構來教導實用知識，使每個學生皆能獲利。不應如同文法教師只專心於羅馬語言，而無知於工商貿易及生活事業的種種活動。

　　1743 年的擬議，毫無動靜，1749 年富蘭克林又發表《賓州年輕人教育擬議》(*Proposals Relating to the Education of Youth in Pennsylvania*)，擬籌設一所 academy，一群朋友也樂意支助，大家共同會商，議決富蘭克林及費城檢察長 Tench Francis 來草擬《費城公立實科學校章程》(*Constitutions of Public Academy: the City of Philadelphia*)，二十四名捐助大亨同意作董事。1749 年 11 月 13 日開第一次大會，簽了章程 (Constitution)，且聘富蘭克林為校長 (president)。第一件工作，買了新校地在「第四街」，該街的建物本在 1740～1741 年所建，是供 George Whitefield 講道用小教堂，其後作為變相學校之用。大會也決定聘 David Martin 為首任教師 (rector)。1751 年 1 月 7 日開學，兩年後獲立校許可狀，成立「賓州地區實科及慈善學校董事會」(The Trustees of the Academy and Charitable School in the Province of Pennsylvania)，1755 年在 William Smith 領導之下，新的設校許可證下來了，本校是 "The Trustees of the College, Academy, and Charitable School of Philadelphia in the Province of Pennsylvania"。集全實科學校 (Academy)，學院 (College) 及慈善學校 (Charitable School) 三者。

　　《公立實科學校章程》(*The Constitutions of the Public Academy*) 由兩學校組成，一是拉丁學校 (Latin school)，一是英文學校 (English school)；前者之負責人為 academy 之校長 (rector)，後者則除了教英文之外，還有法文、西班牙文、及德文課，寫作、算術、代數、及其他數學課，自然哲學、機械哲學 (mechanic philosophy) 及繪畫。Rector Martin 在拉丁學校直到 1751 年去世為止，後由 Francis Alison 繼任。在富蘭克林死去之前年，他認為 academy 與他的本意相去甚遠，且評斷 academy 是失敗措施，因為一開始，董事會即比較甲意拉丁學校。英文學校的聲望及品質，遠遜於拉丁學校。

人類「有一種不可解釋的偏見，比較鍾情於古代傳統及習俗」。他感嘆萬千的說，「其實，傳統習俗在形成之初，也是蠻實用的。但在定型之後，即令該實用的條件已失，習俗卻仍存。」富蘭克林作個結論，即偏見使他的實驗功敗垂成。

較看重實用科目的英文教育，由他人在別處開始進行實驗。麻州 Andover 設立的 Phillips academy 及新罕布夏州 Exeter 的 Phillips academy，不只教拉丁文法，也教英文文法、寫作、算術；但更重視具體的生活活動，如農作及園藝。不過話雖這麼說，這兩所學校之古典拉丁氣氛，比費城的更為濃厚。習慣掌控人心之大，由此可知。

富蘭克林更大的冒險是 College of Philadelphia 的成立，那是高等學府。在 William Smith 當校長及 Francis Alison 當副校長時，由於兩人皆有蘇格蘭大學的教育背景，本學院提供第一流的古典科，但還補以系統的修辭科及哲學科、數學及科學、歷史及政治學等科。除 1756 年 Smith 設計的課程之外，1765 年又增設醫學系，使基礎科學及應用科學兩學併存。由於領導人及該校位於大都市這兩項因素，而非基於「非教派」(nonsectarian) 因素，才使本學府與眾不同。

費城的 college 與紐約的 college 有很大的相似性，紐約擬設 college，早在 1704 年就提過，當時紐澤西州的 Governor（總督）Lewis Morris 曾寫信給 SPG 的祕書，希望在紐約置地設校，但到 1746 年才有動靜。1751 年募 3,500 英鎊，董事會也組成了，其中 2/3 卻與英國教會 (Church of England) 有瓜葛，政治及宗教紛爭遂起，大家擔心本學院會不會是個狹隘的宗教性神學院。還好，1754 年，英皇喬治二世也給了立校許可狀。紐約及費城兩校負責人之性格差異，在 1750's 年代時也甚為有趣，Franklin、Samuel Johnson、及 William Smith 三人之間的通信，顯示出 Franklin 清楚的指出要 Johnson 成為 academy 的校長 (rector)，1751 年也真的授予他此種職位；而 Smith 於 1753 年春季發表了另一設校計畫 (Mirania) 一文，也清楚的擬利用該文來爭取在紐約設校的機會，當紐約董事會在 1753 年秋季決定聘 Johnson 主持校政時，Johnson 希望聘 Smith 來相互合作，不過 Smith 卻決定接富蘭克林在費城的 academy 校長職務，該 academy 日後即成為 College of Philadelphia，而 Smith 也成為該 College 校長。

過去，大家習慣上以為兩校之差別是宗教上的，一屬非教派，一屬安立甘教派，如此倒模糊了兩校的相似性。兩校其後皆屬安立甘教派，Smith 及 Johnson 兩人皆是安立甘教徒，都有「新教育」的抱負。兩校校址都是在海港，課程之偏向科學及數學，自是意料中事。《紐約官報》(*The New-York Gazette*) 在 1754 年 6 月 3 日的招生廣告，說明入學條件是會唸拉丁文，尤其是 Cicero 的《雄辯》(*Orations*) 及 Virgil 的 *Aeneid*，會用希臘文唸《約翰福音》(Gospel of John)，數學會除法及減法，而以培養一個基督徒為本校的旨趣；要精於語義、推理、寫字，說話流暢，計算及測量正確，了解航海、史地、及農耕，習會作生意，知悉政治，上通天文、空氣、水、及地、礦、石、流星、動植物，及一切令人舒適、方便、及優雅的生活種種；其他如製作業也納入科目內容，最後應知悉自己，認識上帝；了解人對上帝、人對自己、及人對他人之義務，為此世及來生之幸福作貢獻。有數位教授來幫 Johnson 的忙，兒子 William Samuel Johnson 負責古典教學，1755 年之後委以 Leonard Gutting（Cambridge 大學校友）；Daniel Treadwell 負責數學及自然哲學之教學；Treadwell 是哈佛校友，1760 年去世後，由 Robert Harpur 接任，他是 Glasgow 畢業生。

步費城後塵，King's College 也在 1767 年設醫學系，由 Dublin 大學 Trinity College 的畢業生 Samuel Clossy 主教解剖學；John Jones 負責手術，他曾隨 William Hunter 在倫敦學過該技巧，也隨 Jean Louis Petit 在巴黎練習過；Peter Middleton 精於生理學及病理學，曾在蘇格蘭的 St. Andrews 大學受過訓練，James Smith 負責化學，也畢業於 Leiden 大學（荷蘭）；婦產科由 John V. B. Tennent 主其事，他也來自 Leiden；Samuel Bard 教醫學理論與實際，他是 Morgan 在 London 及 Edinburgh 的學生友伴 (fellow student)。不過紐約欠缺如同費城一般的有個氣派的醫院，直到 1791 年才出現第一個醫院。

實用的知識，已在兩所高等學府裡生根。

第四節 宗教教育任務與遭遇
(Missions and Encounters)

去吧！大英的名士俊傑，這是你的時日；
　英國的福音光芒四射無所阻。
去啊！救主福音得散播，君威無遠弗屆；
　國王與皇后權杖相結合，眾人仰望注目。

—— Elkanah Settle

一、宗教教育任務

十八世紀，宗教在大西洋兩岸扮演了文化傳遞及保存任務，使兩岸之網路能互通有無。不管以教派為單位還是以民族為基礎，網路上包括有 Anglo-American Quakers, Netherland-American Dutch Reformed, Franco, American Huguenots（尤其在 1685 年廢除 Edict of Nantes 之後），German-American Lutherans, 及 Spanish-American Catholics；新教舊教皆有，而新教之各種派別也齊至。除了補足殖民地教會的神職缺額外，還網羅殖民地人士到歐接受訓練，以便處理殖民地事務，且交換宗教及文化理念。更為重要的是他們皆負有宗教任務，不只對第一代及第二代的歐洲移民進行政治、宗教、及文化上的努力，還為新近來美的黑人及原住民的印地安人進行文化、政治、及宗教的陶冶工作。

　　1.安立甘教徒的傳教任務最熱心，活動範圍最廣，努力時間長達約一世紀之久。當維吉尼亞州及馬里蘭州於 1671 年的神職人員還只有三十名，而整個殖民地的神職人員還不到四十名時，北從新英格蘭南到喬治亞州，都有安立甘教徒的足跡。1675 年 Henry Compton 升任倫敦主教後，立即在殖民地廣設教會，尤其於 1689 年 12 月 15 日任命 James Blair 到維吉尼亞州傳播福音；1690 年 7 月 23 日，Blair 召開了一次教會大會於 Jamestown，

決定成立一所大學，包括一所文法學校、一所哲學學校、及一所神學校，聘邏輯、自然哲學、及數學教師來任教，而精於東方語文的牧師負責神學校之教學工作，且兼為校長。1693 年 2 月 8 日，該校正式獲威廉國王及瑪麗皇后首肯，校名也就名為威廉及瑪麗學院 (College of William and Mary)，Blair 是首任校長 (President)，Compton 是首任總監 (Chancellor)。

這中間產生一段插曲，曾在 U. of Edinburgh 上學過的 Blair 希望英王早頒下立校特許狀，因為維吉尼亞州如同老英格蘭，有許多靈魂待拯救。但 Sir Edward Seymour 竟然回以：「靈魂！去你的靈魂，還是種種棉花吧！」

Blair 要求校長年薪為 150 英鎊，這使得大學沒有剩下多少錢可供使用，Blair 於 1698 年還與維吉尼亞州總督就政治問題有過口角；1690's 年代興蓋的建築物又遭祝融肆虐，本大學實質只有文法學校在運作，教師是 Reverend（牧師）Mungo Inglis，1717 年 Hugh Jones 為數學教授，哲學學校也恢復教學，不過都是斷斷續續。1724 年，他還描述「本大學無教堂，無學生，無學校章程」。1758 年，William Small 等教授蒞校，學生才達一百人之多，有的還在 Robert Boyle 所捐贈的 Indian School 就讀。

College of William and Mary 在初期很具蘇格蘭大學色彩，Blair 於 1727 年所訂的校規中規定，學士學位兩年即可獲得，碩士則須四年。神學校的教授一定要講課 (lecture)，但不收學費，如同愛丁堡一般，學生可以自由進出大學，因為學生如任由他去，也能學到學術語言及其他學術科目。事實上在十八世紀時，本校很少學生獲學士學位，一般的習慣是學生在本校之前或之後，先在英學習或聘家教來教，然後才在本校留乙年。即令如此，維吉尼亞州有此高等學府立於 Williamsburg，就十分有意義。至少使當地最好的學者能夠聚集一塊，光是這麼作，就足以改變學風，陶冶氣質，塑造品格了。

2. SPCK 於 1699 年成立，由 Thomas Bray 等一群人組成「宣揚基督教知識協會」(Society for Promoting Christian Knowledge，簡稱 SPCK) 後，在英美各地普設圖書館、慈善學校、以及免費的教義問答學校，對象是窮人及印地安人，成立時年經費約要 2,500 英鎊。Blair 對圖書館的興趣很高，第一所設於 Annapolis，1696 年成立，共有 1,095 本書，是北美第一個供人

借閱的英文圖書館；其後也在波士頓、紐約、費城、Charleston 等地設圖書館，藏書中有形上學、倫理學、經濟學、政治學、法律、歷史、生理學、醫學、數學、工商貿易、文法、修辭、詩及邏輯。其他宗教書籍如《聖經》等經文，更是應有盡有。

　　Blair 等人又幾經努力，1701 年 6 月 16 日，英王威廉同意成立「海外福音傳播協會」(Society for the Propagation of the Gospel in Foreign Parts，簡稱 SPG)，尤指北美而言；Canterbury 的大主教 (archbishop) Thomas Tenison 為會長。由於耽心在外屬地之移民容易受惑於無神論及不信教論，又怕他們迷信、拜偶像、或受耶穌社 (Jesuits) 及天主教教會之誤導，所以本會之成立，是全球性的，王室予以支持。自 1701 年到美獨立成功時，本會共建一百六十九所福音傳播站，北從新罕布夏州的 North Stratford，南到喬治亞州的 St. George's，西到紐約的 Johnstown，賓州的 Cumberland County，及 South Carolina 州的 Rowen County。聘八十名教師在慈善學校教孩童讀、寫、算，有些教師只擔任數週，有的則任期長達二十五年之久。分送《聖經》、禱告書、講道小冊、及學校教本給各地學童；其中，英文、法文、德文、荷文、及其他語文皆有。安立甘教義，從此廣布於新大陸上。

　　SPG 的成員來自不同國籍，1701～1725 年之間的六十四位成員中，1/3 是英籍，其餘則來自蘇格蘭、愛爾蘭、威爾斯，也有殖民地人士。英籍者多半被派到南北兩個卡羅萊納或是新英格蘭，其餘則到中部殖民地區。但教師則大部分取自殖民地區。本會一成立，會員皆積極投入教會工作，關心信仰的基本問題，勸告人民應正直、不酗酒、信神、扶養子女需盡責；分送本會出版品，鼓勵興學，聘請教師，尤其是以牧師娘或守寡之牧師娘為師。殖民地區之處境艱辛，頗不利於傳教及文化工作。交通不便，生存條件困難，貧病經常發生，加上總會遠在倫敦，有時鞭長莫及，無法排難解紛。殖民地人民散居各地，彼此相距遙遠，印地安人又極端含有敵意；霍亂、瘧疾、赤痢、天花等傳染病猖獗。還好，在南卡羅萊納州、康乃迪克州、及紐約州，也使不少人改信安立甘教派，尤其 1754 年幫助 King's College （即其後的 Columbia 大學）立校，功不可沒。

　　SPG 是英皇室在殖民地上宣揚國教、使人民向祖國效忠的主要機構。

但在獨立革命戰爭之前，到底效忠的對象應該是祖國，還是「新而獨立的國家」，倒令 SPG 會員十分困擾。革命成功之後，會員四散或被壓抑，1783 年在美消失。同時，SPCK 也在美國獨立建國後，因不滿新政府與英決裂，乃離美而去，代之而起的是紐約市免費學校社 (Free School Society of the City of N.Y.) 1805 年由 De Witt Clinton 發起 (N.Y. 市長)，對窮者給予免費教育。1826 年改名為公共學校社 (Public School Society)，收少許費用。

二、黑人及印地安人之信教

1710 年印地安一群酋長赴英訪問，原先 Reverend（牧師）Richard Willis 認為 SPG 的首要任務，是把移植於新大陸的白人予以改變信仰，隸屬於安立甘派；其次就是改變印地安人。現在 SPG 的優先傳教對象，卻轉移到原住民以及由非洲來美的黑人身上。印地安人被視為「高貴的野人」 (noble savage)，其命運含有偉大莊嚴的情操，但卻也帶有無盡的苦痛。SPG 傳教士對印地安人的觀感，是馴良、甜蜜、個性溫和，「能接受基督教，也可以輕易地與之擁抱。」要不是長期受盡西班牙人及法國人的虐待，他們原是能夠變成虔誠的基督教徒的。學習他們的語言，用印地安語與之溝通，對待他們客氣些，有禮貌，他們必可接受福音。

黑人呢？更沒問題了，因為他們是奴隸，本就聽主人的話，倒是主人才是一大障礙呢！白人耽心一旦黑人信教了，就等於是釋放了他們，即令沒釋放他們成為自由身，但也在其後要販賣他們時，主人要遵守慈善原則及人道精神。St. Asaph 的主教 Bishop Fleetwood 於 1711 年的週年講道中，就企圖要消除這種疑義。他說黑人改宗而信基督，既不影響黑人販賣時的價格，也不改變他們的社會地位；白人以人性化角度來對待黑人，就如同白人對待所有一切人一般，像白人基督教徒善待猶太人 (Jews)、野人、及黑人教徒一樣。「任何認真嚴肅思考這些事情的人，都一致會同意，也高興的同意，黑人雖變成基督徒，照樣也可以賣出買入，更可以把他們當奴隸用。但不可以說因為可以被賣或作奴隸用，他們就沒資格成為基督徒。」教會中人也不准黑人在改為信徒之後，就疏忽了對主人的職責，或從此就不服從他的主人。此外，SPG 透過議會之立法，促使畜奴者應提供給奴隸宗

教教育，不過此舉並未得逞。

印地安人變成信徒之後，比較出名的牧師是 Samson Occom；黑人成為信徒之後，Benjamin Banneker 成為科學家。不過，大多數的黑人及印地安人，仍然以他們的傳統價值作為行動準則，即令他們也唱起基督教聖詩，但多半心不在焉。

SPG 在公理教辦的耶魯大學及哈佛大學，和安立甘教辦的 King's 大學建了大型圖書館，皆視羅馬天主教會如仇敵。西班牙及法國的天主教傳教士，如耶穌社 (Jesuits), 芳濟派 (Franciscans), 道明派 (Dominicans)，只能在密西西比河以西到德州、新墨西哥州、及加州，才有傳教據點。

三、貧家子弟的教育

倫敦一位醫生及作家 Bernard Mandeville 於 1723 年寫了一書，在 1772 年於 Edinburgh 發表，書名為《蜜蜂寓言，或私下的惡、公共的利》(The Fable of the Bees; or, Private Vices, Public Benefits)，他說：

> 在極度貧乏的環境下，為使社會幸福、人民安居樂業，則有必要使該群最窮苦者既無知也保持貧窮。知識會擴大吾人的欲求，也會增加吾人的欲求，一個人如果在這方面欲求得少，供應他的必需品，就比較容易。依此而言，任何國家的福祉，都有必要建立在一種基礎上，那就是把工人的知識限定在他的工作領域上，絕不可越過該領域的雷池一步。

儘管慈善家對這位醫生的謬論大加撻伐，但十八世紀的英國上層人士皆持 Mandeville 的看法，保守勢力堅強持久，即令美法大革命，以及工業革命所帶動的社會改革，但英國的保守派仍不動如山。法國大革命產生的暴民運動，使英人疑慮漸深，對貧民的教育，擔心日重，他們深怕貧民一旦知而覺醒，將會是社會騷亂之源，貴族的既得利益、身份、財富，皆將不保，如果眾多的貧民一有更多的欲求，又會閱讀些不安於現狀的小說或論著，則對於一個貧富階級嚴明的社會制度，將是一大危機。

不過，1780 年 Robert Raikes 在 Gloucester 發起的主日學校運動 (Sunday school movement)，獲得不少掌聲，也實足的彌補了教會慈善教育活動的不足。有趣的是，主日學校的要角，向公眾宣揚貧者教育的必要性時，說貧者之教育，只限定為讀書及道德訓練而已。Hannah More 說：「我不准貧家子弟寫字，我的目的不是要他們狂熱盲信 (fanatics)，只是要訓練下層階級的人養成勤勞又虔誠的習慣。」福音傳播師及功利主義派學者，一再的向英國的統治者說明，貧民的教育如果按此種方式進行，則對「現狀」非但沒有威脅，且有穩定作用。過去，貴族全然反對貧民教育，如同 Mandeville 的說法一般，現在則稍加放寬，認為貧民教育可行，因為那是保存穩定既有社會秩序之所必需。英人此種普遍觀念，殖民者也繼承過來。

　　十九世紀以前，英倫只出現兩所最古老的牛津及劍橋，那是少數人就讀的學府。1809 年 N.Y. 州長 DeWitt Clinton 指出，John Locke 在政治理論及人性悟性論上的論點為舉世所推崇，但卻犯了只重精英教育而忽略平民教育之過。

　　如果身分高者受過教育之後，變成正直之士，則其他的人也就會馬上跟著變成正直者。(If those of that rank are, by their education, once set right, they will quickly bring all the rest in order.)(Kaestle, 1973, 153–154)

第五節　報刊、社團、及圖書館

　　如果人類擬花時間來探討哲學原理，研究一切事情的用處及價值，耗費精力結蜘蛛網來捕蒼蠅,則二十歲而非七十歲正是合宜的年齡，該時也能懂得最多。

—— James Franklin（筆名 Poor Job）

一、報紙及雜誌刊物

　　富蘭克林 (Benjamin Franklin, 1706～1790) 用筆名 Poor Richard 提出無

數的箴言，其中之一就是「勤勉就是好運之母」(Diligence is the mother of good luck.)。他的一生就是最好的寫照。他所作的許多各種不同的探討，皆極為「勤勉」，他也可以說是十八世紀的美國精髓。傳統習俗的大餅已因新經驗而四分五裂，土地廉價、工商茂盛、勞動力長期短缺，人的才華及冒險變成奇貨可居，凡有勞動必有收穫，人人享有此種權力，這是洛克所宣揚的福音。除了遺傳因素之外，勤勉變成致富及提升社會地位、權力、和未來前途之父。

勤勉可以說是富蘭克林以及他那一代人的特徵，教育活動亦然。英人自文藝復興以來即引用教育來增加環球財富，不只技藝及專業上如此，且工商貿易也是如此。在新世界裡，機會無窮，教育更是增進一切的鎖匙。富蘭克林在《自傳》(Autobiography) 說過，殖民地的教育引燃了想像力，視野並非目光如豆，卻如同土地之開拓一般的寬闊，成功可能性暴增，「智慧之門永不關閉」，生活本身就是不斷的教育歷程，男女青年如願意勤勉的學習，他們必定收成最為豐碩。

文化事業快速成長，是文藝復興帶給殖民地的直接影響。1762 年十三個殖民州至少都有一個印刷所，總數為四十，報紙、曆書 (almanacs)、雜誌、教科書、手冊、佈道書、法律文件、小冊等四下流通。Charles Evans 的《美國參考書目》(American Bibliography) 列了 1689～1783 年之間全美本土印刷物中討論的論題，共有一萬八千種之多。這些論題都含有教育訓勉之意，讀者甚多。其中，印刷者本身就是此種文化投資企業家，也是公共事務的領導人之一，富蘭克林正是這些人中比較為人所熟悉者；其他類似的文教傳播者，數量之多，指不勝屈，印刷物成為一般人獲得新知的主要工具。比如說，曆書上記載著天文資料、氣候預報、重要事件年代表、未來工作計畫、甚至以哥白尼觀點來解說科學新知，對於啟迪民智，功不可沒。1725～1764 年之間，最暢銷的曆書，年售六萬本之多；作家當中，有些是知識分子，大學教授，如 College of Philadelphia 數學教授 Theophilus Grew，但不少作者所受正式教育不多，多半是無師自通的自學者，如 Roger Sherman 是個製鞋匠，但其後是第一大陸會議 (First Continental Congress) 代表；Nathaniel Ames 及 Nathaniel Wittemore 是當過藝徒的醫生；至於 James

Franklin、Benjamin Franklin、及 Isaiah Thomas 則是自學成功的印刷老闆。曆書的內容包羅萬象，含有百科知識，摘取最佳的英文詩詞，論題有解剖學、動物學、政治論爭項目、治療小病藥方、農耕成功術、家庭理財、及一般生活行為準則等。本節開始所錄的該句話，是 1755 年 James Franklin 以 Poor Job 筆名所寫的。

曆書如此，報刊雜誌也是。在美本土出刊者，數量越來越多，內容越富教育性。第一份本土報紙負責人是波士頓報人 Benjamin Harris，名為《國內外發生的事件》(*Public Occurrences: Both Foreign and Domestic*)，1690 年 9 月 25 日出刊；不過四天後，麻州政府單位宣稱，「該刊所言，極不敢苟同，也極為不滿」，而下令停刊，Harris 的努力崩潰。直到 1704 年 4 月 24 日，John Campbell 的《波士頓通訊》(*Boston News-Letter*) 又出刊，發行到 1723 年。其他報紙也陸續出現，在獨立戰爭前夕，全美共有三十七家報社。

第一份出現在北美的雜誌是 Samuel Keimer 的《獨立維新黨》(*The Independent Whig*)，在倫敦印行，時為 1724 年，一週一期，共出版二十期。第一本本土雜誌是 1741 年 Andrew Bradford 的《北美雜誌，或英屬殖民地政治狀況每月論點》(*The American Magazine or A Monthly View of the Political State of the British Colonies*)，2 月 13 日出刊，三天內（2 月 16 日）另一刊物由 Benjamin Franklin 主編，即《英屬北美殖民地年鑑》(*The General Magazine，and Historical Chronicle, for All the British Plantations in America*)，但兩本雜誌壽命皆未超過六個月。1743 年 9 月，波士頓報人 Gamaliel Rogers 及 Daniel Fowle 才又出刊《波士頓周刊》(*The Boston Weekly Magazine*)，其後改為《美國雜誌及歷史紀年》(*The American Magazine and Historical Chronicle*)，才比較長期經營，但也只經營到 1746 年 12 月而已，壽命三年三個月。費城、波士頓、及紐約也斷斷續續有雜誌出現。直到 1783 年總雜誌數量為二十二種，並不把 *The Independent Whig* 算在內，但該年也只出現一種雜誌而已（三年多），即 *The Boston Magazine*。

認為全部刊物或多數刊物皆具教育意義，此種評斷是不智的。這些刊物大半出現在海港都市，內容難免含有經濟、政治、及文化。報紙報導生意訊息，從內陸的農夫到江邊的商人活動事項；議會或法院的訴訟案件，

大學院校、劇院、及學會之科學及文學活動。至於雜誌，內容有虛構的小說及真實的事件。波士頓的 Benjamin Mecom 曾有下述打油詩：

老式的寫作、精選的論題，
奇奇怪怪的觀念、有用的暗示，從劇作中抽取；
讚美詩及歌，相關度令人稱奇。
立意佳、機智、幽默、道德性，一切響叮噹；
詩詞、演說稿、政治題材、還有報紙之消息。
有人喜愛，有人拒看；
出生，死亡，作夢，甚至鬼靈也出現；
視各人之所需，報導隨時可見。
娛樂大眾，他，她，我，你，都包括在內。

不管如何，刊物的印行者，都幾乎有個嚴肅的責任感及使命感，即負起傳播新知給大眾的責任。Samuel Keimer 在 1728 年出刊《賓州官報，文理科的普世教師》(*The Universal Instructor in All Arts and Sciences, and the Pennsylvania Gazatte*)，就誓言要把內容涵蓋「所有技藝的理論，包括文科及技術科，與各種理科，人文的及科學的都無遺漏」。Christopher Saur 在德文版《賓州官報》(*Der Hoch-Deutsch Pennsylvanische Geschicht-Schrecber*) 也答應要「立即的評論並提出人們所嚴肅思考的話題，答案要誠實無欺」。三十年之後，「獨立」議題變成熱門之時，報刊雜誌也就變成雙方「統獨」爭論的戰場。John Holt 在《紐約雜誌》(*The New-York Journal*) 中就大膽的宣稱，報紙成功的作為大眾的啟蒙師，報紙本身就是教育工作者。

相較於大學院校所研究的真理，
報紙變成知識的源泉。
將現代人的聊天、談話、繪仙，
強有力的眾民之所作所為，
資料訊息普散各地。
啊! 難道不是頂新鮮?

　　1750 年時買一份 Ames 的《年曆》(*Almanack*)，花 1 先令 6 銅錢，訂閱報紙及雜誌一年，需用大約為 12 先令，郵費另計。即令就殖民地貨幣之差異性及變動性來說，此種價格並不便宜，當時一天的工錢是 2 先令。人口多，離郵局近的地方，人們訂閱者不少。初級讀本每本約 6 銅錢，最暢銷的是《新英格蘭初級讀本》(*The New-England Primer*)，最早的版本是 1690 年在波士頓由 Benjamin Harris 所印 (1680's 年代時有倫敦版本)。初級讀本的內容是宗教性的，常出現「虔敬」(godliness)、「神聖」(holiness)、「仁慈」(benevolence)、「忠貞」(fidelity) 等文字；在「對句」(couplet) 上也是信仰色彩很濃，如「自亞當吃了禁果，我們都墮落。」(In Adams' fall, we sinned all.) 在「正文」(text) 裡，就更不用說了，如「神聖是上帝永遠之屋」(Holiness become God's house forever)，另有：

> He who ne'er learns his ABC, forever will a blockhead be.
>
> （一個人不學 ABC，腦袋永遠像阿西。）
>
> But he who to his book's inclined, will soon a golden treasure find.
>
> （但他要是想唸書，不久就有黃金儲。）

　　擬通往上帝拯救之路，也就是開啟了機會之門，這兩者對雄心萬丈的年輕人而言，皆不可失；一旦掌握了讀書技巧，則有用的知識就無止境的擺上眼前。任何領域或任何工作，都有手冊可資參考，其中就有珍貴知識。作學徒或當學生，這些手冊皆成為教本。有些甚至可以自學，無師也可通。重要的此類資料如 John Hill 的《年輕祕書指南或速學法》(*The Young Secretary's Guide or a Speedy Help to Learning*)，1694 年在波士頓就可買到；William Burkitt 的《窮漢自助，和年輕人指南》(*The Poor Man's Help, and Young Man's Guide*) (1731)，Mrs. Slack 的《教學師或年輕人最佳伙伴》(*The Instructor or Young Man's Best Companion*)，1748 年由 Franklin 及 Hall 重印於《美洲教師》(*The American Instructor*)，以後還再版多次。這些書包羅萬象，百科型、實用又具啟發性。先勸告年輕人要學會母語，那是作生意的主要且必要資格。然後要手腳靈活，運用自如，善於社交談話，精於算術

及簿記（提貨單、開發票、及收據）；觀察地理的知識，包括英吉利各島及北美殖民地。測量、木工、焊接、磚工，簡便的法律文件，如證文、遺囑、契約、合同。最後也教導園藝，保存食物，了解天體運行知識，幣值，治病等方法。對美洲新大陸之擴張貿易，大有幫助。

二、圖書館

十八世紀時，報紙及雜誌的訂價較貴，曆書則價格下降，薄利多銷；因為買者多，Ames 的《年曆》(*Almanack*) 於 1750 年時賣一份 1 先令 6 銅錢，1763 年時則只賣 6 銅錢。至於買書，則情況就不同。當時的書，猶如現在的精裝本，貴很多；買書習慣還未形成，圖書館變成重要的藏書處及購書者。當時有不少私人圖書館存在，有些規模小，書只五到十二本，包括《聖經》、教義問答書，一兩本厚書等；有些則較大，Cotton Mather 在日記裡提及他常到藏書很多的圖書館去，書量達四千本之多，種類又雜，有神學之外的書籍；John Dunton 說，那雖非全美之光，至少也是新英格蘭之光；James Logan 的收集在 1749 年有二千冊，該年他寫下遺囑，這些書要捐給賓州。William Byrd II 新建的磚頭別墅於 Westover，書架共二十三個，藏書三千。只要對讀書有興趣的朋友、鄰居、甚至陌生客，都可入內參考。富蘭克林有一篇迷人的軼事，他為了使政敵變成友人，乃刻意的借一些「稀有且奇異的書」，給對方看好幾天，他指的政敵可能就是 Isaac Norris。富蘭克林的自家圖書館，藏了不少「稀有且奇異的書」。

機構裡的圖書館，在十八世紀時，由於海洋兩岸慈善團體及人士的努力，而增加了許多。哈佛之圖書館，早先的四百本（項目三百二十九種）是由 John Harvard 於 1638 年所贈；1723 年的編目裡，已近三千五百本之多（項目二千九百六十一種）。學科領域如下表：

表十三　　1723 年哈佛學院圖書館藏書種類表

學科	數量	百分比
神學	1,726	58
文學	277	9
科學	232	8
哲學	219	7
歷史	202	7
法律	57	2
地理	49	2
政府（政治）	49	2
傳記	23	1
藝術	9	2
商	2	2
其他	116	4

　　哈佛的藏書在 1764 年 1 月 26 日因火災而盡毀，幸好還有四百本因借給師生而未遭祝融肆虐；兩年之後 Ezra Stiles 於 1766 年畢業典禮時造訪哈佛圖書館，他估計藏書已有四千三百五十冊，那是兩年之內由新罕布夏州「海外福音傳播協會」（Society for the Propagation of the Gospel in Foreign Parts , 簡稱 SPG）的 Thomas Hollins 所捐贈或出資購買所致。1783 年時，藏書量及種類已加倍，其他大學院校之圖書量比較少，但在各地卻是最具意義的知識散發中心。

　　College of William and Mary 的圖書館，1705 年也遭祝融，1781 年又受軍隊偷竊，但在 1779 年時整理分類結果，也有二千到三千本之多。

　　耶魯尤其在 1714 年 Dummer 的搜購結果，大為可觀，此點前已述及；1733 年 Bishop Berkeley 大量捐獻，1783 年已達二千五百本之譜，涉及領域達二千項目。

　　College of New Jersey 在獨立革命之始，藏書有三千，但 1776～1777 年卻因普林斯頓之敵意而大受破壞。

　　城市及教區圖書館，在十八世紀時都加倍繁榮。Boston、Concord、New Haven 等城市早在 1650's 及 1660's 年代時即已興建不少圖書館，而教區圖書館之興建，則主要由 Reverend（牧師）Thomas Bray 及 SPG 之努力。1762 年開始，又有城市巡迴圖書之活動，Annapolis（Maryland 州）的書商 William

Rind, Charleston(South Carolina 州) 的書商 George Wood, 紐約的書商 Gar-
rat Noel, 波士頓的書商 John Mein 等，為了滿足大眾口味，巡迴書以「政治、
文學、藝術、及科學」為主。

　　最具革新意義的，莫如「認捐圖書館」(subscription library) 之成立，
此主意本來自於英國，但移來殖民地時，卻也能適應特殊狀況。此類圖書
館的第一座，是 1731 年成立於費城，那是富蘭克林鼓吹的成果。在他的《自
傳》中提到，「繪仙會」成員答應捐書，置於聚會的場所，為大家共用；推
廣其方式，「公共認捐圖書館」就可成立。富蘭克林提出計畫，先組成認捐
者，每位先捐 40 先令作為贈書之用，每年又捐 10 先令作為充實圖書用途。
1731 年認捐會組成時，共有五十人簽名，共捐出 100 英鎊，每年認捐數共
25 英鎊（20 先令＝ 1 英鎊）。初期的書，有荷馬的《伊里亞得》(Iliad) 及
《奧德塞》(Odyssey), Plutarch 的《名人傳》(Lives)，Richard Bradley 的《耕
作飼養全書》(A Complete Body of Husbandry, 1727)，Algernon Sidney 的《政
府論》(Discourse Concerning Government , 1698)，及《演講者》(The Talk-
er)，《旁觀者》(The Spectator)，及《監護人》(The Guardian)。館內另陳設
地圖、歷史、手冊等；尤其值得特別一提的是，沒有一本有關神學方面的
書。其後更增加科學儀器、化石、其他奇形怪狀的收集物，後者其後轉送
到實驗室及博物館。富蘭克林在《自傳》中認為，費城的此項創舉，是「北
美認捐圖書館之母」。其後在殖民地普設此種圖書館。1770's 年代時他回憶
道：「這些圖書館，大大改變了美殖民地人士之談吐，使一般生意人及農夫，
如同他國來的士紳一般的有知有識。為了保障他們的權益，知識就是最後
的武器。」其後的聯合圖書公司 (Union Library Company)，協會圖書館 (As-
sociation Library)，友好公司 (Amicable Company)（皆成立於費城），以及
Germantown、Lancaster、Trenton、N. Y.、Charleston 等地之圖書館，大半
仿此。雖然 1739 年成立於 Lebanon （康乃迪克州）由牧師 (Reverend)
Solomon Williams 所建的眾學圖書館 (Philogrammatical Library)，以及 1747
年成立於 Newport (羅德島)由 Abraham Redwood 所建的紅木圖書館 (Red-
wood Library) 並非取費城模式，但是為了互利，並改善文教水平而設立的
認捐圖書館，變成一種教育性的知識普及處，倒是一件不可否認的事實。

三、繪仙會

富蘭克林的「繪仙會」(junto)，是十八世紀殖民地的一種自願性團體，以相互督促，自我進修為特色。「繪仙會」之成立，是他在《自傳》(Autobiography) 一書中最引人入勝之處。1727 年秋，「我把所認識的這群才華橫溢的朋友，組成一個俱樂部，相互勉勵改善自己。我們稱之為繪仙會，每週五晚聚會。我訂下規約，每一會員用輪流方式，提出一兩項問題來讓大家討論。道德的、政治的、或自然哲學界的皆可；每三個月提出一篇自己有興趣的論文來宣讀。主席主持討論，在探討真理的純正精神之下來進行，並非為爭辯而爭辯，或只求勝利；避免正反意見之動用激烈情緒，有時處以微款作處分，以便禁止此類情事發生。」

第一批參加者除了富蘭克林之外，有契據抄寫者、自學的數學家、測量員、製鞋匠、焊接工、商務辦事員各一位，富蘭克林在 Samuel Keimer 印刷廠的兩位雇員，一位依約來殖民地的牛津學生，一位有錢又年輕的紳士。這群來路各異的人，就在富蘭克林認為的「本轄區最好的學校，來教導哲學、道德、及政治」。討論的議題包括甚廣，一週前宣布，以便參與者準備。為了討論時斯文些，訂有討論規則。繪仙會的聲勢，時漲時落，在 1730's 及 1740's 年代時氣勢頂盛，1750's 年代則呈衰退現象，1760's 年代時重振雄風，改名為「在費城為促進並宣傳有用知識的美國協會」(American Society Held at Philadelphia for Promoting and Propagating Useful Knowledge)，其後併入「美國哲學學會」(American Philosophical Society)。不只具有娛樂性、訊息性、及教學性，也對英美兩地之文化提升及社會改造，貢獻良多。

美國哲學學會是一種跨各殖民地性質的繪仙會，富蘭克林對該會之組成，也是個大功臣。不過首先有此觀念者卻是一個農夫，是個不學自通的生物學家，名為 John Bartram。他不眠不休的與歐美之自然學者討論科學問題，1739 年曾與紐約的 Cadwallader Colden 討論過設立科學機構事宜，使「才華者及怪人」(ingenious and curious men) 可以就「自然、藝術、及科學之奧祕」交換知識與心得。Colden 曾向波士頓的 Dr. William Douglass 於

十年前提過類似觀念。富蘭克林也可能向 Bartram 提供幫助，在 1743 年的
擬議中，早已提到設立一學會，由住在各地的「大師及天才」(virtuosi or
ingenious men) 所組成，名為「美國哲學學會」，總部設在費城，至少應有
七位會員是住在該城，一月聚會乙次來討論外地會員所提的問題，並與他
們保持聯繫。討論的主題，包括：

> 所有新近發現的植物、藥草、樹木、樹根，其屬性、用途，如何推
> 廣及如何予以使用，尤其是造林於一般地點或特殊地點的考慮。蔬
> 菜、果汁、蘋果西打、酒等之改善；治療及預防疾病之新藥方，各
> 地新發現的化石、礦物、晶體、煤等；數學各科之新發現及運用，
> 化學新發現，如過濾、釀造、礦苗之檢驗等；節省勞力的新機器，
> 如磨坊、運輸品、送水、及吸水器、草原灌溉等。想到的或擬議的
> 新技藝、美術、製作，海岸及內陸的測量、繪圖、及狀況表，河流
> 及大道之流域及通道，山川湖泊之位置，土壤及產物之性質；動植
> 物作為人用之養育方法及品種改善，引進外來品種之方法，栽植、
> 園藝、清土等新方法。所有一切哲學實驗使人們更清楚了解事物屬
> 性，使人力可以支配萬物，以便增進人類幸福及方便。

本會更與倫敦皇家學會 (Royal Society of London) ❶及都柏林學會
(Dublin Society) 取得聯繫。摘要、報告、及會議記錄等，都流傳於各會員。

在 Bartram、Franklin、及 Thomas Bond（醫生）領導之下，且也受紐
約之 Cadwallader Colden 之支助，本會早在 1744 年就可組成，但費城城內
及國外之熱情，卻演變成會內的冷漠及口角；一年之內，本會幾乎形同死
亡。直到 1767 年，Thomas Bond 之努力，才再度復活；一年之後才又使「在

---

❶　美殖民地也有一些人是該會會員。1712 年 Thomas Robie 在數學及自然科學上由
於成就驚人，1725 年 Royal Society 選他為會員。南方 (Virginia) 人 John Tennent 於
十八世紀研究肋膜炎、肺炎、痛風，1736 年著 An Essay on the Pleurisy(肋膜炎)。
1738 年又作 Epistle to Dr. Richard Mead concerning the Epidemical Diseases of Vir-
ginia,(《討論 Virginia 流行病的書信》)。國民議會 (General Assembly)，償以 £100。
London 的 Royal Society 也選他為會員。

費城為促進並宣傳有用知識的美國協會」再現於世，富蘭克林的雄心又重新開始。在獨立革命之前，本會提出不少相當具有意義及實用的計畫，包括 1769 年對金星 (Venus) 的運行觀察，該年也作了從 Delaware 河到 Chesapeake 海灣之運河觀測，1771 年出版了《會議記錄》(Transactions)，使本會工作廣為世人所知悉。

「繪仙會」 (junto) 及「美國哲學學會」 (American Philosophical Society)， 都代表了地方性及國際性教育措施。彼此相互自我教育，局部的或全面性的，正式的或非正式的，系統的或偶爾的，面對面的或間接通訊的，美洲殖民地人士都在進行教育；地點也不管是客棧或咖啡屋，別墅華宅或軍營，商會或生意人房間，正式機構或各種旨在提升並傳播知識的團體。William Livingston, William Smith, 及 John Morin Scott 於 1748 年在紐約組成「實用知識促進會」(Society for the Promotion of Useful Knowledge)， 以便一改紐約是文化荒野之醜名，出版《獨立反射器》(The Independent Reflector) 刊物，糾正同胞不良的品味，提升性靈。1733 年早也有個 Virginia「實用知識促進會」(Society for the Promotion of Useful Knowledge) 成立，一名業餘自然學者 John Clayton 為會長；1780 年麻州也成立「美國文理科學院」(American Academy of Arts and Sciences)，重量級人物如 John Adams、James Bowdoin 及 John Hancock 都是創始會員；1781 年 New Jersey 的「農、商、文促進會」(Society for the Promotion of Agriculture, Commerce, and Art) 成立；四年之後費城及南卡羅萊納也成立相同學會。

醫學學會在 1736 年成立於波士頓，1749 年成立於紐約，1755 年成立於 Charleston，1766 年在費城，1767 年在 Sharon（康乃迪克州）；另一研究法律及口才辯論的學會，1765 年成立於波士頓，稱為 Sodalitas；1770 年成立於紐約，稱為 Moot Club（實習俱樂部）。類似此種學會，如兩後春筍。比較具意義的是這些學會，都常有啟蒙及教育功能，此種功能還沿續到十九或二十世紀。

自學成功的典範，依靠自力而力爭上游，從本來默默無聞的小子變成舉世皆知的名人，富蘭克林就是佳例，這也是美國式的教育之一。經過自學手續，人人皆可成為「新人」 (new man)。誠如 Max Weber 所述，富蘭

克林把清教精神 (Puritanism) 世俗化，他具有擬突破現狀的進取心。富蘭克林的作法，為美國人所模仿與景仰。可是仍有一些美洲人欠缺自學機會，如黑奴及印地安人；奴隸制度束死了黑人受教育的機會，那是一種錯誤的「反教育」(miseducation)，該制度也灌輸給人一種價值觀，養成固定心態，並指導人們行為。這些不幸的人，占了 1/5 的人口，他們無書可讀，無圖書館可去，無學校可上，也沒有富蘭克林的繪仙會歡迎他們，智慧之門對他們永遠關閉，且關得很緊；人們的意識型態，也形成一種想法，認定黑人及紅人「本來」就是低劣、不能接受教育。奴隸制度本身，就是一種學校，養成南方黑奴既懶又落伍。這種現象還維持一段很長的時間。

第三章 政治，獨立革命，與教育

> 我們全是律師、神學家、政治家、及哲學家。我也夠權力這麼說，
> 任何來本國遊歷的公正外國人，若自由自在的與本地人交談，將會
> 承認，他們從未在世界其他地方看過，一般人竟然有這麼多知識，
> 風範素養如此的好！
>
> —— John Adams

1764 年 3 月，英國首相 George Grenville(1712～1770) 提議收取美洲殖民地印花稅，他不知不只稅收一項，並且整個國會在美洲殖民地的權威，都受到極為尖銳的挑戰。他雖然希望內閣能知悉殖民地人民對稅收的看法及任何反對的理由，不過主旨僅在於增加稅收。當殖民地人民了解，他並不十分在意殖民地人民的感受時，不滿之情緒高漲，史無前例。麻州、羅德島、康乃迪克州、賓州、維吉尼亞州、及南卡羅萊納州直率的反對國會有權立法來收稅；紐約及北卡羅萊納州宣布他們有權來免稅，除非他們的代表明示支持要收稅。各種小冊子四下流傳，公開指出，擬議中的徵收稅款，乃是指明殖民地人民不能享有如同英國人的一般權利。James Otis 的《英屬殖民地人民確定且同意的權利》(*The Right of the British Colonies Asserted and Proved, 1764*) 最受大家歡迎。報紙在各欄中都充滿了災禍的預言，料想首相的最終目的對殖民地人而言是一種惡兆；雄辯家到處演講，道出殖民地的後果將很悲慘，首相並不屈服於殖民地人民的反抗。國會也按法定程序通過了可怕的法，詆毀了它的公權力。印花稅法通過之前，殖民地人民之抗議聲早不絕於耳，在英國會西敏寺內爭辯不已，公共輿論之勢力也漸興。1764 年的稅收法，「使人民重新思考」，總共六個月的時間，不只思考到糖、紅酒 (rum)、及糖蜜 (molasses)，且也想到權利、自由、及政府等，這是殖民地人民一生中從未有過的事。

　　在大家吵聲震耳欲聾之中，時為 1765 年初，一位年輕的麻州律師名為
John Adams（1735～1826，1797～1801 為第二任總統），還不到三十歲，在
波士頓的 *Sodalitas* 發表三文，以比較宏觀的角度來審視當時情勢的發展。
在這群麻州名人之前，他用歷史眼光指出，人類之奮鬥經過，是要從中世
紀的封建及教會的枷鎖中解放出來，這兩大元凶不除，則人們將都生存於
牢籠中，自由、知識、及德性都將遠離地球，黑暗時代會繼續到來。還好
上帝造臨賜給慈愛，歷史上發生了宗教改革，從那開始到美洲墾殖時，知
識就廣被於全歐，尤其是英國。隨著知識的普及，人們也就變得較活耀而
不沉靜，並且在 Stuart 王朝時，英人完全擺脫掉專制之軛，英人也在此種
大搏鬥中移民到美洲。

　　Adams 又繼續說，到英屬地北美的第一批人，知識好，智慧高，他們
就是要掙脫教會及封建的鎖鍊。他們帶來了圖書館，裡邊有先祖的睿智；
他們也創建了不少知識的機構，活力十足。他們小心翼翼的推廣並普及知
識，眾人之教育是他們心中的主要考慮。他們也一下子把宗教教區制度及
專制權威打掃淨盡，取而代之的是教會式的政府，以《聖經》經文及民事
官員為主的政治機構，共同維護並發揚個性的尊嚴。此種決定，造成十八
世紀美洲的繁榮社會，政治權力由全民分享，透過學校、學院、教會、及
報紙，人民皆可獲得知識。「在美土生土長的人，不會寫也不能讀者少如彗
星，也如同地震一般的少見，更像一位羅馬天主教徒或 Jacobite（英詹姆斯
二世黨人，主張帝王神權論）那麼的是稀有客。」他接著又說出了本章開頭
的引言。上帝有意設計美洲變成一個典範，來讓無知者獲取知識之光，使
人類在全球上所受的宰制完全獲得解放，這是不爭的事實。

　　但 Adams 擔心英國的階級制度把「主教制度」（episcopacy）引到美洲，
也恐怕英國之神職制將封建制度帶到新大陸。他深盼殖民地人民有高度的
責任予以抵制，方式是經由公共辯論並暴露其制度的利弊得失。Adams 最
後作總結：「讓我們敢讀，敢想，敢說，也敢寫。讓各階層的人民提起注意
力，強化其決心。讓他們全部注意政府組成的基礎及原則，包括教會及民
間的。……讓教會的聖壇上回響著宗教自由的教義及感受，……讓法庭從
『法律、權利、及力道散發出高尚的計畫』（the laws, the right, the generous

plan of power)，這是從遠古一直流傳至今。告訴世人，我們的祖先為了保護自由作了數不盡的犧牲及重大的奮鬥。讓學院加入協調的行列，欣然的共同觀照大眾的福祉。……總括一句話，讓每一道知識的水閘都打開來，且水流不止。」

　　吾人可以與 Adams 辯論他的歷史觀，但卻不能爭議他那一代美洲人的觀感，以及他們自己所感受的經驗。他建構一套想法，認為人們知識及力量的普及，乃是辛苦努力的成果，更是上帝呈現也為人而設計的一種象徵。Adams 清晰明白的說明他們那一代人的決心，為保衛他們的生活方式，付出一切代價來抗拒來自遠方權威的任性設計。Thomas Hollis 對任何共和國精神的形式，皆採歡迎態度；在他的倫敦住處，宣稱 Adams 的分析是「來自北美最佳的產物之一，前所未見」；也把 Adams 的說法印在《倫敦編年史》(*The London Chronicle*) 當作小冊子發行。而 Adams 的一群「國人」也投了同意票，經由決心毅力，在即將來臨的自由保衛戰中顯現出來。

第一節　新聞自由與國家安全

我們的人民比天底下其他地區的人民，在政治興趣上，更有明智的心態。我們當中每一個人都擬閱讀各種資料，且更有休閒時間，所以更易於在談話中來相互改善與勉勵。

—— Benjamin Franklin

一、出版業與煽動罪

　　在所有刊物都無法持續甚至胎死腹中時，《公共事件》(*Publick Occurrences*) 的出版就極具意義，可以說是美洲殖民地教育的里程碑。它不只是一個月一次可以讓殖民地人士想一想引起時人注意的事情，它還是個報導各項訊息資料的活源泉，負責人 Benjamin Harris 投資於此刊物，希望「四處的人民都能了解國內外公共事務的各種狀況，這不僅會影響人們的想法，

且也有助於他們之生意與協商」。公共事務的關心在英屬美洲都屬萌芽階段，而公共事務中，政治是首屆一指的注意對象。發行本刊物，讀者雖然在刊物內容上所得並不多，也不一定贊成 Harris 的想法，但本刊物之出世就極為特別，由它一出刊即遭禁，就可見端倪。1690 年 9 月 25 日出刊第一號，該刊全名為《國內外發生的事件》(*Publick Occurrences: Both Foreignand Domestick*)。

　　Harris 的背景極具趣味化，也與本書主旨有關，他早與 Earl of Shaflesbury（英公爵）及 1679 年 Short Parliament 的 Whigs（國會中的自由派）過從甚密，1679 年也出版 *Domestick Intelligence: or, News Both from City and Country*，其後改名為《國內情報：各地消息》(*The Protentant Domestick Intelligence*)，1681 年遭禁。還發表數種煽動手冊，使他受刑被囚。出獄後他也趕時髦在 Cornhill 的皇家金錢交易所 (Royal Exchange) 附近開設一間咖啡屋，與 Whigs 同好共享當地傳來的情報與消息，打聽舊教之詭計及陰謀。1685 年詹姆斯二世（JamesII，1633〜1701，在位期間 1685〜1688）登基，Harris 的處境更形危險，乃逃亡來美。1686 年秋季抵波士頓，設一印刷廠並開一書店，1690 年又把書店改為咖啡屋，帶來波士頓的是整個 Whigs 的想法及一份 Whigs 報紙，還帶來了傳播 Whigs 的各種工具，如報紙、印刷所、書店、及咖啡屋。他在 1695 年返英，當時 English Regulation of Printing Act（出版法）已廢除，他的影響力並不因之而在殖民地消失。

　　政黨政治在 1700 年的英屬美洲，自然是個新鮮事，公共輿論可以左右政治走向與政策。當時人口中，有三分之一是男成人，他們有英國投票權，而殖民地的白人中有投票權的男人，百分比更高，他們更可輕易的因擁有土地而享有投票權，因此候選人與投票公民之間，有必要作雙向溝通與對話。宣傳與辯論變成時尚，統治精英也因之在言行上有了大幅的改變。公共輿論的形成過程中，報紙變成主要的民意喉舌，任何禁止印刷品流傳的措施，都被視為過時的作風，良心自由之呼籲蔚為口號。十七世紀英國詩人 John Milton（1608〜1674）在他的 *Areopagitica* (1644) 中大聲呼喊：「根據良心，可以自由知悉、自由發表、以及自由辯論」。至少對新教徒而言，必須擁有此項權力。

　　洛克也在 *Essay* 及 *Letters on Toleration* (1689, 1690～1692) 中重述他的基本信念。保障反對者的言論，原因是人的悟性力並不完美，且常有偏頗。John Trenchard 及 William Gordon 二人在 *Cato's Letters* 中提出出版自由的觀念，他倆反對言論之先行檢查或印刷物要先取得執照許可，更反對印刷之後被檢舉而判以誹謗罪，因為除非一些極端案件，否則對作者的指控都無法證實。古羅馬大政治家 Cato 在〈論誹謗〉(Discourse upon Libels) 一文中作個總結，無言論及出版的自由，則整個世界「一定很快沉淪為野蠻、迷信、不公、專橫、及最愚蠢的狀態之中」。

　　殖民地人士閱讀 Cato 的〈論誹謗〉，也看過 Cato 論其他項目的文章。十八世紀時，報社數量增加，1704 年只一家報社，1720 年增為三家，1730 年有八家之多。印刷業與政府之間的衝突開始尖銳起來，如同在英一般。衝突起初在事先檢查制度上引爆，這也是 James Franklin 與 Massachusetts 國民議會 (General Court) 於 1722 年發生衝突的主因，由於尖酸暗諷的報導了政府採無精打采的態度來對待外海沿岸的海盜船，他遂因「高度冒犯 (high affront) 政府當局而遭拘捕囚禁。他的弟弟 Ben 當時恰為 Franklin 的 *New England Courant* 以筆名 Silence Dogood（默默行善）為文，馬上拿起筆來傳達了一文，大量引用 Cato 論出版自由的文字。James Franklin 服完了刑期，數月後大陪審團並沒有因他無執照卻印刷報紙而予以控告，新英格蘭的新聞檢查制度正式宣告死亡。

　　紛爭辯論的焦點，轉而到煽動性誹謗的處罰上，其中 1735 年 Zenger 案件最為出色。1733 年開始出刊的《紐約周報》(*The New York Weekly Journal*)，主編群是 James Alexander, William Smith（曾在 William Livingston Smith 的辦公室作門徒），Lewis Morris，及 Rip Van Dam，該刊物是批評總督 (Governor) William Cosby 的機關報。1734 年 11 月 17 日，報社老闆 John Peter Zenger 被捕，拘捕狀罪名是「印刷並出版數項煽動性的誹謗，在名為《紐約周報》等刊物或報紙上散布，其中有許多事項都有引發派鬥及人們不安或騷動傾向，點燃了人們藐視英皇陛下政府的火種，導致於擾亂不安」。1735 年 8 月 4 日此案件在法庭審理，名律師 Andrew Hamilton 為報社辯護，口才犀利，論點操控全法庭。辯論不出數分鐘，陪審團作了無罪的判決。

他的說詞，主要是以政治角度作出發點，人民擁有自然權力來抵擋政府的濫用權力。政府應予批判，則可以使政府敏於負責，唯一可以制衡批判的就是事實。

此案件雖未促使煽動罪消失於殖民地，但對出版自由卻有鼓舞作用。該種自由保障出版業更有寬大的揮灑空間來作為教育大眾之用，尤其處在1765 年「郵票法」(Stamp Act) 危機之後的十年為然。英國國會在該年不只通過首次的直接稅要徵收英屬北美人民的印花稅，該稅還包括報紙、小冊、年曆、布告、法律文件、保險單、證照等稅。因此出版業除了經濟上的埋怨之外，還多了意識型態上的不滿；抗議無效之後，出版業終於忍無可忍，乃聯合作群體的反對。David Ramsay 於 1789 年發表《美國革命史》(*The History of The American Revolution*) 一書時說：「對美國人的自由而言，這真是幸運。報紙在繳交印花稅中負擔頗重，出版業者若在不受政府干涉之下，一般都能按自由原則來安排各種消息，當然他們也會注意此種行業的牟利事項。繳交印花稅此種義務已公然的侵犯了前者，且威脅到了報社的生存，收入驟減，因之乃引發了劇烈的反對聲浪。」

群情激昂的現象，明顯的顯示在印花稅進行討論那一年。皇室簽准的1765 年 3 月 22 日，爆發出史無前例的高峰，隔年 11 月 1 日正式生效時，更令英屬美洲人按耐不住。先是於 8 月時擬召集眾人示威抗議的表達憤怒，後在 11 月終於來臨時，有些報紙根本不貼印花，公然反抗法令；有些則宣揚寧死也不貼印花，決定中止出刊；其他則使用各種詐術來逃避刑責。1766年英國會廢除此種令美洲人恨意難消的法令時，印刷業者體認到他們的存在不容小視，當然，律師、商人、及一般讀者訂戶皆給予助力與鼓掌，也功勞不小。從此奠下了基礎，在政治上邁向獨立，且在公共教育及公共政治上，二者應攜手合作。

關於印刷業在革命醞釀中所扮演的角色，研究此項議題的文獻甚多。Ramsay 的觀察開風氣之先，他說在通往獨立之路途上，「筆及印刷的功勞，與劍相當」。從教育的立場來看，有數點必要提出：第一、Tories（保皇黨）及 Whig（自由黨）二大黨之互辯及宣傳，都是北美殖民地人民當觀眾的好教材；第二、隨著雙方辯論風氣之高漲，報紙、小冊、曆書、布告等也隨

著銷行量大增，正表示殖民地人民之注意力已大為集中在本身權益上。政治認識水準擴增不少，資料也越積越多；第三、該種資料在文字上是印給受過教育的人閱讀；文盲者則經由口傳，在非正式集會場合上聽人宣揚，他們在客棧、旅店、咖啡屋裡也知悉雙方爭辯的論點；第四、由於銷行量有增無減，作者及出版業各使盡全力來迎合廣大讀者之口味，以便產生最大的可能效果。因此出現的版面，除了冷靜理性的政治辯論之外，另有諷刺的短文、煽情的社論、搖旗吶喊的書信、惡毒的故事、中傷的攻擊、率直的卡通、醒目的標題、怵目驚心的花紋圖案、啟思的詩詞、及愛國的歌曲等。同時，英國 Whig 精神予以美洲化，自由主義經由 Sidney、Harrington、Locke、Molesworth、Trenchard、及 Gordon 之宣揚，但經過殖民地政治經驗之洗禮而轉型；強調直接代表制，國會立法權之限制，人民不可讓渡的權力及主權在民，以及人民可因受到專制或壓抑而延伸出抵抗權。

最後，由於更多的人獲得了更多的資料，且也從各自有別的興趣對象，漸漸趨向於各殖民地區的普遍關注議題。出版業變成一項大家共同交換意見、注意公共興趣、且為共同目標而奮鬥的一種象徵。1767～1769 年 John Dickinson 的《農夫書信》(Farmer's Letters) 出現在當時殖民地二十三家英文報中的十九家，共七種小冊，估計讀者約有八萬之多，普及於殖民地四處。七年之後，出生於英國的 Thomas Paine(1737～1809) 之《常識》(Common Sense)，於 1776 年 1 月 10 日出刊後只三個月內就銷售十萬冊，總共賣出約五十萬冊，當時殖民地人口約為二百五十萬。Charles Lee 寫信給 George Washington，提到 Paine 的小冊時說：「我從未看過有如此巧妙也無法抗拒的展現。假如我的想法沒錯的話，相對於英方出奇的愚蠢及可惡，本小冊是對大英帝國的致命一擊。總而言之，我自己看了他的說法之後深信，與英分離，絕對必要。」至於 Paine 是否說服了 Lee，或者僅是對 Lee 說出自己的心聲 (Conscience) 及自己想說的話 (Consciousness)，仍然是一個謎。不過不管如何，Paine 教育了 Lee，也教育了那一代的人。

二、教會的努力

十七世紀時，New England 最重要的神學家之一 John Cotton 牧師

(1585~1652) 日以繼夜的勤讀宗教經文著作 (Holy Writ)，發現其中並無民主字眼，倒是出現下述語句：政府應由長者來負責，百姓的職責就是尊敬這些長者。一百年之後，民主的理念出現了。富蘭克林曾說過：「印刷業者都有個信念，當人們意見不同時，雙方觀點都應平等的為大眾所知悉，只要真假二者都取得公平的立足點，則前者多半皆可超越後者。因此出版業者都會欣然的為爭辯雙方服務，讓他們好好發揮；只要他們付費，而不會過問雙方的立場。」富蘭克林本人也常為文發表己見在報紙及曆書上，也常收錄別人的作品於自己所辦的刊物上。他花了心神將教科書及立法記錄，論著及牧師講道，作為印刷業的麵包及奶油——不可或缺的基本內容。這些都對社區人民具有傳統的教育作用。就這方面而言，出版商就得向教會人士、學者、及律師求教，這些人都是殖民地區的知識分子。富蘭克林說得沒錯，只要對方付錢，出版業都會提供印刷服務。不過他倒忘了一點，即對方如少付錢或沒付錢，只要觀點好，值得宣揚，則也義不容辭的免費提供幫忙。傾向 Whig 的出版業，比較甲意出版 Whig 觀點的作品，這是不必大驚小怪的。十八世紀中葉後，出版業發現在教會、大學、政府部門裡，此類型的作者越來越多，他們都在宣揚 Whig 的教義。

教會本就栽在公共事務的關心中，他們要逃避政治議題極為困難，這是有前例可循的。牧師是殖民地社區中的學養之士，不得不與大英及歐陸接觸到新觀念，不管他們喜不喜歡。大部分 Whig 的評論家都喜愛過問人性、社會正義、及善良生活，因此他們扮演的角色，也形同報紙一般。他們熱衷於討論政府的官方宣告、權威事實、有用的智慧。在社區中配合印刷業或與印刷業競爭，來評論這些議題。教會的聖壇變成政治討論所在，不只涉及祖國的政治事件，也提出殖民地人民的政治立場。

十八世紀初，於新英格蘭的麻州，公理會的牧師 John Wise 就擬組成公理教會牧師聯會來討論「人的存在及政府」原則。他所描繪的人，在初始自然狀態時，是「天庭」(the crown of heaven) 之下自由誕生的臣民 (a free-born subject under the crown ofheaven)，「除了敬愛上帝之外，別無其他」。在初始的自然狀態下，民事政府出現了，那不是上帝所創，卻是依「人的理性而生，是人性及理性二者的結合體」。之所以形成民事政府，最主要的

理由，就是基於人自身的需要來保護人自己以防他人之侵犯。政府之基礎建立在契約上，主權依契約而行，互相遵守諾言來服從契約。由於上帝在《聖經》經文裡並無提到特定的政府形式，因此契約可以是君主制度、貴族制度、民主制度、或混合制度（如同英制，王權之下是民主，是「世界上最好 (the fairest) 的制度」）。不過他本人較偏愛民主，每州皆有代表，或如同教會之行公理教會聯盟方式 (Congregationalism) —— 各教會可以獨立處理其事務（地方分權制）。「吾人可確信的是，若基督在教會內安排好權力的運作方式，則必一方面顧及教會的安全，一方面也照顧到每個教徒的福利。」不會使人民暴露在危險狀態中，免於被欺詐或受特定人任意的處置。「要達成此目的，沒有一種政府形式比民主更好。此種道理之清楚明白，猶如白天。」

　　不過，即令 Wise 的分析強而有力且令人讚賞，尤其後來主張民主者為然，但他卻是千山我獨行，附合者極為罕見。還好二十五年後，新英格蘭人們較能接受社會契約論。此外，宗教復甦 (religious revivalism) 也同時出現。此時的思考主題，是人民有權追求免於政治及宗教壓抑的自由。「自由是新英格蘭的財產及榮耀」，「祈求上帝賜福我們來追求自由，讚美並改善自由」。1747 年 Charles Chauncy 警告政府官員，他們的主要職責是「保存並持續社區中的每一成員，儘可能的可以享受他們的自由與權利，包括政治的及宗教的」。這些自由與權利既來自於自然，也來自於法律。Jonathan Mayhew 於 1749 年發表的《七次講道》(Seven Sermons)，確認宗教方面的判斷上，人們擁有隱私權，那是基於上帝及大自然且也是基督的福音所賜，他人無權以為會濫用此權或掉入錯誤意見中而予以剝奪。1750 年更出版了最著名的講道，《論無條件屈服及對上級的不抵抗》(A Discourse, Concerning Unlimited Submission and Non Resistance to the Higher Powers)，當中提到人民有權背叛暴君，且採反壓抑措施。

　　要是說一般臣民百姓並非是恰當的判決者，來決定是否官員壓制了他們，或判斷政府就是暴君；要是說他們為了保護他們的權利，無私無我的處理公義之事，並增進公共福祉，就被視為是一種叛逆，且是前人所未曾說過的叛國；這種叛逆，不是只向一個人叛逆，向全國叛逆，向整個政體

叛逆，向整個人類叛逆，也可說是違反常識的叛逆，更是向上帝的叛逆。則這種不虔敬的論調如果成立，倒奠定了一項基礎，即為暴政及壓制取得理由化。其實任何君王皆有此罪名。人民知悉，設立官府且維持官府的目的，是人民授權給政府官員時，人民也是最恰當的判斷者，判斷君王是否運用平等及父愛式的權威予百姓，判斷是否君王或君父自升為暴君，判斷是否君王將臣民及小孩淪為奴隸階級，判斷是否政府劫奪人民，隨意搶掠人民，並任性的隨意自我玩弄人民的生命與財富。

　　基於人與上帝之關係，來建立人與政府之關係。Mayhew 的講道因一再的重印，聽者及讀者不計其數，對於革命情緒之提升大有煽火作用。其他教派人士在中南部的講道，也宣揚神學的至高無上性，大過於人自訂的法律；只要真心改信主耶穌，則在上帝眼中，大家皆一律平等。寬容的品德，是政治原則的首要，國家不應有國定教會。

　　1759 年擔任 College of New Jersey 校長的 Samuel Davies 也是其中的一種典型，他全心全力為不遵國教者運動而奔走，也為 1689 年的「寬容法案」(Act of Toleration) 而努力；不遵國教者也有權向政府取得傳道的合法執照，或讓人民也能信仰不遵國教之教派。Davies 公開表明，不遵英國國教者，可以宣誓向英皇陛下效忠，且品德操守不致於使反對者找到彈劾的藉口。所有英國人都有「法律權及自然權」(legal as well as natural right)，去聆聽基督信仰的各種闡釋，運用自己的判斷力來審視何者為真何者為假，且據之作為行動的指標。宗教地盤如此，政治領域也如此。1760's 年代早期，美殖民地上不只有印花稅危機，且英也擬派安立甘主教來常駐墾殖地，引起政治及宗教的不安。教會如同報社，成為宣揚革命及 Whig 教義的戰場。報社主編及牧師二者攜手合作，打擊英國會及政府。殖民地人民開始集中心思，想到英國會是否享有憲法權來主控美新殖民地。宗教人士介入政治，1764 年雖然印花稅危機已除，但主教來美一事卻未能讓美洲教會人士安枕無憂；他們利用佈道、演說、小冊、報刊專欄、及通信等各種方式予以抨擊，還恫嚇著說如英強行通過印花稅或派主教來美，則可能發生流血事件。Mayhew 還向 James Otis 於 1766 年提議，以流傳書信方式來建立一個「殖民地教區」(communion of colonies)，使大家團結起來，有個生命

共同體的相互依賴感。作為革命領袖之一的 James Otis 馬上全部領會其意，組織了「黑色兵團」(black regiment)，同仇敵愾的為單一目標而奮鬥；麻州的 Samuel Cook 及 Connecticut 州的 Stephen Johnson 在 1770 年的選舉佈道上，都提醒殖民地官員，人民有權來審判治者之行為。當治者破壞了憲法契約時，人民採取步驟來保護人民之幸福，那是人民的權力；人民若不動聲色，那才是一種罪惡。有些牧師還開放其住處給教區民眾討論政治理論及政治策略。教區與當地政府的關係，猶如殖民地與英國的關係一般。牧師之講道，除了有選舉佈道 (election sermons) 之外，另有砲兵佈道 (artillery sermons)、絕食佈道 (fast-day sermons)、及感恩節佈道 (thanksgiving sermons)，一群愛國牧師就藉機宣揚革命主張。

危機越深，牧師的努力越為密集與加強。Boston 大屠殺之後，Massachusetts 的牧師們高喊抗議，總督 (Governor) Hutchinson 於 1770 年 6 月寫信給 John Pownall 時說：「我們的教會聖壇充斥著黑壓壓的一片聲浪，人民都在想他們可以合法的抗拒皇軍，如同抗拒外敵一般。」公理教、長老教、及日耳曼改革教 (German Reformed) 等，都通過決議要舉辦公共絕食日及禱告活動，以抗議政治及宗教兩方面的「公共事務日趨黑暗，日顯威脅」他們的安全。

慶祝革命運動的新日子開始出現，如 3 月 18 日是作為廢除印花稅週年紀念日。在這種節日中，竟日有佈道，為自由而禱告及公共演說。採用既有且新創的手段來進行革命抗爭，效果驚人。律師 Daniel Leonard 於 1774 年的《麻州官報》(*The Massachusetts Gazette*) 中說：「當牧師介入政治戰場時，不管他們支持或反對政府，他們都變成最強有力的引擎。他們對聽眾的影響效力大為不同，與人民先在報紙閱讀所得的感受及原則相比，簡直不可同日而語。主日時分由聖桌上所發生的訊息，配合宗教上的敬畏情，最嚴肅的訴求於天。從牧師嘴唇所說出來的話，信徒打從搖籃時即已熟悉，難道不能打動心坎而變成永恆真理乎！」並且牧師勸導民眾趨善避惡，本是當然職責；當時的善就是抗拒暴政，惡就是助紂為虐。

三、大學院校的打拼

　　大學院校及高等學府也加入了革命的陣營，政治列入了課程，雖然方式較不直接，但存在卻較恆久。入學的學子，在族群、宗教信仰、地方背景上各具異質性，卻接受相同的教材。雖各校在各時代，辦理校務的人在經費金錢及各種條件下容有差別，教授之興趣及學生之需要也有不同，但對時潮的感受則頗為一致。政治議題既為時尚風潮，高等學府之加入政治一門，則別無疑義。

　　政治一門之入科，方式各自有別。第一，也是最為重要之事，是當政治一科成為正式講授科目時，是在研究古典政治理論之際，這是西方思想家的重要著作內容。此外，倫理研究輔以政治學，成為道德哲學，此科根本上是由校長任教。十八世紀的學生研讀希臘及拉丁著作，從 Aristotle 的作品中，了解到違反萬世不變的大自然法律，將引來危險；從 Plutarch 的書中領會出反對專橫，是一項光榮之舉，即令死亡也在所不惜；從 Cato 的文字中想到共和政府的品德，乃是植基於土地；從 Cicero 的教訓裡學到，法律依據理性時最為優秀，蠻橫政府是一種冒險的賭注；也從 Tacitus 知悉羅馬帝國興亡史。至於文藝復興以後的西方學者，則入大學院校的學生早在中小學即已熟知，入大學院校後更加深其印象。道德哲學科原隸屬於神學之內，探討人與神、人與人之關係。設想一個具理性意識的人對道德上完美無缺的上帝應盡什麼責任，討論此科則包括下列諸項目，一是人的行動學 (Pneumatology)；二是神性學及倫理學 (Divinity and Ethics)，神造人係給人短暫及永恆的幸福；三是經濟學 (Economy)，即家居生活中權利及義務之平衡；四是行政、司法、及立法等社會事務之學 (Government, Jurisprudence, Law)。討論政治學時，並不關注那些深奧又冷僻的解析，卻是熱衷於火熱又時下待解的問題，純理論式的政治學並不受歡迎。其實這在祖國的英國，也是如此。

　　在美殖民地，大學校長須擔任道德哲學科的教學。茲舉下述四人為例：

　　1. **Thomns Clap:** 1739 年接受耶魯大學校長職位（原先校長頭銜為 rector，1745 年的新特許狀改為 president），在哈佛受 John Leverett 之教導，

吸入了一種觀念，認為富正義的政治體乃是由上帝所締造，根據上帝指令來治理國家。接任校長之前，是人人敬畏的宣教師，聲望頗高。但 1766 年由於學生暴動，迫使他離職。在他任內，經費日寬，書籍日多，建物增加，入學生數超過哈佛，1750's 年代時授予學位數也比哈佛多。深信喀爾文主義 (Calvinism)，1765 年開始教導大學生倫理學，同年還將授課講義印成小本教科書。

2.**Samuel Johnson**：Clap 曾送一本教科書給予 Johnson，1765 年 7 月 6 日的回信說，他完全同意 Clap 的觀念，唯一不同的是 Clap 取綜合的觀點，Johnson 則喜以分析角度來檢討倫理學，認為對初學者較佳。Clap 的論點完全依據上帝的《聖經》要義，只有如此才能知悉上帝的完美。Johnson 則討論人與自己、人與上帝、人與鄰居之義務，理性的限度以及訴求神跡之必要性，那是最高無上也最為有利於人的教誨，也對人的行動最具誘因，更是人最能享幸福，並最具真正幸福的所在。這位 King's College 校長也出版他的倫理著作《倫理學初步，或道德哲學第一原則》(*Ethices Elementa, or, the First Principles of Moral Philosophy*, 1746)。當時 (1755) King's College 四年級生的課程是：形上學、邏輯、道德哲學、法律及政府、宗教史、及世俗史等。1762 年牧師 (Reverend) Myles Cooper 被聘為道德哲學教授以幫助 Johnson。隔年，校長辭職，Cooper 繼任校長，1763 年 3 月 1 日之科目表中，Johnson 的教本被列為三年級教本。

3.**William Smith**：William Smith 在道德哲學課程上另有不同見解，他發表在《Mirania 學院的一般理念》(*A General Idea of the College of Mirania*, 1753)（與 King's College 之興建有關）。在該烏托邦式的著作中，拉丁學校的最高年級（五年級），校長 Aratus 重新審閱哲學演變史上的重大事件，發現應該教給學生的是倫理學及政治學，如同要研究農業之前，若先學自然哲學，則探討起來將較為簡易。因此探討歷史之先，應先學倫理學。人在自然界中極為孤獨，周遭環繞著各種危險，人也欠缺許多東西，整個人群更相互敵對，弱肉強食，任何人皆無安全感，只靠暴力來劫奪並維持生命。從這種現象，人有必要組成社會，心甘情願的放棄某些自然賦予的自由及財產，來獲取並保障其他的自由及財產。

　　1756 年，Smith 重新界定三年制 College of Philadelphia 課程時，道德哲學規定在第二年級上，且以 Francis Hutcheson 及 Jean Jacques Burlamaqui 的作品為主，佐以 Pufendorf、Sidney、Harrington、及 Locke 為輔。選擇 Hutcheson 尤具意義，Hutcheson 在 1730 年於 Glasgow 大學任教，直到去世 (1746) 為止，是個啟蒙運動的健將，也是改變蘇格蘭神學及哲學的主力功臣。Hutcheson 生在長老教會家庭，在 Dublin 受 academy 之教育，不遵英國國教，他的名著《論美感及善感之起源》(*An Inquiry into the Original of Our Ideas of Beauty and Virture*, 1725)，最為殖民地人士所熟悉。其中的主要觀念，是認為人有內感官可以體認道德的聖潔處，猶如人有外感官可以看到色彩、聽到聲音一樣的明確。基於此種「道德感」(moral sense) 來建立的道德哲學，包含許多領域，必須予以研究。如人的天性、人的權利、人的義務、財產、契約、政府、法律、及國際關係，涉及柏拉圖、亞里斯多德、Xenophon、及西塞羅這些古人，也旁及 Grotius、Pufendorf、Harring-ton、及洛克這些現代人。法律的制定並不是要制人於軛下，卻要使人依自己的興趣而行，選擇最確定及最佳的途徑來履行一種義務，即幸福的達成。人民有權抵抗暴政，此種觀念已與當時熱門的政治話題發生密切關係，影響也不可估量。Smith 在這方面的見解，超越過 New Haven（耶魯的校址）及紐約地方的一般人一代以上。

　　實際上教道德哲學的是 Francis Alison 而非 Smith。Alison 本人並無自著教科書，他的一名學生 Thomas Mifflin 於 1758～1759 年卻寫下詳細的上課筆記，從中可以看出該科上課的內容：形上學 (metaphysics) 及本體論 (ontology)，與政治學二者平均分配。人是理性動物，有能力領會、記憶、推理、及判斷，如同 Shaftesbury 及 Hutcheson 所言之「道德感」一般。民事社會是一種必要的制度，品學兼優者為公共利益來統治社會；不過也同時准許一些「更為愚笨」(more stupid) 及流浪漢作為他們進行仁慈指導的對象。在社會裡，成員歡喜甘願的根據「公正及明智的動機」來訂定契約，因此本質上是不易產生專橫制政府的。當政府破壞了公共自由及安全，人民就有權予以廢除。Alison 說，人民有權來保護自己，抵抗政府的濫權。當政府不顧大眾的安全，只為自己利益著想，甚至公然宣稱恨人民，此時

人民最神聖的權利恐將不保，人民當然有權予以抵抗。Mifflin 受到此種教導，是早年殖民地權力的推動者，也是第一屆大陸會議 (First Continental Congress) 的激烈會員，至少在 John Adams 眼中，他是革命運動中的「活躍分子」(animating soul)。

4.**John Witherspoon**：John Witherspoon 在普林斯頓於 1768 年所定的課程，則很類似 Alison 的規劃，尤其著重蘇格蘭道德學家 Francis Hutcheson 及 Lord Kames 的作品，前者著《道德哲學體系》(*A System of Moral Philosophy*, 1755)，後者著《論道德及自然宗教之原則》(*Essay on the Principles of Morality and Natural Religion*, 1751)。道德哲學的講授中，一半的時間用在政治學、權利義務問題、政府與社會、財產與契約、國內及國際法上。社會契約 (Social Compact) 理論，混合政府的觀念，都被接受且予以讚美；公民自由權巨細靡遺，反抗暴政權公然予以宣揚。其中最具重要意義的，莫過於強調道德哲學與生活的關係，把道德哲學與生活看成二者密不可分。其他學科如語言，甚至數學及自然科學，都屬於道德哲學之下，成為道德哲學的女婢。而道德哲學是準備討論公共事務之用，Witherspoon 也自己身體力行，是推翻英國皇家在紐澤西州總督的領導人，大陸議會 (Continental Congress) 議員，且是簽署獨立宣言 (Declaration of Independence) 的唯一教會人士。

除系統的講授古今政治學之外，大學院校還在正規的口說辯論活動中，進行正式的政治課程活動。十八世紀的哈佛學生討論如下的問題：

1. 政府原先成立的時候，是否基於人民的同意？(1725)

2. 人民的聲音是否就是上帝的聲音？(1735)

3. 對人類自由而言，在國家政府之下自由較多，還是無法律限制之下所獲得的完全自由？(1737)

4. 一個完全且又專斷的王權是否違反正義的理性？(1760)

5. 人民是否為唯一判斷他們權力及自由的判斷者？(1769)

1750 年 College of New Jersey 的畢業典禮上，出現包括下述一種辯論論題：「在自然狀態下，除了某些確定是例外之外，當考慮政府時，人人皆是平等的。因此國王的權利是建立於人民的契約，也因此皇上喬治二世享

有最高權的權力。他的對手如極力辯護自己有權來統治大英帝國，則不只是徒勞且缺乏正當性。」正反雙方相互攻防。論題中的對手，指的是 1745 年覬覦英國王位的人，他是「年輕的假仙者」(The Young Pretender)，即 Charles Edward Stuart James II 之孫；而「老假仙者」(Old Prentender) 即指 1715 年覬覦王位的 James Edward Stuart。1761 年 College of Philadelphia 的畢業典禮上，也討論公民力量之性質。治者有責任樹立楷模，在生活上品德端莊，立法應具合理性。

1769 年 College of Rhode Island 的首次畢業典禮上也辯論一個問題，即：「英屬美洲是否可以在目前條件下，繼續保有一致性的好政策，影響到以後成為一個獨立的國家。」為了準備該項辯論及討論，大學圖書館顯然的變成主要的資料庫，也因此學生除了正式上課之外，還擴大向圖書館閱讀更多的資料。

此外，非正式課程對年輕一代的影響力更非同小可，且證據充分的證明年輕人更有志於研究政治，尤其是 1765 年之後。學術機構及辯論社團，漸漸對權利、自由、及義務開始注意。當時的問題還停留在「罪是否皆不可赦」、或「訂婚後但於婚前與愛人上床，算是私通嗎？」

1765 年 College of New Jersey 學生參加畢業典禮時，穿著美式鄉下佬服裝來藐視對英國的義務服從，1768 年的哈佛學生亦然。隔年 (1769)，哈佛校內董事會 (Corporation) 的一員，即牧師 (Reverend) Andrew Eliot 寫給 Thomas Hollis 討論最近的學生騷動事宜，其中說道：「年輕的一代早就與政治結了緣，他們也抓住了時代精神。辯論及法學演說都充斥著自由氣息，此種作為還大受鼓勵，不過有時沖昏了頭而難以約束。導師也深怕管制太多無法發揮建國所必要的愛國心，只好由他們去；年齡較大或經驗較豐時，再來節制其熱情。」

1770 年 7 月 13 日，因未經同意就進口入殖民地的一批貨物，紐約商人僱用一個劊子手公開予以焚燬，費城的商人也共襄盛舉，以 Nassau Hall 為學生聚會所。1773 年之後，哈佛、耶魯、及 College of New Jersey 的學生，定期抵制、焚燒、譴責茶葉販賣案件，1774 年還有火燒大英國王肖像情事。1775 年 College of Rhode Island 的大學部學生，要求董事會不要舉行

公開的畢業典禮，因為政治危機臨頭；大學還辦慶典，顯為突兀。耶魯的學生還在報紙上公開指名道姓，叫出叛逆美國革命的分子。革命戰爭進行中，College of New Jersey 在熱心的校長 Witherspoon，哈佛在火急的校長 Samuel Langdon，耶魯在代理校長 Naphtali Daggett 領導之下，都落入愛國者手中。1777 年耶魯選了 Ezra Stiles 為校長，該校變成激烈的革命陣營。一位保皇黨的校友，即畢業於 1750 年的 Thomas Jones，時為紐約最高法院法官，不得不描述他的母校已是個「煽動黨派爭鬥及共和國主義的溫床」。

　　並非所有師生皆有如此高昂的革命情緒，不過時潮如此，倒是不爭的事實。數年後，David Ramsay 以他慣用的 Whiggish 口吻道出當時大學院校的實情：「沒有新大陸之光所帶來的有利條件，美國要與大英對抗，顯然不是對手。聯邦終於戰勝，抵抗之所以有成，要是群眾皆屬無知，則難以如願。要是人民大眾目不識丁，則更無法使開會有智慧、制度有整體性，進行長期抗戰能夠毅力十足，自我犧牲在所不惜。對革命有敵意的人遠比友善者為多，且多出很多，這是盡人皆知之事；他們未被啟蒙，或僅受知識之光稍為溫熱一下而已。未受開導及經誤導者，組成了美國人的大部比例，他們寧願受母國來牽引，雖然母國侵犯了他們的自由，也不願由國人及同胞自組政府來當家作主。」

四、結語

　　教會及大學院校作為共和國的搖籃，報紙播下了煽動革命的種子。但殖民地人士在獲取政治智慧的最重要資源上，並不因此迷了眼，他們仍然從個人的閱讀與研究的體認當中，獲取直接的政治經驗及作系統的反省思考。John Adams 在 1751～1755 年上哈佛，幸運的受教於 John Winthrop 門下，數學及自然哲學方面獲益良多；且語言、形上學、及辯說術上，也大有斬獲。但他是在離校後，才傾全力閱讀政治作品，且在 James Putnam 之下當學徒，又選集了大量的書籍，成為當時私人藏書最豐富者，計有五千本之多。Thomas Jefferson 的狀況也如此，他從 College of William and Mary 畢業之後，接受 George Wythe 之指導，也開始研讀政治著作，並收藏了不少圖書。兩人皆因大學教育而得利，無此機會者，則只好靠己力來達成相

同的願望，其中尤以 Patrick Henry(1736～1799) 最為典型，他只在家庭、教會、及當地的小校舍等接受正式的教育，卻成為出色的政治家及演說家。

　　殖民地人士熱中政治者，除了學者及教士之外，就是律師及出版家。這些人構成了革命時的知識分子，他們作自我進修，不眠不休。年輕的 John Dickinson 從倫敦寫信給他的父親說：「我飛向書本、飛向休憩、飛向勞動，每一分一秒我都沉在研究當中。」他在倫敦上中殿法學院 (Middle Temple) 學法律，十四年後，他說：「已獲得好多有關歷史、本國法律、及憲法上的知識，我在這方面比我同學所學的還多。」他如此自吹自擂，且揚言別人會喜愛他而不覺得他驕傲。1759 年 John Adams 對他作如下的描述：「費力探討有關法律、對錯、正義、及平等的傑出理念；用自己心意去尋找，在羅馬文、希臘文、法文、及英文著作中下工夫，研究自然法、民法、公法、及律令；在政府的性質、目的、及手段上，期求有個準確的知識；彼此相互做比較，看看在公益或私人幸福上產生什麼影響；研究 Seneca、Cicero 及其他良好的道德作家，也研究 Montesquieu、Bolingbroke 及其他所有良好的民事作家 (civil writers)。」終其一生，他讀了他喜愛的書，且一再的讀，筆記作為日後之用，寫下長篇評論在書內空白處，與許多友人通信討論他的意見與想法。Jefferson 曾寫信給一位友人埋怨這位「嗜書如痴」者 (malady or bibliomania)，學過六種語言，一再的從政治爭執裡退隱，然後來到他的圖書館挖寶。

　　在此種無止境的自我教育過程中，最重要的一件事，莫過於殖民地人民的興趣漸漸世俗化，尤其他們對歷史的見解，更是如此。歷史取代了神學在十八世紀知識研究階梯上的最高點地位。沒錯，殖民地人民仍然繼續唸《聖經》，如同 Jefferson 回信給侄兒 Peter Carr 的勸告一般，他要這位晚輩讀《聖經》如同讀 Livy 或 Tacitus 一樣。不過時人的注意焦點，已轉向歷史、政治學、及法律。並且他們研究歷史，並非只在作消遣之用或作自我誇張用途，卻引史鑑作為指導日常生活之用，讀史猶如收穫。人民奉獻於自由及權利的爭取，不惜與祖國冒險一戰，靠著此種付出，在新世界中發出萬道火光，也印證了他們自己在政治上的經驗，支持他們為理想來奮鬥，經過最後的分析，正為革命找到了最合理的解釋。

第二節　鄉野型的教育

我們人民的天分，生活方式，未來之各種狀況，鄉下習俗儀態及心向，都與歐洲人大為不同。為後者所設計的教育，無論多麼的得宜，也不適合於我們。就如同採用的年曆，與其按 London 的緯度來計算，不如照 Williamsburg 來衡量。

—— James Maury

前言

　　大都會的教育，因建立有名的學府，也有眾望所歸的學者任教，因而文教普及；移民來維吉尼亞州的英國士紳，原先大半生活在英國大都會裡，一旦來到蠻荒地帶，心態之調整，是一件大工程；他們及他們的子弟之教育，自 1620's 年代開始，就是返回祖國接受正規的學校教育。不過，在殖民地當地興辦學校，卻是勢在必行。十七世紀晚期，返英接受教育或在殖民地接受教育，變成熱門的公共話題，也是祖國政府思考政策的難題之一。1699 年，五位在 College of William and Mary 的學生向維吉尼亞總督、議會、及官員請願，希望在維吉尼亞辦中小學校來教育下一代。他們的請願。說詞肯定不猶疑，終蒙「上級」核准。他們說，欠缺知識，沒有一個地方可以興盛繁榮，受人敬重；返英接受教育，困難重重，旅途長且危險，花費又驚人，不只家庭受累，整個殖民地也受損，因為減少殖民地人口就減少學費了。其次，學童因遠離家門，無法接受親友慈愛的管教，又將他們置身於有敵意的大都會青少年群中，會顯得是個「害羞的陌生客」(bashful strangers) 一般。並且他們學會了大都會的生活習慣，返美後就把該浪費奢侈的惡俗帶到新大陸來，鄉間純樸的生活必被毀損無疑。「他帶回來的，可能就是浮華的心態及舉止，而非英國的文教知識，耐不住我們在維吉尼亞勤樸節儉的生活；這種人變成另類嗜好的風雅之士，無法滿意於吾人單純

的生活模樣。此時，他可能很想返回【】（？此處有漏字，可能是英），或變成形同埃及人般的美食分子，注重山珍海味，吃喝玩樂，偏愛精緻的遊戲，找英國玩伴來盡情揮霍。要是他在維吉尼亞有事業，則不得不被綁在殖民地，他就很不自在，認為周遭的一切都看不順眼，不只維吉尼亞的食物、飲料、房子、家具、太太、僕人、友伴、事業、及一切一切，都不適合他的英國口味；要是他無法抵押或變賣自己的房地產到英國去，則他的英式教育給他收割的主要成果，就是整天怨天尤人，詛咒命運乖舛，一生倒霉。」最後以如下語句做總結：「一種鄉土維吉尼亞式的教育，最適合於維吉尼亞的學童，也最能供給維吉尼亞學童進行教育，既不耗時，也不損健康、財富、或名聲；對我們這輩及親朋好友而言，也最能滿意。在自家住處接受教育，改善本有的良好天賦能力，為本鄉土的教會及政府來服務。」發表此請願文的時間是 1699 年 5 月 1 日。

　　殖民地本土教育即令有如同上述那種虛張聲勢的優點，但英國大都會的教育在學術基礎上，仍是美殖民地鄉村條件所不能望其項背。不過二者之間的關係在作優劣比較上，頗為複雜。殖民地人士雖自嘆形穢，但建立住家自己的教育制度，仍是當務之急。如何取其二者之優點而去其缺點，正是十八世紀時人的努力。這種努力最為出色的，莫過於 Jefferson 的老師 James Maury。Maury 屬於 Huguenot（法國新教）後代，移民來美後入學於 Jefferson 的母校 College of William and Mary，返英接受神職之前曾作過文法學校的引導員 (usher)，後又返維吉尼亞擔任教師。有名的「二分錢法案」(Two-Penny Act)，他是參與論戰的主角，該法如通過，則煙草價格中一英鎊就得抽 2 分錢作為煙草稅。他的教區人民貧困者甚多，因此稅負加重。雖因犯眾怒而被非信徒所驅逐，但教學倒出奇的成功，至少有兩名學生名留青史，一是 Jefferson，一是 James Madison；前者日後成為美國第三任總統，後者則是 William and Mary 大學校長，且也是維吉尼亞「新教主教教會」(Episcopal) 的主教 (bishop)。Maury 認為，在殖民地區進行如同英國士紳式的教育，這是殖民地領袖的愚蠢之舉。除了少數人日後是純學者之外，傳統的古典語文及古文學之學習，價值不高。對維吉尼亞人而言，不如研究維吉尼亞的史地，佐以當地的法律、宗教、及興趣。注重實用教學，母

語之文法，體認實際生活方面的小說作品，才具意義。作為一種自選行業的門徒，學習經商的奧妙、方式、及作法，此種措施，總比當時維吉尼亞流行但也並非十分熱中去模仿的英式教育來得佳。本節開始所引用的一段話，就是他的結論。

兩名傑出的門徒 Jefferson 及 Madison 都對殖民地環境不陌生。兩人皆上過 William and Mary 大學，也受教於 George Wythe，皆支持愛國運動。作為教會人士，Madison 為人所熟知的主張是，他說天國是共和的 (republic)，而非王朝 (Kingdom)。美國獨立成功之後，二人皆是極為顯赫的文化界實務家，皆有國際觀，但卻是道道地地的美國人，而非死抱英國不放。

一、英美文教的臍帶關係

> 我們孩子的教育，我從未忘記。訓練他們良好的品德，使他們習於勤勞，有活動力，且精力充沛。
>
> —— John 給 Abigail Adams 的信

十八世紀中葉時，美洲本土的教育機構，組成一幅萬花筒式的有趣畫面，複雜且富變化。新移民的日耳曼路德教派，住在賓州山谷地帶，家庭、教會、及學校，簡直就是他們在萊因河老家 (the Palatinate) 的翻版。南卡羅萊納州老社區有一群（法國新教徒）(French Huguenots)，文化習俗發生了基本上的變遷，漸漸為英式的主流文化所侵蝕。緬因州 (Maine) 新開拓的墾荒前哨站，有第二代及第三代的英國清教徒，家庭承擔了傳統的教育功能，且也接受本應由教會、大中小學所應負的責任。海岸邊的社區則族群複雜，宗教信仰紛歧，為適應新的社會需求，也出現各種不同的教育型態。

本土教育較為新穎，也是史無前例，但經營起來卻頗為不穩定，複雜性頗濃。家長常落入一種無解且傷心的兩難困境，到底要送孩子接受老式的教育，還是鼓勵他們走新路。Josiah Franklin 一定不只一次的眼看他的計畫破滅，他原本希望 Ben 成為「十個孩子之中唯一的一位能為教會服務的孩子」。正統的牧師依傳統延續已久的信仰來傳道，卻發現教堂內座座空席，無疑的，在他們的內心中一定掙扎此種環境的傳道效果。學校教師從未停

過片刻地來質疑教學拉丁及希臘文法的內在價值，他們發現在教導年輕一代的時候，這批新生的學童最感興趣的學術科目，竟然是商用算術。大學教師一生醉心於古代詩詞的永恆真理，也看出他們最好的學生卻沉迷於那些似乎只有過眼雲煙意義的培根、牛頓、及洛克等人的著作。在型塑年輕人心靈的作為上，此種進退維谷的情況，始終不曾停止過。教師、家長、牧師也困擾在這種兩難中，試圖冒個險來突破困境，解決的方式就千奇百怪了。

解決困境的方式不一，有些教育措施一仍舊慣，這是人類的惰性所造成；即令在人心求變當中，仍有人堅持處變不驚，以不變應萬變，尤其是已定型的機構為然。但隨著跨越大西洋的交通越來越頻繁，且各殖民地彼此之間之交流也越來越熟絡之後，異中求同之現象越來越明顯，歧異分殊的邊際越來越模糊不明。不過，在形式及實質兩方面，各地教育之有別，仍極為清晰。由歐洲引介的及土生土長的，二者並存，是本土鄉野式教育的典型。

二、家居生活

十八世紀的殖民地帶，家居生活仍然是最基本的社會組織單元。對最大多數的英屬美洲人而言，家庭也是最努力扮演文化傳承的所在，也是人生最具決定性的場所。在偏遠地區，人口稀少，家庭承擔的角色，如同中部及南部墾殖地早年歲月的功能一般，教會及學校的任務，全由家庭包辦。墾殖較早的地區，即令教會數增加，上學也較方便，小村莊也較普遍，但在培育虔誠、知識啟迪、及禮儀教養上，仍是偏勞家庭來完成。

人口分布的研究，顯示出人口增加率，就整個殖民地而言，屬於偏高。1690～1780 年間，每十年之增加率約為 34%，其中包括移民人口；若把移民人口扣除，也多達 25～28%。依出生率及死亡率來看，也可了解當時人口之增加驚人。白人殖民者在上述年代中之出生率為年增 4.5～5.0% 之間，死亡率為 2.0～2.5% 之譜，自然增加率至少比同年的英國人口增加率高出 50%，是西方世界人口增加率最高的地區。黑人及印地安人的人口估計及增加率，資料太過零散與片斷，因此憑此來估計，較無價值。此種現象頗

受富蘭克林所注意，1751 年他著了《人口增加之觀察》(*Observations Concerning the Increase of Mankind*) 一書，引起海洋兩岸的高度興趣。美洲土地大，價格便宜，大家不怕結婚，兒女自然就會到來，維持家計也不會很困難。「因此婚姻在美極為平常，且比歐洲人早婚。在歐洲，一百人中每年結婚數若為一，在此則為二；歐洲人婚後生四個小孩的話（又為晚婚），此地則生八個嬰兒，若其中有一半長到成年，他們在二十歲時又有婚嫁，則每二十年，人口就增加一倍。」他又繼續說：「有些家庭的子女特別多，並非是他們天生多產，而是腦力好又勤勞工作的緣故，此種家庭的孩子可以受到較佳的保護；這些子女也被鼓勵早婚，因為生存條件不錯。在美如果有個地區比其他地區更視勤儉及勞動為宗教義務，也藉此來教育子女，則此一地區靠自然生產的結果所增加的人口，將比大英其他地區為多。」

據資料顯示，富蘭克林的觀察頗為精確，他說美洲人的結婚，「通常都在生命的清晨時分」(generally in the morning of life)。他寫該書時，一般平均的結婚年齡是二十一歲或二十二歲，舊世界則為二十五。住家較為寬敞，農地耕作是主要財源，從每天生活中學習知識、技能、態度、及理念，模仿及解釋說明、或親自操作，是主要的教育方法。由父母兄姐教導讀書寫字，有角帖書、教義問答書、初級讀本、及《聖經》。在家可以大聲朗誦，學手藝或作生意，則隨時皆可進行。價值判斷及行為準則，要求彬彬有禮及虔敬，這是家居生活的重點工作。以鼓勵、打氣、獎賞、懲罰、及辯解為手段。維吉尼亞的 Lancaster 地方，1693 年去世的 William Ball 上校 (Colonel)，在遺囑中要求其妻需教導他們的幼子會讀書，直到十六歲，屆時這位孩子的兩個哥哥已足以承擔養育之責。許多開國名人，如 George Wythe, Thomas Jefferson, James Madison, 及 Patrick Henry 皆在家接受不少教育。

家居教育的性質，隨著時間的改變而有了異動。

1. 婚齡漸高，死亡率漸低之後，孩童在大人心目中的地位越形提高；家長也較有意願投資於子女的教育上，情感上如此、經濟上也如此，孩童的存活率增加了不少。學齡階段，孩子可以入校了，學校也設立起來方便入學；上教堂有兒童講道活動及聚會，兒童讀物也出現；童裝設計了，革

命時代頗受歡迎；童玩也製作出來，如木馬 (hobby horses)、娃娃屋 (doll-house)、諾亞方舟 (Noah's arks，諾亞全家在大洪水中逃難所乘的方舟模型，上有小動物及人物的形像)、打毽板 (battledores)、及踢毽球等。尤其主要的是，成人在心態上採取更大的耐性及慈祥。大師洛克先生 (great Mr. Locke) 的著作，在這方面給予家長的啟示很大：「我提到要與孩童講理，你可能會覺得頗為奇怪。不過當我說及講理時，我是說適合於兒童能力及領會力上的講理，而不及於其他。沒有人會要一個三歲或七歲的兒童與大人爭理論道或長篇大論。哲理上的推論，就是再怎麼好，再怎麼迷人或令人困惑，對孩童則毫無教導之功。」兒童讀物方面有 John Bunyan 的《天路歷程》(*The Pilgrim's Progress*)，尤其是 Daniel Defoe 的《盧賓遜漂流記》(*Robinson Crusoe*, 1719)，及《揮霍的女兒》 (*The Prodigal Daughter*, 1760) 等。

2.十八世紀潮水地帶的社區較為穩定，且某些家庭較為富有之時，帶有歐洲傳統但也有美洲風味的家庭生活隨之出現。三代同堂，如同老英國士紳社會般，已屬少數。更多的社區是聯合數個鄰居組成為核心家居生活 (nuclear households)，兩代或三代同住一社區，彼此相互照顧。長子繼承制及單一世襲制皆已失勢。殖民地帶的貴族，在性質上都與英國舊社會有顯著的不同。

3.十八世紀的法律比十七世紀的法律，條文中較少提及家庭應承擔的教育責任。原因是此種責任本來由家庭獨攬，現已因教會、學校（大中小學）漸漸興建而減輕了家庭在社會秩序及社會穩定性方面的重擔。其次，一些不合群或不道德的子弟，法律上也較少怪責家庭；糾正譴責之權，也不委由家庭，卻大半交由監獄 (house of correction)、貧民習藝所 (work-house)、或救濟院 (almshouses) 來處理那些頑劣、桀驁不馴、懶散成性、或家境貧窮的孩子；這在新英格蘭地區最為顯著。當地英國新教徒居最大多數。面臨主流文化（英國新教）的社會勢力之下，如擬保有原先獨特風格的族群或信仰特色，則家庭對子女的教育責任就有增無減，如紐約的荷蘭猶太人 (Dutch Jews)，費城的德國天主教徒，Charleston 市的法國新教徒 (Huguenots)，及波士頓的回教徒 (Yoruban Moslems，住屋形同奴隸式)。就奴隸而言，白人住家生活方式對他們來說是無處不在，且絕對不可違抗，

衝突結果必然是極令人痛心的。由 1774 年波士頓一群黑奴向麻州議會 (legislature) 陳情中，可見其悲慘命運的一面：「夫妻親密的感情紐帶，對我們而言，是極為陌生的；因為我們不再是丈夫或妻子，在我們的男女主人之心目中，我們只是合法的已婚或未婚之男人或女人，我們生下的孩子被強力奪走，送至數哩外，我們很少或甚至無法再看到他們了。他們終生為奴，有時因為太早就從他們媽媽的懷抱裡帶走，因此早夭者多。我們的生活常常因此痛苦不堪。此種不幸的情況，致使我們不能向萬能的上帝盡服役之責。一個奴隸怎能做好一個丈夫善待妻子的責任，或家長對孩子的責任？一個丈夫怎能離主人而去，固守在太太身旁與她一起工作？太太又怎能將一切交託給丈夫呢？孩子又怎能聆聽父母的交代？」

最後，由於土地價格便宜，生意範圍擴大，地理及社會流動性增加，父母親在決定子女婚姻上的威勢已大權旁落。由夫婦及子女所組成核心家庭 (nuclear family) 已漸變成常軌，連帶循環的又促進流動性及自由性。不只婚姻如此，宗教信仰也如是；且信仰復甦運動 (revivalism) 如火如荼的展開，學校的夜間部也開始設立，就業機會五花八門，生活樣態也變化多端。

富有之家且受過良好的教育者，留下了豐富的家庭教育之資料。在新英格蘭，Cotton Mather 及 Samuel Sewall 之日記裡，描述有子女的養育狀況。Sewall 在 1689 年初期，記載他七歲大的女兒名叫伊利莎白 (Elizabeth)，在閱讀舊約聖經 Isaich 的一段時驚恐萬分；數年之後於 1696 年 2 月 22 日，他又注意到了：「Betty 在我起床時馬上到我這裡來，告訴我她醒來後就很不平靜，她擔心會入地獄，如同 Spira 一般，不受上帝所青睞；我問她我怎麼為她祈禱，她說，上帝應寬恕她的罪過而給她一顆新的心。我回答她我同樣也怕，同時雙方各自含淚禱告，但願上帝能夠聽到。」數週後他的日記也寫上：「Betty 每次唸到訓誨辭句時都會哭泣不已，告訴我她耽心她已走回頭路了，不能品嚐閱讀時的甜蜜。她以前是能夠如此的，害怕那些曾經她所擁有的，現已丟失。我告訴她我能幫她的忙，夜晚與她單獨禱告。」即令到了她的十六歲生日，他也有如下的記錄：「我要 Betty 讀 Ezekiel 37，她哭成一團，根本無法讀下去；我與她談話，她告訴我她也曾有過各種企圖，她似乎已被上帝所遺棄，愛上帝的子民當中沒有她。」

　　Mather 則在 1706 年的日記裡描述教養孩子的一些細節及技巧。這位早期的牧師以「性本惡」的宗教觀點來看兒童，孩童是「死滅的，地獄的，詛咒的」(of Death, of Hell, of Wrath)。他的描述是當時最好的一種家庭教學資料：

　　　有關我的孩子之教育，有幾項特殊要點：

1. 我持續灌注給他們的是要禱告，期求上帝賜給恩寵。上帝是孩子之父，賜獨子基督及神恩給他們，引導他們，帶給他們榮光。在進行這項行為時，我一一指孩子之名給主耶穌。

2. 我開始適時地說些輕鬆愉快的故事，讓他們享樂一番，尤其是有關《聖經》教義的內容。最後作結論時，都會提到虔敬，且從故事中獲取教訓。並且每天在餐桌上我都習慣在我離座之前向他們說一個故事。

3. 當孩子在任何時間若偶爾擋了我的路，我也習慣要對他們說些勸勉的話，對他們有利。只要靠學習、勞動、及設計，並且持續不斷點點滴滴的作下去，誰能說沒有效果？

4. 與孩子適時的進行正式討論，練習辯解虔誠論題，尤其作私下的禱告。在這方面我給予非常簡明的導向，建議他們用訴求方式在主耶穌面前，我用他們能領會的能力範圍之內予以註釋，我也數次向他們說：孩子，你每天忘了嘛，去作吧！如同我指導你的樣子去禱告吧！

5. 適時的要孩子有個仁慈的脾氣，每個人都應為他人服務、友愛他人，對其他孩子也如此。當他們熱愛如此時，我即予以褒獎，否則即予以責斥，我要他們細察，要力排不公不義之事，且要以德報怨。我也告訴他們，經由如此，則人之善可以向上帝的善看齊，也向光輝燦爛的基督仰望，除非他們有個甜美的性情閃耀在他的身上，否則我是並不滿意的。

6. 我儘快的使孩子會寫字，當他們一旦學會寫字，我就教導他們寫最實用也最適合的字，這些我自會為他們製作，使他們內心中充

溢著最優秀的事情且印象深刻。

7. 我盡力而為，孩子的行動要符合理性及光榮原則。首先我留給他們的是父親之愛，他們理應知悉，且應有高度敬意。父親有最佳能力作判斷，那也是為了兒女的好處著想。然後我要他們能懂事，若假裝自己多才多藝，這是愚蠢不堪的。他們必須一切聽任於我，我最為他們謀最大的幸福，我的話就是他們的法律。我要他們領會，犯差錯是既有害也丟臉之事，我利用各種機會特別指出這些；當他們行事合宜時，是多麼的可愛，我要他們知道這一點。犯了一個普通的錯，我的第一種懲罰是要讓孩子看到且聽到我時都會驚恐不已。讓他們知道，孩子會作出此種下賤的事，是幾乎不可置信的；不過也讓他們知道，我相信他們不會再犯。我絕不會給他們拳頭，除非他們桀驁倔強，或犯了大錯。我要讓他們尋覓，一段時間我不在；我要讓他們渴望要我現身，我不在，那是家庭內最嚴重的一種處分。

有一點我必盡力用各種迂迴方式指出，對他們而言，學學世上勇敢之事，乃是世上最勇敢之事。我並不喜愛與孩童玩在一起，那只不過是作為一種酬勞以犒賞他們勤於學好。因為我生怕他們本末倒置，以為消遣娛樂比勤勉用功更好又更有價值。在這種情形之下，我倒要他們有一種期望或擬議：我作得不錯，現在我要到爸爸那兒，他會教我一些奇妙的事。我必須讓他們懂得，獲得我的教學是他們的特權。這些事情的處理也讓他們知道，當我拒絕教他們時，就是對他們的一種懲罰。

教育上一些野蠻的方式，如對孩童粗暴的怒罵、踢打、及鞭笞（在學校及家庭），是令人憎惡的，也是上帝對於這個世界採取可怕的判斷使然。

8. 雖然我特別強調，孩子要基於理性及榮耀原則行事，這對孩子最有奇妙的好處（我發現孩子會運用該原則，時間比我們所想還快），但我們未疏忽有更高的原則注入於他們心中。那就是我要他們以敬畏之情來領悟，上帝的大眼正注視他們。我告訴他們，他們必

須如何愛耶穌基督，也告訴他們，要遵照父母交代他們作的事。我常告訴他們，天使既善又愛他們，也幫助他們、保護他們、注意到他們，因此不可不聽天使的話。我把天堂與地獄放在他們面前，依此世行為之後來判定走那一條路。

9. 當孩子較有能力之後，我讓他們一個個獨處，履行我交代給他們的任務，畏神，為基督服務，避惡；與他們在我書房禱告，見證身心痛苦的實情，我代他們稟奏神寵。

10. 利用一特殊方法向孩童教教義問答，我發現好處多多；也把公共講道詞要他們背誦，效果也一樣。教義問答中的簡短問題，我予以充分解釋並提供答案，使他們了解意義，我知道他們會問問題。佈道在重述時，我選擇每道真理問他們，要求答以是或否。以此種方式來喚醒他們的注意力，且讓他們領悟力開竅，也利用此方式使我找機會問：你想如此，或如此作是對上帝的一種恩愛？是的，我也有個機會下令，要取得他們同意訂新盟約內容中數條堂皇的條文。神寵的精神在此種行動中就可能落到他們身上了，他們也可能這下子就抓住了神寵，終生奉獻給天使神殿。

數年之後，Cotton Mather 之子 Samuel Mather 都在傳記中一再重述其父的「特殊觀點」來討論孩童養育的方法，將上述 1706 年的日記，一字不差的照單全收。

至於女童的家庭教育，1809 年出版《一位美國婦女的回憶錄》(*Memories of an American Lady*) 則也有精采的描述。在紐約近 Albany 地方，Peter 及 Margarita Schuyler 夫婦於 1740's 及 1750's 年代收養了一群侄兒侄女。這對有錢的夫婦，本身無生育，丈夫於 1758 年去世後，夫人遂坐鎮指導這一群兒童所形成的「學苑」 (Academy)。早餐時唸《聖經》經文，每天要做一些室內工作，以便有助於日後成為好主婦。飯時或茶點時分，談話都得充滿理性，且含有教育意義，又帶愉快氣氛。女人應學編織，樹立一個勤儉持家的楷模，隨時皆是如此。比較好運的兒童，經驗是無價之寶。「家庭生活中在交談裡所樹立的楷模，像是個經久的學校一般，可以提供有用

的知識及態度，既方便且又顯尊嚴，很自然一點也不人為。」幸運的成人猶如恩人一般，家居生活簡直就是個「學園」(lyceum)，宗教信仰及道德，「就在閒居中沉著自若的討論，安排各種方針及各種實用政策」。

至於南方的維吉尼亞，上層社會士紳階級家居生活之教育活動，也有一些史實頗具意義，其中之一就是 Carter 家族 (the Robert Carters)。John Carter 屬於保皇派，於英王查理一世 (Charles I, 1600～1649, 於 1625～1649 為英王) 被斬首時移民來美。他們的家居生活與上述北方及中部之貴族家庭沒什麼不同。不過房舍大、田園多、家庭人口雜。有管家、僕役、技工傭人、工頭、數百個黑奴。Carter 本人身兼數職，不只是開墾家、地主、製作業頭家、醫生、判決官，還是該地評議員、軍隊少校、教區代表。就教育方面來說，尤其對待黑奴之態度，正印證了 Jefferson 所說，對白人而言，奴隸制度產生了「不幸的影響」(unhappy influence)。

Carter 的家族還聘有數名家教，來作音樂及舞蹈教師，其中有一位出身於普林斯頓，名為 Philip Fithian。他留有一些資料於他當家教時 (1773～1774) 負責 Carter 家兩名兒子及五名女兒加上一侄兒的情形。孩子才華不同，個性有別；一位七歲大的女孩「大膽、無畏、吵鬧、無法無天」；一位是十八歲的天才年輕人。他教導這些孩子教義問答，練習算術及寫字，解說戰鬥的好處，陪他們在附近跳舞。難能可貴的是 Carter 夫人謹慎細心、精打細算、善於理家。教育孩子，完全沒有縱容或愚昧，習於上流社會的慶典及儀式。南方人獨立的心態及孤傲的作風，正好說明了家庭教育的最佳優點及最劣缺陷。

三、教會

教會持續扮演教育角色，但力道已不如前，方式也有別於往昔。1689～1783 年之間，教會數量穩定成長，各派林立。但教會數目之增加並不與人口之增加形成正比例，由下面圖表可見一斑：

表十四　1700 年、1740 年、及 1780 年之教會數

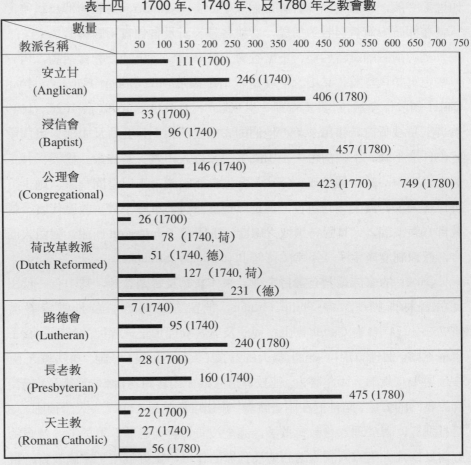

教派名稱 ＼ 數量	50 100 150 200 250 300 350 400 450 500 550 600 650 700 750
安立甘 (Anglican)	111 (1700)　246 (1740)　406 (1780)
浸信會 (Baptist)	33 (1700)　96 (1740)　457 (1780)
公理會 (Congregational)	146 (1740)　423 (1770)　749 (1780)
荷改革教派 (Dutch Reformed)	26 (1700)　78 (1740, 荷)　51 (1740, 德)　127 (1740, 荷)　231 (德)
路德會 (Lutheran)	7 (1740)　95 (1740)　240 (1780)
長老教 (Presbyterian)	28 (1700)　160 (1740)　475 (1780)
天主教 (Roman Catholic)	22 (1700)　27 (1740)　56 (1780)

表十五　1700 年、1740 年及 1780 年美人口數

年代 ＼ 數量	25 萬　50 萬　75 萬　100 萬　125 萬　150 萬　175 萬　200 萬　225 萬　250 萬　275 萬　300 萬
1700	250,885
1740	905,563
1780	2,780,369

　　上圖有必要深入分析，否則只看表面，未見實質。教會分布的地區以及上教會是否方便，皆應考慮在內。有人 (William Warren Sweet) 曾估計 1760 年時，新英格蘭地區只有 20～25% 的人口擁有教會會員資格，該地區

在英屬北美洲算是教會活動最發達的地方。

　　教會繼續扮演教學角色，包括正式及非正式兩種。牧師講道，進行教義問答，向各階層居民開導心靈，協助家庭有關教義及子女養育問題。巡迴佈道，向異教徒或有色人種傳播福音；寫文章、發小冊、撰短論、著書立說，還涉及倫理學或挖鐵礦事宜；教會人士的職責包山包海，居民向他請益之事包羅萬象；學校教師是否適當，胃病疼痛應吃什麼藥等也包括在內。兒童在教室內覆誦教義問答書，成人也因爭辯《聖經》經文而磨銳了他們的政治觀點。相同信仰者聚集在一起，也型塑了行為規範及信仰理念，彼此之友誼更因此建立了起來。

　　不過如同家庭一般，十八世紀的教會在擔起教學責任時，也發生了顯著的改變。

　　1.教派眾多，傳道作風互異：十八世紀中葉，宗教復甦運動正達高峰，有些講道方式重實用，不高談闊論，不以玄奧義理來迷惑信徒，而用簡單明白的事例為依據，來打動聽者之心。配以感人又溫暖的口吻，向戲弄罪惡者發出「忠誠的警告聲音」(sound a faithful alarm)。安撫脆弱者，讓身心已受創的人不會增加他的痛苦，且教導無知者量力而為。老光 (Old Light)在新英格蘭傳教，就是如此。傳統安立甘教徒則口才動人，他們以正統自居，在美傳教作為 SPG 的福音傳播師；他們多半在英受過訓練，取傳統的道德及神學經典為材料。有些還在耶魯讀過書，學問好，技術佳，精緻化其講道內容。但有些傳播福音者較為枯燥乏味，賣弄學問，且與教區民眾之生活無涉。至於新光 (New Light) 則教人要勸勉，對象是教會圍籬之外的民眾，或雖是信徒但還未親自真正體認基督者。講道訴諸情緒，以狂熱的支持者當見證人，不循中規中矩的傳統模式，而講求立即的效果；以當場宣稱入教者人數之多寡，作為宣傳成敗的主要效標。

　　另有一群教派人士純然是「道德佈道」(morality sermon)，尤其是開明派的新英格蘭知識分子，注重哲理、自然法則、理性道德，而較無宗教《聖經》經文意味，如 Charles Chauncy 及 Jonathan Mayhew，稱為當代的柏拉圖。此種「哲學式的講授」(lectures of philosophy) 引來了 New Light 及 Old Light 之憤怒，譴責只高唱事實的合宜性而無視於上帝的正義性 (God's righteousness)；換句話說，此派心中比較無神，當然引來狂熱信徒的抗議。

2.**宗教的多元色彩十分明顯**：公理教會及安立甘國教較為吝嗇小氣，只施捨一點點寬容精神，但信教自由已變成十八世紀中葉以後的準則，各教派可以至其他主流教派教區自由宣教。教義是否引人，各教派皆使出全勁致力於此。強迫拉人去教會聆聽訓誨的老式作風，已煙消雲散。倒是未嘗入教會者常自動聚集在一塊，或聞風而至凝神閉氣的注意不同教派人士的滔滔演說。他們從這種管道，更相信可以獲得上帝的救贖。這股潛藏的聽眾，使得美殖民地變成「將基督吸入於心胸的最佳學府」。

寬容精神也對教會的財源產生鉅烈變遷，非國教教會施加壓力也擬分享信仰上的稅收。教會財產，向來有四大單位斥資，一是英國政府，二是英國民間團體及教會相關單位，三是殖民地政府，四則為殖民地區之教徒本身（個人或團體）。由於時間的轉變，頭兩項財源已大幅度削減，且不十分可靠；後兩項不得不雙挑大樑。在殖民地區並無單一教會足以壟斷人民的信仰決定，如羅德島、德拉瓦 (Delaware) 及賓州，因此有必要靠自動捐助方式來維持教會運作；有某種教派為主流的地區，如麻州、康乃迪克州、新罕布夏州、維吉尼亞州，卡羅萊納（比較強勢運作），紐約州、紐澤西州、馬里蘭州、及喬治亞州（比較緩和運作），則不遵國教者之教會就得掙扎於經費之有無而斷定存滅了。先是要求信仰寬容，然後則要分享教會稅收，新英格蘭在這方面作開路先鋒。1727 年，麻州及康乃迪克州通過一系列的法律，先允許 Anglicans 後也准了 Baptists 及 Quakes 可以從宗教稅上分發零用給各自教派的宣教師。南方則較遲，要等到美革命戰爭時，才出現此種稅收均霑的事。馬里蘭州於 1776 年，南卡羅萊納州於 1778 年的州法上就有上述明文規定。另有一群較激烈的反神職組織者 (anticlericalism)，戰鬥性頗強；「真正的 whigs」要求完全廢除教會稅，教會財源完全由自願性的捐款奉獻來維持。任何教會不取人民稅收之一分一毫，已越來越明顯。❶

---

❶　十八世紀時神職人員之薪資，因地因時也因教派而不同。SPG 年薪 50£（英鎊）。公理教會則為 50～100£，另有小帳。革命戰爭之前，平均是 25～200 £。英副牧師 (curacies) 於十八世紀前半，年薪 30～40 £。大學校長約 300 £。John Leverett 於 1707 年擔任哈佛校長，年薪才 150 £。Benjamin Wadsworth 於 1725 年為校長，年

即令強勢運作稅收只給單一教會的麻州及維吉尼亞州，教徒仍常常要去法院收取政府欠教會的錢，但並不十分順利。

最後，寬容措施使主流教會的壟斷勢力減弱，也相對的使正統教義問答書的法定位階失勢。這猶如臺灣當教科書開放後，政府統一編製的國立編譯館教科書無法被全國各校所普遍使用的狀況一般。十八世紀時，牧師作教義問答之教學，是他處理教會事務不可或缺的一部分，雖然仍有不少佈道者重新肯定教義問答的地位，但教會訓令帶給俗人的恐怖威脅，已大為減輕。尤其是對那些不上教堂的人，更是如此。英國西敏寺教會的簡易本教義問答書 (The Westminster Assembly's Shorter Catechism) 仍然是新英格蘭最常使用的教本，也是在紐約州、馬里蘭州、維吉尼亞州、及卡羅萊納州的標準安立甘教義問答書；但用各種不同語言所譯的版本，包括美洲母語之使用，已對兒童採較人道的立場來處理兒童天性及養育問題，並依此角度來宣揚福音。

美洲本土的教會人士必須學通四海，百藝皆精。Jonathan Edwards 為後代人尊稱為神學健將，於 1727 年抵 Northampton（麻州）時，立即進行佈道，提供教義問答、講課、辯論、診察，直到 1750 年為止；該年轉到同州的 Stockbridge，主持兩個聚會，除了安撫印地安兩個相互仇視的族群之外，還擔任新成立的 College of New Jersey 校長，直到 1758 年為止。後繼者 Samuel Davies 於 1759 年抵普林斯頓之前，已花了十年在維吉尼亞州作長老教會教區的傳教工作，還為當地黑奴準備受洗。此種例子不勝枚舉。講道、教書、洗禮、改宗、旅居各地，到極遙遠且蠻荒之地，不休止的興建學校；組織使命團，只要有個聽眾，他就不放棄。在客棧、監獄、教堂、聚會所，都是使力的所在，向世人解說奴隸制度之弊，是「陰鬱的黑影高

薪也是 150 £，但有額外津貼。Edward Holyoke 於 1737 年為校長，年薪增為 200 £，另加額外津貼。耶魯的神學教授在 1767 年的年薪是 113 £，6s. 8d。普林斯頓數學及自然哲學教授，1768 年的年薪是 150 £。William and Mary 大學的教授，1770 年的年薪為 100～200 £。新英格蘭及維吉尼亞州付當地現金，換英鎊時約少了 1/4。紐澤西州付當地現金，換英鎊時則約少了 3/5。教師薪水，年薪為 20 (25)～50 £（十八世紀初），革命前夕為 50～75 £。

掛在土地上」(dark gloominess hanging over the land)。教育方式變化多端，Quaker 以安靜簡樸為主，Methodist 復甦派則重火熱的狂情。既然社會步入宗教信仰上的自發自動路子，教會人士除了對教育有奉獻言行之外，已別無選擇了！

四、中小學校

　　英屬北美殖民地，很難正確的計算中小學校的數目字，因為什麼叫做「學校」，定義莫測；教學模式，及存在時間之長短，都變化莫測。有個人式的教學，讀、寫、算、文法、簿記、測量、航海、擊劍、舞蹈、音樂、現代語、刺繡等項目，專職或兼差不等。有些是日間上課，有些則在夜間；上課場所是自家或他家，或在租屋、教堂、聚會所、棄地或不用的建物，或未建的教室上課，也都不完全一致。教師是自己當家或受雇他人，付薪的錢來自於雇主、贊助者、認捐、彩券、基金捐贈、學費、捐稅，或教育稅，這些都極為錯綜複雜。社區住民背景越不單一，則上述項目的交叉排比也相對的異質重重。

　　不管如何，十八世紀時，校數及接受教育的時間越來越多，這倒是不爭的事實。且這種增加，比人口的增加還快。但是增加狀況並非是直線，且各地也快慢不一。一些特殊社區如紐約於 1730's 年代及費城於 1750's 年代都有下降趨勢，因為有一兩位教師有意或無意的離開他去。鄰近地區如維吉尼亞州的 Norfolk County 及 Elizabeth City County，在某一段時間裡則學校校數快速的成長。

　　為了分析解釋方便起見，如果把上面數節所言之教學活動排除在外，即家居生活及教會活動不屬中小學教育範圍，則中小學教育機構，一般來說，有三種類型。一是英文學校 (English School)，又稱小型或普通學校 (petty, or common school)；一是拉丁文法學校 (Latin grammar school)，一是實科學校 (academy)。拉丁文法學校自十七世紀起即有，迄今沒有什麼重大變動；英文學校及實科學校是新興的教育機構，簡述如下：

　　1.英文學校繼續注重讀書，寫字及算術包括在內，由同一教師負責教學，一方面較省錢，一方面也較易運作。

閱讀資料有角帖書及初級讀本，先從字母開始，然後練習拼音字及教義問答書，並從禱告文、論集、忠告文、押韻格言中選數段富有宗教意義者，令學童閱讀。教材內容比較豐富的有算術、文法、詩詞、寓言、及《聖經》經文等。

1690 年出版的《新英格蘭初級讀本》(*New England Primer*) 有圖，亞當 (Adam) 及夏娃 (Eve) 皆赤裸，有植物動物陪襯，鱷魚 (crocodiles)、公雞、杜鵑、蝴蝶。(1658 年，Comenius 第一次出版有圖的教科書) 有意義的是革命以前，該書內容有英王喬治 (George)，之後出現華盛頓。全書共九頁 (1690)，到 1806 年還在用，共賣出三百萬冊。全書按字母排，先是：

In Adam's fall. We sinned all. （自亞當吃了禁果，人人皆墮落）

其次是：

Young Obadias David, Josias. All were pious. （年幼的小三，王五，阿六，全是虔誠可救）

最後是：

Zaccheus he Did climb the tree His Load to see. （不聽話的查修，確是爬了樹，主耶穌在注視）

全書充斥宗教內容，如：

Fear God all Day. Parents obey, No false Thing say, By no Sin stray.
Love Christ alway, In Secret pray, Mind little Play, Make no Delay.

算術則教以簡單的數字觀念，然後加減乘除，先令換算為英鎊，天換算為月，或反過來計算。另有比例算法，如 4 碼的布值 12 先令，則 6 碼值多少?100 英鎊在十二個月內生息 6 英鎊，則 75 英鎊在九個月內生息若干?教學法很單純，立規則之後，先以例題演算說明之，然後給題目要學生計算，算錯則重新解釋並練習一番。

寫字用羽毛莖，用刀片或剪刀削尖；沾墨水寫在紙上，使用吸墨粉以

免墨水外濕；臨摹好字體，為主要方法。

2.實科學校是新設教育機構，還未定型，有時還將拉丁文法學校的課程包括在內，甚至上攀大專院校的科目；依教師擬教什麼，學生擬學什麼，以及贊助者擬提供什麼而決定。比較出名的有：

(1)Francis Alison 在 New London（賓州）所設立之 academy，是屬於不遵英國國教的學府。

(2)The Dummer Academy 在 Byfield （麻州），Samuel Moody 為校長，有拉丁文文法學校性質。

(3)富蘭克林首先擬在費城創辦者，是一種英文學校性質的學府，提供比較高級的教學及科學課程；其後真正成立的學府，是英文學校加上拉丁文法學校。William Smith 等人再建 College of Philadelphia 置於其上。配合美洲實地狀況，將各種需要的學生皆大方的在同一學校共同學習，既彈性，也具流動性，為日後的「綜合學校」型態鋪路。

大部分的學校並不分年級，而大部分的教學方式是個別指導，學生一個一個的到老師桌前或讀經臺前，口頭背誦課文或展現他們對功課的了解，通過則獎，不通過則罰。問答方式不只在宗教教義的教學上是如此，其他科也採用此方式。教師言行以身示範，洛克的 *Thoughts* 廣被眾人閱讀與稱讚，但實際上在教室裡卻不直接實施。Isaac Watts 的神學較具慈愛味，對兒童之教導較為管用。Watts 的 *Logick*，洛克門徒 John Clarke 的文法教科書，也是文法學校的教學範本。家庭採用的鼓勵、讚美、獎懲，及辯解，在學校裡仍是如此，也具親情味。

教師的角色並不十分醒目，因此教書工作無法吸引一流人才加入陣營。但仍有些例外：

1.Anthony Benezet (1713～1784) 任教於費城，學校為 Quakers 所支持。生於法國，屬 Huguenot 教派，因信仰而逃到荷蘭的鹿特丹 (Rotterdam) 及英國的倫敦，其父在英有事業，不過最後全家移民到費城 (1731)，瞬即與 Quaker 的人有深交，選擇教書為志業。1739 年開始教書，學生中有女性及黑人子弟，對後者之教學，他不取分文。夜間上課，共二十年之久。他也幫助貧窮的女學生，並為文指出黑奴販賣制度之不該，在費城籌建一所黑

人學校，學校找不到老師時，他都義務上課，卻因此積勞成疾，1784 年去世，充分顯示出 Quaker 的仁慈品德。四十年的教學時光，熱心感人的指導學生，奉獻出無止境的教育愛。他收的學生不分貧富、男女、聾啞、老幼、白黑，都以感性為指導原則。自己準備初級讀本、拼音書、文法資料給一般學童，但也提供特殊課程給殘障生。當時有人爭辯黑奴是否為人，他則以個人的經驗提出下述一段話：「我發現在黑人群中有不少天才，如同白人群中也有天才一般。我敢大膽的確認，有人以為黑人能力較為低劣，說這種話一定有一些人感到高興，但那是一種粗俗的偏見，只是要取悅於主人的驕傲及無知而已；主人遠離黑奴，因此不能對黑人有個正確的判斷。」法國一侯爵 Marquis de Barbe-Marbois 於 1779 年遇到 Benezet，「有誰住在費城一個月而不認識 Anthony Benezet 的嗎？他在巴黎比較少為人知，但我要告訴你，在地球上沒有人比他更贏得吾人的尊敬！」

2.Nathan Tisdale (1732～1787) 生於 Lebanon（康乃迪克州）， 1747 年畢業於哈佛後返故鄉擔任新成立學校的教師兼校長，直到去世，共四十年。他教的學生有來自北美各殖民地及西印度群島 (West Indies)，教導 ABC、航海、測量等實用科目，也為孩子準備上哈佛及耶魯。John Trumbull 上了哈佛，他從 Tisdale 處學會了古典的拉丁文及希臘文，讀過 Virgil、Cicero、Horace、Jurenal、及 Homer。另一名學生 Jeremiah Mason 回憶他剛入校時，主科皆落後他人許多，「我會讀，但讀不好，拼音也很差，寫字更不好，算術只知一些……。數月後，我開始學拉丁文，後又學希臘語文。不到兩年，老師 Tisdale 口中宣布，我可以上大學了。」Tisdale 直到晚年，教學熱誠不減；Dan Huntington 回憶著過去，十足有趣的說：

> 過沒多久我就很愉快的與老校長 Tisdale 在一塊了。他人真好，在磚造校舍內，我每個學期都好好準備上大學。大家禱告之後，聆聽聖經課，校長與年紀較長的學員一起坐著，教導他們寫字及計算，較幼小的學童立即受到注意。聽完他們讀功課並拼好字之後，他有時則較隨便的與孩子聊天，也聊他們的 ABC。在讀書課時叫到我，卻蹲下膝蓋向我說：「Dan，你未來想作什麼，一位牧師呢？還是一位

拖犁者?」一點也不遲疑,我回答道:「先生,我要當個牧師。」他大笑了:「好!」握握我的手,拍拍我的肩。「坐下來,Dan,好好研究你的功課,作一個好孩子,我們將會看到你成為一個牧師。」

3. Samuel Moody 主掌 Dummer Academy 於 1763～1790 之間,仁慈之心更非常人可比。生於 York (緬因州),其父是公理會牧師,1746 年畢業於哈佛,作過牧師及法官 (治安推事)。Moody 精於教拉丁及希臘文,鼓舞孩子向學,這方面他極為拿手。學生占了哈佛入學學生 1/4,還有不少入其他大學。聘了一位法國教師來教舞蹈,暑期時太熱,就停課去游泳。三十年來未動用過棍子,以獎代罰乃是他的教學準則。他的學生當中有一位是哈佛校長,麻州總督,以及更多的教師、律師、政治人物、商人,及牧師。十八世紀的名教師中,他最受人尊敬。他也影響了共和國其後美國人的生活。

五、大學院校

大學之成長,極為敏捷活潑。革命之前,早就有九所,有立校特許狀,可頒學位;1783 年又增四所;如把 academies 之中也有「學寮式教學」(Collegiate-level instruction) 算在內,如 Clio's Mursery (North Carolina) 及 Newark (Delaware),則大學院校可以有二十至二十五所之多。獨立戰前最晚設的一所「大學」就是如此,「昨天從報上,我才發現一所大學蓋在新罕布夏的康乃迪克河,名叫作 Dartmouth College。」這是 Reverend (牧師) Ezra Stiles 於 1770 年 4 月 5 日的日記上所寫的文字。他又寫著:「該校是 Dr. Wheelock 的印地安學校,位於 Lebanon,現在轉變為一所大學,獲英皇室的許可。Whitefield 把他的 Georgia 孤兒院轉變為大學,在《南卡羅萊納官報》(South-Carolina Gazette) 登廣告,我發現有人聚會擬申請在 Charleston 蓋大學,現在要請願獲立校特許狀,就需到 Newport 向羅德島議會申請;而羅德島首座大學已確定設在 Providence。看! 大學興建熱潮正來臨!」其實 Stiles 的評註所提到的時間還未十分穩當,早在 1746 年設 College of New Jersey 時,他所說的「大學熱」(College of enthusiasm) 立即成為北美

殖民地的景觀。

如同其他教育機構一般，高等學府稱為 college 或 academy 的，其性質及活動也多采多姿，各自有別。創始者、設校地點、領導人物及經費贊助，都各校不一。哈佛及耶魯兩校的教育觀點及非教育觀點兩相激盪，為其他學府樹立前車之鑑。耶魯之所以較為保守，除了立校於 New Haven 之因素外，大半來自於 Thomas Clap 牧師的特殊能力及獨有之弱點。不過令人感到興趣的是，哈佛在聲望及學術造詣上較耶魯受人推崇，但後來成立的 College of New Jersey, King's College, 及 College of Rhode Island 卻取耶魯為榜樣。College of William and Mary 成立之時 (1693)，並不擬頒授學位，畢業生要在英美兩地謀職或深造，難免有點困難。不過位於 Williamsburg 的該校也孕育出能力優秀的公職人員。College of Philadelphia 收容的學生素質複雜，有當地學子，也網羅來自蘇格蘭具現代理念者為校長，即 William Smith。而在紐約設校的 King's College，這個學府就以當地學生為主要入學對象❷，一方面是紐約安立甘教派對當地政情的發展反應遲鈍，一方面是 Samuel Johnson 的後繼者 Myles Cooper 牧師自認為平庸所致。耶魯、哈佛、及 College of New Jersey 是大型學府，1775 年時，入學學生數達一兩百人之多；Queen's College 及 College of Rhode Island 則為小型學府，學生數不到五十。在劍橋的哈佛及在普林斯頓的 College of New Jersey 都已感染了革命氣息，但在 New Brunswick(Queen's College) 及 Hanover(College of Rhode Island) 的學府就無戰爭火味。

即令各大學院校各自不同，但皆能反映當地需要，正顯示出這些學府的美洲本土味。就課程來說，啟蒙精神經由蘇格蘭大學及英格蘭的實科學校而轉入，科目範圍擴充了不少，尤其在自然科學方面。哈佛在 1723 年由訓誨師 (Tutor) Henry Flynt 所規劃並向董事會提出的課程，就規定大三生要讀 Charles Morton 的《物理學摘要》(*Compendium physicae*)，以及 Adrian Heereboord 所作的《哲學練習》(*Melelemata philosophica, Philosophical Exercise*, 1654)，當中有古今最佳作者之自然哲學作品。大四學生要研究 Pierre

---

❷　這就與臺灣早期被荷、西統治時不同了。當時荷、西在臺設學校，教的是臺灣的住民，而非荷、西的子弟。

Gassendi 的《天文學》(*Institutio astronomica*, 1653)，內容有哥白尼理論的詳細說明。1727 年設置 Hollis 的數學及自然哲學講座 (1,200 £ 的捐贈及其他科學儀器) 後，高年級生要閱讀 Isaac Greenwood 有關算術及流星學 (meteorology) 的作品 (但因主張好酒主義，終被解職，時為 1738 年。後由當代最傑出科學家 John Winthrop 所接替)。

在 College of William and Mary，1727 年的校規明確的指出要配合「哲學的進步」，超越亞里斯多德之邏輯及物理學，由校長及教師負責他們認為最適合於本校之邏輯、物理、倫理學、及數學教學，1758 年更任命 William Small 專門指導自然哲學的研究。

耶魯在 1758 年由 Thomas Clap 引入令人稱羨的課程，尤其是數學及自然哲學。學生從算術、幾何、代數，學到圓錐曲線 (conic sections) 及微積分，還提供天文望遠鏡、顯微鏡、自製的日晷，及各種不同的鏡片、地圖、度量衡，及三稜鏡。普林斯頓在 Witherspoon 抵達之前的二十年，Joseph Shippen 就寫信告訴他的爸爸，他讀了 Benjamin Martin 的《牛頓哲學、天文學、及地理學》(*Philosophia Britannica or a New and Comprehensive System of the Newtonian Philosophy, Astronomy and Geography*, 1747)，還作了不少實驗。1750's 年代時，數學及自然科學是各大學課程中重要的一環。1756 年依 William Smith 的規劃，這些科目還占了學生 1/3 以上的求學時光。

伴隨著上述的演變，道德哲學也有重大興革。College of Philadelphia 於 1765 年，King's College 於 1767 年，各設置醫科教授席位。不只注重解剖、生理學、化學，及醫學理論與實際，且以開刀手術作為課程；還將作為藝徒訓練的歐洲大學非正式專業活動，變成正規的大學課程。同樣在 College of William and Mary 聘任 George Wythe 為法政教授，更把律師訓練正式納入大學活動當中，不走英國大學將法學排斥在外而在法學院 (Inns or Court) 教學的路線。而 Isaac Royal 在遺囑中捐給哈佛一席教授席位，包括法律、物理、或解剖學，使哈佛步上相同的路，但校董會遲了近三十年才予以同意。1774 年總督 Tryon 捐地給 King's College，條件是設一法律的教授席位，惜未實施。1777 年 Ezra Stiles 也擬議設一法學教授席。

與此有關的課程發展，是特殊專業科目的教授出現。在過去，哈佛於

十七世紀時進行導生制，每班安排一位導師負全責教四年。校長可以自行挑選他喜歡以及有能力上的課到各班上課。不過在 William and Mary 的特許狀裡，就有了設置各專門科教授的構想，那是仿蘇格蘭大學模式的；該校乃派 James Blair 到 Marischal College 及 Edinburgh 大學接受教育；1712 年設了自然哲學及數學席位，聘 Tanaquil LeFevre 牧師充當；1727 年的課程中又新增道德哲學及神學教授席位。同時，哈佛於 1721 年創設 Hollis 的神學講座，禮聘年輕又活躍的 Edward Wigglesworth 擔任；1727 年又增 Hollis 的數學及自然哲學講座，Greenwood 入席；此外，Hancock 講座尤指希伯來及東方語文，設於 1764 年，Stephen Sewall 是第一位占據此職者。同樣具有意義的是 1766 年，校董會同意所有的大學訓誨師 (tutors)，每一位皆應學習所專屬的學習領域，所有學生皆應接受所有訓誨師之教導。

耶魯亦不例外，1753 年首設神學講座，Naphtali Daggett 正式於 1756 年入座，1770 年又另設數學及自然哲學講座，Nehemiah Strong 被網羅入校。不過由於校長負責教大四，這在耶魯，College of New Jersey 早年皆如此；因此教學之專精化，曾困擾了一段時間。King's College 及 College of Philadelphia 較早分工，十八世紀時，即走學術及專業領域路線。在廣告招生上也以此自豪。

學術分途專精，各司所業，這也是高等學府機構在組織中的自然發展結局。教學用語，英文取代了拉丁；教科書上的文字，課堂裡的用語，以及法理上的辯解，拉丁也漸漸變成古老的死語文，卻令人尊敬。講授說明 (lecture) 漸漸流行，教授提出己見，或系統的整理他人之見解，或作批判性的解析；實驗科的講授則展現並演算科學原則，利用各種儀器或化學藥品來作人體解剖之用。Watts 的 *Logick* 採綜合性觀點，由一般到特殊，從熟悉到陌生，由簡入繁；細心，計畫周詳，不可太急，這些都變成大家所採用的教學法典範；該書於 1746 年在哈佛、1750 年在 College of New Jersey，1778 年在耶魯被採用作範本。

十八世紀的美殖民地學者兼教師中，有兩位最是楷模：

1. John Winthrop (1714～1779) 生於波士頓，家世在殖民地已享四代榮耀。受過拉丁學校及哈佛的教育，後又花六年功夫在父親指導之下進行研

究。1738 年，以二十四歲之青年接受數學及自然哲學之 Hollis 教授席位，接替被解職也是他的業師 Isaac Greenwood，一直到去世為止 (1779)，是個興趣廣泛的科學家及優異的教師，享有國際學術知名度；尤其在天文學上的觀察，從 1739 年的太陽星系之發現，以及 1740、1743、及 1749 年的水星 (Mercury) 之運轉，1761 及 1769 年之金星 (Venus) 軌道，到 1755 年地震史之研究，都令學界注目。自擔任母校該講座後，發表一系列的實驗講授報告，涉及力學原理，熱、光、電之真相，並籌建一個「儀器室」(apparatus chamber) 來放置必要的實驗器材。1746 年建立美第一個實驗物理學室，1751 年引入微積分知識於大學裡。教了四十年的哈佛大學生，數目至少有一千五百位，讓他們知悉牛頓定理。由於他的能力、原創性思維及發現，1766 年被推為英皇家學會 (Royal Society) 會員，1771 年 Edinburgh 大學授予榮譽博士學位，1773 年母校哈佛也給榮譽博士，是母校第一個授予榮譽的法學博士者，贏得華盛頓、富蘭克林、及 John Adams 的友誼。美殖民地時代的大學教授學者的傑出表現，他首屈一指，無人超越過他；且在植根西方學術上，他也是最穩健且最成功的代表人物。

2. Francis Alison (1705～1756) 生於愛爾蘭的鄉下 (County Donegal)，受過當地的實科學校及 Edinburgh 大學之教育。畢業後移民來美，先在 Samuel Dickinson (1735～1737) 當家教 (tutor)，後 (1737～1752) 為賓州費城長老教會之牧師。於 1742 年也在費城設一實科學校，後來成為神學院。由於任教古典及哲學頗為成功，引來了在費城新設實科學校董事會之注意，首任校長 David Martin 突然於 1751 年去世，Alison 遂被聘至該校負責教拉丁文、希臘文、邏輯、及倫理學，後來還擔任校長。他與 William Smith 密切合作，共創 College of Philadelphia，1755 年取得立校特許狀時，他被推為副校長 (vice-provost)，擔任「高級古典、邏輯、形上學、及地理學教授」，且「可以自己挑選其他各種文理科目，認為最能教導的教材來教學」，一生為教學奉獻。

根據各種報告，Alison 是個極為優異的教師，偶爾發一點輕浮的脾氣，但一般而言都極認真於教學，且渴切願意分享他的知識及學問寶藏。他發表的著作不多，主要是探討當代長老教會的分立狀態，尤對宗教、政治、

及哲學議題感到興趣。教學中積極與活力十足。1779 年 Ezra Stiles 曾提到他：「是美殖民地最偉大的古文學者，尤精於希臘。在數學、哲學、天文上並不那麼突出，但在倫理學、歷史、及一般學科上，卻是非凡。」富蘭克林也宣稱，Alison「有天分又有學問」(a person of great ingenuity and learning)。耶魯、the College of New Jersey、Glasgow 大學皆授予榮譽學位。College of Philadelphia 之所以有名，是他與 Smith 的功勞，而在教學上的成功，在他去世後數十年，也無人可以頂替。

但不少殖民地的歐洲人，常回祖國接受教育，或派其子回國受教：

1. Henry Melchior Mühlenberg 是路德教區的牧師，曾在 Göttingen 及 Halle 受教，1763 年他的三個孩子也到 Halle 入學，準備從事神職。

2. 1769 年 J. H. C. Helmnth 抵賓州，發表文章，與祖國之路德派聯繫。

3. Dutch Reformed 教會在紐約也把子女送回荷蘭，在 Leyden, Groningen 大學受教。

4. 英亦然，Fox、Whitefield、Wesleys 家族，及 John Murray (Universalist，普世教會) 抵美，後又返英接受教育。

歐洲的大學教育，傳統久，有些大學又是名大學；自然比美洲「菜鳥式」的小學府，較具吸引力。

第三節　美式教育輪廓初現

靠近 Delaware 岸邊最窮的工人，自己都認為他在宗教或政治上所得到的感受，可以自由自在的與士紳或學者一般。說實在的，在費城，人民之間的差別度比世界上其他文明地區為小。財富不足憑，每個人都期望終有一天可以與最有錢的鄰居在立足點上平等——就是這種希望，他一點都不畏縮、不卑屈，卻坦白、相互敬重的彼此親近。榮耀的職位或身分也不足懼——不過腦袋聰明且品德高超，卻是當政的主要條件。有學問，這種成就，在此獲得應有的讚美。就是如此，所以書香四溢，每個人都是讀者，每說出一句話，不管對錯，

就是把已出版的各種書籍內容道出來。就知識而言，他認為已與作者看齊。

—— Jacob Duché

一、一般狀況

族群、宗教信仰、墾殖型態、內外移民、及經濟狀況，這些分殊性，反映在生活方式及思想觀念的差別上。美殖民地的教育就在這種錯綜複雜的狀況下發展成型。新英格蘭已不是前方墾拓區那般的，大家過著謀求生存的各種冒險保護事宜。現在機構林立，城鄉兩地處處可以看到住家、教會、及學校。十七世紀時零星孤立式的小村落，十八世紀時已是道路、水路四通八達，社區人口漸增，工商中心隱約可見。十七世紀的商城如波士頓、紐約、查理斯敦 (Charleston)、及費城，到了十八世紀，已是人口密集的大都會了。1770 年，紐約人口更快速的增加到二萬之多。並且，人口向外移動，使大都市外圍的第二代及第三代人口，也發生第一代人所面臨的問題：偏遠、落後，遭遇印地安人等，透過教育也在進行著嘗試錯誤的生活經驗。

不同狀況的教育措施，下述就是佳例。John Adams 年紀輕輕就在 Braintree（麻州）接受完整的教育，時為 1740's 年代。但 Thomas Jefferson 則到成年才在 Albemarle County（維吉尼亞州）接受正式的學校教育；靠近 Fort Pitt（賓州）、Allegheny 山以西的 George Plumer 是首位白人孩子，如與 Benjamin Franklin 的年輕時代相比，簡直不能同日而語，後者在二十歲時即已在兩個大陸上的三個城市住過。上述四個人如與 Phillis Wheatley 相較，更有霄壤之別，後者是買自於非洲的脆弱女孩，七八歲左右就作為 Mr. & Mrs. John Wheatley 的奴隸（住在波士頓）。

隨著時代之變遷，家庭、教會、及學校所擔任的角色，都必須重新定義。十八世紀之後，教會及學校越來越多，Jonathan Boucher 牧師於 1773 年就感嘆，家庭似乎比較忽略了原有的教育責任，學校就應彌補此種缺憾。其次，印刷資料越來越多，圖書館也增設不少，就業機會及生活樣態更擴

大。自學、上教室、聽講道，都會影響一個人的一生。再者，自願性的團體出現了，那是非正式的教育場所。年輕人的社團，鄰居學子聚集在咖啡屋、旅社、酒店、沙龍、茶室、教會聚集所、商人組織、學術專業團體、共濟會會所 (masonic lodges)、及各種通訊社，使年輕人可以交換訊息、辯論政策、了解情報，如此可以形成人生觀、塑造個性，同時也解放了心靈。最後，倫敦雖然仍是王國之重鎮，影響力四播，殖民地只是網站中的一部分而已；政、經、文、教及學術，十七世紀及十八世紀皆以倫敦為馬首是瞻。但各殖民地彼此之間的來往比以前更為熱絡，且蘇格蘭格調，勢力越來越大；而時髦之流行，大部分雖也仿自倫敦，但有些則來自他地甚至是土產了。

二、新英格蘭地區

John Adams 曾有一次給一位維吉尼亞州友人一種他自訂的公式，該友人埋怨著說新英格蘭與南部不同格調。Adams 給的公式是「在維吉尼亞州建立一個新英格蘭」。換句話說，南方如要向北方的新英格蘭看齊，應該廣設市鎮聚會所、學校、教會、及民兵召集處。「人民在那兒就可以培養品德，發揮才華」。而「他們的脾氣、耐性、剛毅、謹慎、正義，以及睿智、知識、判斷、品味、技能、創新力、靈敏性、及勤勉等，也因此形成」。Adams 確實是個愛國主義者，他給新英格蘭提供的教育，卻並不狹隘。上述他所提的聚會所，還不包括旅棧及圖書館。不過再怎麼說，學校教育就是型塑人民心性最有效率之機構。Adams 本人上過免費的公立學校，由 Moses Belcher 的媽媽所辦位於 Braintree 的小學。上過當地的拉丁學校，Joseph Cleverly 為校長，然後參與政治、宗教等事務，發表他保衛國家、固執的堅持獨立的心態及性格，這是當地人民傳統留下來的風格。1775 年，一位英國婦人旅遊了康乃迪克全州之後說：「看起來農夫有好多種，但整個社會卻並不分崩離析；他們的政府、宗教、及所有的一切，都支持平等政策——整個國家充滿追求新知氣氛，這是令人詫異的。問東問西，比如說你是誰呀？幹什麼的等等，波士頓有什麼消息？所有的人都是政治人物，他們都學了《聖經》經文。」

　　在新英格蘭的城鎮，漁村及農村當然有別。不過，十八世紀有一個城鎮在教育發展上的變遷，雖不足以作為通例，卻對教育制度的隱然成型，具有指標作用，這個城鎮是 Dedham。

　　Dedham 屬於農業區，雖然距離喧鬧的商業大城波士頓只有九英里。1636 年開始由約三十戶家庭來開墾，他們「共同組成一個社區，基於上帝的神令 (divine providence)，本來大家分散英國各處，其中還少有人彼此認識」。1689 年時，人口增加到六百五十人，1710 年為一千二百人，1765 年則為一千九百一十九人。家戶數為三百零九，房子共二百三十九間（有數戶住在同一家）。按新英格蘭的模式，教會先蓋於 1638 年，讓所有住戶共享教會團契，在愛的氣氛下討論及協商並彼此就教，如何建立一個更祥和與更舒適的社會，且在宗教上準備作精神交流。聘請畢業於劍橋大學 Caius College 的 Reverend John Allin 為牧師。第一所學校在大家毫無異議下，於 1643 年 1 月 2 日的城鎮會議上通過設立，兩年後也一致決定每年籌款 20 £ 作為聘請教師之用。第一位來此任教者就是劍橋大學 Clare College 出身的 Ralph Wheelock，識字率因之提高，第一代四十四個住民中會簽名的有二十五位，打記號的有八位；第二代住城鎮的四十名中，有三十六位會簽自己名字，只有二位劃記號。

　　就整個十七世紀而言，Dedham 是個穩定、生活親密、財富增加、且內部極為民主的地區。不過到了十八世紀早期，人口壓力日趨明顯，1700's 及 1730's 年代時，城鎮有必要採取各種行動來劃定明確區域與疆界。同時，當年興旺期已開始凋謝，最好的墾殖地已開發完畢，窮人開始增加，父母無法供應子女謀生，造成下一代被迫離家遠赴他鄉賺活，大家所懷念的田園美妙質樸的生活，換成了內在的衝突及社會的複雜性。1740's 年代的宗教復甦運動時，有支持者，也有反對者，地方分權化也越來越明顯。

　　1647 年麻州通過立法，一百戶以上的住家地區，應設一所文法學校，違者罰款（1701 年還規定校內必有一名合格的拉丁教師全職上班）。Dedham 雖未完全疏忽該項職責，但 1690 年也因未守上述法令而遭告發！不能僅由牧師或他人兼差當教師而已，至少也應聘大學畢業生來當專任教師，且需付較佳薪水，1708 年年薪 28 £，1730 年則增加到 60 £。在宗教信仰上，麻州

是比較不寬容的，1691 年以前，只有公理教會 (Congregationalists) 教徒才可
居住。甚至要等到憲法第一修正案通過後，天主教徒進去該州才不會擔心要
去坐牢。

　　1755 年，巡迴教師的設計稱為流動學校 (moving school) 形式的，予以
放棄，因為各地區皆有合格的拉丁文教師負責教學，甚至有女教師來教讀
寫算，也有用暑期上課者，且男女的識字率普遍提高。入學於哈佛者，
1760～1783 年之間，有三十六名，順利畢業者十八名，可見該地之拉丁教
學已具成效。除了學校教導之外，另教區牧師也輔助教學。

表十六　　1760～1775 年 Dedham 人民之遺囑、契據、及其他文件之簽名數

項　　目	男		女	
	簽　名	打記號	簽　名	打記號
男成人遺囑	12	1	0	0
男成人遺囑　經過政府部門手續者	5	0	5	1
契據——土地分割或交易	31	1	8	4
其他文件——官方收據如房地產、貸款票據等	23	0	16	4
總　　數	71	2	29	9

表十七　　Dedham 1700～1765 年教育機構數

	1700 年	1765 年
人　口	750	1,919
住　戶	111	309
教　會	1	4
英文學校（暑）		4
拉丁及英文學校（冬）	1	4

在 Dedham 的教區學校任教的教師，1755～1776 年總數為一百三十三名，
該地區共有四個教區。1765 年時共有一千九百一十九人中，分布在四個教
區的人口數如下：

　　第一教區　　813 名　　　　第二教區　　441 名

　　第三教區　　313 名　　　　第四教區　　352 名

有無包括 1764～1765 年人口普查中的三十六名黑奴，不得而知。
1754～1755，Dedham 有十七名黑奴。

三、維吉尼亞州

　　John Adams 所敘述的城鎮性格，照樣也出現在南方，只是南方維吉尼亞墾殖區並無形成城鎮。1724 年任教於 College of William and Mary 的數學及自然哲學教授之牧師 (Reverend) Hugh Jones，也描繪了維吉尼亞人明朗、判斷優越、精於經商、善於學習、說話流暢、性情實際、且心態獨立。「他們擅長於在行動及談話中學習，而非沉埋於書堆中。」且擬用最短且最佳方法去學那種絕對需要的東西。他們不感興趣、也不習慣於住在城鎮，因此並無特定地區作為他們情有獨鍾之所在。每個墾殖地都擁有一個小市場，通常也都在方便的據點或地峽處興蓋自己的聚會所。城鎮也有，但人口不多，除了 Williamsburg 之外，就是 York、Gloucester、Hampton、Elizabeth Town、及 Urbanna。依 Jones 的觀點而言，維吉尼亞是英國人在新世界中最希望去的所在。因為「新英格蘭已變成宗教上的 Amsterdam（荷蘭化），賓州則是 Quakers 的搖籃，馬里蘭是天主教 (Roman Catholics) 的退休地，北卡羅萊納是逃亡者的避難所，南卡羅萊納是海盜及竊賊的娛樂場」。他催促王室應盡量協助這塊大有前途的墾殖地。

　　類似麻州的市鎮區域狀況，維吉尼亞州的鄉區在性質及傳統上也彼此有出入。水域地帶的 James City 及 King and Queen，都與偏遠區如 Albemarle 及 Amherst 大為不同。不過如果也仿麻州方式，找一個鄉區來描述其教育發展作為十八世紀殖民時代的顯例，則也極具意義。吾人找的這個鄉區，就是 Elizabeth City County。

　　1609 年由倫敦公司所發現，將印地安人名為 Kecoughtan 處改名為 Elizabeth City County，是維吉尼亞州墾殖地八塊當中之一。早期移民者飽受印地安人之攻擊，1623 年時一系列的軍事征伐，已將帶有敵意的印地安人趕出此區。漸漸地，地方政府取代了軍事統治，蓋了一座教堂，數個磨粉廠及客棧。為表明對詹姆斯一世女兒 Elizabeth 的敬意，Kecoughtan 乃改為 ElizabethCity。1634 年時，居民有八百五十九人，是維吉尼亞州第二多的人口地區，雖然面積最小。1693 年人口為一千，1698 年一千一百人，1747 年二千二百五十人，1782 年有三千一百人，增加速度驚人。

十八世紀初期，煙草葉大發利市，農村耕作漸漸式微。本區港口 Hampton 的船位噸數幾乎與紐約相埒，渡輪有了，街道增加，技藝人員也多了不少，豬要以圍檻圈起來；黑白僕役，人數差不多，但由於按契約來美當僕役者漸少，故黑奴變成主要的經濟勞動力。

1635 年 Benjamin Syms 捐二百畝地及八隻牛來設一所免費學校於本鄉區，尤其幫助窮苦孩子入學。數年後受此鼓舞，一位醫生名為 Thomas Eaton 捐出更多，五百畝地二十隻豬，十二隻母牛，二隻公牛，二黑奴，來作為設校的「經費」來源。同時 1688 年該地法庭下令，家庭應督促孩子到校，「會唸一段聖經」，違者有時還令父親到法庭說明原因。十八世紀時也有一些學童上過拉丁課，還有二十名青年學子上過 College of William and Mary。Wilson Cary 更於 1721 年去英國劍橋大學的 Trinity College 深造。另 James McClurg 於 1770 年上過 Edinburgh 大學，後來成為 College of William and Mary 的外科醫學教授。

1690～1770 年，本鄉鎮有二十二至二十四名教師，包括在 Syms and Eaton 的學校任教者。

表十八　　Elizabeth City 1693～1699 年簽名者數量表

男		女	
簽　名	打記號	簽　名	打記號
142	48	16	29

表十九　　Elizabeth City 1763～1771 年簽名者數量表

項　目	男		女	
	簽　名	打記號	簽　名	打記號
遺　囑	15	5	7	1
抵押書	111	11	35	18
其　他	35	0	0	0
總　數	161	16	42	19

至於黑人的教育，資料甚為貧乏。1724 年 James Falconer 牧師的報告中說，黑奴之主人「一般來說都能細心的教導那些可予以教導者，帶他們去受洗，但卻不可能教導那些來自於外地、既不能說我們的語言、也不能好好領會我們的語言者」。即令予以教導，有時還認為徒費時間，最好還是

保存他們的馴順即可。不過，一些黑人倒也學會讀書，1739 年名為 Ned 的黑人被指控犯了竊盜罪，為了要脫罪，竟能在牧師面前尋求恩赦，他至少頗會說話。

表二十　Elizabeth City 的教育機構數量表

項　目	1700 年	1782 年
人　口	1,200	3,100
家　居	170	248
教　會	1	1
學　校	2	5

四、紐約及費城

　　要是牧師 (Reverend) Andrew Burnaby 所著《北美中部殖民狀況之旅遊報告》 (*Travels Through the Middle Settlements in North-America*, 1960) 可信，則可知十八世紀的北美 (1775) 是人民到處充滿著勤勉、智巧、及獨立的作風。該書廣受眾人閱讀。這位和藹可親受過良好教育的英國牧師，於 1759 年及 1760 年在美殖民地旅遊，對於殖民地人士之想法與性格，印象非常深刻，時值獨立戰爭前夕的緊張時刻，他感到有必要把他的所見所聞公諸於世。他說首先接觸英國的種種之後，其次就應廣知美殖民地，這是極其自然的。他還力唱雙方應協調溝通，才是解決兩「國」「目前不幸歧見」最聰明也最穩當的途徑。

　　但他並非毫無批評，他曾預估美殖民地內部自己的對立以及先天不足的弱點，兩者合在一起，終無法使彼此團結而變成一個大國；不過這個新大陸自然之美，他卻讚嘆得無以復加。維吉尼亞的山川壯麗，他曾與華盛頓上校共遊於此；紐澤西地方 Passaic 雄偉的大瀑布，景致迷人的長島 (Long Island) 地勢，以及駭人的鴿群飛翔在新英格蘭南方。對於新興都市的繁榮活力，他也大方的予以讚美：「七十多年前的費城，只不過是個荒野乏人開墾的沙漠地，除了貪婪無厭的禽獸及野人之外，別無人跡，現在卻變成人人讚賞且甚感奇異的所在。氣候宜人，街道行人熙熙攘攘，港口船隻四下可見，文學及藝術剛在起步，卻能天天站穩基石。居民勤儉刻苦耐

勞，精力充沛，進取冒險心也強。就整體而言，這個大共和國的人充滿了獨立的錯誤觀念。」紐約也如此，紐約地勢較優，更有好氣候，「很健康的空氣」，貿易量大，居民也習於儉樸、勤勞，省吃節用的男女與費城並無兩樣。就 Burnaby 的觀察而言，美洲殖民地要不是個獨立王國的話，也是一塊幸福地。他旅遊一千二百英里，從未看到「有人行乞」。由於他知悉 Adams 對維吉尼亞以及 Jones 對新英格蘭的抨擊，因之 Burnaby 對這兩個地方就比較缺熱心去參觀。

引起 Burnaby 注意的兩個城市，的確在十八世紀時繁榮起來，且成為其後富有都市的模式。位於北美最大的東海岸自然港口，紐約於 1690 年還只有四千三百人而已，1771 年已跳躍到 21,863 人了。費城是移民的入口港，1693 年住民有 1,444 人，1779 年就已達 13,708 人了。二大城市的族群、宗教、及種族皆不同，十幾種語言及各地母語，隨時皆可聽到，尤其在市場及碼頭；白人、黑人、印地安人，以及這三種人的混血種，也在家裡及街上到處可見。禱告的語文也千奇百怪，1768 年一位英國遊客在紐約計算出該市有十八座主要教堂，其中有三座是公理會、三座是荷蘭改革會、三座是長老會、二座路德教，其餘則是德改革教派、法改革教派、浸信會、Moravians、教友派 (Quakers)、Methodists、及猶太教 (Jews) 各一，其他小型教會指不勝屈。費城在革命時則有二十所教會，除了上述之外，還另有羅馬天主教教派，但無荷及法改革教會。

學校之複雜性也是如此。新阿姆斯特丹 (New Amsterdam) 的 town school（鎮立學校）於 1638 年設立，為荷改革教會所辦，教荷文直到 1773 年。當時英文也可作為教學用語，其他英文學校的教學活動卻乏善可陳。1757 年 William Smith 發出一個極端不客氣的指控：「我們的學校素質最低，教師缺乏教學經驗，長期疏忽文學及科學，一般說話是極端的沒有水平；品味惡劣，說話及想法皆奇差無比，不管在公在私的議事錄上，隨時可見此種狀況。」

費城的教友派 (Friends) 一開始就積極辦校，1683 年就聘有教師教導孩童讀寫算，六年後還有專人教拉丁，貧富皆收。1760's 及 1770's 年代還教導黑人。各教派也多多少少進行教育活動。

表二十一　紐約及費城教師數 (1638～1783)

項　目	紐約		費城
	1638～1688	1689～1783	1689～1783
教區及城鎮教師	11	27	76 （包括 Philadelphia academy）
私人聘用教師	16	206	207
總　數	27	233	283

表二十二　⑴紐約市⑵費城家庭戶數及教師數（五年為一單位之平均數）

年　代	人　口		戶　數		兒童數		教師數		師生比	
	(1)	(2)	(1)	(2)	(1)	(2)	(1)	(2)	(1)	(2)
1700～1704	4,587	2,132	829	374	1,241	581	5	3.0	248.2	193.7
1705～1709	5,060	2,514	888	441	1,378	684	5.6	2.8	246.1	244.3
1710～1714	5,862	2,896	1,028	508	1,586	775	2.8	2.0	566.4	387.5
1715～1719	6,805	3,278	1,194	576	1,789	861	4.2	2.2	426.0	391.4
1720～1724	9,670	3,877	1,696	680	1,991	1,001	6.4	2.4	311.1	417.1
1725～1729	8,635	4,803	1,515	843	2,197	1,218	7.2	5.0	305.1	243.6
1730～1734	9,600	5,728	1,684	1,005	2,388	1,425	7.2	6.2	331.7	229.8
1735～1739	10,619	6,948	1,862	1,219	2,592	1,696	6.2	5.8	418.1	292.4
1740～1744	11,249	8,529	1,974	1,496	2,704	2,029	7.4	5.4	365.4	375.7
1745～1749	11,852	9,991	2,079	1,753	2,799	2,359	9.8	8.4	285.6	280.8
1750～1754	12,511	11,298	2,195	1,982	2,960	2,675	15.8	15.2	187.3	176.0
1755～1759	13,719	12,140	2,407	2,130	3,246	2,868	15.6	20.0	208.1	143.4
1760～1764	16,569	12,710	2,907	2,230	3,882	2,979	16.6	16.8	233.9	177.3
1765～1769	19,510	12,913	3,423	2,262	4,528	2,997	13.6	23.4	332.9	128.1
1770～1774	21,885	13,115	3,822	2,301	5,184	3,106	18.5	21.2	280.2	146.5

　　另有教導縫紉、舞蹈、擊劍、美術、及音樂的老師，不過人數不多，紐約有 27 名（教師總數 260），費城則有 14 名（教師總數 283）。

　　結論是，就學越來越方便，識字率也越來越高。

表二十三　紐約 1692～1775 年遺囑簽字數

年　代	男		女	
	簽　字	作記號	簽　字	作記號
1692～1703	40	4	10	3
1760～1775（紐約本身）	91	12	13	5
1760～1775 （Harlem 及 Bloomingdale）	5	2	1	2
1760～1775（上述三地之和）	96	14	14	7

表二十四　紐約市人口統計

1656 年	1,000（估計）	1737 年	10,664
1664 年	1,500	1746 年	11,717
1689 年	4,937	1756 年	13,040
1703 年	4,436	1771 年	21,863
1712 年	5,840	1786 年	23,614

表二十五　費城 1699～1775 年遺囑簽字數

年　代	男		女	
	簽　字	作記號	簽　字	作記號
1699～1706	32	8	6	4
1773～1775（市本身）	66	12	26	7
1773～1775（北方）	14	6	4	1
1773～1775（上二者合）	80	18	30	8

表二十六　費城市人口統計

1693 年	1,444		3,016
1769 年	11,336	鄉鎮	34,412
1774 年	13,196		33,440
1779 年	13,708		41,144

　　兩市的大學及圖書館於 1740's 及 1750's 年代都建了起來，藝徒制度也形成。而非正式聚會所如咖啡屋、旅店、俱樂部、學術團體以及印刷廠也存在。英法的出版品可為兩市市民所閱讀，市民的視野比他地來得寬廣，訊息更為迅速，想像力也在無形有形中增加。

表二十七　紐約及費城的印刷廠及報紙數

項目	1700	1710	1720	1730	1740	1750	1760	1770	1780
紐約印刷廠	1	2	1	2	2	3	4	7	9
紐約報紙				1	2	2	3	3	5
費城印刷廠	1	1	1	5	4	8	8	16	14
費城報紙				1	2	3	3	4	6	7

五、中部地區

　　偏遠地區比較缺乏可信賴的資料，因此很難作一般性的描述其教育發

展的過程。不過，仿水域區之發展，步其後塵，倒也是自然現象。當然，移民者背景有別。一來大部分到偏遠地區墾殖者並非來自英國或荷蘭，而是來自 Palatinate（萊茵河地帶）或 Ulster（北愛爾蘭），也有從老殖民地地區來者，如來自新英格蘭、紐約及 Chesapeake 海灣（維吉尼亞州及馬里蘭地帶），後者皆有長達兩年的開墾經驗。自然力如暴風雨的侵襲及印地安人依舊敵意甚深。令人欣慰的是各住家隨身攜帶有《聖經》、初級讀本、Franklin 的年曆、Jared Eliot 的《論新英格蘭的田野耕植》(*Essays upon Field-Husbandry in New-England*, 1760) 及《美教導師》(*The American Instructor*)，並將他們以往的墾殖經驗口頭傳授給下一代。如此的生存條件，總比百年前他們的先父初次抵美時的狀況改善了不少。教育可以過濾、整合、且傳遞過去的寶貴經驗，使下一代在面臨環境挑戰時，採取更明智的對付方式。

康乃迪克州 Kent 的早期歷史，存留有不少令人興奮的文件可作為佳例。建於 1738 年，位於該州的最西部，最先來的四十戶，大多數其實已經是殖民的第四代，他們成群結隊抵達 Kent，1739 年 5 月就有鄉村記載資料中出現學校字眼。公理教會也在 1741 年 4 月 29 日成立，十八世紀時，當地居民都已會簽名，不用打記號了（蓋手印），且也有兩名學童準備上耶魯。

南卡羅萊納州的偏遠地帶，情況發展則與 Kent 有別，一下子來了許多移民，他們來自歐洲、不列顛群島 (British Isles)、非洲、南卡羅萊納州水域區、賓州及維吉尼亞州等地。教會屬安立甘派，但不遵國教者仍自設教會，所以宗教派別甚多，幾乎不能有相同的祈禱詞，有時丈夫是國教信徒，太太是不遵守國教者，兒女一點教派屬性也無。還好識字率卻很高，白人80%、德裔更高達 90%。處在偏遠地帶卻有此成績，也是難能可貴。

第四節　獨立戰前教育的一般特徵

很多人都這麼認為，國家力量的強大是靠金錢及財富。沒錯，有錢能使鬼推磨；不過我認為國家之力，得仰賴人民的知識及品德，這在歷史上可以得到佐證。歷史告訴我們，最富有的國度，金銀盈庫，

卻會被貧窮但有道德感的國家所征服。要是富而無德，光在這方面
就使一個國家暴露在毀滅的危險中，因為引誘了別國之侵略；富有
的結果所生的奢侈浮華，正足以作為別國劫奪的對象。

—— Cadwallader Colden

一、識字率之提升

教育類型之種類多，但在獨立戰爭之前，卻也發展出數種特徵。

第一，學校較前普及，子女入校機會增加，就學也較方便，但印地安
人及黑人仍然除外。1748～1751 年一位瑞典自然科學家 Peter Kalm 在美各
地旅遊，目的在找一種可以忍受瑞典氣候來種植的樹，他的印象是「在這
個地區當中，英裔的兒童之教育在各方向都已建立好的基礎。小男生及小
女生都各自有學校可以上，三歲以上就可在上午或下午到校，人民認為這
麼小的孩子也不太可能唸多少書，但小孩不在家而到校，可以防止他們品
行的敗壞，且孩子也容易與其他兒童玩在一起」。

十八世紀時的殖民地膽敢擴充學校教育，有數種理由。其中之一，吾
人應謹記在心的是原先抵美的移民者，就有堅定的信念要作「文明傳遞」
(transit of civilization) 工作，將英國大都會的教育搬到美殖民地上。他們對
祖國的文教都採取高度的肯定，並且主要的移民者中是清教徒，這群教徒
本就是英國教育的改革先鋒，他們抵美後，當然不會忘記學校教育的重要
性。

其次，教育的普及，正好配合著經濟的發達及社會的流動。移民者皆
承認，教育在這兩方面都是促使個人提升社會及經濟地位的主力，這猶如
祖國伊利莎白及斯圖亞特當政時的情況一般。貧民、佃農、或技工這種社
會階級，只要經過學校教育的陶冶，就可以晉升而享有仕紳及專業身分。
也如同 1583 年 Sir Thomas Smith 所觀察的現象一樣：「誰要是研究王國的
律法，在大學裡唸過書，對文雅科目學有專精；簡言之，誰能夠不必操勞，
生活悠閒，舉止、外表、及言行有紳士風範，他將被奉為教師，也將是個
紳士。」

　　再次，教派林立的結果，各教派相互爭取設校，以便透過教育來達成宣揚各教派教義的目的。不過隨著時代的發展，卻也有不少學校與原先設立的宗教旨意不相搭配。並且，十八世紀後半時，公眾參與公共事務之興趣越來越高，這也助長了學校數目之增加。年曆、報紙、小冊、及書籍，討論眾人關心的熱門話題，尤其是印花稅法案危機之後的 1760's 年代，原先認定不識字並不覺得是恥辱的人口中，反以為識字是一種光榮之事了。學校之興建，乃成為迫切之事，入學校越為方便之後，本來扮演教育子女閱讀寫字功能的家庭及教會，已將這些職責轉移到學校身上了。

　　識字率之快速成長是上述發展的結果。英國西方中部地帶，根據結婚時之簽名來估計男人的識字率，鄉下地方是 48%，都市則為 74%；美殖民地人民在遺囑、文件、民兵名冊、及選票單上簽名來計算男人的識字率，則由 70% 進步到 100%。這裡有數項重點應予注意，第一，會簽自己的名，就表示有能力讀書，反之則為文盲，這種說法不易為人所接受，由此而生的識字資料並不明確，限制也多。第二、英美的統計數目字有基本上的差異，婚姻註冊上的簽名與在遺囑上簽字，兩者不能作比較。前者意涵的識字範圍較廣，包括了後者在內，也大過於民兵名冊及選票單上的簽名。若是還把沒財產者（不必簽遺囑書）、不投票者、不參加民兵團者計算在內，則統計結果，就與英國不相上下了（英也把獨身者計算在內）。要是更把無財產、無投票權、以及無加入民兵團的黑人及印地安人加入計算，則美方的識字率就低於英方。十八世紀愛爾蘭 (Ireland) 的統計數字無法得到，但吾人可確信美殖民地區的黑人及印地安人之識字率，必低於愛爾蘭鄉下的天主教農夫，而愛爾蘭人的識字率也低於英國白人及在美的白人。有人估計，1698 年時 1/70 的印地安小孩會讀書。愛爾蘭人方面，由於該地的羅馬天主教徒說的話是口說的 Gaelic 而非字寫的英文，因此計算識字率就大費周章。各種資料顯示，Dublin 地區於十七及十八世紀時之識字率，可與費城相比，偏遠地區則較低。

　　另一種評量識字率的標準，也極為管用，即報紙數及其流通量，雖然精確數不可得，但下面三個地區於 1775 年的統計，也具相當意義。

表二十八　英格蘭、威爾斯、愛爾蘭、及美殖民地於 1775 年之報紙量

	英格蘭和威爾斯			愛爾蘭	美殖民地
	總　數	倫　敦	郊　區		
人　口	7,244,000	788,000	6,456,000	3,678,000	2,464,000
報紙數	67	23	44	16	37
訂　戶	112,500	57,500	55,000	16,000	35,000

愛爾蘭的報社集中在 Dublin，其他兩處（指英格蘭和威爾斯，及美殖民地）的郊區也有不少訂戶，而一份報紙的閱讀人數，在十八世紀總多於二十世紀。

　　用簽字數作識字率，比較不精確；但以報紙的銷行量作準，則也會產生一個基本問題，即何謂識字率？最低限度，識字表示有能力讀書並了解字意。但附屬問題卻衍生出一大堆，即讀什麼樣的文字，以及何必讀那些文字。十六世紀的英國鄉下自耕農，有能力讀數段《聖經》經文及祈禱文，其他則可能一竅不通，他也少有機會閱讀別的。取這種條件就視為識字，就與十八世紀的識字者之資格大為不同；後者表示能看報紙，還可從報紙中獲得公共事務的資料。識字又可分消極 (inert literacy) 及積極 (liberating literacy) 兩種；前者所需的能力不必太多，動機、需要、及機會也有限；後者則需要較佳的閱讀技巧，動機、需要、及機會也較多。以這種意義來界定識字率，則識字者不僅是個人的技術能力而已，且此技術能力還與識字的環境有密切關連。若依此來比較上述三地之識字率，則吾人可以確信的是，十八世紀時，美殖民地人民識字率高於愛爾蘭，英美兩地方的白人男性則兩者幾乎相等，美方還稍高。

　　定義既如此下，則識字率與學校教育二者之間的關係就值得注意了。識字所需要的技巧，可以在家庭、教會、學校，甚至在比較孤立的環境中獲得，並且在一個印刷業可以自由經營的社會裡，任何人如擁有識字技巧，他就可以完全依己意去達成廣泛的目的。唯一的限制就是財力、資料取得的可能性、以及他個人的特殊視野。不管如何，一個人識字之後是否會心胸闊廣，端視他所受的教育而定。南卡羅萊納州的偏遠家庭，費城西部教派的教會，以及麻州與康乃迪克州之城鎮學校，都在 1740's 及 1750's 年代灌注給學童識字能力，但其用意及內容卻各自有別。培養自由的心態，文雅的舉止，擴大知識領域，無疑的，學校是比家庭及教會更有機會的。這

並不是說學校功能沒有缺陷，也不是說家庭及教會並不奉獻於知識之提升，而是說就學問的精緻化、延展性、正確性、及傳遞性來說，學校比較占優勢。

識字率增加之後，人民對政治的感受度也就增強；公共事務的關懷，變成民眾的注意焦點。此種現象，在 1774 及 1775 年達到頂峰。當時獨立的宣傳戰正是報紙印刷品的主要論題，居民因已看得懂這些宣傳品的內容，獨立議題遂變成全國性的討論對象。獨立戰爭之後，1787 及 1788 年的憲法爭辯，更為全民所熱衷。西方世界從未像美國人這般的參與政治事物的討論，而當時美國社會上的領袖，人數之多、智慧之高，也如同閃亮發光的銀河。處在 1774～1789 年的緊急時刻，Franklin、Washington、Jefferson、Madison、Hamilton、Jay、Ruth、Adames 兄弟等等，史家對他們的敘述，花了不少篇幅；但史家卻沒有太注意還有更多的偉人追隨者，這些追隨者的素養，才使得 Jefferson 提到人民的智慧時，不是像一個傻瓜向鴨子聽雷的無知群眾說話一般。一個人可以談政治談得令人蕭然起敬，但也得在聽講雙方能氣味相投，如此才能贏得民眾的熱愛。

在領袖人物本身的素質上，同一時代的政治家都集中在一起，這在歷史上極不尋常。簽名於獨立宣言、大憲章、或二者兼簽者，共八十九人，都是一群接受美式教育的結果。教育方式複雜，內容卻豐富。簽署獨立宣言的五十六名中，二十二名入學於美式大學院校，二名受過由 Francis Alison 於新倫敦（賓州）所設的實科學校接受教導；其他人的教育經驗，則是由家長、教會、藝徒制度、學校、導生、及自我教育等複雜結合的成果。還有一些人曾留學海外。大憲章的簽署者而未簽署獨立宣言的三十三名中，其中有十四位受教於美大學院校，一名入學於 Newark 實科學校，其餘者之教育經驗，類似於簽署獨立宣言者。

美共和政體之能夠產生，有形教育及無形教育皆扮演極重要的角色。此處所言的教育，取其廣義，且與政治分不開，尤其在其後草擬數州憲法的時刻，即 1770's 及 1780's 年代。而政治家之出世，更使教育與政治結下不解緣。古典學科之研究，不管來自於報紙、小冊、及年曆，還是透過系統的學習於大學、實科學校、以及立法過程，政治家都知悉，法一旦立了，

則法本身就具教育功能，也為下一代新生孩童型塑品德模式。1776 年 1 月，
George Wythe 寫信請教 John Adams 如何「去除舊政府而建立新政府」，
Adams 的回信是：

> 親愛的友人，你我生活的這段期間，是古代的大立法者都期望過活
> 的年代。人類當中竟然由那麼少數的人就來規定他們自己或他們的
> 子女才享有機會來選舉政府，如同享受有選擇空氣、土壤、或氣候
> 的特權一般。在過去，什麼時候可以讓三百萬人口可以享有充分的
> 權力及公正的機會，來組織並建立人類智慧所能夠設計出來的最聰
> 明又最幸福的政府？我但願你自己及你的國家，都有你所具備的廣
> 博知識，配合不眠不休的勤奮，來幫助形成最幸福的政府，也幫助
> 偉大的人民也有最佳的品格。

同年 (1776) 1 月 8 日，Adams 致函給友人 Mercy Warren，扼要的說：
「政府的組織架構，比其他方面的作為，對人民的儀態，更具決定性的色
彩。」

二、實用教育及政治獨立

通往教育之途甚多，各種千奇百怪的管道與措施，都在這個世界中出
現，人民也設計各種花樣來廣增民智；教會在覺醒教徒，藝徒制度在配合
各式各樣的職業，大中小學也在迎合新社會的需求及追求知識機會上，各
自別出心裁，獨創新意。

儘管新意多，但一提出且經試驗之後，即走上制度化的路子，教育機
構就是如此。Benjamin Franklin 發現 Boston Latin School 的課程令他有窒息
之感，乃逼得他不得不去上 George Brownell 的課來打發他的年輕時光，也
作過他哥哥 James 的門徒，且最後步上他自認為最佳的選項，即自我教導，
無師自通。五十年後，他擬定的 Philadelphia academy 也多多少少按照己意
而完成了一個制度化的學府。該學府在某方面的成就，是致力於 Franklin 其
後在《自傳》(Autobiography) 一書中所憧憬的個性。另外也有個佳例，David
Brainerd 於 1742 年因太熱中於宗教復甦而被耶魯開除，不得已在 Jedediah

Mills 牧師之下完成教育，然後才擔任向印地安人作福音傳播的特殊任務。但沒多久，College of New Jersey 就旨在培育耶魯所反對的那種類型，該種類型，Brainerd 曾在自己主編的一本刊物讚美過，1749 年他去世後才發表，卻夾有一篇 Jonathan Edwards 的頌揚傳記文。此外，Thomas Jefferson 與他同時代的維吉尼亞年輕人一般，於 1762 年離開 College of William and Mary 後，兩年之間，在 George Wythe 的辦公室以及廣闊的 Williamsburg 上獲得真正的教育。不到十年，他的年輕國人 James Madison，就可以在 College of New Jersey 接受 John Witherspoon 的指導，而直接明確的獲有公職方面的大學教育課程。二十一年之後，Madison 加入 PatrickHenry 及一群 Virginia 朋友共同努力來興辦 Hampden-Sydney College，獲有立校特許狀，創校宗旨就恰是 Witherspoon 一生奉獻的所在；而同時 George Wythe 也因 Jefferson 的奔走，自然就獲聘為 College of William and Mary 的法政學教授。引證這些事實，正是在表明正式教育之先是非正式教育，並且更指出二者之間的傳遞，極為簡易與快速；又顯示出美殖民地環境的需要與成長，反映在學府上，至少在大學院校上是如此。

就功利的立場而言，藝徒制度的多樣態及學校教育的分殊性，二者皆與經濟因素有密切的關聯。出生率高，獲得訓練的途徑多且易，勞工的長期短缺，及原料供應源源不絕，都強調資本投資中人力因素的重要性。技能的提高，這是生產增加最潛在又不會喪失的本錢。此外是提倡生育，富蘭克林看出土地既如此便宜，訓練求職並找工作又如此容易，教育在這兩方面（人口出生率及人民生產力）都有舉足輕重的角色。由於社會階級鴻溝之縮減，入學率因之提高，與英格蘭及愛爾蘭大為不同。在美殖民地上，以慈善學校來收留、教導、或拯救社會階級屬於貧窮的子弟，規模並不大，維持也不長久，SPG（Society for the Propagation of the Gospel in Foreign Parts，海外福音傳播協會）曾有此企圖，但殖民地人士也只是讓此種組織自生自滅。唯一與此相類似的是在賓州為德裔子弟而設的 SPCK（Society for Promoting Christian Knowledge，基督教知識促進會），但也存在不久。在大學院校上，生產力的擴充造成有些大學畢業生選擇世俗職業而不步入牧師行列；十八世紀初期，哈佛有稍高於一半的畢業生投入教會工作，1760's 年

代晚期，此種比例就降到 1/4 左右了。而哈佛之後設立的兩所最大型大學，耶魯及 College of New Jersey，更有大批畢業生是醫生、律師、中小學教師、及生意人。

殖民地人士也知悉教育與生產業之高度相關，他們在通信交往中時時評論此事。Cadwallader Colden 有半世紀時光是紐約的政治及知識靈魂人物，當第一次讀到富蘭克林的《賓州年輕學子教育芻議》(*Proposals to the Education of Youth in Pennsylvania*) 時，立即寫信給富蘭克林，告訴他很高興把農業納入課程。農業「是國家財富及福利的真正基礎」。然後提及他信守不渝的理念，即品德及實用知識二者之結合。本節開始引的一段話，就在此地出現。富蘭克林數週後予以回信，信中傳達了董事們感謝「您推崇我們的有用暗示」。Colden 當然並不全心全意的支持殖民地轉向功利風潮，他一生都表明了 Ezra Stiles 的一句話：「對美國知識界無上的蔑視」(a superlative contempt for American learning)。不過，富蘭克林在當時卻是最嚮往功利主義也最投入的門生。數年之後，富蘭克林造訪蘇格蘭接受 U. of St. Andrews 所贈予的博士學位，他很可能與 Glasgow 大學教授 Adam Smith 討論這些問題，也很可能他在返美後送一些資料給這位著有《國富論》(*The Wealth of Nations*) 的名教授，至少我們知道，Adam Smith 的圖書館裡有一本富蘭克林的《人種增加的觀察》(*Observations Concerning the Increase of Mainkind*)。不管如何，當 1776 年《國家財富的性質及緣由》(*An Inquiry into the Nature and Causes of the Wealth of Nations*，簡稱《國富論》) 出版時，其中有好多段落提到美殖民地，作者 Adam Smith 直接說出美洲的發現、以及經由好望角 (the Cape of Good Hope) 而抵達東印度群島這條航線，是人類有文字記載的歷史以來最重大的事件。不過兩人在蘇格蘭的會面（於 William Robertson 家），因富蘭克林於 1759 年的通信資料遺失而不可考。

北美的繁榮基礎，Adam Smith 所持的觀點與 Frahklin 相同，或許是 Frahklin 曾給他影響，他列舉的是一望無垠的土地，價格便宜，勞動力少，工資不得不高，人口快速增加，這是繁榮的主因；知識及技能到處可學，這一點比原住民優越。Adam Smith 拿殖民地與愛爾蘭作比較，愛爾蘭曾被新教的貴族濫墾，美殖民地免受大主教笨拙的權威所管轄。他也詳述「重

商制度」(mercantile system) 的「卑鄙及惡毒的策略」(mean and malignant expedients)，對英及美兩地皆不相宜且有害。不過他比別人更清楚的指出，美殖民地的生產力卻變成重商主義被人嘲笑的話柄；因為技術的學得任其自由擴張，又有各種機構廣為流傳，美殖民地本身的製造品，就足以供應自己的市場，也可外銷他處。他分析到最後，提出一項結論，只有路途的遙遠及教育，才使重商主義無法在美得逞。（兩人皆死於 1790 年，但前者年長甚多，Franklin 生於 1706 年，享壽八十四；Smith 則生於 1723 年，享年六十七）Franklin 是否一章一章的閱讀 Smith 的上述著作，詳情也不得而知。

表二十九　三所大學畢業生就業狀況，1700～1770 年

	哈　佛　大　學					耶　魯　大　學				紐澤西大學			總共
	1700	1725	1750	1760	1770	1725	1750	1760	1770	1750	1760	1770	
總數	15	47	19	27	34	9	16	33	19	6	11	22	258
牧師	7	17	7	6	9	4	3	13	8	2	4	10	90
醫生	1	6	1	3	4	0	4	5	1	2	1	1	29
律師	0	1	1	4	7	0	2	4	2	0	0	3	24
中小學教師	2	3	1	0	1	0	0	0	0	0	0	2	9
商人	1	5	1	2	2	2	2	1	3	0	2	0	21
農夫	0	4	1	2	1	0	0	3	0	0	0	0	11
公職	1	3	1	1	1	1	0	0	0	0	0	1	9
牧師兼教師	0	1	0	0	0	0	0	1	0	0	1	0	3
醫生兼商	0	0	0	0	0	0	1	0	0	0	0	0	1
牧師兼律師	0	0	0	1	0	1	0	0	0	0	0	0	2
教師兼商	0	1	0	0	0	0	0	0	0	0	0	0	1
牧師兼農夫	0	0	0	0	1	0	0	0	0	0	1	0	2
牧師兼公職	0	1	0	0	0	0	0	0	0	0	1	1	4
教師兼農夫	0	0	0	1	1	0	0	0	0	0	0	0	2
牧師兼醫生	0	1	0	0	0	0	0	0	0	0	0	0	1
其他	3	4	6	7	6	1	4	6	5	2	1	4	49

Smith 結束他的著作時呼籲，愛爾蘭與美洲應與大不列顛合一，不應分裂。他警告，任何除此之外的其他政策，會導致愛爾蘭因遭壓迫而萎靡不振，而美殖民地則會由於「民主式的」黨派而造成四分五裂。同時候的 Edmund Burke 也擬作相同的祈求，透過協商，大家言歸舊好。但為時已晚，教育機構鼓舞生產力，也閃耀出獨立的火光，大西洋則仍一如其舊，寬闊無比，美英終於在政治上無法統一。

三、多元教育

距英國政治中心倫敦之 Whitehall（白廳）極為遙遠，當然是十八世紀美獨立暗潮洶湧時中央政府鞭長莫及的因素之一而已。殖民地人民一開始就顯示出異質現象，新世界早就無一個強有力的政治機器，可以運作政治、文化、及社會的威權。當有一股勢力在取得此種優勢地位的傾向時，立即遭遇到地方的強力且固執的反彈，此種狀況有利於新實驗的嘗試。人民的求新企變，乃是必然的結果，且如此才有利於謀生。改變或修正傳統，已變成時尚，天高皇帝遠。加上當地各種不同的需要及機會，使得美殖民人士的個性變成點子多，勤勉、自勵、又資源充沛，也因此使 John Adams 結合新英格蘭的城鎮，Hugh Johnes 糾集維吉尼亞州的鄉村，以及 Andrew Burnaby 與市郊攜手，變成可能。到了革命建國之時，學校的經營及管理，多半已落入眾人手中，公共政府以教育活動作為立法的主要政策。任何人只要能招徠一些學童，他就可以實行教學工作，教師證照還未建立。不過由於勞工短缺嚴重，擔任教職之誘因也不大，學校董事會之成員乃擴大數量及身分，目的就是要他們捐獻或募款。

獨立建國之前就設立的九個大學院校，都在瀕臨生死掙扎中勉強維持下去。若依當時人口計算，顯然院校的數量太多。當英皇拒絕授予立校特許狀時，殖民地的政府就會伸出援手來解決；為了廣招財源，除了希望美殖民地者奉獻之外，就是向大英帝國獻殷勤。並且大學的董事會，除了耶魯之外，也不全然由教會人士或教授所組成。此時，大學還未能符合現代人所稱的「民主」機構，但朝向世俗化，已是大勢所趨。

新設立而不遵英國國教的大學院校，深具各教派混合的色彩，這是另

一特色。由國教者所興辦的高等學府，如 Harvard、William and Mary、Yale、
及 King's，在開辦之初，國教本身皆撥下鉅款，或在開始數年保證有固定
的經費予以補助，但要受國教的嚴密監控。即令如此，校地所在的殖民地
政府，如麻州及康乃迪克也各自有各種不同的干預。不遵英國國教者所創
辦的大學院校，被迫不得已打從立校開始，就強調不分教派性質，不只校
董會成員如此，學生入學背景也如此，自我廣告為「寬容的、綜合的、且
自由的」 (Catholic,Comprehensive, and liberal)。當然各大學仍有偏愛，如
College of New Jersey 較青睞長老教會，College of Rhode Island 較中意浸信
會；但非長老教徒卻有助於前者大學之立校，非浸信教徒也幫忙後者之開
辦。為了爭取經費及學生，許多新設的大學院校、實科學校、甚至圖書館，
也都採不分教派色彩。不分教派色彩反映在教會上，反而不如反映在十八
世紀的上述機構裡。

　　環境的開放以及競相爭取新進人員，使得各種機構採取相應的措施。
印刷廠出版年曆，教會贊助復甦運動，文法學校開航海課，實科學校提供
農科，大學則有政治學門，以及數不盡的私家教師憑他們的專精學門來吸
引學生，從刺繡到提琴演奏，應有盡有。傳統課程已無法應付社會的需求。
只有新科目才能迎合大眾的口味，人人皆可為師，人人皆可為徒，至少白
人是如此。

　　教育這麼普及，但修道院院長 (Abbé) Guillaume Raynal 責怪美國至今
未產生「一位好詩人，一位能力高強的數學家，一個某項藝術的天才人物，
或單個科學家」時，Jefferson 回答如下：

> 在戰爭方面，我們有個華盛頓，吾人以崇敬之情來追念他，自由也
> 有了信徒，他名垂千古；未來的時光，在世界上，美國的公正身分
> 最具價值，最令他人慶賀。當一種無聊的哲學被安排成與自然同朽，
> 此種哲學也會被人遺忘。物理學方面我們有個富蘭克林，在重要的
> 發明上至今無人超越過他；靈巧的在解答自然現象上，也沒有一個
> 人的哲學比他更有豐富的內涵。Mr. Rittenhouse 在天文學界的成就，
> 在今人中，屬第一把交椅，且在天分上他高居首位。因他無師自通，

作為一個藝術家，他表現非凡；在繪畫技藝上，是世上前所未見的天才。他並非創造世界，卻依模仿而比上帝造萬物以來迄今的一切人更接近造物主。至於在政治學、在雄辯術、在繪畫、在造型美術 (plastic arts) 上，如同在戰爭及哲學的表現一般，美國雖然還是像個昨日的小孩，卻早已天資異稟、鵬程萬里、充滿希望，且性情高貴，足以引發最佳的感受氣氛。依此來採取行動，踐履他的自由，指導他的幸福，這些都還只作為自娛的附屬品而已呢！

一個國家的發展，戰爭及耕作當然先於文藝及教育。當美國歷史能夠長如希臘及羅馬，當然可以出現天才，這是無疑的。

四、獨立戰爭與教育

美國「獨立」，希望不與英國有任何瓜葛。1776 年 1 月 Tom Paine 寫了《常識》(*Common Sense*) 一書，其中說：

> 我聽說有些人確信，由於美洲以前與大英有關，因此繁榮發達，因此美國未來的幸福，也要與大英有關，此種關係實屬必要，也會有好的結果。(但) 此種觀念的錯誤，無與倫比。我斷然的回答，美國若與歐洲強權無任何關聯，則美國之興隆繁榮將會更多，且可能更大。

1776 年 4 日，國會無異議的通過十三州獨立宣言：

> 在人類事件的過程中，一地區的人民與別地區的人民在政治聯結上解體，這是必要之舉；然後只承受土地上的權力，這是自然法則 (Laws of Nature) 及大地上帝 (Nature's God) 所賦予彼此享有分離但平等的地位，謙卑的尊重人類的意見，就有必要宣布他們相互不得不分離的理由。吾人堅持下述真理是自明的：人人生來平等，創造主賜予人人某些不可讓渡的權利，即生命、自由、及幸福的追求。

獨立的代價是戰爭，戰爭帶來毀滅與阻礙，美國革命戰爭也不例外。

武器交鋒，受創最厲害的，教育就是其中之一。教會及大學院校被士兵作軍營之用，牧師開往前線作「戰地宣教師」(fightingparsons)；師生穿起軍服，糧食短缺及通貨膨脹，是常事。社區到處可以看到砲火、血流、及破壞。

Benjamin Trumbull 曾說過：「戰爭的狀態，尤對宗教很不友善；人心浮散，傳教效果大減，大部分聽道者裹足不前，他們所陪伴的，可能就是最危險的玩侶，也是最壞的榜樣。人性之惡因之硬化，也膽子更大了，產生了對神明的褻瀆，無節制，不顧人家財產，肆行叛逆以及淫蕩的生活。」他曾在軍營中當過牧師（1776 年末期），還當排長，帶一隊六十名志願軍，因此他在這方面極為熟悉。雖然屬於公理會教派，但有時仍然對理神論 (deism)、不敬神論 (profanity)、不上教會作風 (churchlessness)、及不虔誠說 (infidelity)，二者之釐清深感困惑。但獨立革命造成人們鬆弛了對基督虔敬之心，他這種感受倒是極為精確，不容否認。教堂被付之一炬，忠誠的牧師逃離了聖壇。主要教派四分五裂，教士之任命，狀況不明；聚會氣氛低落，人數縮減。他的觀察與他的同輩人一般，戰爭都使 Rush 所說的立國原則、道德、及宗教失常。

大中小學校園內騷動不已，鄉下地區仍能維持較平靜的活動，但仍難逃脫幣價貶值的影響，且偶爾也會有互相攻打的軍隊來此肆意擄掠。大學尤其受創最深，哈佛於 1775 年被議會占用，Winthrop 教授花了兩天時間整理行囊、儀器、及書籍，隔年秋季教授們及學生聚集在 Concord 來進行教學，使用會議廳、小巷道、及鄉間小校舍作為背誦課之用。耶魯在 1776 及 1777 年長期飽受食物短缺之苦，1777 年 3 月還實際把學生遣散到三個內地城鎮：大一生到 Farmington，大二、大三生到 Glastonbury，大四生到 Wethersfield。1778 年夏季才又重返 New Haven，師生與市民共同組隊來對抗英軍於 1779 年 7 月 5 日的入侵，當 Daggett 教授識別他自己是獨自帶領一隊正規軍的分遣隊時，給予援助的是一堆笨重的鳥槍。

College of New Jersey 恰好陷在 1776 年雙方血拼的火線裡，時而輪番作為英軍及美大陸軍的士兵營及醫院，雙方對待師生皆不客氣；戰爭結束時，校址所在地的 Nassau 已成為一堆廢墟。而 Queen's College 位處英軍主

力之所在 (New Brunswick)，被迫先遷往一個小寒舍，即靠近 North Branch
（北支流）的 Raritan 河，後更搬離原校址 (New Brunswick) 80 英里遠的
Millstone。College of William and Mary 較為幸運，只在收復 Yorktown 之前
後數個月停課而已，不過在 1781 年 10 月，Cornwallis 將軍投降而為法軍占
領時，校長宿舍卻成瓦礫。

　　King's College 則於 1775 年發生暴民騷動，要不是年輕有為的 Alexan-
der Hamilton 之立即介入，否則校長 Myles Cooper 就難以逃到停舶於紐約
港的英國小戰帆船上。數月後該大學被當地的安全委員會 (Committee of
Safety) 徵用作為醫院，但不出數週又被英軍占領；戰爭期間，教學只能勉
強在私人房間內進行，由代校長 (Acting president) Benjamin Moore 帶領指
導。College of Philadelphia 也同樣受到安全委員會的打擾，1777 年春季全
部停課，先是作為美大陸軍的士兵宿舍，後又成為英軍醫院。College of
Rhode Island 則先是美大陸軍的駐紮處，後是法軍的營地，直到 1782 年 6
月才恢復正常。只有 Dartmouth 免遭革命的池魚之殃，但其後因英皇室撤
回先前承諾的經費援助而大受打擊，損傷纍纍。

　　印刷業也受戰爭的荼毒，傷害來自於紙張及碎布的短缺，因為暴民的
騷動及軍隊的肆虐所致。1775 年 4 月共有三十七家報社，只有二十家倖免
於難，其餘被逼斷斷續續發行。此外，在英美衝突之際，另有三十三家開
始銷售，但只有十五家還能延續到 Yorktown 投降時。十八世紀的報社之存
活率皆小，可知戰爭之代價多高。有趣的是，雙方敵意頗深的時刻，報社
面對的管束，大部分是來自於愛國者帶頭的群眾攻擊保皇黨的報社使然。
忠於英皇的總督早就放棄努力來約制印刷業者，因為陪審團並不願意支持
他們的控告檢舉案。戰爭期間，銷售量銳減，1782 年滑落谷底。但雙方簽
下和平協約時，又快速竄升。

　　雖然破壞有限且短暫，但革命戰爭總產生毀滅與干擾。不過在武器交
會時，人們卻也因新環境而衍生出新的生活目的。戰爭在負面影響的同時，
也常常教導人們重新思考一些新問題。美革命戰爭在這方面也不例外。國
家認同以及團結共禦外侮，早在 1740's 及 1750's 年代就開始醞釀。當然，
孕育此種酵母的，正是主要的教育機構。此刻，當共同追求的目的已較明

確，則同仇敵愾及一致對外之心也就更深也更擴大了。愛國狂潮最具體化的動作，就是於 1779 年早期出現在費城的初級讀本，其中有華盛頓 (George Washington) 的雕刻肖像。更有甚者，英軍、法軍、德軍，與美軍混在一起，相互學習，共同住宿，他們都作為美大陸軍隊（獨立軍）彼此摩肩擦踵與相互切磋的對象。尤其在醫學研究上，醫學學會促使彼此提升醫技品質，這種貢獻真不可估量。Massachusetts 一位年輕人名叫 James Thacher，驚嘆於英軍醫師那種不可思議的「技術及靈活」(skill and dexterity)，而若能與費城的名醫生 Doctor Shippen 交談，也會興奮無比。John Warren 先在其兄處當醫學門徒，但在波士頓跟了法國醫生到劍橋（哈佛大學所在地）及紐約碰到名醫 Dr. Morgan，學習後深為所動，其後乃設立 Harvard Medical School（哈佛醫學院）。其他數以百計的醫生當過軍醫後，才真正第一次有機會體認到醫院的內部實情，既簡陋又髒亂。此種頗有收穫的相互交換所學，也發生在工程、科學、藝術，尤其在政治學上。美國獨立的大陸議會 (Continental Congress) 正扮演一個相互教育的角色。事實上，John Adams 就曾經比喻該議會是一所「政治先知學校」(school of political prophets)。在議會裡，前前後後出入的美國人，就是要準備承擔美國政治責任者。

　　就上述觀點而言，革命戰爭是美國教育史上的主軸。但美國的獨立革命只提供一個機會，而非一種社會運動。獨立戰爭是一個鉅變事件，驗收了一世紀的殖民地教育經驗；同時也產生新的情境，來設定採取新的發展行動。在雙方叫戰前夕，Edmund Burke 期望英方對殖民地採取懷柔政策，他發表了動人的演說，精彩絕倫的描述出，英國應該在體認並尋覓出「不乖精神」(disobedient spirit) 之源泉，就應立下心意把它擊碎。他在冗長的演說裡提到美國人的性情，作了如下的結語：「那麼，先生！是有六個源泉的；即祖先遺留下來的，組成政府的形式，北方殖民地的宗教，南方人的生活方式，教育，以及離開第一批移民政府之距離極為遙遠。這六個源泉萌發出凶猛的自由精神，在你們的殖民地上，人口越多以及財富越增，則此精神就有加無減。此種精神，不幸的面臨英國權力的運作，不管這種權力多麼合法，卻與任何自由的理念相水火，更與他們的（指美殖民地人士）

不合。這種精神點燃的火焰，已準備要把我們燒掉。」簡言之，一方面帶有英國的祖先血統，一方面卻也遠離首都的支使。殖民地的鄉野生活帶給美國人的，就是在教育他們追求自由。多年之後，John Adams 重述了他一再喜歡說的信念，即真正的革命是在戰前就已發生，發生在「人民的心胸裡」。不採懷柔政策，戰爭只好驗收了上述的經驗。

戰爭也展開了新頁。在切斷了與英國的政治情結後，就迫使美國教育重新思考並重新鑄造早就已在走的路，但還未走完。年輕力壯的共和國愛將贏過專制政權，不管多麼的喜不自勝，他們的優勢統治權還只是個開始，卻還未抵高峰。藉由 Adams 寫給 Wythe 的話，還未制訂出「人類智慧所能設計出的最明智及最幸福的政府」。只是這種康德的名言——設計良好的政府及管教子女，是人間最艱鉅的兩大工程——真是困難無比。政府既要使人民自由又有德行，二者兼得，公民就應接受教育。一位熱情但沒什麼名氣的年輕教師 Noah Webster(1758～1843)，於 1783 年寫信給友人 John Canfield 時說：「美國在政治上獨立，在文學上也得獨立，不只軍隊有名，文藝也要出色。這不是不可能的。不過一個如同我年齡的年輕人，應有一種為學問而努力打拼的精神來影響他們。」該年之末，他大膽的編出一冊拼音教科書，書名為《美國的英文教學法》(*Grammatical Institute of the English Language, Comprising an Easy, Concise, and Systematic Method of Education, Designed for the Use of English School in America*)。其中第一部分，目的恰在於教導美國人要熱愛品德、自由、及學問。從該書書名可知，該書用意是「英語要美國化」。

這個連臺灣學生皆知悉的韋氏大字典之作者期望，欲促進美國聯邦共和國之光榮及昌隆，就應欣然投入心力來推動以愛國情操作為共同寶藏。

> 這個國家一定要在未來的時候，傑出表現於知識學問上的改善而與眾不同。這方面美國的民事憲章及教會規約已有光明磊落的表現。歐洲已落入陳腐老舊，愚蠢、敗壞、及專制，法律變形、生活淫蕩、文學墮落、人性腐化，美國則屬新生嬰孩。如果採用目前舊世界的那套格言，那就如同把老年人臉上的皺紋刻劃在細嫩的年幼童真之

雙頰上，並把朽爛的種子栽在活力的憲法上一般。美國的榮耀，在
有利的時段中及眾人稱讚的條件下開始展現曙光。在我們眼前，我
們擁有全世界的經驗；但不分青紅皂白的把政府準則、歐洲的生活
方式、及知識品味，都作為基底，依此來建立美國制度，則馬上會
讓我們相信，在古代崩壞的樑柱上，無法建立起經久且堂皇的殿堂。
我們美國人的責任，就是挑選出全世界各國的智慧來作為立憲的根，
去蕪存菁；避免引進外國的錯誤及腐化。好好檢視自己，增進品德
及愛國心，潤色並改善科學，普及語言使之統一與淨化，給這個幼
兒王國及人性，填增優越的尊嚴。

　　這位年輕人及他的同胞，一致認為革命已引進一個新世代，也是歷史
上頭一遭，人們可以憑己意來設計政府形式，過真正自由及尊嚴的生活。
此外本節之五開頭所引的一段話，正代表美國人普遍的心聲，這位費城的
年輕醫生 Benjamin Rush，沒有人比他更永不厭倦的扮演重要的角色。

五、充滿願景

　　美國獨立戰爭已過，但那卻絕非美國的革命；相反的，只不過是大
戲劇的第一幕已下，剩下來的幾幕，就是我們要建立新政府，使之
趨向於完美。還得準備著籌設新政府以及改善新政府時，公民所應
遵守的原則、道德、及方式。

—— Benjamin Rush

　　教育的普及化及通俗化，在入學條件、修習內容、及行政管理上，是
美殖民地早期最重要的特徵。既樂觀又帶有彌賽亞情調，新大陸好比新以
色列，生活奉獻於上帝，二者之間似乎有特殊契約。把文學及科學的最高
福利帶給人間，此種奉獻也帶有十足的功利意味。知識之提昇無盡期、無
止境，但都在作為改善平民日常生活之用。為達成此目標，採取的手段是
平和的。也就是說，把教育當成一種工具，來協調難以克服的差別，包括
境內及全世界各國的分歧。1783 年 Ezra Stiles 在康乃迪克的州長及國民議

會之前作選舉講道時，就把此項要點說得淋漓盡致：

> 我們應該在交易、生活方式 (manners)、及科學上與各國有通報系統，
> 來傳達這個世界到目前為止我們所未嘗知悉之事。手工技師及各種
> 行業人員，可能來此並定居；但相對於我們自然人口年年成千上萬
> 的增加，他們在數目上是較為少數的，也因此納入於我們第一批開
> 墾者目前所普遍存在的世襲制度裡，那是錯綜複雜的。但我們不能
> 被他們同化，倒是他們得向我們同化，尤其是他們的第二代及第三
> 代。國與國之間的交流與發酵，無疑的將會孕育出嶄新、獨特、壯
> 麗的東西。Samuel Daniel（1562～1619，英詩人兼歷史學家）的預
> 言，現在實質上已應驗……；環球旅遊來來往往，知識也增加。此
> 種知識可以帶回家而儲存於美國，在此地融會貫通且修整得完美無
> 缺，然後從美國發出閃光，回照歐洲、亞洲、及非洲，以自由及真
> 理來照耀全世界。這種說法是有點澎風的千禧年色彩，更有一種驕
> 傲感，以為美殖民地將成為大都會，全世界都將是郊區。不過這種
> 祈求倒有點人味。鼓吹普及教育，掌控實用技藝及科學，並唱言真
> 理及自由，將獲得最後的勝利。

說得如此口沫橫飛，Stiles 的願景，「上帝的美國以色列」(God's American Israel) 並非沒有問題。Samuel Miller 牧師在其所著《十八世紀簡略回顧》(*A Brief Retrospect of the Eighteenth Century*, 1803) 就曾給予犀利無比的解析。回顧剛剛過去的世紀，Mill 對當時顯然還在進行的教育革命給予好評：求學之道開在各家門口，課程越來越有助於生活之實際用途，卑屈及「僧侶式的習慣」(monkish habits) 已廢，女生也有了機會，教育福利已比以往更擴及到社會的各階層。美國還這麼年輕，就已在這方面有長足的進步與貢獻。

不過在上述優點之餘，Miller 卻指出「得忍受的不幸誠然還非常多，除非有特殊考慮，否則難以度過難關」。幸而，教育「在知德兩方面都法力無邊，個人的才華、天分、及性情，雖各自表現不同，但教育是主力。如果教育原則善加改良，計畫好好擬定，則人性最後終能趨於完美，在今世

上獲得絕對至善地步，至少也可增進不少。總而言之，採量以教育為策略，人變成環境之子，只要環境好了，則無宗教之助，這個人也可獲得最高及最真正的提升他自己。甚至吾人也深信，由於知識及光明之普照，所有罪惡、不幸、及死亡，也終在這個地球上消失不見」。Miller 根據他的長老教會觀點，批評人性本惡的理論，認為那種教義與歷史事實不合，也與《聖經》教義所說神造萬物以及人的命運，格格不入。他警告這個世界及生在此地的人，兩相再造，且要激烈的再造。他的意思是說，這種再造是神妙無比的，以便證明人性本惡此種教義不能發生實際的效應。「《聖經》教義的千禧年，代表的時光是知識、仁慈、和平、純淨、以及普世的聖恩；但描述此千禧年於哲學上的夢，卻是荒謬的圖像，其中顯現的是知而無智，仁而不敬，淨及福而無純德。」

不管吾人如何批判 Miller 的非難，或是他對啟蒙運動有盼望也有嘲弄，他倒是真正的抓到了美國人醉心於普及教育所產生的優劣之點，那是融合了宗教上的狂熱及世俗上的追求，這種融合也是極其獨特的。從優點而言，普及教育推動了人們去作不可能的夢，然後開步走去完成實現夢想；但從最壞點來看，普及教育補給人心的是一些永無法填滿的希望，該希望只能在別的世界或更完美的世界中才能實現。簡言之，不管普及教育多高尚，它倒是導致人們殘酷的抵達自傲的邊緣，然後引誘大家超越真、善、及美的願景境界。

第五節　大眾化教育

工業展覽的大功能以及立即的功能，是刺激及教育。這不只是影響於工業階級人士而已，且影響於全民；知識不只增加了，且也擴散了。

將人們努力的成果集結起來，相互比較，則新的想法就會醞釀出來；新的理念會被喚醒，而新發明也將出現。

—— William P. Blake

Emerson 離開教會牧師工作之後，自願選擇公共教學這種行業。而這種行業的世界，自美國立國之後的頭一世紀，擴大了版圖。其中，出版事業本來只是地方性的，現在變成舉國規模了；學園 (lyceum) 運動，從 1820's 年代開始，就從小村莊的演講擴充到全國每一個角落；初現雛形的圖書館、博覽會、及博物館，以驚人的速度增加數量及種類，為全民提供文化服務。但這些機構在大眾化的同時，卻面臨兩難困境。起先大家都各自嚴守「教育」的本意，去進行文化的普及工作，可是其後機構多，到底是為了競爭生存，還是為了要維持原本精神，就陷入左右為難的境界。1850's 年代的 Boston 的公共圖書館 (Public Library) 與革命年代的圖書館，性質不同；這也如同 P. T. Barnum 的馬戲團與 Charles Willson Peale 的博物館有別一般。公共教育意涵也隨著變遷。Emerson 對此了然於心，他開發這塊田地，但也批判這塊田地。只是這樣做的同時，以他的標準來衡量，他適足以代表這種轉變時代的教育工作者。

一、印刷業

印刷業在美國立國後，就扮演一種教育投資角色。大半仿富蘭克林方式，全國鄉村及城鎮，印刷業經營者蓋了店，找了地域，開始印刷運作。他們不只是出版商，且還是作者、編者、裝訂者、販售人、及圖書館管理員。直到十九世紀，印刷事業的成本大概 200 美金即可辦到，這包括活字版及二手貨的印刷機器。不過印刷業者一到某地，即在該地定居，當時人口還甚為稀少。John Scull 及 Joseph Hall 帶著印刷設備於 1786 年早期到了匹茲堡，當時該市人口還不到四百。

如同富蘭克林，早期的印刷業出版許多印刷物，其中大部分是報紙，少數則出版雜誌；另有部分也印傳單、戲票、及手冊。其後短論、小冊、書，尤其學校用書，也都是出版的對象了。隨著，書店也就有必要興建，以及流通性的圖書館。在大都會裡，這些建築就分別發揮各自的功能。不久，印刷業者單獨的角色也就出現了。

Isaiah Thomas 在這方面提供最佳的範例，他的事業橫跨革命戰爭時代

及建國時代。生於 1749 年，家庭潦倒，跟 Zechariah Fowle 學印刷術，後來成為師傅的事業伙伴。辦了《麻州間細》(*Massachusetts Spy*)，支持美國獨立戰爭，聲名大噪，也賺了不少錢。1770's 年代時兼發行雜誌、年曆、以及書本，至 1790's 年代達尖峰，員工有一百五十人之多，還在各大都市與他人合伙。Thomas 最早出版了英文字典及《聖經》，銷路通行全美，也出版音樂作品及美國本土作家寫的小說。另外，還編寫算術教科書及兒童讀物。

出版家對作者服務，也給稿酬。但不久，如同富蘭克林一般，不時的考慮到教育問題，即出版內容的選擇，以及對某一問題，作者態度如何，這些都應列為重要的考慮；價值性、引人性、銷路性，都應顧及；其實，三者皆相互有關。Thomas 出版了 Noah Webster 的拼音書及文法，William Perry 的字典，以及英國暢銷書如《雙鞋》(*Goody Two Shoes*)、《母鵝》(*Mother Goose*)，及《魯賓遜漂流記》(*Robinson Crusoe*)。

Samuel Griswold Goodrich 是 1816 年到他去世的那年 (1860) 最活躍的美國出版家。他對美國 1820～1850 年出版業的計算，如下表所示：

表三十　　1820～1850 年書籍出版之總金額

	1820 年	1830 年	1840 年	1850 年
學校用書	750,000	1,100,000	2,000,000	5,500,000
古典著作	250,000	350,000	550,000	1,000,000
神學書	150,000	250,000	300,000	500,000
法學書	200,000	300,000	400,000	700,000
醫學書	150,000	200,000	250,000	400,000
其　他	1,000,000	1,300,000	2,000,000	4,400,000
總　數	2,500,000	3,500,000	5,500,000	12,500,000

1. 出版業者集中在東部，但銷售地區則分散各地。如紐約的 Albany，俄亥俄州的 Cincinnati，南卡羅萊納州的 Charleston。
2. 大出版商出書，小出版商也林立。
3. 出版品大半非原始著作，卻來自歐洲。如 Scott 的海盜故事，Dickens 的小說，歐洲的傳記及史書；但也出版有第一手的資料如教科書、教學手冊。
4. 1840's 年代以前，以出版歐洲作品為主，但以後則美國作品充斥美國市場。

Goodrich 不只為兒童出版富有教育價值的書及雜誌，編有兒童故事，也是一個說故事的高手，還特地出版美國人的作品。1820 年出版 John

Trumbull 的詩，結果虧本很多，不過他很高興 1830 及 1840 年之時，出版界已從出版英國的作品，轉而印刷美國人的作品了。

1820's 年代，全美最大的出版商是紐約市的 Harper 兄弟 (James and John Haper)，出版的書還分類為「家庭用」(Family Library, 187 項目)、「古典」(Classical Library, 37 項目)、「小說精選」(The Library of Select Novels, 36 項目)、「兒童讀物」(Boy's and Girl's Library, 5 項目)、「學區用」(School District Library, 295 項目)。以「家庭用」為例，此部分的書影響力最大，該社出版培根、洛克、William、Paley（1743～1805，英神學家兼哲學家）、及富蘭克林的作品，也將英國改革家 Henry Brougham，蘇格蘭骨相學家 (phrenologist) George Combe，德裔美籍經濟學家 Francis Lieber，及美國作家 Richard Henry Dana 的著作付梓，這些學者，皆屬功利主義學派，更加深美國功利主義的勢力。而歷史、傳記、自然科學、及實際智慧的書，尤受推崇；神學的書則用節本，且不取任何教派色彩，以增加讀者人數；本土作家因人數少，所以還特別引人注目。

宗教作品則由美國聖經協會 (American Bible Society)，美國經文協會 (American Tract Society)，及美國主日學校工會 (American Sunday School Union) 負責出版，Haper 公司並不侵犯或搶奪其原有市場。

二、圖書館

早期的書本及雜誌，售價並不貴，其後由於競爭，還大殺價。但即令如此，一般美國家庭仍很少有經濟能力可以大量購書或訂閱雜誌，私人藏書的風氣繼續存在。牧師、醫生、律師私人辦公室、業餘科學家及哲學家，都藏有不少珍貴圖書。Charles Grandison Finney 因在 Benjamin Wright 的法律圖書館讀了私人藏書後，頓時改宗信仰基督，尤其受 Mosaic Code 所感召。許多記載也敘述一些人向他人借閱圖書之後，大受影響。

大學圖書館之藏書量及種類大有增加，Harvard College Library 在十九世紀是美國藏書最多的所在，1790 年時只有一萬二千冊，1875 年則增加到十五萬四千冊，並不包括學生社團或各種專業學院的藏書。Yale College 的藏書在 1875 年時是七萬八千冊，也不包括耶魯其他單位的書籍，Columbia

及 U. of Pennsylvania 的圖書量約各為二萬，College of William and Mary 則只有五千，因為 1859 年及 1862 年兩度遭祝融光顧。新學府如 Tennessee 的 Bethel 及俄亥俄州的 Geneva 等，藏書少於五百者，比比皆是。

十九世紀時，有不少「社會圖書館」(Social Library) 存在，且擴充迅速，尤其在 Andrew Jackson（1767～1845，1829～1837 為第七任總統）主政之時為然。社會圖書館的功能，依設置目的的不同而不同，有職業技藝門徒使用的，也有宗教用途的。1875 年時，數目有數百所之多，一設立之後，自有後繼者予以擴充。1840's 及 1850's 年代時 Sunday School Libraries（主日學校圖書館）及 District School Libraries（學區圖書館）最盛，二者皆與學校教育有關。前者由 American Sunday School Union 所獎助，後者則在州政府通過強迫入學法案時，由州政府支持。1859 年 William Jones Rhees 出版《公共圖書館手冊》(*Manual of Public Libraries*)，估計全美有 50,890 個圖書館，總共有 12,720,686 本書，其中有三萬個圖書館及六百萬本書是屬於 Sunday School Libraries，一萬八千個圖書館及二百萬冊書屬於 District School Libraries。

技術上來說，Sunday School Libraries 屬私立，District School Libraries 則為公立。但在一般人的心目中，二者皆屬公立。不過 1850 年之後，「公立」(public) 這個詞越來越有新的界定，凡由公家所設，公家來管理，人人皆可入的機構，才算公立。大家為了自我道德改善、自我教育，及職業提升，因此對公家圖書館的要求越來越增加，這與公共學校運動相互搭配。1852 年，Boston 公立圖書館 (Public Library) 的年度報告，在這方面最具影響力。該報告說：

> 假如我們無免費學校，則無教育，也不可能有社區。大多數的孩子要在私校就讀，浪費父母的金錢。公立學校提供相同的利益給貧富的學童福利，開銷靠公款支持，所有各階級的人都應送孩子到公立學校就讀。
>
> 在共和政體之下，公立學校才是應該有的學校機構，教學既具價值，也直接造福學童，這是勿庸置疑的。同樣也不辯自明的是，為了擴

大教育的進步，使每個人都以自己為師，則這個繁榮又慷慨的都市，為什麼不能多花一些錢來興蓋公立圖書館?使男女年輕人在離校後，就可以常到那兒接受一般文化的陶冶，也可以在任何有用的知識部門中下功夫，作進一步的研究。

上述論點，在新英格蘭及中西部，常常被眾人聽聞。因之在 1850 年以前，有二十五座圖書館被分類為「公立」圖書館，1850 年到 1875 年之間，該數目已增加為二百五十七座了。

三、學園 (Lyceum) 運動

富蘭克林在他的《自傳》中提到設立圖書館公司 (Library Company) 於費城的故事時，說他的「繪仙會」(junto) 會員皆蒙受其利，因為大家皆可在圖書館內看到大家新寄放的圖書，「好比每一個人都擁有大家的書一般」。不過他又提及另一件也很重要的事，即讀書會的舉辦，那也是「繪仙會」的核心活動。大家一起讀書，一起討論，這在十八及十九世紀都是一種社交活動。過去是大聲的讀，現在則是默讀，並把心得提出報告，讓大家分享，相互切磋琢磨，彼此提攜糾正，改善自己也改善別人。

新國家建立之後，讀書會運動繼續存在。閱覽室、圖書館、學術文化團體、哲學機構、科學增進社，處處可見。農、工、商、藝等各行業，都有讀書會的組織，尤其在人口較多的市鎮地區；其中最重要的組織，就是美國學園 (American Lyceum)，成立於 1826 年，由一位富有的康州農夫，名叫 Josiah Holbrook 來發動，他是個業餘的科學家，上過耶魯，在故鄉 Derby 辦過私校，聽過耶魯科學家 Benjamin Silliman 的課，遂企圖進行數種實驗，將手工訓練、農業教育、及正式的學術性教學，三者合一，此種教育改革，使他小有名氣。他希望: (1)Lyceum 的目的，在於改善眾人的實用知識，並增進公共教育；(2)為達此目的，應聚會來閱讀，巡迴討論，發表觀點，說明科學的益處，有場所來陳列科學儀器，各種動植礦物標本，人工及自然產物。(3)年交 2 美元即可作為會員，20 美元可作終生會員；十八歲以下免費可享一切設備。1829 年全國各地已經皆有 Lyceum 存在，大

家聚在一起，增進談話品質，年輕人尋求並享受較高水平的娛樂；社區則
更因資源集中，消遣較經濟；地方圖書館、中小學校及實科學校，則因大
家皆熱心於教育而蒙受其利。教師聆聽教育問題的大眾討論，因此也有收
穫；地方人士更因繪畫社區地圖，編寫地方史，作地方調查，因此對美術
及各學科也產生新的興趣。

知識的大眾化，工藝技巧的普及化，在 Jackson 任總統時，最為風行，
Lyceum 理念在美國找到了肥沃的土壤，1830's 年代蔚成風潮，內戰前數年
則稍衰。新英格蘭及大西洋沿岸中部各州的城市，設立最多 Lyceum，中西
部較少，因為人口不多，交通不便，而南部更稀。1831 年 5 月 4 日，The
National Lyceum（全國性的）首度在紐約市開會，其後在 1839 年之前每年
皆有年會，1837 年 Holbrook 甚至擬議成立 Universal Lyceum（環球性的），
但無成；同年他也在俄亥俄州的 Berea 成立第一個系列的學園村（Lyceum
Village），旨在把教育「接枝」(engraft) 過來，創造一個理性生活及道德社
區生活的典範。但此種事業沒能延續，其他 Lyceum Village 之計畫也曇花
一現。

以麻州 Concord 的 Lyceum 之初期活動為例，舉辦的各種活動中，包括
演講七百八十四次，辯論一百零五次，音樂會十四次；其中當地人的演講
有三百零一次（九十八次是 Emerson，十九次是 Thoreau）。辯論的項目有：

1. 欠債而坐牢，此制不容廢除。
2. 靈魂不朽，可經自然之光來啟迪。
3. 書籍的流通對社會有利。
4. 人民之道德業已改善。
5. 頒授學術性及科學性的學位給女生，不可行。
6. 人口密度高的地方比人口稀少地方的道德較差。
7. 美國人的版權也應及於外國人。

Emerson 很喜愛以 Lyceum 作為他的「講壇」(pulpit)，所以他寧可放
棄作為唯一神教派 (Unitarian) 的牧師，甘心改行演說及寫作；提供給聽眾
及讀者的，不是來自於神學，而是歷史、傳記、科學、及旅行。相對的，
學習者的目的不是為了救贖，而是娛樂及個人改善。Emerson 在他的日記

裡寫道：「這裡是個講壇，其他講壇屈服了，也比較不具成效，因為其他講壇在講道前都作一種冷冷的預備，機械式的；本講壇則把最典雅的、最精緻的、最美好的、也最高尚的事務提供給眾人。無箭、無斧、無瓊漿玉液(nectar)、無低沉的怒吼、無傳送過來的戳穿刺入、沒有鍾情熱愛、無心醉喜悅。在此地，人人完全盡力而為，一個小時的論題，可以予以擴大、增加、揮霍。此地，也可以期望獲得出神入化、辯才無礙。」

American Lyceum 本身對全國人民的文化生活及教育生活極具意義，組織最大，也最完善。社團、協會、機構，應有盡有；各行各業，都包括在內。農夫、工人、教師等，都有各自的 Lyceum 機構；律師、醫生、工程師等專業人士，也都有 Lyceum 協會。圖書館、學校、雜誌，也不少是由各專業團體所設。

總之，學園運動如同現在的報紙、TV、或 radio；透過演說，題目無奇不有，包山包海，從太陽到蜂蜜，從回教到婦女的法律權，都是話題。

四、博物館

Holbrook 除了組織 American Lyceum 之外，另也設立機構作為博物館，收藏各種動植物、礦物、以及「人工及自然的產物」，來探討大自然的奧妙，並公諸於世。1820's 年代他的收藏寶室就是有名的 Holbrook School Apparatus（學校器材），認定自然就是上帝的傑作。循著 "Lord Bacon, the incomparable Mr. Newton, and the Great Mr. Locke"（培根勛爵，無可匹敵的牛頓，及大師洛克先生）的路線，來完成一部「自然之書」(Book of Nature)。科學儀器、化石、學校器材及其它奇物都在收藏之列。

費城植物學家 John Bartram 藏有好多貝殼、鳥類、昆蟲、魚、烏龜、以及有關自然的書本。其後其子 William Bartram 利用這些資料做科學研究之用。費城醫生 Caspar Wistar 也是解剖學教授，他的收藏物其後作為 Pennsylvania 大學解剖博物館的基底。紐約的植物學家兼醫生 David Hosack 也有許多礦石收藏，後來送給 College of New Jersey。1750's 年代時 Harvard College 也有個「奇異貯藏館」(Repository of Curiosities)，一世紀之後就是劍橋的大學博物館。1773 年 Charleston 的圖書協會也費力收集 South Carolina 州的自然史資料，是美國第一個公共博物館。

　　上述收藏資料的機構，皆缺乏活力十足的企業管理及大眾鑑賞眼光，只有下述兩個是例外，一是 Pierre Eugéne Du Simitiére，二是 Charles Willson Peale。在美國立國之初，樹立博物館經營的模式。

　　1. Du Simitiére (1738～1784) 遽然去世在 1784 年，他是革命時代的美國傑出博物館專業人士。出生在瑞士，從西印度抵美的紐約時為 1763 年，二十五歲的年輕人，喜愛收集花卉、植物、動物、歷史古物，佐以他自己的繪畫及雕刻。一生最大的期望，就是在這個他的第二祖國，成為「國會的歷史傳記家」 (Historiographer to the Congress of the United States)。但事與願違，遂費心力在費城住家的 Arch Street 建立一個「美國博物館」(American Museum)，收藏化石、貝殼、蛇、印地安遺骸、銀幣、目錄等，另加上他自己的水彩畫、鳥、植物、自然風景、國家顯要人物肖像等。1782 年 5 月，博物館公開展示，還十分轟動。但他去世後該館也壽終正寢。

　　2. Peale 的事業則較長久，出生於馬里蘭，學過肖像畫。革命時從軍，1777 年畫過革命之前的領袖人物之肖像 —— Washington、Nathanael Greene、Marguis de Lafayette (1757～1834，率法軍助美國獨立戰爭之將軍) 等人。他想到設立美術館來陳列戰爭及英雄事蹟。1782 年在費城的 Lombard Street 住家展覽偉人肖像，其後變成他自己的博物館 (Peale's Museum)，也可叫做費城博物館 (Philadelphia Museum)。1784 年夏天，Peale 被邀去畫一些絕種的古代大象 mammoth 的骨頭，以後轉給一位對此有興趣的德國學者。他也順便將那些遺骸予以展覽，卻引來大批民眾的參觀，此舉使他對展覽觀念有了重大的改變：展覽應經過系統化及邏輯排列化的安排，將自然秩序展示給人類了解，「美術館」 (gallery) 就等於「博物館」(museum) 了。1784～1786 年，他設計了「轉動圖」(moving picture)，將透明的玻璃繪畫配合燈光及聲音予以轉動，來展示自然變遷的過程，從晨曦曙光的來臨到某些大戰的過程，moving picture 形同「電影」一般，對人民之自然教育大有幫助，也提供更多的想像空間，人民更仰慕上帝智慧的偉大。

　　把宇宙予以縮影，許多友人、陌生客、遠近人士皆捐出各種花草、鳥、

蛇、化石、礦物。1786 年他獲選為美國哲學學會 (American Philosophical Society) 會員，擴大了他的知名度。他的收藏及展覽物，更包括了多種野獸，如：熊、猴子、鸚鵡、古代老鷹（其實就是國防部的旗幟及印章），另有新近發明的科技儀器，尤其電器；另有一個 mastadon 的站立骨架，那是他及友人在紐約的 Newburgh 附近挖出來的骨頭予以結合者。此外，還有英國及美國名人的各種配戴，如 George Washington 的肩帶 (sash)，Oliver Cromwell（1599～1658 年的英攝政）的鹽瓶 (saltceller)。展覽入口處寫著「博物館，自然的大學校」(Museum, Great School of Nature)，另有個標語「智慧之校 (School of Wisdon)；自然之書開啟，揭發了奇異的工作，永恆的法則存在其間」。

有陣子 Peale 希望獲有公款來幫助，但除了州首府從費城遷到 Lancaster(1802) 時，空出來的「州大廳」(State House) 可供展覽之用外，無一分毫取自於政府。他的事業都獨資經營，希望「率直的眾人之判斷」(judgment of the candid public) 能支持他。數年來他的博物館，使他有了愜意的生活，他收集標本，挑選材料，在展覽室牆壁上寫上了《聖經》的一段話，都具教育用意。

Peale 的博物館 (Museum) 遠近聞名，各地仿之；紐約於 1791 年成立了美國博物館 (American Museum)，業餘科學家 Gardiner Baker 負責其事，裡面有圖書室、動物區 (menagerie)、蠟像室，以及好多奇花異草，包括兩個頭的羊（來自紐澤西州的 Brunswick），一個婦女頭上長了六吋長的角。而紐約的 American Museum 則更擴大收藏面，又有音樂表演，戲劇展出，與馬戲團娛樂。

1791 年，Massachusetts 歷史學會 (Historical Society) 由牧師 (Rev.) Jeremy Belknap 創辦，收藏品比較專門也比較偏重歷史文物。1804 年，Belknap 之友人 John Pintard 與歷史學會 (N.Y. Historical Society) 也是如此。1802 年於紐約之美國藝術學院 (American Academy of Fine Arts) 則收集了歐洲文化、建築、及繪畫。費城仿之 (1805)，1812 年更成立自然科學學院 (Academy of Natural Sciences)。

彰顯美國國家的文化特色，三個文化機構成立了，那是美國自然史博

物館 (American Museum of Natural History)，大都會藝術博物館 (Metropoli-
tan Museum of Fine Arts)，及 Boston 藝術博物館 (Museum of Fine Arts)。不
過這是內戰之後的事。如何在娛樂大眾之時，又能兼具啟迪大眾之用，提
升文化水準，是這些機構常面臨的兩難問題。

五、博覽會及展示會

博物館是定型的建築，可作長期使用；博覽會 (fairs) 及展示會 (exhibi-
tions) 則為特定項目而舉辦，存在時間短。這兩種都有歐洲的傳統。博覽會
自羅馬帝國開始，即帶有宗教或商業色彩，展示會則在於展示藝術作品或
工業產品，於現代的義大利及法國常出現。十九世紀以後，此兩項活動合
而為一，對於大眾教育也扮演另一種重要角色。

北美新大陸最早的博覽會，是殖民地商品博覽會，除了展示商品外，
另有娛樂項目，如賽馬 (horseracing)、競技 (competitive sports)、以及四處
旅遊表演者的雜耍。革命戰爭後，由於交通的改善，商品展覽漸漸式微，
不過展示的衣料，已經顯示出美國本土產品的特色。

初始的農業產品展示，農民本身的興致並不高，倒是商人、律師、牧
師、醫生，甚至建國之後數任總統，對此深感興趣。1800's 年代早期，Elkanah
Watson 經商失敗，已年屆五十左右，於 1807 年下決定過「田園幸福生活」
(rural felicity)。遂在麻州 Pittsfield 附近買下一片農莊，根據英國科學方式
來經營農場，先買了一對 Merino 羊，由於羊毛品質奇佳，他遂展示給鄰居
觀賞。他回憶著：「許多農夫，甚至婦女都大表好奇來參加這個新穎但不起
眼的展示，這個意外的運氣，我這麼想，若是兩隻動物就能引發大眾的注
意，那麼大批動物的展示呢？」來參觀的農夫皆異口同聲的贊成他這麼做。
新的農業展覽從此有了影子。

三年之後，用科學方式來養 Merino 羊以及畜其他動物，證明成效卓著
後，Watson 乃與鄰居二十六人共辦 Berkshire Cattle Show（牛展）。隔年
(1811)，他與夥伴組成了 Berkshire 農學會 (Agriculture Society)，來支持「牛
展」，也兼展其他農作物或家政產品，並佐以愛國及宗教的演說，使博覽會
增加尊嚴的一面。另有行軍、行伍、及舞蹈穿插其間。不過其中之一項主

要用意，就是利用科學知識來改善農業經營，博覽會或展示會只不過是提醒農民的注意而已。Watson 不眠不休的為他的計畫而努力，寫了不少小冊及短文，到處演講，發表演說，希望各地也能成立協會。美國農業的科學化及教育化，從此奠下根柢。

工商業產品展示多半在大都市，農業展覽則多半在鄉村。1851 年，「全球文明國家工商大展」(London Exhibition of the Industrial of all the Civilized Nations of the World) 在倫敦舉行，大家皆稱之為「水晶宮展示會」(Crystal Palace Exhibition)，是史上無前例的盛事。英國國會大力支持，女皇夫婿 Prince Albert 及皇家也出資，展示品在一個巨大的「水晶宮」內展出，空間有八十萬平方呎，展示一萬四千種產品，一半以上非英製。1851 年秋季結束時，超過六百萬人來參觀過。

美國之參展，是希望美國的工業產品可以提供給歐洲人「更公正的了解，並更完美的認識這個共和國」。參展是最佳的管道，但國會不想冒這個險，因之只有私人企業與會，一直到結束，共有五百六十種美國產品，展出人工腳（假腿）、口嚼煙草、一具 McCormick 收割機、一架草擬的犁 (Prouth and Mears Draftplow)、一台勝家裁縫機 (Singer Sewing Machine)、一具 Morse 電報機、一個齒輪 (colt)。這些展品運作起來，讓人讚嘆！觀眾一看，就說那是「美國人的觀念」(American notions)。英國人認為美國的工業成果不可予以忽視，「此次展出比其他數次的各種展示途徑，使大英從美國獲取更有用的想法，及更多的本土發明」。

要是說英人從水晶宮的展覽中學到更多美國之靈巧設計，則美國人更在此次展示會中學到更多的教育價值。紐約一群人立即也舉辦一個美國水晶宮展示會 (American Crystal Palace Exhibition)，來展示美國的「資源、工業、及藝術」，並給美國大眾一個機會，將美國製與外國製產品作一番比較。目前位於紐約公共圖書館 (Public Library) 的一塊地（在第四十二街及第五大道，Fifth Avenue 之交界），租來作為「儲藏廣場」(Reservoir Square)，各國競相同意參加展示，由於展覽會場之建築物未按預定計畫完成，從五月延遲到七月，展示品未善予安排，經費也不能好好處理，參展者損失不少。不過美國人獲得頗具意義的經驗，參展成品五千種中，有外科手術工

具及海軍艦炮。參展者共二十三國，有一百二十五萬人參觀，沒參觀過的人也間接聽聞此項訊息。

　　1876 年為了慶祝獨立宣言一百年，美國在費城又舉辦了一個國際的百年展覽會 (Phladelphia Centennial Exhibition)，該會籌備五年，花了一千一百萬美元，目的在使國人增加對世界的了解，鼓勵工商貿易的往返，重整內戰後的家園，並促進和平。此外，向世人說明美國的國力，人民靈巧的性格，以及美國制度的長久性。展示並非只給工業階級的人觀賞，而是給全民。不只增加知識，且擴散知識，將人類的努力予以集結起來，且相互比較，新的發明就將誕生，工業藝術上展開新世紀。各國的進步遲速，也一清二楚。這也不只是限定在自然產品及人工產品、機器產品及方法的展示而已，也是人際關係、人與世界的關係、人與大自然關係的展示，也展示了人的思想及人的活動，以及在藝術及所有科學的產物。

　　立國一百年的展示，最後經國會選定在費城的 Fairmount 公園 (Park) 舉行，Grant 總統宣布展覽日期從 1876 年的 4 月 19 日到 10 月 19 日，國務院正式發函邀請世界各國參展，共三十五國接受（代表五十八個政府）。展示點不是如同 1851 年倫敦只在水晶宮一處，卻在二百三十六英畝的地上有一百六十七處建物供展示，可存三萬件展品，超過八百萬人（八百萬到一千萬）來參觀，打破歷史記錄。

　　走過展覽場地及大廳堂，就如同環球旅行一般，全世界人民的生活方式及思想習慣皆一覽無遺，且提升參觀者的眼界，使之不再受限於原有狹窄的周遭環境。他的視野擴大了，把所有人種都包括在內，除了領會參展國的一般文化及大都會種種之外，每個人也能從中各取所需。農夫看到了新的機器、種子及栽培方法；工人可看到各種發明、儀器、精緻的手工藝品；教師找到了教育的補助教具及各國學制；科學工作者看出自然界的神奇，以及全人類當中腦袋最佳者的觀察結果。每人回家後都帶回許多資料，可以供自己的行業來使用。

　　觀眾想看機器如何運作，展示場就展示給他看。「婦女的校舍」(Women's Schoolhouse) 展示館中有幼兒園，一週開三天，參觀者可實際品嚐一杯土耳其咖啡 (Turkish coffee)，一碗德國酒，甚至可以打一通電報。另有演

講，貝爾 (Alexander Graham Bell) 現身說法，展示他發明的電話；愛迪生 (Thomas A. Edison) 也親自操弄他的「美國自動電報機」(American Automatic Telegraph)。觀眾有來自農村，來自城市，來自加州，來自紐約，來自本國，及來自外國者，彼此因此緣分相識，互相教導，甚至因此成為莫逆之交。

小至來自 Indiana 的小學生展示生物標本，大至瑞典鄉村教室的模型，令參觀者訝異的一件事，是從莫斯科 (Moscow) 及聖彼得堡 (St. Petersburg) 來的參展作品非常耀眼，第一次展示在世人面前的，是俄國的教育工作者如何克服難關，組織教材、提供學生商店來作為技術教育之用，除了「建造商店」(Construction Shops) 使學生製造一些可賣的商品之外，另有「教學商店」"Instruction Shops" 之設，且學生在「教學商店」學習之後，才在「建造商店」從事藝徒工作，這是 Victor Della Vos 的主張，他是莫斯科帝國技術學校 (Moscow Imperial Technical School) 校長，該校成立於 1868 年，由皇室立案，Della Vos 認為精通任何技藝，如繪畫、音樂、油漆等，都應按部就班，先克服小困難然後就能純熟，把每種技藝，如細木工 (joinery)、鐵工 (blacksmithing)、木工 (carpentry) 的工作過程，皆按難易予以分解，這些步驟正好在費城展示。M.I.T. 校長 John D. Runkle 經過「機器館」(Machinery Hall) 時，目睹此種展示，他在 M.I.T. 也正面臨同樣困擾；從費城返校後於 1876 年 8 月 17 日經校董事會同意，不只為工科學生設有商店，也新設工藝學校 (School of Mechanic Arts) 來提供手工教育。過去的藝徒教育，在工業革命後比較重視專技性的工作，但公立學校運動之後，學生又偏向心智訓練。手工教學恰好可以平衡此二者，技藝教育的本身是「教育」而非「技藝」，原則而非技巧，氣質而非產品。不過有人批評，學生素質如同 M.I.T. 者，才能如此。

第六節　藝徒制度

一個人可以在他的生意中或行業裡接受教育，此種說法看起來似乎

有點耍文字花樣，但是吾人無法找到比這個更「紮實」(solid) 且更令人同意 (agreeable) 的事實。

—— Ralph Waldo Emerson

一、農業教育的改善

美國在開拓之前，一隻松鼠可以爬到紐約市的樹上，然後不著地的從該處跑到現在芝加哥的密西根湖 (Lake Michigan) 湖邊。(Thayer, 244)

美國獨立建國之初的頭一百年，全國人士多半是農夫，他們實際上也在農場耕種，不過農村生活及工作型態，已有大幅的改變。1780's 及 1790's 年代的美國人多數住在農村中，農村是自足式的，每個家庭都可自給自足，包括食物、衣服、傢俱、肥皂、蠟燭，甚至農村的工具，雖然仍有人捕魚、磨粉、製革、鋸木、冶鐵、造船，但仍兼種田工作。1860's 及 1870's 年代，勞力花在農業上的，已下降約一半，因為不少美國人轉行到製造業及建築業、貿易業及交通業、採礦業、教育業、及其他行業了，而農業的技術化及機器化，也改變了農村生活的本質；1876 年立國一百年的「百年展示會」(Centennial Exhibition)，教育美國人的比教育外國人的為多。收割機、打穀機、蒸汽機、及紡織機，都展示著社會生活的轉型，美國人的教育也就跟著發生變化。

立國之初，男女孩童如擬共同學習來維持農村家計，都是靠非正式的家庭生活方式，教育過程是最傳統的，有經驗者予以示範、解釋、展示、監督、批判、與建議，新手則模仿、觀察、嘗試、練習、探究、及傾聽。子幫父兄，女助母姊，從中可以學習知識及技能。一般來說，男耕女織，性別差異及男女分工顯現在農村生活者，並不十分顯著。在農忙或面臨大雨即將來臨之際，完成耕種或收割，則是全家出動。有時男女孩還當藝徒。

非正式的教育所需的農業知識及技巧也不少，農夫要知道如何經營穀物、照顧家畜、控制穀害、進行農作囤積、屠宰動物、農具修補、房屋及穀倉之維護等；婦女也得了解蔬菜之培育、雞籠及蜂巢之處理、食物之準備及保存、衣料及服裝之製作等。不過農夫農婦也不是一生皆單獨各自做各自的事，倒相互支援合作，且共同養育兒女，呵護病患，埋葬死者。有

一本書專門描述此種家居生活的工作及負擔，即 1775 年初版在倫敦的《美國耕作》 (*American Husbandry*) ，作者為無名氏。

十八世紀初，美洲人在這方面的效率並不佳。經濟專家 Tench Coxe 在 1794 年指出，美國農夫施肥不當，不注意種子品質、穀倉、馬房、及圍牆（柵欄），條件差，沒有果園，大西洋沿岸中部各州幾乎已無更多的耕地。十年後 Carolina 州的 John Taylor 更為文指斥維吉尼亞州各地，本來盛產煙草的，現在則一無價值，以燕麥代之，也不能改觀。耶魯的校長 Timothy Dwight 本盲目推崇新英格蘭的，現在也因該地農作物之貧瘠而大為傷感：「吾人農事之主要缺點，如我有能力予以評斷，則是農夫勞力奇缺，準備播種的土地不佳，施肥不足，缺乏好的輪種，農地不整，雜草叢生，翻土太少，施肥也不多；對於各穀物應採輪耕制，農夫一無所知，任令農地滋生野草。」

基於美國農夫之缺乏科學及工技的知識，一些農業團體乃組織起來，介紹英國的科技給美國農夫了解，並要他們採用；但由於會員並非農夫，因此農夫受益也不多。美國農夫仍然維持舊方式，採非正式的教育手段，一代傳一代，有效的把種種欠缺科技的耕作技巧予以香火相傳。直到十九世紀初期，農村經濟發生變遷，國內外市場之興起，才終止此種非正式的教育方式。農業的正式教育方式遂取而代之。

有人編農業刊物，介紹農業新知，如何栽培種子、施肥、灌溉、收成，介紹新的農具及農耕方法。而農校的設立，更直接的助長了農業的改善。1821 年在緬因州 (Maine) 設 Gardiner 學園 (Lyceum)，開設的科目很多，尤其為農工學生而開。1824 年，紐約設 Rensselaer 多科技學院 (Polytechnical Institute)，教化學、植物學、動物學，展示農作技巧，及種蔬菜之施肥法。1855 年 Michigan 農學院 (Agricultural College)，以直接改善農業理論及實際為主要設校目的。各大學都陸續設有農業教授席位、農業課程、及農業科目；尤為重要的是在 1862 年通過默里爾法案 (Morrill Act)，規定每州必設一所農工大學，農業進步才一日千里。

不過這種農業改良，對奴隸制度盛行的南方，效果不大，蓄奴者不願奴隸接受農業教育。黑奴本身也不熱望接受教育，雙方認為教育並無經濟

上的誘因。

二、一般性的藝徒制度

　　學徒制是當時多數人擬獲職業技巧或工作的最主要方式，師傅及孩子之父或監護人訂下契約，通常會給孩子一筆補償費，1840's 年代大半給25～50 元之間。學徒期間多半七年，十四歲或十五歲開始，也有低到七歲，大到十八歲才開始學藝的；學藝期間也有短到四、五年的。

　　當時勞力缺乏，學徒期間有越來越短的傾向。學徒之職責，從打掃庭園到各種專業能力的培養。以印刷為例，當信差，送報紙，準備羊皮紙及印刷染料（黑手工作，有「印刷廠惡魔」之稱）、製版及印刷工作，師傅有時也以身作則，師徒共作上述工作。有些師傅還送徒弟入校，或到圖書館查資料，研究問題。一般而言，學徒工作常是一種負荷及折磨的人生經驗。不過如有學徒能聚資數百美元，買下一個印刷廠，倒也可以一試身手。

　　印刷廠都由師父經營，聘有一些技師 (journeymen) 及徒弟，印刷業者組織全國性的團體，於 1852 年成立「全國印刷工會」(National Typographical Union)。

　　英美交惡時，英貨物禁運入美，逼迫美國專業人員加速在美本土生產專業原料。其後因人口增加，需求量大，生產效率重於生產品質，此種現象難免發生。而隨著時代的進展，分工也屬必然。毫無技術的工人遂在被排斥之列，加州的中國人因之不受製鞋廠所歡迎。

　　1764 年，英人 Janes Hargreaves 發明紡紗機，童工的使用是件平常之事，八、九或十歲的男孩，在 1790's 年代時要做農工、學做其他雜藝的藝徒，紡紗既有紡紗機，操作容易，稍學即會。工廠雇工，有時整個家庭都雇進來，全家人都變成工廠的工人，家長也順便可以教養孩子。有時也聘女工，年齡為十八至二十二歲，住在工廠附設的住宿處，由工廠負責管理。不論如何，工人或藝徒的工作態度，經過《年曆》的提供，他（她）們都知悉 Poor Richard 在《年曆》中所寫的勵志格言——勤奮，守時，誠實，井然有序，謹慎細心，內在節制；也經教堂、學校、及各種民間組織，學到許多做人做事的道理。十九世紀中葉以前，風行各地的福音傳播運動，

旨在塑造良善的品德；禁酒禁煙、去除懶散、自我克制。工廠也制定作業及日常生活公約，遵守者有獎，違反者有罰或遭解聘。勞資雙方之衝突，在 1870's 年代時候，似乎並不十分嚴重，雙方利益之不和雖存在，但爆發抗爭倒罕見。

三、專業性的藝徒制度

1780's 及 1790's 年代的師徒制度，不只培養了技工或商業人員，且也造就了醫生、律師、及牧師。英國傳統上培養後者專業性技巧的場所是在大學、法學院 (Inns of Court)、及醫院，但此種方式並未落腳於美殖民地。美高等學府對專業人員之培育，從早期只重理論或系統的教導，演變成較注重師徒制那種非正式而實際的措施，是慢慢演變的結果。獨立成功時，專業技巧所需的條件，寬嚴不一，幅度甚大。比如說，有些醫生必須深悉最近歐洲的科學知識，有些只靠經驗，只需知道一些草藥即可。律師亦然，有的規定要了解普通法，有些則說話動人即可。公理派的牧師要徹底研究神學，美以美派的教士只要認字即可。一些專業的教授席位，如醫、法、神，早在 College of Philadelphia、King's College、College of William and Mary、及 Harvard 開設。各州努力提升專業品質者不乏其人，不過由於就業容易，專業市場缺人，因此要求專業教育必須嚴格，一定會事與願違。但內戰後，情況開始好轉。

醫學的師徒制，到了十九世紀早期，已有相當程度的標準化訓練了。擬行醫者，先受過數年的學校正式教育，有些還學過古典語文，到了約十八歲左右（有些較年輕者約十五歲，有些較老的是二十五歲）就可以去找一位執壺的醫生 (practicing physician)（通常稱之為 preceptor，師父）當他的學徒，雙方說好權利與義務，師父同意教導徒弟有關作醫生的理論知識與實際技巧，在訓練過程中提供書本及設備；徒弟則甘願幫師父的忙，只要是合理的要求，皆答應予以協助，且交一點拜師禮，通常一年為 100 美金，學習時間為三年，分成兩階段。第一階段，學徒先「閱讀」有關作醫生的必備知識，系統地研究化學、生物學、解剖學、生理學、醫學材料學 (*materia medica*)、藥學、及臨床醫學，解剖動物及人類屍體也在第一階段

進行。同時在師父家及執業處，作些簡單的例行工作。第二階段則陪在醫生身邊，一齊作病人的放血，療水泡，搗藥，包紮傷口，接生助產，或幫忙開刀。藝徒訓練期限到了，師父會發給徒弟一張文憑來證明徒弟已可出師，已受過良好訓練，具服務熱忱，可以掛牌營業了。

此種制度的優點不少，開業的醫生答應在行醫過程中指導徒弟有關行醫的理論和實際，徒弟先有作醫生的預備知識，然後實際運用知識於行動中；也了解到從簡到繁的行醫原則。不過此種制度的弊病也不少，因為徒弟學得的一切，好壞完全依賴師父來決定，若師父的醫學知識及技巧一流，又熱心予以啟迪，則徒弟當然獲益匪淺；但要是師父只是個江湖郎中，只要求徒弟作一些打雜的工作，又在意拜師禮金的多寡，則徒弟所學就毫無價值了；加上假定師父的條件雖佳，但受惠者也只是少數，他指定閱讀的課本是固定那幾本，他本人又與其他醫生沒什麼知識技巧上的流通，醫學之進展就免談了。

就是由於有上述的弊病與限制，十九世紀的醫學教育才作了大改革，其中一項就是證照制度 (licensing)。十八世紀及十九世紀之交，地方及州級的醫學團體已陸續成立，擬行醫者必須經過醫學團體的考驗，評量一位醫生是否可以開業。過去由師父一人負責，現在的重擔放在學會的肩上。證照通常由州政府核發，但卻要先通過學會的推薦。

此外，醫學學會也了解到，有必要設立醫學校來承擔系統醫學知識的傳授，當地若早有個大學院校，醫生就尋求能夠在課程中加入醫科或希望大學院校成立醫學部門；若當地無大學院校，則希望能獲得新設立醫校的立校狀，或於附近其他已立案的學府，成立醫校作為該校的附屬機構。1783年全美有兩所醫校，1876 年就有 78 所了，那是中央「教育局」 (Bureau of Education) 的報告數字。其他非正式的醫校恐怕為數更多，各校的規模及性質，差別甚大，但也有共通性，教學期限大概分兩學期，每期四個月，另加上兩年及兩個暑假的與師父共學。課程包括三個基本領域，第一，與傳統的「閱讀」課程相同，有基本科學（化學、解剖學、生理學、生物學、物理學、及動物學），疾病的理論和診斷，疾病的治療，包括醫學材料 (materia medica)，開刀及助產。教學方式採講授式，配合臨床解剖，通常在屋

外較遠的角落來進行，展示開刀技巧，這些都比較罕見。三年課程結束——
兩個學期的正式學校教育及二十八個月的藝徒學習，則授予 M.D.(醫學士)
學位。醫校裡的開業醫生，醫生兼師父，以及醫科教授，三者之間的財務
及學術專業的關係，皆結合在一起。不過由於 1830's 及 1840's 年代時，療
治疾病的理論，各家說法不一，導致各家自立門戶，互挖瘡疤，互搶學生。
入學標準、授課要求，及畢業資格，在內戰之前，都呈一片混亂及敗壞現
象。

　　這段期間中，美國醫學教育頗富此種風味的，莫過於 Vermont 州
Castleton 的醫學院 (medical college)，1818 年當地三位醫生為了增加收入，
也為了教學徒弟之方便起見，乃成立私有的醫學機構，這三位創辦者之成
為醫生，也是經由藝徒訓練而來，不過他們倒能夠禮聘 Harvard、Dartmouth、
Bowdoin、U. of Pennsylvania、及 Edinburgh 的皇家醫學院 (Royal College of
Physicians) 醫生，及蘇格蘭醫學院的畢業生來當教授，六位專任教授負責
教導植物學、化學、解剖學、生理學、臨床操作、醫學材料、醫學理論及
實際、及醫學法理學，且還有一大群客座教授，大部分是執業醫師而在
Castleton 兼課者，他們也帶來了他們的學徒。該校存在的 43 年之間，曾是
Middlebury College 的附屬機構 (1820～1837)，後中斷了兩年
(1838～1840)，又重組數次，教過二千七百名學生，畢業者一千四百二十二
人，比新英格蘭任何其他醫校的人數還多。該校與多數當時的學校一般，
無入學條件，也很少提供臨床教學，不過學術名望是他校望塵莫及的，那
也是 Castleton 成功的訣竅。

　　醫校成立越多，醫生之供應也越夥。入學條件及畢業資格都有待提升。
理論性的教授 (醫學院的醫生) 及實用性的開業者 (醫院的醫生)，二者對
此之意見發生齟齬，前者希望入學公開，後者則希望有條件限制。二者意
見之交換，其中頗值一述的是紐約大學醫學院 (N.Y.U. Medical School) 的
Martyn Paine 及紐約的 Broome County 醫學學會 (Medical Society) 之
Nathan Smith Davis，二人意見之交流，後者在組織「美國醫學學會」(Amer-
ican Medical Association) 上是最大的功臣。有兩篇演講稿普遍流傳，發表
於 1845 (Paine) 及 1847 (Davis)。Paine 認為劇烈的提升醫藥教育水準，「會

打翻了既有的醫學校，杜絕了大部分想學醫者的機會。」尤其剝奪了那些出身於中下階級的子女上醫校的可能性，也毀了一些正欣欣向榮的醫校，到頭來反而降低了醫療照顧的水平，江湖郎中混跡其間，到處充斥。他希望由最佳的學府來調教精英，其他學校則提供健全的醫學教育給較貧窮的子弟入學，收費較低。對 Davis 而言，他也只關心水平問題，在文章中提到，問題只有一個，即「我們的制度是否有重大缺陷，果真如此，則此缺陷是否可以補救」。二人或許曾經討論過醫校教育要多長，醫校性質是什麼。不過醫校價值是不可置疑的。1840's 年代時，專業醫生已清楚的表達，正式的學校教育可以補藝徒制的不足，而年輕醫生從醫學校獲 M.D. 來開業的數目字，已超過從專業醫生協會頒授證照才來開業的人數。法律界也如此，但速度較慢，仍然靠藝徒制度者較多。十九世紀早期，法學院之設立，也數目可觀，但與醫學院相比，仍落在醫學院之後。

　　法律的藝徒制在十九世紀早期，不如醫學藝徒制來得有組織，也較少標準化。擬當律師者先到法律事務所作雜事，工作性質並不明確，他可以「讀」法律書，如同醫學學生可以「讀」醫學書籍一般。當時最有名的法律文獻，就是 1628 年出版的 *Coke upon Littleton*，為 Sir Edward Coke 所作，是四冊中的第一本，內容是普通法（一般法，Common law）的評論；此外 Blackstone 的《法律評論》(*Commentaries*, 1765～1769) 闡釋一般法，本書極為暢銷，那是牛津教授 Vinerian 法學教授 (Professor of Law)，Sir William Blackstone 於 1758 年所著，共四冊。此外還閱讀當代的法規書籍，並且手抄法律文件，上法庭作服務工作，了解訴訟程序，作師父的助手。由於他可上法庭經驗審判過程，這才是他熟悉法律知識的最佳來源。師父實質上教他多少，倒無關緊要了。其後法律審判更受政治影響，作律師之資格規定漸少，甚至於 1840's 及 1850's 年代時取消，連律師證照都不必要。

　　不過有些律師業者有豐富的法學素養，也勤奮的負起教導門生的責任。Boston 的一位律師 Lemuel Shaw 於 1820's 年代時收了許多門徒，訂下如下的規矩：

　　1.學生事先唸過那所法學校，在何處當過法律事務所的門徒，必須詳細提出報告，尤其要證明看過那些書，對法律方面的知識有什麼進步成績。

2.每週一早上，學生報告上週讀過的書，我會提供並建議本週應閱讀的資料。

3.學生可以在任何時刻，與我討論或交談有關的閱讀資料，我都歡迎，尤其有關國家法規的變更或修改。

4.在法律事務所，徒弟的主要工作，就是送文件、抄寫、簽辦、以及書寫其他所需的東西。

5.從事此行業，必須勤勞、井然不紊、細心，如此才會成功。因此除非有要事，否則都需到律師事務所工作。

6.徒弟如有事外出或請假，必須向我陳述缺席時間為多長，基於什麼理由，若是生病或其他急事，則需告知。

訂下如此詳細規定又負責的律師並不多，各地作為律師的條件也彼此不同。

大學院校首先聘請專人來擔任法律教授的，應數 1779 年 College of William and Mary 任命 George Wythe 到校任職。1789 年 U. of Pennsylvania 也聘 James Wilson 為法學教授，1794 年 Columbia College 聘 James Kent 為法律學教授。不過，與醫學同，早期的法學校，都在一位或一群開業律師的贊助之下，為了更具系統且更經濟有效的教導學徒才發展出來的。一些此種性質的法學校附屬於既有的大學院校之下，一些則私下發展。私下發展者，有些有立校狀，但多數則無。事實上，最具有影響力的此種學校，就是康州由 Tapping Reeve 設在 Litchfield 的法學校，該校並無立校狀，也沒附屬在大學院校之下。

Reeve 是長老教會牧師之子，上過 College of New Jersey，作過文法學校教師及大學講師，然後決定到康州 Hartford 接受 Jesse Root 之指導來研究法律。1772 年獲准為律師，定居於康州第四大城 Litchfield，在 Hartford 以西二十五英里，也開業當律師，兩年後與同僚一般，收門徒以增加收入。由於有點成績，1784 年因為其妻健康因素，不能在家操家教業，遂在後庭院蓋了一間小屋來專門指導門生習法。1798 年 Reeve 被任命為最高法院法官，他請求教過的門生 James Gould 以及兩位助手來經營該教學行業直到 1833 年。當耶魯，哈佛，及哥倫比亞的法學院放寬入學條件後，由於鬥不過這些名大學，才關門大吉。

一開始，Litchfield Law School 就辦理得極為成功，因為 Reeve 提供有系統又廣博的講課，他上過一百三十九種題目，包括內政關係、遺囑付託者及行政者之職責、契約、平等權、侵權行為、訴訟辯論、證據、商事法、及不動產。其後 Gould 加入教學陣營時，又加上債務的收集、貸款程序及刑法。講課內容並無公開出版，但學徒離開時都有完整的講義及資料，那是法學寶藏、法律原則、及判決智慧，都是無價之寶。這些都具實用性。此外，他們也有機會出席辯論庭，參加辯論會，非正式的法律案件檢討會，也參加正規的考試檢定。一年的住宿，學生就可對一般法律懂得極為透徹，也知道得很多，且也深悉其相關的法理原則，此種優勢，美國其他地方無法望其項背。

Litchfield Law School 存在五十九年，造就出傑出的律師，在公共服務界出人頭地；兩位美國副總統，三個最高法院法官，六位內閣官員，四十位州最高法院法官；州長、參議員，及眾議員超過百人以上。不過最具意義的功能是，本校提供一種另類的典範選擇，擬當律師者除了經由在律師事務所來進行較不具系統的「讀」法習法外，還有一條出路。仿 Litchfield 方式者也不少，許多是由該校畢業生所開。1830's 及 1840's 年代時，大學法學院發展出較具系統也較有廣博性的課程，任教的教授出版他們的法律評論文章供作教本來嚴加研究，不少學生也閉門自修。1876 年時此種學校有四十二所，有些還是私人經營的。吾人應謹記在心的是，擬從事律師職務者，仍想走藝徒制度這條老路，且作為律師資格，條件並不十分可怕。十九世紀中葉，醫學教育的爭論重點，是正式的醫學學校教育要多長，性質是什麼，才是美國醫生最應接受的學校教育；但法科教育問題，卻還集中在到底正式學校教育對律師的培養有無價值上。

至於神學教育的複雜性及素質性，比醫學教育及法學教育更為麻煩。其原因一方面是牧師人員的供需各地不同，一方面是教派之間對培養牧師所需的正式教育及所持的意識型態有別，並且各教派各自冊封自己教派的牧師頭銜。不過，培養牧師所需的大學及中小學之文科知識，各教派似乎都有大同小異的共識，而培養牧師所需的專業訓練，也比培養醫生及律師所需的專業訓練，更具必要性。因此 1830's 及 1840's 年代時，擬擔任牧師

職務者，就比擬行醫或習法者更要接受較長也較嚴格的學術訓練。當然，仍有少數的神職人員所受的專業訓練不足，就如同庸醫及不良律師很少受過訓練一般。

公理教 (Congregationalists)、聖公會 (Episcopalians)、及長老教會 (Presbyterians) 在美國獨立時，神職人員之訓練，是先在實科學校或大學院校受過文科教育，然後要修習神學科目。1784 年之前並無類似 New Brunswick 之神學院 (Theological Seminary)，實科學校或大學院校的畢業生如擬當牧師，就留在原校找一位牧師當師父來繼續研究，自己當學徒。神職事業的藝徒制，比醫生及律師事業的藝徒制更注重系統的學術研究，且在某些領域中得下特別功夫，如《聖經》研究（包括《聖經》經文之語言學，尤其是希臘文及希伯來文之研究）、猶太基督教歷史、神學、講道術 (homiletics)、儀式 (liturgics)，當然也得作些牧教區的打雜工作。康州 Bethlehem 的 Joseph Bellamy 於 1742 年開始收門生直到去世 (1790)，他的作法似乎給了 Tapping Reeve 孕育出設立 Litchfield Law School 的主意。Bellamy 的作法，他的一位傑出學生作以下的描述：

> 向學生問一連串有關神學領域的問題，開一系列的書，好多問題要他們詳加探討，這是他的習慣。然後在學生進行研究的過程中，他似乎天天來檢驗並考察學生的進步狀況，迎向學生所發現的任何困難，他的態度都先做一個反對者，目的在於希望學生擴展知識領域，增加他們的智力敏銳度。當學生完成了指定的功課，他就要求寫論文，題目不拘，凡能引發他們注意的皆可。然後他開始講道，挑選他自認最重要的題目，其實也是學生最喜歡聽的教義，具實際性也有實用性。他尤其強調的是精神的高度感受性，那是作為牧師性格及牧師工作最能成功的正字標記。

一旦學生在 Bellamy 處跟他學一兩年，他就可以把這個年輕人帶去教會接受考驗，然後授命去傳教。此種方式，他認為不怕找不到新生，因為尋找他職的就業市場並不大。

Methodists（美以美教派）及 Baptists（浸信會）的牧師訓練就沒有如

此。在美國獨立之時，這兩個教派的教徒，只要真心誠意愛上帝，就可以去傳教；若能贏得主教 bishop (Methodists) 或公理會 (Congregation, Baptists) 之信服，則除了《聖經》經文、教義、及祈禱之外，正式教育不只不必要，且還被認定會分心。這兩教派所需的神職人員更多之時，牧師的訓練就與上述三大派更為不同了，只要「做中學」即可。

獨立成功後，美國各大教派紛紛設立神學院。1791 年 Roman Catholics，1807 年 Moravians，1808 年 Congregationalists，1812 年 Presbyterians，1815 年 Lutherans，1819 年 Episcopalians，1820 年 Baptists，1825 年 German Reformed，1874 年 Dutch Reformed，1879 年 Methodists 都設立神學院。不過，神學院並非是培養各教派神職人員的主要機構，很多神職人員皆靠自修而獲得牧師身分。

1808 年 Andover 神學院 (Theological Seminary) 成立，是 Congregational Church 中保守分子所辦，他們在哈佛的 Hollis 神學講座教授 (Professorship of Divinity) 輸給了一位唯一神教派教徒 (Unitarian)，即 Henry Ware 牧師。Andover 的神學院要求入校生必須獲文學士學位，受過文科教育或同等性質的教育，申請入校者個別的通過由教授主持考試的拉丁文、希臘文、及希伯來文，且須簽約修三年的課程。1830's 及 1840's 年代，任教者皆是名師。學生大部分來自 Amherst、Williams、Middlebury、及 Dartmouth；（哈佛及耶魯已開設神學科）畢業後則在新英格蘭作 Congregational 的牧師，到西部傳播福音，或甚至到外國傳教。

其實 Andover 神學院所提供的訓練，與當時 Methodist 宣教師所提供的，二者之區別並非赤裸裸的。信徒只要能獲得 Methodists 主教或長老的相信，認定虔誠度、勤勉度，及奉獻度夠，就要求他閱讀一些書，開一些科目要他閱讀及研究。由主教或牧師負責監督其研究或閱讀之進展。十九世紀早期，此種方式的閱讀或研究，期限大概是二年，其後延為四年。閱讀的資料，依 1852 年所公布的《陶冶》(Discipline) 一書中所列，有《聖經》、《陶冶》、Wesley 的宣教書、以及 Watson 所寫的 Wesley 傳記。整體來說，只開列這些閱讀或研究資料，範圍窄、內容淺。至於考試，也不十分嚴峻。當然有些 Methodist 的宣教師接受過良好的學校訓練，如 Randolph

Macon 在維吉尼亞州，Wesleyan 在康乃迪克州，或 McKendree 在伊利諾州，然後終生自我進修，收穫豐碩。同理，也有不少智識上的雄蜂在 Amherst 及 Andover 受過完整的訓練。不過，十九世紀美國神學教育，仍然十分雜亂，神職人員應接收多少教育、教派的意見極為分歧。

上述為三種傳統的專業人員之培養過程，其他專業人員之訓練變成專業化，遲速度及成敗率，在十九世紀都不一致。運河及鐵道之興建，建造工業之發展，土木工程及機械工程之進展，都有必要訓練各種專業人才。以工程師的訓練而言，雖然在內戰之前，工程師之養成仍然泰半仰賴傳統的藝徒制，但培養工程師的正式學府也相繼林立，如西點 (West Point) 的軍官學校，Rensselaer 多科技學院 (Institute)，以及大學成立應用科學單位，教導工程師的知能。而 1862 年依 Morrill Act 所成立的農工學院或大學，更在這個方向上加速前進。此外，教育普及之後，師資需求的壓力日增，教學的專業化，呼聲越來越高。州立的師範學校應勢而起，1830's 及 1840's 年代尤為明顯； J. Orville Taylor 及 Henry Barnard 努力規劃出教育學所需的知識內容。不過，仍然有絕大多數的教師，是從教學中學習如何教學，他們所知的教學技術及學識，多半從他們的教師透過非正式的管道中學習而來，這與傳統的藝徒制並沒有什麼兩樣，頂多佐以一兩本有關「教育」的教科書之研讀或上過師範機構。1830's 及 1840's 年代的教育改革者仿農業教育改革步驟，將師校、教師協會、及一些教師培養機構合在一起，認為此舉就可以提升師資水平。

其他專業人員如牙醫、藥劑師、工商業者、及獸醫，在內戰之前的培養方式，仍大量依靠藝徒制度。

學術基礎及實際操作，在專業人員的訓練上，二者如何搭配，不管專業領域如何，都是十九世紀前半的教育課題。一方面，重視學校教育的人士偏愛正式訓練的效率、精緻、及現代化；但另一方面，經驗老到的師父認為，在純正的操作情境中給予系統的工作訓練，價值更高。前者就是「學校文化」(School Culture)，後者則是「商店文化」(Shop Culture)；二者之對抗，持續良久，難以協調。即令是大學院校興建專業學院或科系後，此種爭執仍未平息；並且「商店文化」的支持者，又有專業人員協會予以撐

腰。這也難怪，因為專業人員協會的重要幹部，都是從藝徒制度出身者，他們當然反對「學校文化」。雖然這些地方級或州級的自主性團體，也希望專業人員必須吸收新知，接受新科技，但這些團體同時也在制訂標準、授予證照、及規劃教育課程上，宣揚專業利益以引發公眾的興趣，因此也孕育出一種專業意識，注重專業人員在知能上的提升，效率十足的組織行政，同儕評價，並為大眾服務，形成中產階級的人生觀及價值觀。

專業教育的程度及內容，與大學院校的課程差別不大。醫學校的化學與大學院校的化學幾乎相同，工程師學府的數學也與大學院校的數學相同。因此，凡受過專業教育的學生，在一入大學院校時，修業時間及科目可以減少，這在神職人員、律師、醫生、及其它專業人士上皆如此。

最後，幾乎所有專業學府皆一致不收女生及黑人。內戰之前，全美醫生及律師中並無黑人及女人，除了 Elizabeth Blackwel 及黑人的民間療者是極少的例外；神職人員也除了婦女在教友派聚會 (Quaker Meetings) 中作服務，黑人在 Methodist 及 Baptist 教會服務外，女宣教師及黑人傳教師也少之又少。不過，倒有一種行業為女生開放，那就是教師。十九世紀後半初期，男教師少，而女教師多；但教書專業仍然是男人的天下。一般說來，藝徒制及專業學府多不收女生及黑人，這並非明文規定，倒是當時大家一致的見解，認為專業工作是白人及男人的職責。當正式學校教育的機會大幅增加之後，女生及黑人也入學了，專業身分的取得，門路大開，女生及黑人之取得專業資格，才比較容易。不過，那已是內戰之後的現象，而此種現象的來臨，極為緩慢，且時有時無。

第四章　殖民地教育的轉型

既然國家已立，我們透過彼此的相互接觸，經由生意來往，閱讀書報雜誌，流通的圖書館，加入公共集會與討論，參與研討座談，透過國會演說，州議會立法，政治集會，以及各種管道，從中所受的教育，比在學校內所受的直接教學還多。使我們的國民獲得了一般的知能，那無疑地已彰顯了我國的國民性。因此今後為什麼不能設計出一套綜合性的基本教育制度，將其利加上去，則影響力不是更普及於大眾嗎？

—— Enoch Cobb Wines

我在上帝神壇上發誓，任何奴役人心的專制形式，都是我畢生最大的敵人。(I have sworn upon the altar of God, eternal hostility against every form of tyranny over the mind of man.)

—— Thomas Jefferson 給友人 Benjamin Rush 的信 (1800)

第一節　導　言

革命時代的那一輩人，希望創造一套新的美國教育，講得十分明白及直接，旨在洗清歐洲皇權政治的腐化，以純正的美國當前生活、文學、及文化為根底。他們編組了不少的大中小學組織，來確保新的共和國年輕的一代是個既有知識又冷靜的公民，跟在有為有智的領導者後塵行進。不過沒有一項當時草擬的教育計畫獲得實現，Jefferson, Rush, Webster 的設計皆未得逞；即令是 Samuel Knox 或 Samuel Harrison Smith 的構想也成空，他們兩位是 1795 年「美國哲學學會」(American Philosophical Society) 徵稿得獎者。還好，理念仍存且廣為流傳。在美國設置各種機構及學府時，一

測再測的考驗該理念的價值。如何教育下一代及這一代，這是陳年的老舊問題，且也是困擾數千年的問題。

半世紀後，一套較明確的美國教育制度已隱約可見了，取用了早期計畫的部分但非悉數全收。此種制度被許多由歐洲抵美的人士評為自治政府所進行的「大實驗」(great experiment)。越過大西洋，英國作家 Thomas Hamilton 讚美公共教育的普及於全民，大學校院的林立，自主性教會的遍及全美。不過惋惜於美國知識界，一窩蜂的朝向功利主義，也感嘆美國宗教事務陷入痛苦的辯論中。相反的，德國外交官 Framcis Grund 反駁了 Hamilton 稍帶嫉妒的看法，指出教會及慈善團體的努力，大中小學的設立，報紙及圖書館之出現；此種美國民主風味，應給以致敬。數年後，蘇格蘭新聞業者 Alexander Mackay 及波蘭革命家 Adam G. de Gurowski 表示熱心的支持美國對教育的經營。不過美國人一方面在拓展平等與自由理念的同時，卻也默認奴隸制度的存在，前者應給以掌聲，後者則該予以嚴詞譴責。

也有一些美國人看出一套自己的制度已冒了出來，紐澤西州的學校教師 Enoch Cobb Wines 寫一篇論文《公共教育制度的暗示》(*Hints on a System of Popular Education*) 於 1838 年發表，他洞見的指出本章開頭引的一段話。既然「一般智能」(general intelligence) 都已由非正式教育來達成了，則設計一套既有系統又廣博的普及教育制度，實在是未來應該作的工作。不過另有不少美國人不同意 Wines 的看法，他們的注意焦點，放在立即性及地方性上，雖然他們早已知悉全國性的架構在內戰之前已顯然成形，如福音傳播陣容聯合向邊界進軍、公共學校運作如火如荼的展開、大學院校課程的確立、一便士一報紙的發行等；但這些現象都以地方性的方式展現出來。比如說，匆匆忙忙的宣教師到處巡迴講道，騎在驢背上，從一個教會趕到另一教會；新聘的學校教師也掙扎於如何免於被大批學童攆出教室之外；大學校長擬推廣大學教育，希望使學府在財力上能維持不墜。印刷業者投資理財擬增加副刊，發行報紙也作舉國規模式的嘗試，以利於美國式教育的普及化。不過，他們倒集中火力注意在教育的具體性及立即性上，而非思考一套複雜的教育制度。

第二節　美式教育機構

「進來，Johnny!」他的父親說。

「我不要。」

「我告訴你，馬上進來，小紳士——你聽到了嗎?」

「我不要」，頑童回答後，拔腿就跑。

「一位堅毅不屈的共和國人士，先生!」他的父親對我說。而由於這
位孩子堅決的不服從，他的父親臉現笑容。

—— Frederick Marryat

一、家庭

　　住家仍是美國立國早期社會組織中的基本單位，對絕大多數的美國人
而言，家是文化樞紐傳遞的場所。在邊疆新墾荒地，家扮演的教育角色，
就如同殖民地時代的中部及南部地區一般,代替了教會及學校的教育功能。
不過在老地方，家則與社會、學校、及其他社區機構分享教育職責。

　　1790 至 1870 年之間，美國家庭人口的平均數已大幅下降，從 5.79 人
降為 5.09 人，反映出出生率的減少，也顯示出家庭裡親族人一起住的現象
漸漸消失。不過這有地區性的個別差異，也有城鄉之不同。新英格蘭的出
生率及家庭人口數都少於其他地區，城市也少於鄉村。此外，美國全人口
數比歐洲當時的人口，年齡上有年輕化的趨勢。十九世紀中葉，70% 的美
國人年齡少於五十歲，英國是人 63%，法國人則是 52%（1790 年的家庭人
口計算，只算自由的白人，1870 年則無此限制）。美國家居生活的一般性
變遷，在獨立建國成功之早期，仍有跡可尋。不過把它變成通則，則屬不
宜。第一，最重要的是許多本屬家庭的工作，現轉移到商店、工廠、及市
場，師徒制度的性質與往昔有別。家長及成人面對面的教育角色，有了更
動。此種變遷，首先出現在東部的都市及工商城鎮裡，但此種徵兆瞬即蔓

延各地。第二，媽媽比他人更具教育子女的責任。第三，美國史上 George
W. Pierson 所稱的「M- 因素」(M-factor)，即經常遷家 (Moving)，一遷到
別處則家族的人也在其後跟著搬遷過來；1850 年時大約有 1/5 的人口不是
住在出生地，有時出生地離現住的距離極為遙遠。此外，家庭成員的心理
態度也有了改變，愛情的因素超過義務感，個人主義氣息漸生。

　　許多社會機構之成立，分攤了原先家庭的責任。濟貧院、瘋人院、少
年感化院、及監獄等都扮演矯治角色。除了濟貧院之外，設置的目的都是
要讓病人或犯人重生，再入社會生活，教育性很濃，不過名實未能相符。
倒是一開始就明顯的扮演教育功能，這種機構之成立，及此種現象之發生，
都有歐洲前例可循。但是在美國開始建造該機構時，即立意明顯的要與家
庭共負教育責任，以便維持一個有德有品的社會。

　　自遠古以來，家庭生活的教育方式，就是模仿與說明。長輩及成人在
態度及行為上樹立模範，年幼者在有意無意之間予以學習。所有家人尤其
是媽媽，就長期的承擔此項任務，特別是人格塑造及品德規範。富有人家
有時立下家規，要求下一代遵守。虔誠 (piety)、有禮 (civility) 都是座右銘；
違反者，有的家長或上一代立即予以嚴厲的處分，這是來自於 John S.G.
Abbott 牧師的建議；有些則採情愛式的教養方式，認定人性本善，這是 A.
Bronson Alcott 的說法。美國立國後，家教氣氛從嚴趨寬，許多外國訪客都
發現美國家長較縱容孩子，養成孩子比較魯莽無理。英國作家 Frederick
Marryat 在 1839 年出版的《旅美日記》(*Diary in America*) 記載了下述對話：

　　　「Johnny! 我可親的孩子，來這裡!」他的媽媽說。

　　　「我不要」，Johnny 哭著；

　　　「你一定要來，我可愛的孩子，你全身濕透了，你會感冒啊!」

　　　「我不要。」Johnny 回答。

　　　「來，我的甜心，我有東西給你。」

　　　「我不要。」

　　　「喔，老公，拜託你，請求 Johnny 進來。」

　　　「進來，Johnny!」他的父親說著。

「我不要。」

「我告訴你，馬上進來，小紳士——你聽到了嗎?」

「我不要。」頑童回答後，拔腿就跑。

「一位堅毅不屈的共和國人士，先生!」他的父親對我說。而由於這位孩子堅決的不服從，他的父親臉現笑容。

當然，對 Marryat 的描述，不可以只看表面，也不能一概而論。不過倒可作為一種非典型英國式而是美國式的教養方式。訓練孩子循規蹈矩的措施，極為複雜，也常前後不一。恩威與寬嚴之如何取捨，如何挫挫倔強固執、年少氣盛之剛愎任性，都是頗為棘手的家教難題。洛克早已提及。

家庭的第二種責任是傳授知識及技能。Missouri 州路德派信徒 (Synod Lutherans) 的家庭，教導子女學德文；猶太教教徒（Sephardic Jews）的家庭則教希伯來文 (Hebrew)；父教子射獵、布陷阱、覓物，母教女種花、烹飪、裁縫；父母教子女種田耕地、照料家禽、製作蠟燭、修補衣裳，兄弟姊妹互教遊玩規則、處理家庭及教會雜務。讀書年齡較殖民地時為晚，但常在校外進行閱讀教學；朗讀而非默讀、一起讀而非個別讀；學工藝技巧的場所多半在商店或工廠，採師徒制度。

最後，價值觀念是透過宗教儀式來培養；而男女性別角色的認定，階級意識的萌芽，則經由正式的教學、參加教會的活動、作為慈善團體及友愛組織的會員等，慢慢塑造出來。

上述是概略的家庭教育狀況，但例外之事件頗多。比如說摩門教 (The Mormons) 主張多夫多妻制；夫妻關係及兄弟姊妹關係，與其他宗教派別不同。

外國移民的湧入，更增加了美國立國後家庭教育角色的複雜性與多元性。1830's 及 1840's，尤其 1850's 年代是德國移民潮，德裔美國人的家庭結構極為鞏固，定居之後少有搬遷，三代同堂，父母及祖父母共同養育下一代，安排婚姻，族群關係親密且長久。1840's 及 1850's 年代是愛爾蘭的難民潮，因該國大饑荒，舉家遷美者絡繹不絕，他們集中於東部城市，宗教信仰是羅馬天主教，婚後婦女就不在家以外工作，孩子是童工的料，早

年就得工作。1860's 及 1870's 年代是中國移民潮,大部分定居於西部,以儒家思想為生活觀,來者幾乎清一色是男人。只要賺了一筆錢,他們就返回中國去了;因為只要 數百美金,就可在老家安享生活之樂。

德人來美者屬中產階級者為多,愛爾蘭人則為下層階級,中國人亦然。他們的美國化過程不同。上述三種國籍的人,德人及中國人之語言不是英語,愛爾蘭人到美雖無語文隔閡,但他們卻信舊教,因此也與美國社會格格不入。德國人的宗教信仰及他們所屬的社會階級,是美國社會的主流。至於中國人在美,那是最為孤立的一群,語文、宗教、及社會階級,皆與美國人大不相同;他們又以客居為主,不願主動納入美國社會,只想隨時返歸故里,鄉愁尤其嚴重。過了很久,也才有少數人想到從異鄉轉而為家鄉,但教育問題立現眼前。

最後,種族歧視也是家庭生活中不可忽視的問題,黑人子女除了受黑人上一代之教育之外,有時還上黑人教堂。他們目睹遭受虐待及作苦工的長輩,尊嚴及自由乃是最後的追求。印地安人有些是多夫多妻,有些則是一夫一妻,對子女絕少體罰,獎賞及嘲笑是主要的教育手段。

二、教會

教會繼續扮演有力的教育角色,這在獨立建國初期比十八世紀更為明顯。1783 年至 1876 年,教會成立的數目很多,代表各種教派;教會的數目比人口之增加速度還快。從 1780 年時一個教會服務一千人,到 1800 年一個教會服務一千一百人,下降至 1850 年一個教會服務六百零九人,1870 年則一個教會服務五百三十二人了。由下表(表三十一)可知其大概。

正當美國各州及聯邦政府大力反對強迫人民接受宗教信仰之際,正是教會勢力最盛之時。1783 年東北部十三州中,七州無州定宗教信仰,其他六州,即新罕布夏州,麻州,康乃迪克州,馬里蘭州,維吉尼亞州,及南卡羅萊納州,教會有權收稅以便支持「公家教師」(public teachers) 來教學基督教。當社會異質性愈來愈顯著之後,州內那一教派可享該權,成為棘手問題。

表三十一　　1850～1870 年教會概況表

教派名稱	1850 年	1860 年	1870 年
Baptist（regular 正規）	9,376	11,221	14,474
Baptist（其他）	187	929	1,355
Christian	875	2,068	3,578
Congregational	1,725	2,234	2,887
Episcopal (protestant)	1,459	2,145	2,835
Evangelical association	39		815
Friends	726	726	692
Jewish	36	77	189
Luthern	1,231	2,128	3,032
Methodist	13,302	19,883	25,278
Miscellaneous	122	2	27
Moravian (Unitas Fratrum)	344	49	72
Mormon	16	24	189
New Jerusalem (Swedenborgian)	21	58	90
Presbyterian (regular)	4,826	5,061	6,062
Presbyterian（其他）	32	1,345	1,562
Reformed Church in America (Dutch Reformed)	335	440	471
Reformed Church in the U.S.A. (German Reformed)	341	676	1,256
Roman Catholic	1,222	2,550	4,127
Second Advent	25	70	225
Shaker	11	12	18
Spiritualist		17	95
Unitarian	245	264	331
United Brethren in Christ	14		1,445
Universalist	530	664	719
不詳 (local missions)	22		26
不詳	999	1,366	409
總數	38,061	54,009	72,459

　　美國憲法第一修正案規定政教 (church and state) 分離。這道牆既「高」又「是銅牆鐵壁」(high and impregnable)，州及聯邦政府不得設國家教會，或州教會；州法及聯邦法不得補助某宗教或偏愛某教會。

　　第四修正案是言論自由案，不准違反個人的自由意志，強迫入教堂或承認某種宗教信仰。公款補助私校，僅限於補助「學生」個人，如免費教科書及上下學車費。

最後各州只好廢除州定宗教。維吉尼亞州於 1786 年通過 Jefferson 的宗教自由法案 (Bill for Religious Freedom)，1791 年聯邦憲法又明示「國會不可通過立法，規定人民只能信奉一種教派，或禁止人民自由信教」。已立有州宗教的州，相繼遵守聯邦憲法的規定，麻州最慢，1833 年才廢除州定教會。這些措施，對於教會之興建有了刺激作用。Lyman Beecher 在日記上寫到，1818 年康州決定政教分離，廢除州定教會時，情不自禁的說：「這是康州有史以來最大的善舉，教會從此不必仰賴政府的幫助了，教會應自求多福，自立更生，完全靠上帝了。」（他在以前是極力反對政教分離者）1835 年，Alexis de Tocqueville 也寫道：

> 美國的宗教不參與在政治社會裡，但教會卻是第一個政治機構。即令教會並無灌注給人們嚐一嚐自由的滋味，但教會對此卻是有幫助的。基於同一觀點，美國的住民本身，都崇敬著宗教教派信仰。我不知道是否所有的美國人，在宗教上都有純誠的信仰，其實誰又能探究人性的底蘊呢？但我確信，美國人堅定的認為，信仰乃是維繫共和體制所不可或缺者。此種看法不只是某一特定人群或某一政黨而已，卻是全民以及所有社會階級者皆擁護此觀念。

政教分離，使得宗教自由以及教派主義在十八世紀大覺醒之後，碩果豐收。參加教會是自願的，教會信徒之增加，得賴說服方式或仰靠福音傳播的宣教技巧。美國人口結構是顯明的異質化，教會選擇又屬多元，教義解釋也分殊。講道宣教變成教會的主要工作，使眾人知悉地獄的可怖，督促大家再生就可獲救。

十九世紀時，尤其是宗教復甦的所謂第二次覺醒運動之後，宣揚福音的傳教方式，更為分歧。有些教派的宣傳是先寫好稿，字斟句酌，上臺後一字不差的照稿宣讀，如 Episcopal, Congregational, 及 Presbyterian 等教會；但 Methodist 或 Baptist 教會的宣教則是隨興即席式的。不過一般而言，1830's 及 1840's 年代的各教派宣教方式，有個共通點，那是長老牧師 Robert Baird 在他的《美國宗教》(*Religion in the United States of America*, 1844) 所描述的。他說美國神職人員之說教是講題單純，語調誠懇，內容在

述明教義，目的既直接也實用，馬上見效。這雖是新教的宣教通則，其實 Jews（猶太教）及 Catholics（天主教，舊教）也大同小異。

Baird 雖上過 Washington College 及 Jefferson College，也上過普林斯頓神學院 (Theological Seminary)，卻不吝嗇的維護一種權利，即未唸過書的一般大眾也有權向公眾宣教。他們平鋪直敘，侃侃而談，「反受一般平民大眾的歡迎，比獲名大學神學博士所說的，容易聽得入耳。他們的用語雖未見修飾，聽眾卻覺得津津有味。他們的講述雖未引經據典，但多半也取自《聖經》，或說一些令聽者動容的故事，或大家所熟悉的情況……」。講道主旨，是社會安定；「國民之具保守性格，主要因素得歸諸這些人的傳教，沒有人比他們更有效的強調人民應守法、尊長、維護政府……」。不只未受過正式教育的傳教士如此主張，一些受過正式教育者也呼應此說法。內戰之前，美國政黨之內都有教派神職人員，彼此也有政治衝突發生，也發現「衝突是不能抑止的」(irrepressible conflict)；但雙方皆主張愛國、傳統、安於現狀，把新教「優雅文化」(*paideia*) 變成「美國的優雅文化」。

如同殖民地時代，教會扮演正式教育及非正式教育的角色。神職人員在教會裡，系統的教導各種年齡的信徒正確的教義及合宜的禮儀，視察訪問各家庭及教區，安慰病人，奉勸痊癒者，但皆佐以教義。遠近到處巡迴講道，使還未入教者皈依天主。教徒聚會也提供參與者有機會共同討論經文，以及日常生活的種種，切磋琢磨，交換意見；從烹飪、菜單、到服飾款式，甚至男女求情說愛的正確之道，都是討論的議題。比較可以定居下來的地方，教會多半就是社區的聚會點、討論庭、學校教育場所、郵局所在地，也供辦理俗世事務之用。

國家初建，好多機構成立來補助教會充當正式教育的所在。主日學校、少年學習團、男女生組織、《聖經》讀經會、各級學校、露營、佈道福音團等，都承擔了正式教育的角色，當然還摻雜有社交、娛樂、及消遣價值。

外來移民者的美國化，教會更具舉足輕重的地位。移民社區中，語言、宗教信仰、族群，都形成各社區有別的特色。家庭、社會、學校、報紙、及慈善機構都從中調停，但教會卻是重鎮或樞紐。如紐約市的 Roman Catholic 社區中，包括 Irish Catholic、German Catholics、及 Italian Catholics，

不只各自維持各自的語言、文化，且各自有不同的宗教崇拜儀式，彼此之
紛爭有賴教會介入。美國化是所有移民的共識。

黑人社區的教會，採用兩種不同的教育方式；南方的黑人與白人牧師
一起接受擁奴者的支持，在 Baptist 及 Methodist 教會裡，教導黑人體識白
人之至尊，黑人之卑賤，以及奴隸制度之合法性。但同時一些地下的黑人
組織，則教導黑人相反的教義理念，主張黑白平等以及追求最後自由的決
心。在北方，黑人教會似乎與白人教會無別，不過事實上及法理上卻也是
黑白隔離。1850's 年代的 New Haven，由 Amos G. Beman 牧師所主持的非
洲公理教會 (African Congregational Church) 是最好的例子，該教會是宗教
教學、奉獻、及慶祝儀式的中心，但同時也是聚會場所、社區中心，並且
還是逃亡奴隸的庇護所。該教會更孵出自己的慈善機構網站、圖書館、俱
樂部、成人講壇、禁煙禁酒社，另設一所主日學校，並供應有關黑人事務
的新聞及文學，且還涉及廢奴制度的活動。

至於印地安人，則需由有組織的基督教會來解決原始民族或部落的宗
教信仰問題。

有必要一提的是 Asa Turner。他生於麻州，也在該州長大，上過耶魯；
1830 年冊封為牧師，在耶魯時與七位志同道合者組成了耶魯幫 (Band)，立
意要到 Illinois 創辦一所學府，並到神學院作老師。在 Illinois 的 Quincy 興
建一個教堂，1830 年成為 Illinois College 的創校董事之一，其後八年不休
止的為教育奉獻。在 Quincy 設立一所學校，募款擬建大學，組成各種團體。
1838 年轉到 Iowa 的 Denmark 建另一座教堂，是密西西比以西最早的 Con-
gregational 教堂，成立 Denmark Academy，支助一個「Iowa 幫」。從此，Iowa
College 也出世（後與 Grinnell 合併），且鼓吹公共教育制度。

John Mason Peck 則在 Baptist 支持之下，也作了類似的努力。生於康
州，也長於該州，上過國民學校，耕種數年，然後為 Baptist 教會服務。1817
年赴西部，在 St. Louis，1822 年到 Illinois 的 Rock Spring，跑遍 Illinois、
Indiana、及 Missouri 作巡迴講道牧師，組織《聖經》讀書會，成立主日學
校，興建岩泉神學院 (Rock Spring Seminary)，即是日後的 Shurtleff College，
出版宗教期刊，為西部浸信會出版協會 (Western Baptist Publication Society)

的經紀人。Peck 和 Turner 在西部的工作，可以與 Beecher 相比美，在內戰之前把福音傳播（新教精神）於西部地區。

三、中小學校

1800 年一位學生在 Boston 的閱讀課中記載，他上半天課，一天共上三百六十分鐘，但只接受二十分鐘的教學。(Thayer, 57)

1.三種類型：建國成功初期，中小學校的正式教育，在歐洲及北美都越來越普遍，但美國卻是箇中的佼佼者。學校數目的增加，收容學生的擴大，在十八世紀晚期即已極具成效，十九世紀也持續保有此種業績。在東部的老地方以及墾殖較完全的州，1820's 及 1830's 年代時，幾乎已人人可入學就讀。但學校性質及種類卻千奇百怪，有半正式方式，在農家廚房或邊疆墾殖地教會進行；紐約及費城也有慈善學校，新英格蘭則有城鎮設立的學府，也有 Quakers 及 Presbyterians 教會經營的教會學校。另外更有半公半私式的實科學校，林立於全國各角落。行政管理也極為分歧，有直接交費給教師者，有父母親或友人認捐者，有教區稅收中支付 1/10 者，有公私基金孳息者，有徵收不動產稅者，或有上述的綜合運用者。1840's 及 1850's 年代的公共學校運動，更擴及偏僻地區。學校教育變成持續性及系統性，且依稅收來維持。

殖民地時代形成的三種類型學校，依樣存在。第一，英文學校強調讀書、拼字、寫字、算術、以及史地。十八世紀此種學校都只有一棟建築物，學生年齡二或三歲到十四歲，大家一起讀書，尤其是十八及十九世紀的鄉下地區或小市鎮地方，情形就是如此；但較多人口地區的英文學校，就依學齡分班且分校，分為國民學校 (primary school)，學童五或六歲入學，修業二或三年；以及英文文法學校 (English Grammar School) 或中學 (middle school)，收容國民學校畢業生。第二，拉丁文法學校 (Latin Grammar School)，專指在東部的大都市學校而言，入學年齡是九或十歲，需先會讀寫英文，了解英文文法，之後花四或五年修拉丁及希臘文、史地及數學（幾何、代數、及三角）。第三就是實科學校 (Academy)，十九世紀最盛，也是此期美國學校教育的特色，課程有古文的拉丁及希臘，也有英文，學生多

半住宿。

十九世紀也出現三種新款的學校，第一是托兒所，由 Robert Owen 在英國 New Lanark 實驗結果而渡海傳來美國，收二至七歲孩童，先於東部各地成立，學校形同家庭，女教師似是母親；與學區學校 (district school) 之由男教師主持，且學校環境較粗陋，二者有所不同。不過在兒童入國民學校越來越多，而女教師轉到國民學校後，托兒所即一蹶不振。1850's 年代晚期，托兒所轉型為幼兒園，那是德國教育理論家 Friedrich Froebel 的門徒所發展出來的。

第二種新成立的學校機構是中學 (high school)。在波士頓首先出現，是有別於拉丁文法學校的教育學府，供學生繼續上英語課程而設。但在邊疆地區，中學則兼有英文課程及古典課程，性質與實科學校 (academy) 同，卻是免費入學或收費低廉。中學置於小學之上，採單軌制，不似歐洲之雙軌制了。分升大學班及就業班兩種，前者人少後者人多。

此外，另有一種 Henry Barnard 稱之為 supplementary schools 的，可譯為「彌補學校」，來補救個人的教育缺憾，收容被剝奪上學機會或其他因素阻止到校者。建國初期，此種學校有私立、半公半私、及公立三種，應各地教育需求而設，多半為特殊兒童而開，比如說殘廢者、目盲、耳聾者、及心智低能者，或不良青少年，甚至收容正規學校不收的黑人及印地安人。

教學讀本的內容上，自 1783 年以後已經從過去偏重宗教教義轉變為較多的動物、鳥、及兒童故事；而革命時的用詞，革命英雄的傳記，以及愛國事蹟，已融入為教材內容。英作家 Milton、Shakerspeare、Scott、及 Dickens，美作家 Longfellow、Hawthorne、及 Bryant 作品也作為選材對象，課本內附有圖畫。

值得一提的是美國史地科目的出現。教材內容說明美國人及美國制度的優越性，有色人種的卑賤性，新教的真理觀，也指出奴隸制度之不該。

學區小學通常只一間教室，只一位老師，學童四十至六十個，年齡參差不齊。冬天上二至三個月，夏天亦然。學童一起背書，一起作功課，指出各州首府名字；管教問題很嚴重，有時教師的體力得經過大塊頭學生的考驗。

2. Lancaster 之「發現」導生制：導生制來自於英，也適時的為美國教師所採用。由於入學學童漸多，學校管理不易，加上學校開支大，導生制恰好可以解決這些難題。當就學孩童多，教師指定其中一人或數人來幫助教學，這是家常便飯之事，John Comenius 就曾經這樣作過。1770's 年代，法國巴黎的 the Chevalier Paulet 也用此法來教貧窮的孩子。英人 Robert Raikes 也在 1787 年於他所辦的主日學校描述此法，1797 年，英國教會 (Church of England) 牧師 (Chaplain) Andrew Bell 於印度負責教導軍中遺孤時，出版他的班長制實驗教學法。英國倫敦一位教師名為 Joseph Lancaster 的，在教學活動上作了兩種改革，一是將教材按序予以排列，並依此教學；二是選年紀較大學童為導生（班長），負責教學年幼者。

Joseph Lancaster 是倫敦一位篩濾器 (sieve-maker) 製造商之子，年屆二十時，頗有自省力，性格內向，他決定在他父親工廠附近，也是倫敦的一個貧民窟 (Southwark) 教導貧家子弟，先充當學校助手，1798 年則在父親屋子裡授業講學，工作認真，教學也叫座，不少孩童蜂湧而至，他不收費，還為他們穿衣餵食。財政上的理由，他不得不求助於當地的「教友派」(Quakers) 想辦法，他一生為教友派奉獻，種因於此。捐款雖有，但由於孩童眾多，光是發薪給助手就捉襟見肘，學童數先是 100，後是 300，因為稍遠地方的兒童也入學了，Lancaster 面對此種狀況，忽然有個靈感，即找來年紀較大、學習力較佳的兒童來教較年小者，這就是班長制教學的基調。此種「發現」，他沒求助他人。但該法之出現，他絕非史上第一人，也非唯一的一人。Bell 之獲得靈感可能學自印度人，因為印度人採用該法已有數世紀之久。當年 Lancaster 及 Bell 相互爭辯誰才是第一個發明班長制教學法者，實在是了無意義。Lancaster 還諷刺的說：「要不是我在 Dr. Bell 的空腦袋中裝個鈴，他一生就是個啞鈴 (dumb Bell)。」其實 Lancaster 之高明處，不在他是否是個原創者，卻是他把班長制教學予以制度化，且普及化而為眾人知悉，他不是只選用班長當助手而已，他還設計出一套辦法常規、以及教育上的運作。特色是：

1.省錢，雖然熱衷此制者並不吝嗇，但經濟因素，卻是其後被指責的目標。

2.效率，但卻引來貴族的疑慮。1807 年，國會議員 Samuel Whitbread 讚美此制時，John Bowles 牧師曾作如下的警告：此制採用機械教學的方法，提供更多的教學設備，這方面我比任何他人都予以承認；允許我在此處必須予以指明的，此制在這方面的傑出表現，似乎提醒我們要小心，即不只無法使勤奮工作的窮苦人家稱職 (qualification)，反而讓他們不能勝任愉快 (disqualification)。不過，可以學基本知能及技巧在很短的時間內完成，然後去工作，其實，道德才是貧家子弟之最需。

3.紀律嚴明，如同軍人接受管教一般，但卻精彩刺激，學童心理又有滿足感。

4.競爭而引發動機，一生答錯，他生如答對，即晉升而取代前者的位置並進級。算術類的計算，學生把答案寫在紙板上，聽到班長下令：「展示紙板」(show slates)，班長就檢查答案，學習獲增強作用。

5.宗教信仰中性，尤其是此者，才影響了此制的發展。不介入任何教派的教義，如同其後的 Horace Mann，只重視基督教的道德。

6.班長與班員年紀一樣，可以比年長的老師較了解班員的心理，用語也比較能令班員領會，且班長可以教學相長 (*Qui docet, discit*, he who teaches, learns)。

7.設計一套獎懲，學業表現及行為優良者，可獲 tops(陀螺)、球、書及圖，這些皆有金錢價值；但學生引發競勝心，才是最大主因。Benjamin Shaw 大力鼓吹此制，他說：「在班上若掉一名次，則比被鞭打或體罰更糟，因為心理上極想要力爭上游」。一位法國支持者 Baron de Gerando 也說：「爭勝 (emulation)、脫穎而出 (distinction)、及擔心被責 (the fear of blame)，這些在成人才產生激勵的因素，現在在孩童階段就已開始，且在最謙卑身分的人身上發生。」

全美在 1820's 年代時非常流行此種制度，約有一百五十所以上的學校採用此法。小學眾多學童的教育費用可以大幅減少。

紐約州長 De Witt Clinton 於 1809 年說：

當我看到這麼多小朋友在我們的學校裡學到了讀及寫，二個月就會

了，他們從前並未識字，其中還有一個，三週即學會；當我目睹此種制度的作法，看到秩序井然，品德純淨，動作迅速，經濟省錢，聚在一起就是一千人的團體只要一個老師就可以讓他們迅速齊步前進，我不得不承認 Lancaster 真的是造福人類了。我也認為此制度創造了一種嶄新的教育，是天上掉到人間來救贖此世的窮人，並使不幸者免於無知之苦的福音。(Gross and Chandler, 68–69)

不過類似軍隊組織式的運作方式 ❶，家長及學校董事會並不完全同意教育應該遵循導生制，1830's 年代遂失去大眾的熱度。Lancaster 於 1818 年抵美，受到狂熱式的歡迎，1838 年死於紐約市街道，被馬車輾斃。按年齡及能力來分級的措施也同時出現，此舉可以使教學更具成效，學習力較易集中，而年齡較長與較小卻合班上課的問題也就迎刃而解。這種作法的學校，都出現在大都市或人口較多的地方。中學也仿實科學校方式，一方面為學生準備升學，一方面也為他們準備就業；因此，有升大學的預備科目，也有職業科目，如簿記、測量、貿易、商用數學等，這是美國學制有別於西歐各國學制之處。

教學方法有的採背誦，有的使用講解，有的則兼採二者；訓育方式則無奇不有，有的是嚴厲的處分，甚至體罰，有的則仿 Pestalozzi 大師風範，以教育愛來照顧學童；有些利用競賽或獎賞來激勵求學動機。

With the same cement ever sure to bind, they bring to one dead level every mind.

---

❶ 注重口令，如前 (Front)，右 (Right)，左 (Left)，拿起板 (Show slates)，或清板 (Clean slates)，T.S.(Turn slates，轉板)，L.D.S(Lay down slates，放下板)，C.(Commence，開始)，H.D.(Hands down；手放下)。

如軍隊 (regiments) 般的重服從及紀律，可解貴族之疑慮，以免擔心窮人孩子接受教育之後可能變成社會治安問題。George III 皇恩給 Lancaster 一次機會來說明他的方法，王問道：「一位師傅同時教五百名孩童，怎能要他們安靜守秩序？」Lancaster 答以：「皇上！就如同皇軍之守軍令一般。」

Andrew Bell 也以軍營及戰船作比喻，就可看出他的學校操作如同艦隊操練一般，動作一致，口令一下，全體學生就有整齊劃一的舉動。

以相同的西門土（水泥）來結合，每一個心靈都成齊一又僵硬的水平。

訓練水手及軍人士兵可，那是如同機械的操作；但作為一個共和國的公民、自由人、自我控制者、命運的主人，則此制失去價值。Horace Mann(1846) 也對 Bell 之誇口：「今日給我二十四名學童，明天我還你二十四名教師。」很不以為然。(Kaestle, 1973:182–185)

教育機會對黑人及印地安人而言，是少之又少。南方各州，教導黑人寫字讀書是犯法之事；而移民的第一代也比第二代較少接受正式教育的機會。下層階級及愛爾蘭人民，在紐約及新英格蘭之教育機會，比中部德裔之中產階級為少，男生之教育機會大過於女生。內戰之前，能上中學以上的女生數目，少如晨星，即令有男女合校存在，但兩性在心理及生理上的隔閡仍深，不只教室不同，校園異，且課程也有別。

由於學校教育越來越普及，師資培養問題也就越受重視。首先是女性教師數目後來居上，尤其是在小學及中間學校。這種轉變，理由多端；有人認為婦女的性情、氣質、道德上的純淨，最適合於教導年幼的孩童，把「家居生活圈」(domestic circle) 的種種，引入學校內，最好不過。婦女從事教職，她們甘願酬勞僅及男教師的一半，甚至 1/3；位居學校主管地位或擔任上級職務的男人，也發現他們的意見較容易由她們所接受。

其次，教學的專業化及神聖化也漸為人所認知。教師之為社會服務，是僅次於神職人員的選擇，尤其是男子中學、實科學校的教師、以及新設立的州教育部門或市教育部門的領導人。師資的專業訓練，重要性大增。有趣的是，參與一些教育專業團體的設計者，如「美國教學學會」(American Institute of Instruction)、「西部作家學會」(Western Literary Institute)、及「專業教師學會」(College of Professional Teachers)，大部分都認為教育之專業，應保留由男性專享。男性教師既作為普及教育的前導人員，就有必要接受專業訓練，因此教育之專業化仍屬男性菁英的天地。儘管如此，婦女在小學教書越來越普遍，有的是十五歲即當老師；如康州 Norfolk 的 Zilpah Polly Grant 於 1820 年時，其母改嫁（其父於她生後二年即去世）後，即在麻州

的 Bayfield 由 Joseph Emerson 牧師所辦的女學堂 (female seminary)，一面作學生，一面當老師，其後轉赴各校任教。1841 年嫁給麻州名律師 William Bostwick Bannister。1848 年由英移民到 Iowa 的 Alice Money（其母於抵美後即去世）時僅二歲，為了逃避作女裁縫或女看護，遂決意當教師；任教之初，學童十二名，月薪 25 美金，她「喜愛學童，但不喜訓導」，1869 年嫁給一位醫生 Dr. Elmer Y. Lawrence。在知識要件上，女老師只不過比學童聞道「稍先」而已，且女教師之轉業也極為頻繁，時人說：「教師具有一種漂浮性格。」

四、大學院校

美國立國初期，高等學府相繼出現，但無法精確算出數目。因為何謂高等學府，定義不明，並且時人所稱的高等學府，數量龐大，存活率卻很小。1783 年獲設校特許狀立案又可授學術學位的「學院級」(collegiate-level) 學府有十三所，若還加上同等學歷性的「實科學校」(academy)，則數目應修改為二十或二十五所。1831 年《美國年鑑》(American Almanac)，列舉「學院」數為四十六、「神學院」(theological seminaries) 二十二、「醫學校」(medical schools) 十六、「法學校」(law schools) 七。1850 年人口統計 (Census) 報告，「學院」一百一十九、神學院四十四、醫學校三十六、法學校十六。1876 年美國聯邦政府「教育局」(United States Bureau of Education) 的報告，「學院及大學」三百五十六、神學院一百二十四、醫學校七十八、法學校四十二。許多這種學府的定位，多年來皆曖昧不明；神學院教一般科目兼專業科目，醫學校及牙醫學校也教大眾科學。

表三十二　　1783～1876 年高等學府統計表

年代	學院	神學院	醫學校	法學校
1783	13 (20, 25)			
1831	46	22	16	7
1850	119	44	36	16
1876	356	124	78	42

先說「學院」(college)：設置學院的目的多端，有宗教的濃厚味，也

強調社區服務。「西點軍校」(Military Academy at West Point) 建於 1802 年，旨在訓練陸軍軍官，但在內戰之前卻造就出美國最多的工程師，不經過藝徒制這個管道。正式稱呼上，本學府不算「學院」，也不給學位，但其功能與「學院」沒有什麼兩樣，且影響力甚大。1847 年成立的 Free Academy，就是其後的 College of the City of New York，收容無財力可以上大學院校的年輕人；Michigan Agricultural College 建於 1855 年，旨在培養農夫；Vassar College 建於 1861 年，目的在訓練女生；Howard University 建於 1867 年，專收容黑人。不少學府原先是社區人士的努力而興建，但後來由教派接辦，反之亦然。Roman Catholics (舊教) 興建的學府也吸引了 Protestants (新教)。師範學院本要栽培師資，但也造就了新聞記者。美國熱心人士所設的高等教育學府，收容的學生及課程安排，都極分歧，定義也五花八門，卻是美國人最津津樂道之事，這是世界上他地少有的事。1851 年「美國家庭福音協會」(American Home Missionary Society) 早期領袖之一的 Absalom Peters 牧師，當討論到高等教育之「優點」(advantages) 時說：

> 把這些優點集中於一所大學裡，實在不智。「集優點於一校」(*cum privilegio*)，也不集中於少數的學院；各校距離遙遠，本國地區遼闊，人口眾多；本國政府組織的特別，各州的獨立性，且更為重要的，是新教普及教育的原則，都禁止此種設計。各大學院校應按各自的狀況來辦教育，依實際情形來立校，且也依此來訓練大眾所能直接感受到的，更為人民方便入學的地區來說，都是人民的最大福音。因此，大家無庸置疑的一件事，就是吾國就全面性而言，等於是大學院校之國。

造成美國是個「大學院校之國」(a land of colleges) 的因素，在十九世紀時有多起。第一，聯邦政府的早期土地政策，在制訂於 1785 年及 1787 年的「律令」(Ordinances) 規定，某些特定土地之稅收，撥付作為設立中小學及「學習學府」(seminaries of learning) 之用。(也適用其後新併入的各州) 有些州的該項稅收，處理不當；有些州則多年之後才設「學府」(seminaries)，但大部分的州在 1876 年時都建立了高等學習的公共機構。1862 年經

由 Morrill Act 之通過，聯邦政府捐地給各州設立農工學校，刺激了設立新學府的動機，也擴充了老學府的課程。

其次，教派及國際級教會組織的努力及支助，加上福音傳播運動把教會及大學院校整合起來，以實現多項目的，大學院校成立的數目就指不勝屈了。「美國教育協會」(American Education Society) 及「美國家庭福音協會」作為宗教界領導設立大學院校運動之總站，旨在培養美國人虔敬信神的心態及維持自由社會的精神。

高等學府除了受正式團體的支援之外，社區民眾的贊助力也不容小視。不過，此類學府就呈現了地域性，變成社區機構。1819 年上訴到美國最高法院的 Dartmouth College Case 就是此例。本案發生於 1815 年，由於 Dartmouth College 校長 John Wheelock 與董事會 (board of trustees) 的紛爭，雙方皆希望控制校政。校長到州議會要求州政府調查董事會，而董事會的因應之道，是把校長解職，新選 Francis Brown 來接替。此種衝突，立即在 1816 年的州長大選中變成政治案件。民主黨贏得該次大選，在州長 William Plumer 主導之下，修正了 Dartmouth 的立校特許狀，把該學院更名為 Dartmouth University，即升格為「大學」，並擴大董事會名額。舊董事會不願接受，新董事會開會把 Brown 解職，又重選 Wheelock 為校長。結果雙方鬧上法庭，舊董事會質疑州政府是否有權可以修正立校特許狀。新罕布夏最高法院 (Supreme Court) 在首席法官 Chief Justice William M. Richardson 主導之下，於 1817 年無異議的作了判決，認為州政府有權修改立校特許狀。舊董事會不服，遂上訴到美國最高法院，在大法官 Chief Justice John Marshall 當主席之下，以五比一票決定，Dartmouth 是個私立慈善機構團體所創辦，立校特許狀本身就是一種契約，約束力等同於美國憲法；1816 年的新罕布夏立法已侵犯了該契約，因此是違憲的。該校的校政權，理應還給舊的董事會。

此案的定讞，明確指出私立學府勝了，而公家政府敗了，也因此鼓勵許多私立大學院校陸續興建。不過有趣的是，誠如 John S. Whitehead 所指出的，舊董事會重登主政權之後，卻向州政府請願希望提供公款予以補助，而州政府也在 1820's 年代持續尋求該校要配合大眾利益。雙方爭執之重

點，並非放在大學是否應負公共責任上，而在於用什麼方式來支持、監督、及履行該責任。此外，Marshall 的判決在當時並未引起大波，大學院校在一般人的心目中是否為社區機構，此判決似乎也沒有產生多大的意義及影響力。

討論大學院校的課程時，應該把它置於與大學院校相關的學校課程來看。學校教育採單軌制，即小學、中間學校、中學、文法學校或實科學校，而後是大學院校（包括神學院、醫學校、法學校），這在 1850's 及 1860's 年代時即已很明確。不過大學院校的定位及性質卻並不明朗，且也非人人皆可領會。先名為「學府」(seminary) 後改名為 Indiana University 的第一位教授 Baynard Rush Hall，於 1824 年開課時，即說明其混亂情形，他不經意的透露出當時狀況的混濁不清。入學的男孩子來自四面八方，背景知識如何不得而知，來此學習各主要科目（「爸說他不同意上大學無甚用處這種說法，但他要我只學英文即可，或學簿記、或學測量，如此就可以看店，可以經營行業」）。有些學生因素質不佳，只好離校；有些則擬學的課程在大學院校裡沒有。Hall 所描述的是實情，許多高等學府皆面臨相同的窘境。有些學府開設新科目，如西點為軍官開設軍事課程，Rensselaer Institute 特別安排高級數學、化學、物理學、及工程學方面的科目，自然科學方面採用實驗法來進行教學。其後當這些科學科目出現在文學院的課程表時，West Point 及 Rensselaer 就成為他們取法的模範了。同理，繪畫及音樂出現在早期的女子學府裡；除此之外，也有語言學、數學、歷史、及自然科學。其後中西部大學女生漸多之後，音樂及繪畫也就加了進去。有趣的是，西點及女學府皆教法文，但西點之所以開法文，是要軍官學法國的戰技及戰術；而女學府之有法文科，旨在希望年輕婦女學學文學小說；繪畫在女學府及 Rensselaer 皆有，但二校設繪畫科的宗旨互異。其後，法文及繪畫都作為男女合校之課程時，該兩科不同的課程目標依樣存在。最後應該注意的一件事是，十九世紀時化學同是醫學校和大學院校的科目之一，倫理學也是神學院及大學院校的科目之一，物理學更是工學院及大學院校的共同科目。研究高等學府的科目，不可僅限於大學院校的課程而已。

課程設置的脈絡，既然已掌握，吾人也可看出大學院校的科目以文科

為核心。1828 年的 *Yale Report*（耶魯報告書）反映出此種精神，也強化了學界的共識。把 1820's 年代之後耶魯大學部課程予以檢視，就可見一斑 (1824)，雖然該校不能代替全部。申請入耶魯者要先經過考試，項目是 Cicero 的辯學通論，Virgil 的 *Aeneid*，Sallust 的歷史，以及拉丁文法及詩體論；希臘十誡及希臘文法；英文文法、算術、及地理。修業四年後可獲 Bachelor of Arts（文學士），教師是校長及五位教授，即一位教化學、礦物學、及地質學；一位教希伯來文、希臘、及拉丁語文；一位教數學、自然哲學、及天文；一位教神學；一位教修辭及辯論。另有七位訓誨師 (tutors)。大一讀拉丁，取自 Livy 及 Horace，希臘文取自 Homer、Hesiod、Sophocles、及 Euripides；也學算術、代數、及幾何（取自 Euclid）。

　　大二讀拉丁文，取自 Horace 及 Cicero；希臘文則取自 Xenophon、柏拉圖、及亞里斯多德；另繼續學幾何。新開三角、對數、及航海，選用 Jeremiah Day 校長的著作；也修修辭，選自 Alexander Jamieson 的課本。

　　大三研究 Cicero、Tacitus、物理、及天文學，取自 Willian Enfield 的教本，微積分則取自 Samuel Vince 的教本，邏輯則選用 Levi Hedge 教本，歷史選用 A. F. Tytler 教本。另外，希伯來文、法文、或西班牙文是選修。

　　大四續修希臘文及拉丁，修辭選用 Hugh Blair 教本，自然神學及道德哲學選用 William Paley 之教本，政治經濟學選用 Jean Baptiste Say 之教本，另修化學、礦物學、地質學、及物理學。洛克的 *Essays*，Stewart 的《心靈哲學》(*Philosophy of the Mind*) 等。

　　哈佛的課程也類此。

　　大部分的科目之教學，皆採背誦法 (recitation)，四個年級共四個班又分組，每組由一個助理教師帶，助理教師有責任來檢驗各生是否天天都能背誦課文。科學科目之教學則採讀課法 (lecture)，兼插有實驗展示；數學科目注重規則公設之記憶且運用於個別問題之解決上；學修辭時另有作文。大三及大四修邏輯及道德哲學時還夾雜有辯論活動。校長為大四學生講授道德、倫理、及神學事宜。一年有兩次公開考試，而四年級生在畢業前還有一個總考試。

　　1820's 年代晚期，耶魯的規模最大，學生來自各地，範圍之廣也非他

校可比，更是最具影響力的大學院校。不過即令具備這些事實，1828 年 *Yale Report* 後的半個世紀，美國大學院校課程的分殊化，卻無情的擴張。即令就在 1828 年，哈佛早已在進行一種分科設系運動；而 University of Virginia 也准許學生可以在八種學門中任選；Union College 更提供一種與文科平行的理科課程，修畢者並非獲另一種學士學位，也叫做 Bachelor of Arts（文學士）學位。有些大學院校入學學生之準備不足，開課科目即令與 Yale 同，但卻以耶魯學生「入學」的程度作為其他學校學生「畢業」時的要求程度。1830's 至 1850's 年代期間，大學院校的課程是越來越具彈性化，現代語文取代了古典語文，有更多的理科科目，更注重實用性，更強調直接經驗，甚至還有手工勞動學院之成立。1862 年的 Morrill Act 通過後，此種趨勢已形成一股大潮流。1880's 年代時農工學院的正確性質，才被界定清楚。但 1862 年的該法案是促使定義清楚的軸心主力，也有助於文科課程不得不加速度朝功利主義方向邁進。

十八世紀 Cotton Mather 所說的「學寮式生活」，繼續在十九世紀出現。大學院校的課程，除了有固定的正式科目之外，另有好多活動必須由教授來指導學生，如教堂內的服務，學寮內生活起居飲食的安排，以及信仰上的復甦；而學生彼此之間也形成數種團體，有知識性的社團、校園兄弟會活動、體育競賽，及信仰上的復甦。學府越傳統或越古老，則課程彈性越少；此時知識性的社團就變成知識活動的主要場所，知識範圍就可以拓廣到必修科目之外。Frederick A. P. Barnard 在 1824 至 1828 年上耶魯，他日後回憶著：「在 Yale College 所受的訓練，沒有一樣比我在參加的學會裡進行說話及辯論練習，對我更有收穫。」我們應該要記住的是，Barnard 後來成為一位學術界中人。此外，娛樂活動的種類也很多，有信仰復甦，也有體育競賽，這些都可以作為枯燥乏味上課的解毒劑，也抒解了正式教學採取激烈競賽時的緊張氣氛。所謂的課外活動，影響力及意義性越來越大，也使得美國人希望大學院校的所在地，在鄉下而非大都市，以保護學生免於道德上的敗壞。

1780's 及 1790's 年代的大學院校，校長都極強勢。校長多半是神職人員，有一兩位教授同僚予以輔佐；教授也多半是教會人士。此外，新畢業

的學生先當助理教師。校長及教授皆受古典語文及神學訓練，少數理科教授除外。他們都是通才而非專才，是教育家而非學者。1830's 至 1850's 年代新而小的學府，大抵也是如此。由數名助理教師幫助的教授，可以教一班四十到五十名學生全部的課程，即從古典語文到道德哲學。不過較古老及較大的大學院校，擬當校長及教授者之背景及訓練，就有了大改變；世俗人士、專家、學者身分，才是重要條件。1840's 至 1850's 年代深受德國大學理念的影響，受過良好訓練的學者，已不願牢守教科書，而用講授法及實驗法來傳授重要的學術研究成果。不過此種演變，極為緩慢，各校也不一，並非步伐相同。就是到了 1870's 年代晚期，Princeton 新上任的校長 James McCosh 提議新科目可以與老科目並列，此舉震驚了該校的教授們；Princeton 除了古文、數學、及哲學之外，另有科學科目；且大學也充實圖書館及實驗室，來吸引一流學者擔任科學課程。哥倫比亞大學校長也發現該校規模小，作風老舊，教授要求學生背誦，「枯燥如灰塵」(dry-as-dust)，圖書館一天只開數小時，其餘皆深鎖大門。不過，即令是 Butler 校長有權來興建與老式學院不同的新式大學，他仍沒有全面譴責老式學院的不是，也說舊式大學院校辦理得好好的。1870's 年代的青年學子，「帶走了一門學問，一大片知識及興趣，也喜愛學校本身，那是無法與之相比的。不管大學院校對於學生生活及工作的改善，以及對年輕人影響了多少。」

十九世紀的大學院校教授，有些享有國際聲響，他們的活動可做為美國學術人物生活的典型寫照。下述是各大學的名教授：

哈佛大學有 George Ticknor、Benjamin Peirce、Jared Sparks、Louis Agassiz、及 Asa Gray。

耶魯大學有 Benjamin Silliman 及 Josiah Willard Gibbs。

哥倫比亞大學有 Francis Lieber。

Bowdoin 大學有 Henry Wadsworth Longfellow。

普林斯頓大學有 Joseph Henry。

布朗大學有 Francis Wayland。

內戰前二百七十六所大學校長中，一百一十六所 (40%) 出生於新英格蘭，其中 Princeton 大學畢業的長老教教徒成為教育家者人數最多。(Gross and Chandler, 186)

　　另有些教授享有地方上的名氣，他們的專業性較不足，較不是純學者，外界也比較不知他們的名字。如 Elisha Mitchell 生於 1793 年的康州，上過耶魯，教過一段時間的書，先在 Dr. Eigenbrodt 學校（在 Jamaica, Long Island），然後到康州新倫敦的一所女校，最後又返回耶魯；1817 年被任命為 University of North Carolina 的數學及科學教授，年薪一千美元。接受聘書時他又決定到 Andover Theological Seminary 研究一段短時間，以便夠資格作宣教教師；1818 年 1 月到達 Chapel Hill 教書達三十九年，到一次意外的研究探險事件中去世（時為 1857 年）為止，除了教數學及自然科學外，還教化學、植物學、動物學、地質學、及礦物學。執行北卡羅萊納的地質學及自然歷史之科學研究，為 Silliman 主編的《美國科學雜誌》（*American Journal of Science*）寫文章，也為當地農業刊物撰稿，還全心全意參與校政，在課程發展上扮演積極的角色。拜訪過北方大學，了解其課程，調停學生訓導案件，尋求圖書館的擴充，增加博物館收容物，還當過代理校長，也做過財務長。他一生都融入在北卡羅萊納的高等教育裡。

　　Illinois 的 Julian Momson Sturtevant 則扮演另一種層面的角色。1805 年生於康州的 Warren，在當地上過小學，到俄亥俄州上中學然後到耶魯上大學。1826 年大學畢，先在康州的 New Canaan 教書，後返耶魯研究神學。1829 年加入 "Yale Band"，當年獲教會封為 Congregational 牧師。赴 Illinois 的 Jacksonville 成為 Illinois College 的 faculty（教師）之一。從 1830 年該校開學，學生只有九名，直到 1885 年（他去世於 1886 年），他是教學各科目的教授，包括數學、自然哲學、天文學、心靈及道德哲學，又兼校長。對這個新成立的州，他全力投入於宗教、政治、及教育事務。他奮力抗拒校內及校外那種心胸狹窄教派對學術課程之宰制，辛勤的作好一位校長以免造成財政赤字。去世後，一位在 1830's 年代接受他指導的校友寫道：「Sturtevant 博士教他的學生要會想，幾乎所有教授都用文字告訴學生要會想，但少有人在學生自我表述及自我追問時所表現的自由思想，顯現出真正的高興。我認為大概只有 Sturtevant 博士欣賞一位大膽的學生，敢於辯駁他所宣布的觀點，也為自己的反對提出理由。」在教派之間存在有極為敏感的衝突

爭議之際，一位神職人員竟然敢進行頗富爭議的話題，此種功績確實不小。

值得一提的是，大學並非全是有錢人唸的學府。1820's 年代 Nathaniel Hawthorne 的大學小說 *Fanshawe*，描述 Bowdoin 學府狀況如下：

> 一位敏銳的觀察家，可以從大學生的外表就可以安全的判斷他們入
> 大學來有多久。臉頰褐色，衣衫純樸粗俗，乃是剛剛放下鋤頭耕作，
> 或在田地作苦工者；面容嚴肅，穿著夾雜古典款式者，乃是新住宿
> 生受過文雅調教者；臉現優越氣，雙頰白皙，體型較不粗壯，戴青
> 色鏡框眼鏡，衣著是陳舊的黑色，乃屬最高級者，他們被公認是母
> 校教師要傾囊以授的對象，也是以後要在世上嶄露頭角者。不過仍
> 然有些例外，少數年輕人遠從海邊來，他們成群結隊，都穿著樸素
> 的衣衫，此種外表，他們自以為高尚；此種狀況，與來自深林處的
> 孩子相比，彼此拒絕在為文識字上相爭；後者自認知能清新但還未
> 經琢磨。」❷(Gross and Chandler, 185–186)。

五、報紙

內戰前夕，上大學院校的學生數以千計，但報紙讀者數，則以百萬計。二者在教育經驗的品質及特性上皆不同。大學院校學生遠離家庭過學生生活，享受的教育經驗較為強烈、持久，也較為全面性。大學生一起住在一特定校區，接受教授指導與教學，有時助理教師予以協助，助理教師年齡只不過比大學生稍多一點點而已，此種學生生活在人生生活圈中卻是彌足珍貴。相反的，報紙提供給讀者的較不那麼強烈，也比較模糊，更具邊陲地位。但因天天有日報，或週週有週報，因此也能提供讀者各種訊息、教學、及娛樂。看過新聞消息、資訊報告、以及闡釋評論，報社也扮演如同教會、學校、及家庭的責任。

十九世紀的報紙內容，首先占最大篇幅的是商業消息、物品拍賣廣告、

---

❷ 1825 年哈佛一學年學費 55 元，哥倫比亞為 90 元，耶魯為 33 元。1824 年 Nathaniel Hawthorne 的帳單是學費 8.00，住居 6.65，損壞物品 0.33，打掃房間 1.00，圖書 0.5，看門費 0.06，鐘 0.12，上背誦課 0.25，化學課 0.25，罰款 2.36，共 19.62。吃一週 2，火（木）1。南方教會學校學費 25～40 之間。(Gross and Chandler, 186)

醫藥及食物專利、船運消息及交通行期。報紙為公共大眾提供這些服務，尤對大都市及城鎮公民了解市場動態，那是別處無法獲悉的。十八世紀的報紙，已經盡可能快速且正確的報導訊息。十九世紀，報紙的該項訊息更見用心，除了一般讀者受益外，也對各種不同的專業商務人員提供不少的服務。

其次的內容，就是報導公共事務的大眾看法。十九世紀的報紙在這方面最大的變更，就是強調報導美國政治經濟的全國性事務，而不再像以往注重歐洲的政治經濟事務了。報導總統的演說，國會的論辯，最高法院的判決，外交及軍事探險，以及首府華盛頓發生的政治事件。其後電腦的使用，及海底電纜的建造，訊息的傳播，更為快速。由報紙而形成的公共輿論及公共政策，更顯明可見。報紙的教育功能，已昔非今比。

第三種內容，就是報紙對公共人物的描述。為了吸引更多的讀者，報紙報導皆具情感性及誇大性，尤其對名人故事之敘述為然。1836 年紐約的 Robinson-Jewett 謀殺案之審判，Millerite 預言 1844 年 10 月 21 日是世界末日，1850 年 Jenny Lind（1820～1887，瑞典女高音，1850 年赴美巡迴演唱，造成轟動）的才華，1858 年 Heenan-Morrisseay 的職業拳賽，都是教會、客棧、及工作場合中非正式交談的對象。

最後，報紙內也有文學作品，幽默、規勸、詩詞、以及在史、地、科學上的正式教育資料，似乎學校課程有的，報紙也有。勵志書的作者，期望年輕人如擬出人頭地，就應訂閱有意義的報紙。

總之，報紙展現一種教育面貌，也在教育讀者。

報紙絕不只是一個人看。1830's 及 1840's 年代的報紙，都為全家人所閱讀。有的報紙也把內容分為婦女版、兒童版、及全家家人版。報紙的選擇，多半以能反映出當地族群、宗教、及政治偏愛的成人意見為主；公共事務的闡釋，也依當地人民的層面來考慮，如要提升或改變當地人的想法或意見，這就有待報紙負責人的努力了。名報人 Joseph Charless 在 1772 年生於愛爾蘭，1795 年抵美，編了好多《公報》(Gazette)，他說：「在各國，如出版業之光芒不被專制權力所籠罩，則人民就可達文明的最高級。科學昂頭挺立，科學之子必採取行動，使秉賦優異者能夠在好土壤中孕育茲長。

此項原則不容違背，與人民之自由共存共榮，生死與共，維持此種純潔之火，則國運必可昌隆。為全社區服務者，必伸出最純淨的手，持續維持該火，不可讓它熄滅。此種觀念已不必贅詞說明。」

第三節　普及教育與多元教育

Lowell 的大實驗是另一種嘗試：實驗吾人能否在此地保存一個既純淨又有品德的居民。此地重大成功的基石早已奠定下來，方法是經過妥善設計的，謹慎的使每個部分都安排得恰到好處；一套公共教學計畫已提出，宏偉又博觀。把教會、主日學校、圖書館、慈善團體、及無數機構都包括在內，來啟迪、引導、並造福這個新興的城市。

—— Henry A. Miles

一、紐約的例子

　　國家初建的頭一百年，家庭、教會、大中小學、及報紙，都是主要的教育機構。這些機構輻輳在一起，是經過一連串的演變的。其中，離波士頓 25 英里處的 Lowell，有報紙、工廠、棉花製造廠、中小學校、教會；尤其在工廠裡，像是一所學校，彼此相互討論地方及國家大事，涉及廢奴主義、經驗主義，禁煙酒運動等話題，大家無話不說；刺激思考，鼓勵閱讀，從中獲得啟示。市立學校圖書館 (City School Library) 在 1844 年開放，1853 年有八千冊書，演講廳有過 Horace Greeley, Orestes Brownson, Theodore Parker, 及 Benjamin Silliman 等名流的演說。

　　紐約市更為典型，在建國成功後，人口之增加驚人，1786 年，只有兩萬多人 (23,610)，1870 年就已超過 94 萬二千二百九十二人了。十九世紀中葉，紐約市變成全國工商業重鎮；1860 年，該市人口有 813,669，其中有十五萬三千人入公立學校，但平均天天入學者只有五萬八千人，原因是生

病、逃學、及貧窮。一萬四千名學童入羅馬天主教 (Roman Catholics) 學校，其餘入慈善機構，如兒童濟助會 (Children's Aid Society)。

King's College 於 1784 年改名為 Columbia College，入學人數增加，課程也擴大，但仍是一所小又精英式的學府。1880's 年代起，經由 Frederick A. P. Barnard, Seth Low，及 Nicholas Murray Butler 之努力，才轉型成為全國性的名學府。法科研究自 1794 年即斷斷續續，當時由 James Ken 首度授課，1857 年正式成立「法學系」(Faculty Jurisprudence)。1813 年成立「醫學及外科學院」(College of Physicians and Surgeons)，1860 年形式上（法律定位）併入哥倫比亞大學 (Columbia University)。此外，1863 年也成立「礦場學校」(School of Mines)。

紐約市除了哥倫比亞外，另有 U. of the City of N.Y.，即是其後的 N.Y. U.，（紐約大學）1831 年成立；St. John's College，即其後的 Fordhan，1841 年成立；St. Francis Xavier College 成立於 1847 年，經由 St. John's 頒學位，1861 年才獲得立案。此外，Charter Free Academy（其後成為 College of the City of N.Y.）也成立於 1847 年；另 Rutgers Female College（女子學院）成立於 1867 年。

紐約公立免費教育直到 1897 年才出現，私人設的學校指不勝屈，有法、醫、神、藥、獸、牙等科。此外，最令人感到興趣的是，Peter Cooper 的促進文理科工會 (Union for the Advancement of Science and Art)，於 1857 年把 academy 及 college 合併，除了有正式的文理科之外，還有夜間部供年輕婦女上課，開設技藝及師徒制教學，如語言、文學、辯論、電報、設計、雕刻等課程。又有大眾閱覽室，一間藝術陳列館，也有一座稀有發明物的博物館。

市內有好多文化保存、增進、普及、及分享的機構。紐約市立圖書館 (New York City Library) 在 1830's 年代時是全國第三大圖書館；Astor Library 成立於 1849 年，貿易業圖書館 (Mercantile Library)，藝徒圖書館 (Apprentices' Library)，印刷業自由圖書館 (Printers' Free Library)，婦女圖書館 (Women's Library)，紐約天主教圖書館 (N.Y. Catholic Library)，及 Maimonides Library，仿波士頓及費城的雅典屋 (*Athenaeum*)，裡面有參考圖書

館、閱覽室、期刊室、博物館、科學實驗室、及演講廳。另有戲院、歌劇院、音樂廳。本市是美國位居第一的文化及工商業中心，俱樂部、慈善團體、兄弟會、印刷及出版商、公司也不少；報紙之數量，全國首屈一指。

紐約也作為美國與歐洲的媒介，歐洲的文化經過紐約的報紙、劇院、音樂演奏廳的折射，光亮散發在美各地；而歐洲人了解美國，也經紐約的同樣管道。紐約像一塊磁鐵，吸引了新英格蘭福音傳播師 Lyman Beecher，編纂家 Horace Greeley，鋼琴製造商 Steinways 家族來此。十九世紀的紐約已成為全美及全世界的教育中心。

二、生活教育

> 我不曾上過學，只當過橄欖球隊的中衛，玩過一兩次之後，我相信
> 我已玩得不錯。是的先生，我已打得蠻好。老師們常以惡毒又蠻橫
> 的說說我們的「壞行為」。但其後的事件都證明，那種行為恰是天才
> 的早熟表現，也是玩球打個正著的表現。
>
> —— Michael Walsh (1810～1859.3.17)
>
> 文雅的教育制度，加上便宜的報紙印刷，對美國工人階級的福利，
> 如以全國性的觀點而言，實不必估計太高，但兩者合作的功效，無
> 疑的是有其影響力的。
>
> —— Joseph Whitworth

Walsh 經愛爾蘭移民來美，他日後當過國會議員。「一個人不必是個大學生，才算是一個人。從活人當中更能領會人，不必從三千年前的死人中才能了解人。」他發現在家裡的火爐邊所學的，遠比在校所背的還多。

Tocqueville 以一種分析入微的方式，看出美國建國之初的美國教育精神。他在《民主在美國》(*Democracy in America*) 中問道，民主式的共和如何進入美國？答案有三。第一，上帝安置美國人處在一種特殊又偶有的場合。美國鄰近之國，無一是強鄰，又無中央集權行政，資源豐富無比可供開發。第二，政治體制是聯邦系統，結合大的州來保護小的州，地方分權可以防止「多數暴力」(despotism of majority)。並且又有一股自由風及民主

味,強有力的司法體系,可以防止「民主的過度偏激」(the excesses of democracy)。第三,人民的生活習俗、道德、智能、及觀念,組成了美國人的特徵。Tocqueville 結論是說,三個因素中,第二因素勝過第一因素,而第三因素更強過第二因素。

依 Tocqueville 的分析,美國的風土人情,是正式教學、非正式教學、及個人的自我修為,三者合一的結果。首先,美國家庭所承擔的教育角色,相對而言,沒有歐洲大貴族家庭那麼重;美國人的婚姻比歐洲人平等,夫妻之相互尊敬,大過於歐洲人。長子繼承權法取消之後,雙親對子女的教育影響力較小,反而強化了兄弟姊妹及同年齡朋友之間彼此的影響。親權也較早結束,每一代皆可自由獨立謀生,自組家庭。以前家庭具有型塑子女價值觀念、抱負水平、及品格性情的功能,現在變為逃避政治及社會緊張的避風港了。

家庭以外的機構,如教會、學校、及其他普及知識及價值觀念的機構,地位相形提高。當中,教會不管數量多少,教義多紛歧,卻是提供給年輕人某種普遍信仰的重鎮,也是奠定美國邁向民主的基石。學校也不管南方或北方,也不必問素質參差不齊,都教給下一代識字並傳授基本知識、基督教教義、以及憲法的基本原則。報紙也不管發行性質如何,也強化了人民的自主性,使國人免於陷入無政府個人極端主義、及專制獨裁的多數暴力作風這兩個極端當中。

此外在這個大社會中,民主的直接參與,此種特徵更不容忽視。Tocqueville 說:「美國人並不是從課本中學到實用科學及積極正面的觀念,教學時容或也提供此觀念,但該觀念卻早已由學生所預備完成,課本不是提供該種觀念者。美國人從直接立法當中學習什麼叫做法律,從直接治理公務中領會政府的組織及其功能。社會的各種活動,都呈現在學生眼前,也置於他們手中。」因此,美國的教育目的就是政治目的。歐洲恰好相反,歐洲的教育是培養學生來過個人的生活;美國的教育旨在創造一種共和式的政治體制,政治權力應重新分配。

Tocqueville 的分析力再怎麼強,但仍有盲點,他所觀察到的家庭是東北部的中產階級,比較疏忽了南部的中產家庭及移民於西方的美國家庭。

在參與政治方面，他所看到的是傳統新英格蘭市鎮開會的模式，那的確是美國特有的典範。但工業化對新英格蘭的一般性影響及政治參與方面的影響，他則較少注意。他所看到的美國人以白人又是男人居多，但女人、黑人、及印地安人，則與白男人大有不同。最後，Tocqueville 這位法國人堅持他的一種看法，他常把理想中的民主理念與美國實際活動二者混在一起，他也看出後者朝向前者而去。不過，再怎麼說，這位遠道而來的異國觀察家，也洞察出美國教育的主力趨勢。其他人的觀察或許比較細節與精確，但 Tocqueville 卻能綜觀大局，且為歐洲人所推崇。

三、教育的普及化及多元化

普及化 (Popularization) 及多元化 (multitudinousness)，一前一後，是美國十九世紀教育的特色。教會、學校（大中小學）、及報紙之多，讓人眼花撩亂；其次，各式各樣的教育形態也五花八門，目不暇給；第三，課程之更新，種類之繁多，科目之新奇，更是世界首屈一指；最後，這些教育機構都考慮到社區的需求，因此也具地區性。

教育機構的數量，教材內容的深度及廣度，增加的速度皆超過人口增加的速度。不過發展狀況並非呈直線上升，有些地方有些時候，甚至往下降。1850's 年代的移民潮在美發生，相較之下，教育人口不增反減。1860's 年代卻因戰爭因素而毀壞了不少教育學府。但大體來說，教育在量上的發展，進步是有目共睹。

上述現象也導致教學方法及教學時間的重大變革。十九世紀的美國，洋溢著一種說教風，勵志及自學資料充斥。失學者可取之作為奮發向上的引擎，受過正式教育者，其後更受這些資料的鼓舞。報紙中都有自學及自修欄，用以介紹並指導自修者獲取知識及觀念。圖書館、博物館、演講廳、博覽會、展示館、及各種社會機構，都不忘扮演社會教育的角色，彼此互為因果。教會或學校出身者，充當出版商，經營圖書館等機構。

仍然有部分美國人無法享受此種擴大的教育機會，原因有二，一是客觀的，如教育學府的地理位置太遠，無法使全民均霑教育機會之雨露；一是主觀也是心理上的，他們自我孤立，即令教育機會就在眼前，也不屑一

顧，咸認那種教育學府非為他們而設，也與他們無關，甚至與他們已有的價值觀念、傳統習俗相悖，他們才不願因此而產生內心中的衝突與掙扎。有些人則被禁止接受教育，如黑人及印地安人；而女人之接受教育，不可延伸到中學以上，認為非但不必要，也不恰當。有些人則基於宗教信仰的原則，排拒接受教育，如基督教派的一支 Mennonites 認為《舊約》有誡言：「智多則煩多」(in much wisdom is much grief)。

所有機構，不管公立私立，都變成教育機構，也變成社區機構，關心社區事務。社區人士的品格操守、作風、言行舉止，都是所有社區人民最為關注的對象。出版家、教師、行政人員、各行各業，都以社區人物自居。Horace Greeley, P. T. Barnum, Lyman Beecher, Horace Mann, 及 Francis Wayland 皆是公僕。Beecher 希望集合全部新教教派，共同發起拯救西部運動；Mann 希望下一代組成個「大的社會福祉國家」(one great common wealth)，其中最重要的福祉就是：「教育所有的年輕人」(the education of all its youth)；Wayland 如同當時許多大學校長一般，希望透過教派互相整合，作為發展 Brown 大學的基礎。Greeley 及 Barnum 都儘可能的努力使他們的想法能廣為人知，期求大家「不要再爭吵」(above the fray)。可惜爭吵卻也難了。Beecher 在 Lane Theological Seminary 當神學院長時，就介入宗教及政治的論戰，Mann 在擔任麻州教育董事會 (Board of Education) 的祕書長 (secretaryship) 時亦然。教育論點之紛歧與爭辯，不只是涉及經費，也牽連課程，且也是一種代表性的象徵。如禁煙禁酒一般，支持與贊成皆分成兩大陣營；亞里斯多德曾經說過，當人們想到教育時，就不可避免的要思考到何謂好生活的定義，每個人對好生活的闡釋觀點不同，因此教育遂免不掉與政治發生關係。美國人在建國成功初期，也了解到此一事實。教育的目的及教育的手段，有必要進行釐清工作。

美國教育在普及化的同時，世界各國在這方面的狀況如何，下表可供參考。學生入學數與人口總數之比，是一種重要的參照坐標。

表三十三　　1850 年美國與世界各國的教育比較

學生與人口比例	緬因州	丹麥	美（不包括黑奴）	美（包括黑奴）	瑞典	撒克遜	普魯士	挪威	比利時	大英	法國	奧地利	荷蘭	愛爾蘭	希臘	俄羅斯	葡萄牙
％	32	21	20	18	18	17	16	14	12	14	10	7	7	7	6	2	1

表三十四　　1850 年美國教會數量與他國比較

美（人口，23,192,000）		大英（人口，20,817,000）	國會統計，大英，1851
Baptist	9,360	2,489	2,485
Congregational	1,716	3,244	2,960
Episcopal	1,461		
Lutheran	1,221		
Methodist	13,338	11,807	9,742
Presbyterian	4,863		
Roman Catholic	1,227	570	566
Anglican		14,078	13,854
其他	4,997	610	1,352
總數	38,183	32,798	30,959

三十年後，Michael G. Mulhall 出版《世界的進步》(The Progress of the World, 1880) 一書，把 1830 及 1878 年各國在教育人口百分比作了下表：

表三十五　　1830～1878 年各國教育人口百分比表

	德國	美國	北歐	瑞士	荷蘭	大英	法國	英屬	奧地利	西班牙	義大利	南美	土耳其	俄羅斯
1830	17	15	14	13	12	9	7	6	5	4	3	2	2	－
1878	17	19	14	15	16	15	13	21	9	8	7	4	2	2

表三十六　世界各國在十九世紀報紙數量表

國名	1840 年	1880 年	紙的噸數	1880 年銷售數	1880 年人口
大英	493	1,836	168,000	2,000,000	26,000,000
美	830	6,432	525,000	4,000,000	50,000,000
法	776	1,280	134,000		
德	305	2,350	244,000		
奧	132	876	92,000		
俄	204	318	72,000		
荷	75	376	40,000		
北歐	104	120	30,000		
義	210	1,124	38,000		
西、葡	92	150	10,000		
瑞士	54	230	17,000		
南美	98	850	20,000	6,000,000	
加	88	340	20,000		
西印度	37	50	5,000		
澳	43	220	15,000		
土	8	72			
波斯	2	－			
印	63	644			
中	4	－	30,000		
非	14	40			
Sandwich 島	1	6			
日	－	34			
總數	3,633	17,348	1,470,000		

表三十七　世界各國圖書館出版狀況表

	1826～1832	1866～1869
大英	1,060	3,220
美	1,013	2,165
德	5,530	9,095
法	4,640	7,350
總數	12,243	21,830

表三十八　　1880 年世界各國公立圖書館數量表及藏書數

	圖書館數	藏書數
大英	153	2,500,000
美	164,815	45,500,000
義	210	4,250,000
法	350	7,000,000
瑞士	1,654	

　　由上述資料可見，美國在當時是普及教育及普及知識最為發達也最為
進步的國家，在這方面，美國獨步全球。

第四節　　文盲的掃除及美國人的性格

　　普及教育的結果，識字率大幅提升，且認字品質也有所改變。1840 年
首度做了全國普查。文盲率（二十歲以上不會寫及讀的人）在白人人口中
占 9%，1850 年增為 11%，1860 年又降為 9%，其中女人多於男人，黑人
多於白人（但黑奴中識字率也有 5%），外國移民多於美國土生土長者，南
方多於新英格蘭。1870 年的人口普查，文盲者的年齡降為以十歲以上者為
準，全國平均為 20%，新英格蘭最低，為 7%，南部大西洋區最高，為 46
%。女為 21.9%，男為 18.3%，白人為 11.5%，黑人為 81.4%。

表三十九　　十九世紀全球識字率

	1830	1878
英格蘭	80%	85%
德	79%	88%
英	56%	77%
法	36%	70%
愛爾蘭	48%	66%
義	25%	45%
平均	53%	70%
美		80%

一、何謂「文盲」

不過識字的定義如何？變成一個極為棘手的問題，會讀《聖經》是否比會看報更為重要？會簽名於重要文件上，此種能力是否比會為文與人討論公共事務或寫日記更具價值？識字之後更想識更多的字，也促使別人識字；識字之後，以文字當工具，作為改善自己地位、增加自己財富、或促進公共福祉為訴求。有些白人教黑人識字，讓他們懂得《聖經》，如此黑人會更加忠順善良；有些資本家斥資設校來教育工人，以便增加工作效率。但黑人識字後，加入反奴團體；工人識字後，加入工會，這都是意料中事。

若以寫信及讀報 (letters and newspapers) 作為啟蒙的標準，則英美兩國占全球的一半。

表四十　每一居民每年寫信數

	大英	瑞士	美	澳	德	荷	法	北歐	奧匈	加	西、葡	義	南美	希	俄	日
1867	27	24	15	13	9	9	10	7	6	6	4	3	1.5	1.5	0.75	–
1877	35	30	19	18	15	14	10	9	8	8	5	4	2	2	1	1

表四十一　全球人民書信數及閱報數

	書信數	閱報數	總數
大英	3,000,000	2,000,000	5,000,000
美	2,000,000	4,000,000	6,000,000
其他	5,000,000	6,000,000	11,000,000
總數	10,000,000	12,000,000	22,000,000

美國之有如此傲人的成績，下述單位功不可沒：

1. **家庭**：美國家庭減少對孩子的決定權，包括職業、婚姻、及生活方式。不要求孩子對成人的敬畏態度及作風。

2. **教會及學校**：教育下一代要有愛國心，認識美國的共和政府體制，消除個人自私念頭，要求利他助人，大家都是美國人。教育家及宣教士，如 John Pierce 在 Michigan，Charles Fenton Mercer 在維吉尼亞州，Horace Mann 在麻州、及「教育之友」(Friends of Education) 在各州都培養孩子有

個「共同媽媽」(common mother)，即「共同福祉」(common wealth)，不管社會階級、宗教信仰、種族及性別，大家都是一家人。

3.**政黨及公義團體**: 鼓舞全國人民「能成功」(can-do) 心態，進行各項改革，為正義為責任而獻身。農業工業化後，人類效能更有增無已。鋼尖犁 (steal-tipped plow) 發明之後，大平原 (Great plains) 變成可耕地了 (1850's年代)。美國財富有增無已，社會流動頻繁，知識為實用，而非為知識而知識，變成美國教育的座右銘。

不過，Sydney Smith 牧師在《愛丁堡評論》(*Edinburgh Review*) 發表一文，批評美國式的社會、文化、及教育，失去創建性及價值性。他說:

> 美國獨立已三、四十年了，美國人在科學、藝術、文學，甚至在作為政治家研究科目的政治學或政治經濟上沒什麼建樹。⋯⋯在地球四方，有誰在讀美國人的著作? 去看美國人的戲劇表演? 觀賞一幅美國人的繪畫或雕刻? 美國醫生或外科又如何呢? 他們的化學家發現新的元素嗎? 分析過舊素材嗎? 美國天文學家用望遠鏡又何嘗發現新的星座? 美國人在數學上的表現呢? ⋯⋯最後，到底是仿歐洲那個獨裁政府，使得美國人口中的六人就有一個黑奴，美國白人可以自由的買賣黑奴，並予以酷刑? 只有這些問題獲得公平的解答，且解答得令人滿意，則讚美美國人的格言才會被人接受。

即令處處讚美美國人的 Tocqueville ❸ 也作如下的評論:

> 直到目前，美國尚未出現過一流的作家，也無出色的史家及詩人。那個國家的居民，把文學當作是一種不足以獎勵的工作。在歐洲，一個二流地位的城鎮就可以產生出色的文學作品，每年的出版物比美國全部二十四州總共加起來的文學作品還多。美國人是與一般人觀念相作對的，並不重視理論性的發現。政治活動及手工操作，都不鼓勵大家往沉思方向走。雖然新的法律一再的由美國制訂出來，

---

❸ Tocqueville 是法國政治家、歷史家、及旅行家，生於巴黎，其父曾當過縣長，到美國遊歷，印象深刻，對美國之民主，稱讚不已。

但沒有一個法學家來深入探討立法原則。美國人有律師也有評論家，但無法學家，他們只提實例卻不向世界作功課。

　　美國人把「智能」(intellect) 變成「智行」(intelligence)。但 Emerson 的原創性論著，快速帆船 (clipper ship) 之發明，Thomas Cole (1801～1848) 之山水畫，雕刻家 Horatio Greenough (1805～1852)，畫家兼史家 William Dunlap (1766～1839)，及小說家 William Simms 之小說，都有世人稱道的表現。此外，美國發明家把犁改善了，造出軋棉機 (cotton-gin)，也生產出收割機 (reaper)；使犁可以讓西部開拓者在大草原中劈開硬地，軋棉機使南部變成世界上最大的棉花生產地，收割機減少許多勞力，使密西西比河到落磯山脈 (Rocky Mountains) 之間的大平原變成農耕地。也造了汽船，使河流及湖泊變成商業動脈。

　　教育機構的活動造成美國人更具自由理念，同時也提升了平等的想法。美國在 1876 年已有三百五十六所大學院校，Blackburn 大學與哈佛平起平坐。1776 年只有九所而已，英國在 1870 年更只有四所大學。人們透過教育，可以提高身分地位、影響力、及個人之實現。Lucy Larcom 以寫作及教學為（維）生，John McAuley Palmer 以法律及政治為業，Michael Walsh 也從政，William Earl Dodge(1805～1883) 經商（美國最大的五金進口商）；Jacob Stroyer、Irving E. Lowery、及 James Henry Magee 從事神職工作。這些人，有的已在名人錄上出現，在百科全書裡也有他們的描述，有些則無；但擔任任何工作，及其後的提升，都必須仰賴教育。並且全民普及教育，也為其後世界級精英奠下基礎，不必急，美國名人在其後不只與歐洲人在質量雙方面看齊，且後來居上。

　　最後，普及教育的結果，生命共同體的感受為美國人所體會。雖然彼此來自不同國家，宗教信仰有別，職業也不同，姓氏也異，但美國的「文教樂園」 (paideia) 終於浮現在大家的心目中，那是由基督教精神，新教主義，新舊的《聖經》，富蘭克林的年曆 (Poor Richard's Almanack) 所共同組成。在 1876 年慶祝立國 100 年時，為世人尤其是美國人所津津樂道。美國教育此項成就，堪稱人類在歷史上的創舉。革命志士所期待的國人，是品

格高尚、愛國心堅強、思慮周詳謹慎。Virgil 格言 *Novus ordoseclornm* (a new order of the ages has began) 再現——新世紀新秩序的來臨。

　　上述的美國人性格，具體顯現在林肯 (Abraham Lincoln) 身上。幼時雙親是文盲，其父 Thomas Hanks Lincoln，其母是 Nancy（婚後是 Sarah Johnston）。先在 Kentucky，後在 Indiana 受過斷斷續續的學校教育，總共加起來還不到一年，但靠自修，勤讀《聖經》(*Bible*)，《魯賓遜漂流記》(*Robinson Crusoe*)，《天路歷程》(*The Pilgrim's Progress*)，富蘭克林的《自傳》(*Autobiography*)，Mason Locke Weems(1759～1825) 所著《華盛頓傳》(*Life of Washington*，敘述砍櫻桃樹的故事)，Tomas Paine(1737～1809) 的《理性時代》(*Age of Reason*)，及 Volney 的《廢墟》(*Ruins*)。喜愛說故事，研究辯論術及修辭術，積極參與政治活動，鑽研法律。終於從地方政治人物變成美國總統。他的人格特質，正好說明美國人的性格。

二、千禧年的來臨

　　清教徒一到新大陸，即有遺兒的提出，山丘上的小城，是全城人民眼光注視的所在。革命時代的人們，認定他們是「為全民」來採取行動。建國成功後，千禧年的降臨似乎是每個美國人最光榮的願望，他們期求在一代當中予以實現（三十年）。1836 年，A. J. Codman 牧師在宣教時即說：「我們要見證的一種良好又自由的制度，怎麼會把它安置在別國的土地上呢?」新時代新秩序的建立，是美國教育界的責任，使美國的安和樂利的「文教樂園」(*Paideia*) 普遍推廣到全球各地。由於上帝選中了美國，美國人已責無旁貸。就是持比較嚴肅與批評態度的 Samuel Mill，雖然一再的警告國人，驕傲的罪已隱藏在教育觀念中，但他也同意千禧年即將到來，不過卻「需經過一段長時間」(Before a long lapse of time)。

　　讓全球人類普霑美國安和樂利的「文教樂園」，教會的福音傳播團就承攬此重擔。「外國宣教福音團」(American Board of Commissioners for Foreign Missions) 是最早也最具組織的海外福音宣導機構，自 1812 年開始，即出發到印度、錫蘭、夏威夷、希臘、土耳其、敘利亞、中國、日本、及非洲。新英格蘭及紐約的大學，如 Amherst、Williams、Andover Theological Seminary、及 Mount Holyoke，大學男女組成隊伍，前往外國建立教會、學校、印刷所，出版《聖經》及經文、報紙及雜誌、字典及教科書，並進行教學工作。在他們的傳教經驗裡，難以分辨基督教與美國化之區別，帶給外國人美國的 *paideia*，並極力避免捲入當地政治紛爭——歐洲人對此項成就讚美不已——當然難免有政治味。John Quincy Adams（1767～1848，1825～1829 為美第六任總統）於 1843 年是「外國宣教福音團」委員會委員，他指出美國宣教士到夏威夷比較能與該島人民打成一片。「用實質上的征服方式，並非其他兄弟用武力來搶奪他人的自由，卻是以上天的愛，福音的和平為裝飾，來感動當地人的心。」雖然宣教士傳播福音的內容有時與美國商人的觀念相違背，前者認為金錢是萬惡之源，但總是對美國文化的廣被功不可沒。

福音宣達團的成敗，端視福音傳播者的努力及技術，加上當地人民的接受度而定。英國宣教團並不一定歡迎美國宣教團，而在中東地區及中國，宣教成績較差，但摩門教到英倒大獲全勝，1840's 年代英國人改信此教者達二萬人之譜，其中有一半還移民來美。一代之中就要美國化世人，談何容易？但至少也讓美國人對世人多了一分了解。

過去，美國向西歐學了許多，現在仍在學，但西歐在過去從未從美國學習什麼，現在則不得不睜大眼睛看這個新國家的一舉一動，且也向美國學了不少，包括教育。十七及十八世紀的教育普及化是全歐洲的普遍現象，非唯美國如此。美以美教徒（Methodist）、奧文的追隨者（Owenite）、及蘭開斯特（Lancasterian）觀念在十九世紀初，影響到美國來；美國的經驗也被英國人予以解釋，歐美兩地相互交換經驗心得的項目增多。瘋人院、感化院、及救濟院等機構之運作方式，美國已不全然仰賴歐洲了。當然美國向法國學教育，仿德國建立新式大學，但歐洲也開始向美國學習。Frances Trollop(1819～1893) 向歐洲人報告美國人的理家方式，瑞士裔美籍神學家 Philip Schaff(1819～1893) 報告美國教會，P. A. Siljestrom 敘述美國中小學，Gustave de Beaumont 及 Alexis de Tocqueville(1805～1859) 報告美國監獄制度。這些報告因生動引人，歐洲讀者眾多。歐洲人對美國人已開始改觀。十七世紀的美東部人是浪漫成性，屬高貴的野人，十八世紀的美國人則以

富蘭克林為標誌，屬頭戴羽毛帽的名士。

美國人給同文同種的英國人，是最為有趣的。語言、文化、及歷史上，英美兩國關係非他國可比。十九世紀英人視美國為教育文化的殖民地，美國人要學的地方太多，但又視美國人是文化的先鋒，可教導他人之處也不少。依政治的光譜及向度，有人褒，有人貶。1830's 年代英國偏激分子尖銳的攻訐美國當權派，卻也讚美美國各種自願性組織林立，教派多但未成立國家教會。英保守分子認為美國經驗充斥著危機，因為緊接而來的是社會解體以及「異教的黑暗」(pagan darkness)，那是未建立國教的緣故。而激端派鼓吹一種免費又公開的印刷物，只「課以知識稅」(taxes on knowledge)，仿美式來建立一種免費無教派的公立學校。保守派又深嘆普及教育如不佐以國定教派的虔誠拯救力，則易淪為風尚及流行的崇拜中；激端派卻只差一小步就把美國的一切視為完美。1841 年《英國民權傳單》(*English Chartlst Circular*) 中說：「美國人不只是國家史上一種事實而已，且也是所有為自由而奉獻者值得仿效的典範。美國人的福音四散各地，美國人的抱負戰勝了黑暗又專制的惡魔，掃除了邪氣及卑鄙可恥之作風。」英演說家及政治家 John Bright (1811～1889) 及英政治經濟學者 Richard Cobden (1804～1865)，於 1850's 年代時於下議院 (House of Commons) 熱情洋溢的稱讚美國的共和國體制，他倆已廣為人知，被稱為「兩位美國議員」(the two members for the United States)。

英國如此，其他國家亦不例外。德國學者 Christophe Daniel Ebeling 以畢生精力撰寫七大冊的《北美地理及歷史》(*North American Geography and History*)，作為紀念美國社會是個「快樂國家」(happy states) 之用。蘇俄十二月軍 (Decembrist) 領袖 Kondratii Ryleyev(1795～1826)，1826 年因叛國罪被處吊刑，認為世界上除了美國政府之外，無一好政府。阿根廷教育家 Domingo Faustino Sarmiento(1811～1888) 當過該國第一任平民總統，擬按美國路線來重新規劃阿根廷的政治及社會制度。美國人也難怪會以身為美國人而傲，因為羨慕美國的外國人很多。

歐洲人向美國作系統的學習，第一步是仰慕美國的科技，這裡也以英國的例子最為有趣。十八世紀末及十九世紀初，有關工業方面的技藝知識

是往西移動，從英轉到美，其中最顯著的例子，莫如 Samuel Stater 憑記憶來複製 James Hargreaves (? ～ 1778) 及 Richard Arkwright (1732～1792) 的紡織機。但 1851 年的倫敦「水晶宮展覽會」(Crystal Palace Exhibsition)，情勢開始倒轉，美國的展覽處，大家稱之為「大草原地」(prairie ground)，雖在展覽初期數個月，是歐洲嘲笑的對象，位居於俄、奧、及法國藝術極精緻展覽之間，乍看之下，只不過是一堆物件的堆積——鐵軌轉換器、製冰機、McCormick 收割機、人工手臂等，排列又散亂，缺乏現代美感價值，尤其以功利實用為主。但是當輕快小帆船「美國號」(America) 勝過英的對手，McCormick 收割機也贏過英製收割機時，歐洲人不得不對美國館再看一眼，嘲笑變成神魂顛倒了。不只是美國製產品之操作令歐洲人刮目相看，且美國製造品也令歐洲人喜愛。歐洲人突然發現，美國人的功利設計結合了各種零件的改造，比歐洲人進步多多。

　　二年後 (1853)，美國人在紐約自辦展覽會，英國除參展之外，也派代表與會，其中 Joseph Whitworth(1803～1887) 是個想像力豐富的機器工具製造商，Aeorge Wallis 是 Birmingham「美術及設計學校」(Government School of Art and Design) 校長。由於展覽會延期展覽，兩人遂趁機造訪許多美國製造中心，對展覽物品的製作過程，作第一手的觀察。1854 及 1855 年，他倆向英下議會作報告提出，從紡紗機到鐵路設備，「美國製造系統」都可供英國國人借鏡。從此英國工業改造也開始學美國。

　　有趣的是，兩人的報告除了反映美國製造業的革新之外，也學 Tocqueville 方式，提到美國教育。美國工人確實知道要聯合起來來抵制各種工業的革新，此舉與英國工人沒什麼兩樣。但美國工人比較沒有這麼作，並非他們沒有組成工會，而是因為他們都接受過教育。Whitworth 指出：

> 美利堅合眾國的每一州，尤其是北方，透過國民學校所進行的教育，都能使人人就讀，各階級的人也都有機會入學；求知若渴，早年即如此，且日後有增無已。而普及知識的各種管道又經由報紙印刷業之盛而四散各地。任何課稅皆不可妨礙此種強力機構的自由發展，以便能夠晉升人類的智能。結果是，最低賤的工人都有閒暇來閱讀

他的日報，每個人都會讀書，都會思考，都會運用智力，即令是社會最下層的人也如此。教育之普及化制度，報紙之廉價，使得美國工人階級在思及國家觀點時，別人不可低估他們的見解，而效果之佳，是普及教育及報紙二者合作的結果，這是最不可置疑的。我們任選一個歐洲國家為例來說吧，比如普魯士就沒有類似的進步發生，該國也大力推行普及教育，本以為會帶來國家的進步，但由於報紙印刷受到某些限制，因此確實的阻礙了人的知識提升。只要教育以及不受限制的報紙印刷，二者能充分發揮聯合的影響力，進步與改善是必然的結果。二者合作所發生的利益中，最具價值者莫過於二者皆教導人們，想出的辦法要很具智慧，改善的新方式要能為他人接受，且帶動一種激力使人們富有發明精神，使人們漸漸擺脫粗糙的勞力方式，也使此一代人若認為是奢侈的，下一代人卻認為那只不過是人類生存的一般以及必需性條件而已。

法國的 Tocqueville 及英國的 Whitworth 那麼確信美國教育對美國社會的貢獻及責任，也是造成美國科技發達的原因，這使得美國人特別看重美國的教育。透過英國及法國，歐洲人也集中注意力來欣賞美國人的生活。美國教育機構確實發揮了特殊的功能。

小說名家狄更斯 (Charles Dickens, 1812～1870) 有一次曾經批判美國，他說美國人「假如少愛點現實，多愛點理想」(if they loved the real less and ideal somewhat more)，則情況可以更好。不過，當全球人要學美國或要研究美國時，都先研究美國的「現實」，然後才填加理想；如同德國大文豪歌德 (Johann Wolfgang Goethe, 1749～1832) 所說，美國是個不受「無用的記憶以及無酬的爭吵」(useless remembering and unrewarding strife) 所束縛的國度，真可作為當前處境綁手綁腳者的希望所在。歐洲人擬填加理想於現實之上，當他們越對美國教育更為親近時，會發現美國生活上的現實性洋溢著一股理想力量，那就是美國人的心願 (American Aspiration)。

第五章 「美國教育」的來臨 (1783～1876)

孩子絕少會如同我們所喜歡的，

並依我們的旨意來成長。

這情形就像上帝對我們一般，我們也一樣的

來對孩子們。

因此我們必須保有他們，愛他們！

盡力養育他們，教導他們，然後就讓他們去吧！

—— Goethe

前面所述，主要內容是根據 Cremin 所著《美國教育：殖民地的經驗》(*American Education; The Colonial Experience, 1607～1783*)。該書是一本綜合性且廣泛性的著作，追溯了美國殖民地教育的源頭來自於歐洲的文藝復興，描述教育制度的移植於新世界，那是十七及十八世紀殖民地人民的努力之一。這種移植的過程中，教育制度及措施在處於嶄新的社會與經濟條件之下如何轉型，教育機構又如何承繼了獨立運動的角色。本章則把此段史實擴展到 1876 年，剖陳一部道道地地的美國本土教育的發展歷程，這是「美國」教育史的真正上道。當中包含有福音傳播的虔敬，民主的寄望，及功利思想之奮鬥，這些都構成一種普遍的文教氣息，也是安和樂利的文教樂園 (*paideia*)。一方面並依此文教氣息來創建一個統整一致的美國社會；另一方面也可看出美國社會隱藏著內在的衝突。下面數章將會寫到目前，強調的重點是處在工業化、都市化、科技化、及國際化之下的教育演變。

如同前述，教育的定義是很廣的，凡是審慎的、系統的、且持續的努力，來傳遞、引發、或獲得知識、價值、態度、技能或感受，都可算教育。

好比經由努力學習，本身也是教育一般，不管該種學習是直接或間接，有意或無意。要特別注意的是十九世紀美國教育結構的改變，尤其是學校、報紙、及民間自願性組織，漸占舉足輕重的角色；也得集中心力去關注個別的人物與教育機關發生的互動關係。至於教育的理念，那是極為重要的研究領域；但教育理念不是自為孤島或是純理論性的存在實體，卻是一股活生生的力道，不得不引人注目，並且也深深的打入人心，影響了人們可能的信仰以及擬想達成的人生目標。同樣，在處理教育機構上，本書費了不少篇幅；不過吾人應知悉，十九世紀時的教育機構仍然極為鬆散，規模亦小，大部分屬個人性的經營方式，因此斷斷續續時停時開，作風也不一。最後，作者也極力避免犯下時空倒置 (anachronism) 及儻作指責 (whiggishness) 之弊病，不可以拿開國之先的第一世紀之建國生活來看現在，也不可以目前的標準來衡量過去。換句話說，不以今觀古，也不以古評今。

第一節　共和式及本土化教育

我們已改了政府的形式，但仍然還有些待做的工作，那就是在原則上、意見上、以及作法上還需革命，才能配合吾人所採用的政府形式。

—— Benjamin Rush

一、道地美國教育的萌芽

1783 年夏天，英國不遵國教者也是支持美國獨立的道德哲學家 Richard Price (1723～1791) 寫給多才多藝的美國醫生 Benjamin Rush (1745～1813)：「我認為這是世界史上最重要的革命之一，在人間事務上，開了新紀元；更多的光明、自由、以及德性，引了進來，那是前未曾有的事。」美國的革命，在人類事務上開啟了一個新的眼界。歷史上從來沒有一個共和國，如同美國一般的更自由及更平等；歷史上也從來沒有一塊地方，

像美國一樣的可以提供避難所，給任何受壓迫的人民作為安棲處。美國革命為一個獨立主權國奠下基石，自由、科學、及品德能滋生繁榮；假以時日，就能蔓延到全世界。Price 還這麼認為，在改善人類的歷史上，美國革命僅次於基督教的出現，是最令人肅然起敬的一項事件。共和 (Republic)、庇護 (Refuge)、及獨立主權國 (Empire)，是三個代表字眼，在獨立戰爭那代人的想法與經驗中，相互激盪，深深地影響美國教育的發展。對 Rush 而言，他常喜歡對他的國人說，戰事已結束但革命尚未成功；「新紀元」(New opening) 的挑戰與機會大得驚人。不久，他回信給 Price：「我們已改了政府的形式，但仍然還有些待做的工作，那就是在原則上、意見上、以及作法上還需革命，才能配合吾人所採用的政府形式。這項工程是吾國愛國者及立法者最艱鉅的，比驅逐敵人或降服敵人，更需智慧與堅忍不拔的毅力，但願閣下能賜書給我們指教。」革命必先革心，晚一百多年的孫中山也如此說。

　　Price 對 Rush 的邀請未曾予以回應。顯然地，他認為寫一本《造福舉世人群的美國革命之重要性》(*Observations on the Importance of the American Revolution and the Means of Making It a Benefit to the World*, 1784) 作為建言已心滿意足。在該書中他以一個典型的不遵國教者之立場，呼籲教育應保護心靈，避免遭受傳統正規教徒之荼毒；教育的任務，應該是教導兒童如何想 (how to think)，而非想什麼 (what to think)。但 Rush 的同僚則不眠不休的日夜工作，編織了數不盡的計畫，希望政治及教育上的安排，來促使「美國革命變成人類的一項福音」。這群人感受到他們站在歷史的邊緣，在期待千禧年的來臨時，硬著心腸來看過去的歷史，發現那是充滿事例與鑑戒的教訓，包括整個西方的傳統，從古代巴比倫到當代的大英帝國，比比皆是。任何一件事，人們都有意見，也都吵個不停。

　　首先，他們呼應三權分立的建基者 Montesquieu 的意見，認為教育法規應配合政府的形式。因此，王朝式的政府所需要的教育，就是每一個國家公民都能按階級身分而適才適所；共和國式的政府所要求的教育，則是促使眾人以公德為主，私德為副。以「德」而言，1780's 及 1790's 年代的美國，它的組成因素頗多，含有虔誠 (piety)、公民義務 (civility)、及知識 (learning)。做此定義者，有 Thomas Paine 的理性主義式人道關懷 (rationalistic humanitarianism)，Benjamin Rush 的蘇格蘭式道德學說 (Scottish moralism)，及 Timothy Dwight （1752～1817，1795～1817 為耶魯大學校長）的清教徒式正統宗教信仰 (Puritan Orthodoxy)。就教育而言，凡含有塑造品格的一切機構，都包括在內；所以家庭、教會、中小學、大學院校、報紙、社團、自願性組織，以及立法通過的教育法規，這些卻扮演最重要的角色。人民與政治兩者之間的關係絕非單純，他們都知道，一種共和政體絕無法在普遍缺乏公德的土地上滋長；另一方面，他們更了解，設若人民有公德，則任何政府到頭來都不會有生存上的危險。這些人都以實用為主要考慮，在制訂政治體系的同時，所設計出來的教育措施，一個比一個更擬培育公民的虔誠、公民義務、與知識，使個人的公私衝突能夠獲得抒解。

第二，他們希望有一個道地的美國教育，淨化所有老式王朝的痕跡，致力於造就一群團結一致且獨立自主的新國家公民。他們絕不願意做歐洲教育的附庸仿造品，倒企求型塑一種嶄新的共和國氣質，植根於美國土壤，按照美國語言與文學，一心一意以美國藝術、歷史、及法律為念，大家相約務必為美國文化而奮鬥。當然，這是明顯拒絕了歐洲一千年來的封建制度、專制帝國、及腐化，美國人對這些轉頭而去。其實更為重要的是，美國人心存創造意圖，企盼誕生出美國人的氣質，這是還在孕育當中，且還待予以界定的。新國家的安全與繁榮，就得依賴此種正確的界定。Rush 狂情的希望有一個統一型的教育制度，來使美國人都成為「共和政體的機器」(Republic machine)。此願景如於 1786 年提出，幾乎無人反對；時過境遷之後，大家反而有點躊躇不前。Noah Webster(1758～1843) 大膽地寫出以美國為傲，作為美國人，是一項高貴的人類情懷；他奉勸於國人的是：「丟棄心靈的枷鎖吧！做個獨立自主的人！你們作孩子太久了，屈附於一個高倨的父親之控制與奴役。現在你們有了自己的利益與興趣，應善予保護並予以增廣；統治轄區有待興建與支持，那是要靠你們的奮力而為，依你們的智慧與品德來建造一個國家的性格。為了達成這個大目標，有必要構築一項文化計畫，及廣泛的教育制度。」

第三，他們也呼籲有一種純真的實用教育，旨在改善人類的生活起居條件，其核心點就是注重新科學。經由科學教育，人們可以認清，千古不

變的法則管制著大自然與人類。基於該法則而奠定的人類社會，是理性的
社會，也符合道德真理。透過生物學、化學、及地質學的研究，美國人可
以解開這塊處女大地的奧祕，也可以在農業、貿易、及工業上獲取無法估
價的收穫；探討經濟學、政治學、與倫理學，美國人就可以了然於各種人
類及各國的風俗習慣，這有助於美國的內政與外交。並且系統的將科學應
用於人生的結果，更提升了人類日常生存的尊嚴與品質。提升的途徑多端，
有了無煙的煙囪，更健壯的種子，較純淨的金屬，產量更多的鹽，以及味
道更醇美的酒；美國哲學學會 (American Philosophical Society) 出版一本
《會報》(*Transactions*) 時，把上述美景描述一番；並要求會員的研究意向，
限定在「能夠改善美國這個國家，提升國家利益及繁榮的對象上」。

最後，他們期望美國的教育是一種楷模，可以向世人教導自由及知識
的榮耀。基於此種理念，他們的作為不只是為了美國人自己，也為全球人
類來設想。他們深信共和政體的實驗，可以「引發全地球及各國度人民的
讚美，且對人類有淑世功能」。同時也自然地認為美國的教會、中小學校、
大學院校、博物館、實科學校、及各種教育機構，都可以為各地人民所取
法。此種期望，也加重了這些教育機構的負擔，這是美國人引以為傲的，
當然美國人可以引以為傲的頗多；並且更是美國人對天國世界最大的效勞。
因為美國人自認是上帝挑選的子民，讓他們步向真理、知識、愛與和平、
及快樂之途。此種任務，無疑的促使每個人在各盡己力之際，洋溢著滿腔
熱情來履行各人的公益事業。

在大家熱情十足的同時，也出現了一群人對美國教育的品質感到一絲
隱憂。John Pickering 覺得 Noah Webster 致力於語言的美國化，是一種任性
作為，導致於粗俗口語化❶；Josiah Quincy 也嘲弄美國哲學學會計畫過於

---

❶ Thomes Jefferson 也對 Noah Webster 之評價不高，「我看 Webster 只不過是個教書
匠，知識很淺薄」(1801 年)。因 Webster 有中央集權化的心態。不過這種評論並
不正確。事實上，Webster 之興趣多方，涉及流行病、傳染疫、歷史、銀行及保險，
還專論 dew(露水)(Experiments respecting Dew)。1828 年出版《美國英語字典》
(*American Dictionary of the English Language*)；直到八十五歲，還一再的修訂再版。
年壽八十五，共收七萬字，有些是美國特有字，如 caucus(政黨委員會)、electioneer
及 presidential。畢業於 Yale，是個極端的美國主義者，他嫌惡祖國。美國人應受

瑣碎，且淪為空中樓閣。Samuel Miller 所著的《十八世紀一瞥》(*Brief Retrospect of the Eighteenth Century*)，可以算是最有遠見的時代評論作品。他譴責那群視教育為「知識與品德兩方面皆法力無邊」的人，他指出，各種知識的普及及推廣，公意之醒覺，無知及腐化面具之被掀開、自由之愛的增進，這都是史無前例的。但在這些層面的改善與復甦之時，也帶來了一些膚淺的、無虔誠的、唯物的、以及最壞的現象，那就是炫耀自己萬能。他警告著：人力是有限的，連這也無知者，上帝是鮮少憐憫的。

　　這是一個充滿活力的時代，信心十足的寄望於教育的可能性與力道。Rush 及 Webster 處心積慮地為這個新國家的未來憧憬，定下一種適當的文教活動。其目的不外是作為一個共和國的新個人，應具有良好的道德品格，渾身都散發著愛國的氣息，思慮仔細又有智慧，經由教育而成為獨立但又對國家效忠的公民。無此種個人，自由的實驗將胎死腹中，短命而亡。Noah Webster 也發現，革命戰爭已為美國獲得了政治上的獨立，不只目前有一個機會，也為未來提供了一個機會。只有美國人覺醒了，並且也在教化上使獨立的行動及獨立的理論，二者互相呼應，則革命才算完成，共和國之奠基工作也才算建立了起來。此種奠基工作的建立與維持，就是美國教育的首要任務。

二、共和式的教育

　　殖民地時代，政府是神權體制 (theocracy)，也是「寡頭政治」(oligarchy)。一般大眾被排除在政策決定外，New England 清教領袖 John Cotton(1585～1652) 說：「就我所知，上帝並未下令以民主作為教會或政治之組織形式，如果人民是州長，則他要統治誰啊？」(If the people be governors, who shall be governed?)

　　美國文學及史學家 Vernon Louis Parrington(1871～1929) 指出，對 John

「美國化的教育」(Americanication)，學校應清除大英的污染，強調美國。史地應響起美國號角，注入美國意識及理念，學生「還只口齒稍清時，就來讚美自由」(as soon as he is able to lisp the praise of liberty)。美字異於英字，如 color, center (美)，而非 colour, centre (英)。

Cotton 而言,欲求自由,是自然人的一種即興式罪過 (the sinful promptings),也是拒絕了上帝有一種正當的權威可以挑選治者。不過這種論調, 與文藝復興時代的英國大文豪 John Milton(1608～1674) 在《第二次為英人辯護》(*Second Defence of the English People*, 1654) 之說法大相逕庭, Milton 促使英國內戰中國會派的領袖 Oliver Cromwell(1599～1658) 最後獲勝。他說:

> ……這是我最熱切的期望, 閣下應允准那些具有自由探討精神者,可以自我冒險的發表與傳遞自己的想法, 而不會在私底下遭受政府檢查人員的審問; 如果不這樣作, 對真理之成長, 就一無幫助了;所有學科不可如同以管窺天式的予以衡量, 更不能由一知半解者隨其之所好就來相授其所得。……最後, 我最殷殷以盼的是閣下不用擔心所聆聽的到底是對抑或錯, 所描述的可能是什麼; 倒是儘量不要去接受下述的一些人所陳述的話: 他們從不認為自己是自由的,卻只想剝奪他人之自由, 在這方面他們所下的苦功, 無與倫比。不只要肉體就範, 還要桎梏同胞兄弟的良心, 在教會及政府裡引進最壞的專制獨裁, 肆虐他們的不幸習俗及輿論。閣下倒應該與下述的一些人過從, 這些人認為世上不是只有自己的宗教或派系而已, 所有人民一視同仁的都有獲得自由的平等權利。

早在 1645 年, 英國就出現一種小冊宣揚良心自由:「寧可忍受許多錯誤之害, 也不願一種有用的真理遭受阻礙或毀滅。」(...better many errors of some kind suffered than one useful truth be obstructed or destroyed.) (Thayer, 5-6) 就是這股力量, 滋生出英國民主政治之奠基, 也使美國獨立種子萌芽。

在政治上, 共和的意義是草擬一部州及聯邦的憲法。在這個領域中,美國人進行了彼此相互教導的工作。他們把英國人的啟蒙思想, 做了研究,也辯論過。獨立戰爭本身, 就是一種政治原則的交戰論壇, 最後得到一個眾所公認的原則, 即主權在民、權力區分、混合式政府、以及代議政治。不過在即將出爐的憲法與規章中, 有關上述的政治定義雖甚為明晰, 但到底什麼人才算是美國人民, 美國人民的範疇及特性為何, 在這些重大項目的界定上, 倒是十分的曖昧。

　　到底誰才是美國獨立戰爭成功的「人」，這種「人」才享有主權？就某一層面而言，簡單的說，這個「人」是指殖民地的住民。在法律上，1776年6月24日的「大陸議會」(Continental Congress)試圖為叛亂罪犯下定義時，議決：「凡居住在聯合殖民地(United Colonies)，受該地法律保護，也對該法律盡義務者，皆屬殖民地的一分子。」獨立革命成功之後，根據獨立宣言以及國際條約（巴黎和約）的認知，美國已變成一個自由又有主權的國家，殖民地的居民都隸屬於各州所管轄，州政府治理各州居民。有趣的是直到1808年，大英法庭上還在辯論一件事，即英皇雖然認知美國獨立這項事實，但是否就因此剝奪了原先殖民地居民作為英國臣民的資格。美國聯邦條款(Article of Confederation)保證，每州的自由居民，都能享有他州自由居民享有的特權及豁免權；聯邦憲法也用相同的口吻說，每州公民都享有他州自由居民一般的特權及豁免權。乍看之下，所謂的共和國公民就是指各州的自由住民。但窮人、流浪漢、及逃亡者除外。

　　不過事實上，沒那麼簡單。第一，黑人與印地安人的地位，自始即未好好的予以定義，共和國默認奴隸是一種資產。此種處境有點不可思議，聯邦憲法公開認可奴隸制度的存在，州的法規中也明顯的有奴隸條文；當然，1780's年代時有些州正開始努力予以廢除。十七世紀時，德裔美籍教育家 Francis David Pastorius(1651～1720) 就促使賓州的教友派教徒(Friends)應解放黑奴；1754年，John Woolman(1720～1772)寫《保留黑奴者三思》(*Some Considerations on the Keeping of Negros*)，直到1772年他去世，這位 Quaker 牧師也催促 Friends 應解放黑奴。1776年的費城聚會(Philadelphia Meeting)，把拒絕釋放黑奴者予以驅逐。(Curti, 25) 其他州則斷然的削減奴隸的販賣量。但結果是大多數的黑人仍然持續是個奴隸，即令黑人獲了自由身，他們也沒有公民身分，也非僑民外人，因此無法享有權利與豁免權。至於印地安人，則一樣複雜。凡是與美國政府協商訂有條約的印地安人，就被各自族群視為外人；他們享有少數特權，那是自古以來就給予外人的。

　　另有複雜的一面，即女人所享的公民地位，有別於男人。依英國的一般法，女人一旦結婚之後，即喪失所有的民權(Civil rights)，她們無財產權，

包括嫁妝或她自身所賺，都不可以自我掌控；她們不可以簽契約，對子女也無看顧權。美國社會在實際上倒與此有稍許的差別，婦女可支配她在法律上所沒有禁止的權利，有數州的憲法並無明文禁止她們的投票權，所以在少數案件上，共和國奠基初期，婦女也可有選舉權。儘管如此，婚後婦女已屬有夫之婦 (feme covert)，她與他兩人已合成為一人；此種觀念，注定絕大多數的婦女無法享有民權。未婚、守寡、或離婚婦女，地位也極為曖昧。實際上初期的共和國公民，是指數個州的自由民、白種人、及男住民而言。尤值得一提的，不只黑人有極深的命定論，女人也如此。世界是男人的，財產當然全部歸男人所有，女人頂多替他們管理管理，管理得好，名譽也是男人的，女人還得從旁稱讚他能幹。男人劃破了一根指頭，便要像雄牛一般地大吼大叫，女人生產孩子，只能悶聲呻吟，生怕男人聽了不舒服；男人可以粗氣的說話，喝得酩酊大醉，女人須處處原諒他，還須低聲下氣服侍醉漢去睡覺；男人可以毫無忌憚無話不談，女人須一直柔順斯文，吞聲飲泣。這是《飄》(Gone with the wind) 一書作者的控訴。

此外，移民是否接受為「美國人」也是一大問題；要不要設收容所及避難處，也各自意見紛歧。一方面，一世紀以來，美國是個公共地，四處人皆可來此。但國會曾經激烈舌戰過，對此現象有不同意見，也常表現在公然對外國人的仇視上。偶爾也有一些地方禁止特定族群移民進來，如加州法律不准中國人移民該州。另一方面，1790 年開始生效的「歸化法」(Naturalization Act) 規定，取得美國公民權，只有自由身的白僑又定居於美國一段時間者才能擁有；定居於美的時間要多久，在 1790's 及 1800's 年代的法律上都不一致。此外，還得證明行為無不良記錄，又甘願宣示對美國忠誠。一開始，把美國當避難所的人並非個個都變成美國人，那是有限定的。不過即令如此，美國人口不但種類多，且數量暴增。1790 年不到四百萬，到1870 年已近四千萬。其中大量移民來自西北歐，尤其是不列顛群島、日耳曼、亞爾薩斯 (Alsace)、洛林 (Lorraine)、瑞士、與斯堪地那維亞 (Scandinavia)等，少部分來自非洲（經由西印度群島）及中國。

設若教育在創造美國共和體制的過程中扮演一重要角色，則一定會涉入於一項紛爭之中，即什麼叫做美國人民。許多人認為教育是次要的，公

民資格才是首要，且前者依附於後者。Thomas Jefferson 制訂「普及知識法案」(Bill for More General Diffusion of Knowledge, 1779) 時，所提供的教育，僅只對自由身又是白種孩童而已。Benjamin Rush 的《論女性教育》(*Thoughts upon Female Education*, 1787)，特別強調女性如擬求知，得準備為下列事盡責任：保護丈夫財物，教導孩子良好的品德；這都是婦女的特有任務。Robert Coram 著有《政治研究》(*Political Inquires*, 1791) 一書，力主強迫教育的實施，但提到印地安人時，只說印地安人的習性，是作為描述人類在自然環境之下所形成的品德之最佳資料而已；換句話說，印地安人不是強迫教育的對象。並且許多評論家做出下列警告，只有不會把美國變成一個「異質的、不連貫的、困擾的烏合之眾」(A heterogeneous, incoherent, distracted mass，這些字眼是 Jefferson 所用的，也是他所擔心的) 之移民者，才應接受正當的教導，但其艱鉅度也許超過土生土長的孩童教育。因為他們在學習新世界的一切之前，就應先褪去舊世界的所有言行方式。教育如應該普及化，則在過程中務必先予以政治化。而教育的實施，也根據受教育者的身分及教育可能性而有所不同，更因居民性質之異而有別。

　　國家是指有人民但也指有疆土，有明確的地域為人民所擁有。十八世紀的美國人視他們的國家是一個帝國 (Empire)，甚至是一個自由的帝國；這種觀念影響深遠。就一個帝國的性質而言，那是威嚴不可侵犯的，帝國指稱主權的確定以及對全國具有管轄權。美國人或許認為他們的「帝國」是仁慈的，德行的，且為上帝之服務而貢獻；但同時，國土的擴張也不可免，這也是帝國這個詞所蘊含的意義。耶魯一名青年講師 Timothy Dwight （其後成為校長）做了如下的詩：

嘿！土地有樂又有光　　　　　　　　Hail Land of light and joy!

你的力量將生長，　　　　　　　　　Thy power shall grow.

遼闊如海，環流像漲潮。　　　　　　Far as the sea, which round thy regions flow,

土地無垠，你的榮耀將擴張，　　　　Through earth's wide realms thy glory shall extend,

| 在你王杖之下，臣服許多番邦。 | And savage nations at thy scepter bend. |

實際上，大陸會議的首要課題，就是去界定國土疆域及國界性質，但這是蠻棘手的。第一，所謂有土地的州 (landed states) 及無土地的州 (landless states)，二者之間的爭端不斷，各自堅持。維吉尼亞州及紐約州，都各自宣稱自古以來即享有西到密西西比的州界；而像馬里蘭州及賓州也早就把西邊邊界定義清楚，要求凡是在阿帕拉契 (Appalachian) 山以西的土地，都是國家的資產，是國家總體的一部分；然而各種印地安種族也堅持宣稱，西部土地自古即屬於他們所有，他們如同臺灣的原住民，常要求「還我河山」。最後，西部如何開發，大家意見不同，堅持己見；到底要把西部當成準殖民地看待以便有利於老東部墾殖者呢？還是讓西部也變成自治區然後使西部也能與舊有的州共享平等伙伴權？這種爭論，多得不勝枚舉。

1780 年秋天，國會通過一項明確的政策，議決還未被據有但有可能由特定的州劃歸美國聯邦的土地，將「予以墾殖並形成另外的共和州，其後這些州也是美國 (Federal Union) 的一分子，與其他各州享有相同的管轄權、自由權、及獨立權」。因之在三個土地法律令制訂之下，國會特別指明各新開闢的土地應設立政府。這些律令之影響甚為深遠，其中 1784 年的律令是由 Jefferson 所初擬，將西部土地劃分成數州，各州原先赴西部墾殖的人士，有權按東部各自的州憲法及法令來組成暫時的政府，只要人口數達到東部最小州的人口數，則可以獨立成為一個州，與東部的州平起平坐，但要保證永遠作為美國的一部分，分攤聯邦的債務，並且政府的形式非共和不可。1785 年的律令，也指出西部土地可以按城鎮計算，一城鎮範圍為六平方英里，其中撥出一塊一平方英里的土地，公開拍賣，以一畝不得少於一元的價格，將出賣所得來興建一所公立學校；每市鎮也得保留一塊地作為興學之用。至於 1787 年的西北律令 (Northwest Ordinance of 1787)，則廢止 1784 年的律令，規定西北部地區 (Northwest Territory) 原有的政府，不由當地居民本身來組成，卻應由州長、祕書長，以及三位法官來負責；這些人皆由國會任命，只要自由民男性的居住人口滿五千，則該地就可以組成一個集

會來制訂法律，但州長享有否決權。如此則有三到五州就可以成立了，而只要任何一州的人口達到六萬，也可以與他州一般的平等地位加入作為美國 (Union) 的一分子。此外，西北律令還明白指出，新州人民享有自由信仰權、代議立法權、人身保護權 (habeus corpus)、陪審團判決權、居民土地契約不可侵犯權；另更清楚的規定禁止奴隸制度。此外，還有下述文字：「宗教、道德、及知識，是形成好政府及幸福人士的必備條件，學校及教育的各種方式應得到鼓勵，且永遠予以鼓勵。」這個有名的但書，常被引用。

　　有關於教育的律令以及特別指設學校的法規，在史書參考資料中是汗牛充棟；這些資料也為「共和體制及機構」、以及「美國民主的福音」事先描繪出藍圖，一位激情的評論家如此說。不過更重要的是，在專指設校立學之餘，更擴充美國政府的組織形式，且廣納大塊的土地，以平等的地位作為美國疆土，且也是美國政體的一部分；此種過程，尤具意義。原先為各州所擁有的西部土地，在 1782 到 1802 年之間紛紛讓給聯邦政府，並且也從印地安人的手中經過紛爭不斷而取得了更多的土地，美國的疆界因而擴充到路易斯安納，佛羅里達，德州，奧瑞岡，墨西哥出賣的土地，以及加州。此時的美國幅員已橫跨大陸，致使許多人尖銳的聲稱，這是上帝所「明示的命運」(manifest destiny)。在這種擴張過程中，土地買賣、政治衝突、以及純然的意外，交相衝刺。西部開拓運動已在美洲大陸展開，還好，發展得極為平穩寧靜。從遠景角度來看，1784 年的 Jefferson 律令原則，仍是主流，這個大氣派的帝國形成之時，是大都會的向外擴張 (expanding metropolis)，而非大都會裡充斥著殖民心態 (metropolis with colonies)，在這當中，法律常有教育作用，公共教育普遍在各地推展開來。

　　不過，Jefferson 式的解決作法，並非毫無問題。原先在殖民地區中，英國倫敦大都會與殖民地人士有可能發生的緊張與衝突，這是在美國帝國發展過程裡所體驗出來的，恰也正是美國大都會本身當前所遭遇的問題。黑人及印地安人並無予以妥善界定其政治身分，此一問題，在空間上擴大。而成為奴隸制度合法的州（及地區）、及不合法的州（及地區）之間的對抗，也變成印地安保留區，及環繞在其外圍而由白人所管轄區，兩者之間的反目成仇。政治主權與文化主權的混淆不清，這種無法避免的傾向，引發了宗教上

及族群上的少數人抗爭不斷。最佳的顯例就是摩門教人士 (Mormons) 遭受當地州及聯邦政府的長期蹂躪。而未來的問題是,當擴張不止的帝國在勢力超出美洲大陸之外時,與其他民族發生遭遇的狀況,如福音傳播人士到亞洲、非洲及中東,都已有明顯的衝突事件發生,與墨西哥動武,更為顯然。

不管情況如何,國界之向外伸張,不只表示國力的強大及財富的豐足而已,更代表一種遼闊、一種運動、且更是一種機會。一方面,帝國這個國家帶有教育的「急迫性」(imperative),帝國自認為有天職來擴充文明及於全大陸,同時把經驗予以法制化,一代傳給一代;另一方面,大陸廣大的土地,提供一個多元性的實驗機會,使文明的闡釋版本相互競爭,各種不同經驗的法制化,也有機會滋長。在展現帝國威勢與事實之異質化中,如何取得平衡點,奠下了教育的國家經驗中一些中心的議題。

此外,政治及教育之民主化,是美國獨立之後最成功的兩種成就。但教育之走精英路線或走全民途徑,則代表美國政治的兩黨,見解也有懸殊。「共和黨」(Republicans) 與「民主黨」(Democrats) 皆主張「民有」(of the people) 及民享 (for the people),但共和黨是「精英治國」(by the elite),民主黨則是「眾民治國」(by the people);前者步 John Cotton 後塵,後者則仿 Roger Williams 方式。美立國之初,by the elite 及 by the people 相爭不下,但前者勢力較大。John Adams 認為民主還不夠火候,擔心「民主太過」(excesses of democracy),如讓眾人插手太多,他們會投票把貴族的財產全部挖走;如果貴族還能保住一命,那已是過於仁慈、慷慨、及關懷之舉了。(Thayer, 43)

三、美國教育的本土化

美國的獨立革命戰爭,一方面呼應當時的情勢,一方面也開啟了新紀元。政治如此,教育亦然。在教育上,普及教育的發展已累積了將近一代的時光;獨立之後更賦予更新及更重要的意義。首先是教育理論與實際有了舉足輕重的革新,大家都認為共和政體之生存與繁榮,有賴於共和式的教育,而對教育實務的討論也迫在眉睫。取得一致性的共識,是共和政體的當務之急;公民的知及德兩方面的培育,則是公共政府的最大責任。在

一個世紀的過程裡，美國邁向獨立建國的「國家生活」中，從現在以反觀式的歷史考察來看，實行一套純真式的本土化教育，不管此種教育犯有瑕疵、不完美、甚至產生數種悲劇性的缺失，但卻是全球步向世界文明中，美國所做貢獻裡最具意義的一項。

本土化早在殖民地早期即已開始進行，現在持續不輟。十九世紀時，移植、適應、模仿、及發明創新，交互運作，使美國教育有其特色。新移民人數之多，史無前例，他們自歐、非、亞洲各自隨身帶來數千年的觀念與制度，從愛爾蘭處帶來了羅馬天主教會的特有儀式，從 Angolese（非洲 Angola 人）那裡又有一種母系社會的家庭組織，中國人則帶來一種互利社會的模式。初期，上述中有些制度一來即興盛起來，有些則迅速轉了型，有些則沉寂消失。

部分土生土長的美國人赴外國取經，尋覓有利於教育進步的觀念與措施。比如說，到英國學習主日學校 (Sunday school) 運動及聚會討論的學園 (lyceum) 方式，到瑞士探討更文雅的方法來管教孩童及課堂教學，到普魯士就教於師範學校及大學組織，到法國領受軍事訓練伎倆。但這些外國的模式，一到美國土壤，就很快的納入於廣泛複雜的美國人生活中。同時，本土專有的措施 (autochthonous institutions) 也出現了，那是人類發明力所生的最精緻成果，如專畫美國革命領導人物肖像的 Charles Willson Peale(1741～1827) 成立了第一座博物館，Benjamin Henry Day(1810～1889) 的一分錢報紙，Jonathan Baldwin Tuner 的農科學院，以及 Joseph Smith(1838～1918) 的摩門家庭 (Mormon family)。

所有的這些，公然進行新穎措施，就是當時的主要畫面。在人口稀少時代 (provincial era)，教育制度不得不與求新求變的環境相搭配，方式有三：第一，在正式結構上有必要修改，來迎合社會與經濟條件的變遷需求。教會有了一批福音傳播部隊，來重建日漸萎縮的信仰聚會形式。學院也另有安排，附屬於教派之下來挹注空虛的財源。第二，教學內容及材料呼應當地的實際狀況，課程更具實用性，為生活作準備，報紙也擴大新聞的範圍，來滿足新訂戶的好奇心。第三，教育機構彼此之間的關係也跟著改變，家庭用在教導孩子讀書的時間減少了，系統的閱讀工作已由學校取代；而學

徒制度以教導學生學法與習醫的措施，負擔也減輕，因為法學院與醫學院比以前增多，學生學法與習醫的機會比過去增加。這些發展的結果，使美國教育似乎比較不拘形式，一方面是由於變遷太快，另一方面也是革新太大，範圍太廣。正式及非正式、暫時性及永久性的革新，二者皆同。

大幅度的高唱國家主義，也在此刻發展出來，反映在教育制度及實施中的意義，遠超出當時受教者所能體會。公理教會創辦的福音傳播勢力，不只拯救了某些人的靈魂，並且也賜文明給 Ohio 谷域 (Valley) 地區的居民。各州剛萌芽的純美式國民學校制度，不只讓新生的一代識字而已，同時也給了共和政府一項保證，即健康與安全。史學教育家 Daniel Joseph Boorstin(1941～) 教授（獲普立茲獎，芝加哥大學教授，國會圖書館館長）稱這只不過是一種「促進意義的說詞」(booster talk)，但恐怕不只如此而已。因為美國教育似乎帶有那種太平盛世的韻味及腔調，影響了政治措施，也助長了美國共和體制的未來與教育的遠景，這二者之間的互動關係，是要經歷許多世代的。

最後，美國人不只在教育觀念與措施是個輸入者，且也是輸出者。教育機構之設立及其實際發展，也明示具有輸出意味。美國國民教育之父 Horace Mann(1796～1859) 於 1843 年到歐洲遊學，在普魯士及英國學幼兒教育；英人及普人同樣對 Amos Bronson Alcott(1799～1888) 的教學經驗大感興趣。十九世紀頭十年，來美訪問的歐洲人，不在少數，在他們的觀察報告中，有許多部分都提到美式教育。其後，許多歐洲國家乾脆派個人及團體，正式來美研究教會、中小學、學院、工廠、以及矯正機構；更多的美國福音團將美國文化造福於非洲、亞洲、及中東地區。總而言之，十九世紀美國教育的本土化，配合著國家化而興盛起來，卻演變成國際性了。國家化不是從世界中退卻，卻是與世界產生新關係。教育是如此，其他也一樣。

第二節　福音傳播的十字軍

基督的福音，帶進來觸動了整個人類的心胸，此種影響力，使吾人
安全的信賴這個國家的未來，將安全無虞。

　　—— Andrew L. Stone 牧師向美國家庭福音會
　　(American Home Missionary Society) 的報告書

一、第二次覺醒運動，以美以美教派為例

　　與先前的運動同，所謂第二次的覺醒，發生在建國初期，那是美國生
活環境的一種自然反應。由於不休止的社會變遷及地理疆土的擴大，這是
美國的景觀，卻也帶給美國民眾在任何階層上產生不安的情緒。第二次覺
醒，與第一次同，理念及想法，也大受來自大西洋對岸的影響。一方面是
英國詩人 Samuel Taylor Coleridge(1772～1834) 及普魯士神學語言學家
Friedrich Schleiermache(1768～1834) 的浪漫主義，一方面則是英國制度化
的 Clapham Sect(1790～1830,福音教徒主張廢奴及監獄改良)及 Methodists
（美以美教派）。而第二次覺醒與前一次覺醒相同之處，就是美國新教各
教派分享參與的結果，都促使教會顯現得更具目的性、自願性、及福音傳
播性。至於前後兩次的覺醒運動，中間是否有重要的隙縫才使後來者可以
被稱為「第二」，此問題仍有再行討論的空間。事實上，規模甚大的復甦運
動，早在 1790's 年代晚期就一直延續到十九世紀中葉，這種史實，也是不
能予以否認的。

　　史家常常注意到，即興式及戲劇性的福音傳播狂潮，在全國各地普遍
的捲起洶湧的浪潮。舉例來說，在康乃狄克州的耶魯大學首先出現復甦運
動人士，他們接受 Timothy Dwight 校長的領導。Dwight 於 1795 年繼 Ezra
Stiles 為耶魯的校長。他深深懷疑，從歐洲吐出來的理念，其災害將有吞沒
這個年輕新共和國家之虞。Dwight 私底下進行一種十字軍運動，來向那些

不信神者予以反擊，以耶魯作為基督新陸軍總司令部。十年之間，該大學已從「沉淪於道德及精神的毒害污染中」，拯救過來，而成為「虔敬又富德性的溫床」。一大群改宗者向外去變更他人改信基督，他們到新英格蘭、西部、以及世界各地。在 Kentucky 州，復甦運動者先在窮鄉僻壤的地帶去傳教，復甦者心中之火冒了出來，他們散播且強化覺醒運動，終於在 1801 年 8 月初的聚會中，達到劃時代的運動成果。成千上萬的熱誠崇拜者聚在一塊，由於「聖靈」(Holy Spirit) 在那個特殊的星期顯靈，佈道師聲嘶力竭的喊叫，女人昏厥了，男人跟著尖吼不停，而兒童的哀泣，更聲聲入耳。美國大規模式、且計畫周詳的搭帳棚集會，從此興盛起來。在紐約州，復甦者先在該州最西邊的地區辦一系列的覺醒傾洩，場面較有地域性，不及 Kentucky 壯觀，騷動也比不上 Kentucky，但強烈度則並無不及。其中有一次在美以美教派巡迴牧師 Lorenzo Dow 帶頭之下，一天就改宗了一百人之多。在喬治亞州，覺醒運動者首先對黑人下手。就這麼樣，復甦者到處跋涉，四下宣揚福音，傳遞火花往各方面點燃。無數的鄰近地區、鄉村及城市，都一一「燒遍」(burned-over)，熱狂之光，從熊熊之火到奄奄一息，共有一代之久。經過這個過程，福音傳播作風在美國新教精神裡鞏固了它的地盤，也設了不少機構。

如同十八世紀的覺醒運動（第一次）一般，那是一種廣義的教育運動，將教會作為一種教學機構看待；其後（第二次）的復甦運動，基本上更具教育性質。至少也誠如 Oberlin 大學校長 Charles Grandison Finney (1792～1875) 在他的《宗教復甦演講集》(Lectures on Revivals of Religion, 1835) 中所清楚明言的，狂熱的佈道工作，從傳統的喀爾文教派到自由色彩的唯一教派 (Unitarian)，彼此之差異既深且廣。佈道的對象，還擴充到那些不上教堂的民眾。所用的言詞，是強有力，充滿色彩，且大眾化，如演戲般的描繪出受天譴的威脅，如能免除則可以永生。根據 Finney 的解析，復甦運動不是只要求人民「知」而已，更要求他們「行」。好牧師就是成功的牧師，成功的牧師就得把人的心靈救回來並皈依基督；在這個奮鬥掙扎中，只要不違反端莊與有禮，都可以採用任何教育手段以達目的。「吾人必需激動的、強有力的講道，否則人民就跑到惡魔那邊去了。」這是 Finney 的警

告。他的此項訊息，廣為同輩人知悉；即令在靜默的新英格蘭也聽到了。（吾人應謹記，Finney 的論文也只不過是討論此一議題中無數的論文之一而已）

除了佈道或當下的宗教儀式之遵守外，復甦聚會提供了更擴大的教育機會及教育方式，尤其在地廣人稀的邊疆地帶。此種集會就是大家相聚作社會交談的大好時機，彼此交換情報與訊息，討論政治、社會、及神學話題，且也考慮各種宣傳品及促銷術。一個家庭在參加三四天的野外搭帳棚聚會，就可以結交新朋友，重溫老朋友的交情，聆聽美國獨立戰爭的演講，簽署禁酒禁煙誓約，訂購書籍，比較一下種花生方法，烹飪技巧，挑選一道喜愛的佳餚菜單，同時又可經驗到不同的佈道特質及勸言。如同教會一般，復甦聚會所是大家的場地，是一個論壇，是一個市場，也是一個博覽會。其明示出來的目的，是經過系統的宗教教學來型塑人心，影響人性。由於它也提供直接的熟悉各種不同的生活及思考模式，因此它的教育意涵，更是寬廣無比。

復甦聚會的戲劇再怎麼演，早期的全國性覺醒中有一股深流，值得吾人注意。如同邊疆地區的草叢起火一般，此隱喻大可作為福音史的寫照。復甦者引了火，其火光炫眼，但瞬即消失。研究此種運動如視之為孤立事件，就忽略了它與教會之間的關係。教會設計且煽起此運動，也因而使教會獲得暖和的熱氣甚至有時被它燒毀。復甦運動深深的影響了教會的教派組織，某些教會因此分裂，如長老教；有些則因之與他教派凝結，如基督徒教會 (Christians) 及基督使徒教會 (Disciples of Christ)；其他教派也因之改頭換面，如摩門教 (Mormons)，與先前面目，已幾乎全非。復甦運動也使社區煥然一新，而此煥然一新的社會，正是推動復甦運動的引擎。有了再生的經驗是一回事，嚴肅的持續再生，則又是另一回事了。銷魂式的「新生活」(New Life)，以及再生者的大肆慶賀，一定得在宗教社區中如常規式的一再舉行，一再肯定。光是呈現人民之信仰復活，就足以提升社會本身在教育上所扮演的角色了！

將轉化或再生的經驗，予以建構化以便維持或加強，這是共和國初期主要教派所面臨的問題。此種現象，由 American Methodism（美國美以美

教派）的發展就可知其梗概。當 1783 年簽了巴黎和約 (Treaty of Paris) 時，Methodists 只是一個子教派，教區小，八十二名牧師，教友一萬三千七百四十名而已。教會組織也鬆散，以老英的 English Methodism 馬首是瞻，也靠 Anglican 的教士來作宗教聖典儀式。加上獨立革命戰爭期間，由於政治及宗教的忠誠問題，此教派領受了幾近四分五裂狀態的痛苦經驗。有些教徒返英，如 Thomas Rankin；有些隱居，如 Francis Asbury(1745～1816)；有些則慘遭革命人士殺害，如 Freeborn Garrettson。一般來說，整個教區的氣氛是孕育著護英的保皇黨 (Toryism) 意味。1784 年經過數次緊急重要會議後，教區重組了。在 John Wesley 的支持以及 Francis Asbury 與 Thomas Coke(1747～1814) 的領導之下，成立了美以美聖公教會 (Methodist Episcopal Church)；封了牧師頭銜，培養了信徒，制訂了教義，也採行了教儀，積極推動福音傳播，由神話式的領導者予以帶頭。這個新教會終於振作興盛起來。1840 年時，該教會驕傲的誇稱牧師有一萬名，教友有 85 萬，散布全國各地。即令在 1790's 年代早期承認有個內部的分裂，卻還是美國教派當中最大的一教派。

　　骨子裡，Methodism 此種甚具特色的發展，取之作為範例來解釋三種當時美國的風貌，倒十分恰當。這三種風貌就是神學的民主化，組織的彈性化，以及教育的普及化。Methodism 的主張，是神寵為全民所有，也可自由獲取。借用荷蘭十六世紀新教神學家 Jacobus Arminius(1560～1609) 的福音傳播模式，反對命定論，強調自由意志說。這種說法是介於下述二極端之間，一是理神論 (deism) 及唯一神論 (Unitarianism)，另一是傳統的或甚至是新神學的喀爾文論 (New Divinity Calvinism)。這種說法本身，是要對宗教採奉獻行為，單純的虔敬，不必繁複的善良生活，就足以領會上帝的意旨。這給每一個上帝的子民強烈的信心，每個人都有平等的機會可以獲救。尤其重要的是，雖然美以美教派的人 (Methodists) 並非全然沒有種族偏見（有些教徒仍然排斥黑人），但該教會的第一次大會中倒正式公開宣布，奴隸制度違反了上帝、人、及自然的律令。第一條規約堅持，主人必須還奴隸自由。而美國第一位黑人牧師，就出現在本教派裡。

　　此外，美以美教派更發展出一套技巧來帶動美國民眾，把不入教會者

作為宣達教義的對象，讓他們變成基督徒，彼此相識。組織各種不同的集會，從地方上的小班聚會，由當地本土人士負責，擴大到巡迴班，由騎馬巡迴牧師主其事，最後到大型的宗教聚會，由長老及督察主辦。鼓勵各種不同程度的領袖及個人，依奉獻的深度、長度、及強度，來選聘作為教會牧師或會員。地方性的領袖，可以是新會員，但要有領導才幹也響應傳道；巡迴騎士可能是個地方領袖，但善於講道引起長老的注意，未婚，年薪約為 $100。若有必要，則新班陸續出現，新領袖也不停的選出。若原來的巡迴班太大，則成立新的巡迴班從老班中分出來。就社會一般性而言，大的宗教聚會，任何傳教師都可發表演說；小班聚會時，各會員都應表現兄弟愛，大家一起禱告，唱聖詩，作證言。

最後，Methodism 特別把公共教育作為一種工具，且有效的予以運用。在搭帳棚開會之外，為了方便吸引新改宗者並重新喚醒舊信徒，美以美教蓋了小學及中學，尤其是主日學校，其後還興建一般學院及神學院，以便培育教區的牧師及領導人。另外還設教會出版處 (Methodist Book Concern)，支持書店銷路網來經銷書籍、短論，及期刊；也贊助一項福音傳播計畫，即與 New Orleans 市的羅馬天主教徒 (Roman Catholics)，密西西比東部的 Chippewa 印地安人，紐約市的德裔撿破布者，以及來自非洲 Liberia 的非洲美國人 (Afro-Americans) 合作；組織好多俱樂部、協會、社團，各年齡階層皆可參加，男女兼收，與在地的教會團體取得聯繫。更進一步為改善社會風氣，而與其他團體共同推動禁煙禁酒運動及廢奴運動（也有會員反對廢奴）。在這些運動中，如同美以美教派之教育努力一般，佈道師及一般民眾之間，彼此藩籬幾乎沒有。不一定是有證照才可進行福音傳播活動或社會改造運動，師生角色可以互換，大家皆可參與，只要任何人介入於該項過程中，人人皆在教，也皆在學。

在早期美國美以美教派的推展當中，沒有一個教士比 Francis Asbury 講道更流暢，領導活動更強有力，為教派獻身最足以作為表率者。自從第一次該教派全美聚會於 1773 年以迄 1816 年他的辭世，他都是 Methodist Episcopal Church 一個活生生的典範。十四歲時在英國 Birmingham 的「落後地區」(back country) 就改信美以美教，1771 年抵美，作福音傳播工作，

不眠不休近半世紀之久，只有一段時間暫停，就是革命戰爭時，他被迫在 Delaware（德拉瓦）休假片刻。教會採巡迴方式來傳教，Asbury 是箇中能手，他從未在固定地點定居下來，倒巡迴旅行「說教」二十五萬英里，幾乎是體能及個人條件的極限。他堅持，假如他的同事希望福音傳播能成功的在世界各地展開，則絕對要馬不停蹄，不可作定點的傳教即可。他特重虔敬精神，取英國牧師幾乎殉教的 Richard Baxter(1615～1691) 及《天路歷程》的作者 John Bunyan(1628～1688) 為榜樣，這些人的書他都讀過，也深思過；也熟悉殖民地時代大神學家 Jonathan Edwards(1703～1758) 的佈道，並取向印地安人傳教的 David Brainerd(1718～1747) 為佳例。他並不作系統的神學論述，倒將想法持續的寫在日記裡變成一種文學作品。他也不像 George Fox(1516～1587) 作內在的探索英國殉教者的磨難，文筆的洗鍊也不如 John Wesley(1703～1791)。但在生活上體認出精神的成長，並以文字作為教學媒介，因而引發的啟示作用，不輸給上述兩位先知。

美以美教徒利用福音傳播來吸引那些還未改宗者，且利用較彈性的組織來使那些未改宗者彼此攜手認識，大家都是基督徒，使得教會的結構、教學課程、及教學團隊大幅度擴充，廣為世人所知悉；並且在範鑄美國早期國家覺醒意識的特色及型態，具有決定性的影響。把復甦者生龍活虎的能量灌注在教育組織及教學活動裡，此種作為，不只其他教派亦步亦趨，且整個社會也步其後塵。在一個往前進且競爭激烈的社會中，Methodist 的成功，使得 Methodist 精神帶有傳染性，Baptists（浸信會）仿其技巧，也組織新的聚會，不過較不正式，長老教會 (Presbyterians) 及公理教會 (Congragational) 也學習之，以便使老教徒重振雄風。老教派中未受過學校教育的傳教士嘲弄著，他們用報復之心來辱罵「新尺度」(new measures) 的牧師，但仍有人勉強的感謝，就是那些傳教士才能把教派信仰傳送到未入教會者，別人還不能做到這個地步呢！ Finney 不只一次的說：「一位美以美派的傳教士 (preacher)，並無受過文科教育，就可以有信徒結合在一起成為一個聚會，長老教會的牧師 (minister) 卻作不到，雖然後者的知識比前者超過可能十倍」。換句話說，嘲弄者一方在取笑，一方可能極為神經質；而較傳統的教士在發出戲謔之言的同時，不妨檢視一下他們的肩膀。

二、新教的福音傳播

　　復甦運動使得教會裡頭充斥著新的交談人物，這在建國初期，尤為顯
然；也潛在的使教派的你爭我奪現象，自 1730's 及 1740's 年代覺醒運動開
始，變成美國新教主義 (American Protestantism) 的重要面貌。也恰好在這
個時候，各教派的互搶地盤，卻變成基督徒的團結一致。這是頗怪異的。
讓那些不入教會者也能普沾神性及虔敬的氣息，這是各教派通力合作設計
各種計畫的結果。彼此不相互傾軋，也不侵蝕對方；這種現象，史有前例，
並不新穎。十八世紀時曾有過教派以相互支援來取代競爭，先是透過 1690's
及 1700's 年代早期的道德重整會，後來則經由對印地安人的福音傳播、向
新移民的教育策略、以及施捨給窮人的各種救濟措施；到了十九世紀是復
甦運動主要收成的時刻，互助合作的努力更形擴大，且予以強化。此種過
程，深深的影響了教育的機構。

　　教派彼此之間的良性互動，皆因背地裡藏有一種念頭，那就是共同為
新國家新未來而捐棄成見，共同打拼；新教主義 (Protestantism) 與愛國精神
(Patriotism) 合流，絕大多數的教派理論家都持此種看法。正統派的公理教
會人物 (Congregationalist) 如美國地理學之父的 Jedidiah Morse(1761～1826)，
老學派長老教 (Old-School Presbyterian) 如 Samuel Miller，主流的浸信會
(Baptist) 如 Luther Rice 等，大家皆口徑一致。在本質上，各教派皆看出新
國家已把上帝的願望以及人類的企求予以形體化了，美國一定要變成一個
純淨的社會，完全按《聖經》經文的指令而行。只要美國人留神傾聽美國
的神定命運，則太平盛世就會出現在美國，這是極其可能的。不過要達此
目的，並非易事。人性本脆弱，而惡魔的作怪，恰好不只一次的顯現在教
派派系的爭執上，也作用於權力的你爭我奪上。並且偶像教也在吱吱雜雜
的亂吼。唯一成功的通達自由這條巨大實驗之路，就是富有德性的公民要
展開眼觀四方的眼睛；而教養一個富有德性的公民，也只有經由福音傳播
的新教主義來施展仁慈的影響力。為了實現美國的諾言，美國人必須有所
選擇，只有他們選擇上帝的路，個別的及集體的，他們才能完成上帝為這
個國家所訂的計畫。因之國家主義，太平盛世觀念，以及福音傳播，三者

輻輳在一起，聚合成公民的虔敬、彬彬有禮、心中充滿神意。

為了提升此種意識型態，也據此來確保國家的未來，福音傳播的新教教徒在地方、州，及國等層級都組織起一種複雜、重疊、且連鎖式的機構，稱之為「福音傳播聯合陣線」(evangelical united front)，這是最恰當不過的。首先是地方級及州級的組織，大部分在東部老城出現，但也絕不只限於東部。1790 年 The First Day Society（首日協會）在費城成立，由一群普世派信徒 (Universalist) 但具有長老教背景者，一位羅馬天主教徒 (Roman Catholic)，以及賓州的主教派主教（屬新教教派，Protestant Episcopal Bishop）所共同組成。1796 年成立的紐約福音傳播協會 (New York Missionary Society)，則由一群長老教、浸信會、荷蘭改革教派 (Dutch Reformed)、以及聯合改革教派 (Associate Reformed) 的教士及個人所共同組成，旨在改宗印地安人。隔年康州的福音傳播協會 (The Missionary Society of Connecticut) 也成立，目的更擴大，以邊界居民為傳播福音之對象，1799 年成立的麻州福音傳播協會 (Massachusetts Missionary Society)，目標相同。其後的十年，跨教派的組織，為數眾多，散布在賓州、紐約州、及新英格蘭各州。其功能從《聖經》的分配，福音短論的普及，到主日學校的興建，進而提升和平境界，並增進戒煙酒的成效等等。

1810 年第一個全國性的組織成立，即美國海外福音團 (American Board of Commissioners of Foreign Missions)，首先只不過是麻州及康州的公理教會作地區性的派遣軍而已，但立即由紐約州、紐澤西州，及賓州的長老教會會員加入，業務因之擴大。1815 年波士頓又成立美國教育社 (American Education Society) 原名且正式的名是 The American Society for Educating Pious Youth for the Gospel Ministry，目的在「教育虔誠的年輕人以便擔任福音傳播之職」。1816 年，美國聖經協會 (American Bible Society) 也成立，各州《聖經》讀經會各派代表赴會，當中有不少教會開明派之名牧師參加，如麻州的 Jedidiah Morse(1761～1826)、康州的 Lyman Beecher(1775～1863)。1824 年，美國主日學校聯會 (American Sunday-School Union) 也組織起來，為兒童出版道德及宗教教材。隔年 (1825) 又成立美國宗教短論會 (American Tract Society)，為成人提供道德及宗教資料。1826 年，美國家庭福音會

(American Home Missionary Society) 成立，旨在協助貧困地區的牧師，尤其是新近於西部開墾完成的地帶。

地方及全國性的機構完成後，下一步就是在地方成立分支或附屬機構。舉例來說，教育社 (Education Society) 就維持一個無遠弗屆的連絡網，在各市鎮、鄉村、州都有分社。許多這些分社，如同麻州及康州的婦女慈善機構一般，朝存暮亡；不過像西部教育社 (Western Education Society) 則活動力強，且運作一段較長時間。Education Society 也與長老教會教育社 (Presbyterian Education Society) 共同安排，使教派團體成為全國性組織的一支。同理 Sunday-School Union、the Bible Society （大金主 Stephen Van Rensselaer 是會員）、及美國宗教短論會 (Tract Society) 也廣泛的使用地方附屬機構，使地方、州、區域，及各教派的力量集中團結起來，協調一致，向相同目標邁進。其實，各教派之間有合作也有競爭，彼此的緊張關係並無消失。

各教派都為一個理念來佈道，即做個虔誠的公民 (civic piety or pious civility)。一致的觀念、感覺、興趣、利益，使整個國家奠定在穩若磐石的基礎上。利用大中小學，青年團體，討論會，正式及非正式教育機構來完成此使命。值得一提的是，婦女也走出家庭，在理家之餘，也加入上述社團來幫忙福音傳播工作；教學，書寫，及施捨等事項，都是婦女家事後發洩剩餘精力的途徑。此外，上述機構也贊助手工運動，尤在 1820's 年代時最為熱門，如 Oneida 學府 (Institute)，是 Oberlin College 之前身，及 Lane Seminary，鼓勵學生入此種學校。另一件趣事是美國教育社 (American Education Society) 也補助學校開設拉丁及希臘等古文，這是神學院學生研究《聖經》原始版本所必須。Oberlin College 於 1830's 年代把「異教的古文」(heathen classics) 排除在外時，該會就拒絕提供更多的幫助給學生，Oberlin College 其後又開古典科，但時間已拖二十五年之久。

這些教會組織向西部進軍，為每一個家庭提供一本免費或廉價的《聖經》。1826 年成立的 American Home Missionary Society，傳播福音地點重邊疆新開墾的地帶，尤其是 Mississippi 谷域 (Valley)。1830 年 American Sunday-School Union 一致決議，兩年之內在各貧民地區各設一所主日學校。

三、福音傳播的教育機構

十九世紀初期的美國人組成自願性的團體，是一種普遍的心理，對於美國之往共和國推進，並帶動社會的團結一致，具舉足輕重的地位。人民熱心參與公共事務，其中最明顯的事實，就是十字軍式的福音傳播，此種舉動本身及其連帶而產生的影響，最長遠也最經久的，莫過於把這個國家的教育機構用宗教精神予以武裝起來，使得 1820's 及 1830's 年代之後的美國，立即出現各教育機構都充滿了福音傳播氣息。美國全國性的基督教化，在各地普設基督教化的組織裡，為了與惡魔作戰，並無中立地帶存在。未信仰基督的地區或人民，都是福音傳播的努力地點或對象，深怕他們步入罪惡深淵。

在與惡魔作戰的前線，福音傳播首先擬努力的教育機構是家庭。在歷史上，家庭是社會組織中最基本的單位，也是最具教育功能的所在；此種認識，可以追溯到英國文藝復興時代，迄今綿延不斷。好多世紀以來，各路人馬的作者皆向雙親及孩子提供建言，要負起莊嚴的責任及義務，為家庭奉獻。美國人很早就引進了英國人在這方面所發表的手冊，為數眾多。1800's 年代時，英國學者 John Bunyan, Philip Doddridge, Isaac Watts, 及 Daniel Defoe 等人，都有意無意的提醒家人如何一起生活，如何進行教育。他們的作品，是每一家除了《聖經》之外的重要書籍。此外，美本土的作家也有類似的出版品，如 Enos Hitchcock 的《雙親助手》(The Parent's Assistant)，簽獨立宣言的唯一教士 John Witherspoon(1722～1794) 的《教育系列》(A Series of Letters on Education)，這些都取文藝復興時代的作品為典範。家庭之族長制度 (Patriarchal System) 猶如教會及政府一般，培養子女日後為教會及政府服務。父親是一家之主，神聖不可侵犯，母親是助手，孩子是臣民，上下之關係都有相互的義務要履行。此種觀念，第五誡早有明言。

十九世紀中葉以前，家庭之基督教福音化帶給家長的勸戒，資料自遠古以來即汗牛充棟。但美國的家庭生活性質，與歐洲有顯然的差別；一來遷徙而居無定所，流動性是主要特徵。擔心家庭緊帶之鬆弛，勸戒者不得

不更堅持、語調更高亢。此外，外來移民日多，移民者多半屬同一族群 (monolithic)，為了維繫該特有族群特色，家庭教育更顯重要；也為應付此種需要，大都市的出版商及書店應聲而立，波士頓、紐約、及辛辛那提是出版中心。有些書只是重彈舊調，如 Heman Humphrey 的《家庭教育》(*Domestic Education*, 1840) 是再述清教徒的說教性格，認為社會要改造，家長享有絕對威權來陶冶孩子，是絕無疑義的，父權至上；Humphrey 介紹的教育手段則較為溫和，較具人性化，以便配合歐美兩地不同的時勢所趨。不過，該書立論仍是傳統式的，只有下述兩點是例外：第一，家庭是逃離外在世界紛擾不安的避風港，家庭不是只準備孩童未來去面臨冷酷的社會現實面而已。Matthew Hale Smith 牧師這麼說：「我們的希望不是寄託在學校，而是在家庭。寄望雙親對孩子之愛及陶冶力量。」此觀點也符應 Horace Bushnell 牧師 (1802～1876) 的主張，在《基督養育論》(*Views of Christian Nurture*) 一書中，Bushnell 說，那個地方才最能真正進行基督教徒的教養工作？答案是基督教的家庭。以基督之光作嚮導，與上帝常相左右，接受神的治理及指揮。

　　第二，母親責任的大幅擴充，從本來屬幫助或聊備一格的角色，現在卻是家庭中的要角。婦女之奉獻、虔誠、及知識，於家庭範圍內來教養孩子，足堪擔當重任。名義上母親的權威仍屈屬於父親之下，但實際運作裡，作為父親的人如也能受賢內助的影響，則更顯高尚。同時吾人也應了解，男主外，尤其都市裡的父親，白天幾乎不在家。John S. G. Abbott 牧師在一本廣被閱讀的書《家裡的母親》(*The Mother at Home*) 中，有如下的慷慨陳辭：「當我們國家的女人有婦德且愛鄉土，就可以到處看到男人有品德，也愛鄉土。就算她是第一位違反教義者，她仍然在這個世界上是最主要的改過自新者。」基於同樣的出發點，Lyman Beecher (1775～1863) 的長女 Catharine Beecher 寫了一系列的教本及手冊，用意在教導新的美國婦女應該承擔的責任。她深信，一位虔誠的媽媽，同時也是一個喜於教養孩子的媽媽，這才算是好媽媽。運用智慧埋首於健康、烹飪、縫衣，有時照顧病人，理家。總而言之，即運用智慧在處理家政。

　　所有的這些努力，目標只一個，即讓孩子有個好準備以便未來找個天

國式的家，不管時間早晚皆可。福音傳播運動者，把家庭的此種功能，緊密的與其他地方性的養育機構結合在一起，即家庭與教會、主日學校、及國民學校密不可分。當然，各教育機構都在邊疆地帶使用各種不同的教育策略。在這方面，家庭及教會都在歷史上存在已久，只要重新活化傳統的教化功能就已足夠。主日學校及國民學校則屬新興的教育機構，角色如何，範圍多大，則還未有共識。

　　主日學校首在 1780's 年代的英國出現，二十年後移轉到美國的費城、波士頓及 Pawtucket(Rhode Island)。十九世紀初期，此種學校是美國眾多學校型態當中的一個，並不引人注目。當時在美國，有教會學校、慈善學校、公立學校、私營學校，以及上述性質融合在一起而組成的學校。主日學校的特殊用意，是使每天需做工的孩子能在週日休假期間，免於流浪街頭而學一點讀書及寫字；這種福利，尤對已被解放及還處於奴隸狀態的黑人族群有益。《聖經》是共同的教材，除了「主日」活動必唸《聖經》這個關係外，《聖經》也是大家必須通讀的讀本。教會都是主日學校的背後支持者，福音傳播運動之特別強調主日學校，理由十分清楚。

　　在邊疆地區，主日學校先設，後來才有公立的國民學校。前者為後者鋪路，還協助國民學校的建立，幫忙尋找師資，設計課程，選擇教科書；後者則取前者而代之。福音傳播者在促進國民學校的興建上，「鬥陣」（台語）不遺餘力。大家一向以為國民學校的世俗色彩濃厚，是福音傳播運動的死對頭，此種描述頂多只對了一半。福音傳播的領導者都相信，基督教信仰與美國共和政體，二者互為表裡，共存共榮。他們也把國民學校看作是追求真理的機構，以福音傳播的教義為基底，因此對福音傳播不只無害且為利甚大，同時也可作為奠立美國共和政治的堡壘。

　　實科學校、學院、神學院、或師校 (Seminaries)，在 Jackson 時代，如雨後春筍般林立。福音傳播者仍認為西部之所以免於淪為野蠻，也是由於基督教信仰介入的功勞。透過上述的教育機構，人民一股虔誠之心油然而生，同時對共和國之鞏固，貢獻更是有目共睹。尤其是學院，學院的另一名稱是「先知之學府」(Schools of the prophets)；從學院走出去的畢業生，就是福音傳播的牧師，即是上帝用以改宗眾人的使徒。十九世紀前半期，

大學院校新設者約有百所之多，教會提供教學人員，推薦校長人選，撥款
補助；除了老校又較自由學風的學府，如哈佛及 U. of Pennsylvania，及新
校（專門機構）如西點（軍校）及 Rensselaer Institute 之外，都樂觀其成。

　　上述教育機構都相互扶持，也彼此互補。此外，圖書館對福音傳播的
功能也不可小視。所有教育機構裡，幾乎都有圖書館或出版部。福音傳播
的訊息及資料，就有了聚散地與行銷所。而青年的宗教組織，也於此時林
立，1851 年基督教青年會的 YMCA (Young Men's Christian Association) 成
立於波士頓，仿英式。「在此種社會組織裡，愛基督是先要愛人，這個人可
能是入城來的陌生客。引導他入教會學校以及主日學校，帶他到 YMCA 房
間來，環繞在他四周的，都是善良的氣氛，他就會覺得並不孤單，還有高
貴及基督教的精神在關心他的心靈。」最後，福音傳播機構也幫忙興建或獨
資興建避難屋、救濟院、感化院、瘋人院等各形各色的庇護處，使那些步
入歧途者還有一線希望，重見天日。也使舉目無親或受重大身心殘害者，
有個安心立命的謀生地。復甦運動者就是工廠也不放過，也利用各種活動
來使工人變成福音傳播的聽眾。

四、福音出版事業

　　福音傳播的教學，是個人性的。媽媽、牧師、學校教師、圖書館人員、
庇護所管理員、分發教會小冊的義工等，都是該運動者之一。就分發福音
資料而言，他們的工作氣氛及成績，真是驚人。十九世紀的 1817 年，美國
主日學校聯會 (American Sunday-School Union) 出版第一本書，是 Mary
Butt Sherwood 所著《小亨利和他的轎夫》(*Little Henry and His Bearer*) 的美
國版，該書敘述一段可憐的故事，一位英國孤兒 Henry，在印度死在教他
的轎夫 (Bearer) Boosy 懷裡。1830 年時，該會發行相同的作品，數量約有
六百萬冊，尤其給主日學校的學童閱讀。1825 年成立的美國宗教短論會
(American Tract Society)，頭五年就出版了三百萬本的教會小冊。1865 年銷
售量高達二千萬，全套小冊書籍，單行本則超過二億五千萬本。1836～1870
年，也有四千七百萬冊的 McGuffey 系列的小學教科用書發行全國。除了
《聖經》之外，上述為美國最暢銷的書。對於美國人心態的塑造，價值觀

念的形成，品味的提升，以及對時局的感受性，大有助長作用。

William Holmes McGuffey 牧師 (1800～1873) 系列叢書的用意，是提供一種包羅萬象的讀物資料，分成六個等級；而閱讀這些之前，還有個初階讀本，讀物中有圖表，拼音法及其他教學工具，深淺難易都井然有序。語意之領會，內容之複雜，都按邏輯作排比。因此沒唸過其中一個等級，就無法閱讀次一等級。他是長老教會的牧師，是 Miami 大學（俄亥俄州）教授；強調節儉、勤勉、情操、節制、及宗教情懷。如：

> If you find your task is hard,　　假如發現工作辛勞，
>
> Try, try again;　　　　　　　　試一次，再試一次；
>
> Time will bring you your reward;　時光將給你酬勞。
>
> (Hughes, 572)《廣泛讀本》(*Elective Readers*)

其他上述各團體之出版作品也仿此，希望國民能讀到好書，既省時又可獲有價值的知識，以免被壞書所污。「畏神」(fear of God) 乃是「敦品」的最佳保障 (safeguard of character)。知及德二者，在福音傳播運動人士的心目中，不能化分為二。

值得一提的是，上述作品都要求讀者發音正確，拼字無誤，且要大聲朗讀，並把所知告訴他人。說話流暢、動聽、引人，姿態手勢及表情皆恰到好處。仿 Daniel Webster 之雄辯滔滔，學莎士比亞之獨白。其實這些目的，在歐洲倒存在好多世紀，觀念並不新穎；比較特別的是，希望讀者大眾參與公眾演說，並積極的投入於大庭廣眾的辯論上。

公眾一有知識，就醒覺了。上述書刊，內容都屬「真情流露的描述」(authentic narratives)，訴諸讀者之情緒，激起大眾「吾亦能如是」(emulation) 之願。"Life of William Kelley" 敘說一個長年的酒鬼改頭換面而成為新人，以基督品格為模範，而樂在其中。"George's Feast"（一頓飯）說明一個孩子 George 本可享受一頓他喜愛的美食（草莓），但卻省下來而端該美食給病中的媽媽食用。寓言簡單，皆取自與《聖經》有關的教訓。

最後，公眾一有知識，他們也就能自學。一有問題，就會找資料或書籍來尋求答案。上述組織也出版字典如美國主日學校聯合的《聖經字典》

(*The Union Bible Dictionary*，由 American Sunday-School Union 所出)，提供《聖經》百科知識。而 McGuffey 讀本則包括歷史、文學、神學、及自然科學。American Tract Society 更把全球最佳著作及神學講道印出來，特別挑出十七世紀的名著，也有外國版，如英國聖公會牧師 William Paley (1743～1805) 的《自然神學》(*Natural Theology*)，法政治家 François Hedelin abbé d' Aubignac (1604～1676) 的《宗教改革史》(*History of the Reformation*)。另有為老年人寫的《講道》(*Sermons to the Aged*)，為兒童寫的《幼年的虔誠》(*Persuasives to Early Piety*)。其中都在實用知識裡混入道德訓條，如《基督教徒年曆》(*Christian Almanac*)，除了建議種植應五穀交互混種之外，還摘下《聖經》經文及富蘭克林的雋語佳句。

　　基於此種教學上的設計，所以福音傳播的文獻資料，都廣受喜愛；讀者從中獲取教訓，也可得廣博知識。這就是基督教的教育，它的勢力深入邊疆荒野地帶，也遍及全國。McGuffey 的系列讀本，幾乎變成為全國教科書，各地學校經由該讀物的引用，一體感慢慢形成；轉學也較方便，不會有誤進度或所學內容不同而滋生銜接上的困難，共同課程浮上臺面。而 American Tract Society 的出版物也提供給未入學就讀的大眾一種基本的閱讀資料；即令入學者，在他們離開學校後，也有不錯的讀物可供他們繼續進修之用。全民在智識上的精力都活生生的動起來，依此來創造出一個團結、有秩序、且公正的社會。

　　這就是新教的 *Paideia*（文教園地）。福音傳播的資料，在寓言、歷史、禱告辭、讚美詩，及論著中，融合了《聖經》的訓誡及富蘭克林式的佈道。福音團體所甲意的一本書，是 Leigh Richmond 的《牛奶商之女》(*Dairyman's Daughter*)，內容重點指出「信仰之深」(rich in faith)，在生活中之重要性。Tract Society 發售的《基督教徒家庭年曆圖例》(*Illustrated Family Christian Almanac*) 督促年輕人要「工作! 工作!」(work! work!)。另外也發行期刊《兒童文摘》(*The Child's Paper*)，看看如下的詩句：

今日事今日畢，　　　　　　　　　To each a daily task is given.
上天堂即靠此勞力!　　　　　　　A labor that shall fit for Heaven.

Leigh Richmond 馬上指出，牛奶商人之女雖出身貧賤，父女皆窮，但只要她信神十足，則這會比世界上的財富都有錢，更具高度價值。

美國史上的英雄，都是認真打拼、誠實、聰明的典範，其實那也是《聖經》裡頭英雄人才的表率。華盛頓可以與 Moses（摩西）相比擬，美國歷史事件也被描述為神的有意安排；Columbus 是依上蒼手指的方向才航行來美，而獨立革命之所以成功，即是上帝介入的結果。因之美國史之具有意義，乃是神意予以保佑要建立一個道德國存在於世間。

福音傳播之上述預測，說明了人、上帝，及國三者之間的複雜關係。早先的新教徒也是如此說，三者互為因果；但十九世紀的福音傳播，在三者之中，比較偏重人類意志的重要性。在一個充滿仁慈祥和的宇宙裡，美國人應好自為之。正義的可能性，在人一出生時即出現，只要善予教導及養育，則成人及小孩皆可步入善途，遠離貪婪、懶散，與無知，而邁向慷慨、勤奮、及真理之途。基於此種信念，福音傳播者才努力於提升識字技巧及習慣，不管老少與階級，都會自願的自我教育，追求有用，高層次，及嚴謹的知識，然後建立一個太平盛世的國家就可望達成。

第三節　學校制度的建立

國民議會有項職責，當情況允許，就得立法提供一種教育制度，從市鎮學校按序提升到州立大學，免學費，人人皆可入學。
　　　　　　　　—— 1816 年 Indiana Constitution（印地安州憲法）

一、全州性學制的建立

美國共和式教育有四種基本信念：第一、共和的主要生機是教育。第二、共和式教育指的是知識的普及。第三、品德的教育（包括愛國的志氣，patriotic civility）。及第四，學問的演進。學校是達成政治共和的最佳機構，學校應有制度。殖民地時代的人們，早已對教育頗為關注與奉獻，視教育

為個人發展及社會進步的工具，他們也出錢出力來辦大中小學。國家獨立之時，比較新穎之事是重視學制的建立；不只學校與學校之間的上下及左右有聯貫，且與政體息息相關。共和初建的一個世紀，州及地方設立了公共學校制度，方式有多種，這是美國的特色。

舉例來說，紐約州於 1784 年設了「攝政董事會」(board of regents)，來監督 Columbia College（由 King's College 所改名）以及該董事會在該州內設立的其他大中小學校,但同年州議會擬成立的單一綜合性學制卻未如願。二十五年之內，攝政董事會監督大學及中小學。但其後，大學是一個體系，中小學又是另一個體系，且紐約市又自成一格，不納入整個紐約州的學校體系之內。除了依 Morrill Act 而設 Cornell 學院之外，二次大戰之前，紐約沒有一所州設大學是教學機構。紐約州立大學 (U. of the State of N.Y. , 1784) 是教育行政機關，創設本大學，是建國初期頗具創意的措施。原先的旨意，是要 King's College 走革命共和國路線，董事會由 King's College 的人所主控；紐約州立大學不是教學機構，卻是行政體系，仿法國拿破崙法蘭西大學模式，由它來督導全州的大中小學。

麻州於 1780 年的憲法中，也「尋求」(cherish) 所有的教育機構納入為一個全州性的教育體系，包括在 Cambridge 的哈佛、公立學校及文法學校。1818 年以前，波士頓根本無公立小學；但並不繼續給哈佛經費上的補助，1830 年之後，哈佛越來越是個私立大學。維吉尼亞州依 Jefferson 的構想，也擬形成一個全州性的學制，但只在大學這一階層較有成效，中小學學制要等到內戰以後的「再造期」(Reconstruction) 才系統化，以前都被認為是「北方佬」(Yankee) 所強加上去的。Michigan 倒很早就有從小學一直到大學的全州性學制，州也對非公立學校較持敬意。

學制的演進，雖有不少是仿自他處的舶來品，但 1850's 及 1860's 年代時，外國訪客一入美，就看出美國學制，多多少少是美國人的獨自創建。1862 年的 Morrill Act，聯邦直接撥款興建農工大學院校，更是全球史上第一遭，也只有美國才採此種方式來進行高等教育。

麻州全州式學制系統化的努力，在 1820's 年代時，由 James G. Carter 推動。1820 年畢業於哈佛後，他在 Lancaster 地方當過教師及新聞人員，

1821～1826 年常在報上為文鼓吹公共教育。1. 州政府本身應負起責任，該責任不應委由市鎮、市鎮又委由學區、學區又委由家庭及個人，否則本來引以為傲的教育發達之美名，將永不再來；2. 設立師校為公共教育的一環；3. 州中央集權化，以消除各地教育之不均衡發展；中央集權化 (Centralization) 也是系統化 (systematization) 的意思。1837 年，麻州設了「教育董事會」(board of education)，Carter 的努力終於有點成效。不過州議會卻沒賦予教育董事會實權，只是作為搜集各市鎮及學區資料的單位，並每年向州議會報告各地教育實情而已；祕書長雖由公款支薪，他也只是作資料及訊息的收集工作，將教導孩童的成功方法及科目安排方式，廣為宣傳，以便讓當地知道，如此罷了。幸而 Horace Mann 這個祕書長卻把這個無實權的單位弄得有聲有色，他藉此職位大展其道德示範作用，在年度報告中來「教訓」議員、教師、學校委員會、他州教育改革者、以及外國的政治領導人。1837 年他的年度報告中如此說：

> 在麻州這個「共同財富的所在地」(Common wealth)，有三千所公立學校，教導基本知識，這些學校在日前皆分散在各學區；在各自獨立的社區裡，也各自為政，各有不同的傳統及地方習俗上的作風。沒有一致或共同的督導權來督導這些學校，彼此之間也無兄弟親或家庭情，似乎大家都是陌生客，也是外人。老師被嵌在自己任教的學區，不過他們應該被挖掘出來，共同攜手為一座聖堂作光亮的柱樑。目前全州並無系統的學制，因此若有才華者或平庸者意外發現了教學的改善原則及模式，則只一校知悉，而無法公諸於世，該發現也人亡即消失。新真理不能繁衍，舊真理也無法保存。

Mann 的系統化，是理性化 (rationality)，不是統一化 (uniformity)，他只希望全州的教育能建立在很明智的教育原則上，但絕對不是各地各校的教科書統一，課程統一，圖書館收藏資料統一，教學法統一，訓導統一。他要求各地應有最起碼的教育水平，如此才合乎正義原則。

學制對 Mann 來說，公立學校（由公款支助）只停止在中學教育階段，大學則應由私人負責，大學也只私立即可，公家不必過問。並且，中小學

之強迫或免費入學，Mann 是希望透過自願及覺醒過程，而非立法加以懲罰。1852 年麻州也實際上通過強迫入學條例，規定八至十四歲兒童，除非另有法條規定，都應入公立或其他形式的學校就讀，每年至少十二週，其中六週要連續不斷。此種立法，並非 Mann 本人、也不是他的後繼者 Barnas Sears、董事會、教師團體、或地方學校董事會來推動，卻是由工人及改革團體來主其事。一方面由於擔心年輕人疏懶成性，一方面也擬開發年輕人的資源；遂大力鼓吹該法案的通過，雖通過後，實效並不大，因為後勁不繼，不過也對美國教育制度的繁雜性發揮影響力。

維吉尼亞多次試圖規劃一個學制，走 Jefferson 路線，但別人意見仍多。代表民主黨的 Jefferson 及代表聯邦黨的 Charles Fenton Mercer，兩派僵持不下，中小學學制一事無成，倒是州立大學之設立是共識。Mercer 於 1797 年畢業於 College of New Jersey(Princeton)，全班第一名，作過律師，也是州眾議員 (House of Delegates) 及參議員 (Senate)。內戰之前，窮子女一定要接受強迫入學，其他則無統一規定。

新設的大學，仿哈佛，但哈佛是私立大學，U. of Virginia 則為州立。內戰帶給維吉尼亞極大的破壞，師生參軍作戰，教育設備沒了，學校變成軍營醫院，或作戰中心。Appomattox 之役，不只戰敗後全州蕭條，且一種觀念散布在全州，認為免費入學學制是北方佬的鬼計，依此來促進種族雜處。等到重建時期 (Reconstruction) 時，全州性的學制強力推動，解放的黑人也取得公民權，各地普設免費小學。1870 年的州憲法規定，於 1876 年完成全州普設統一又免費的公立學校；Morrill Act 通過後，U. of Virginia 具有 Jefferson 遺風，靠州經費補助，又另設 Hampton Institute 為農工學府，且也在 Blacksburg 新設一所 A&M College（農工學院）。

1817 年 Mercer 提出一項學制構想，學校包括小學、實科學校、學院、及大學；小學由公款負責，其他皆以公款補助。州立大學設在 Shenandoah Valley。此外，州設公共教學董事會 (state board of public instruction) 來負責督導工作。此案在下議會通過，但在上議會卻遭 Jefferson 派的議員反對而無成。

聯邦憲法中隻字不提教育，第十修正案 (Tenth Amendment) 保留教育

權「給各州，或給人民」，各州遂按傳統或自己立法來自訂該州的教育措施。一開始，各州彼此相互學習，相互借用；Horace Mann 引用紐約州的經驗，他認為紐約州比麻州進步，而紐約州轉過來也把 Mann 的《公共學校雜誌》(*Common School Journal*) 發散到各學區，且把 Mann 的第五次年度報告書 (Fifth Annual Report) 用公款重印。Mercer 借用紐約州及麻州經驗，也取羅德島、康州、及新罕布夏州為榜樣來推動他 1817 年所提的計畫，其中說：送子女到北方求學，維吉尼亞人是「顏面無光」(humiliation)。至於新設的州，則一方面由墾殖人士帶來各州原有的傳統，一方面也適應新情境，因此而成的學制，既熟悉又古怪，其中尤以 Michigan 為最。

Michigan 土地，原先隸屬「西北地區」(Northwest Territory)，適用於 1785 及 1787 年的土地訓令 (land ordinances)，該令規定成立市鎮組織，第十六市鎮保留作為公共學校之用。為了宗教、道德、及良好的政府著想，學校及教育措施要永遠予以鼓勵。其中最值得注意的是 1817 年成立 U. of Michigania，又稱為 Catholepistemiad。（學術大統殿）

有關 Catholepistemiad 的故事，與一個人名叫 Augustus B. Woodward 不可分，他是 Michigan 地區 (Territory) 的最高法院首席法官，出生及成長皆在紐約，1789～1793 年就學於 Columbia College，曾在維吉尼亞教過書，同時又研究法律，經常到 Jefferson 的住處 Monticello 拜訪 Jefferson，成為 Jefferson 終生的門徒。Jefferson 就任總統時，Woodward 移居於華盛頓特區積極參與政治。數年之後，總統任命他出任 Michigan 法官。1817 年他轉移注意力，擬在 Michigan 規劃一個系統的學制，名稱充滿古味，用一些古希臘羅馬的怪字，把大學稱為 Catholepistemiad，共十三個學系 (didaxia)，包括所有學術科目，行政組織由校長及教授組成，經費來之於稅收、州彩券、以及自動的捐獻（Detroit 市斥資三千美元）。實際上，Catholepistemiad 不只包括十三個學系，另有實科學校、中小學、圖書館、博物館、學術增進所 (athenaeums)、及植物園等，都隸屬大學管轄。換句話說，教育的全部，都屬於 Catholepistemiad 範圍。

Woodward 這種別具特色的計畫，理念的源頭是什麼，法國拿破崙式的大學嗎？Jefferson 的 U. of Virginia 嗎？（兩人可能曾討論過）或是紐約州立

大學，因為他上過 Columbia College？無人知悉，不過他的構想，都含有上述三種組織的性質。1817 或 1818 年，他的構想馬上立了法，但只實現在中小學教育階段。其後的 U. of Michigan 溯源於 1817 年，其實原先的立法並沒涉及 Woodward 所設計的高等教育。不過，Michigan 地區中，整體的學制構思已慢慢成型，1850 年的州憲法所提的學制，不只包含 U. of Michigan，還包括農校，另有特殊教育的學府，如盲生、聾生、及安置教育。Victor Cousin（1792～1867，法國教育家）的報告廣被採用，普魯士教育採中央集權制，變成 Michigan 州教育法規的基本原則。

Kalamazzo 是 Michigan 州的一個地方，Michigan 州最高法院 (Supreme Court) 於 1874 年決定，不准有兩種中學學制，一為實際科目的學習，一為上大學用的準備課程。不只地方，就是全州，且是全國，應有一套相同的學制。

二、公立或私立學府

十九世紀時，仍有許多美國人完全以家庭及教會作為獲得教育的場所，正式上學校讀書者並不是很多。不過學校在一個地方連著一個地方，一州接著一州蓋了之後，上學的學生就有增無減；強迫入學條例之頒布，也變成平常的事。上學者與不上學者，二者之界線越來越分明，本來尋常的也變成不尋常了。而學校之公立或私立，二者之差別，也越來越凸顯出來，這在初期也是不明朗，又不十分一致的。舉例來說，紐約市於 1813 年享有紐約州的經費來補助該市由教派所辦的慈善學校時，大家都毫無異議。而慈善學校是「公立學校」或是「共有小學」(public schools or common schools)，在 1820's 及 1830's 年代時，「免費學校協會」(Free School Society，1826 年改名為「公立學校社」Public School Society) 堅持，教會學校不應獲取補助「共有小學」之金錢，紐約市委員會遂質問「共有小學」的定義。1840's 年代時，紐約的羅馬天主教會指責「公立學校社」雖經州政府准許而設立 (State-chartered)，但不屬於政府體系，且對新教較為厚愛。他們要求舊教的天主教會學校，也能從州稅中分享一杯羹，或者州政府另設一個董事會來取代該「公立學校社」的職掌。「共有小學」的定義問題，遂搬上州議會臺上。州議會議決，

取消「公立學校社」，且羅馬天主教會可以擴充他們的教區學制。

　　高等教育也面臨公立與私立的定義問題，但更為拐彎抹角，更為曲折，也更為不清。十八世紀晚期及十九世紀初期，所謂「公立」，就是該機構獲設校特許狀；而具體的表示「公立」，就是該校獲公款補助。但半世紀後，由於競爭激烈，獲特許狀就算公立，這種定義已不管用了。而使公立與私立之界線模糊不清的因素，又因大學院校與教會二者關係之曖昧，而更混濁不清。舉例來說，1833 年麻州廢除以公理教會 (congregational church) 為州教會之前，公理教會是公立教會，因此公理教會辦的大學如 Harvard College，Williams College，及 Amherst College 都屬公立，立法廢除以公理教會為州教會之後，此種現象也沒有在一夜之間改觀。另一方面，Michigan 則是州立大學及教派學院之間的拔河戰，因此公私立大學的分際相當嚴明。麻州則在十九世紀時仍二者糾纏不清。

　　實科學校的公私性質亦然，從殖民地時代開始，這種學府就橫跨小學階段及大學階段。共和國初建的頭一世紀，實科學校已漸屬中學性質，直到 1880's 及 1890's 年代時為中學所取代為止，皆是如此；規模、型態、方式、及補助方式，都是千奇百怪。許多實科學校獲立校特許狀，有些則否，有些是某特定教師的時興之作，維持時間並不久；有些則有校董會，不是由某教師所掌控；有些與地方有緊密關係，有些則屬教會所有，有些則由政府經營。有些因學校經費來自投資，有些則取自稅收，有些來自捐款，有些則向學生收學費；但大部分的學校是上述四種財源的混合。紐約州在攝政董事會的支持下，全州倒也組成了系統的實科學校制度，尤其強調以師資訓練作為該種學校的任務。實科學校配合國情及當地需要，隨時變更其性質。1845 年，Amherst College 校長 Edward Hitchcock(1793〜1864) 歌頌實科學校是真正代表美國精神的教育機構，洋溢著美國的自由精神，不受政府的宰制，具體的表現出美國的個人主義作風；在形式及傳統上，都可以作為理想的實驗模式。

　　十九世紀，公私立之定義既不精確，也不固定，都在漸進式的演變中。Edward Hitchcock 認為麻州的實科學校 (Academies) 並不比 Horace Mann 所認為的「公共學校」(Common Schools)，更少「美國味」。並且在學校學

制化的同時，各種古里古怪、孤立經營的學府仍存，雖然並不興旺。加上學制不只是由政府出面來規劃，且有些還是由教會來主持其事。而事實上，教會的學制使公立學校的定義，在論爭上更形尖銳。

　　教會的學制，組織最好也最快的要算羅馬天主教會，在紐約州教區所發展出來的教會學校學制，為其他州的教區學校所模仿。紐約州第一所天主教學校於 1801 年成立，是 St. Peter's Church 所建；第二所於 1815 年成立，是 St. Patrick's 所建。兩校皆受公款補助。1825 年之後，紐約州的共同議會 (Common Counsel) 投票議決，規定州補助款不得分給教派辦的機構，結果上述兩所由天主教辦的教區學校，及兩所由慈善姊妹會 (Sisters of Charity) 辦的學校，就無法領取州款。紐約市的天主教徒群起抗議，並說公立學校社 (Public School Society) 所辦的所謂非教派學校，仍繼續領取公款，其實那些學校，是新教辦的學府，不是「非教派」學府；這些學府自認只教導道德而不是宗教，天主教認為那是新教人士的欺騙之詞。這些學校也依新教教義教道德。天主教更認為那簡直就是宗派意識的門戶之見，且對天主教歷史及文化深含敵意，天主教學童絕無法忍受此種教學。不過，天主教求助無門，只好持續自辦學校。1840 年時有八所免費的教區小學以及其他數所收費學校，一再發言反對政府的措施。

　　潛伏著的不滿，終於在 1840 年公開爆發衝突。州長 (Governor) William H. Seward 在他的就職演說中提議，移民入紐約州者准許入公立學校就讀，教師由會說移民民族語言者擔任，並尊重移民者的宗教信仰。他說：

> 外國來的兒童，在我們的大都市及城鎮，在公共工廠附近，非常的多。他們不能享受我們公立教育學制之利，乃因為我們對他們的語言及宗教信仰有偏見。吾人不應忘記，公共福祉不只指我們小孩的教育，也指他們子女的教育。因此，我不猶豫的建議，應興建學校，用他們的語言來教學，用他們的宗教信仰來指導他們。此種措施與不平等無關。過去的教育責任，既已信賴我們土生土長的公民了，難道我們不能寬宏大量的把教育別人子女的責任，寄託在語言及宗教信仰與我們有別的人身上嗎？這是時勢所必然，而非選擇的偶然

結果。既然我們的國家門戶已大開，任何被壓抑的人民皆可入內，我們必須表現出智慧，慷慨的認定他們的兒童也夠資格來承擔公民的高度責任。

受到州長的鼓舞，好多紐約市天主教教會遂向議會請願，希望能獲公款補助。紐約市其他宗教團體，如蘇格蘭 (Scotch) 長老教會及好多個希伯來教會，知悉請願之後指出，若天主教請款得逞，則他們的教會也可以按比例分享公款來辦理學校。公立學校社 (Public School Society) 提出抗辯，認為補助的公款只用作公共學校 (Common Schools)，這些學校必須入校一律平等。如以公款補助派系辦的學府，既不妥當，也違憲。界線既已劃出，雙方陣容調兵遣將，紐約州教區主教 John Hughes(1797～1864)，年輕又有活力，自告奮勇挺身而出，為天主教辯護；而公立學校社能力高強的律師，Theodore Sedgwick 及 Hiram Ketchum，起身迎戰，開會、請願，次數不知凡幾，報紙陳述意見也林立；經過夏天及秋季的彼此攻防，在共同議會上，兩造 (Hughes，Sedgwick 及 Ketchum) 於 10 月 29 日正式登場辯論。1841年初，議會有了議決，退回了天主教的請願。

天主教向市議會請願不成，遂轉而往州議會陳情，州議會延到隔年才採取行動。同時，1841 年的地方選舉時，紐約市以教育為熱門話題，民主黨 (Democrats) 大獲全勝，原因之一就是天主教徒幫了大忙；不過天主教卻未因此在分配公款上分到好處。紐約市的學校納入紐約州的學制之中，全州境內的學校如擬享受公款之補助，則派系意識的教義，就不可作為教學、培育、或練習之用。

Hughes 宣稱獲勝，但這是 Pyrrhic 式的勝利（令人生疑的）。不久，他放棄了爭取公款之補助，也不擬在建造公共學校上著手，以便更能滿足天主教的意思；他倒認真發展出一套天主教的教區學制，完全由教會出錢辦理。在一封廣為流傳的信上，他問：「我們如何提供天主教孩童的教育？我的回答是：不要挑起州立學校的憲法、法律、及合宜的問題，這些讓政治人物、立法者、政治經濟學者、哲學家、以及教會教派來決定吧！公共學校也交給他們去處理。」隔年他又發出一信，真正代表了當時美國天主教教

區學校的政策。他說：

> 有必要提供給貴子女一種基本教育，符合吾人神聖的宗教原則，這
> 種迫切性，你們是不應置之度外的。我想，這個時間已經來臨了。
> 首先最為重要的是蓋學舍，然後才建教堂。我們的同胞已採用一種
> 教育制度，但我擔心結果會違反大家原先的預期，因為其中沒有宗
> 教，在基本教育及文科中也排除教派教義。有人害怕，在公共學校
> 裡的小孩學習基督教教義，對國家是一種大不幸，因此他們只願把
> 公款撥給不教特定教義的公共學校使用。作為一個好公民，我們只
> 好循規蹈矩，尤其是沒有逼迫我們把孩子送入該種學校就讀，去接
> 受可疑的稅收補助。我但願教育界的朋友不要對此種制度大失所望。
> 至於我自己呢？准許我這麼說，我並不認為此種制度，適合於一塊
> 基督徒的園地去使用，不管是天主教徒（舊教徒）或基督教徒（新
> 教徒），也不管此種制度多麼值得讚美，因為這只是一種叫做開明的
> 異教國度 (an enlightened paganism)，因社會條件而不得不如此而已。

　　在紐約大主教管轄區內，學校優先於教會，大主教轄區內一定要設天
主教學校，天主教父母一定要送子女入天主教學校。1884 年「第三次全體
大會」(Third Plenary Council) 建立完整的天主教學制，包括教區小學，天
主教中學，實科學校，學院，教區教育董事會，以及一所美國天主教大學。
其後，公款補助教會學校的領域是(1)學童教科書（與公立學校相同者）；(2)
校車；(3)設備、建築（但不可作為宗教教學用途）。

三、學制推動的舵手——「教育之友」

　　制訂系統的學制，如透過法律的手段，則一路走來極為崎嶇，也很不
規則。中央政府的聯邦憲法一旦宣布任何原則，州立法單位就予以解釋，
但有時也予以忽略。1816 年印地安納州的州法規定：「國民議會」(general
assembly) 有責任「在時機成熟時，立法規範一般性的學制，從市鎮小學到
州的大學，循序而提升，免收學費，入學機會平等」。但此處所言之「時機
成熟」，卻等待了三十年。好多州立了法，但一兩年之後又予以取消，伊利

諾州及紐澤西州的經驗最是典型；前者於 1825 年通過法案，1826 年即取消；後者於 1829 年通過法案，1831 年即廢除。比較有成的是各州陸續設立州立大學。至於中小學，則各地都散亂無章，彼此學制不一；有的是公私立不明，教派色彩有時也不清，大都市更因為擔心外來人的湧入，形成貧民窟地區而騷擾城市治安，因此公立學校特別重視品德規範。政治家 Daniel Webster(1782～1852) 不得不說，那是一種「較明智也較開放的警察制度，使得財產、生命、以及社會和平獲得保障」。紐約及波士頓的此項問題較嚴重，1840's 年代來了大批的德國人及愛爾蘭人。

學制的系統化過程中，有三件事值得一提：

1. 州級的努力來促進全州學制的成立，在十九世紀時是困難重重：地方勢力大過於州，即令在麻州，Horace Mann 的英明有為，才幹十足，也沒有享受多少州權可以指揮得動地方學區或城鎮等單位，他只扮演帶動、激發、及補助角色。「帶一把有血有肉的刷子」(a flesh-brush)，來激勵「循環不良」(torpid circulation) 的地方派系。其他的州雖要求各地要興學，但州政府多半是給蘿蔔 (carrot) 而非棍棒 (stick)！換句話說，給錢補助但不敢給予罰款。用這手段來督促固執不變的地方採取興學行動，如此而已。

2. 推動學制系統化時，象徵意義大過於實質意義：具體又真實的學制系統化，應在收稅、公款分配、教職員的指派、授權簽訂公共契約上著想，不能儘在作一些較抽象與形式上的爭辯。Horace Mann 在祕書長期間，與保守的教士論戰，是否學校應進行宗教教義的教學；也與保守的學校教師，發生有關品德陶冶方向的口舌之爭。而各地方為重劃學區界線，建校校地位於何處，也鬧得不可開交。

3. 州的學制形成過程中，出現了一批業餘、半專業、及專業的人員，他們也為擴充學校教育奉獻心力；1840's 及 1850's 年代時，各州都有「名人」加入學制推動的陣容，麻州的 James G. Carter 及 Horace Mann；康州的 Henry Barnard❷；紐約州的 J. Orville Taylor；維吉尼亞州的 Charles Fenton Mercer 及 Henry Ruffner；北卡羅萊納州的 Calvin H. Wiley；印地安納州的

---

❷　在 Rhode Island 一位憤怒的農夫揚言要對 Henry Barnard 不利，因為他「宣揚那種可怕的『邪說』，即沒收一個人的部分財產來教育別人的孩子。」(Thayer, 193)

Caleb Mills；俄亥俄州的 Calvin Stowe，Albert Picket，Samuel Lewis，及 Catharine Beecher；伊利諾州的 Ninian Edwards 及 John Mason Peck；密西根州的 John D. Pierce 及 Isaac Crary；肯塔基州的 Robert Breckinridge；阿拉巴馬州的 William F. Perry；加州的 John Swett；奧瑞岡州的 George Atkinson。他們組成了下述團體，美國教學學院 (American Institute of Instruction)、西部作家學院 (Western Literary Institute)，專業教師學院 (College of Professional Teachers)，以及全國性的美國學園 (American Lyceum)，好多會員加入；不只有學界人士，另有政界要角，還出版下列刊物：《美國教育雜誌》 (*American Journal of Education*，1826～1830，William Russell 為主編)，《美國教育年鑑》(*American Annals of Education*，1830～1839，W. C. Woodbridge 主編時間為 1831～1838)，《公共學校助手》(*Common School Assistant*，1836～1840，J. Orville Taylor 主編)，《公共學校鼓手》(*Common School Advocate*，1837～1841，E. D. Mansfield, L. Harding 及 Alexander McGuffey 為主編)，《教育雜誌》 (*Journal of Education*，1838～1840，John D. Pierce 主編)，《康州公共學校雜誌》(*Connecticut Common School Journal*，1838～1842，Henry Barnard 主編)，《公共學校雜誌》(*Common School Journal*，1839～1852，Horace Mann 及 William B. Fowle 主編)，以及《美國教育雜誌》(*American Journal of Education*，1855～1881，Henry Barnard 主編)。宣揚教育理念，普及學制構想，鼓吹教育之重要性，累積教學經驗，凝聚教育意見，督促議會立法。在還未出現全國性的教育行政組織之前，上述人物變成推動全國學制的教育家，他們都是「教育之友」(friends of education)。

「教育之友」的出身專業各有不同，有律師 (Mann, Barnard, Mercer, Wiley, Lewis, Edward, Crary 及 Perry)，有神職人員 (Ruffner, Mills, Stowe, Lewis, Peck, Breckinridge 及 Alkinson)，有教師 (Carter, Raffner, Stowe, Beecher, Breckinridge, 及 Swett)，有主編 (Barnard 及 Picket)。好多是公理教派或長老教派者，但 Mann 是 Unitarian, Barnard 是 Episcopalian, Lewis 是 Methodist, Peck 是 Baptist；不過大家都有共識，共為萬世太平的基督共和國奮鬥。在這個國度裡，政治經濟中最重要的一環，就是教育；思謀各

種策略，作為福音傳播運動之一，彼此在知識上切磋琢磨，相互在政治上呼應聲援，重印各方的報告及資料，通訊交往頻繁。有趣的是，當 1867 年美國首次成立「教育局」(United States Bureau of Education) 時，頭兩任局長 Henry Barnard 及 John Eaton 都把意見交流作為該局的首要功能。

　　內戰之前，「教育之友」無處不在，大家都有同一目標，即推動公共學校教育。Horace Mann 於 1847 年說（第十一次年度報告）:「每位上帝的跟隨著及人類之友，都會發現，最有效的唯一方法來推動他所醉心的改革工作，就是普及教育。不管他參與什麼分門別類的慈善事業，他也會看到該門或該類，只不過是行善之舉的核心中一個環節而已；普及教育才是大圓圈的中心點。只有各部門都緊密的聯繫在一起，進步之輪才會順利不懈的往前邁進。」此一觀念，為「教育之友」所信守不渝。

　　最後，有一項也值得一提。雖然「教育之友」在 1850's 年代時也在南方各地展開活動，但效果似乎不比他處顯著。他們常會用 Jefferson 理念作為推動普及教育的基礎，也常作比較，顯示出新英格蘭及紐約州的「進步」，及公共學校的「措施」，來凸顯南方的落後。在南方除了北卡羅萊納州之外，「教育之友」卻無力糾合政治力來規劃如同北方一般的學制。而「北方佬」(northerness) 的公共學校措施，1850's 及 1860's 年代的南方人是疑心重重。重建時代的聯邦政府，在 Appomattox（南方軍投降之戰役）之後，強要南方實施公共學校教育，受南方人的疑心更深。全國性的普及公共教育，一般來說，都採說服及自願方式，但這並非全部是事實，有些軍事管制區及政治區是採強壓方式來辦理。既採強制性，則為了實施起來有真正的效力及活力。此時就有賴「教育之友」的加入。這時已屆十九世紀晚期及二十世紀初期了。

四、結語

　　公共學校運動之後，入學學生增加，尤其是小學，不過這是有點假象的。許多入公共學校的學生是由私立學校轉入，而非有新的學生或本來不入校的新生入學。但是不管如何，該運動總有不少成效，一些本來對興建學校不感興趣或反對興學的人士，也不得不改變初衷，利用某些誘因來推

動公共學校的進步，誘因之種類不外金錢補助，甚至採脅迫方式。從而組織架構及行政體系、課程安排、學校建築，慢慢成為系統化。教師、學校行政主管、及學校董事會成員，三者集合在一起，共作遊說工作，為公共學校之普及及推廣而努力。

吾人應注意的是，學生上學，早就存在，並非公立學校興建之後，才有孩童上學，尤其是新英格蘭地區。十八世紀晚期及十九世紀初期，入學率本來就有良好表現，1820 年之後，就學率的快速增加，則不在東部地區發生，而卻在中西部及南部。原因有二，第一、中部及南部本來的就學率就低。第二、移民到新英格蘭及紐約州越來越多，他們在歐洲時並未上學。此外，公共學校興辦之初，雖以稅收補助，但開始之時，入公共學校並非免費，且收費也不一定低廉。

表四十二　　1830～1870 年入學率

	1830	1840	1850	1860	1870
(1)全部學生數（5～19 歲）		2,025,636	3,642,694	5,477,037	7,209,938
(2)人口數		17,069,453	23,191,876	31,443,321	38,558,371
(3)(1)÷(2)		.119	.157	.174	.187
(4)5～19 歲人口			8,661,689	11,253,475	13,641,490
(5)(1)÷(4)			.421	.487	.529
(6)白人人口5～19 歲		5,275,479	7,234,973	9,494,432	11,799,212
(7)(1)÷(6)	.35	.384	.504	.577	.611

1. 5～19 歲白人人口入學數，從 1830 年占全部入學學生數的 35%，1840 年的 38.4%，1850 年的 50.4%，1860 的 57.7%，提升到 1870 年的 61.1%。此種進展，西部及南方比較明顯，原因已如前述。

2. 據 1850 年的慣例，凡學校接受稅收或公款中的全部或部分之補助，則算公立學校。即令如此，各州學校教育費用中，公款占的比例，極為懸殊。1870 年時，喬治亞州花了一百二十五萬元 ($1,250,299) 於學校「教育上」，公款只占 9% ($114,626)，愛荷華州情況則大為不同，愛荷華州花了三百五十多萬 ($3,570,093) 於學校教育上，公款卻占了 94% ($3,347,629)。

表四十三　1850 年學校教育概況

35 州，1 特區	人口數	5-19 歲人口數	校數	教師數	學生數	收入	捐助收入	公款收入	其他收入
United States（全美）	23,191,876	8,661,689	87,257	105,858	3,642,694	$16,162,000	$923,763	$7,590,117	$7,648,120
Alabama	771,623	313,209	1,323	1,630	37,237	521,022	9,916	62,421	448,685
Arkansas	209,897	86,855	466	495	11,050	74,800	1,720	9,209	63,871
California	92,597	9,610	8	7	219	17,870	6,600	70	11,200
Connecticut	370,792	116,676	1,862	2,172	79,003	430,826	33,119	195,931	201,776
Delaware	91,532	34,913	261	324	11,125	108,893	1,425	42,176	67,292
District of Columbia	51,687	18,456	71	196	4,720	122,272	2,300	12,640	107,332
Florida	87,445	33,226	103	122	3,129	35,475	1,900	250	33,325
Georgia	906,185	372,387	1,483	1,667	43,299	396,644	29,617	39,179	327,848
Illinois	851,470	337,442	4,141	4,443	130,411	403,138	27,011	231,744	144,383
Indiana	988,416	403,914	4,964	5,154	168,754	421,337	25,340	208,716	187,281
Iowa	192,214	76,492	755	878	30,767	61,472	2,700	35,627	23,145
Kentucky	982,405	395,574	2,579	3,006	86,014	595,930	51,053	108,633	436,244
Louisiana	517,762	170,556	812	1,211	30,843	619,006	74,000	316,397	228,609
Maine	583,169	213,211	4,176	5,793	199,745	380,623	12,571	313,819	54,233
Maryland	583,034	212,393	1,142	1,585	44,923	564,091	16,554	162,801	384,736
Massachusetts	994,514	306,562	4,066	5,049	190,292	1,424,873	88,599	977,630	358,644
Michigan	397,654	152,025	2,754	3,324	112,382	206,753	7,960	143,158	55,635
Minnesota	6,077	1,751	1	1	12	140	0	0	140
Mississippi	606,526	241,919	964	1,168	26,236	370,276	14,520	71,911	283,845
Missouri	682,044	273,057	1,783	2,053	61,592	383,469	30,178	78,701	274,590
New Hampshire	317,976	104,359	2,489	3,214	81,237	221,146	12,659	156,938	51,549
New Jersey	489,555	174,234	1,702	2,076	88,244	523,080	10,373	141,486	371,221
New Mexico	61,547	22,775	1	1	40	0	0	0	0
New York	3,097,394	1,053,585	12,481	17,269	727,156	2,431,247	73,178	1,384,929	973,140
North Carolina	869,039	345,438	2,934	3,162	112,430	386,912	28,822	140,314	217,776
Ohio	1,980,329	767,267	11,893	13,540	502,826	1,018,258	50,985	631,197	336,076
Oregon	13,294	4,525	32	48	922	24,815	0	2,527	22,288
Pennsylvania	2,311,786	842,766	9,606	11,063	440,743	2,164,578	189,184	1,367,959	607,435
Rhode Island	147,545	45,993	463	604	24,881	136,729	10,660	93,730	32,339
South Carolina	668,507	258,718	934	1,115	26,025	510,879	21,350	79,099	410,430
Tennessee	1,002,717	418,125	2,944	3,284	114,773	415,792	24,395	113,008	278,389
Texas	212,592	83,206	448	504	11,500	84,472	0	0	84,472
Utah	11,380	4,076	27	0	0	13,562	0	8,200	5,362
Vermont	314,120	108,647	2,854	4,460	100,785	246,604	15,164	156,531	74,909
Virginia	1,421,661	552,667	3,252	3,617	77,764	708,787	49,525	194,802	464,460
Wisconsin	305,391	105,080	1,483	1,623	61,615	136,229	385	108,384	27,460

表四十四　　1870 年學校教育概況

46 州, 1 特區	人口數	5-19 歲 人口數	校數	教師數	學生數	收入	捐助收入	公款收入	其他收入
United States（全美）	38,558,371	13,641,490	141,629	221,042	7,209,938	$95,402,726	$3,663,785	$61,746,039	$29,992,902
Alabama	996,992	387,617	2,969	3,364	75,866	976,351	39,500	471,161	465,690
Arizona	9,658	1,856	1	7	132	6,000	0	0	6,000
Arkansas	484,471	187,971	1,978	2,297	81,526	681,962	7,300	555,331	119,331
California	560,247	153,354	1,548	2,444	85,507	2,946,308	59,057	1,669,464	1,217,787
Colorado	39,864	10,274	142	188	5,033	87,915	0	73,375	14,540
Connecticut	537,454	159,410	1,917	2,926	98,621	1,856,279	140,887	1,227,889	487,503
Dakota	14,181	3,805	35	52	1,255	9,284	0	8,364	920
Delaware	125,015	45,041	375	510	19,575	212,712	0	120,429	92,283
District of Columbia	131,700	40,815	313	573	19,503	811,242	23,000	476,929	311,313
Florida	187,748	72,243	377	482	14,670	154,569	6,750	73,642	74,177
Georgia	1,184,109	460,016	1,880	2,432	66,150	1,253,299	66,560	114,626	1,072,113
Idaho	14,999	1,968	25	33	1,208	19,938	0	16,178	3,760
Illinois	2,539,891	922,599	11,835	24,056	767,775	9,970,009	252,569	6,027,510	3,689,930
Indiana	1,680,637	640,481	9,073	11,652	464,477	2,499,511	50,620	2,126,502	322,389
Iowa	1,194,020	443,095	7,496	9,319	217,654	3,570,093	63,150	3,347,629	159,314
Kansas	364,399	122,253	1,689	1,955	59,882	787,226	19,604	678,185	89,437
Kentucky	1,321,011	510,675	5,149	6,346	245,139	2,538,429	393,015	674,992	1,470,422
Louisiana	726,915	254,918	592	1,902	60,171	1,199,684	34,625	564,988	600,071
Maine	626,915	202,250	4,726	6,986	162,636	1,106,203	98,626	841,524	166,053
Maryland	780,894	277,321	1,779	3,287	107,384	1,998,215	21,697	1,134,347	842,171
Massachusetts	1,457,351	430,351	5,726	7,561	269,337	4,817,939	383,146	3,183,794	1,250,999
Michigan	1,184,059	405,898	5,595	9,559	266,627	2,550,018	81,775	2,097,122	371,121
Minnesota	439,706	157,913	2,479	2,886	107,266	1,011,769	20,000	903,101	106,668
Mississippi	827,922	315,315	1,564	1,728	43,451	780,339	11,500	167,414	601,425
Missouri	1,721,295	648,039	6,750	9,028	370,337	4,340,805	57,567	3,067,449	1,245,789
Montana	20,595	2,438	54	65	1,745	41,170	0	30,434	10,736
Nebraska	122,993	38,790	796	840	17,614	207,560	0	186,435	21,125
Nevada	42,491	6,253	53	84	2,373	110,493	0	84,273	26,220
New Hampshire	318,300	91,655	2,542	3,355	64,677	574,898	59,289	396,991	118,618
New Jersey	906,096	298,204	1,893	3,889	129,800	2,982,250	49,000	1,499,550	1,433,700
New Mexico	91,874	33,494	44	72	1,798	29,886	0	1,200	28,686
New York	4,382,759	1,400,809	13,020	28,918	862,022	15,936,783	674,732	9,151,023	6,111,028
North Carolina	1,071,361	408,360	2,161	2,692	64,958	635,892	9,160	232,104	394,628
Ohio	2,665,260	959,640	11,952	23,589	790,795	10,244,644	222,074	8,634,815	1,387,755
Oregon	90,923	32,521	637	826	32,593	248,022	24,500	135,778	87,744
Pennsylvania	3,521,951	1,222,697	14,872	19,522	811,863	9,628,119	539,496	7,187,700	1,900,923
Rhode Island	217,353	64,727	561	951	32,596	565,012	31,535	348,656	184,821
South Carolina	705,606	264,393	750	1,103	38,249	577,953	51,506	282,973	243,474
Tennessee	1,258,520	484,513	2,794	3,587	125,831	1,650,692	79,100	629,461	942,131
Texas	818,579	319,233	548	706	23,076	414,880	760	15,230	398,890
Utah	86,786	33,367	267	408	21,067	150,447	0	4,151	146,296
Vermont	330,551	103,107	3,084	5,160	62,913	707,292	13,046	523,970	170,276
Virginia	1,225,163	447,818	2,024	2,697	60,019	1,155,582	47,586	120,148	987,851
Washington	23,955	7,060	170	197	5,499	48,305	800	30,326	17,176
West Virginia	442,014	169,428	2,445	2,838	104,949	698,062	15,300	598,124	84,637

Wisconsin	1,054,670	396,408	4,943	7,955	344,014	2,600,310	32,953	2,027,876	539,481
Wyoming	9,118	1,097	9	15	305	8,376	0	2,876	5,500

3.學校費用從 1850 年的一千六百多萬 ($16,162,000) 到 1870 年的九千七百多萬 ($97,402,720)，增加六倍之多（以年代幣值計算，約 34 倍，尤其內戰時通貨膨脹極明顯）；而 1850～1870 年之間，人口只增加 1.7 倍，5-19 歲人口也增加 1.6 倍而已。

4.學制即令較系統化，但各地各校上學時間之長短，師資之好壞，皆有不同。北方之黑人可入高等學校，南方則拒絕黑人入任何學校。女生雖在法律上與男生同，皆可入校，但也只是入小學者才如此，中等以上的學校則女生比男生顯著減少；有些教派如 Amish 及 Mennonites 不准子女入校，以保護他們免受社會污染。

5.學校位階不同，功能也就有異；學制涉及初等知識及技能到高深學術，皆包括在內。基本上，入學者須學會標準的美式英語，信基督教，不分派系也不黨同伐異的愛國精神，會讀寫算，史地，生活基本原則，格言及座右銘。要求守時、有成就、有競爭力、公平比賽、追求優點（成績），敬長尊上，運用推理，辯論及批判。了解為學方法，學校教育應注意學生的個別差異。

直到 1918 年，最後的一州密西西比宣布全面實施免費教育，美全國性的普及教育，才算大功告成。這個時候，距離麻州於 1852 年制定強迫入學方案，已隔了半世紀之久。

第四節　報紙及社團

人們都這麼說，相反意見的衝撞，會激起點燃真理火炬之光。
—— Newcastle County 的「愛國會」(Patriotic Society, Delaware)

一、William Manning

William Manning 自認是個愛國者，且徹底支持共和政體。生於 1747 年，終生為農莊作事。其父在早期麻州灣區時即找到一處荒野地作為定居耕種所在，父子兩人醉心於獨立革命戰爭，戰後 Manning 被推為地方議員。一個足不出戶，未受過正式學校教育，也「一生中還未有超過六個月以上的時間去上學」，但滿腦子想到「人及尺度」(men and measures) 問題，及「自由及一個自由的政府」(Liberty & a free Government) 問題。1797 年，他深為這個新國家的未來擔心，終於為文持筆投稿在 Boston 唯一支持 Jefferson 理念的報紙《獨立紀事》(*Independent Chronicle*)，提到：「自由之 Key，指示吾人一個自由式的政府，為何常遭失敗之因，以及補救之道。」該文未予刊登，因為主編被告煽動罪而坐牢。不過此件事實也告訴我們，美國獨立戰爭後，早期就有公民想到政治與教育二者之間的關係了。

Manning 深覺困擾的是，聯邦黨 (Federalist) 的領袖已遠離革命時的理念，步入軍國民主義及王權思想當中。他看出 Hamilton 的財經政策以及 Adams 的外交政策都走向歧途，認為問題的核心，是由來已久的觀念在作祟，即少數人養尊處優，不必勞動，擬統治多數流汗流血的勞動大眾。統治之技倆之一，就是「民可使由之，不可使知之」的愚民政策，這是絕頂自私的作法；反對興建免費或低廉收費的學校，報紙電價極為昂貴，為己利而盡耍政治花招；銀行政策也只為少數治者著想，少數人終於毀了多數人的自由及權利。少數人在數量上無法與多數人相抗衡，在議會裡，多數人的代表席位也較多。但少數人所倚賴的，就是他們自稱擁有理念，以「精英貴族」(Aristocracy) 的話語來討論政治，這是多數人無法知悉的，少數人就能優游自在的享福了。

什麼是「補救」方式呢? Manning 的提議，基本上是多數人應團結在一起，共為相同目的來奮鬥。知識的普及不應花昂貴的代價，這是政府的責任。他的用字遣詞比較古怪，拼字也不太正確；但他在政治上的預言倒令人印象深刻。這個直率的農夫說：「離我出生地五英里之外，我就找不著方向。」但也就是這個人，早就能夠看出國家的未來，第一是人民要組織起

來，第二是要有說真話的公共報紙。如此，共和政體才能實現。在當時，各行各業的意見領袖，還認為人民之結合有害於社會共同利益，也相信報紙只不過是亂說醜聞的印刷文件而已呢！

二、報紙

Manning 時代的報社數量約有二百家，大部分是週刊或半週刊，銷售範圍只在鄰近，銷售數量約為六百到七百之間。有些較有名的，又是全國性的，每次銷售量達千份以上。

革命戰爭以前的報社到了十八世紀晚期，只剩下寥寥數家而已。國際消息多半取自英國或歐陸報紙，總統文告或與他國簽訂條約的文件，是國內新聞的大事。有關知識上的版面，則是從已出版的著作中摘要出來，或由當地的作者所寫，不過大半用假名及古名發表，如 Publius, Lucullus, 或 Cato。廣告、航運期、地方貿易，也是報紙的內容之一。報紙雖屬地方性，但地方上的消息，除了與經商有關之外，別無其他。人們多半不必花錢買報紙，就可以知悉地方上發生的大小事情，因為從大家的口傳，就可播散到鄰近各地。週刊或半週刊一年的訂費約為 $1.50～$5.00 之間，平均是美金 2 元到 3 元左右。大都市有日報，年訂費約為美金 6 元到 10 元。各報紙主編免費彼此互送報紙，因此全國性的報紙，在當時似乎沒有必要創辦。

很難估計有多少人看一份報紙。不過傳統上，在客廳、旅店、咖啡屋、及閱覽室中大聲讀報，早已是習尚。因此一份報紙的讀者量，可以說約有十五人或二十人，甚至更多。1793 年 Noah Webster 在《美國智慧女神》(*American Minerva*) 中就肯定的說：「大部分的美國公民，不只識字，能使用母語讀書，還有強烈意願擬獲取知識或去追求知識。獲取或尋求知識的方法，報紙最被看好。在普及知識上，報紙也最具功能。在這個地球上，即令是大英，都沒有像美國報紙銷售在人群中那麼多的數量。」1801 年 Alexander Hamilton(1755～1804) 在《紐約晚報》(*New York Evening Post*) 的發起書上宣稱：「本報之設計，乃是向全民宣揚全部有趣論題和正確資訊，勸導宗教上、道德上、及政治上的正義原則，並培育健全文學的品味。」

早在殖民地時代，報紙就已扮演一個批判的角色，引起社會大眾對公共事務的關注。公共輿論勢力也日漸高漲，尤其對革命氣氛之形成，助力頗大。報紙形同一個可怕的火藥庫，讀者越來越知悉處境的各種變化及狀況。1760's 及 1770's 年代時，許多諷刺性的短論，帶有煽火作用的社論，加油添醋的投書，惡毒字眼的故事，譏謗式的攻擊，畫龍點睛的漫畫，以及宣傳式的歌詞，都是革命初期報紙的主要篇幅。報紙的政治意味，十分濃厚。

不過比較新鮮的是，特定角色的報紙，彼此之間形成正式的報社聯盟，最後組成政黨或派系。1789 年一位波士頓的學校教師 John Fenno(1751～1798)，辦了《美國公報》(Gazette of the United States)，作為表達「人民自己的政府，帶著令人喜愛的觀點朝向光明，宣示政府行政的公正理念，且陳述事實真相」的工具。兩年之後，當 Jefferson 與 Hamilton 之嫌隙漸深，詩人兼新聞業者 Philip Freneau(1752～1832) 在費城主編《全國公報》(National Gazette)，作為共和黨 (Republican) 的喉舌來反對其他論點，他也被 Jefferson 網羅在國務院 (State Department) 任職，批評親英派甚厲。其後《全國公報》停刊之後，富蘭克林之外孫 Benjamin Franklin Bache 以「小輕鞭」(Lighting Rod Junior) 這個不雅的封號聞名，也辦了一個報紙，專門以「廣告、政治、商業、農業、及文學」為內容，(報紙名稱為 General Advertiser and Political, Commercial, Agricultural and Literary Journal)。費城有人辦了一個《黎明女神》(Aurore) 報，也偏向共和黨；而由英抵美的最重要新聞記者之一 William Cobbett(1763～1835) 的《劍豬公報》(Porcupine's Gazette) 創於 1797 年，則代表聯邦黨 (Federalists) 說話。兩大黨爭論時，不少主編也各為其主，為文發表讜論，參加論戰。當時還未見有言論發表所應遵守的新聞公約，因此，罵人的髒話、咒詛、及謊言也滿天飛。不過，這也構成為美國大眾關心公共事務的一種教育形式。

誠如名史學家哥倫比亞大學教授 Richard Hofstadter(1916～1970) 所指出的，共和國初建時，一項最具意義的發明，就是政治上的反對黨可以合法的存在。此種觀念之滋生，不是一夜間的事，也不是一生長就盛開花朵。1790's 年代時，聯邦黨 (Federalist) 及共和黨 (Republican) 之爭論越來越深，

大家的認定是政黨皆惡；共和國絕不能長期容忍此種惡，紛爭的結果，可能是一個黨派合併另一黨派。當時在朝的是聯邦黨，聯邦黨越來越被共和黨的批評指諷所激怒，擬加速併吞他黨且要求他黨完全接受聯邦黨的指揮。其中的一種設計，就是制訂那種不幸的 1798 年的「煽動法」(Sedition Law)。制訂該法時，恰好是出版界公開所謂 XYZ 派遣隊❸的時候，全國為此一事件熱烈討論中；同時，「外國人法」(Alien Laws) 以及歸順法也大家議論紛紛。「煽動法」有兩個重要條款：第一，密謀叛亂者應受處分。凡採取任何行動意圖反對美國政府的組織，就屬非法組織。第二，為文反對美國政府、國會參眾兩院、或總統等，對他們不尊重，或輕蔑者，應予處分。無疑的，人人皆知制訂這些規章的用意，就是要堵住共和黨的反對嘴巴，尤其要封死共和黨的報紙。依煽動法，有十四件控告案被起訴，大部分案件在 1800 年審理。當時恰好是總統大選時刻，Adams 及 Jefferson 代表兩黨出馬角逐總統寶座，訴訟案件的確威脅了共和黨的報社，有些主編被抓去坐牢了，有些報社停刊，結果卻發生「1800 年的革命」(Revolution of 1800)。共和黨人也運用煽動法來對付聯邦黨徒，在大選中把煽動法作主要政見來訴求選民之判斷，Jefferson 獲勝，他上任後立即赦免那些因煽動法而被處分的人，該法也在 1801 年被廢除。

煽動或誹謗而遭起訴，並不因 Jefferson 之上臺而絕跡，不過其勢力已大為萎縮。其後的六十年，各色各樣的報紙如雨後春筍般的茂盛，1801 年有報社二百家，其中有二十家是日報；1833 年有報社一千二百家，其中有六十五家是日報；到了 1870 年時，報社總數已達五千八百七十一家，其中有五百七十四家是日報。但光是這些統計數目字，還未見真相，有些報社朝存暮亡，大部分報紙是地方性的，為特定讀者服務，如宗教、政治、商業興趣者。有些報紙較具全國性的知名度，如《紐約週刊論壇》(New York Weekly Tribune) 或《春田共和》(Springfield Republican)。1833 年時，美國在全球報社數量銷售數量上，已是首屈一指，只有英國才是對手。該年，

---

❸ 1798 年 XYZ 外交事件被揭發，美法兩國差點為此捲入戰爭。肇因於法國三個諜報員（代號 X.Y.Z.）向美國赴巴黎談判美法航運的三個部長建議，行賄給法國外交大臣。

英國評論家 Thomas Hamilton 不得不有感而發的說:「在美國,報紙穿透了國家的裂隙」;四張型的報紙無處不在,無遠弗屆;在「一分錢一份報紙」(the penny press) 出刊之前,早就如此,真可說是:「報紙的年代」(age of newspapers)。

表四十五　　1850 年美國報紙狀況

	人口數	報紙數	銷售量	日報	日報銷售量	週刊	週刊銷售量	其他報紙	其他報銷售量
United States	23,191,876	2,526	5,142,177	254	758,454	1,902	2,944,629	370	1,439,094
Alabama	771,623	60	34,282	6	2,804	48	29,020	6	2,458
Arkansas	209,897	9	7,250	0	0	9	7,250	0	0
California	92,597	7	4,619	4	2,019	3	2,600	0	0
Connecticut	370,972	46	52,670	7	5,654	30	40,716	9	6,300
Delaware	91,532	10	7,500	0	0	7	6,900	3	600
District of Columbia	51,687	18	100,073	5	19,836	8	72,489	5	7,748
Florida	87,445	10	5,750	0	0	9	5,550	1	200
Georgia	906,185	51	64,155	5	3,504	37	50,188	9	10,463
Illinois	851,470	107	88,050	8	3,615	84	68,768	15	15,667
Indiana	988,416	107	63,138	9	3,720	95	56,168	3	3,250
Iowa	192,214	29	22,500	0	0	25	17,750	4	4,750
Kentucky	982,405	62	79,868	9	7,237	38	58,712	15	13,919
Louisiana	517,762	55	80,288	11	32,088	37	31,667	7	16,533
Maine	583,169	49	63,439	4	3,110	39	55,887	6	4,442
Maryland	583,034	68	124,779	6	50,989	54	60,887	8	12,903
Massachusetts	994,514	209	718,221	22	130,640	126	391,752	61	195,829
Michigan	397,654	58	52,690	3	4,039	47	32,418	8	16,233
Minnesota	6,077	0	0	0	0	0	0	0	0
Mississippi	606,526	50	30,555	0	0	46	28,982	4	1,573
Missouri	682,044	61	70,235	5	10,905	45	46,280	11	13,050
New Hampshire	317,976	38	60,226	0	0	35	58,426	3	1,800
New Jersey	489,555	51	44,521	6	7,017	43	36,544	2	960
New Mexico	61,547	2	1,150	0	0	1	400	1	750
New York	3,097,394	428	1,624,756	51	206,222	308	753,960	69	664,574
North Carolina	869,039	51	35,252	0	0	40	29,427	11	5,825
Ohio	1,980,329	261	389,463	26	46,083	201	256,427	34	86,953
Oregon	13,294	2	1,134	0	0	2	1,134	0	0
Pennsylvania	2,311,786	310	984,777	24	162,635	261	526,142	25	296,000
Rhode Island	147,545	19	24,472	5	5,705	12	18,525	2	242
South Carolina	688,507	46	53,743	7	16,357	27	27,190	12	10,196
Tennessee	1,002,717	50	67,672	8	14,218	36	41,147	6	12,307
Texas	212,592	34	18,205	0	0	29	14,837	5	3,368
Utah	11,380	0	0	0	0	0	0	0	0
Vermont	314,120	35	45,961	2	555	30	41,206	3	4,200
Virginia	1,421,661	87	87,768	15	16,104	55	48,434	17	23,230
Wisconsin	305,391	46	33,015	6	3,398	35	26,846	5	2,771

表四十六　1870 年報社狀況

	人口數	報紙數	銷售量	日報	日報銷售量	週刊	週刊銷售量	其他報紙	其他報銷售量
United States	38,558,371	5,871	20,842,475	574	2,601,547	4,295	10,594,643	1,002	7,646,285
Alabama	996,992	89	91,165	9	16,420	76	71,175	4	3,570
Arizona	9,658	1	280	0	0	1	280	0	0
Arkansas	484,471	56	29,830	3	1,250	48	26,280	5	2,300
California	560,247	201	491,903	33	94,100	140	289,603	28	99,200
Colorado	39,864	14	12,750	4	2,200	9	9,550	1	1,000
Connecticut	537,454	71	203,725	16	35,730	43	107,395	12	60,600
Dakota	14,181	3	1,652	0	0	3	1,652	0	0
Delaware	125,015	17	20,860	1	1,600	12	13,600	4	5,660
District of Columbia	131,700	22	81,400	3	24,000	12	41,900	7	15,500
Florida	187,748	23	10,545	0	0	20	9,425	3	1,120
Georgia	1,184,109	110	150,987	15	30,800	73	88,837	22	31,350
Idaho	14,999	6	2,750	0	0	4	1,900	2	850
Illinois	2,539,891	505	1,722,541	39	166,400	364	890,913	102	665,228
Indiana	1,680,637	293	363,542	20	42,300	233	239,342	40	81,900
Iowa	1,194,020	233	219,090	22	19,800	196	187,840	15	11,450
Kansas	364,399	97	96,803	12	17,570	78	71,393	7	7,840
Kentucky	1,321,011	89	197,130	6	31,900	68	137,930	15	27,300
Louisiana	726,915	92	84,165	7	34,395	75	39,970	10	9,800
Maine	626,915	65	170,690	7	10,700	47	114,600	11	45,390
Maryland	780,894	88	235,450	8	82,921	69	127,314	11	25,215
Massachusetts	1,457,351	259	1,692,124	21	231,625	153	899,465	85	561,034
Michigan	1,184,059	211	253,774	16	27,485	174	192,889	21	33,400
Minnesota	439,706	95	110,778	6	14,800	79	79,978	10	16,000
Mississippi	827,922	111	71,868	3	2,300	92	60,018	16	9,550
Missouri	1,721,295	279	522,866	21	86,555	225	342,361	33	93,950
Montana	20,595	10	19,580	3	6,980	6	12,200	1	400
Nebraska	122,993	42	31,600	7	6,850	30	22,400	5	2,350
Nevada	42,491	12	11,300	5	7,500	5	2,850	2	950
New Hampshire	318,300	51	173,919	7	6,100	37	75,819	7	92,000
New Jersey	906,096	122	205,500	20	38,030	95	120,670	7	46,800
New Mexico	91,874	5	1,525	1	225	4	1,300	0	0
New York	4,382,759	835	7,561,497	87	780,470	518	3,388,497	230	3,392,530
North Carolina	1,071,361	64	64,820	8	11,795	44	43,325	12	9,700
Ohio	2,665,260	395	1,388,367	26	139,705	299	923,502	70	325,160
Oregon	90,923	35	45,750	4	6,350	26	30,400	5	9,000
Pennsylvania	3,521,951	540	3,419,765	55	466,070	385	1,214,395	100	1,739,300
Rhode Island	217,353	32	82,050	6	23,250	19	43,950	7	14,850
South Carolina	705,606	55	80,900	5	16,100	42	44,000	8	20,800
Tennessee	1,258,520	91	225,952	13	34,630	65	117,022	13	74,300
Texas	818,579	112	55,250	12	3,500	89	45,300	11	6,450
Utah	86,786	10	14,250	3	2,700	3	8,400	4	3,150
Vermont	330,551	47	71,390	3	3,190	43	56,200	1	12,000
Virginia	1,225,163	114	143,840	16	24,099	69	75,488	29	44,253

Washington	23,955	14	6,785	1	160	10	4,525	3	2,100
West Virginia	442,014	59	54,432	4	5,192	48	42,390	7	6,850
Wisconsin	1,054,670	190	343,385	14	43,250	160	266,000	16	34,135
Wyoming	9,118	6	1,950	2	550	4	1,400	0	0

　　由於許多改進，才促成「一分錢一份報紙」成為可能。第一，技術性的進步，在造紙業及印刷業中突飛猛進，使成本大為降低。1820 年時一小時可印 4,000 份，1850's 年時，進步到一小時可印二萬份。第二，全國郵政制度網建立起來，且報紙郵資非常低廉；1830 年時，郵件中有 90% 是報紙，但報紙郵資只占該項營業額 1/9。第三，識字率提高。第四，兩黨政治強有力的發展。第五，人口大量增加。不過最主要的因素，是出現了幾個大主編，1830's～1850's 年代時，像《紐約晚報》(New York Evening Post) 的 William Cullen Bryant，《紐約太陽報》(New York Sun) 的 Benjamin H. Dry，《紐約先鋒報》(New York Herald) 的 James Gordon Bennett，《費城公共商報》(Philadelphia Public Ledger) 及《巴鐵摩太陽報》(Baltimore Sun) 的 William M. Swain 及 A. S. Abell，《紐約時報》(New York Times) 的 Henry J. Raymond，及《紐約論壇報》(New York Tribune) 的 Horace Greeley；各具獨特風格，各領風騷。《紐約晚報》的 Bryant 及《紐約時報》的 Raymond 特別重視文字品質，報導不染情緒。《紐約先鋒報》的 Bennett 注重華麗的文筆，犀利的論辯，《紐約論壇報》的 Greeley 可以說是最具全國性的影響力。不過每一位主編都或明或暗的有個概念，認定報紙應作為教育大眾的公器。他們把此種觀念散布在美國報紙上，也變成其後美國報業的典範。

　　1830's 及 1840's 年代期間，人民需要知識，而報紙恰好可以滿足人民此種需要，這種觀念，已十分平常。Noah Webster 在第一期 (1793 年 12 月 9 日) 的《美國智慧女神》(American Minerva) 上寫道：「自由共和國的公民所擁有的知識，乃是糾正最佳政府制度中偶發罪惡的最後憑藉。一項重要的事實，就是在美國凡獲得訊息最多的人民，最不易動火氣，行政中也最不會有祕謀或敗壞。因此報紙的功用，在共和政府中是最明確不過的了；像學校一般，吾人應予以鼓勵；也如同學校，可作為政府的輔助工具，立足點令人崇敬，為真理作先驅，也是和平及良好秩序的保護者。」Webster

然後就以偏愛聯邦黨的論調來教育他的讀者好多知識資料。四十年之後，第一份美國最成功的「一分錢一份報紙」的《太陽報》的社論中說，該報「在啟蒙一般人而使社區獲利上，比其他所有報紙的總和還多」。該報的主編 Benjamin H. Day 所報導而啟迪民眾的，大部分是警察界法定訴訟及謀殺犯審判的議事錄。他的同輩 James Gordon Bennett 從不使用華麗的修辭，認為報紙是社會再生的主力。他問道：「有什麼力量足以阻止日報作為社會生活的最大工具？書籍有過輝煌的日子，戲劇也曾風光過，教堂更有地位崇高的時日。（現在輪到報紙了）報紙可以帶頭把上述三者聯合起來，共為人類思想及文明帶來大運動。報紙除了同時使人賺錢之外，比全部紐約的禮拜堂及教堂更能夠送較多靈魂上天堂，拯救較多人免下地獄。」他負責的《紐約先鋒報》就是根據他的報紙功能說來發行。與 Day 同，Bennett 也以犯罪新聞及社會閒話來教訓讀者，但比 Day 在《太陽報》中提供給讀者更多更慷慨的政治知識。

　　Horace Greeley (1811～1872) 可以說是所有主編中，將專業理論及發行表現二者融合為一的人，也是新的大眾新聞事業中最具影響力的人。出生於 New England，其父是農夫，他到校接受教育是斷斷續續的，但他的閱讀胃口奇大，家裡藏書他都讀光，也盡讀所能獲得的資料。1826 年開始從事新聞業，時 15 歲而已，作 Amos Bliss 的門徒。Bliss 在 Vermont 負責編《北方觀察家》(Northern Spectator) 雜誌，但社務每下愈況，Greeley 遂返家一段時日後又轉往紐約市作了許多有關印刷的事。1834 年自己經營週刊稱為《紐約客》(New Yorker) 並取得 Jones Winchester 的合作，銷售興旺但卻賠錢，不得已只好為《自由黨日報》(Daily Whig) 及其他刊物撰稿謀生，卻因此引起自由黨紐約領袖們的注意。不久自辦日報，作為自由黨喉舌，報名為《紐約論壇報》(New York Tribune)，格調介乎 Bennett 的 Herald《先鋒報》及 Bryant 的 Evening Post《晚報》之間。前者文字華麗，後者冗長乏趣，都屬民主黨報紙。1841 年 4 月 10 日出刊第一日，Greeley 向讀者保證，該報是「便宜的日報，致力於文學，重要事件之消息，為自由黨的原則及措施作公開及無畏的讚美」。不穩的初期過後，銷售漸增，雖還不敷開銷，但報基已固。Greeley 在 1872 年去世以前，一生為此報服務。在公眾心中，

他與報紙本身已合而為一。

　　Emerson 有次向 Thomas Carlyle(1795～1881) 說，Horace Greeley 每年花 2 元美金，就為美國中西部的農夫說出他們的一切想法及理念。Emerson 之如此說，當然是指 1840's 及 1850's 年的時代，Greeley 把日報的《論壇》編成週刊的性質，大量銷售至新英格蘭且越過中西部而產生了巨大影響，此股影響力為何存在？來源於何處？答案是公共教育的時代已然屆臨。不管是日報還是週刊，1841 年 9 月 14 日 Greeley 在週刊的發刊詞上說：「《論壇》誠如其名一樣，以大無畏的精神來支持人民的權利與利益，不容情的與虛偽理論家的錯誤為敵，與不公不善的立法作對，也與自私自利的政客之詭辯及計策誓不兩立。國會的議事錄，我們會謹慎的詳載；國內外訊息情報，我們會儘早且清晰的呈現出來。凡一切有關可以促進品德，維持社會秩序，擴充教育福利，有助於人類進步，邁向最高情操、自由、及幸福這種最後目的的文章，都可在本報各欄中找到用武之地。」簡言之《論壇》旨在滋生道德品格，堅守愛國作風，並培育慎思明辨的智慧。

　　用 Emerson 的話來說，Greeley 的影響力，無疑的，部分來自於他能夠把一些曖昧不明及未成型的觀念用清晰的語言，果斷且有力的表達出來。Emerson 稱他是「巨人」(great man)。多年來，Greeley 所從事的就是贊成禁酒，內在改造，保護關稅，西部擴充，科學式耕種，反對奴隸制度，這些都是 1840's 及 1850's 年代自由黨 (Whig) 的黨綱；不過他也支持勞工組織、一天工作十小時的制度、婦女權利、以及傅立葉主義 (Fourierism, 法國改革家兼社會學者 François Marie Charles Fourier, 1772～1837 的烏托邦式主張)，這些看法，Whig 黨員絕少給予支持，即令農夫也不見得同意。Greeley 的努力，一來是把讀者之所需予以指陳出來，二來也指示讀者除了滿足所需之外，還應追求更具價值的東西。在這兩方面，報紙都具教育的功能。

　　報紙分成兩部分，一是新聞，一是社論。《論壇》的新聞報導都避免煽情的罪犯、醜聞、及邪惡等消息，卻大量報導當時的政治及社會新聞；而社論的獨特風格很容易辨認，自 1850's 年代開始，即具高度影響力；文意清楚，修辭典雅。「公共輿論對整個文明社會的善，都是重大工具」；「受過

教育的人」，應該「促使公共輿論純淨化、健全化、健康化、有力化」。以「常識」（眾人皆能懂的真理）來進行說服工作，探討真理；真理一經詳說，人民就會依照真理的指令而行。Greeley 想要說服的對象是白人、土生土長，又會讀書的男人，換句話說，就是「一般人」(common men) 及「自由勞動者」(free laborers)。這些人組成了美共和國，他們是具有投票權的公民。

經由印刷來擴大教育的範圍，報紙以社論為中心，社論置於報紙的中央位置，討論嚴肅又具尊嚴的論題。重要新聞摘出要點，簡明的標題點出爭論的要旨。又以讀者投書來作花邊點綴，大部分是由 Greeley 本人所寫，以便支持報社立場。他的論證有三個部分，先說事實，然後提出己見，最後得到結論。己見都與報社以往的立場以及國家未來的展望有關，說教意味濃厚，但那也是來之於「客觀事實」而非「個人意見」。

最後，Greeley 在《論壇》上使用的象徵性語意代號，也別樹一格。他認為讀者都具智慧，誠實、獨立、關懷公共福祉的農夫及工人，《論壇》出版的對象就是衝著這些人而來，而非那些享有高貴頭銜如「聖、醫、博士、將軍、尊大人」(Reverends, Doctors, Generals, Honorable) 或佯裝上過大學院校獲有名堂者，他們都「染有文氣」(imbibed the humanities)。「真理」、「自由」、及「正義」，與「機工」、「勞動者」、及「耕稼漢」，聯合起來。而「不誠實」、「錯誤」、及「不義」，則等於是與「胡鬧的流氓」、「酒吧屋中的政客」劃上等號。Greeley 是主編，也是道德教師，向群眾開講何者為正當，大家才有行動的依據。他的出身是下層社會階級，這種階級就是廣大的報紙讀者群，他們也視報老闆為同伙人，此種條件有利於他的「說教」。他的寫作格調被他人模仿，他的社論被別家翻版重印。Emerson 定義了文學，Greeley 則界說了報紙編輯，兩人都是教育家。

三、社團

顯然地，作為媒體來宣揚各種訊息，這在共和國初建時，報紙並非唯一工具，其他如雜誌、小冊、廣告、或書籍等也是，這些的銷售量有增無減，同樣扮演重要的普及知識功能。不過，就資料訊息獲得的方便及低廉，郵政之禮遇，銷售數等狀況而言，無疑的，報紙仍居上述所有媒體地位中

之首席。國內外消息之暢行無阻，以及公眾對公共事務的興趣，報紙皆居功厥偉。不過有件事更為重要，吾人須謹記在心的是，當公眾對公共事務感到興趣也積極參與公共事務時，而自願性團體及組織也出現之際，派系的林立現象卻令許多評論家極為擔心，如果不尋求共識，則共和國有分崩離析之虞。

就政治層面來說，1790's 年代出現所謂的各種民主社團，就是大眾感受到此種現象的一種反應。第一個此種社團成立於 1793 年，名為「費城日耳曼人」(Philadelphia Germans)，目的在於喚醒德裔人民注意公共事務並交換政府行政方面的意見。之後，「母親俱樂部」(mother club) 運動遂之而興，1793 年也成立「賓州民主協會」(Democratic Society of Pennsylvania)，許多知名人士及開明學者參加，如科學家 David Rittenhouse，商界大亨 Charles Biddle，醫生及議員 Dr. George Logan，以及州長 Thomas Mifflin 的副手 Alexander J. Dallas。該協會督促全美各地成立類似組織，1794 年立即有三十五個此種社團成立，分散在 Lexington（肯塔基州），Charleston（南卡羅萊納州），Utster County（紐約州），New Haven（康州），及 Portland（緬因州）等地。開會頻繁，議決天天發生的重大事件。透過通訊、傳單、小冊、及報紙，彼此作意見交流；開會討論公共政策，使民眾對政治議題，提高注意力。

政治性社團也與國外的類似組織有聯繫，如英國的「憲法協會」(Constitutional Societies)，及法國的「賈克賓俱樂部」(Jacobin Club)，大家介入全球的奮鬥中，爭取人權。對於促成美國「共和黨」(Republican Party) 助力最大，該黨以 Jefferson 為核心人物。對教育尤其關注，「紐約民主協會」(N.Y. Democratic Society) 宣布：「自由最無可救藥的敵人」，就是無知；議會的職掌，就是「提升有用的知識，傳布政治訊息」；紐澤西州 Essex County 的「民主協會」警告，有必要成立機構，來教導人民有關政治事務；佛蒙特州 Addison County 的「民主協會」，則要「研究憲法，認識新聞刊登內容，以及國會的辯論與通過的法律，即了解各部門祕書長的報告及通訊；刊登有關國會及政府部門的議事內容」。而康州 Norwalk 的「共和協會」(Republican Society) 成立之主旨為：「支持本州及本國的規程及憲法，即令冒生命

危險也在所不惜。運用言論自由及辯論自由等憲法所認可的權利，持續發揚人的平等權；普及政治知識，重振 1776 年的共和精神」。總而言之，誠如時人所言，該協會認為本身就是「政治知識的學校」，致力於為公共事務形成公共輿論。

民主式的協會如急風似的於 1794 年消失，當時發生 Whiskey Rebellion ❹（暴動），華盛頓把這些協會貼上標籤為「自封自創的協會」(self-created societies)，用意在於毀滅政府；有段時間，新協會數目減少，老協會也陷入停頓狀態。不過對華盛頓忠心耿耿的 John Adams 也認為，「政治性俱樂部，必須也應該在每一個自由國家中予以合法化。」事實上，這些協會在形成並表述公共輿論上，兩黨（共和黨及聯邦黨）皆無失責。1790's 年代時，一個新的政治性協會成立了。結合慈善人士，共同作經濟上的支援，並注重政治教育的普及。在這方面，共和黨是組成 Tammany Societies，又稱為「人民之友」(Friends of the People)；聯邦黨則組成 Washington Benevolent Societies（華盛頓慈善會），第一個協會在 Virginia 的 Alexandria 出現，時為華盛頓將軍去世後一個月的 1800 年。兩黨的兩種協會，都以政治教育作為選戰獲勝的「武器」。諷刺的是，被 Washington 目為「自封自創」的協會之一的「華盛頓慈善會」，卻在 1814～1815 年的 Harford 大會 (Convention) 上，被貼了「惡意」 (malevolent) 的標籤。

由於兩黨的協會都致力於政治教育的推動，華盛頓時代認為是毀滅良好政府的協會，在 Jackson 時代，就被認為是對政府的健康具有價值。政黨組織在公共輿論的競爭上，有了良性發展，都在啟迪民智。誠如 1795 年早期德拉瓦州 Newcastle 的「愛國協會」(Patriotic Society) 說的一段話一般，這段話，引在本節開頭。政治看法有出入，那是公共事務的常事，卻是對美國提供一個很好的教育。

宗教上亦然，原先認為教派林立是一種信仰上的災難，信仰應該統一，這是早期「國教主義」(establishmentarianism) 的歷史傳統。但美國民族之異質性，不遵國教者頻頻出現，以後是雙方寬容，最後則是確認彼此有信仰的自由。不同的教會，好比是「彌賽亞王國大樹好多枝幹一般」；不同的

❹ 1794 年賓州部分農民抗納酒稅，華盛頓總統下令聯邦軍一萬多人進入鬧事地區。

教派，可以相互競爭，或提供給教徒更多的選擇，依自願性的原則來組成多種教會。

其他自願性協會相繼成立，為數眾多；特定行業的協會都出現了，醫生、酒吧業、手工業、技藝業、慈善業、服務業等協會，屈指難數。消防、醫院、養老院、學校、保險、葬儀社、以及社會改造社，也都出現，參加的人數以萬計。「禁戒之子」(The Sons of Temperance) 在六年內從本來只有一個協會擴充為六百個單位，交費會員則達二十萬之多，他們誓言戒煙戒酒。1833 年本來只有少數人在費城成立的「美國反奴隸制度協會」(American Anti-Slavery Society)，不只分會有二千，且會員高達二十萬，共和黨大力支持。另外又有學術性、科學性、及教育性協會，共為提升農業及技藝而努力。較有必要一提的是美國文苑社 (American Lyceum)，是一種成人教育協會，不只舉辦許多演講，支持社區娛樂，提升道德及文化水平；且為公共學校及圖書館，作了許多立法上的遊說工作。

十九世紀上述協會在全美成立的精確數目，實在很難予以計算出來。但據研究，光是麻州於 1780's 年代就有一百一十四個，1820's 年代已增為八百五十二個。這些協會因性質各異，對會員的教育也有別。比如說，工商協會要求會員積極參政；「文苑社」(Lyceum) 提供機會給社員聽演講；禁戒社的社員馬上簽了誓約禁止煙酒。人民參加各種協會的情況也越來越普遍，一種「有機的」(organic) 社會，已醞釀成型。大家從本來不認識，由於參加協會而成了莫逆之交。並且也擴展自己的見解領域，同情別人的態度、觀念、舉止、言行，族群融洽已可預期。有些人是參與者、熱心者，在某方面還是知識者；其他人則可能是觀望、無知、只是注意、正在思考、甚至是反對者。經過雙方意見的交換或辯論，則有些人可能因此變了主意，雖然異見難免，共識不易得，但大家對公共事務多了一份關心，則是必然的成果。

Emerson 在 1842 年描述「普遍改革之友社」(Friends of Universal Reform) 開大會的狀況，頗具上述特色：「若是說會場有點凌亂，但卻也美如畫一般。瘋男、狂女、留鬍子的、酒鬼、在地人、出外人、呻吟者、耕作者、浸信會信徒、教友會會友、廢奴主張者，喀爾文門生、唯一神教派者、及哲學

家，都共聚一堂，都揚名立萬。緊抓住些機會，雖還輪不到他發言時辰，卻已在責罵、祈求、佈道、或抗議了。」這是美國建國初期的社會縮影。每種聲音都希望散播各處，然後贏得別人的支持。意見紛歧甚至對立，但卻都不妨礙普及教育的任務。

四、Alexis de Tocqueville 的觀察

法國貴族 Alexis de Tocqueville 於 1831 年抵美，他觀察美國這個新國家實施新民主的狀況，早已看出貴族階級將在世界上消失，其後的社會一定以平等為主力。基於此種信念，他偕友人 Gustave de Beaumont 來美，表面上的理由是考察獄政，其實是擬作深入的解析民主如何作為社會及政府的可行原則。不過，該信念本身，也成為他日後名作《民主在美國》(*Democracy in America*, 1835, 1890) 一書兩難論點的核心。

Tocqueville 堅信貴族階級已在沒落，但貴族卻在歐洲文明史上表現出某些重要貢獻。貴族社會有世襲制度，某些社會身分者萬世皆能享有該身分；貴族社會組織也使得社會成員如蜘蛛結網般的連繫在一起，以自我犧牲、奉獻服務、或純正情愛，作為互助合作的基礎。但不講情面，一視同仁的趨向平等，那是十八世紀末及十九世紀初好多大革命所助長促成的，一方面消除了世襲制及持續制，一方面也震開了原先的社會網，結果個人主義猖獗了。「個人主義」(individualism) 這一個詞，也是 Tocqueville 所慣用，其意即指削弱了公德，最後則是消滅了眾德。個人在社會中形同孤立體，注重自愛；此種現象，裡外都易淪為獨裁的捕食物。Tocqueville 所面臨的兩難，是在平等所造成的大進步中，不要產生個人主義的毒害；保存前者之德，而勿成為後者的犧牲品。他看出，美國解開此兩難困境的兩個主要工具，一是報紙，另一則是自主性的協會。

> 當人們不再依固定不變的世襲制度，而彼此結合在一起時，除非你能夠說服每一個人，就是為了自己的私利，也樂意自願的幫忙他人，自己的努力與他人的努力合一，否則很難能夠有大群的人互助合作。只有透過報紙，這件事才能成為習慣、有效、且方便；只有報紙才

有辦法把一種觀念，同時變成數千人的想法。報紙是一種顧問，你不必去尋求，它主動上門，每天簡短的與你交談公共福祉問題，也不會干擾你的私務。

人們越求平等，個人主義越為人擔心時，報紙的重要性也隨之成比例增加。不過要是說，報紙只在保護自由，那也太小看它了，報紙更有維繫文明的功能。我並不否認，在民主國家中，報紙也常發動民眾，共同執行那些無法融會貫通的計策；但要是沒報紙，則共同行動就不會產生。報紙所生之害比報紙能夠治的病，少得多。

　　依 Tocqueville 的看法，報紙是一盞明燈，使本來孤立的個人聚在燈下；報紙也是一個媒介，每一個孤立的個人，經過意見溝通後，變成眾心一志。並且，報紙提供訊息，使每一個孤立的公民，可以自行處理私事。

　　至於自主性的協會，則是作為個人及政府之間的橋樑。他又說：

當美國數個居民有意見或感受，擬向世人表述時，他們尋求彼此的協助。如有人跳出來了，他們就結合在一起，從那開始，他們就不再是孤立的個人了，力量拓遠了。此種作法是一種楷模，聲音也被人聽到了。

我想，在美國最為重要的組合，莫過於知識上及道德上的協會了。美國政治性及工業性的協會，襲擊吾人之力令人震驚，但吾人卻常忽略了其他協會；就是發現了其他協會，也了解不多，因此很少看到那些機構。不過我們要承認，對美國而言，後者的重要性，不比前者差，甚至大過於前者。在民主國家裡，科學社團是科學之母，為其他進步所仰賴。

規定人類社會行為準則的法律中，有一項最為精準也最為清楚，即人們若擬保有文明，或想變成文明，則組成協會的法規就應制訂出來，且時時修法改善，以配合平等條件之增加。

　　對 Tocqueville 而言，賦予個人能力來擴大自己的原有狹窄視野，除了自利之外，還計及公益。並且協會一成，大家就考慮更大的政治目的。「政

治性組織可視之為一種較大的自由學校，全部社區的人民皆可入校來學習。」

最後，協會與報紙之間的關係，二者互為表裡，也可等同視之。協會的成員越多，報紙的銷售量就越大，反之亦然；二者皆扮演政治角色，也承擔教育功能。把報紙當成「公共福祉」(common weal) 的「顧問」(advisers)，視協會為「大又自由的學校」(large free schools)，民主式的政治已與民主式的教育二者結下無法解開的緣。共和政體奠基於「人民」的利益，十八世紀的「自由黨」(Whigs) 又特別強調「公共自由」(public liberty)，也就是政治自由。加上移民入美者漸多，向西開發也變成風潮，有組織的政府形式未及時成立，人民自願性的協會遂相繼現身來處理個人或家庭所無法處理的公共事務。說服是主要管道，而非靠武力。除了憲法所設計的「制」(check) 及「衡」(balance) 外，報紙及自願性社團更對政治力之使用，產生抑阻作用 (restraint)。在眾多辯論中，提供給眾人多重選擇，非僅賴眾人的習俗或少數的命令，並從中培養忍耐的美德，以及承認反對言論的合法性。Ohio 報人 Frederick Grimke 於 1848 及 1856 年發表《自由機構的性質及趨勢》(*The Nature and Tendency of Free Institutions*) 一書，提出上述論點。由於 Grimke 默認奴隸制度，也主張（南北）脫離論 (secession)，因此他的論文頗為美國學者所忽略。但他一再的說，報紙、自願性社團、及學校教育，三者可以互補，變成全國公共教育制度。「社團的精神 (party spirits)，骨子裡都是不同意見相互衝突的產物。每種意見都不可避免的道出真理的一面，而每個人的意見會影響他人，反之也是。在這過程中，有可能使腦筋更清楚，擴充知識圈，提高自己的見解水平。這就是社團精神的時代。不管是宗教上的、哲學上的、或政治上的，都代表一種智慧的進展。」並且他說：學校所學若不能培養日後的獨立判斷，則就學非所用，腦袋呆滯，毫無成果可言。

公共教育扮演的重要角色，就是處在媒體、學校教育、及自願性社團林立當中，眾說紛紜的意見又相左時，能夠提升層次，勿被自私的領導人、主編、或民意代表所誤導。口角與吵架是常有的事，但搭起雙方橋樑來溝通協調，這是達成共識所不可或缺。

　　新聞業在傳播訊息及發表意見上，效率已大增。開國總統喬治華盛頓
於 1799 年冬去世時，此消息經七天才到紐約市，二十四天才到辛辛納提。
William Henry Harrison (1773～1841) 於任第九任總統時 (1841) 去世，此新
聞從華府傳到紐約市，只花二十小時，從紐約傳到辛辛納提只花七天，從
紐約傳到密西西比各都市花七天到十五天不等。兩個重大事件，時間相差
四十年；這中間在資料的收集、報紙的產量、印刷物的郵寄銷售，都有長
足的改善。美國經過交通網路的暢通無阻，全國邁向一個大都會。1844 年
電報的發明，傳播訊息所需的時間又大幅降低，在 James Knox Polk
(1795～1849) 掌政為第十一任總統 (1845～1849) 時，華府已用電報把全國
各大都會連絡成一個訊息網，包括 St. Louis 及 New Orleans。

　　訊息之傳播速度及效率大增，報紙之讀者群也越眾，知識傳播就深達
偏鄉荒野所在了。選舉的結果，法案的內容，國家領導人的更迭，商品的
交易，新科技的發明，天然災變或人為慘禍等都呈現在國人眼前。此外，
演講實錄，社論主張，讀者投書告白，正反意見之表達，以及廣告之使用，
在在皆能刺激讀者思考。意見與事實二者如何分辨，也在考驗報導人員及
廣大民眾的智慧。如同超出自在地域、族群、信仰、及社會階級的框框之
外，可以說是廿世紀報紙的最主要任務。小圈圈的格局擴充為全國視野，
也是各報努力的方針。除了刊登地方事件，如當地物價、船隻抵達或離開
時日、銀行票券、婚喪喜慶之外，還登國家大事及環球消息，這方面 N.Y. 的
各種報紙就搶盡所有風頭；他地的報紙予以轉載，成為外國消息的輸入港，
也是全國郵政總樞紐。在這方面，盡地利之便，非他地所能取代。

　　其實，Tocqueville 並非是對美國文教予以歌頌的唯一外國人，他說：
「美國立即成為當代最受啟蒙也是最自由的國家，因為文盲者最少。」

　　瑞典權威 Dr. Siljeström 認為：「人類機構一向都有缺點，美國機構亦
然，但美國的普及教育制度確是最高貴也最成功。」主教 (Bishop) Fraser 向
英國國會作報告，不誇張也不阿諛的說，美國人即令不是受過最高教育的
人民，也是最多人民接受教育者，是地球上最為努力的民族。法國名人 M.
Hippeau，博學多才，1869 年向 Napoleon III 報告美國學校，稱讚美國學校
免費延伸到中學，學生彬彬有禮，說話流暢，美國社會可以與歐洲最文明

的國家相比美。比利時出版家及教育家 M. Emile Laveleye，稱美國學校是
民主政體的守護神，教育成果無與倫比。美國之所以能夠負擔得起各種經
濟開銷、戰費（這些費用是歐洲國家承受不起的），乃因美國人比歐洲人接
受的公共教學比歐洲人多五六倍，這不是舞拳頭，耍筋肉，而是靠陶冶過
的心靈，因此財富就創造出來了。此外，法國當時為全球最有名教育家之
一的 M. Bulsson，率領教育考查團 (French Educational Commission) 到費城
博覽會 (Philadelphia Exposition)，他看出美國的公共學校，基本上就是國家
所設的學校，為全民而設，為全民所敬愛，用稅收來維持，共同追求愛國
精神，是保障民主體制的堡壘。(John D. Philbrick, "The Success of the Free
-School System", *North American Review*, 1881, 3 月號, in Gross and Chan-
dler, 239–240)

第六章　重建時期的教育
(1876～1919)

他說:「現在，如果你教導那位黑奴（就是我自己）讀書的方法，你就無法留住他，他將不會永遠是個奴隸，你就指揮不動他了；對主人已無價值，對他來說，有害無益。因為他不會滿足現狀，而變成悶悶不樂。」

—— Federick Douglass

第一節　被遺棄者 (Outcasts) 的教育

討論中帶有政治意味的，馬上也帶有知識味。如同 Grimke 及 Tocqueville 所說，這之中有個基本過程，即由自由的個人所組成的社會，人人皆可公開陳述公共利益，志同道合者也可以自由自在組成各種社團。此時的人人，必須先有準備使他有能力也有安全保障的把他的意見說出來，把心中之所愛表達出來。在投票箱，在公家機關坦誠以道，無所保留。美國立國初期，的確出現此種現象。因此將 Grimke 及 Tocqueville 的說法再深入解剖，實有必要。

Grimke 的觀點是個人透過自由的經驗，才能獲有自由。他這裡所說的「個人」，並不包括黑人及印地安人在內。他認為這兩種人，天性素質沒白人好，因此不能享有自由的經驗。這種矛盾，當時許多美國人皆有，而Tocqueville 呢! 他的看法比較超然。在《民主在美國》(*Democracy in America*) 一

書中，有一章涉及黑人及印地安人，他說這兩種人都生活在「美國」，但卻從未享「民主」。「這兩個不幸的種族，沒一樣相同。出生、長相、語言、習慣皆互異，但有一項類似，即他們的受苦受難與不幸。他們都在居住的國家中位處卑微處境，要是他們有不同的錯誤，但造成他們錯誤的人，都來自於相同的人。」被強迫要作奴僕工作，則文明不可能為奴役的黑人所享有；強迫式的隔離，則對已獲自由的黑人也不能享有文明；自我選擇過「蠻荒的獨立」(barbarous independence)，等於拒絕印地安人享有文明。缺乏文明，則沒有任何一個種族可以同化在美國社會裡。Tocqueville 提到印地安人的未來展望，是斷然的毀了，至於黑人呢？即令在解放之後，有了自己想要的自由，或別人強加的自由，但除了災禍之外，也別無所有。

這兩個種族的社會地位所產生的兩難處境，都涉及到教育。不管是白人教黑人及印地安人，或是黑人或印地安人自教，窘境都在。美國國家初建，自由算是生活的核心，但壓抑他人卻也是生活重點。作為全球的典範以及社會價值的楷模，美國社會中這兩個種族的遭遇，存在著悲劇性的矛盾。

一、黑人的教育

臺灣人或美國以外的人，只要看過電視連續劇《根》(Roots) 及 Margaret Mitchell 女士所寫的 Gone With the Wind（中譯《飄》）及其改編的電影《亂世佳人》，都能多多少少領會美國黑人的處境。該種描述感人肺腑，小說、電影、或電視，觀看欣賞者數以億計，以《飄》而言，一出版立刻不脛而走，空前暢銷，不到三週，就印了十七萬六千冊，六個月內賣出一百萬冊。

美國獨立革命之後，黑人的處境，有了巨大的變化。原先解放及平等權的氣氛很高，禁止釋放奴隸的法令，許多州已宣布取消。好多奴隸獲得了自由，甚至還獲有投票權，一時大家以為奴隸制度問題可以漸獲解決，手段之一就是中止奴隸的販賣。但革命式的期望在面臨經濟實況時，吹了，擱淺了。1788 年批准的憲法，默認奴隸制度為美國生活的一項事實，只是沒提及奴隸制度這種字眼而已。當時在道德、良心、及社會意識上最令人崇敬者，他們的家裡蓄奴或販奴，也極為平常。

　　黑奴應予漸漸解放，此種呼聲從未間斷。教友派的組織尤其賣力，美以美教派及浸信會的黑人，意識到解放的重要性。但由於北方棉花工業之拓展，及南方棉花種植業之特別有利可圖，加上軋棉機之發明，黑奴解放之要求漸淡；南方的奴隸制度更是根深蒂固，北方的廢奴運動則高唱入雲，一些美國人擬採中庸之道，提議黑人到海外殖民，但黑人對此計畫並不熱衷，此舉更引發南方人的疑心。

　　1830 年時，美全部人口有一千三百萬，黑奴有二百萬，除了少數之外，黑人幾乎都在南方，其中維吉尼亞州 469,757，南卡羅萊納州 315,401，北卡羅萊納州 245,601，喬治亞州 217,531，肯塔基州 165,213，田納西州 141,603。此外，已獲自由的黑人共 319,599 人，集中住在北方、及南方之最北部，其實他們只是半自由人，因無投票權，且嚴格的被隔離居住，又受無情的歧視。不過這並非毫無意義，至少他們的存在事實，對白種人認定黑人種族低劣這種觀念，是一個大挑戰。

　　兩百萬的黑奴之居住狀況，因地而異。有些白人家庭畜奴一位，有些則超過一百位以上，但受桎梏情形則盡皆相同。每位黑奴，不管身分、年齡、性別如何，皆要無條件服務主人，對白人效忠，尤其對自家主人要鞠躬盡瘁，死而後已。畜奴者不只高高在上，且他的妻子、兒女等，也是任何黑奴必須聽話的對象。鞭子與《聖經》就是兩種「教導」武器，使黑人乖乖就範。

　　馬里蘭州一位以前的黑奴回憶著:「我們都畏懼主人，當我看到他來時，就如同看到蛇一般的，心都快跳到嘴巴上來。」不知主人何時駕到，更可怕的是也不知工頭什麼時候來臨? 來去或駕到是為了什麼? 所以黑奴隨時都生活在恐怖之中。有些震駭還可克服，有些則否；但恐懼是一種心理狀態，易於控制，所以白人樂意此道，以達教訓效果。主人可能沒有工頭那麼兇殘，但作為懼怕的目標，二者則無別。懲罰的威脅常存，受皮鞭之毒打，曾自己嚐過，至少也看過、或聽過其他黑奴之經驗。「斷了他們的志氣」(Breaking their spirit) 是白人常對黑人使用的措施，如同對付馬一般，有時予以殺害，則有殺一儆百作用。

　　主人對待黑人之方式，當然差別性也甚大。「好主人」(good masters) 有

之，富仁慈之心；「壞主人」(bad masters) 更多，虐待殘暴行為頻現。這是性格脾氣使然。不過，主人通常都願採較溫和方式來對待奴隸，一來是經濟上的理由，二來也基於人道的名聲，比較不願動用棍子。因此除了讓黑奴心生懼怕之外，還用情愛，甚至感謝的言行來與黑奴相處。誠如南卡羅萊納州州長 John Henry Hammond 所說，主人可以要求黑奴服從、效忠、及勤勉，黑奴也有權期望從主人處獲得和平、富足、以及安全；因此，主人常以宗教作為教育黑人的手段。

在農莊中，白人准許黑人共進教堂作禮拜，有時聘牧師為黑奴佈道，講解《聖經》教義；有時還雇用黑人牧師向黑奴說明基督徒的義務及職責，他們選用《聖經》中部分經文，闡釋黑奴要自認本分，才合乎上帝意旨；並提供微少的基督教知識以備救贖之用。黑奴受上帝的旨令被帶到美國作奴隸。黑人要知道，黑人之服侍主人，作為白人之奴僕，此種工作是神聖無比。黑人種族之低劣，這些早就為上帝所注定的命運，不可違抗。

如黑人是好人，則可上天堂；聽主人話的黑人，就是好人。黑奴並沒到教堂建築物內，倒是牧師來了，向他們這麼說：「服侍主人，不可偷主人的火雞，不可偷主人的雞，不可偷主人的家禽，不可偷主人的食物。凡是主人交代什麼，就去作什麼，隨時皆如此。」

白人也知道，宗教教學總有一天會毀了白人對黑人的主控權，但畜奴者倒也誠實的關心奴隸的改信基督教事宜。主人終於同意白人牧師來農莊負責主日學校及夜間聚會工作，課程設計也專為黑人而來。Charles Colock Jones 牧師於 1834 年出版《有色人種之教義問答書》(*A Catechism for Colored Persons*)，William Mende 主教於 1836 年出版《在家讀給僕役聽的講道、對話、及闡釋》(*Sermons, Dialogues and Narratives for Servants, To Be Read to Them in Families*)，另有《聖經》畫卡。結果改信基督者，數目極為可觀。1846～1861 年美以美教徒 (Methodists) 的名冊從 118,904 名增加到 209,836 名，浸信會信徒 (Baptists) 則從二十萬增加到四十萬。上述的教材，特別要求黑人必須服從且認命。

內戰之前，一些白人也擬教導黑人提升他們的社經地位，但絕對要黑人承認他們的卑微身分。不過，鴨蛋再怎麼密，總有疏縫。展現在黑人面

前的各種「教育」，也使黑人有管道去了解他們不同的「命運」。黑人也是人，有生存權，不是白人的財產。兩種社會機構進行此種「教育」，一是家庭，一是祕密的宗教聚會。

1. 在畜奴眾多的白人農莊裡，奴隸常是同家人。黑人父母對待自己子女都極具愛心及仁慈，九歲或十歲即開始為主人效勞耕作。黑人父母教導子女以傳統智慧、技巧及品性規範，母親哄孩子入睡時，常伴以故事或哼聲要求孩子敬上尊長，不然則予以處罰；訓誨後代要為家族效忠，不辱家聲，即令無法相聚，也應以族姓為榮，不可或忘。

2. 宗教上的祕密聚會：找個極為隱蔽之處，稱為「祕密港」(hush-harbors)，通常是森林區或沼澤地，來「兄弟佈道」(preaching by the brethren)，共同禱告並吟唱。大人在此痛快的解脫心中之痛，作情緒上的發洩，一股同志愛及社區鄉土情冒然而生。黑奴忘了全部的痛苦，向他人洩漏這幾天擬進行的試驗；「謝天謝地，我不會永遠如此生活！」有時此種聚會也有外地區的黑奴參加，培育共同抗暴精神；不滿的對象是白人主人，以及白人的基督教儀式。由於能夠逃過白人的監視，他們在「祕密港」裡盡情表達他們的宗教信仰，也企盼自由的早日降臨。黑人認同感及黑人彼此合作支援，於焉形成。

家庭的教育功能是對孩子而言，祕密的宗教聚會則針對大人，二者相輔相成；皆注重個人尊嚴，家族光榮，社區團結，抵抗白人之壓抑，期望自由及得救；稱呼大家為「叔叔」(uncle)、「嬸嬸」(aunt)，而非「先生」(Mr.)、「太太」(Mrs.)。白人是不准黑人如此稱呼的。此外，玩魔術也是一絕，幾乎到處的黑人都樂此不疲；咒語與出神恍惚，可以注入勇氣，撫慰絕望，更可維持黑人住區的秩序。黑人認為有某種超自然力，白人莫可奈何；比如說黑人對兔子的腳及死烏龜情有獨鍾。

此外，維繫黑人住區文化於不墜的是音樂及故事，還透過此方式來修正並一代一代的傳遞下去。雖然該種文化一向為白人所不喜、厭惡、誤解、與拒絕，但民俗故事及神靈傳說，仍能在黑人族群中，綿延不斷。在無書本可使用的狀況下，口說黑人祖先故事以及吟唱黑人民歌，是最重要的教育工具。從中傳播訊息，共享靈感，有難時發洩族群愛，同仇敵愾。黑奴

受白人皮鞭之苦時，知悉的其他黑人，多半以唱歌作為暗中撫慰的手段。「黑人聖歌」(spirituals) 變成黑人文化中的重要一環，其中尤以「當我們能夠再度見面」(When we do meet again) 最為流行，當述及與家人及朋友道別之苦，則唱「我們永不再分離」('T will be no more to part)。此外，民俗故事中皆含有宗教及道德的教訓口吻，如老鷹飛得比其他鳥高，但為了食物，不得不飛到地上來；這表示要謙遜及仁慈。小雞被老鷹抓走，因為不聽母雞的警告；這是不聽話的後果。老鷹聲言不必上帝之助，不久即因誤以為是雞而闖入樹樁而死，這是不依上帝的教訓。

　　主人與奴隸、白人與黑人之關係，錯綜複雜。白人對黑人的殘酷，導致黑人對白人的心生畏懼。同樣，黑人在白人及工頭心中，也產生恐懼之情。當黑人注重尊嚴、抗拒、及團結時，白人相對的採取高壓手段來屈服黑人；白人用心以恐懼及依賴要黑人就範時，黑人採取勇敢及獨立來相應。此種情況之下，主人與奴僕之格鬥，勢不可免。1830 年時，全美約有 319,599 黑人是自由身，到了 1860 年時，此數目已增為 488,070 名。這群男女黑人大部分住在北方，雖不必被迫當奴僕，但仍跳不出被枷鎖的厄運。一方面遠離白人的生活圈，一方面如生活在白人勢力範圍之內，也受盡歧視。這群已獲自由的黑人，遂不得不自設教會、學校、及慈善性的團體。當這些團體的數目越多，白人的敵意也相對的增強。兩群人各自鎖在各自的地盤裡，鴻溝越來越深，壁壘分明。黑人不管是已獲自由還是仍處奴隸，雖然前者有旅行自由，享有財產權，也可上學，但一方面仍自慚形穢，不敢與白人平起平坐；另一方面卻也盡力教導黑人要有尊嚴、採取抵抗、並注重團結。由於黑人接受教育的困難重重，1860 年時，估計只有 5% 的黑人能夠閱讀書報。1865 年成立「黑人解放局」(Freedmen's Bureau)，南方黑人有四百萬之多。1868 年憲法第十四修正案，要求種族平等。曾有一名中國孩童被州政府分類為黑人，要求他入黑人學校。(Gong Lum case)。(Rippa, 430)

　　「有色人種如住在奴隸的州，則不可能獲有真正的自由。他的處境，與作為黑奴的兄弟相差不大，膚色就是枷鎖的標誌」。這是 Frederick Douglass(1817～1895) 觀察的結果。他是逃亡的黑奴，但以文采及傑出口才成

為廢奴運動的主角，其後是林肯總統的白宮顧問。而 Tocqueville 更說：「只要是住在美國，則沒有一個黑人是自由的。獲得自由的黑人，白人視之如路人。白人以膚色及種族偏見來看輕他們，此種狀況，南方的嚴重度大過於北方。在教育、職業、及社會服務上，黑人受到嚴格分離的限制。不過，在講究平等權的基督教義裡，有些牧師或教師堅稱上帝之前，人人平等；但在自己的種族面前，則又說黑人天性資質較差，或是言行不一。即令是教友教派，也堅持在聚會時，黑白教徒的廳堂應予分開。還好，有些好牧師、好教師、好家庭、好學校、或好組織，倒也真正實施平等政策，只是人數甚少。」

南北文教之繁榮與凋零，恰好是文教成果考驗的一大對象。1880 年《北美評論》(*North American Review*) 的 12 月號刊物，Richard Grant White 寫了一文，題目是〈公立學校的失敗〉(The Public School Failure)，其中指出，無知並非為惡之源。依 1860 年之統計，白人居多的北方 (Union) 新英格蘭各州（麻州、康州、新罕布夏州、佛蒙特州、緬因州、及羅德島），白人二百六十多萬 (2,665,945)，成人文盲 8,543 人，二者之比是 312：1；但犯罪、自殺、或被囚者 2,459 人，即 1,084 人中有一人犯罪，自殺者 13,285 人中有一人，insane（瘋狂病）1870 年時，800 人中有一人。而南方各州（德拉瓦州、維吉尼亞州、馬里蘭州、北卡羅萊納州、南卡羅萊納州、喬治亞州）白人三百一十八萬 (3,181,969)，成人文盲 262,802 人，12：1；被囚者 477 人，即 6,670 人中有一人犯罪，自殺者是 56,584 人中有一人，insane 於 1870 年時，1,682 人中才一人。可見南方人之為惡比例遠低於北方。但教育效果之評估，的確不易。隔年 (1881) 該雜誌 3 月號也有一文，作者是 John D. Philbrick，題目則為〈國民教育之成功〉。The Success of the Free-School System 文中指出，1/3 的犯罪者完全未受過教育，4/5 實際未受過教育，未受教育之犯罪者 10 倍於受過教育者。(Gross and Chandler, 229–230, 238) 這些數據，也可以用來解釋黑人的狀況；一般說來，黑人甚少接受教育，但黑人的犯罪率，遠少於受過教育的白人。

二、印地安人的教育

　　與黑人的教育處境同。美國印地安人的教育，在革命後也發生鉅變。
當時主張融入英美社會的說法甚為普遍，聯邦政府採取許多措施及計畫，
希望印地安人放棄傳統文化習俗，學美國農夫的技藝來過美國生活；教會
在這方面也出了不少力。一旦印地安人分享了文明之利，他們馬上會納入
美國主流文化裡。但 1812 年的戰爭，改變了此種看法。印地安人憤怒於白
人的西部墾荒政策，無情的搶奪了他們的土地，霸占了江山；白人的因應
之道，卻是指定某些地帶作為印地安人的保護區。原先的同化政策予以廢
棄，保護區劃定為 Mississippi 以西。同化是最後的手段，但驅趕他們同住
在保護區，則立即可以實施。以溫和的對待方式，取代兇殘的暴虐壓抑行
為，這是 Jackson 主政到「重建期」(Reconstruction) 的美國印地安政策。

　　印地安人數量不如黑人多。美國政府擁有的土地越多，印地安人的人
口就跟著增加，但人口增加率遠不如黑人及白人，原因是疾病、戰爭、及
族群居住地分散，距離頗遠。白人也承認美國土地本屬印地安人所有，他
們的命運，卻得依竊據者的關懷及良心而定；誠如 Edward D. Griffin 牧師
在 1805 年於長老教會的佈道演說中說的：「我們住的地方極為繁榮，但是
美國這塊地方本是由一批可憐的異教徒所住，他們被驅逐到荒野去了。在
那裡我們聽到一種叫聲,當你生活不錯時,請想想看那些可憐的印地安人!」

　　1780's 及 1790's 年代，是美國獨立革命精神高亢的黃金時代，主張廢
除黑奴制度的人，認為黑人天性素質低劣，但印地安人則與白人同，二者
平等；因此，應該教導他們納入美國主流社會文化裡。這方面，Jefferson 的
說法最具代表性。1785 年他發表《Virginia 州紀要》(*Notes on the State of
Virginia*)，認為外表及長相，印地安人與歐洲人無別；深入研究更可發現，
「印地安人的裡裡外外，都是歐洲種族的人 (Homo sapiens Europeans)。黑
人就沒有此種素質,黑人在心智能力上較差,無法與白人及印地安人看齊。」
此外，他希望白人與印地安人徹底混合，黑人則不可；黑人應安頓在別的
地方。1803 年，Jefferson 寫到印地安人時，他說：「實際上，解決印地安人
問題的最終辦法，也是為他們的幸福著想的方式，就是讓我們的住區與他

們的住區合併混在一起，相互通婚，以後變成同一民族。把他們納入作為美國公民，這是最自然不過的事，也是自然變遷的結果。此種進展，吾人應予推進，不可阻止。」

相信印地安人的可教育性，也支持 Jefferson 此種觀念的美國建國初期人士就規劃許多活動，來幫助印地安人邁向「文明」，並準備促使印地安人與白人合併。在華盛頓當總統期間，處理印地安事情，由「國防部」(War Department) 負責，憲法實施 (1785) 後首位陸軍部長 Henry Knox (1750～1806) 草擬印地安政策。由於各印地安種族，在墾殖地邊疆還常有衝突事件發生，因此和平變成制定政策的重點。華盛頓及 Knox 並非不知最後的目的，在於促進印地安人的文明化，遂屢次驅使印地安人採用白人的農作及畜牧方式，這是達到文明的必然過程。為了完成此目的，1791 年華盛頓還要求國會承擔「理性的實驗」(rational experiments)，向印地安人灌注「文明之福」(blessings of civilization)。國會的回應，是在其後數年通過一系列的「貿易及交流法案」(trade and intercourse acts)，授權總統提供物資及金錢，以便「提升友善的印地安種族之文明，並要求白人與印地安人能續保和平」。任命代理人住在印地安區，經由農業技術及家畜養殖，來使印地安人領受文明生活經驗。蓋工廠，並經營工廠，及馬匹買賣。在這當中，政府花錢提供給印地安人各種補給品及生產之作物，安排證照以便與印地安人交易。

不過，美國白人難以止渴似的盼望獲有印地安人的土地。教導印地安人農耕種植，目的是希望印地安人的生活，不必再仰賴作為打獵及陷阱之用的曠野大地。頭兩位美國總統，華盛頓及 Adams，都執行印地安人的文明化計畫，雖然後者對印地安人是否有能力文明化，有更大的疑心。Jefferson 當政時，更積極主動的執行將印地安人與土地予以分離的政策；1802 年，他建議政府應鼓動印地安人大量買東西，當超過他們負荷而要償債時，他們就不得不割地賠款；1803 年，Jefferson 給國會一個密函，提出以密西西比為緩衝帶，作為白人與印地安人的分界。而 Louisiana 購買下來後，當地即作為遣送不願被文明化的印地安人之所在，這是 Jefferson 的委婉說詞，印地安人則認為他們不願放棄祖先留傳下來的打獵生活。

　　文明化的努力中，受 Jefferson 觀念影響的一批人，與福音傳播的教會密切配合。其實這早在十七及十八世紀就已經在進行，甚至在西方人一到美洲新大陸時，Alexander Whitaker 及 John Eliot(1604～1690) 等教派人士就辛勤耕耘過。十九世紀初，長老會及公理會大規模的作系統性規劃，希望把印地安人變成「說話是英語，習慣是文明化，宗教是基督徒」的民族。因此在印地安住區設學校，教導小孩及大人了解西方文明，及美國農業及家務處理。歷屆總統中，Jefferson 對印地安人之文明化，最為積極。游牧生活變為農業生活，是印地安人接受文明化的最大象徵；取英文名字，以英語為交談工具；採 Lancaster 班長制教學方式，一下子可以教好幾百個小孩或大人；晚上討論宗教議題。除了設學校之外，還有出版社及報紙。1821年，一位無師自通未接受過正式教育的 Cherokee 族人，名為 Sequoyah 設計出一套 Cherokee 字母，拼音式，共 86 個字母，以聲調為主，只要花數週即可學會。1825 年該族族長會議撥一千五百美金購買一家出版社，費城第一長老教會曾出資協助，印了 Cherokee《聖經》及讚美詩。1828 年也經營一家報社，即《Cherokee 精品》(*Cherokee Phoenix*)，雖然銷路不大也不廣，但終究對該族之成為 Anglo-American-Christian（美國化及基督教化）最有幫助。

　　1820's 年代時，Cherokee 人還仿美憲法，制訂自己種族的憲法；也仿美國之宣布為共和國，聲明自己的國家也是共和國，土地主權包括喬治亞州、北卡羅萊納州、田納西州、及阿拉巴馬州，採農業生活方式，設學校，注重知識普及，使「文明進展」快速進行。但美國一般大眾，卻對政府之採取印地安人文明化政策生疑，也對印地安人文明化能力不生信心；是否只是單單為了印地安人的土地，就要求他們遷往別處。而事實也展現出白人與印地安人越相處，在印地安人越懂事，越專業化及基督教化的同時，卻也出現酗酒、疾病、及道德敗壞的狀況。文明過程所需的時間，遠超過預期，一方面要能免除與白人相處所滋生的弊，一方面也能享白人教育之利。文明化但不被併吞，這才是善策。

　　1820's 年代時，國會提出數個議案，在密西西比以西的地方設一個印地安保護區。1827 年 Cherokee Nation 宣布為獨立國，喬治亞州予以反擊，

認為該州主權包括 Cherokee 土地。印地安人找上 Andrew Jackson 總統，但沒有用，Jackson 引用憲法條款的規定，既有的州，除非獲得既有的州許可，否則在既有的州土地內不可另設新州。他向 Cherokee 人建議，投降或移民到西部。其實，以後的政策是遷徙而非合併。婉轉的說，遷徙是手段，合併是目的；遷徙並非是印地安人心甘情願的。

白人對印地安人的教育，正反效果皆有。福音傳播牧師給印地安人的，是奉獻及活力，但白人生意人卻是威士忌酒、槍、及馬，白人農夫也盤據印地安人土地。印地安人所感受的，是傳統印地安人的教育與白人教育之間，有極大的出入。如果印地安人「不擬建築屋子，住在房裡、睡在床上、定時用餐、耕田、播種、收割、養育家禽；了解並應用工技機器，享受、滿足、並改善所有獲得福利及快樂的方式，那是文明生活中普遍存在的，則他們在學校教室內所學到的知識，都變成完全無價值」。白人的教育，是使印地安人徹底納入美國白人基督教生活，如此才能使印地安人真正達到文明化的結果。

但此種方式的文明化，證明是失敗的。印地安人在東部種田，但到了西部就去打獵。文明的結果，印地安人沒有自己的歷史，也遠離了印地安族群，在白人世界或在自己原有天地裡，都變成陌生人。此種教育帶給他們的，可能就是混亂、失望、以及失落。

十九世紀美國人對黑人及印地安人的教育，本身就處在進退維谷的兩難境地。先以黑人來說，一開始，美國白人即認定黑人並不具教育可能性及同化性；解放了，黑人仍是異類的人。1828 年 Connecticut 殖民社 (Colonization Society) 宣稱：「教導黑人，對他的幸福根本無任何助益，造成他無法適應這個社會，只能對他們此種墮落的種族感到同情而已。社會無法收容他們，白人也不一定會寄予同情。」20 年之後，Frederick Grimke 說得更露骨：「訓練這種四肢發達的人種，能夠如同白人那般的勤奮工作，吃苦耐勞，根本是不可能的。原先讓他們成為奴隸，這是頗不公平的，但把他們引入白人社會，讓他們自覺優越而深感滿足，更是十足的不公平。」十九世紀一般人的觀念就是如此。因此奴隸制度之存在，是理所當然，不然也應該把黑人移民到外地去。

　　印地安人的狀況亦然，雖然革命戰後，不少人認為印地安人是可以予以同化的，但具體行動卻非如此。實際的措施，一方面是毀了印地安文化，一方面則是把他們移到 Mississippi 以西居住。

　　讓黑人處在無知狀態，自認是服侍主人的角色，不可教導他們好高騖遠，做不可能獲得的夢；印地安人是可以同化為美國人的，但同化的結果就是把他們遷徙移到 Mississippi 以西，白人社會仍然不願接納他們，因此他們寧可在原有地居住，不願遷徙。

　　美國化 (Americanization) 是教育這些少數民族的最基本原則。美國化包括學英語，了解憲法，作一個生產分子，按中產階級標準而訂的法律作為行為準則。第十四憲法修正案認為，只要土生土長者，就具美國公民資格；但黑人除外，印地安人則歸屬於印地安人的國家，中國及日本移民的第一代也不准歸化為美國人。透過教育，可以超過宗教信仰的藩籬，但越不過種族的圍牆。

三、奴隸制度的攻防戰

> 美國人深信，他們有能力完成其他文明社會所能完成的一切，除了因此而增添一種注重自由及強調個人性的文化之外，也拓展文化領域到前所未有的境界，這就是美國人的信仰。在這種文明社會裡，每個成員皆有能力參與來征服自然；也擁有一種能力，可以輕輕易易的使生活中的大部分時光，花在較高的文化層面上，這是每一位美國人信心十足且奮力以求的目標。

> —— William T. Harris

　　美國立國之後頭 100 年，光是普及教育的成就，就有助於了解何謂美國的「安和樂利」之文教樂園 (Paideia)，透過教育，使此一觀念廣被於全國種族複雜的人民。「安和樂利」的文教樂園在全國各地的領受不同，它來自於《新約》及《舊約》，但對 Charles Grandison Finney 牧師而言，「安和樂利」之文教樂園 (Paideia) 價值是不允許人類中有奴隸制度存在的，凡是位於 Oberlin, 俄亥俄州的北方人都有此共識；但南方人位於 Huntsville, Alabama 州的 Frederick A. Ross 牧師而言,「安和樂利」的文教樂園不只允許奴隸制度存在,並且還指令該制度的存在。此外,「安和樂利」的文教樂園也歌頌憲法價值,不過對 Daniel Webster 來說,該價值促使聯邦政府有權制訂法律來規範各州,但 John C. Calhoun 卻認為該價值保留給各州享有最後的權力,來接受聯邦法律的合法性,否則法律就失效。

十七世紀之初十年,上述的不同闡釋已不限定為地區性而已,卻是舉國的訴求。維吉尼亞州的長老教徒 John Holt Rice 在《基督教監視報》(*Christian Monitor*) 的一欄中就斥罵奴隸制度是一種毒瘤,他負責該雜誌的主編 (1815～1817);但 Francis Wayland 卻在 1838 年宣稱,上帝對奴隸制度並無任何指示。美國憲法中也對它隻字不提。同樣的,*Sumter Gazette*(《Sumter 公報》)於 1830's 年代時支持「無效原則」(principle of nullification),即認為州有權宣布聯邦政府法令在其境內無效。但南方自由黨 (Southern Whig),卻支持南北戰爭時的聯邦政府 (Unionist,反對南北分裂);1840's 及 1850's 年代期間,意見之不同比較具有地域性。Rice 的反對奴隸制度因時間的流逝而保持緘默了,直到 1831 年他去世為止,他認為教會人士對此一暫時性的人間問題最好不要去談它,此問題完全交給各州自行決定。Wayland 則越來越站在反奴陣營,1850's 年代時他嚴詞抨擊奴隸制度是一種罪行。而奴隸制度延伸到 Kansas-Nebraska 地帶,對道德法律而言是雙重的冒犯。

奴隸制度的存廢,教育機構都介入紛爭討論中,也從此開始壁壘分明。長老教會於 1837 年分裂成舊派及新派 (Old School, New School),當時還未正式爭論奴隸制度問題。南北分裂後,兩派宣教師即分南北兩派纏鬥不休,美以美聖公教會 (Methodist Episcopal Church) 還因此分成三派。

教會如此,大學院校也如此,北部及中西部的師生主張廢奴,許多大學院校之校園裡有廢奴運動,U. of Michigan 校園內有個祕密組織,致力於把逃難的黑奴走私到加拿大。Oberlin College, Franklin College(俄亥俄州),Illinois College, N.Y. College 都變成眾人皆知的廢奴學府。同時,南方則壓抑廢奴主張,甚至斬草除根,將主張廢奴者趕出校園之外,South Carolina College 於 1820's 年代時若以 Thomas Cooper 自由思想的角度來看,已變成一個政治及宗教的邪說中心,1850's 年代更是保守分子支持奴隸制度的重

鎮，當時是 James H. Thornwell 主政，他善於為奴隸制度作辯證。College of William and Mary 的教授如 Thomas Dew，及 U. of Virginia 教授如 A. T. Bledsoe，都對奴隸制度的支持者寄予同情且予以合理化；一位西點畢業生也是聖公會主教同時是南軍將領 (Episcopal Bishop) Leonidas Polk(1806–1864)，促使 U. of the South（位於 Sewanee, Tennessee）來教導南部農墾地人士了解健全的南部人之安和樂利，也以支持奴隸制度為教學核心。1850's 年代南方的大學院校之教育已形成一股氣氛，在感受到北方「敗壞」教育的影響威脅下，滋養出一種特殊的地域情懷，他們以培養南方之英才為榮。

可能最為重要的是南北兩方的報紙，也承擔了教育任務。北方反奴運動注入一股狂潮，反奴印刷物流入全國各地區；1836 年「美國反奴會」(American Anti-Slavery Society) 報告，該會印有包裝成冊的書五千本，8,500 小冊，36,800 傳閱文件；而前一年印有五千份報紙，出版的季刊《反奴雜誌》(Anti-Slavery Magazine) 年銷五千五百份，四份月刊印《人權》(Human Rights)、《反奴記錄》(Anti-Slavery Record)、《解放者》(Emancipator)、及《黑奴之友》(Slave's Friend)，一年共發行 1,040,000 份。報紙同情反奴者如 Greeley 的《論壇報》(Tribune)，一年又一年的以反奴作為論題，銷售量驚人無比。1840's 及 1850's 年代，南方擬阻擋此狂潮，提議出刊雜誌及報紙予以反擊。雙方各用報紙及雜誌為工具，禁止黑人不去看報或雜誌，這是辦不到的，白人更不用說了。

在這方面最奇特的教育現象，可能要數 Harriet Beecher Stowe (1811～1896) 所著的《湯姆叔叔的小屋》(Uncle Tom's Cabin 或《黑奴籲天錄》) 了。1851～1852 年在《國家世紀》(National Era) 連載之後，1852 年 3 月成書出版，由波士頓的 Jewett & Company 公司出版，共二冊；八週內售出五萬套 (即十萬本)，《Norton's 文書機關報》(Norton's Literary Gazette) 宣稱是「本國史無前例」的現象。到了 11 月，在西半球賣出十二萬本，光是英國就再版十九次，賣出十八萬冊。該年年末時，義大利文、西班牙文、丹麥文、瑞典文、荷文、Flemish、德文、法文、波蘭文、及 Magyar 文予以翻譯。1853 年 3 月，在美售出三十萬套（六十萬本）；當時全美人口約二千六百萬，如再加上盜版，則四人中就有一人是一手一冊了。本書可說

是除了《聖經》之外，最為暢銷的書。

　　Stowe 女士以生動感人的筆調，來深入描述奴隸制度的問題，用當時小說的語調，確實創造出另一問題高峰。在北方，該書廣被閱讀，也廣被討論，對煽起爭議奴隸制度之火，有助長烈焰之功。該書付梓後數天，William Lloyd Garrison(1805～1879) 的《解放者》(*Liberator*) 宣布：本書是「令人震懾也頗具意義」(remarkable and thrilling) 的著作，「洛陽紙貴，銷售奇快」(selling with great rapidity)。數月之後，《文學界》(*Literary World*) 也說：「湯姆叔叔傳染病四下肆虐，病毒未見減輕。」在南方，該書引發了興趣，憤怒，及反擊；雖有人主張禁止該書流傳，但仍廣為人知。報上把 Stowe 予以枷刑，說她是個偽善者，也是個道德的兀鷹，專門食人肉。為了平衡該書的意見，一大堆帶有教訓意味的支持奴隸制度著作及小說，也就紛紛出籠，書名竟然是《無教養的 Phillis 嬸嬸小屋》(*Aunt Phillis's Cabin*)，《南方人生活就是如此》(*Southern Life As It Is*)，《Robin 叔叔在維吉尼亞有他的小屋，湯姆叔叔在波士頓則無片瓦》(*Uncle Robin has His Cabin in Virginia and Tom Without One in Boston*)，《白金漢大廳》(*Buckingham's Hall*)，及《主人屋》(*The Master's House*)。南北兩方的舞臺劇、童話書、及雜誌題目，根據小說本身來編，並寫小說來反駁，都擁有甚多群眾。

　　Stowe 女士曾有一次扼要的說出她感受到 *Uncle Tom's Cabin* 的效果。第一，緩和了極端反奴論不滿者的敵意；第二，消除敵意後，轉而為反奴主張奮鬥；第三，激起全國自由黑人的自尊、希望、及信心；第四，激起全美人民對黑人產生更仁慈的感情。她倒希望該書最應該為南方美國人來閱讀。不過因該書引發的爭執，倒令她很感傷心、失望，這並不足為奇。最後，林肯代表許多美國人的看法，歡迎她到白宮，總統感謝「這位小婦人寫這本小說，結果引發一場大戰」。

　　是否 *Uncle Tom's Cabin* 真的產生這場大戰，此一問題可以辯論不休；但沒有人否認本書孕育了分離意識，終於導致戰爭。在這方面，Stowe 書中主角之教訓口吻，恰好就是教育與政治二者之間互動的例證；而這種互動，戰爭就無法避免。Stowe 的書出版時，美國的教育措施，已把美國的安和樂利因不同地區的闡釋，而漸漸明顯的分成兩個不同且對立的意義。

「奴隸逃亡法」(Fugitive Slave Law) 以及「妥協法」(Compromise) 惹起尖銳的政治紛爭，更強化了南北雙方彼此的歧異意識，原先只是因政治利益的衝突所引發。此外，美國大眾在十九世紀初期時，早已喜愛文學表達中小說的煽情內容，恰好 Stowe 的小說迎合大眾口味。儘管她的小說內容含有對讀者的說教訊息，但對於增大南北意識上的差異，倒是不爭的事實；這也為 1854 年 Kansas-Nebraska 法案 (Act) 發生猛烈政治衝突，種了遠因。該法案是南北戰爭之前，有關各地區還是否實行奴隸制度問題的一次重要政策轉析。教育與政治互動的結果，雙方的差異，以及意識到此種差異，都有增無已，但此舉卻以犧牲共同的安和樂利為代價，實在是歷史上的不幸悲劇。

四、內戰期中的教育

內戰就如同革命戰爭一樣，中斷了教育，也破壞了教育；教育以外的其他領域也遭到波及。戰爭圈內的學校及教堂，尤其位於十字路口或其他交通網的交會處，以及一般所謂的公共建築物，都被軍方徵收作為瞭望臺、加強防禦戰事的據點、以及軍營使用。一旦被徵用了，就被占據者踐踏或被對方敵軍攻擊。南方的大學院校，轉作軍醫醫院用的如 Wake Forest College，兵營用的如 U. of Richmond，馬廄用的如 Maryville College，陸軍經理倉庫用的如 U. of Georgia，或成為軍事訓練中心如 U. of Alabama。在轉手過程中，學校設備變形了，圍牆木板拿來當柴燒，建築物當戰利品，圖書四散，實驗儀器碎壞，印刷廠也遭殃（因缺紙而關閉）。1865 年 4 月第二週，李將軍已投降，北方軍入城，利用位於南卡羅萊納州 Sumter 的 Allan A. Gilbert 及 H. L. Darr 出刊《Sumter 守夜人》(Sumter Watchman) 一單張報紙，叫作《自由之旗幟》(Banner of Freedom) 來宣稱勝利，發布之後毀了該報紙，也粉碎了字模。

財產的轉換及毀壞已夠不幸了，師生的失落及流散更是慘重。南北雙方的神職人員變成軍中傳教士，由於被徵召服役，因此聚會所瀕臨休止狀態。大中小學教師奉召參與軍需工業的製造，有時也帶了一群學生齊往，U. of Michigan 校長 Henry Philip Tappan 在 Sumter 堡壘 (Fort Sumter) 陷落

後的隔週週一重整旗鼓，召集許多校友及學生投奔北方陣營。在 Oberlin College，修辭學及文學教授 James Monroe 號召入營從軍，許多學生響應，該隊被尊稱為 Monroe Rifles（門羅來福隊），其中一位拉丁教師 Giles W. Shurtleff 被推為隊長；同樣在 Stewart College（田納西州），W. A. Forber 教授於 1860 年組成一隊兵士，但在 Sumter 堡壘失手後，大學裡每一位還有體力的學生都志願充當 Tennessee 的陸軍士兵，其中除了兩名北方人是例外，大學也就關門大吉了；而 College of Charleston 也發生同樣之事。一群學生在兩位教授的引導之下實際參與了 Sumter 堡壘戰役。在這些學府內，即令師長阻止學生馬上入營從軍，但學生也投筆從戎。師長、校友、及在校生投入於南方陣營 (Confederacy) 者，數量超過投入於北方 (Union) 者；但北方的大學院校及中學仍受戰爭的影響，即令師生不上戰場，但仍有軍事操練、召集、愛國慶典、以及課程的緊縮；另一方面，師生也得宣誓效忠，偵察不忠誠者之監視人四布。當時是南方各州退出華府的「聯邦政府」，另組「邦聯」(Confederacy) 予以對抗。

不過，雖然在南方的教會及大中小學，因戰爭而慘遭蹂躪，但教育的進行仍持續不斷，甚至加速進行。對敵我雙方而言，戰爭都是一種吃苦耐勞的考驗，能活過來的，就是鼓足勇氣者。同時，師生因戰爭而到了新地方，碰到新的人民，也因此引發反省思考與比較。比如說從佛羅里達，一位維吉尼亞墾殖家庭的長子 Frederick Fleet 寫信給他的父親說：「佛羅里達多麼的不同，我以為是充滿鮮花的州，卻未見一大片花園。只是到處充滿野花，鮮豔的彩虹色，花香撲鼻，在林裡飄溢；氣候宜人，晴空萬里。我只看到大片的松樹林，好多地方，水有四至十二吋深，一畝一畝的池塘。只有在花園裡才可以看到花朵盛開。」一位 Wisconsin 的農家男孩 Chauncey Cooke 從肯塔基州的 Columbus 地方，寫給他雙親的信如下：

　　我們真的在「陽光普照的南方」(Sunny South)，我們稱之為違禁品的黑奴，幾百人聚集到 Columbus 來，此地正規軍將軍 General Thomas 徵召他們參戰，城鎮邊區的老建築物內都人滿為患。每次碰到任何一個黑人，他都很快的脫帽向你敬禮，且露出好白的牙齒，

我還未見到他們成群結隊，但卻可指出如 Uncle Tom, Quimbo, Sambo, Chloe, Eliza，或任何一位《湯姆叔叔的小屋》小說中的角色。婦女幫軍人洗滌衣物而賺取分文，男人則揀些雜工來作，我喜歡與他們聊天，他們好有趣，常告訴奴隸生活故事，讓我一生都難以忘懷。

　　對非戰鬥人員而言，因戰爭而生的混亂，頗具教育意義。北方的男人入伍了，許多女人被逼不得不快速的學些新技巧；有些婦女進入工廠找工作，有些婦女成為農婦，另有些婦女則是一生第一次外出旅行到遠地，因而面臨到如同男人面臨戰爭所遭遇的苦楚。較為人所知的莫過於《小婦人》(*Litte Woman*) 一書的作者於 Louisa May Alcott(1832～1888) 到華盛頓特區當護士，這是新英格蘭中產階級背景的女孩通有的經驗，時值雙方敵意已快結束之時。因戰爭而生的擾騷不安，男女皆要學習新的行為模式，產生新態度，以及新知識。這些都變成戰後各自不同生活型態的基礎。南方誠如 Anne Firor Scott 所說的，內戰的衝突出現了顯明的分水嶺，使「內戰以前的婦女」(the antebellum lady) 及「新婦女」(The new woman) 截然不同；後者渴望上正式學校，謀職找工作，數年後還爭取且獲得投票權。她們一想起戰爭，就認定那是一種突然的劇變事件，也引出了社會的新秩序。對知識分子而言，戰爭對他們的職業與精力，也是前後有別。Frederick Fleet 離開軍隊後，這位不喜歡佛羅里達松樹林的軍人，在 U. of Virginia 完成了正式教育，他也在後來自我抉擇作了 Culver Military Academy（軍事學校）的首任督導官，充分證明了戰爭經驗對他的終生影響，以及戰爭對種田人心態的轉換所產生的力道。Fleet 家族的墾殖地，已變成為年輕婦女興建學校 (Green Mount Home School) 的所在，Fleet 的媽媽及三個姊姊負責該校。

　　戰爭也使人們拓展視野，經驗遂非變不可。戰爭時代的人接觸了大規模的組織型態：第一，軍隊本身的組織頗為龐大，美國民兵組織以往的規模小，比較非正式，也是地域型。現在不管介入或不介入戰爭，都感受到史無前例的大規模軍事行動的經驗，軍隊中一個師的紮營變動，以及一次戰役數以千計的軍人參與，每人又扮演不同角色，又在不同指揮官指揮之下一齊協同為目的作戰。第二，軍隊之外有許多附屬組織機構，互相搭配

來支援軍隊的作戰，如軍火庫製造許多軍事裝備，複雜的軍需，食糧衣物及物資補給，許多「基督教福音團」(Christian Commission) 及「衛生團」(Sanitary Commission) 等相繼出現。而新的徵兵經驗也來了，南北政府各自徵召兵員，加強軍紀訓練，服役義務，這對美國人來說，是首次也最具教育意義，對未來的教育發展有預示作用。因為美國人民從此感受到教育與政府之間的關係，這一種關係是嶄新的，也是前未試過，與早期國民參加民兵自衛隊的責任及觀念大大不同。

雙方火拼，大的組織戰對抗組織戰，對軍民二者產生的教育影響，有三個層面。第一，雙方陣營中，軍隊傳教士的宗教教學方式，都各自請求上帝的關懷照顧來庇護己方，新的受洗者增加了，傳教也持續不斷。過去為非作歹者現在改邪歸正了，也使復甦之火熊熊不熄，尤其是南方各州軍中南美以美教派 (Southern Methodist) 的牧師 (Rev.) John B. Me Ferrin 在日記中有段活生生的教學記載：

> 數週以來，兩軍都彼此看清對方底細，沿著山腳，我們每天夜裡都對一大群聚會者作宣教工作，許多寶貴的心靈也一心向神了。戰後，南方邦聯 (Confederate) 退卻，逃竄到 Georgia 州。這數個月以來，軍中牧師及宣教士都努力工作，傳播福音，看顧病患，分發《聖經》及神學小冊，以及宗教報紙。在城市的帳營內則每晚都有宗教聚會，軍人士兵挺直站著，偶爾找椅子坐，甚至弄些小攤位及桌椅，還蓋木頭教堂。以真誠信仰來拜上帝，結果是數以千計的士兵改信基督，且也為未來作準備。官兵也如此，皆受宗教影響。在我一生中，還未曾目睹過此種經驗，體認出上帝的力量。在 1863～1864 年的冬季及春季裡，於這些稍加延長時間的聚會裡，喚醒了原罪者及改變了信他教者的心靈。

第二，各種組織戰影響了黑人的教育。當北方軍隊進入南方越深之後，黑人成群結隊的聚集在軍營裡，呈現給北方將軍的問題，不只是立即要供應他們食物及衣服，也是長程的教育問題。先經北方軍的視導，其後在「黑人解放局」(Freedmen's Bureau) 的贊助之下，承擔了這些工作。「黑人解放

局」成立於 1865 年。數百名教師到了南方，教導數以千計的黑人成人及兒童。開始的時候，功效並不彰，因為百廢待舉，但識字率之提升，以及各種教育活動之舉辦，也有點小成績。聯邦政府對黑人的教育，採取的格局比對印地安人大得多，黑人有高等教育學府，那是 1860's 及 1870's 年代時在教派大學裡所提供的。北方人也開始熱心十足的關心南方人的教育。下代人的福禍之所倚，端賴教育之有無而定。北方人對黑人教育極為拿手者到了南方，南方白人對黑人教育不願作出奉獻，南方黑人對黑人教育則根本一竅不通。不過另一方面，南方普及教育，尤其是對黑人的教育，因為多半由北方人把持，遂生出一股氣氛，即唯北方人馬首是瞻；北方人的發號施令以及父權觀念大行其道。當南方人地域意識漸漸覺醒之後，強烈的抵制北方人遂勢所難免。

第三，高等教育也因 1862 年的 Morrill Act 而發生了劇變，該立法本在 1850's 年代即已蠢蠢欲動，但所持論點是教育上的；而通過該法時是處於戰時，旨在促使南北統一。因此除了此法通過外，還通過「關稅法」(Morrill Tariff, 1861)、「分配耕地法」(Homestead Act, 1862)，及「銀行法」(National Banking Act, 1863)。這些法案的通過，統歸在一種政策之下，即釋放公地來培育全國性的農工技藝專家。雖然各州利用聯邦政府捐給各州的土地，將興建完成的大學院校，作了各種不同的用途，但該大學院校其後形成一個國家教育網，變成教育研究及發展的機構，也是聯邦政府進行各種研究計畫的場所，是訓練預備軍官、農產物改造、以及社區生活更新的所在。

最後，報紙也受到了影響，更變成教育發言人了。軍民皆介入戰爭中，且這是國內的內戰，人人皆渴望知悉戰爭消息，作戰新聞變成報紙的首要版面。內戰之前，主編極為風光；戰爭期間則是記者的天下，讀者希望知道的是客觀的消息，而非主觀的評論。1866 年 James Parton 在《北美評論》(*North American Review*) 中說：「社論的力道小了，人們想知道情報的要求多了；社論的地位已江河日下，消息倒是大家爭相知悉之點，也因此有 19/20 的人們買了報紙。」為了要取得最新消息，業者必集中所有資源要求記者到前線去。大都市的報社領先小報社，也領先一人經營的報社，更領先地方小報。一種組織如「紐約聯合報社」(New York Associated Press) 成立於 1848

年，因為是聯合各家報社而成，也利用電報來傳播訊息，因此變成報業大王，此種壟斷一出，並未瓦解過。並且新聞部門與言論部門分開，也有助於提升二者的水平。新聞版面提供更多的新聞，社論言論部則規範公共輿論，來關心戰爭目的及戰爭行為。

五、內戰後南方黑人的教育

從「內戰」(Civil War) 到「重建」(Reconstruction)，南方軍解散，北方軍在「第一次重建法案」時變成占領軍，占領軍所進行的教育，卻是殘酷且粗暴。南方在北方軍人治理下的頭十年，接受了來自北方一大群人的教學、傳教、及訓練。重建工作重點放在教育上。觀念是北方人的，認為南方再生的最佳方式，是大力宣揚北方人所認為的美國安和樂利觀念，尤其運用於被解放的人身上。解放黑奴已經兌現了一種神聖諾言，即黑人應予以教育。

黑人教育的普及，農工學院的設立，報紙經營的轉型，這些到了重建期，仍持續進行。南北戰爭之前早已分裂的各教派 (1861)，擬重修舊好，但並未成功。各教派一致努力在南方設立一種仿新英格蘭方式的公共學制，但卻引發熱烈爭論。因為是否設立黑白混合學校，大家就吵得亂翻天；後來又面臨資源短缺以及南方白人的頑抗而作罷。在這方面，最強有力也最為普遍的現象，莫過於黑人表現出渴望教育的情懷。黑人教育家 Booker Taliaferro Washington(1856～1915) 日後描述當時狀況時，說是「實質的狂熱」(veritable fever)。他說：

> 我還活生生的記住那幅畫面，不只兒童，且男女也如此。有的已高齡達六十或七十了，踏在崎嶇的鄉下道路，手邊帶一本拼音書或《聖經》，年齡似乎對於求知不是一種阻礙；老夫老婦，眼睛視力已微弱，較無法適應燈光，但也掙扎著數月之久，奮力擬了解初級讀本以便獲悉《聖經》的一點小知識。有些人成功了，但大部分是失敗的。對後者而言，從地球上消逝卻不能讀《聖經》，是心中的大痛。學校的興辦到處都是，新獲自由的人不能等候教室蓋好或教師聘定，

白天破曉之前他們就燒松樹木節 (pine-knots) 之光於小屋內讀書，一
直讀到夜裡，才掩卷而息，盡力擬探討其中奧祕。不只一次，我看
到黑夜裡，林內有火，一群人聚在一起，男女老少皆有，大家人手
一冊，坐著一起讀書。有時他們把初級讀本綁在犁鏵之間，一邊犁
田，一邊讀著。

　　不只下定決心要讀書，且有強烈的意願要付費接受教育（經由納稅、
什一稅、及學費），此種態度尤值一提。因為當時的南方白人也還未進步到
此種意識。他們也有一股動力來重建大學院校，增加新設備來為黑人的高
等教育之用，此舉大獲北方教會之支持，如「美國福音協會」(American
Missionary Association) 及「被解放的黑人協助會」(Freedmen's Aid Society)，
後者由美以美聖公教會 (Methodist Episcopal Church) 負責。新設黑人的大
學院校出現了，有 Fisk, Atlanta, Biddle, Straight, Tougaloo, 及 Claflin 大
學。

　　這段期間中，有兩種教育勢力殊堪注意。第一，教派由於整合分裂失
敗，尤其是浸信會 (Baptist)、美以美教會 (Methodist)、及長老教會 (Presby-
terian)，南方的這些教派只好持續走比較保守路線，不如北方之趨向工業化
色彩。南方教會對黑人的價值觀念，及黑人領袖的培養，也自成一格。第
二，在所有教育機構中，大中小學的任務越來越明顯，以之作為社會改善
及生活提升之工具。「美國福音協會」及其相關的教派組織，並非透過教會
來作福音傳播工作，倒是利用學校來進行，將南方解放出來的黑人予以福
音傳播，這種任務，還列為首要工作，他們發現大中小學是最佳場所。內
戰前的努力地區放在西部，1830's 年代即是如此；但 1870's 年代的宣教戰
場，則是在南方，而場所就是大中小學。

　　Horace Mann 的時代，他已說服了美國人民應投資於教育事業上，教育
的重擔，學校非承擔不可。1870's 年代時，全國有兩大任務，一是南方的
重建，一是全國的統一。Mann 的說法，響遍全國。新的教育領導階層，依
Mann 的指導方向前進，在南部及北部都組織普及教育系統，規劃中小學以
便實施全民教育。Albert P. Marble (Worcester), John D. Philbrick (Boston),
James P. Wickersham (Harrisburg) , Andrew Dickson White (Ithaca), James B.

Angell (Ann Arbor)，及最出名的 William T. Harris (St. Louis)，他們都如同先賢一般的知悉，教會、家庭、圖書館、以及全部的民間機構，都帶有教育任務。但與往哲不同的是，他們更強調大中小學的教育效能，更願把國家的未來前途，反映在學校教育上。1876 年 Harris 才只四十一歲，但已是全國最有名的哲學家，他此時就以非常清楚的語句說出此種觀點。他說：家庭、社會、及民間機構，有「訓練」(train) 的功能；不過教育出來的，是一種不自覺的習慣、癖好、及性情，比較不牢固。方式是口頭交談，時間是經年累月。大中小學則在「教導」(instruct)，經由印刷體文字的技術工具，可以發展出學生的自我活動，而靠自由活動，展現出個性來。他說：

> 本國比其他地區更看重教科書的教學，此種教學的重要性提升，且也是本國的重要特色。
>
> 在我們的國家發展中，我發現這個才是國家理念，其實這也不是什麼新原則，因為這是全球皆同意的原則。教育最應該進行的行為，就是激發學生的自我活動力，不是教師代替學生來自我活動，而是學生自己來，這才具價值。雖然此種原則或理念，他國也有，但不若吾國明確。在他國還只停留在胚胎狀態，在吾國則已破繭而生，且孵化成形，到處可見，使吾人不得不要求每個人皆應承擔其實現的責任。因此，吾國的理論是：年輕人越能快速的自我追求文化，他就越早能從學校中畢業。給他思考的工具，正是吾人的職責所在；啟動了求知的技藝，他就能自我追尋了。
>
> 美國人深信，他們有能力完成其他文明社會所能完成的一切，除了因此而增添一種注重自由及強調個人性的文化之外，也拓展文化領域到前所未有的境界，這就是美國人的信仰。在這種文明社會裡，每個成員皆有能力參與來征服自然；也擁有一種能力，可以輕輕易易的使生活中的大部分時光，花在較高的文化層面上，這是每一位美國人信心十足且奮力以求的目標。
>
> 不僅征服了時空物質界之後，一般人會因此致富；並且也征服了心靈世界，使文化遺產，以及人類心智所能體認出來的領域，更富足

無窮。

對 Harris 及同代的人而言，立國之後一百年，「時代的新秩序」似乎已首次展現眼前。國家已通過內戰的嚴格考驗，存活過來了。開國元勳們的奢想，現在已有實現的可能，且建立在健全的理性基礎上。當開國先父們的理念漸為人所知悉時，一種新的教育秩序，遂變成所有各項建設成就的核心。

第二節　大都會教育的政治化

一、Horace Bushnell (1802~1876)

1876 年美國慶祝獨立建國一百年，美國人的心情是夾雜著驕傲、自負、嘲弄、及羞愧。當時的史實是國家面臨經濟蕭條的創痛，政府為醜聞鬧得不能脫困，南方各州仍在軍事占領之下，軍人仍與印地安人打仗不休，而新獲解放的黑人還未能享有投票權及教育權。思想開放的女人，選擇七月四日作為「婦女人權宣言」(Declaration of Rights for Women) 日，要求享有正義、平等、以及「全部美國人民所擁有的公民權及政治權」。不過在這個同時，舉國振奮的情緒也有多起，一是費城大展，有五分之一的美國人口看過該次大展，結果信心十足的宣稱美國工業化獨步全球；一是立國百年慶典中，大家興高采烈、熱鬧無比，大肆為獨立及自治政府而歡欣雀躍；一是大家盤點存貨，打算重新出發，把 Grant 總統任內企業商界的賄賂醜聞 (Grantism) 拋在腦後，全國步入道德重整新里程。

宣教師一如往常，堅稱這是上帝對其選民持續宣示上帝對選民的關懷表示。依牧師 Horace Bushnell 的說法，「國格」(nationhood) 的演進，有三個階段：第一階段是「獨立宣言」(Declaration of Independence)，這只不過是在政治上宣稱國家精神早已獨立存在；第二階段就是「憲法」(Constitution) 的草擬，這是說「憲法早已由威力無邊的上帝，拋給我們這個國家」；

第三階段就是經過「內戰」(Civil War) 之火的考驗，南北戰爭是「具神聖意、英雄式、天佑式，也悲劇式的全國整合。上帝的小天使當哨兵，監視著吝嗇及偏見，使久存的敵意不能亂肆作怪；並把國家觀念變成一種宗教」。美國可以自由自在的在歷史中扮演自己千禧年的角色。這位頗有人文氣息的牧師宣稱，美國現在該作的是，共和國政府要展現榜樣，在國家生活上「帶給全球人的想法」，及在「領導各種運動」裡，宣示對上帝的忠心耿耿。

不管 Bushnell 的神學帶有多大的沙文主義，無疑的，他的說法具有代表性。全部新教牧師幾乎都向全美國人宣教，要美國為全球的公平正義肩負其責任，作全球的領袖。尤其在美國資源特別雄厚時，內心的期望與外在的可能性，二者互動，遂變成次一世紀國家發展的指標，主軸就是國際化 (metropolitanization)。美國已變成一個大都會國家，同時又是輸出文化及文明到寰宇的國家。教育在這方面，展現出各色各樣的形式及機構，都深深的介入於這兩種現象裡。

二、外來移民及大都會人口的教育

人口之分布及人口之移動，影響教育甚深。美國史上，先是西進運動，1800 年超過一百萬人往西墾殖，1820 年為二百五十萬，占全美人口 1/4，比新英格蘭人口多了一百萬。1820's 年代中，本來的十三州增為二十四州，1830 年俄亥俄州（1803 年成為 Union 的一州）人口多於麻州，印地安納州（1816 年成為 Union 的一州）人口多於康州。其次是外國移民潮，1789～1829 年 (Jackson 於 1829 年選上總統) 共四十萬外來移民；1840 年時增為一百七十一萬三千二百五十一人；1850 年時是二百五十九萬八千二百一十四人；到了 1900 年時已達五百二十四萬六千六百一十三人。1920's 年代才立法限制移民人數。

自由女神像 (Statue of Liberty) 於 1884 年建於紐約港 (N.Y. Harbor) 是歡迎外國移民的象徵：

來吧！窮困又疲累的你們，	...Give me your tired, your poor,
成群結隊，期求呼吸自由空氣。	Your huddled masses, yearning

to breathe free.

不幸可憐的人啊！你們的海岸無法 The wretched refuse of your
靠。 teeming shore.

無家可歸者，來吧！顛沛流離者， Send these, the homeless, tem-
也來吧！ pesttost to me,

金的門旁，我舉著火炬！ I lift my lamp beside the golden
door.

(Thayer, 65–66)

　　1876 年之後，美國這個「共和國」，在人口及疆域上，繼續不斷的增加。1912 年新墨西哥州及亞利納州加入聯邦 (Union)，整個國家大陸板塊的整體性已趨完成。1959 年又新增阿拉斯加及夏威夷兩州，雖然兩地與美國本土有所區隔，但並不妨礙國家的一體性。並且更為重要的是，1876 年之後，新併入的十二州按 1780's 年代的「土地法」(land ordinance)，皆在原則上成為美國的一部分。該法規定：新疆域如擬成為美聯邦中的一部分，在人口、政治、及文化上也能滿足成為州的條件，則在納入為美國一州時，都享有充分及平等的政治參與權，而非殖民地身分。因此，美國已擁有三百五十萬平方哩的國土面積，從紐約到檀香山 (Honolulu) 的距離，等於環繞地球的三分之一，是史上最大的共和國；尤其重要的是，這個國家的性質，在政治上是一個自由的社會，有一個自主性的政府。

　　美國人口有增無減，從 1876 年的四千六百一十萬七千人到 1980 年的二億二千六百五十四萬六千人。十九世紀末，自然增加數下降，因為出生率降低，1900 至 1925 年又穩定上升，但 1925 至 1940 年又下降，1940 至 1960 年稍升，1960 年後又下降。移民人口也升降不一，隨美國及世界的政治任務變遷而定；但 1876 至 1980 年中，有四千萬人口是移民，也是史上第一位移民人口最多的國家。移民者原住地，隨時間不同而異。1880～1890年，75.6% 的移民來自英、德、愛爾蘭、挪威、瑞典、丹麥、及加拿大；1901 年則降為 21.3%。而從奧地利、匈牙利、義大利、俄國、及波蘭移民來美者，從 17.6% 升為 68.5%。(Thayer, 202)1880 至 1924 年時，由南歐、

中歐、及東歐來的人最多；1930's、1940's、及 1950's 年代時，則西北歐及中歐來者居多數，當時不少移民是從獨裁國家或戰爭國家逃亡來的難民。1960's 年代的移美人口中，加拿大、西印度群島、及拉丁美洲居多；1970's 年代則亞洲南部及東南部來美者居冠；同樣，此時來美者多半是政治犯及難民。

這麼複雜的移民，使得美國的人口結構更為複雜。種族、宗教信仰、以及膚色都有重大歧異。美國化的問題、取得公民權的資格等，這些本來是表面的問題而已，現在都變成極為棘手。誰才叫做美國人？何種身分才享有美國完全合法的公民身分？

早在 1849 年 Middlebury College 校長就懷疑移民潮會帶來政治問題，他擔心來自匈牙利或日耳曼哥德族的人 (Goths) 會忠誠於美國呢？還是忠誠於羅馬帝國？他說回答此一問題，要仰賴「我們的教師之智慧及忠貞 (wisdom and fidelity) 而定」。早期以出生地主義來定義美國籍，凡移民者在美國出生的子女，皆享有美國人的資格，在美國土生土長者也叫做美國人。但一開始，此種政策即因種族及性別而搖擺不定。美國黑人在「法理」(de jure) 上取得公民資格，也要等到 1868 年美國憲法第十四次修正案 (Fourteenth Amendment) 通過後才如此；即令如此，黑人在「事實」 (de facto) 上享有充分公民權，就是到了 1970's 及 1980's 年代也得奮鬥不懈。土生土長的美國人享有「法理」上的公民權，是 1924 年的「公民法案」(Citizenship Act) 通過後的事。但 1970's 及 1980's 年代，也一樣為他們的「事實」上享有公民權，大家鬧得不可開交。二次世界大戰時，祖籍日本但卻在美國出生的小孩，從未享有完全的公民權，事實上他們被安頓在一個特定的營區，與外界隔離，這還是經過總統及國會批准而設立的呢！婦女的公民權早就大受限制，且運用公民權也曖昧不明。1920 年的憲法第十九次修正案，婦女才享有選舉投票權；1970's 及 1980's 年代間有不少美國人認為，應該再努力促使婦女享有與男人相同的平等權利❶。此外，白人族群之移民，他們

---

❶　有關美國婦女的教育角色，也極為辛酸。Margaret Fuller 小時受制於嚴父，她爸爸認為她沒有妹妹漂亮，只好發展她的智力以求彌補。背古文，夜深仍不准就寢，結果在腦力上太過早熟，成為一個「小神童」(youthful prodigy)；但她經常夜裡作

所面臨的問題，就是語言及文化認同，即美國化及自然歸化問題。德國人、墨西哥人，或越南人，他們不會說英語，應否被認為是美國公民？這些人是否需學英語，或公私立機構是否應該調適以遷就他們不同的語文需要？這些人及其小孩擬進行教育以便作為公民的一分子，他們的語言教育是英語還是母語？這些問題在二十世紀都經過熱烈討論，其實這些問題的底層，已深入到美國的認同及美國社會的性質與特色了！

美國的都市化更使問題複雜化。1830～1840 年，芝加哥人口從五百增為四千（八倍）；1860 年時人口十一萬（十二倍）；當時紐約則已達一百萬人口的大都市了。1820 年，芝加哥一甲地賣 1.25 元，一人可買 80 甲；1832年則賣 100 元；1836 年時更賣到 3,500 元。林肯去世 (1865) 後二十五年，美生產量及質占全球第一，英人一百年才達到的地位，美人五十年就完成。(Thayer, 72) 1890 年時六千三百萬人口中有 30% 的人口住在都市，1920 年時一億零六百萬人口中 50% 以上的人口住在城市中，1950 年時一億五千一百萬人口中，三分之二人口在都市裡，到了 1980 年時二億二千七百萬的人口中有四分之三的人口在都市了。

表四十七　1890～1980 年美國人口居於都市之數量及其百分比

年　代	人口數	住在都市人口比例
1890	6,300 萬	30% (1/3)
1920	10,600 萬	50% (1/2)
1950	15,100 萬	2/3
1980	22,700 萬	3/4

惡夢，幻影憧憧，且夢遊 (somnambulism)，導致頭痛、神經質，睡覺時看到一群馬撲向她身上，渾身是血，唸唸有詞地唱出 Virgil 詩句，父親嚴厲的制止她的喊叫：「不要去想那些無聊的事，否則會發瘋。」(leave off thinking such nonsense, or she would be crazy)，殊不知她之所以如此，禍首正是她的父親。Martha Carey Thomas (1857～1935，女權運動家) 於 Cornell 畢業後去 Leipzig，接到家書中說，其母的友人說話時，已少提及她，因為其母認識的人皆以為一個女孩子如果如同馬師般的騎在馬上馳騁，是對家庭名聲的一種羞辱。她對 Harvard 名校長 Charles Eliot 之不收女生政策，與之隔空交火，指出 Eliot 心中盲點極大。她創辦了 Bryn Mawr 女子大學。

人口都市化，乃因社會的工業化，交通網路的開發，以及機構組織科層化的必然結局，這是十九世紀及二十世紀的現象。東西鐵路的開發、完工、及使用，使各都市間連成一體，各都市相互競爭。工業化越為加速，原料的供應及產品的輸出，都縮短時間、減少成本；市場之經濟效益越為增加，資本之累積越為擴大，世界級大都市相繼出現：紐約、波士頓、芝加哥、及舊金山等都是工商金融中心；又配合電機技術之發明（尤其是電器），化學及資訊工業之進步，這些都市也是服務業及知識經濟重鎮。更由於資訊及交通技術之突飛猛進，上述類型的都市不必仰賴原始資源就可以變成大都市。都市的發展，更展現「長足」(footloose) 的進步。電車、電梯、電話、汽車、卡車、轎車，更使都市擴大範圍，非前人所能想像。最後，機構組織之科層化，使得資料管理極為方便也極具效率，提高服務品質；產品的大公司組合，更是大都市經濟中的一個層面。

大都市出現，圍繞在其旁的零星都市也跟著出現，然後衛星都市向外延伸，也拓展到鄉下內地去，就像磁磚般來包裝大都市。市中心、郊區、及鄉野，三者都變成功能上的有機體，密不可分。城鄉差距越來越消失不見。「大都會」(metropolis) 成為美國社會的新形式，1880 年，大紐約 (Greater N.Y.) 即已形成。

1922 年，經濟史家 N. S. B. Gras 將大都會依其性質分為經濟因素（貿易中心）、政治因素（政府所在地）、宗教因素（教會單位）、文化因素（知識重鎮）而形成；公路交會點、汽車製造中心、廣播公司所在地，都有可能變成人口集中的大都市。底特律至今仍以製造汽車聞名於世，Akron 則製造橡膠輪胎，匹茨堡以產鋼為主，華盛頓是行政中心，紐約則是貿易樞紐。

大都會對教育的影響太大了，L. Emmett Holt 建議，大都會裡的家長必須要硬心腸，養育子女方式不容廢話連篇，經常要自我克制，如此才能適應城市生活。社會福音的傳播者 Washington Gladden(1836～1918) 認為，教會應將基督影響力推展到美術、娛樂、經商、從政、工廠、及國際關係上，也就是人生事務的各個層面。杜威 (John Dewey, 1859～1952) 則要求學校成為孕育社會共同觀念的中心，「積極的以各種職業工作方式，來反映一種大社會的生活；藝術、歷史、及科學精神，充斥其間」。名政治專欄作家 Walter

Lippmann(1889～1974) 希望有一種新的知識機制，專家們無私且平靜的以理性的探測光來啟蒙大眾的視野。從前的品德陶冶、深信不渝的愛國心、謹慎細心的智慧，都靠自學而來；現在的改革家預言，負責任的公民有必要由大公無私的專業人士予以教導了。因此每種人類事務都將與每一種機構發生關係，終會導致於把政治轉換為教育。杜威在他的教育信條中說：「我深信教育是社會進步及改造的基本工具。」他又認為：「所有的改造如只是訂定法律，或威脅要作某些處分，或只作機械式或外表上的安排，那是膚面且徒勞的。」如同愛默生 (Emerson) 一般，杜威早就看出來，教育終將取代政治；並且還比愛默生進一步的指出，在取代的過程中，教育會越為政治化。

教育地盤越發擴大之後，完成教育目的所需要的事項就更多，高度專門的知識及技能也呈現出來，職業教育就不能停留在過去的師徒制而已，應轉為正式的學校教育，以便培養職業領域中的專業人才。1917 年的 Smith-Hughes 立法，恰好就是此種主張的核心要點。聯邦政府提供補助，來實現中學裡農科、貿易科、工業科目、及家政科目的教學，並且也把專業性的學校與大學院校二者緊密聯繫。新科技引入，以便提升專業人員的技術水平，最佳的一個例子就是首倡農場示範法的農學家也是 Iowa 科技大學校長的 Seaman Asahel Knapp(1833～1911)，努力建立一套農業推廣計畫，使新知識在農科學院及農業實驗站發展；電器、鐵路、瓦斯、及機器工業，在 1890's 年代左右也都把新科技引入學校裡，從簡單的貨物販賣訓練到研究所程度的工程計畫，樣樣具備。一批大學校長，吸入了德國的學術氣息，更一再地要求大學要創新知識，Daniel Coit Gilman(1831～1908) 就職 Johns Hopkins University 的演說中，立即指出此點。把大學院校、知識性的社團、技術學校、及博物館等，合成「高級教育」 (Superior Education) 機構，其中大學的職責最為重要。知識的提升、精緻、保存、及分配，都是大學的職責。

教育家即令再怎麼努力進行系統化及組織化的教育工作，以適應新的需要，但大都會生活本身就潛藏有教育意義在內。十七世紀時 Sir George Buck 就把倫敦描述為「英國第三所大學」。一位精明的學習者，到處都可

發現學習的榜樣；就是狡猾多端的小偷，或技術高超的政治家，各種文化
及商業展示，都可引起他的注意；各族群服飾的表演及舞蹈、市中心百貨
店裡的大拍賣，都是求學獲知最豐富的所在。並非人人皆能從中獲利，或
從中醒覺到潛在課程的價值；但大都會生活，確實可以交換傳統、抱負、
思考模式、信仰、及行動。此外，市中心的一切，可以散發教育力量到內
陸，經由物品廣告，來設定知能、藝術、倫理格調、資訊、及消息。大都
會支配了鄉下的一切。

　　美國內戰後，外交政策有了改變，文化及文明也開始輸出國外。從獨
立建國成功開始，美國人就有一種千禧年的想法，認為美國負有神聖任務
來教導全球遵循社會正義原則，美國人以身作則。不過十九世紀的美國，
外交政策基本上採取孤立主義，只保有自己新又獨立狀態；一方面不願歐
洲勢力介入美國，自己隔離在西半球之外；一方面更公然宣布，歐洲各國
的衝突，美國並不感興趣。1901 年 William McKinley（1843～1901，
1897～1901 為美第二十五任總統）總統的國務卿 John Hay(1838～1905)，
蠻不在乎的說明美國的外交政策，是走門羅主義 (Monroe Doctrine) 路線，
以孤離為金律 (Golden Rule)。美國這個「帝國」(empire)，其疆土拓展到太
平洋沿岸，勢力延伸到美洲大陸──包括加拿大及墨西哥，這是上帝所昭
示的美國人使命。

　　1880's 及 1890's 年代，美國的「帝國」重新予以界定其意義。美國「展
現出來的神聖使命」(manifest destiny)，是要經由「仁慈」(benevolent) 的
政治力作為全球的領導國家，強化並擴充美國的工業。美國雖不再有新領
土的併入，但大都會本身就是美國支配全球的樞紐。全球供應原料，大都
會塑造產品，也作為全球教育的所在。William McKinley、Theodore Roose-
velt、及其後總統，都全心投入國際事務，以集體安全的利益為考量。二次
世界大戰後，任何一個美國大都會，都幾乎成為全球的政治、經濟、及文
化中心，美國從此與全球的政治、經濟、及文化發生密不可分的關係；紐
約的經濟市場與蘇黎士及東京的連成一氣，美國的雪茄及牛仔褲銷行數百
國家，變成最主要的市場商品；提供各種技術幫助給各國，持續的成為美
國主要的外交政策。

　　基督教福音團扮演的角色頗為吃重，1880's 及 1890's 年代福音傳播再度復活。1888 年「學生海外福音自願團」(Student Volunteer for Foreign Missions) 成立，到世界各地宣揚福音。好多教會組織起來，也聯合起來，共同支持、贊助教育運動，不只到非洲、亞洲、拉丁美洲，也到英國及歐陸。McKinley 總統向美以美教派 (Methodist) 友人說，他改變心意要取下菲律賓島的用意是：「先生們！我並不羞愧的告訴各位，我跪在萬能的上帝面前禱告，賜給我光及指導，不只一夜。其中一個夜晚，有了如下的指示……我們全部拿下之後，要教導菲律賓人，提升之、開化之，且予以基督教化。經由基督之恩寵，我們盡力為他們服務，就如同對我們的友人以及其他的一切人一般，耶穌為這一切的人犧牲生命。除此之外，別無其他。」福音傳播被美國人稱為是造福給他國人民的一種運動，此種運動所隱含的教育，無疑的會與金元外交及直接征服，脫離不了干係。

　　福音傳播之外，文化輸出的項目是書籍、雜誌、影帶、電視節目，這些都帶有直接教育意義，娛樂性質的則帶有間接教育功能。此外，整個學制的輸出也是一項特色，Kenneth James King 曾經描述過英國的外交政策，是取 Hampton-Tuskegee 模式將工業教育制度輸出到英屬非洲殖民地；Peter Buck 也提到美國的醫學科學及醫學教育，經由洛克菲勒基金會 (Rockefeller Foundation) 之助，轉到中國來；W. H. G. Armytage 也追溯到美國的教育理念及作為，乃取法於英國學制本身；但二次世界大戰後在國家及國際贊助之下，學制從幼兒教育開始到研究所的教育，仿美國的國家，遍布全球。

　　最後，到外國的美國人也不少，他們靠設計、榜樣、努力，來進行對外國人的教學；成群結隊的美國旅客、技術人員、及職業技師，到國外作服務工作或娛樂享受。如同福音傳播人員一般，他們隨身攜帶有規劃完善的課程作為教學範本，就是不如此，光是美國人憑美國的政治及經濟力，也是外國人羨慕的對象。國際化不只是輸出而已，也有輸入；美國從俄國進口手工訓練，從德國輸入幼兒園，從英國輸入社會安頓 (social settlement)。但美國經過一番加工後，也輸出到世界各國，如初級中學、展示農場、兒童電視節目等。在教育理論及實際上，可以清楚看出那是美國式的，但也並不全然是美國式的。美國教育在國際化之時，也帶來了不少問題。

三、教育的政治化

　　1901 年，美國最高法院以五比四判決將菲律賓群島及波多黎各併為美國國土。1900 年，夏威夷成為美國一州。「反帝國主義者」(anti-imperialists) 如 William Jennings Bryan，擔心美國「無法忍受一半是共和地，一半是殖民地」，但 1900 年美國人選 McKinley 為總統，印證了參議員 Albert Jeremiah Beveridge(1862～1927) 的話，他在 1900 年 1 月 9 日的國會上說：「上帝在天堂已把美國人看成是上帝所挑選的國家人民，最後目的是要引導世界再生。」美國從此挑起白人的負擔，改變了美國史的演進途程，以優越文化來教化地球上「低劣且沉睡」(inferior and torpid) 的人民。(Thayer, 275)

　　1918 年 1 月 5 日 Woodrow Wilson 總統宣布「十四點」(Fourteen Points) 和平計畫，包括成立國際聯盟 (League of Nations, 1920 年 1 月～1946 年 4 月)，提供「政治獨立，領土完整的相互保證，大國或小國皆同」。

　　一次世界大戰後，美國人普遍對大眾教育及民主產生疑懼，I.Q. 測驗證明大多數人無法自治，而政客、投機商人勾結，政風及商場氣息敗壞，T. R. (即 Theodore Roosevelt, 1858–1919, 1901–1909 年第二十六任總統) 大聲抨擊「大財富的罪惡」(malefactors of great wealth)；1920 年 Warren Gamaliel Harding (1865～1923, 1921～1923 為第二十九任總統) 希望不要介入世事，回歸「正常」(normalcy)，讓歐洲或別國去「自作自受」(to stew in their own juice)。1928 年有一本《訓練手冊》(Training Manual) 中說：「建立在大眾之上的政府，權威來自大眾的集會或其他『直接』表達的意願，結果是暴民政體 (mobocracy)，財產觀念是共產式的 —— 無財產權，對法律的態度是多數人的意志作為判官，不管基於小心考慮或是只依情緒、偏見、或衝動，毫無限制也不計其後果，這變成政客型政治 (demagogism)、縱慾 (license)、挑激 (agitation)、不滿 (discontent)、無政府 (anarchy)。」(Thayer, 277) 這些政治上的敗壞，都與教育息息相關。

　　教育國際化之後，教育與政治二者遂如同影之隨形，尤其在觀點有異又各自擬普及於眾的結果時為然。二十世紀許多重要的爭辯，如宗教、政治、及文化的傳統主義與現代主義，最後都變成為教育理論與實際的問題。

1920's 年代進化論的案件審判，影響了學校及教會；1930's 年代大眾文化的爭辯，支配了聯邦政府的美術計畫；而 1950's 年代的忠誠調查，波及層面不只大中小學，且是整個的文化機制。這些都是眾所周知的危機案件。長期以來大家在作拔河戰，爭辯應該教什麼、教給誰、怎麼教等問題。

　　傳統主義及現代主義的論題，與民主本身，二者不能分開。Tocqueville 發現 1830's 年代是「個人主義」當家，與美國的「自由」是同義語，此種主義支配了當時的學校與教會。但是同時，Washington Gladden (1836～1918) 希望社會福音 (Social Gospel) 及杜威的「社會哲學」(social philosophy) 能發酵，把重點放在群性的陶冶上。至於「平等」(equality)，意義是否指大學院校培育最傑出秀異人才，還是也得造就一般平庸者，或是作補償工作以鼓舞長期受歧視者？此外，「博愛」(comity) 是否意味著大眾傳播媒體應以最大多數的人民當聽眾，還是儘量讓更多的專家當對象？公立圖書館及博物館，應照顧眾人的喜愛還是少數菁英的興趣；注意地方人士的口味還是關心全國人民的心意，這二者如何取得平衡？總而言之，如何透過教育的安排，使這些法定但並不明確、且又相衝突的需求 —— 自由、平等、博愛 —— 消失於無形？當教育越有政治意涵時，又將如何處理上述難題？

　　誰有權作教育決策，這是國際化複雜問題的核心，與 Ellen Gates Starr 共同成立 Hull House 且經營該單位四十年的 Jane Addams (1860～1935，1931 年獲諾貝爾和平獎) 有一次說：「我們已學習到一件事，『善』為一個人或一個階級的人所安全擁有之時，應廣推到整個社會；但在此種敘述當中，吾人還未學到的一種教訓，就是除非全民或所有階級的人都為『善』作奉獻，否則吾人不能確定，擁有該種『善』是否值得。」她的此種說法變成一種很具實用的格言，下決定的人必須要有心理準備，來承受下決定的後果。國際化的社會，性質是極為不單純的；處理國際化的事務，越來越屬專家的領域，他們享有天分、教育、資格、及條件，也為法律所認可來賦予他們決定權。二十世紀的美國，越來越是以專業人員來執行教會、大中小學、圖書館、博物館、報紙、及電視臺的教育工作。不過在美國的制度裡，這些專業人員都受控於外行人所組成的董事會手中，這些外行人介於專業人員及外在的市場利益團體之間，他們掌握了教育的主導權，此時

此刻誰才能決定 Jane Addams 所說的「善」? 專業人員呢，還是外行人所組成的董事會，還是受教育的對象? 國際化是國與國之間的文化關係，誰又能夠塑造此種國際規模的「善」? 二次世界大戰後科技的突飛猛進，電腦及電子媒體之運用，不只影響教育，也影響政治。美國的情報局 (U.S. Information Agency)、「聯合出版社」(Associated Press)、以及「國際商業機器組合」 (International Business Machines Corporation) 都是舉世規模的機構。UNESCO（United Nations, Education, Science, and Culture Organization，聯合國教科文組織）於 1970's 及 1980's 年代希望建立「新世界資訊及交通秩序」，顯示出舉世少有一些機制來作決定，而作決定之後果又如何，也少有人問; 且作決定的根據為何，更少有人有興趣去研究。教育是政治的核心，1980's 年代的國際化中，教育的政治性地位大幅提高。

其實一開始，教育即脫離不了政治問題。二百年之前，美國人革命了，美國人對於什麼是美國人，美國人應教什麼，美國兒童應該學什麼等，這些定義都還未弄得水落石出，都還處在探索真諦的過程中; 也就是說，美國的「安和樂利的文教樂園」，意義如何? 是美國人的摸索對象。以美國教育的動態特色而言，如何給「安和樂利的文教樂園」清楚的定義，到頭來仍要纏上政治。以國際文化角度言之，這是超越國與國之上的; 以科技及文化變遷的速度而言，這是持續不終止的。如同古希臘人一般，他們透過對話來追求真理，但真理卻從未完全被發現。二十世紀的美國人透過教育來作自我定義，但該定義也未完全被定義出來。

第三節　道德福利國
(The Moral Commonwealth)

　　我相信在未來的十年或十五年內，是否加速或延遲基督王國的來臨於世，完全掌控在美國基督徒的手中。我們這一代的人及這一代的國家，占了直布羅陀 (Gibraltar)，那是指揮世界未來之用的。
　　　　　　　　　　　　　　　　　　　　—— Josiah Strong

一、引言

1885 年 Josiah Strong 牧師在《吾國，可能的未來及當前的危機》（*Our Country: Its Possible Future and Its Present Crisis*）一書中，向他的國人提出如下的忠告：「我們生在一種非常時期，人類歷史上有過巨大的焦點，過去的進步路線往該焦點上聚合，從該點上又散發出具有型塑未來的影響力。」歷史上的焦點，有「上帝之化身為耶穌基督」(Incarnation)，十六世紀的德國宗教改革，以及十九世紀的末年；「它的重要性，僅次於第一種的耶穌誕生」。依 Strong 的觀點，美國及全球的命運，放在當時美國人手中；美國人是否抓住該機會來引導世界步向復活再生，是當時的核心問題。

Strong 的傳道文，被「美國家庭福音傳播會」(American Home Missionary Society) 選作募款之用，該會銷售該文有三十年時光，其論點就是當時福音傳播者所通有的信念。Strong 堅信，美國擁有自然資源之富，具有無可匹敵的優勢；農工商的經濟繁榮，新墾地的開發成功，已成為西方國家的開路先鋒。這個「帝國」，注定作為全球的領導國。但他也警告，為了履行此種命運，倒有數項危險，即從東歐及東南歐來的移民，羅馬天主教及摩門教會的勢力坐大，美國人民酗酒吸煙和來自於極端社會主義以及徹底唯物論的挑戰。這些威脅及危險，尤其集中在新生的都市裡。新興都市是當代生活的「暴風雨中心」(storm centers)，那是決定國家發展前途的核心所在。當西部開拓完成——約需一代時間（三十年），則美國文化的輪廓已隱約可見，帶有現代化裝備的新社會，就會冒出來，「如同 Minerva（古羅馬的女神，司技藝及戰爭）從 Jupiter（古羅馬主宰宇宙之神）頭上長出來一般，羽翼已豐，配備已足。」新社會到底仍忠誠於清教祖先傳統，還是屈服於猛獁主義（Mammonism，蠻荒作風）？唯物論、酗酒、或無宗教信仰，皆影響美國的未來，左右世界的前途。因為這是上帝指定給美國的任務，尤其是盎格魯撒克遜 (Anglo-Saxon) 的美國。以基督教義的真理來啟迪全球，只有美國人選擇正義這條路時，此種任務才可望達成。目前危機正在眼前，人人都面臨抉擇的時刻。

上述的說法，立即為內戰前的福音運動者所認可。吾人聽到了 Lyman Beecher、Charles Finney、及 Horace Bushnell 的聲音，彷如當代人的聲音一般。但 Strong 的論調，尤其指出國際化的美國會出現的一些問題，美國仍要選擇正義之路，而完成正義之路的基本工具，仍然是基督教的教育。但正義的定義及基督教教育的性質要如何釐清，處在現在城市生活的可怖且陌生的世界裡，都是一項全新的問題。全美國人皆應信基督，仍然是大家奮力以求的目標。但這只不過是第一步，因為上帝秉其無窮的智慧，正在現時此刻來教導美國人；利用美國現有的機構，把「最大的自由、最純的基督教精神、最高的文明」，普遍實施於地球的每一個地方。此種任務挑戰，是史無前例。Strong 的結論是，此種挑戰是美國人的人生宗旨。把上帝王國實現在這個世界上，現在就進行；而上帝賜給人類來達成此王國理想的重要工具，就是教育。

Henry Steele Commager 比喻 1890's 年代在美國史上好比是經過大水沖洗一般，「在浪潮洶湧裡」(on flood tide)，教育界及學術界大受達爾文進化論 (Darwinism) 的影響。1890 年 William James 花了十二年出版了《心理學原理》(*Principles of Psychology*)、Francis W. Park 出版《論教育學》(*Talks on Pedagogics*, 1894)、Edward L. Thorndike 於 1898 年寫《動物的智能》(*Animal Intelligence*)、William James 於 1899 年發表《心理學獻給教師》(*Talks to Teachers on Psychology*)、杜威於 1899 年寫《學校與社會》(*The School and Society*)，都對美國人的世界使命，有所闡釋。

二、現代化的挑戰，Washington Gladden(1836～1918)

> 基督教對於普及教育所下的第一道命令，是要來塑造品格，而非傳播抽象知識。
>
> —— Washington Gladden

城市的興起，對美國新教而言，面臨了兩種嚴重的挑戰，尤其是現代科學。在知識層面上，如何在現代化的進步中，與宗教取得和平；在社會層面上，又如何在邁向工業資本主義及從資本主義所產生的階級不平等中

取得和諧？當然仍有不少新教徒企圖逃避這兩大問題，依舊滿足於傳統信仰的解釋及確信；但一旦訊息交通便捷之後，城市大都會及鄉下村莊二者可以結合在一起時，不擬在上述知識及社會層面的變遷中來緩衝二者所生的爭議，已大為困難。

Washington Gladden 可以說是第一位思考上述難題的人。現代化及不平等這兩項挑戰應該被肩挑起來，他的論點大為時人所接受。如同多數的美國人一般，他生於鄉村，長於都市，其父是賓州學校教師，居住農莊近 Owego, N. Y.。其父於 1841 年早逝後，由其母安排至 Owego 的舅舅家接受傳統農村的教育，上學區小學，到圖書館看書，定期上教堂、主日學校、及其他教會的奉獻工作。日後回憶，這段時光是「沉浸於虔誠的氣息中」。童年即展現學術上的早熟，入 Owego Academy 擬當教師，十八個月後又入 William College 唸大二，一邊求學一邊利用寒假教書，為《春田區共和》(Springfield Republican) 雜誌當大學記者，幫忙編輯 Williams Quarterly（大學季刊）。

1859 年從 Williams 畢業，先後在賓州、紐約市、麻州、及俄亥俄州等地進行教會工作，他發現 Horace Bushnell 的神學作品，是「十九世紀美國教會裡最偉大的神學天才表現」；「只有信託於上天天父的愛，才是最完美的得救。為教會服務乃是走了最直的路」。上帝的憤怒，譴責那些無助的人，他們會遭受恆久的責備，這是 Bushnell 的《基督教養》(Christian Nurture) 及《上帝在基督中》(God in Christ) 兩書的中心意旨，也是 Gladden 改宗信仰的主要來源。

Gladden 認為，社會階級問題潛藏在工業資本主義的秩序中，North Adams（位於麻州，1745 年始建，1878 年設鎮，1895 年設市）是個製造業的城市，有紡織廠、製鞋廠、修車廠、及機器商店。Gladden 看不出該城市有彼此壁壘及階級意識存在，約有三分之一的人口是外來者，數百名孩童終年在工廠作工，年輕人花越來越多的時間及工資在傷風敗俗的娛樂上。他乃敦促當地的 YMCA（基督教青年會，Young Men's Christian Association）興建一間遊戲屋好讓年輕人下棋，跳方格 (Checkers)，玩西洋雙陸棋 (backgammon)，以便維持正常娛樂，不應浸淫於敗壞的休閒活動上。當有

錢人縱情於議論人家私事，以奢侈浪費為能事，Gladden 則在宣道時譴責懶散、揮霍無度、及喜好炫耀。1870 年有一家鞋廠引進了一大批中國人時，Gladden 督促教會應伸出友誼之手來善待被藐視的東方人。他的講道，情感豐富，指出社會不安的表徵及真正的底細。他一再地堅持，教會應該帶頭實施道德原則於整個社區的生活中。

　　1876 年 Gladden 出版二本著作，《作為一個基督徒：意義及如何作起》(*Being a Christian: What It Means, and How to Begin*) 以及《工人及雇主》(*Working People and Their Employers*)，除了作講道之用外再版數次，讀者遍及全國。作個基督徒，不應有儀式主義、獨斷作風、及聖禮風尚 (Sacramentalism)，卻應作個積極、推崇倫理的教徒，且與實際生活發生關係。「信基督，向祂學，向祂追隨。」作個基督徒，太簡單了，就是作這些事即可。其次 1870's 年代的工資制度造成不少社會衝突，他贊成工人有權來組織工會，有權罷工，教會應領導工人相互合作，有利共享。工人（工會）對抗資本家 (trust) 的壟斷，1827 年 Mechanics' Union of Trade Association in Philadelphia （費城技職工工會）是史上第一遭。（費城印刷工人在 1786 年也首度罷工，旨在提高工資，改變工作環境）1828 年立即投入政治運動，要求公民平等權 (equality of citizenship)，反對因欠債而坐牢（1829 年有七萬五千人如此）；一個寡婦因 68 分的債而坐牢，她的丈夫在一場火災中為了救一個人的財產而喪生。(Thayer, 75) 1886 年「美國勞工聯盟」(American Federation of Labor) 成立，由 Samuel Gompers 及 Adolph Strasser 所領導，只為工人的經濟利益打拼，避免涉入政爭。以基督價值來制訂法律，國家政府積極扮演角色來促進社會正義，則資本家及工人雙方都放棄以暴力及野蠻來判決。如此則上帝的王國就可降臨在地球上，大家擁有兄弟之情，這是上帝父愛的擴大；人性及個人的責任就是履行基督的愛，人人平等，在道德上一視同仁。對人要謙遜而非粗魯，目睹有人施暴，不是默認而是迎身予以反對。公共事務採合作態度而非競爭。就個人而言，自私壓過基督的愛，這就是罪過；就社會來說，縱容別人的自尊受剝奪，那更是罪惡。自尊是道德平等的基質，罪惡源之於罪惡的環境，因此個人的罪與社會的罪，二者息息相關。

　　此種人性觀,對教育的影響就很明顯了。Gladden 藉此人性論,希望家庭要安定,作為「社會最古老的機構,也是最神聖的場所」。除此之外,家庭更須作為孩童教育的最重要所在。「文明人是共同生活於社區的,而生活術是指一起生活術。此術之獲得及實施,最基本的學校就是家庭。家庭任務沒有一項比這更高。在家庭陶冶之下,孩童就具備有日後履行社會任務所需的條件,如生活準則、情愛、言行習慣、工作訓練、智能訓練、及道德訓練。最後這三項,孩童有必要在家庭裡先具備。」

　　不過 Gladden 也清楚了解,不少家長並不能體會到他們對子女的家庭教育責任,也不會善用家庭環境來教導孩子。此外,現代生活的複雜性,除了家庭擔負子女教育工作之外,學校教育更應補其不足,公立學校之設,乃勢在必行。但不能只教傳統科目。「基督教對於普及教育所下的第一道命令,是要來塑造品格,而非傳播抽象知識」;第二道命令與之有關,即培育健全的公共道德;第三道命令也順著而來,即教導工業技巧使年輕人在經濟上是個生產分子,財政上是自立更生者。這是基督教的教育本意,教育必須有社會意,才能促使上帝之國在地球上實現。「社會情及社會目的」(social sentiments and social aims),使個人具備強烈的合作心態。

　　Gladden 也時時提到大學院校、公共圖書館、閱覽室、夏季講習會(Chautauquas)、及推廣教育演講所、YMCA 及基督教教育團體、監獄及輔導院等機構的教育功能,以發揮教導健全的社會情及信心。此外,社會科學的研究,使社會之邁向善良、理性、及效率,有了理論基礎。他認為基督教及社會科學,如同「雙親與子女的關係。社會科學是基督教的孩子,國家內政及國際組織,都極力促成人人在社會中的福利。這些基督教的獨特主張,也是美國福音協會的要旨」。

　　基本上,Gladden 是個宣教師,他宣揚新的社會基督教,即大家稱呼的「社會福音」(Social Gospel)。他的著作及論文都陸續從他的教會講壇裡流放出來,他的影響力在 1876 年之後,不可小覷。時值達爾文進化論的勢力如日中天之際,英美兩國的社會學者及神學家都致力於調和神學與社會學之間的矛盾,兩國學者皆一致肯定有個永恆的上帝存在,張手擁抱眾人的教會,以及具有社會意識的信仰。他們的努力猶如 1820's 及 1830's 年代的

福音傳播者之努力。1884 年組成「美國教會協會」(American Congress of Churches) 來宣揚基督教的攜手合作，共同創造上帝的王國，自由討論有關宗教的、社會的、及道德的問題，甚至把羅馬天主教教派 (Roman Catholicism) 也列為合作的對象。經由研究會、研討會來發表宣言，發行報刊雜誌，出版論著書籍，支持福音團，聯合各教派，使基督教更具社會性的意義。

　　基督教的社會意義，除了具有早期的福音傳播意味外，更促使知識界與中產階級結合，來進行社會改造工作，且與新興的社會科學家結盟。Gladden 本人是「美國經濟學會」(American Economic Association) 的發起人之一，另一位就是經濟學家 Richard, Theodore Ely(1854～1943)，也是宣揚基督教社會化的主力要角。Gladden 又與 John Heyl Vincent 等人共同於 1893 年成立「美國基督教社會學學院」(American Institute of Christian Sociology) 於紐約州西部 Chautauqua 湖濱遊樂區，使「社會福音」(Social Gospel) 變為成人教育的重要活動，在 Chautauqua 展開。還與 Josiah Strong 等人共同組成「社會服務聯盟」(League for Social Service)。這些組織及活動，涵蓋了社會問題的研究以及社會服務運動，把福音傳播、社會科學、以及社會改造三者結合在一起，擴大了基督教社會化的影響力，宗教因素融入人民日常生活中，基督教的 *Paideia*（文教樂園）變成美國的 *Paideia*。Gladden 認為社會科學是基督教之子，在十九世紀及二十世紀之交，是知識界共同一致的闡釋。

　　1880's 及 1890's 年代許多組織的活動，都努力促使基督教精神普施於社會中，他們編雜誌如社會學家 Lyman Abbott 牧師 (1835～1922) 的《基督教聯盟》(*Christian Union*)，1893 年改名為《外觀》(*Outlook*)，以平易清楚的內容來宣揚基督教義。《公理教教徒》(*Congregationalist*) 將 1894 年教育聚會時的討論議題與二十五年前的作一番比較，發現教會與社會運動的關係極有相關。目前，「各教派聚會時，幾乎沒有一個教會不討論社會運動，這也是所有教徒聚會時共同一致的話題。」另外，《聖教圖書》(*Biblioteca Sacra*) 的編者於隔年 (1895) 也把近年來宗教著作中所討論的內容作一番評論，發現內容皆涉及社會學、社會主義、社會改造、以及基督教義的社會層面。「社會福音」的論調有人支持，也有人反對，教會中自由派的人雖

仍居少數，但他們的聲音也漸為人所聽聞，其動力也為大家所察覺。

教會之間應合作，應聯合一致，共為基督教的社會化而努力，這在 1890's 及 1900's 年代時已有具體化的成果。1894 年成立的「教會聯盟」(Church League)，希望教會「在疏解人類痛苦、提升人的生活品質、以及改善世界的運動中，作先驅」。不要各自孤立的進行，卻應互通訊息，才不會徒勞於城市、鄉村、以及國外的宣教活動。1901 年成立的「全國教會及教會工作者聯盟」(National Federation of Churches and Christian Workers)，把全國各教會及工作者聯合起來，更有效的來為上帝王國利益而打拼。各教派教會一致以耶穌基督為救主，共同為現代工業社會產生的社會問題來設法予以解決。教徒應承擔更大的社會責任，使工人與教會之間的關係更趨和協，各階級人民更能彼此了解。工業化、都市化、及基督教化，三者合一。

三者結合為一最具代表性的教育學者，就是 George Albert Coe (1862～1951)。生於紐約州西部，受過 U. of Rochester 及 Boston U. 的教育，後任教於 Northwestern U. (1891～1909)、Union Theological Seminary（位於 N.Y. 市）(1909～1922)、Teachers College Calumbia U. (1922～1927)，最後到 California 的 Claremont 宣教，是 1903 年成立的「宗教教育學會」(Religious Education Association) 的靈魂人物。與 Gladden 同生於鄉下，成長於工業化的都市。如何避免都市生活的惡，常保基督之德，這是教育工作者的重責大任。從小就讓孩童有個人的人生觀及世界觀，過舒適、愉快、及虔敬的生活，以上帝作為一生生活的準則、律法、及目的。基督徒的生活就是邁向救贖之途的天路歷程。而社會在工業化又民主化之際，個人就應勇於參與公共事務來調停各種衝突與糾紛，這已為日後進步主義教育哲學鋪下了路。

三、YMCA

YMCA（Young Men's Christian Association，基督教青年會）成立於 1850's 年代的大都市，如波士頓、紐約、費城、芝加哥等。組織原本鬆散，內戰後活力增強，幫助圖書館及演講會的活動，另有正規夜間班，成為「人民的學院」(a college of the people)。分成初級班，屬小學程度；為外國移

民來美者開英語文及美國公民課程，另有職業班。此外還設有輔導及諮商課，夏令營及暑期班中夾雜讀書與休閒。1913 年，就有七萬三千名學生入 YMCA 的計畫活動裡，科目從簿記、公共演說、到無線電報。尤應特別指出的是，重視體能訓練；1890's 年代教會人士耽心，休閒及體能競技可能危及宗教信仰，幸經體育教練 Luther Halsey Gulick 予以糾正此種錯誤的耽心。他除了以體能活動治療身體疾病之外，另有一套哲學觀。體育變為 YMCA 的主軸，他說，YMCA 的基本原則，是「一體 (unity) 及對稱 (symmetry)」，即人的天性之一體，以及發展過程中的均衡對稱。一體是對全部而言，對稱則針對部分來說。人的每一部分都獲恰當的發展，不是心靈、肉體、及精神三者均衡發展，而是三者彼此之間相互均衡發展，這就是他的「三角」(triangle) 論。

其實此種「哲學觀」並不新鮮，Pestalozzi 的徒子徒孫在十九世紀早已提過，「頭」(head)、「心」(heart)、及「手」(hand) 的 "3h's" 的均衡發展，不過 Gulick 應用在教會化的體育活動中，倒是創舉。另設簡易可學的籃球活動，室內室外皆可練習比賽，又不粗野，具全身性的活動。他去世於 1918 年，當時體育訓練、設備、游泳槽 (swim tanks)、競技聯盟、國內及國際比賽，已是 YMCA 排定的活動議程項目了。大學校園內，也出現 YMCA 組織，活動頻繁。有人認為，YMCA 中的 C 是否小寫即可，甚至去除，因為該組織幾乎已是年輕人的天下了 (YMA)。

YWCA 也在 1850's 年代的大都市出現，性質及活動方式與 YMCA 大同小異。但是第一，YWCA 的原先組成分子，是有錢人的女兒，加入 YWCA 時並無職業的技巧，只不過想在泛愛工作及團體生活中獲得一種慾望的宣洩而已。第二，組織較鬆散，且也是地方型。直到二十世紀時，經過女慈善家 Grace Hoadley Dodge(1856～1914) 的努力，成立「全國董事會」(YWCA National Board)，總部設於紐約市，才成為全國性的有機組織。舉辦的活動與女性有關，除了縫紉、針織、製衣、家政之外，另有電報、簿記、祕書工作、室內裝潢、工商藝術等。還在紐約市設祕書訓練學校，幫助大學生在校內組織 YWCA，選拔會員到海外服務，傳播福音。1920's 及 1930's 年代還特別強調社會服務工作。比 YMCA 較不注重體能訓練，但訓

練婦女擔任以前未曾擔任的職務。工作範圍擴大，觸及人數也多，因此，
YWCA 是否一定要有 "C" 在裡面，此一問題，與 YMCA 同。

　　基督教會從此過問社會全盤問題，如：工資、工作時間、工作環境、
童工、集體談判、及私人財產等問題。但教育議題仍是核心，有兩位人物
不得不提。

　　1878 年佈道家 Dwight Lyman Moody(1837～1899) 及 Ira D. Sankey
（1840～?）選擇麻州的 Springfield 作為宗教復甦運動的所在地之一；當時
Gladden 是 Springfield 的本堂牧師，他盡一切的努力來促成其事，內心非常
愉快。Moody 其後是 YMCA 全國總會會長，Sankey 精於歌唱，在復甦活
動中動人歌聲洋溢其間，增加宗教復甦氣氛。

　　Moody 生於 1837 年，1899 年去世。家住麻州的 Northfield，是碾石廠
之子，四歲其父去世，其母養育九名小孩。他只上過小學後即在農莊及店
裡工作，十七歲去 Boston 學製鞋技術，參加 YMCA 活動，也上主日學校，
後來回芝加哥，以賣鞋為生，但更積極從事教會活動，還在主日學校教書。
1859 年成立「北市場主日學校」(North Market Sunday School)，來作為宗
教復甦活動、祈禱、聚會、成人識字班、慈善及社會福利場所，不只地方
上享有名聲，且也名震全國及全球。

　　Sankey 生於 1840 年，家住賓州，是家鄉 YMCA 分支的會長，因唱歌
技巧出眾，在開 YMCA 全球性大會時（1870 年在 Indiannapolis）為 Moody
所賞識。兩人善於組織，又精於運用傳道技巧，復甦運動遂風起雲湧。大
都市如紐約、波士頓、芝加哥，甚至還波及倫敦，都有千萬的人民受其影
響，聚會時聽眾都上萬。傳道技巧上，他倆把教會活動分成早班、午班、
及夜班，另有年輕男人班、年輕女人班、兒童班、商人班、失業民眾班、
妓女班、醉酒者班、禁酒禁煙班等，請見證人現身說法。合唱隊歌詠聖詩，
Sankey 所用樂器又簡單可學，聽眾皆瘋狂的參與其間。眾人相信，除非改
信耶穌基督，否則地球猶如一條即將沉沒的船，所有乘客皆將葬身海底。

　　1860's 年代，伊利諾州的主日學校運動，Moody 是推動者，他制定一
套有系統的課程，不只可為該州所用，也受全國的喜愛；而 1860's 年代他
又當芝加哥的 YMCA 會長，不只擴展業務，且募款擬訂計畫。1890's 年代

他對大學院校學生的復甦深感興趣，校園裡也洋溢著復甦風。首建「聖經學院」(Bible Institute)，1889 年正式收學生，Moody 為校長，有福音馬車、通信課程、電臺廣播、空中教學等，不受傳統方式所束，也不授學位，因此可以放手作革新工作。

其次，「學生自願運動」(Student Volunteer Movement) 由 YMCA 引發，如火如荼的展開。1877 年普林斯頓學生 Luther Deloraine Wishard 策動之下，召募大學生為國內及國外福音工作而努力。1879 年 Moody 被推為 YMCA 全國總會會長，因未曾上過大學，本對大學生之復甦不感興趣；但 1881～1884 年他去英國期間，卻成功的在愛丁堡、牛津、及劍橋等大學作了復甦活動。回國後，同樣在哈佛、耶魯、Dartmouth、及普林斯頓有同樣傲人的成績。Wishard 於 1885 年加倍努力，慫恿 Moody 邀請 YMCA 的大學成員參加 1886 年的 Northfield 會議 (Conference)。Moody 的用意是希望大學生充當國內福音宣導的義工，Wishard 則希望培養海外宣教的幹部。該大會會後，有 100 名自願於畢業後到海外宣教，開大會的地點正是在 Mount Hermon School（為 Moody 於 1881 年所創辦，離 Northfield 五英里），所以通稱為 "Mount Hermon Hundred"（Hermon 山一百）。1887 年在 Northfield 又召開大會時，自願到海外宣教的學生已逾二千一百名，其中一千六百名男生、五百名女生；1888 年在佈道家 John Raleigh Mott(1865～1955) 領導之下，「學生自願運動」正式成立，以「一代之內讓福音遍及全球」為標的。大家堅信千禧年已近，耶穌基督會再生。不信教者得立即改信基督。成立聖經學院，開宗教大會，及組織學生自願運動，是 Moody 畢生奉獻的三大工作。

Moody 可以說是基本教義派 (Fundamentalist)，特別強調再生復活的重要性。1899 年他去世後，現代主義 (modernist) 與之打對臺戲；前者轉趨好戰好鬥，出版十二本《基本教義》(The Fundamentals)，1910～1915 年由 Lyman 及 Milton Stewart 兄弟負責，好辯者如 J. Gresham Machen 於 1923 年出版《基督教與自由主義》(Christianity and Liberalism)，好戰的組織如「全球基本教義協會」(World's Christian Fundamentals Association，簡稱 WCFA)，William Bell Riley 於 1919 年成立，以清除「異端邪說」。Riley 也

出版刊物《學校及教會的基本教義》(*Christian Fundamentals in School and Church*)，作為 WCFA 的機關報。Moody 死前倒希望不要再爭吵，因為美國人已厭倦於此。「我希望本國宣教師以此作格言：休戰、開始工作、宣揚單純的福音。」但他死後，宣教師卻熱衷於爭辯宗教教義，也涉及文化及教育政策，甚至提出更具體的題目，如哪一種美國才是吾人想要的？ 何種男女才是美國人？ 何種教育措施才能造就美國男女？

第四節　大都會的教育使命
(Metropolitan Mission)

現代的福音傳播，到處預示著教育再生的來臨。

— James S. Dennis

「大都會」的教育指兩種層次，一是大都會裡存在著貧民窟，這些人的教育有必要顧及；其次，大都會有教會團體，雄心大，眼光注視到海外，他們認為美國以外的許多人民，教育狀況如同大都會裡的貧民窟一般的敗壞。因此也有必要想辦法訴諸行動來造福那批不幸的人。

一、貧民窟的教育工作

1. Josiah Strong(1847～1916) 是個行動派，他在歷史上的地位，乃因出版《吾國》(*Our Country*) 而起。本書出版於 1885 年，時他只有三十八歲。在辛辛納提、俄亥俄、懷俄明三州當過牧師。1886 年美國聯合福音會 (Evanglical Alliance for the United States) 決定教會活動的方向，是喚醒教徒承擔社會責任，推選 Strong 為祕書長，該福音會是國際性也是超越教派的組織。1846 年設在倫敦，向自由思想及羅馬天主教派宣戰。教會應走入非教徒群眾中，尤其朝向窮人，以基督原則來解決城市社會問題。教會之間應合作，且與學過新科學的學生共同規劃社會改造藍圖。

他的文筆清晰有力，論點頗具實用性。廣結善緣，政治人物如 Theodore

Roosevelt 及 Woodrow Wilson 兩位總統，商業大亨如 Andrew Carnegie 及 William E. Dodge，新聞業聞人如 Albert Shaw 及 Walter Hines Page，女子教育領袖如 Grace Hoadley 及 Alice Freeman Palmer，社會科學家如 E. A. Ross 及 William D. P. Bliss，社會安頓工作者如 Jane Addams 及 Graham Taylor，宗教領袖如 James Cardinal Gibbons 及 Isaac Mayer Wise，都是他的友人。美國面臨極為嚴重的危機，解決之道，即以教會為主軸的教育改革，在美國進行福音傳播新教精神 (Evangelical Protestantism)，在全球則以基督的美國 (Christian American) 帶頭。

2.教會承擔更積極的世俗責任，踏入社會，使教會變成一種「教育機構化的教會」 (institutional church)，帶動「進步式的基督教」 (Progressive Christianity)。其中最典型的教會要算在紐約市的 St. George's 聖公會教會 (Episcopal Church)。在 William S. Rainsford 牧師的領導之下，1883 年 1 月開始展開新猷。Rainsford 曾求學於英國的劍橋大學，在 London 傳教，目睹大都會貧民生活之苦難，也看過不少義工團體為他們提供社會服務。他希望教會人士應付出心力為社會正義而奉獻。St. George 變成一個免費、自由、來者不拒，且人人喜愛入內的所在。有教育設計及休閒活動，每天早上 8 點開門，下午 5 點關門，終年如此。募款重建「紀念堂」 (Memorial House)，有個「快樂宮」(palace of delight) 供所有入內者閱讀、跳舞、玩耍、聆聽音樂（跳舞倒引發一些教會人士的不快）；還規劃有個職業學校，男孩子可以學木工、油漆、機工繪圖、電工及礦工、應用設計。由於紐約的公立學校辦理不善，太過落伍，教會應予以示範。他也革新主日學校的課程，慎選有愛心的男女當教師，深悉《聖經》經文，辦年會給教師進修，互換心得；他還建立一個巡迴用的圖書館，把十四至十八歲的男孩組成一個俱樂部作軍事操練之用，一個步槍射擊場，也有個暑期營隊；另有「女子友善社」 (Gril's Friendly Society)，可以織籃、烹飪、縫衣、製布科、健身、及閱讀，一間「男生俱樂部」 (Men's Club) 可以打彈珠，另有師生共用室 (common room)，體育館。而「女生社」 (Women's Society) 則涉及到養兒育女之事。最後，還有為貧窮病患解除痛苦之設計，有雜貨店、臨時病院、緊急救助金等。

　　1883 年他負責該教會時，入教會的教區住民只一些而已，1890's 年代已有四千人之多，包括金融界巨頭 John Pierpont Morgan(1837～1913) 繼續作資深看管人之外，另有 W. L. Bull，是紐約股票市場 (N.Y. Stock Exchange) 總裁，以及好多百萬富翁。

　　1899 年時，光是紐約市類似此種性質的教會已有一打以上，各教派皆有，但以主教派教會 (Episcopal) 居多，其他則為浸信教會 (Baptist)、長老教會 (Presbyterian)、公理教會 (Congregational)、及唯一神教會 (Unitarian)。同年律師兼教育家 Russell Herman Conwell(1843～1925) 在費城也負責此類型的教會，他調查全美有 93 所教堂採用此方式來進行社會改造運動。1908 年 Josiah Strong 發表一文，刊在《社會改造新百科》(*The New Encyclopedia of Social Reform*)，確信少有教會忽略此項工作；且還擴大服務項目，積極討論公共事務，建立良好政府，工廠條件之改善，及社會政策之調整。1922 年 Rainsford 出版他的自傳，提出三種要件作為教會進行社會服務的準繩：第一、挑選當地社區較需要的事項及活動；第二、與其指摘缺失，不如提供可能實現的榜樣；第三、活動應帶有教育意義。也就在這個時候，學校及一些機構已開始重視此種社會服務的重要性。教會早在二十五年前所作的前鋒工作，已有後繼者。二次大戰後，教會作為社區中心的觀念又再度浮起。典型在夙昔，1920's 年代的措施已為後來的工作奠下良好的基礎。

　　3. 「社會安置」(social settlement) 更帶有教育意涵，在進步主義時代左右出現在美國各地。上述「教育機構化的教會」(institutional church) 發生在 1880's 及 1890's 年代教會革命時代，而社會安置則出現在進步主義 (Progressive) 及其後的時代。

　　社會安置原本創始於英國（1880's 年代），先由知識界所發動。基督教社會主義創始人 Frederick Denison Maurice(1805～1872) 及最早支持進化論的牧師 Charles Kingsley(1819～1875) 寫了不少作品，指出社會結構已因工業化所產生的階級衝突而分崩離析。一群知識分子圍繞在作家 John Ruskin (1819～1900)、詩人 William Morris (1834～1896)、房屋改革家 Octavia Hill (1838～1912)、社會運動人士 Edward Denison (1838～1870)、史學家

Arnold Toynbee (1852～1883)，以及教會牧師 Samuel Augustus Barnett (1844～1913) 身邊，企圖恢復社會生活的整體性。Denison 及 Toynbee 尤其率先集中注意於都會區窮人的住居問題，教導工人之餘，也希望他們成為基督徒，兩人皆屬弱冠之年。Denison 死於 1870 年，時只三十二歲；Toynbee 死於 1883 年，時也僅三十一歲而已。Barnett 只好接續該工作，奉獻不遺餘力，使教區學校重新恢復活力，重組日夜間課程，救濟教區貧窮者；與新成立的「慈善組織社」(Charity Organization Society) 密切聯絡，為教區兒童辦暑假育樂營。更具意義的是他到牛津及劍橋向師生宣導新基督教觀念，希望他們關心窮人的困境。1883 年恰是 Rainsford 開始在紐約市擔任 St. George's 教會的改革工作之年，Barnett 向牛津及劍橋學生宣讀兩文——〈我們的大都會及社會改造〉(Our Great Towns and Social Reform) 及〈大學人在大都會的安置〉(Settlement of University Men in Great Town)；確信教育界有責任搭起橋樑，來溝通因工業化而產生的貧富鴻溝，方式之一就是大學師生與貧窮人家住在一起；Barnett 稱之為「住居安置」(settlements)，作為教育的交叉路。大學學者把文化帶進工人家裡，也了解工人在工廠生活的實際狀況，這也是對大學師生的一種教育；大家結合在一起，鄰居感情就因此建立。十一年的經驗後，他自認「一觸及惡根，都可因友誼關係之建立而獲得協助解除，也馬上有了幫手。高等教育、音樂或藝術，甚至即令是福音，除非都能套上生活的衣裳，且衣裳是要給兄弟穿著的，否則都是徒勞。此種生活應讓上帝知悉」。數年之後，Robert A. Woods 及 Albert J. Kennedy 在牛津大學的 St. Jude's College 提到第二文，宣布以該文作為「安置計畫的憲章」(the charter of the settlements)。

Barnett 不只富有想像力，且具有說服力。不少牛津及劍橋大學學生受到他的感召，在 St. Jude's College 附近的一棟建築物內住了下來，稱之為 Toynbee Hall。1884 年聖誕節前夕，大家都睡在該處，第一個永久性的「安置」處，也是社會安置運動的精神之母，就從此開始運作。

美國最早實施此種「安置」的是在紐約市，由 Stanton Coit 所發起。1886 年，Coit 在 Toynbee Hall 住過數個月，決定在紐約也冒險試看看，立即有人呼應。其他各地及各大學響應者也不少。全美在 1891 年，「安置」處所

有六，1900 年已增加到一百以上，1910 年更超過四百，成為美國大都會生活中的一景。

4.特別值得一提的是 1889 年由 Jane Addams 及 Ellen Gates Starr 在芝加哥所創立的 Hull House。由於這兩位女性之精明能幹，除了都受過高等教育——伊利諾州 Rockford 女子學院 (Female Seminary) 之外，二者皆富有宗教的人道主義精神。女生進行此種工作，女子高等教育也從此有個明確的導向，Hull House 的活動非常實用，Addams 於 1888 年曾親赴 Toynbee Hall。大學教育與工人結合，透過圖畫展示，大學推廣班活動，特殊設計的課程，參與政治選舉，利用公共圖書館、公園、運動場、及中小學作為教育地點。Hull House 除了有大學推廣班外，另有暑期學校，一個學生組織，一間閱覽室，一間繪畫展示區，另有一間週日音樂演奏廳，彈鋼琴社，女工人俱樂部，印刷俱樂部，烹飪裁縫室，育嬰托兒間，藥局。更具意義的是有個勞動博物館 (Labor Museum)，使移民者的下一代年輕人尊敬他們的祖先傳統及技藝，回憶歐洲故鄉。勞力與勞心二者應平起平坐，大家互相欣賞多元價值與分殊文化。

另有工人社交俱樂部 (Working People's Social Club)，戲劇團及演唱班。Hull House 的音樂學校 (Music School) 為外人教英文，一個 Shakespeare Club，一個 Plato Club。Jane Addams 希望進行「社會化教育」(Socialized education)，強力反對富者之精英教育觀念，使弱勢族群也有能力過精神生活；她抨擊教育工作者之地域主義，剝奪了學生參與更豐富的都市生活。在《民主與社會倫理》(*Democracy and Social Ethics*) 一書中，她說：「學校太偏於讀寫，我們已深感不耐，似乎以為學生學的知識及典故，皆取之於書本的樣子。」其實生活本身就是教育。除了介紹手工活動之外，還應使工人子弟了解工藝技巧的歷史，及生活中的勞力層面在生命上的意義，才不會有勞動孤離及枯燥乏味感。工作富有人味，工作的價值不只可以提升產量，且品質也可以增加，成為一個有藝術味的勞動者 (Artist-laborer)。她說：「農科應教以實用知識。文法、修辭、地理，都是一大堆抽象的東西，兒童倒對實際世界感興趣」；「輪耕比分詞應置於何處，更令他們興趣無比；蘋果及花生之施肥，比城市位於何處及河流流過何區，較引人多了。馬、

牛、羊的養殖，比總統職責或革命戰爭的原因，更為迷人」。

一位孩子上地理課時，如果教師要求學生的是背誦一些無聊的教材內容，如定義湖、島、半島、及海角等，則最笨的學生，卻在探險隊中變成一位領導人。(Ripper, 234)

Theodore Roosevelt 總統第一次讀到出生於丹麥，二十一歲時移居美國之 Jacob August Riis(1849～1914) 的《另一半人如何生活》(*How the Other Half Lives*, 1890) 一書時，發現該書具有「創造性及靈感性」(an enlightenment and an inspiration)，使他終生蒙利。另一半 (the other half) 住在貧民窟、污穢地，疾病叢生。1890's 年代大量移民向大都市集中，其實這些現象非自當時始。自有歷史以來即出現該現象；只是 1890's 年代開始，不少人才警覺該現象之嚴重，受苦受難者本身並不應承擔其罪過。該種苦狀應予疏解或消失，補救之道，不在於慈善事業的舉辦或是革命運動的進行，卻在於教育。「大財富的罪過」，如同 Marton Grodzins 所稱的，是松雞 (the gemeinschaft grouse)「叫出工業主義已使社區生活解體，隨之而來的是疏離感之產生，那是造成貧民窟生活敗壞的元凶」。應該努力糾正的是重建社區生活，鄰居感情的產生，使工業文明較具人味。而以教育為主要工具，注意社區需要，清掃街道之污垢，住處是否有寄生蟲，把床蝨、蟑螂、老鼠予以撲殺。為了減少流浪漢及孤兒造成生命財產安全上的威脅，因此有必要成立青少年俱樂部，好讓他們發洩過剩的精力，轉移到美藝、技能、及運動項目上。為了減少死亡率，有急救中心、臨床病院、看護站、以及預防治療學校，且與工廠聯繫，提供就業工作機會。母親外出工作，「安置」站為她們找來幼兒教師或嬰孩看顧員。工人目不識丁，安置站成員就教導他們識字。盡一切可嘗試的努力，來解決住區民眾的問題。

Jane Addams 小姐說：「現代的裁縫廠裡，三十九人可以作一套成衣，三十九人可以在一種合夥工作 (team work) 中，氣氛比過去獨自一個人作衣服更有興味。好比棒球場上九個人一起玩，總比單個人在穀倉旁獨自玩手球，來得快樂多多。」英藝術評論家 John Ruskin(1819～1900) 的名言：勞動而無美，是野蠻；在集體勞動中，也有著集體的美，這才是工業的文明。此論點與 John Dewey 同，她的綽號就叫作 Jane Dewey。

　　經過安置人員的努力，教育改善變成他們的工作重點。紐約市於 1897 年有校醫，另提供設施為殘障兒童作服務工作，營養午餐在學校裡開辦。芝加哥則支助學校圖書館，該市的大學安置 (University Settlement) 也有學校導護，在愛荷華州的 Des Moines 及馬里蘭州的 Baltimore，有成人夜間部班。

　　大學生利用社會科學方法來研究貧民窟的問題，收集許多資料，如兒童工資、工人之消費及收入、貧民窟中不公不義的生活實情等。1900 年以後，此種研究工作越趨專業化。全國慈善及矯正機構與諸如 Chicago 大學的社會服務學院 (School of Social Service) 合作，共同釐清社會工作的角色以及社會教育的功能定位。

　　5.「救世軍」(Salvation Army) 的理念也源於倫敦之貧民窟工作，發展在 1860's 及 1870's 年代，創辦者是 William Booth(1829～1912) 及 Catherine Booth 兄妹。結合傳教佈道以及社會服務二者而成，後者還包括家庭訪視、《聖經》及經文之分發、母姊會之舉辦、夜間課程（讀寫算）、主日學校、閱覽室、及濟貧措施。組織仿軍隊方式，層級分明，中央集權式的行政管理。1878 年正式成立，William Booth 為「將軍」(general)，福音傳播師為「隊長」(captains)，新改宗信仰者為「士兵」(soldiers)，工作站作為「營房」(corps)。由於 Booth 的領袖魅力，「救世軍」活動如火如荼的展開，全英及海外都有據點。1879 年傳到美國，1880 年 Booth 將他的「指揮官」(commander) 也是他最得力的助手之一 S. Scott Railton，及七名婦女作為「入侵隊伍」 (invasion force) 來美。總部設在費城，其後發展迅速，雖內部有過分裂，但不影響大局。

　　「救世軍」運動之成功，因素很複雜。不過，因為對於神學觀念予以單純化，且運用各種變通的技巧，所以廣受大眾歡迎。普世化之後的教義，人人皆可懂，也了解「三位一體」(Trinity)、《聖經》是上帝的語言、原罪、靈魂不朽，人人願意獲救則人人有希望等。對於受洗或聖餐 (commuion) 則免，因無效且也沒必要。救世軍還用戶外聚會及遊行方式來引起人民注意，且有管樂隊、大鼓、及鈴鼓助陣，唱歌、鼓掌、腳擊等，都是常見的表演。讓世人知悉，只要信耶穌，則所有犯罪者都已步上救贖之路。在大家歌唱

「哈利路亞」(hallelujah) 的歌聲中，貧民窟的住民「幾乎都沉醉在新世界的榮耀裡，該世界為他們所擁有，只要他們坦誠懺悔其罪，經由耶穌就可獲得寬恕」。聚會提供娛樂、脫離、安全、及友誼，有罪也能赦免。他們設托兒所收容孩童，為妓女設拯救站，教導她們烹飪、縫衣、織布、理家，為囚犯設工作室教導他們一技之長。傳授知識及技能，轉換觀念並改變行為，氣氛是友愛、同情、寬恕，所以大家相處和樂融融。

「安置」活動與「救世軍」的工作性質，其實並無顯著的不同，不過後者的參與分子，女性比較多，且只要能力高強，都與男性取得相同的地位，並且黑人參與者也不少。此外，救世軍堅決反對社會傳統的惡習，如壓榨式的勞工工廠 (sweatshops)、貧民窟、童工等。政府機構無力照顧到的對象，學校教育無法抵達的領域，都是救世軍的活動範圍。

二、海外福音傳播活動

「國外的需要比國內大」，學生自願到海外傳播福音者越來越多。先在普林斯頓大學發動，R. W. Vankirk 及 Robert P. Wilder 於 1883 年組成普林斯頓海外福音團 (Princeton Foreign Missionary Society)。校長 James McCosh 也予以鼓勵，1888 年成立學生海外福音志願團 (Student Volunteer Movement for Foreign Missions, 簡稱 SVM)，超過八千人參加，幾乎全是大學生，到印度、中東、南亞、中國、日本、非洲、及南美傳教。加拿大籍就讀普林斯頓神學院的馬偕牧師 (George Leslie Mackay, 1844～1901) 早在 1872 年即到臺灣，傳教，宣揚禁酒、禁煙、戒纏足；且 1882 年在淡水設牛津學堂 (Oxford College) 即現在真理大學之前身，1888 設馬偕醫院。有些大學明白指出辦校目的就是要教導學生到海外傳教。Denison 大學及耶魯大學培養男傳教士，Mount Holyoke 及 Rockford 學院培養女傳教士；Oberlin 及 Grinnell 大學，則為男女共校的學府，也以造就學生遠赴海外傳播福音為主旨。

中國、印度、非洲對基督教之無知及不信教者，比美國大都會的窮人還多。女福音傳播師一般而言，未能享受如同男傳教師平等的決定權地位，不過大家都有十足的信念，「在這一代當中把福音傳遍全球」(the evangelization of the world in this generation)，目的並非大家都立即改宗基督教，卻要使全民有機會知悉基督是救世主 (saviour)，大家都是上帝的門徒，以及福音的普及化。以《聖經》為教材，以英語為教學用語，除非傳教士能說當地語言。到臺灣的馬偕就是佳例，他與臺灣小朋友玩在一起，學了一口道地的臺語，還娶臺灣女生為婦，死在臺灣，也埋葬在臺灣，自稱他是臺灣人。福音傳播師有的也身兼醫師及護士，馬偕替臺灣人治療牙疾；教導海外人民乾淨及科學道理，更介紹西方肥料的使用及西餐的優點。牧師娘也希望土著應該穿衣，裸體是不雅觀的。傳教士的住家及生活起居，為當地人民樹立一種嶄新的楷模。價值觀，文化面貌，及待人處世等，都給土著一種生理及心理上不同的感受，不時興起當地人對白人的尊敬感。

此外，福音傳播師還為當地設教會學校，主旨當然是傳播福音，使當地人變成教徒，學習美國的一切。小學、住宿學校、中學、工業訓練學校、大學院校、神學院、護理學校、及醫院，在世界各地林立。以中國為例，SVM (Student Volunteer Movement) 也以中國為主要對象（另一是印度），不少教會學校興建出來，雖然規模不大且有些是大學中學兩相混淆性質，並有職業學校意味。全校學生有時不到二十五人。但在 1925 年時，教會辦的大學，學生已有三千五百人之多，中學二萬六千人，小學二十五萬人。課程擴充到農、新聞、社會學、及社會工作；以英文、英美文學、西方歷史、美國科學、及數學為內容。當然，《聖經》是必修科，與傳統中國文化歷史顯然對立，與東方人生觀更是不同。

中國人對此種現象的反應，極為複雜。一方面是希望藉教會興辦的學校教育來作為改革中國的依據，1911 年 John Raleigh Mott（1865～1955，1946 年獲諾貝爾和平獎）說：「西方教育對中國人而言，是他們渴切希望要的教育」。另一方面，中國人認為傳教士及外國人教導的一些價值觀念，腐蝕了中國傳統的文化；保守又在位之士乃採取敵意、排外意識遂生。由於國家及民族觀念作祟，中國人希望的學校、教會、及醫院，要在他們的掌控之下，且也很敏感於「基督」這個字眼。1932 年哈佛大學教授 Willian Ernest Hocking 研究海外福音的結果，出版一本報告書，嚴厲指責福音傳播活動水平低落，無知於當地的需要，乃強烈要求應與本土結合。該報告書

一問世，立即遭到美國海內外的駁斥。美國化與本土化之爭論，持續不停。

　　SVM 在一次大戰後，漸走下坡。1919 年在 Iowa 州的 Des Moines 開大會，浸浴於狂熱的慶祝中，但隨著 Wilson 總統的觀念主義、美國高等教育的懷疑精神、及經濟大蕭條，SVM 已風光不再。

　　評估海外福音傳播活動的功過，尤其針對教育這一項而言，雖然在「一代」中並沒能使全球皆福音化，也許兩代、三代皆不可能，但基督教義已宣揚到更遠的地方。聽福音的人民越來越多，美國教育變成當地社會變遷的主力因素。西方人的價值觀、知識觀、科學觀、技術觀，都漸融入福音傳播的所在，也激起文化論戰。文化的霸權 (cultural imperialism) 已漸趨成型。

　　此外，海外福音傳播運動，對美國本土的教育也有巨大的影響。1880's 及 1890's 年代的福音傳播熱，帶給美國境內的基督教會一股活力十足的精神生機。一方面，海外傳播師回國變成大學院校的教授，他們擁有實地一手的經驗，也在外交、新聞、及文學界大展才華。以中國為例，Kenneth Scott Latourette 從雅禮 (Yale in China，耶魯在中國的分校) 返美後，主教基督教義史，在耶魯極為叫座，被選為美國歷史學會 (American Historical Association) 會長。而燕京大學前校長司徒雷登 (John Leighton Stuart)，在中華人民共和國立國前 (1949)，是美駐中國的一位大使。生於中國的牧師之子 Henry Robinson Luce(1898～1967)，經常向《時代》(*Times*) 雜誌報告 1950's 及 1960's 年代的遠東事務，影響了美國的外交政策極大。他在十歲以前，是在大清帝國末期義和團之亂時渡過的，回美後，變成重要雜誌的發行人。最後，不少中國大學畢業生來美留學，返國後成為中美兩國關係的橋樑，也是中美高等教育拉線的要角。南京大學與康乃爾大學，燕京大學與普林斯頓大學及哈佛大學，金寧女子學院與史密斯學院 (Smith)，雙方關係密切。中國留美考試第一名的梅光迪留學哈佛，胡適之先留學康乃爾，後轉赴哥倫比亞，蔣夢麟也留學哥倫比亞。臺灣在日治時代林茂生（長老教信徒）也在哥倫比亞於 1929 年獲哲學博士學位。1949 年中國赤化後，中華人民共和國切斷了與美國的關係，反而使臺美高等教育之聯繫更為頻繁，臺灣留美學生劇增，形成了美國教育對臺灣的直接影響。

　　福音傳播的主旨，誠如 Josiah Strong 所說，是把上帝王國實現在地球上，對象先是美國，繼而全球。內戰之前即已展開，美國的 *Paideia* 已與新教的 *Paideia* 不可分，福音傳播被 Wilson 認定為「大十字軍」(Gteat Crusade)，旨在促使世界民主獲得安全。

　　但 1920 年之後，「精神萎靡」(spiritual depression，Robert T. Handy 之用詞）造成美國新教主義 (American Protestantism) 快速走下坡，教會會員劇減，參加活動停止，捐款也少。1930's 年代的經濟大恐慌，更使局勢惡化。主日學校運動，YMCA 及 YWCA 在各大學院校校園內已漸失去年輕人的注意，年輕人的活動已被學校及政府當局指責，教會又較插不上手，SVM 募不到多少學生願意再赴國外宣揚福音了。

　　世界越趨世俗化及科學化，內戰及戰後重建工作，達爾文主義 (Darwinism) 盛行。1880 年之後，Roman Catholics（羅馬天主教徒）及 Jews（猶太教徒）大量移民來美，使得新教 (Protestant) 的主流地位受到挑戰，舊教集結勢力在大都會裡進行教會活動，芝加哥、費城、波士頓、及紐約，都有龐大的羅馬天主教及猶太教勢力，「三分說」（三強鼎立）即 Protestant-Catholic-Jews，三者皆為 *Paideia* 共同努力。

第五節　黑人教育

　　利用教育來作事後補救工作，有兩種觀念在 1876 年的總統大選中相互爭取南方人的認同。一是源之於「重建」所留下來的觀念，認為讓懶散的南方人獲得再生，最好的方式就是廣為普及北方人的價值觀念及文化，而最基本的工作就是廣設小學，誠如 1865 年伊州師範大學 (Illinois Normal U.) 校長所說的，教師應該完成軍人所開始的工作，就是此種觀念，使得成百成千的男女教師於 1860's 年代時到南方來教導解放出來的黑人，初時是由福音傳播團體以及黑人解放組織來資助，最後則由「解放局」(Freedmen's Bureau) 來負責其事。也是基於此種動機，麻州資本家 George Peabody (1795～1869) 於 1867 年設置一個慈善信託基金，「為南方及東南各州較貧

窮區域的年輕人提供機會，來促進並鼓舞他們的智育、體育、德育、或工業教育。我的目的是福利應分配給全民，無差等待遇，只問他們是否需要，並考慮他們使用該款的時機是否有用處。」國會中「激端共和黨員」(Radical Republicans) 也經過他們的努力，迫使聯邦政府在南方各分離的州廣設小學。

國會的上述努力，由麻州參議員 (Senator) Charles Sumner(1811～1874) 於 1867 年領銜直到他於 1874 年去世為止，但未見成功。激端派希望透過教育來救贖南方，1840's 年代時 Sumner 強力說明，種族分離的學校違反麻州憲法，因為它本身就不平等。他在 *Roberts* v. *City of Boston* (1849) 於麻州最高法院審理此類案件中敗訴，首席法官 Lemuel Shaw(1781～1861) 裁示，分離學校是合法的，只要該種學校是平等即可。Sumner 希望麻州議會能夠廢除該學校的種族分離政策，當他選上美國參議員時，當然就在 1867 年舊調重彈，希望聯邦政府各州的公立學校都能黑白混合同校，不准聯邦政府撥款補助分離的學校；也利用 1866 年的「民權法案」(Civil Rights Act) 來嚴禁公共運輸、戲院、旅舍、飯店、及學校有歧視舉動，但所有這些努力，都宣告失敗。1883 年最高法院宣判，所有上述的企圖，都違反美國憲法。不過倒引起全部美國人包括南方及北方，熱心於討論南方的重建事宜。

不得已，最後只好把焦點放在州上，1867 年的「重建法案」(Reconstruction Acts) 通過以前，屬於南方聯盟的各州很少提到教育。不是忽略教育，就是認為如提到教育，那也只是白人的教育而已。1867 年 3 月 2 日的「第一重建法案」(First Reconstruction Acts) 使情況有了巨變，將從前南方聯盟的各州，重新組織為五個軍事管制區，每一區由一位將軍來管治，處理代表的選舉、制定州法律、及建立州政府的職責。男性成員只要不參加暴亂而被剝奪投票權，就不分膚色都有權選舉州代表。在重建法案中，南方各州都制定孩童教育的法令，但只有南卡羅萊納及路易斯安納兩州外，才嚴禁公立學校採取種族分離政策；不過這兩州，也只有南卡羅萊納一市的大學才種族合一，而路易斯安納也只有新奧爾良才達到種族不分的政策而已。

新奧爾良的案件有必要一述，因為這在南方比較特別，在該州也比較不尋常。在這個大都會裡，該市學校教育主管 Thomas W. Conway 的強力

運作，規定黑人學生可以入白人學校或黑白混合學校就讀。此種規定衍生了法院訴訟、強迫令、杯葛、抵制、找理由推拖逃避等技倆，紛紛出籠。1870 年，逼使主張分離者不得不用盡所有司法途徑，原先在黑白合一時，退校的白人學童已漸漸回校；1875 年，全市學童共二萬六千人，其中二萬一千人是白人，五千人是黑人，而這當中，也有好幾千的白人學生以及將近五百到一千名黑人學生上黑白混合的學校。

　　重建時期的政府設立了不少公立小學，由州公款資助，此種制度延伸到南方，不過卻是種族隔離式的，且北部及西部各州也如此，因此南方採取此種措施，也沒什麼特別。同時，重建時期的政府也重開南方大學之門，但在 U. of North Carolina 及 U. of South Carolina，經由政治力的運作來使學生種族合一，教授任命也不分黑白，導致大學幾乎關門。不過，1870's 年代中葉時，利用教育來重建南方的措施，已大大增加了黑白兩種族學生的教育機會，至少已提升了識字率，比較可以實踐公民責任。

　　第二種拯救南方教育的方式與上述不同，此種方式擬完全擺脫北方普及教育的方式，認為那是一種毒害，尤其是黑白混合式的學校教育。事實上在南方，黑白混合式的學校很少存在。1870's 年代早年所謂的「救世主」(Redeemers) 發動一個論壇，要求南方重回領導地位，南方教育也採用舊有類型，此種要求，廣受南方呼應。1870 年維吉尼亞、北卡羅萊納、喬治亞、及田納西州，1873 年德州，1874 年阿肯色州，1875 年密西西比州，都加入「救世主」陣容。1876 年的總統大選，佛羅里達、南卡羅萊納、及路易斯安納州持續有衝突事件發生，普遍性的暴動，脅迫黑人投票，因此後面提及的各州也向「救世主」投降。

　　南方各州重新出發的學校，都是種族分離的。無情的、殘酷惡毒的揮砍預算大刀，刪除黑人學校及窮人學校之經費。南卡羅萊納及路易斯安納州（新奧爾良除外）實際上是實施雙元學制一直到 1890's 年代。一旦採用分離的教育政策，則黑人學校受害最深，白人學校則教育經費不減反增。南卡羅萊納的 Wade Hampton 將軍在競選州長時，提出「自由人、自由投票、自由學校」（free men、free ballots、free schools）來吸引黑人選票，並改善黑白關係，他一登上州長寶座後，卻無法實現諾言；1879 年他當上

參議員時，黑人學校的經費被無情的刪除。路易斯安納州的 Francis T. Nicholls 將軍向黑人投票者伸出友誼之手，答應種族之間應有善良的感情，但一旦執政（時恰是 1877 年的「和解」(Compromise)），卻一點也沒展現原先默許大量撥款興建黑人學校的措施；他的後繼者揚言，政府團隊是納稅人的團隊，乃刪除所有黑人學校撥款。1890 年原先支持蓄奴的南方各州 (Confederacy)，在興建公立學校上都在全國墊底，而公款補助黑人公立學校，更遠落在其他各州之後，其中路易斯安納州成為倒數第一名。此外，不管黑人或白人，文盲率也最高，其中路易斯安納州也是名列前茅。1880's 年代時，國會並不全心全力推動普及教育，因為南方人疑雲未消，且報復心態也未除。大學情況稍微好轉，不過仍然是長期經費緊縮，當路易斯安納州建立南方大學 (Southern U.) 來教育「膚色人種」(persons of color) 而引用 1879 年的憲法條款時，州議會只撥小額金錢供該大學使用，卻對校舍建築不聞不問，董事會決定要蓋一棟校舍時，不得不拿以後教授薪水作抵押來向銀行貸款。1898 年時，入校生只十名，學科程度只不過是中學而已。

　　1890's 年代進步式學校開始推動時，南方的情況有如上述。由於 1880's 年代經濟復甦，聯邦政府在南方的土地無限制的現金買賣 (1876 年以後)，工業化加速進行，北方及英國資金的投入，以及鐵路運輸帶動經貿的擴充，新南方的願景，吸引了許多投資的到來。以南卡羅萊納為例，一群年輕的律師、醫生、教師、及商人，組成 Watauga 俱樂部 (Club)，其中一位會員明說該俱樂部是進步式俱樂部 (Progressive Club)，揭著紅旗，堅持希望州內設有工業教育，來幫助該州的經濟發展。另有一群教師發動，要求政府補助經費來推動教育改革。佛羅里達州亦然，1880's 年代起，提高稅收來設立小學、中學、及師範學院。南卡羅萊納州一群農民組織起來發動農業及工業教育，並設 Winthrop 師範及工業學院 (Normal and Industrial College, 位於 Rock Hill)，將 Morrill Act 的經費撥給該校使用。喬治亞州的努力是設立一所師範學校，S. D. Bradwell 為校長，吸引數百名學生入學。不過，在 1890's 年代全國步入大規模的進步主義學校運動，上述努力與之相比，實不可同日而語。

　　南方傳統的教育工作者留下的「殘枝」(stump) 及「教壇」(pulpit)，

都與貴族式教育藕斷絲連，放著「被遺忘的人」(the forgotten man) 於不顧，這些被遺忘的人是社會階級中的底層，極為無知，只有透過州政府及地方的稅收，大量慷慨的予以濟助公立學校制度的設立，才是發展這批「被遺忘的人」潛力的最佳辦法；訓練每一位孩童的手及心，才可以增加無限的財富，增強無窮的力量。作家 Walter Hines Page 仿杜威在教育信條中的口吻說：「我相信可以使社會持續不停的再生，民主永垂不朽，生長永世不止。」Page 是 Watauga 俱樂部的創始會員（北卡羅萊納州），曾在紐約作出版事業，成績卓越，主編過《論壇》(Forum)❷，1902 年出版《老南方聯邦的重建》(The Rebuilding of Old Commonwealths)，上述的論點即陳述於該書中。經過多人的努力，1901 年「南方教育會議」(Conference for Education in the South) 成立「南方教育董事會」(Southern Education Board)，為全民的免費學校教育而奮鬥，向報紙、雜誌、期刊為文呼籲，參與教育各種會談。

1900～1930 年之間經過南方教育董事會的努力，南方各州的學校撥款有增無減，但撥款給黑人學校及白人學校的差距，卻越來越大。

其次，內戰之前的全國性運動，如 Horace Mann 等人的時代，各協會及各團體之間的聯繫較非正式，但南方教育董事會則採取中央集權式、組織化的經費援助、及撥款式的方式，且財團也組合在一起，會長等人出力最大，雖也有地方級領袖的搭配，但都有奮力不懈的領航人，使組織動員力及宣傳力大增。而不少財團之捐助，也為「非洲、美國的黑人教育、北美印地安人的教育、貧窮白人及值得栽培的白人之教育」提供幫助。這些基金會皆默許黑白分離的學校措施，也支持 Booker T. Washington 的工業教育模式，咸認這才是提升黑人教育的主要工作，也是推動南方各州教育立法的根據。

同時各基金會也取南方黑人教育模式向國外輸出，尤其輸到非洲。

---

❷　紐約一家雜誌《論壇》(Forum) 於 1892 年銷路大增。本來是死氣沉沉的，經過 Page 的整頓，起死回生。Page 精力充沛、知識豐富，維持雜誌水平並不妥協，許多名流在該刊發表文章，Henry Cabot Lodge 及 Jacob Schiff 討論政治，Jane Addams 及 Jacob Riis 討論社會改造，William James 討論心理學，更具教育意義的是，Joseph Mayer Rice 討論學校。

Phelps-Stokes 基金會 (Fund) 首先提供支助，研究非洲的黑人教育。威爾斯出生的牧師兼社會學家 Thomas Jesse Jones 於 1912～1917 年獲得支助，他曾在 Hampton Institute 主教社會學，也作研究部門的主任，充分了解 Hampton-Tuskegee 的教育哲學主張，重視自我信賴，以工業訓練為核心。1917 年出版兩冊的《黑人教育》(Negro Education)，獲哥倫比亞大學的 Grant Squires 獎，評為在得獎之前五年內對社會性格的研究，作了「最具原創力的最佳觀察」；也是研究黑人教育享譽國際的美國權威，除了擔任 Phelps-Stokes 基金會的教育部門主管之外，還擔任兩次 Phelps-Stokes 非洲教育使節團主席，第一次配合「英國殖民局」(British Colonial Office)，北美及歐洲使節團，共同在 1920～1921 年研究西非、南非、及赤道非洲各國；第二次除了有上述團體參加之外，又多了一個「國際教育董事會」(International Education Board；成立於 1923 年，是 Rockefeller 的慈善團體之一，旨在增進對外國作科學上的勘查，幫助一次世界大戰後傷患的醫療機構)，於 1924 年研究東非各國，報告中有一段話十分精采：

> 到東非的使節團中，最重要的任務，可能就是要找到一種最佳的教育型態，一方面最適合於教育黑人大眾，一方面也適合於培養最近未來的黑人領袖。一般來說，本使節團的成員都深信，所有的教育都必須是一種類型，即發展非洲土著的力量，且使他們可以面臨個人生活及社會生活的特殊問題及特殊需要。在這方面，我們這群成員都對 Armstrong 將軍於 Virginia 州的 Hampton Institute 在內戰後所發展出來的教育理念，印象頗為深刻。Armstrong 看出老式的書本學習方式是完全不足夠的，犁、鋤、石砧、斧頭、掃帚、煎鍋、及針線應該用來補足傳統的教學。換句話說，教育一定要與人民的生活發生密切的關係，不管他們作為一個自由民在田裡耕作，或在南方的城市中過活。Armstrong 也知悉，農業訓練、工業訓練、及家政訓練不只有補於實際，且在訓練過程中獲取作為農夫、技工、或是一個廚師的技巧——只舉數例予以說明——都具更大的教育價值，包括心靈的及道德的。Armstrong 的教育理論，曾在 Hampton-

Tuskegee 及許多其他美國機構實現過，現在則拿來在非洲紮根。

兩次報告對英國在非洲的殖民政策發生重大的影響，也對美國各種基金會從事國際慈善活動的政策，以及非洲人自己規劃的教育面貌，有決定性的支配作用。此外，也提供一種一般性的模式——W. E. B. DuBois 可能說是「反模式」(antimodel)——非洲開發中國家可以從美國人在南方的經驗中學得許多好處。Columbia 大學師範學院院長 William F. Russell 這位國際級的學者，也採用兩次報告的論點，他說美國南方的經驗，不只可以教導美國人的教育，也可教導全世界人的教育。對 Russell 來說，南方這個地域，提供「美國教育最佳的榜樣」。

第七章　進步主義教育運動及其餘波

英人說：「牛津人的感受及想法，英國三十年即按著此感受及想法去作。因為就在此地（牛津），英國史已在上演」
(As Oxford feels and thinks, England thirty years later will act, for it's here that her history is performed.)

第一節　進步主義教育協會之成立

一、緣起

　　一位英國貴族曾經請教過 Erasmus，教導孩子希臘文及拉丁文而不必用處罰方式，到底有何方法。Erasmus 告以令孩子使用弓箭打向希臘文及拉丁文的字母，打中者賞以櫻桃一顆，或要孩子用刀刻餅干字母。此種結果，孩子可能看到希臘文或拉丁文的文字書就口水外流，或成為一個好的射擊手。但若由此來獲知希臘文及拉丁文知識，則令人起疑。　(B. F. Skinner, *Teaching Machines and Programmed Instruction.* in Gross and Chandler, 457)

　　一位年輕人 Stanwood Cobb 熱心於教改，一群華盛頓的淑女附和之，擬組成一個團體來推動教改工作，1918～1919 年冬季，草擬章程，提出「個人最自由及最充實的發展，在心、身、精神、及社會的特質及需求上，採科學式的研究」。Charles W. Eliot 答應作名譽會長，這是 Cobb 的妙計。1919年 4 月 4 日，在華盛頓公立圖書館 (Washington Public Library) 成立，上百位會員參加。Cobb 於 1929 年回憶道：「一開始，我們的目的一點也不謙虛，我們旨在改造全美的學制，一點也不少。」他心中充滿熱火，畢業於麻州的

牛頓中學 (Newton High School)，對背誦課非常厭煩，尤其是語文科，但上英文教師 Andrew George 的課時，班上卻有熱火 (always on fire)。這位老師上課時先十分鐘的寫作小考，然後就自由討論，天南地北，從英文文學到任何科目，無所不包。返母校任教時，採同一方法，學生喜愛不置，但 1917 年任教於海軍官校 (United States Naval Academy) 時，這所「科層教育體制及普魯士作風的極致」(the acme of educational bureacracy and Prussianism)，激怒了他。為了打破舊制，熟悉 Marietta Johnson 原則，迷於自由學風，熱中兒童的自我引導，參觀一些實驗學校事宜。參加 Cobb 組成的團體，其中之一就是 Mrs. Laura C. Williams，是華盛頓小論壇報 (*Washington Little Forum*) 的贊助者，日後也是 PEA (Progressive Education Association，進步主義學會) 的經費支持主力。還網羅好多媽媽來參加，大家對當前的教育方式皆不滿意。1918～1919 年的冬天，一小群人聚在 Mrs. Williams 家中商討籌組 PEA 事宜，制定下述原則：

1. **自自然然的發展自由** (Freedom to Develop Naturally)：學童依社區的需要來自我管理自己，而非任意。自由絕非放縱。教師享有必要的管教權，充分提供機會使學童具有自動自發的自我表現，讓環境豐富，成為學習資源。

2. **興趣是所有工作的動力**：⑴直接或間接的與外在世界接觸，進行活動，並利用因此所獲得的經驗；⑵將該經驗與不同學科取得聯繫；⑶自覺成就感。

3. **教師是輔導者，非交付課業者** (Not a Task-Master)：教師應悉知 PE 的基本原則，受過良好的預備教育，具創意，品格操守好，以校為家。處理兒童在班上的遊戲、戲劇創作、及聚會，極為得宜。小學宜小班小校。重視感官教學，依此來觀察及判斷，不是只重視背誦而已，卻應訓練學童如何使用眾多的資訊，包括課本的及生活上的。如何推理，如何在表達上強有力又有理。啟發兒童求知欲，指導學童研究，而非只是要學童作功課。教師應自我進修，具廣博興趣。

4. **兒童發展應予以科學研究**：學校資料不能僅限於成績、分數、或教師對各科所評的等第，卻應包括有關身、心、德、及社會性的主客觀報告，這些會影響學童在校內及其後的成人生活。此項資料都受學校及家庭的影

響。依該資料來作為輔導學生之根據。教師不是只作科目教學而已,而應涉及兒童的全面發展。

5.**影響兒童身體發展的全部層面,應特加注意**: PE 的重視項目之一,就是兒童的保健。校園應寬闊好讓學生活動,陽光足,空氣新鮮,通風良好,進出教室容易,操場空間夠。教師應注意學童的體能狀況,與校醫配合,定期檢查學童的身體健康。

6.**學校與家庭密切合作,以滿足學生生活之所需**:學校及家庭提供兒童所需要的自然興趣及活動,如男女之手工活動、理家、及休閒。課內及課外活動,既可在校,也可在家進行。教師及家長應明智的攜手併進。家長有責任了解學校的所作所為,傾全力予以合作,教育功能才會大增,學校有義務幫助家長擴充教育視野,也提供教育資源供家長改善住家之用。

7.**進步式學校,應作為教改龍頭**:在教改運動中,進步式學校,應作先鋒,學校作實驗,新理念在進步學校中實施與鼓勵。傳統並非唯一的指針,把過去的精華納入在今日的發現中,增加教學知識的分量。

本學會大部分由家長及關心社區及國家教育的人所組成。雖然教師可以加入,但本會不是以專業為取向,卻以交換意見為主旨,透過演說、報章雜誌、及期刊,來交互討論;學制及教學方法,無一致性及固定性。

1914 年 4 月 4 日的成立大會,參加者八十五名,會費 85 美元,Mrs. Williams 捐數百美元。Cobb 日後回憶,本會之成立,是由一群默默無聞者所組成;無知名的教育學府或大學成員加入,本會也不介意於此。經費來自社會大眾及少數傑出的自由派教育工作者。非教育專業人士是本會的主力。教育圈內大概只有 Marietta Johnson 一人在成立之初扮演主角,杜威還拒絕加入,但在 Eliot 去世後答應作為榮譽會長,直到 1952 年去世。本會取 Pestalozzi、Froebel、及 Parker 作為精神領袖。由於本會成員熱心感人,近乎宗教上的狂熱,在兩次世界大戰期間,影響美國教育極為深遠。

1924 年出版機關刊物《進步教育》(*Progressive Education*),一年三次,後改為季刊(四次),極為成功。除報導美歐新式教育實驗外,更取「創造性表達」(creative expression) 為重點;透過藝術、文學、音樂、及戲劇,分別在 1926、1927、1928、及 1931 年出刊,引發廣泛的注意。又加入世

界性的教改列車，與英國教育改革家 Cecil Reddie(1858～1932) 在 Abbot-sholme 設校，注重循序漸進教育法，法國 Edmond Demolins 之森林學校 (*Éoole des Roches*)，德國實驗教育學者 Hermann Lietz(1868～1919) 之鄉村學校 (*Landerziehungsheime*) 相呼應。描述個別差異性的教學設計 (Dalton Plan) 在英及 Ovide Decroly(1871～1932) 致力於兒童需要的教學計畫在比利時之實驗。並與英國新教育之友 (New Education Fellowship) 合作。但由於 NEF 較具激端（教育上及政治上），因此雙方合作遂告中止 (1926)，但雙方人員出席對方大會，卻是常事。

　　1926 年 Eliot 去世，本會執委經討論後，議決邀請杜威接任：「閣下比任何他人更足以代表本會的哲學理念。」杜威接了，但參與活動並不積極，還為文反駁該會的一些主張，但他樂意擔任名譽會長，多多少少也表示對該會的肯定。1928 年會員增為六千，年度預算三萬五千美元，到 1928 年時，美國人不言進步教育，已屬過時，沒有人願意被稱為「保守」。會員中以私校人員為多。私校本作升學預備用，但也能夠融入以藝術為主的自我表現。1930 年 Cobb 辭職，Cremin 問他：「其後發生了什麼事？」他答道：「他們遠離我們而去。」「他們是誰？」「Columbia 大學師範學院的那批人。」

　　事實上師範學院的人並沒去接會長，也沒當過執委。由於該會擴大會員人數，原先可作為會員的教師，其後變成本會主要成員。各種「小組」(commissions) 陸續成立，「教育專業」的性質越發明顯，如「教育資源」(Educational Resources)、「教育自由」(Educational Freedom)、「中學課程」(Secondary School Curriculum)、「人際關係」(Human Relations)、「杜威學社」(John Dewey Society, 1939) 等教育專業名詞陸續出現。同時成立的「委員會」(committees) 也不少，如「社會及經濟問題」、「鄉村學校」、「家庭與學校關係」、「成人教育」、「實驗學校」、「文化交流教育」、「師資教育」、及「廣播教育」等。(Committees on Social and Economic Problems, Rural Schools, Home-School Relationships, Adult Education. Experimental Schools, Intercultured Education, Teacher Education, Radio Education)。其中尤以「八年研究」(Eight-Year Study) 小組最引人注目 (1930)，而「中學與大學關係小組」(Commission on the Relation of School and College)，指出美國中學缺失甚多，(1)

不能忠實的欣賞美國過去傳承。⑵未能造就良好的公民。⑶未能激發才華優異生的潛能。⑷在指導及激勵學生上，未充分發揮效果。⑸課程鬆散無活力，與生活無涉。「中學與大學關係」小組乃進行一項工作，參加者有二十所中學，公私皆有，重新組織課程：⑴知識學習更精；⑵更具持續性；⑶激發學生創造性精力；⑷更清楚領會當代文明問題；⑸更佳的個別指導；⑹教學資源更為充實。目的在於教學方法更為改善，使中學更具彈性化，更能迎合變動社會的需求，更了解青少年生活及成人生活，使學生追求經驗的意義，而非只在作學分的累積；探討知識領域，知道如何節省時間、如何閱讀、如何有效運用知識、如何作個校內及社區中的良好分子。

二、八年研究

1932 年進行八年實驗，三十所學校參加（Pelham Manor 最後退出），三百所大學院校願意放棄舊有的入學方式，改採推薦措施。許多教師認為該實驗是一種不必要也是危險的改革，一些大學教授甚至認為，進步主義教育「早有夠長的繩子，可以自己上吊了」。一些家長深覺不安也不滿，但對三十所學校及數以千計的教育學者及家長而言，對此項實驗卻滿懷憧憬。

1932～1940 年的所謂「八年研究」（Eight-Year Study），於 1942 年出版五冊的報告：⑴《美國教育的探險》（*Adventure in American Education*）；⑵《八年研究史》（*The Story of the Eight-Year Study*）；⑶《課程開發》（*Exploring the Curriculum*），敘說三十所學校的工作；⑷《學生進步的記錄及評價》（*Appraising and Recording Student Pregress*）；⑸《學生升到大學有好表現嗎？》（*Did They Succeed in College?*）。由於發表的年代，恰好在大戰時，因此引發的注意不大，即令其後也少有人閱讀。開始時，有些私校專收文化素質低劣的學生；有些學校的校政不穩，有些學校變成內鬥（因理念不合）。但師生從此更自覺教育的目的何在，更參與教育的決策，更與社會結合，更打破傳統科目隔離的現象。整個校園與社區的活動增加，師生精力更加旺盛。其中，Wilford M. Aikin 發表《八年研究史》（*The Study of the Eight-Year Study*, 1942）以及《三十所學校的陳述》（*Thirty Schools Tell their Story*, 1943）。指出：大學、中學之關係，並非建立在某些學科是否學習上，

而是建立在某些基本能力及態度之上：如善予閱讀，且能領會，巧於口頭表達及文字說明，精於處理問題，熱心於工作。具備這些能力及態度者如在中學學過拉丁文，到大學讀希臘文及羅馬古典較易，但沒學過者，一旦選上這些科目，也能在數週後立即趕上，因為他們已有「合理的智力成熟度」(reasonal intellectual maturity)。(Gross and Chandler, 452)

在 U. of Chicago 的 Ralph W. Tyler 領導之下，來測驗中學生入大學的表現。共一千四百七十五對大學生（於 1936～1939 年入學），其一是參加實驗者，另一則否；二者之性別、種族、學術性向能力、家庭及社區背景、職業及副業興趣相近者，作比對，發現從三十所實驗學校出身者：

1. 平均分數稍高。

2. 四年的大學生活中，獲學術上的榮譽狀較多。

3. 求知欲、好奇心、及意願較強。

4. 思慮較精、較系統化，也較客觀。

5. 對教育的觀念較清楚。

6. 面臨新情境時，能運用的資源較豐富，處理問題能力，游刃有餘。

7. 二組皆有這些問題，但實驗組較具解決問題的能力。

8. 參加學生社團更為積極。

9. 非學術性活動，更具優勢。

10. 職業選擇較有定向。

11. 較關心國家及全球的事務。(Cremin, *Transformation*, 255–256)

但也有不少研究指出，該項實驗，漏洞百出，導致「結論了無價值」。「八年研究」要找出統計上的謬誤例子，如同一塊金礦要找出雜質一般的多。(Arthur Bestor, *The Restoration of Learning, A Program for Reading the Unfulfilled Promise of American Education,* N.Y. Alfred A. Knopf, 1956, 343)

卡內基基金會 (Carnegie Foundation) 捐七萬，General Education Board 於 1933 年更撥一百五十萬作八年研究之用。進步主義教育學會 (PEA) 從此成為專業性的組織，會員本來在 1929 年有六千六百，1932 年少到五千四百，但 1937 年則上升為八千五百，1938 年更創一萬零四百四十頂峰。但外來補助一止 (1941)，本會就無力再作其他研究。

本會成立到結束，公開支持、同意、或贊成一種假設，即兒童而非課程教材才是教育努力的重點；而科學式的態度，才是保證進步的良方。PE是不能被定義的，否則易流於僵化，也不走那一種學派的哲學理念，因為沒有一家哲理能夠涵蓋 PE 的「全部精神」(total spirit)。有些會員表現非常極端，但大多數都主張快不得。不過在 1932 年的年會，George S. Counts 發表 "Dare Progressive Education Be Progressive?"（〈進步教育敢說是進步的嗎?〉）後，即大為改觀。

Counts 說 PE 有其貢獻，即注意兒童的重要性，學習應更重視活動，學習者的興趣不可忽略，品格的發展應列為第一，視兒童為自由的人格，這是兒童人權。但光是如此是不足的。PE 過去由中上階級者所掌控，如 PE 是純正進步的，則應擺脫該階級的影響，而應勇敢的面對各種社會階級的現實議題。為使社會變成有機的整體，就不必擔心今日大家避開的「灌輸及注入」(imposition and indoctrination) 說法。他不滿資本主義工業社會的各種沉淪現象，缺人性、無效率。競爭應由合作來取代，私利應轉為公益，大眾意識應高漲，不可再為財團所剝削。教師應集體合作，共同設計一種較佳的社會與世界，在介紹此種新社會給孩童知悉時，不必怕被指為「灌輸或注入」，否則就是失職，該職應列為最重要、最困難、也最基本。

Counts 發表演說的當晚，在 Baltimore 的與會者幾乎受了電擊一般。他說完後，大家默而不語，無聲勝有聲，此時靜悄，遠比掌聲更具效果。學校敢於重建一個嶄新的社會秩序嗎？在走廊、在飯店住宿處，許多教師議論紛紛，大家願意一試，幾乎討論到凌晨。開任何大會，沒有一次像此次那麼令人動容，大家忘了次日的討論題目，大會負責人甚至召開一個特別會議來籌商對策。

次年，本會認為未來的學校不能只是以兒童為中心，而個性的注重也不足以確保社會意識的發展。學校應勇於介入爭議性的話題，以及困擾社會大眾的討論——工業及經濟問題。放棄自由貿易政策，採取社會經濟的計畫。此種大膽的走出過去狹窄的思維空間，並非多數教師所樂為。她們也不太讀 Counts 的著作及報告，還以偏激稱之。本會其後致力於釐清明確的教育哲學，由於意見紛歧，莫衷一是，雖然杜威理念貫穿其間，但欲取

得一致性的共識，卻是功敗垂成。杜威早就指出，PE 運動總有一天會放棄使用 "Progressive" 這個字，而代以 "good life"，依此來區分「正教育」(genuinely education) 及「反教育」(miseducutive)，來鑑別新教育與舊教育。「進步教育」，若無法「進步」，則不能用「進步教育」這個名詞。新情境有新問題，不得不動用腦筋來解決。「進步教育」不可發展出一套「成規」、「定理」，來綁住師生之活潑思考。PE 果真於 1944 年更名為「美國教育之友會」(American Education Fellowship)，認為新名範圍較寬，主旨在於定義一種「好教育」(good education)，但什麼是「好教育」呢?「好教育」是一種學習及生活的歷程，在這歷程中使孩子成為懂事的成人公民，強烈關心世界的發展；自由人在世界中為了公益，願意心甘情願合作，甚至奮戰不懈。這就是「好教育」。

好社會才能產生好學校，因此學校改造之外，應從事社會改造，提供「足夠的醫療服務、休閒、良好的住家環境、確保工作機會、民主式的參與、不得有宗教及種族的不寬容」。1953 年改為原名，1955 年會長 H. Gordon Hullfish 認為身為會長，只不過處理零星訂戶工作而已，乃宣布解散，而機關刊物 *Progressive Education* 也在二年後停刊，眾人並不注意此項消息。本會到 1955 年壽終正寢。

本會有功也有過。至少喚醒了不少美國人關心新式教育，意識到舊教育的缺陷，產生「黃蜂式效應」(Waspish effect)。但在廣為宣傳時，不可目標模糊，定義不清。眾人雖知 Dewey 是最具影響力的教育學者，但如常引用杜威的話或著作，則易引發咬文嚼字的爭議。教師忙，家長更忙，無暇去深思其意義。言簡意賅即可，不必放言高論。這是任何教育改革所遭遇的現實問題，同時也是學校革新的致命傷。

總之，美 PE 發展的特徵如下：

1.教育機會增加，學制往下也往上延伸。

2. 8–4 制變成 6–6–3 制。

3.各學校之課程重整且擴充，以中學為例，有商、農、家政、體育、及美術等。

4.課外活動的重要性增強——聯課活動，學生非正式社團出現在校內。

5.學生班級之組成基礎，更爲複雜化，憑 I.Q. 及成就測驗。學區擴大，學生輔導益形重要。

6.班級氣氛更改，尤其是小學；設計課取代背誦課，師生益形活躍，更具動態，師生關係越不拘形式。

7.依兒童心理及學習心理的最新研究資料來組成教材，課本彩色，較吸引人，另佐以幻燈片、工作簿、剪報、照片等。且鄉土教材，如當地之花草樹木及土產等，也當教材用。

8.學校建築也因此大變，有聚會所（禮堂）、操場、游泳館、健身房、田徑場、實驗室、商店、廚房、自助餐廳、及醫院（醫務室）。小課桌椅、活動傢俱、隔牆、燈光、及通風的改善等。

9.師資水準提高，教師證書的制度建立起來，職前及在職訓練加強，專業課程增加。

10.行政體系的改變，一方面是科層體制的建立，一方面是教師在決定課程的權力加重。此外，家長透過家長會也影響校長，家長及教師參與校政決定之機會大增。

1938 年 PE 會員達於頂峰，*Time* 七月號封面特予以介紹。「美國學校沒有一所能夠逃離 PE 的影響」。1940 年的 Gallup 民意測驗，顯示民眾對它有好感，不過仍有不少人未悉其宗旨。

1944 年「全國輿情研究中心」(National Opinion Research Center) 也作了個調查，確信 Gallup 的民調結果。在「滿意孩子上學所接受的教育嗎?」的問卷中，80% 答「是」，15% 答「不」，5% 未決定。「公立學校有什麼改變嗎?」57% 答「沒變」；在答有「變化」當中，44% 答以課程及教法，但卻是朝向「非進步式」的改變。

一般而言，PE 的形象是「樂觀的，富有人道精神」(Optimistic humanitarianism)、「自然主義」(naturalism)、「功利主義」(utilitarianism)、「反形式主義」(anti-formation)。但卻也有人指斥為「犯罪的培育所」(crime breeders)、「浪費時間」(time-wasters)、「玩耍處」(play houses)。

Arthur Bestor 之批判及主張，頗具參考價值，他是 Teachers College Colambia 的史學教授，後轉到 Stanford 及 U. of Illinois:

1.教育目的中，智力的培育及思考的訓練最為重要。學術科目中之英、史、科、數、外語，不可或缺。

2.公立學校也應培育智力。民主教育與專制教育的差別，在於「量」，前者的對象是眾人，後者是少數；但兩者的「質」同，不可減少眾人在智育上的陶冶機會，否則就是剝奪全民的智育教學權利，也不可因民主而降低文化水平成低俗化。

3.美國教育不可忽略學術性，教師不可欠缺文理科素養，不可任由「互鎖的指揮者董」(Interlocking directorate) 來掌控教育，他們是教育學教授、學校行政主管、及州教育官員等。

4.師資應由大學培育，最好不要由師範院校負責，前者提供教育方針，後者頂多提供教學技巧及方法。

PE 沒落，原因如下：

1.主張被扭曲，內部派別多，相互爭勝。

2.負面多於正面，攻擊多，建設少。知現行缺點，但補救之道欠缺。

3.師資條件不足，PE 需要一流師資。

4.許多舊缺點經過指責而改善後，已時過境遷，但 PE 人士還一再的把老話掛在嘴邊。如批評課桌椅固定不變，現已改為活動桌椅，但 PE 人士仍以攻擊固定課桌椅為目標。

5.二次世界大戰後，社會風氣趨向保守。

6. PE 越來越專業化，脫離大眾越遠；PE 要求教師素質要高，待遇要好，因此教師的專業就越明顯，人民對 PE 的熱心因之大減。

7.無法與變遷的美國社會配合，PE 形成時，與戰後的美國已大有不同，大移民時代已過。(Gremin, *Transformation*, 348–352)

第二節　進步主義學校改造運動

我相信，教育是社會進步及改造的基本工具。

——杜威 (John Dewey)

大學的教育福利若無法影響到本州的每一個家庭，我就不會感到滿足，這是我對州立大學的想法。

—— Charles Van Hise

PE 的創始人誤以為只有私校才是進步教育及教改的主力。1947 年 Harold Rugg 公布 1870～1930 之間的三、四十所教改學校，其中只有四所是公立。這四所是：

1. 麻州的 Quincy，由 Francis W. Parker 於 1870's 年代進行教改。

2. 伊利諾州的 Winnetka，由 Carleton Washburne 於 1920's 年代進行教改。

3. 紐約州的 Bronxville，由 Willard Beatly 於 1930's 年代進行教改。

4. 俄亥俄州的 Shaker Heights，由 Arthur K. Loomis 於 1930's 年代進行教改。

Rugg 的說法雖不見得完全正確，但較具實驗創新措施的，私校比公校多，倒是事實。私校生的家長多半是中上家庭；公校則收平民，平民家長較不願加入教改行列。私校教改中影響力最大的，莫過於在紐約哥倫比亞大學師範學院所附屬的 Lincoln School，主力來之於 Abraham Flexner。1915 年他就擬仿 Johns Hopkins 大學醫學院 (Medical School) 所用的醫學教育方式，來進行通識教育。Harvard 大學校長 Charles W. Eliot 也向他說，希望有該種性質的實驗，但如有機會而錯過，則是一種嚴重的損失。Flexner 於 1939 年到 Lincoln School 參加開學典禮，他說：Eliot 校長才是 Lincoln School 的真正創辦人，該校成為「一所現代化學校」(A Modern School)。學校活動有四，科學、工藝、美術、及公民。捨希臘及拉丁文，而代以現代歐洲語文。1917 年 9 月 24 日，成為師範學院 (Lincoln School of Teachers College)，共存在三十一年之久 (1948)。詳細的學習活動如下：

一、二年級（六、七歲） 認識社區生活 (units)

三年級 了解 Hudson River 的種種，船的建造及設計，過去及當前貨運在船運史上的地位，含有史、地、閱讀、算、科學、美、及文學

四年級	食物
五年級	陸上交通
六年級	書本
七年級	人文環境，人文地理
八年級	文化及環境，參觀農場及工廠
九、十、十一年級	古代及現代文明
十二年級	當代美國

本校位於紐約市第一二三街與晨邊大道 (Morningside Avenue) 之間，屋頂有全天候運動場。中學有數、英、生物、物理、社會科、現代外文等特殊科目，也有工藝、家政、及體育，時有附近旅行或課外活動。本校有一個不錯的圖書館，另有諮商輔導活動。

與東部他校比較，本校除了比獨立學校（大學預備校）稍差之外，一切皆佳。因為該校家長屬中上階級，學生準備升大學，I.Q. 高於一百，與八年研究的學校同。

A. S. Neill 的《夏山學校》(Summerhill) 於 1960 年在美出版，他的觀念一點也不新穎。Neill 寫十幾本書，其觀念在美 1920's 及 1930's 年代幾乎都已實驗過。該書出版時，訂戶不多，但十年之後，竟然每年賣出二十萬本。Neill 強烈指責傳統教室內的教育的不當，且把教室內的教育就作為教育的全部，更為不該。1970 年 Charles E. Silberman 出版《教室內的危機》(Crisis in the Classroom)，早在 1966 年就寫出〈教育者的教育〉(education of educators) 之文章，認為一談教育，不能只限定在「學校」。「學校」及「教育」二者並非同義語。學童及大人在校內所學，不比在校外為多。這麼說，並非貶低學校在教育中的價值，但其他單位或活動的教育價值，也不容低估。家庭、社區、學生社團、電視、廣播媒體、軍隊，各種訓練計畫館、教會、博物館、童子軍、四健會、辦報者、電視導演及製作者、教科書出版商、甚至士兵及將軍等，在教育上扮演的角色，不下於各級公私立之教師。

Ivan Illich 是羅馬天主教徒，擔任 Puerto Rico 天主教大學的副校長。既

反學校也反體制，痛斥學校機構的敗壞，許多社會機構倒具「教育」功能。1970 年出版《覺醒的慶賀》(*Celebration of Awarenness*)，1971 年出版《在家自行教育的社會》(*Deschooling Society*)，1973 年出版《歡樂工具》(*Tools for Conviviality*)。家庭應扮演「潛在課程」(hidden curriculum) 的角色，社會有一種「歡樂的」(convivial) 教育機構，稱為「學習網」(learning webs)，讓大家心甘情願隨時可上網來接受教育。

①教育參閱資料之服務 (Reference Service in Educational Objects)，如圖書館、實驗室、博物館、劇院、工廠、農莊、及機場。

②技術交換 (Skill Exchanges)，成為願學及願教者的中心。

③同儕聚會處 (Peer Matching)，以學習為宗旨，大家歡喜來鬥陣。

④專業教育的參閱服務站 (Reference Services to Educators-at-large)，使專業人士對特定條件者予以教學。人人擁有一本教育護照，隨時可到上述機構接受教育。

批評者說 Illich 太過誇大非正式學校教育的效率，也單純化了人性的本質，太富浪漫情懷，不知一般人如完全解放，任令大眾化的傳播媒體來左右，則易喜愛沿街叫賣式的膚淺訊息。

其實學校以外之機構或活動，都是「課程」，各扮「中介」(mediate) 功能——汰選、詮釋、批判、增強、補充、反擊、且轉型 (screening, interpreting, criticzing, reinforcing, complementing, counteracting, & transforming) 的功能。

就「教育生態」(Ecology of Education) 而言，教育是系統的、有意的、持久的 (systematic, deliberate, & sustained)；努力來「傳遞、啟迪、或接受」(transmit, evoke, or acquire) 知識、態度、價值、技巧、或感受度 (knowledge, attitudes, values, skills, or sensibilities)，近乎社會學中所言之「社會化」(socialization)，人類學家 (anthropologist) 之「文化化」(enculturation)，以及上述活動之結果（預期或非預期）。小孩教大人，也可轉移為兒童教導他的父母親或祖父母有關移民國的語言及文教等。但如認為連地震都有教育性，則是無意義的；因那不屬人類活動中具目的性及計畫性之嚴肅領域。教育活動具有輻輳性，使價值觀念之對立或互補，在印地安人面臨白人之文教

時，也能發生如同希臘時代的文教樂園 (*paideia*) 一般，要達到此種境界，至少必須具備下述條件：

1.**綜合性的思考** (thinking comprehensively)：顧及各種族及各族群。大都市居民離心力強，向心力弱；如此的社會機構才算扮演教育的功能。中國利用公社，俄國透過群眾聚會 (komsomol) 來左右民眾的觀念；學校以外之機構，也扮演了教育之角色。

2.**理性的思考** (thinking relationally)：彼此有關，人人不應孤立，相互了解、認識、合作，教育效果會大增。傳統學校與社會生活脫節 (decoupled the generation)，變成不相連屬的一代，只背古書，只記外國事，沒有社會化（地方化、本土化）；導致青少年犯罪頻傳，槍擊案件層出不窮。與當地疏離，學校卻應和社區結合，親子關係應增強。青少年的活動，應有大人參加；避免雙方之冷淡、不關心、敵對、甚至暴力以向。但學校是否是個「困在危城中的機構」(beleaguered institution)，或是「老舊的大桶」(aging vats)，皆是存疑的。且社會化並非學校教育的唯一功能，社會化也是一種手段，本身並非目的。目的在於個人的充分發展，藉社會化的過程來彰顯自我。社會化如太一致，並非教育的好現象，有衝突，可能更豐富民主社會的內涵。

3.**為公而想** (thinking publicily)：教育是一種公共政策的活動。

⑴就「公」而言，「公」政府有地方、州、地區、聯邦、及國際；「公」機構有法院、議會、行政機關、公私立組織等。如通學車之設計，載送黑人入白人學校就讀；而法院是二次世界大戰後全美最具影響力的教育決策單位。

⑵教育是公共政策的領域：杜威在九十歲生日 (1950) 時說：「民主始於保存」 (Democracy begins in Conservation)。二千多年前，亞里斯多德說教育旨在為善，但何者是善，眾人見解不同；不過，仍有共識部分。公共教育教導共識部分，尊重歧異部分，且了解對方之立場。

杜威於 1897 年在《學校雜誌》(*The School Journal*) 說：「教育是社會進步及社會改造的最基本手段」(Education is the fundamental method of social progress and reforms)。教師經常都是「真正上帝的先知」(the prophet of the God)，也是「引入上帝王國的導師」(the usherer of the kingdom of God)。如同清教徒創建哈佛時所言之宗旨，該校是「先知之府」(School of the prophets)。但除了「學校」之外，社會上的大部分機構，都應具有「教育導向」(education oriented)。

第三節　黑白分校或合校之爭

Truman 總統設的高等教育委員會 (Commission on Higher Education) 對歧視給予最強烈的譴責，尤其是種族歧視。這也是第二次世界大戰後，進步式學者的盼望與期待。該委員會認為國內的經濟，若要維持長期的發展，就不容有大批的美國人，因種族、階級、性別、及國籍的不同，而無法享受入學機會；並且美國在國外的聲譽也將因此受盡誣衊。該委員會委員共二十八名，其中有四位持不同意見，他們也都代表進步式的思想。報告書中這麼寫著：「我們了解到，許多條件不利於我國黑人的生活，在經濟及教育上有明顯不公平現象，這也是事實。吾人所考慮的是，當條件盡可能予以改善之後，不平等就可以革除，全民就可享更大的機會。但我們相信，朝向此目的的各種努力，在南方，應把它置於現行社會關係的模型內來進行，那就是說黑白分開設校。」自 1890's 到 1940's 年代之間，進步式學者在種族議題上，態度並不一致。二次世界大戰後，有關於「自由」的說詞，彼此意見也紛歧。

Truman 總統任命該委員會五個月之後，他又任命一個公民權利委員會 (Committee on Civil Rights)，要求「研究並決定採取什麼行動來立法，以便增強聯邦政府、州政府、及地方政府，改善對於人民權利的保障」。1947 年公布了報告書《尋求這些權利》(To Secure These Rights)，對於種族問題就不含糊了，斬釘截鐵式的指出，公民權利問題是全國性的，影響到所有的美國人，有必要按鈴要求聯邦政府制訂政策，來善保全民權利。不管人民住在何方，也不管他們的種族、宗教、或國籍別。本報告書也追溯長年以來對猶太人及天主教徒、黑人及美國原住民、西班牙裔、菲籍、及亞洲移

民的歧視；把合法及非法的歧視措施，巨細靡遺的予以詳舉，也說明因歧視而在就業、教育、住居、及健康醫療上所發生的嚴重成果，並洩漏出剝奪黑人及移民者投票權的遁詞理由；更毫無猶豫的排拒一種說法，以為黑白種族接受相同的設備，就是平等。因為那只是假相。

「吾人相信，即令是數學算得再精確的將分離機構的設備予以平等化，也不可以說在法律之下，被認為是平等的。」該委員會堅持：「沒有一種論調或理由可以改變一件事實，即當法律禁止一群美國人不准他們與其他美國人在一起過日常生活時，就會把階級制度的刻板印象強加在少數人群身上，這就製造了不平等的結果出來。」最後，該委員會提供教師數項建議，包括國會立法通過的「公平就業實施法」(Fair Employment Practices Act)。州政府及州議會也立法，公私教育機構的「公平教育實施法，禁止在種族、膚色、宗教信仰、或國籍上，作入學與處理學生問題上的歧視」。隸屬於總統的常設行政委員會 (Commission on Civil Rights in the Executive Office of the President)，來處理公民權利，以及一般性的措施，旨在「革除美國人生活中，因種族、膚色、宗教信仰、或國籍上的分離措施」。

大中小學的情況，因上述兩個委員會的行動，而有所改善。1946～1947年，美國有十七個州及華盛頓特區 (D.C.) 仍然在黑白分離設校上，有法定依據；這十七個州是阿拉巴馬、阿肯色、德拉瓦、佛羅里達、喬治亞、肯塔基、路易斯安納、馬里蘭、密西西比、密蘇里、北卡羅萊納、奧克拉荷馬、南卡羅萊納、田納西、德州、維吉尼亞、及西維吉尼亞州。十二州禁止設種族或膚色的分離學校，這十二個州是科羅拉多、康乃迪克、愛達荷、伊利諾、麻州、密西根、明尼蘇達、紐澤西、紐約、賓州、羅德島、及華盛頓州。不過有些州的某些地方違反此禁止，專為黑人設立學校，如伊利諾、紐澤西、及賓州。

十四州對此議題沒有意見，這些州是加州、愛荷華、緬因、蒙大拿、內布拉斯加、內華達、新罕布夏、北達科塔、俄亥俄、奧瑞岡、南達科塔、猶他、佛蒙特、及威斯康辛州。

五州則設有混合式學校，這些州是亞利桑納、印地安納、堪薩斯、新墨西哥、及懷俄明州。其中亞利桑納在小學也設分離學校，中學則混合；

新墨西哥禁止分離學校，但校內准許分班各收黑白學生。印地安納、堪薩斯、及懷俄明，則在一般上准許設分離學校。

名黑人教育家 Charles H. Thompson 根據 1940 年人口普查的統計資料，從黑白分離的教育制度中，教育機會及教育成就的不平等狀況，作了詳細分析，得出下述類型：

分離學校法定化的十七個州及 D.C.，二十一歲以上的人民中有 2.8% 的白人及 11.7% 的黑人，連上一年的學校教育皆無。11.6% 的白人及 37% 的黑人是功能性的文盲 (functionally illiterate)。8.4% 的白人及 5.1% 的黑人接受三至四年的學校教育。13.2% 的白人及 2.9% 的黑人完成四年的中學教育。4.7% 的白人及 1% 的黑人完成四年制的大學教育。專業教育上，八百四十三名白人中有一醫生，四千四百零九名黑人中有一醫生。一千七百一十四名白人中有一藥劑師，二萬二千八百一十五名黑人中有一藥劑師。七百零二名白人中有一律師，二萬四千九百九十七名黑人中有一律師。六百六十四名白人中有一工程師，十三萬零七百名黑人中有一工程師。

其次，黑人學生在上述十七州及 D.C. 中的教育品質都甚為低落，在參與校政權、受教年限、師生比、教師薪俸、學校設施及住宿、特殊服務項目、交通車、提供升學上進管道等，都不如白人學生。在 1940 年的人口普查中，還未見有其他全國性及各州的資料，是以種族及國籍作分類依據，來予以統計的，所以本資料意義重大。黑白之間的差距，從上述數字中，一目瞭然。全國有 4/5 的黑人，住在上述十七州及 D.C. 區域裡。

Truman 總統對兩個委員會的報告，特別予以注意。他努力為此立法。1948 年 1 月，向國會發表了參眾兩院聯席會議國情諮文 (State of the Union Message) 中，把「基本人權」(essential human rights) 列為施政五大項目之一，2 月向國會發表人權諮文，說明聯邦政府負有清楚任務，來履行憲法中明言保障個人自由的條文，人權依法受到維護，不可在全國各地遭受拒絕或刪減，私刑嚴予禁止，人頭稅屬違法。建立「公平就業實踐委員會」(Fair Employment Practices Commission) 及「公民權益委員會」(Commission on Civil Rights)。不過國會卻相應不理，Truman 發揮他的行政手腕，在好多方面上下功夫，包括教育。1950 年，也是 *Brown* 案件判決之前四年，聯

邦政府的「司法部」(Department of Justice) 就廢止了「分離但公平」(sep-arate-but-equal) 原則；1952 年還為 *Brown* 案件的原告提供協助，在該案件訴訟中得勝。

　　功勞倒應歸給最高法院。最高法院在 1954 及 1955 年審理 *Brown* 的判決中，無異議通過廢止分離政策。此判決，南方人譁然，群起抗議，這是不足為奇的。*Brown* 案件於 1954 年 5 月作了裁示之後不到二個月，在 In-dianola（密西西比州）馬上有個白人的「公民諮議會」(Citizen's Council) 成立，旨在抵制最高法院的判決，因為他們擔心受到高加索種族混種 (mon-grelization) 的影響；其後，該諮議會的活動遍布全部南方各州，不只堅持分離措施，且要清洗「自由派」(liberal) 的教師及教科書，且也要掃除 NAACP（National Association for the Advancement of Colored People, 全國增進有色人種利益協會）在南方的勢力。南方各州州長及議會議員，在參議員 Harry Byrd（維吉尼亞州）及 James Eastland（密西西比州）領銜之下，重新提出內戰之前由 John C. Calhoun 所提的「介入主義」(doctrine of inter-position)，該主義是說，州有權也有義務來否決聯邦所制定的不公正法律，他們享有「介入權」──介入於聯邦政府及人民之間。藉「介入」(interpo-sition)，他們視最高法院之判決為無效。此外，還制訂好多法令來延續分離措施，如廢除強迫入學條例，州政府不准撥款協助雙種族合一的學府，卻可提供學費補助給選擇上分離的私立學校學生，學生若入公立學校但不遵照分離政策者則分文不給，立法准許各學區設置各種辦法來將學生予以分類，依膚色來指派學生並遷移學生。1955 年成立了「憲法政府聯盟」(Fed-eration for Constitutional Government)，結合各種抗爭勢力共同來抵制最高法院以及不分離政策之訓令。1956 年 3 月，有一百零一位參眾兩院議員，發布「憲法原則宣言」(Declaration of Constitutional Principles)，拒絕承認 *Brown* 判決的有效性，宣稱盡一切努力來立法予以抵制；「集體抵抗」(mas-sive resistance) 的過程中，對黑人攻擊及侮蔑，有增無已，又剝奪他們的投票權。處於南北邊界的各州，比較聽從最高法院的決定，因為這些州的人口中黑人較少，比較不會引發白人的恐懼，擔心黑人得勢後會慘遭毒害的報復。如：Baltimore、Wilmington、San Antonio、Washington、St. Louis、

及 Louisville 等都市，立刻採取行動，廢除境內的雙軌制，重新分配調派學童在附近學校就讀，或依學生的選擇予以轉移學籍；其他社區也多多少少遵循此種安排，不過依種族的人口結構，州及地方政府加上學校行政首長的態度、決心、及素養而定。

Brown 案判決後數天，Dwight D. Eisenhower 總統予以背書支持。但他的個性是漸進主義者，認為取消分離措施需要時間，且雙方的極端分子會出面而拖延時日。1957 年，阿肯色州的小岩城 (Little Rock) 發生事件，逼使他不得不採取斷然的行動。「介入主義」引發了對美國聯邦政府權力的嚴格考驗。Little Rock 的學校董事會，遵照最高法院的判決規定，規劃一個漸進的策略，九月開學時，就收了九名黑人學生到中央中學 (Central High School) 就讀。州長 Orville Faubus 宣稱他為了執行公共秩序，下令阿肯色州的「國民兵」(National Guard) 來阻止黑人學生進入學校大門；Little Rock 市長是學校董事會董事，認為州長是麻煩的製造者，聯邦法院也下令州長停止干預（介入），州長遂下令國民兵撤退。但此項衝突，吸引了白人至上主義者的暴民圍觀，且引發示威。當學校大門開啟，黑人學生也入校了，校方擔心這些青年學子的安全，讓他們坐警車回家。總統堅持，群眾不得蔑視聯邦法院之決定，下令國民兵應接受聯邦政府的指揮，且調派第 101 空降營部隊到 Little Rock 來執行命令，聚集的民眾立即煙消雲散，學生再度返校。不過數個月後，學校董事會的一項請願訴求，使該校的廢除分離計畫受到耽擱，因為雙方的分裂，嚴重的影響學校教育的課程活動。最高法院也藉此機會在 Cooper v. Aaron (1958) 案件中作了判決，即任何州政府直接或間接介入，都無法取消或刪減歧視法令的廢除；而且，暴動分裂並不足以作為根據，來剝奪黑人學童享有他們的憲法權利。Faubus 州長的回應方式，是 1958～1959 年把 Little Rock 的所有中學皆予以關閉，1959 年聯邦最高法院又在 Aaron v. McKinley 案件中判決，阿肯色州的學校關閉，屬違憲。1959 年的 9 月，學校重啟大門，成為不分離政策的學府，州長卻也受到該州選民厚愛，再度當選州長，連任到 1967 年為止。

Little Rock 事件告訴世人的是，介入主義作為法律依據，是無法得逞的；以暴動分裂作為工具，來抵制「分離政策的廢止」（不得分離，desegregation)，也宣告無效。其後六年，不管 U. of Georgia 的暴動，U. of Mississippi 的流血衝突，以及 Wallace 州長的親自圍堵於 U. of Alabana 校門口，「不得分離」都慢慢的且也不假情面的在南方的大學院校進行著。中小學校也有實質上的運動，朝此方向進行。奧克拉荷馬、密蘇里、肯塔基、西維吉尼亞、馬里蘭、及德拉瓦州，有 25 ～ 60% 的黑人學生在 1962 年入雙種族的學校，但德州、喬治亞、維吉尼亞、北卡羅萊納、阿肯色、田納西、及佛羅里達州，也只作象徵性 (token) 的種族合一學校教育而已；而密西西比、阿拉巴馬、及南卡羅萊納州的中小學，都相應不理。1963 ～ 1965 年，最高法院作了不少判決，國會也制訂不少法律，才使此種情況有了重大的改觀。1963 年的 *Goss v. Board of Education* 判決，不准「少數遷到多數」(minority to majority) 計畫，田納西州的 Knoxville 規定，把學校內少數種族學生，遷到該種族學生較多的學校，此種規定為最高法院予以否決。1964 年的 *Griffin v. County School Board* 判決，也斷然取消維吉尼亞州 Prince Edward County 的規劃，該學區 (County) 准許地方教育委員會寧可關閉學校而不採種族合校措施，然後提供學費、貸款、及稅收信用，來補助入私立學校就讀的白人，但也只有白人學生有此機會而已。1965 年的 *Bradley v. Richmond School Board* 判決，規定地方各學區的不分離計畫，不只適用於學生，也適用於教師。這三個判決，把「集體抵抗」(massive resistance) 的陣頭衝垮了。

國會立法的行動，配合政治生態的大幅改變。Eisenhower 總統競選第二任時 (1957)，兩黨共同支持新的公民權利在國會通過，他勝選在握。「重建」以來的首次法案，是成立行政部門的「公民權利委員會」，但無實權。1955 年，Montgomery 的汽車杯葛事件，使民權運動活力再現；1957 年 Martin Luther King, Jr. 牧師成立「南方基督教徒領袖會議」(Southern Christian Leadership Conference)，來推動黑人享有平等的政治、經濟、及社會權利；1960 年，戰鬥型的學生採取靜坐示威戰術，使四名黑人學生不受隔離的可以在 North Carolina 的 Greensboro 與白人共進午餐。

第二次民權法案通過於 1960 年春季，但黑人領袖並不是很滿意。甘迺迪 (John F. Kennedy) 了解該議題的重要性，遂取之作為 1960 年總統大選的

主要議題，向紐約市的 Harlem 群眾強力要求黑白平等權。他說：「假如這裡生了個黑人嬰孩，隔壁生了個白人嬰孩，則這個黑人嬰孩完成中學教育的機會只是白人嬰孩的 60%。這個黑人嬰孩唸完學院的機會是那個白人嬰孩的三分之一；這個嬰孩的失業率，卻是那個嬰孩的四倍。」1961 年夏季，一批「自由駕駛」(freedom riders) 跑遍了南部各地，為「公車出口不應該黑白分離」，作了不少努力。在甘迺迪上任後的 1962 年，他不得不派軍到密西西比州的牛津，來確保 James Meredith 這名黑人進入 U. of Mississippi 就讀；那是在一次暴動中有兩人喪生之後，才依聯邦法院的裁示所作的行動。1963 年 4 月，Martin Luther King, Jr., 領導一群阿拉巴馬州 Birmingham 黑人示威遊行，要求在旅舍及求職中，停止對黑人的歧視。全國民眾在 TV 看到綽號「公牛」(Bull) 的警長 (Police Commissioner Eugene) Connor 動用警犬、消防車、以及警員，殘酷的對待參加非暴力抗議活動中的男女及小孩。6 月 NAACP 密西西比州的州祕書長 Medgar Evevs 被暗殺；8 月「華盛頓大遊行」(March on Washington)，幾乎有二十五萬人民，包括黑人及白人，聚集在「林肯紀念堂」(Lincoln Memorial)，支持「平等權利」而示威抗議；9 月 Birmingham 學校在法院裁示之下，已採不分離措施。火藥爆炸事件發生在第十六街的 Baptist Church，時恰聖經班下課，四名黑人小孩死於其中，令人驚愕的畫面，經由 TV 轉播，呈現在國人面前。甘迺迪總統於春季送了公民權利法案到國會審議，並且也就在此種社會事件的脈絡裡，Lyndon B. Johnson 接任被暗殺的甘迺迪總統職務，該法案才在 11 月獲得通過。

　　1964 年的「公民權利法案」(Civil Rights Act)，比以往的法案更能有效的保障黑人權利。其中授權檢察官採取法律行動，促使學校作到種族不分離，也授權聯邦政府提供幫助，使學區的黑白分校不再存在。凡接受聯邦政府補助的學校，皆不得有種族歧視的措施，一發現學校有種族歧視，則立即取消補助。公共住宿、求職就業等，皆不可有歧視情事發生。Johnson 總統說，該法案「關閉了種族毒素的源泉」(close the springs of racial poison)。

　　1964 年 Johnson 尋求連任，以「大社會」(Great Society) 為競選主軸，獲壓倒性勝利。他送給國會一連串的法案，當中通過的兩個法案，是美國

教育史上劃時代的創舉。一是 1965 年的「中小學教育法案」(Elementary and Secondary Education Act)，一是 1965 年的「高等教育法案」(Higher Education Act)。前者由聯邦政府撥付巨款補助貧苦學生，尤其是少數族群，另也補助上二年制及四年制的大學生，又補助圖書資料，實驗室儀器設備及教學資料；大學院校可向聯邦政府申請經費來解決學生的住宿、交通、健康、學業等問題，以便使都市內的大學院校與都市社區本身的關係，如同 1862 年 Morrill Act 通過後所強調的農工學府與當地社區之關係一般。

1964 年的「公民權利法案」以及 1965 年的大中小學教育法案，加上最高法院對 *Brown* 案件的判決，其所生的反抗力道漸形減弱，「紅蘿蔔與棍棒」(軟硬兼施，carrot-and-stick) 的效果產生了，學校取消分離措施的腳步加速。聯邦政府在教育上的花費快速增加，從 1966 年的 45 億美元到 1970 年的 88 億，1974 年花費 134 億，1978 年增加到 195 億，這是指「紅蘿蔔」而言。最高法院則拿著「棍子」，來鞭打那些逃避或蔑視法令者，1968 年的 *Green* v. *County School Board of New Kent County*，不准維吉尼亞州 New Kent County 對種族隔離與否，採自由選擇的措施 —— 黑人可以選擇轉學到全是白人的學校，反之亦然。法院堅持，第一，在 *Brown* 案件中，早已課學校董事會一種職責，「承擔正面及積極的任務，採取任何必要的步驟使之成為單一軌道的學制，使種族歧視從根拔除。」

第二，學校就是學校，不可以有所謂的白人學校或黑人學校。1969 年的 *Alexander* v. *Holmes County Board of Education* 判決中，要求學校要「即時的」(promptly) 採用單軌制，而所謂「即時的」，是「立即」(at once) 意。南方的「集體抵抗」(massive resistance) 瓦解了。1972 年有 91.3% 的南方黑人學生入種族混合制學校，南北邊界的各州則為 76.4%，北部及西部是 89.1%。分離政策的廢除，已大見成效。

1960's 年代中葉，有兩項文件極具意義：

1. 1966 年的 Coleman Report。1964 年的「公民權利法案」中，提到要作個調查來了解，是否因種族、膚色、宗教、及國籍的不同，而影響個人入學於公立教育機構的機會，調查地區包括全美各州、特區、屬地、及托管地，公立大中小學皆屬調查對象。1965 年由 Johns Hopkins 大學教授

James S. Coleman 及 Vanderbilt 大學教授 Ernest Q. Campbell 為主持人來負責，取樣學校數共四千。以往的調查標準側重「輸入」(input)，如學校設備、教師薪水、每位學童的花費開銷等，本研究則以「結果輸出」(outcomes)為標準，即以學童在閱讀及數學兩科的成績來衡量。依當時的成就測驗，Coleman 及 Campbell 發現，大多數的美國孩子，各自上他們種族人數較多的學校，儘管白人學校設備較優，但以「輸入」的角度來看，全國的學校，大略上來說還算平等。但少數族群的孩子，在學業上的成就，一年級時落後白人學生約一到二年，十二年級時則落後三到五年。換句話說，二者之差距，不只學校沒有採取措施予以減少，還因受教時間長而增加。由於學校的「輸入」部分是平等的，因此造成學生學習的「輸出」(結果)會有更大的差別，顯然因素不在學校，而在家庭背景。如果學校還影響學生的學業成績，則是校內學生的種族因素。

2.1967 年的公民權利委員會報告書，書名為《公立學校中的種族孤离》(*Racial Isolation in the Public Schools*)，係針對「事實」(*de facto*)上來探討頑固的分離措施而來。1960's 年代時，在「法理」(*de jure*)上不可以有分離式的學校，但實質上，因為住居型態、社會及經濟層級、以及人口散布因素，在南方及北方皆存在著黑白的分離。同種族者聚居成鄉，相識者也同住一帶。或基於經濟因素，如房租要求、抵押機會；或是社會因素，如房地產契約簽訂的限制、房東的歧視、公然的侮蔑、對黑人的偏見；或人口住居因素，如南方黑人移民於北方，或由南方鄉村移到南方都市，都在全國大都會區出現黑人住居集中處。學校對此束手無策。1965 年 Johnson 總統要求「公民權利委員會」，搜集資料來了解，「事實」上學校內部的種族孤离狀況，1967 年報告出爐。William L、Taylor, David K. Cohen, 及 Thomas F. Pettigrew 為負責人，加上一群顧問，即十五位傑出教育家及社會科學家，如 Kenneth Clark 及 James Coleman。該報告有重大發現，令人震驚。黑白學童在學校教育中，都存在著不平等的事實。全國的都市裡，75% 的黑人國小學童，上全部是黑人的學校，83% 的白人國小學童，上全部是白人的學校。此外，大都市外圍的衛星城市，種族孤离狀況更為明顯；而教育上的不平等，更是造成種族孤离的因素。一般說來，黑人學生在學業

成績上不如白人學生，在校愈久，彼此差距愈大。黑人學生比較不像白人學生那般的上圖書館藏書豐富的學校，不修學術意味濃厚的科目，也不想被能力優秀受過良好教育的老師教學。他們比較喜歡上升學率差的學校，本身也不想唸大學。不過，黑人學生在不分離的學校，比在種族孤离的學校，表現較佳。該報告提出治療之道，是補助教學，提供特殊服務來縮小不同族群的教育差距，規劃全市級的「磁性學校」(magnet schools) 來吸引全市學生入學，課程安排堅強，設置教育公園，以及都市及郊區衛星都市之聯繫。本報告書送給總統時還附帶好多建議，希望聯邦政府採取行動，建立統一的標準來革除學校內的種族孤离。最後還指出，如果學校之中黑人學生超過 60%，那是不能評為滿意的。

Coleman 的報告以及「公民權利委員會」的報告，都在進步式的學校運動中產生基本上的變遷，從機會平等到結果的平等，到 1960's 年代所稱的「合理公正」(equity)。這當中有幾個要項：

1.解決最棘手的種族教育問題，不能光是廢除分離學校的欄柵而已，應在種族合一的學校中有更積極的措施。最高法院在 *Green* 案件的判決上，就採取此一立場。校車載運變成種族合一的主要議題，校車也可疏解大校大班的困難，可以為學生提供特殊服務，上學途中較為安全。

North Carolina 的 Charlothe Mcklenburg 學制就是一個特例。一個學區要為八萬四千名學生服務，該區有五百五十平方英里，學校共一百所，為了遵從聯邦最高法院的規定，遂用校車來運送學童入學；因為總共二萬四千名的黑人學童中，有一萬四千名上完全是黑人的學校、或幾乎是黑人的學校。到他校就讀，把學生重新分配，以達到種族不分離的最大效果。

2.語言教學涉及教育的公平合理性。1974 年 *Lau v. Nichols* 案件中，最高法院判決，San Francisco 學校不得拒絕為不會講英語的中國學童開設中文課程，否則就剝奪了他們接受有意義的教育機會。為了補救並改正學童學習英語上的困難，學校要為不會英語的學童開設特別的語言班。1974 年，國會通過「雙語教育法案」(Bilingual Education Act)，為非英語國家的學生提供特殊的語文教學服務，以便達成語文教學上的平等。

3.求職就業，不得因種族、膚色、宗教、性別、及國籍而有歧視。此

種立法，影響了中上教育。1964 年的公民權利法案，設立了「公平就業求職委員會」(Equal Employment Opportunity Commission)。1965 年，Johnson 總統又發布「行政命令」(Executive Order)11246 號，規定：凡與政府簽訂的工程超過一萬美元的公司組織，都得採取積極措施，不得因種族、宗教信仰、膚色、及國籍，而在雇用員工中有歧視。兩年後的 11375 號行政命令，又加上不得有性別歧視。且在求職就業時，用種族、性別、宗教信仰、膚色、及國籍，來作為員工的比例分配，本身就是不合理。這是 1978 年 *U. of California v. Bakke* 案件審理當中，最高法院判決的論點。

4.教育過程，從「外在因素」(externals) 轉為「內在因素」(internals) 的重視，把「平等」(equality) 變為「合理」(equity)；外在因素如設備、教師薪水、甚至是學生中的種族區別，內在因素如認知、學生對社會及自然環境的個人掌控、及抱負水平等。這是由《公立學校中的種族孤离》一書中所得的啟示。未來將會出現全部或近乎全部是黑人的學校，但只要善予運用教育過程，則可以使這些學校變成最好的學校。為了贏在起跑點上，進行「帶頭衝」(Head Start) 實驗，這是 1964 年「經濟機會法案」(Economic Opportunity Act) 所實施的方案。該方案旨在改善貧窮孩子之健康及體能、發展自信心及能力、增進語言及概念技巧、親子互動、為貧窮家庭提供社會服務。採取密集的個別化教學，使學生在讀、寫、算的基本能力上有傲人的成績。加強特殊輔導及諮商活動，對於科學、美術、及體育，則提供補充教材。有些黑人種族主義者，認為這是有必要的，且聲稱全部是黑人的學校，在培育黑人的自尊性上，機會比雙種族學校還優。注重內在因素，對全體學生的學業成就都有幫助，包括少數族群的學生（如黑人）。此外，黑人教育問題，黑人家庭結構，及黑人的求職就業，三者環環相扣，密不可分；同時解決這三種問題，黑人社區應具帶頭作用。欠缺教育與訓練的黑人家庭，在解決上述三項問題上是無能為力的，只有經過訓練及教育，才能找到好的工作，也才能改善黑人的工作條件。除非黑人的家庭好轉，否則就妄想黑人上學校之後表現良好。但關鍵在於黑人本身是否有內在的自覺，來制訂政策並實現政策，否則一切皆是奢想。當此種觀念首先由「勞工助理祕書長」(Assistant Secretary of Labor) Daniel Patrick Moyniban 於

1964 年提出，而納入為 Johnson 總統的主要論點時，兩人皆被嵌入「種族優越感」(racist) 的枷中。但 1983 年《種族公正的政策架構》(*A Policy Framework for Racial Justice*) 一書，是由傑出的黑人學者、行動家、及智識分子所共同研究的成果，該項論點也獲肯定。1980's 年代之後，新的黑人政治及教育議題上演，就是以這為主戲。

　　Brown 案件的判決及其後的發展，許多人都稱為是「第二次獨立宣言」(Second Declaration of Independence)，或是「第二次國家再造」(Second Reconstruction)。但第一項隱喻太廣，太過誇張；第二隱喻則太窄，不過仍蘊含有趣的話題。二者最先都影響在南方，最後則遍及全國；二者都涉及黑白的歷史關係，也都與聯邦權之直接對抗州權有關；二者也是最高法院、國會、及總統府，三者時而合作、時而對立的角色扮演；二者皆利用學校教育作為主要的政治變遷及社會救贖的武器。但同中有異，尤其是黑人當主角時。在最近的發展上以及全面及全程的結果上，黑人的學校教育，真正的收穫是微量的、零星的、且拖延時日的。在教育上，內戰後的重建，已為南方的公共教育奠基，也為 *Brown* 案件的憲法依據鋪路，其後的各種判決亦然，因為皆源於憲法第十四修正案而來。

　　由 *Brown* 判決所引發的運動，在實際上產生深遠的影響，這在 1972 年的學校教育可以看出來，此點已在上面提及。當 *Brown* 判決時，在南方的各州及 D.C. 唸公立及私立大學院校的黑人並不多，1966 年時大部分南方各州的高等學府皆簽了同意書，保證遵守 1964 年的公民權利法案。1976 年時，黑人在大學院校的比例為 9.1%，此百分比與黑人人口所占百分比已極為接近。

　　此外，透過 1964 年的公民權利法案，使得 *Brown* 案件的判決，不只對黑人造成影響，且也波及其他少數民族，如墨西哥裔美國人、亞裔美國人、美國原住民、以及波多黎各裔美國人；婦女也深受其利，免受歧視及分離之苦。不過該法案之力道也有不及之處，東部都市內的貧窮黑人、西南部貧窮的墨西哥裔美國人，仍然淪落在貧民窟中，也在貧民窟學校就讀，教育是隔離式的。西班牙裔美國人接受高等教育者，大多只是念公立的兩年或四年制學院而已，黑人則到傳統上完全是黑人的學府。要是認為 *Brown*

案件之影響深遠且具意義，並不是說該案件在教育的公正合理上，利弊分明，或是說事後的發展也理該如此；只是說 *Brown* 案件在促進更多的種族平等上，啟開步伐邁入了最重要的門檻。這在教育上是如此，在美國社會的其他領域上，也是如此。

第四節　兒童教育及社會服務

> 漸漸的，我們不得不承認，家庭或學校若不予以幫助，則都無法正確地保障兒童的福利。我們需要州的力量來保護孩子，使他免於受粗心大意及自私自利之害。因為孩子是脆弱的，而他的自然保護者及其個體，也同樣是脆弱的。
>
> —— Ella Arvilla Merritt

一、家庭教育

到了 1870's 年代時，美國境內的小學已普遍林立，不過型態並不完全一致。小學也只是扮演教育的一部分而已。透過政府及慈善團體的努力，除了小學之外，主日學校、實科學校、學院、神學院、出版社、圖書館、救濟院、孤兒院、感化院、及教會本身，都一併為教育而努力。小學與這些機構最大的不同，就是小學係由公家的稅收來支付開銷，且由人民選出來的董事會來負責監督。不過小學是由政府來辦，還是由慈善團體來辦，則界線並不分明。十九世紀時，一般人都認為小學是公立。在福音傳播運動如火如荼展開之際，所有上述教育機構的使命都頗為一致，即在培育善良的基督徒，也是好公民，可以履行共和國的職責，以便把美國變成向全世界放送自由之光的所在。

家庭是所有教育機構的核心，責任最重，也最基本。福音傳播時代所出版的文字資料中，都可看出時人視家庭為塑造兒童道德發展最自然的場所，也是教導孩童基本知識最恰當的所在。家庭教育的主角是媽媽，母親

是一家的守護者，具有上帝賦予的本能來教養孩子，使之成為自由社會的公民。Catherine Beecher 說：「塑造年幼者的品格及智能，落在女性的手裡，媽媽塑造了未來的美國成人。」她更認為沒有人可以否認，美國的婦女，比地球上他處的婦女更應秉持此種令人讚美的特權，普施福祉於全球各地，使墮落的男人再生，洋溢著美的情調。

生於破碎家庭的孤兒、貧窮孩子、移民而住貧民窟的小孩、遊蕩街頭「離家出走的窮人」(Outcast poor)，「會變成危險的階級」(dangerous class-es)。照顧這些孩子，最好的方式就是收容在「農夫家裡」(farmer's home)。在感化院、救濟院、孤兒院等由於太過擁擠，工作人員少，經費短缺，服務人員訓練不足，都非善策。波士頓的慈善家 Joseph Lee 說：「建構性及預防性的慈善工作」(constructive and preventive philanthropy) 比施捨更便宜，效果更佳，也比事後補救好得多。而建構性及預防性的慈善工作，就是教育。

1890's 年代進步式教育學者集中火力，進行救救孩子運動。Jacob Riis 於 1892 年出版《貧窮家的小孩》(*The Children of the Poor*) 一書，激起大家對救救小孩的情懷。Joseph Mayer Rice 於 1893 年出版《美國公立學校制度》(*The Public-School System of the United States*)，寄望學校改造。其後「全國施捨及感化會議」(National Conference of Charities and Correction) 及「全國童工委員會」(National Child Labor Committee) 也推動此項運動。1912 年成立「美國兒童局」(United States Children's Bureau) 代表此項運動的勝利。多年來該局的工作雖未盡人意，但也提供給美國的家長養育子女的正確方式。

二、社會教育

內戰後，出生率明顯降低，機器取代勞力的時代也已來臨。家事操勞減輕許多，婦女走出家庭參與宗教福音工作，變成是最被認可與接受的去處。婦女義務性團體紛紛成立，中上家庭的婦女參加者最多。婦女的興趣與討論範圍漸漸擴大，已非只限定在家計而已，而是包括整個社區了。誠如 Wisconsin「婦女俱樂部聯盟」(Wisconsin Federation of Women's Clubs)

會長所說，婦女需要「把世界本身當成是個大家庭」(make the world itself a larger home)，有藝術、文學、及社區事務，宗教及理家，也對不幸者的困境感到關心，且想辦法予以協助，提供「主觀」及「客觀」上的服務。

婦女俱樂部的主要工作，放在兒童研究及教育上，這是理所當然的。1870's 年代之後，時人對兒童研究頓感興趣，那是由於 Friedrich Froebel 的著作輸入來美、加上他創辦的幼兒園也在美國變成風潮所造成。兒童的「自然發展」是婦女熱中研究的對象，尤其是對幼兒的「創造性遊戲」(creative play) 更為著迷。

不過，Patty Smith Hill 在 1907 年發表〈幼兒園的衝突觀念〉(Conflic Views on the Kindergarten) 一文，指出 Froebel 的「遊玩活動」(Occupation)，等於工藝 (industrial activity)，如穿洞成線 (pricking)，以紙板或泥土為材料，來縫、織、或折疊；這些活動，都(1)太重抽象，非活生生的材料。且又(2)重視美，但卻遠離兒童的自我經驗；其實兒童只是一種本能的衝動來割紙、玩泥巴、看圖、唱歌、舞蹈、繪畫，心目中並無刻意的存著表現「美」的意識。並且又(3)太過早熟的過分強調空間、時間、線條、顏色等抽象觀念，失去自然活潑性。(spontaneity) (Gross and Chandler, 287, 290) 可見由歐輸入於美的教育理念與作為，美國本土的教育思想家並不照單全收。

G. Stanley Hall (1846～1924) 是兒童研究之父，生於 Ashfield（麻州），畢業於 Williams College，後在紐約的聯合神學院 (Union Theological Seminary) 擬從事神職工作，這是其雙親的甲意。Henry Ward Beecher 找來一筆錢使他赴德進修，攻讀神學、物理、歷史哲學、實驗心理學、及哲學。1871 年返美，拒絕到中西部大學擔任歷史哲學教師，因為他認為準備不足，將「使人不定，也教導別人毫無定見」(unsettle men and teach them to hold no opinions)。在紐約市教了兩個私校，當銀行老板的孩子家教，其後在 Antioch College 教了四年的英文、哲學、及心理學，後在哈佛當講師，並出國再度進修。1882 年被任命為 Johns Hopkins 大學的「心理及教學」(psychology and pedagogy) 教授，設了一個實驗室，培養出日後有名的學者如 John Dewey, Joseph Jastrow, J. McKee Cattell, W. H. Burnham，且出版《美國心理學雜誌》(The American Journal of Psychology)，是英文中的第一種心理學

刊物。

　　在 G. Stanley Hall 這位心理學大師的引導之下，1890's 年代兒童研究
在美趨於頂峰。他是新英格蘭人，憑他在美國國內外學心理學❶的心得，
進行兒童發展的實際研究，利用問卷法來蒐集資料。當過 1889 年成立的
Clark 大學（位於麻州的 Worcester）大學校長。1891 年主編過《教育學論
壇》（*Pedagogical Seminary*）。在 1893 年 Chicago 展覽會 (Columbian Expo-
sition) 中，負責說明實驗心理學及教育心理學的國際會議要角，推動兒童
研究變成全國性的運動。Lewis M. Terman 及 Arnold Gesell 都是 Clark 的學
生。當 Clark 大學校長期間 (1889～1920)，以《教育學論壇》為傳播觀念的
信差，1909 年邀佛洛伊德 (Sigmund Freud, 1856～1939) 赴美，並以婦女俱
樂部全國性的組織及各地分會作為聯絡網站。依 Hall 的觀點，兒童研究有
三層價值：⑴以心理學這種科學為基礎，促使教育的實際活動，變成現代
化，且活力無窮。⑵兒童之養育及學校教育現代化之後，可以大幅改善人
類各種層面的發展，潛力也無窮。⑶養育兒童及兒童的學校教育，必須符
合人性自然發展的原則，這是科學研究出來的。兒童研究運動的主力，來
之於新的演化論；應用演化論，說明「個別的機體源生學」(ontogeny) 正
在重演「種屬的機體源生學」(phylogeny)。Hall 按 Ernst Haeckel 及 Spencer
的研究，宣布兒童在發展過程中，是重演人種演化的過程，並且兒童本身
在兒童的發展過程中，握有打開為善的大門鎖匙，因之家庭及學校就得配
合此種發展；不應設法去改變或掌控，順其自然發展即可，自然即善。「復
演說」(doctrine of recapitulation) 與 Herbart 的主張 (Herbartianism) 相同。

　　Hall 希望婦女俱樂部收集資料供 Clark 大學的科學家作分析之用，並
把分析的結果普及於各地並訴諸實際用途，這是他領導該運動的用意。此

---

❶　1878 年在哈佛獲得心理學博士學位，到德國受到三個大師的啟迪——物理學的
　　Helmholtz, 生理學的 Ludwig, 心理學的 Wundt。回國後先在 Johns Hopkins 任教，
　　杜威是其學生。Hall 本人受 Darwin 之影響，他的朋友介紹他時，都會說 Hall「心
　　中有 Darwin」(the Darwin of the mind), Hall 的自傳中也以此自豪，非常滿意被貼
　　上此種標籤。把進化論引入心理學，認為吾人的心靈活動及肢體活動中，還殘存
　　許多先代的東西。但其後對 Wundt 的「內省法」(introspection) 來研究心理學，因
　　為較主觀而缺乏科學性，而有所修正。

種企圖，充分表現出當時男女性別角色上的差異。男生在大學作理論性的研究，然後安排婦女在實際活動中實現其理論。不過，如此也激起婦女利用機會參與科學研究事宜，從而改革了教育及社會。兒童研究使早期的宗教福音十字軍式的性質，變成世俗化了。成千上萬的全國婦女，定期開會來研究或討論有關兒童在道德上、智識上、及情緒發展上的各種層面問題。比如說孩子說謊話或誠信不欺的原因、男女性徵出現的差異、想像力之源、恐懼及憤怒之表情及意義，對文學、歷史、地理、及算術感到興趣的有無，以及隱性及顯性之週期 (periodicity of nascency and latency) 現象。

兒童研究運動與教育 ❷，二者密不可分，一開始就是如此。凡研究 Froebel 的婦女，一般來說，最後都熱心十足的承擔起媽媽的角色來善保兒童的赤子天性，也支持幼兒園的興辦。此外，如同 Hall 一般，兒童研究邁向教育的科學化。自然發展的新「法則」，既已出現在 Clark 大學，Hall 就迫不及待的指出該法則與教育的關係。小孩基本上是與成人不同的。他們的懼怕及憤怒，他們的真假觀，他們欠缺能力來分辨實體性以及虛幻性，這些都代表了兒童發展的特徵。家長及老師若予以干預、限制、禁止、及懲罰，則顯然是拂逆兒童的天性，也危及他們的健康。Hall 喜歡用下述的話來告訴他的聽眾：「一銻重的健康、生長、及遺傳，勝過一噸重的教學。兒童的教養者，首要之務就是不要介入兒童走自然的路，只要防止傷害即可；凡能保障兒童幸福及權利者，理該頒給榮譽狀。他們應深深感受到，兒童既來自於上帝之手，清新淨潔，不敗壞，應是這個世界上還存活下來的萬物中，最圓滿者。要信心十足的認定，除了日益成長的兒童之身心值得去愛、去教、以及服務之外，別無其他。」對家長來說，上述的話是給孩子自由自在，切勿「侵犯」 (invade) 他們的休閒時間，放情的對待孩子如同對待小動物一般。因為孩童時期在重演人種的演化經驗，不可強迫孩子

---

❷ 1882 年 Hall 在 Johns Hopkins 設實驗室來研究前人未予以系統探討的「兒童發展」(Child development)，1883 年發表〈兒童的心靈內容〉 (*The Contents of Children's Mind*)。依問卷發現，城市兒童的心理經驗與農村兒童不同，課程應隨之有所改變。〈依兒童研究來設校〉 (*The Ideal School as Based on Child Study*) 是他在《論壇》(*The Forum*) 的另一文章。

符合成人的標準。對教師而言，上述的一段話，也是把幼兒園那種不拘形式的活動延伸到小學階段，課程應配合兒童自然需要及興趣的律動節拍。此種學校，Hall 稱之為「自然天性學校」(*pedocentric* school)，以兒童為本，以兒童的本能活動為主，來取代傳統「人為性的學校」 (*schooliocentric* school)。若以學校為主體，即是要求孩子配合各種人為機構。此種觀念猶如教育學當中的哥白尼革命一般，附會 Hall 說法的教師及媽媽都是狂熱分子，他們不只狂熱於幼兒園，也執著於其他好多進步式的改革，把美術、音樂、園藝、手工、家政、及體育變成課程，同時也注意公園以及運動場，這些也都是兒童的教育機構，彼此之間應取得密切的聯繫。❸

　　所有的這些潮流都匯聚在「全國媽媽國會」(National Congress of Mothers) 裡，由 Alice McLellan Birney 於 1897 年組成，她們是衷心於 Froebel 及 Hall 的門徒；且由 Phoebe Apperson Hearst 出資支助費用，總部設在華盛頓特區，全國婦女反應熱烈。本來只望有百名參加而已，卻有數以千計的婦女報名樂意作會員。召集大會時，有人要求設立白天看護來照顧窮人孩子；有人以身示範為囚犯之子女作代理媽媽；有人主張應為婦女開課，課程涉及養兒育女之事；有人呼籲設國立婦女訓練學校，仿西點 (West Point) 之陸軍官校 (Military Academy) 及 Annapolis 之海軍官校 (Naval Academy)，使作媽媽的人接受科學洗禮，如此「才能糾正過去的錯誤，為未來籌謀，深入了解遺傳的奧祕並控制其可能性的發展」。大會終於作了數項決議案，要求設置國立婦女學校，呼籲各州及地方興建幼兒園以及幼兒師資機構。而「全國媽媽國會」也永久成立，旨在表達「吾國內外婦女的決心及渴望，願意致力於照顧孩子，讓他們享有純淨思想及高度努力之福」。❹

　　各地熱心代表的支持，加上 Phoebe Apperson Hearst 的繼續經濟補助，全國媽媽國會蓬勃發展。1915 年會員六萬，1920 年增加到十九萬，1925 年

---

❸　Hall 於 1904 年出版四大冊的《青少年》(*Adolescence*)，1911 年出版《教育問題》(*Educational Problems*)，更奠定他在美國教育學及心理學上的地位。

❹　哈佛大學名心理學家 Edwin G. Boring 作個有趣的觀察，他說 Hall 從哲學下手來了解心理學，但最後卻倒轉過來的說，把人作心理分析，就可以知悉人的意見。(*A History of Experimental Psychology*, Harvard University Press, 521)

又暴增到八十七萬五千，1930 年已達一百五十萬名。1908 年更名為「全國媽媽國會及家長教師會」 (National Congress of Mother and Parent-Teacher Association)，1924 年又改名為「全國家長及教師國會」(National Congress of Parents and Teachers)。1908 年發行機關報《全國媽媽國會雜誌》(*National Congress of Mothers Magazine*)，係月刊 (1910 年改為《兒童福利雜誌》(*Child Welfare Magazine*))。其他小冊、傳單、以及八大冊綜合性的兒童照顧資料《家長及其問題》(*Parents and Their Problems*)，更是這個組織的大工程，觀點泰半取自 Hall。尤其 1904 年 Hall 出版《青少年》(*Adolescence*) 一書，以遺傳學及優生學角度來探討衛生及健康。此外，學校改造、幼兒園的林立、刑法革新，尤其是少年法庭的成立，也是本會努力的重點。

　　宣揚理念，採團體討論，訪問貧窮家庭，及參與社會改造，都對孕育「兒童局」(Children's Bureau) 的成立有不少關係。聯邦政府既設有「農業部」 (Department of Agriculture) 來收集農作方面的資料，則收集養兒育女資料，也有必要設「兒童局」。總統 Theodore Roosevelt (1858～1919，1901～1909 為第二十六任總統) 反應熱烈，「好極了！」(Bully) 1906 年送國會審議，南方國會議員反對最力，咸認這是「長髮的鼓噪者」(long-haired agitatists) 偏激的設計。(長髮者即指媽媽) 但支持者提出一種說法：不可只照顧農田的動物而疏忽家裡的小孩。1912 年獲國會通過，William Howard Taft (1857～1930，1909～1913 為第二十七任總統) 總統簽署生效。

　　兒童局的職責彷如半世紀之前成立的「教育局」，只作資料的收集及分發；在體制上，附屬於「工商部」(Department of Commerce and Labor)。「向該部提供調查與報告有關兒童福利以及全民各階級的兒童生活狀況，尤其探討兒童死亡率、出生率、孤兒院、青少年法庭、棄兒、危險工作、兒童意外與疾病、求職，以及各州及特區的兒童立法事宜及問題」。由總統任命一位局長，需經參議院的同意。編制十四人，年經費二萬五千美元。由於批評者指控聯邦政府的長手臂已經伸張且侵犯到神聖的家庭地盤，因此該局有個訓令：「本局官員、代理人、或代表，在家主人反對情況之下，不得進入完全屬於住宿用的住家。」

　　首任局長 Julia Lathrop 於 1912 年 4 月 17 日就職，她畢業於 Vassar

College，有過不少的兒童服務經驗。上任後調查貧民窟及救濟院，設少年法庭，了解兒童死亡率，研究難產死亡之媽媽問題，及私生子問題。她相信資料搜集是改革的初步，也是逼迫改革的前奏。她也是個典型的進步派，馬上了解到教育的重要性，希望經過科學式的兒童研究，把成果分配給每一位媽媽。「母愛是本性當中最珍貴者」，她向 Vassar College 校友這麼說。「經由這股動力，百萬計的婦女天天都在辛勤又耐力的作出許多奇蹟。上天賜給雙翼動物（hymenoptera，如蜜蜂）大量的本能智慧（instinctive wisdom），但卻沒賞給人種的媽媽。難道我們人種的文化，不能從日益不斷的研究發現中，來為媽媽的智能提供服務嗎?」兒童局的工作，就是把「日益不斷的研究發現」，來為養兒育女工作樹立全國性的標竿，給家長尤其是媽媽作為準則。她不客氣的向學校教師直言：「即令是老處女的教師，許多家長也想要從她們當中獲取指導，也樂意如此。」

　　Lathrop 向大家推荐三本書，可以作為媽媽的重要參考，皆是 Mary Mills West 所著。一是 1914 年的《產前照料》(Prenatal Care)，一是 1915 年的《嬰孩照料》(Infant Care)，一是 1918 年的《兒童照料：學前年齡》(Child Care: The Preschool Age)。作者是有五個孩子的寡婦，也是兒童局在 U. of Minnesota 的師資訓練研究員。有人批評她不是一個醫生，但著作內容卻滿是醫學上的資料。

　　1.《產前照料》共四十一頁，內容從「懷孕徵兆」開始，到「育嬰」。她建議婦女一有孕後應儘早就教醫生，與醫生商談指定一名護士，屆產期時務必在醫院待產。如打算在家分娩，也應有個看護士來幫忙。在家分娩特別應注意乾淨清潔，以防「產熱」病 ("child-bed" fever)，飲食不可隨便。「育嬰是每個母親的第一個職責」，因為「母乳是最好的嬰孩食物」。書後還譯有好多醫學名詞，但以通常慣用的文字予以說明。

　　2.《兒童照料：學前年齡》共八十八頁。內容從兒童的生活條件，如飲食及穿衣、遊戲及運動、紀律與教育，到健康及衛生。她說住在有院子的家比公寓好很多。孩子如定時食用既健康又富營養的食物，而「不挑剔、不反對」(without comment or question)，則可以培養正確的飲食習慣。遊玩是「基本的天性」，可以使日後長大成人有個健康的基礎。雖然應避免壓抑，

也不要嚴厲的斥責，但孩子要「聽話、照著做，別無其他」；藉回答孩子的問題，家長有了「無窮的機會來建立一個既廣博又實際的教育基礎」。書後還附有不少教育資料，供有興趣了解這方面的家長參考。

上述兩本書銷路極佳，但激起廣泛興趣的程度卻遠不如第三本。

3.《嬰孩照料》共八十七頁，討論住居條件。她仍然認為平房又有庭院的房子比樓房式的大廈好多了。食物、衣飾、訓練、陶冶、健康、及衛生等，也都是本書的內容，與《兒童照料》無甚差別。良好習慣是從系統的訓練中養成的，要一再的付諸行動。攝生尤為重要，嬰孩的吃、睡、洗澡，必須每天按時；過時還要玩，不可准許，哭就不予理會。第三個月就應訓練大小便，不要用奶嘴 (pacifiers)，更不准吃指頭。發現有自慰情事（即撫摸或傷害到生殖器），則立即阻止。嬰孩只要「好好的吃，保持清潔，充足的睡眠，又有清新的空氣，生活起居又有規律，就不會變壞，而成為好孩子」。書後仍附一些參考資料。

書的暢銷連局內的人都大感振奮。原先只是分發給個人及機關團體，馬上變成國會議員最喜歡贈送給同事的禮物。由於經費短缺，供不應求，無法發行更多數量。1921 年開始，資料還重新修訂，增加新的研究成果，或不同的觀念，銷路持續不衰。1955 年時，在政府出版品中名列第一，總銷數達三千五百萬冊。1961 年達到四千五百萬冊，1972 年又到高峰五千九百萬冊。有義大利文、德文、波蘭文、依地 (Yiddish) 文、斯洛伐克（Slovakia, 捷克東部）文、匈牙利文、法文，及日文譯本給移民者了解。二次世界大戰後，更由國務院 (Department of the State) 譯成世界各國語文發行全球，影響力及數量無法精確估計。《嬰孩照料》確實是現代教育文件中最具義意的事件之一。

《嬰孩照料》一書中的觀點，取自於當時醫學小兒科研究的結果。1894 年 L. Emmett Holt 發表《兒童的照料與飲食》(The Care and Feeding of Children) 一書。Holt 本人是美國最早的小兒科醫生之一，在外科醫師學院 (College of Physicians and Surgeons) 當教授，且是紐約市之嬰孩醫院 (Babies' Hospital) 醫學部主任。主張預防勝於治療，他知悉嬰孩夭壽之主因，大部分來自於消化系統有了疾病，乃要求衛生改良，市內供應的牛奶品質應予

改善。在嬰孩衛生的改善上，有三個主要的策略：

1.與婦女團體通力合作，使兒童養育更具科學化。

2.訓練護士更具醫學衛生素養，設立「嬰孩醫院護士訓練學校」(Training School for Nursery Maids at Babies Hospital)。

3.發行科學刊物供家庭使用。1894 年的上述該書，就是用問答方式，提供家長養兒育女之科學資料。本書銷量也驚人，在 West 的《嬰孩照料》之前，已印有八版之多。建議應以母乳為孩子食物，而最佳的替代物就是牛奶。

定時定量的常規培養，最為重要，一開始就得如此。不要與嬰孩嬉戲，不可縱容哭泣，吸吮指頭會有傳染病之虞，絕對去除；奶嘴不可使用，撫摸生殖器是「所有惡習中最具傷害性者」。這方面，West 幾乎都照抄不誤。

1920's 年代養兒育女觀念，深受 John B. Watson (1878 ～ 1958) 的行為主義 (behaviorism) 及 Frend 學院 (Freudianism) 的心理衛生運動所影響。前者著有手冊《嬰兒及孩童的心理照料》 (*Psychological Care of Infant and Child*, 1928)，Watson 此時堅信「嚴格的行為主義」 (Strict behaviorism) 立場，譴責那些不十分熱心 (half-hearted) 的支持者。他的建議極為大膽，瞧不起當時的教養方式，他禁止家長向孩子現出親情之愛；又說他的書是只能給「有空來研究自己孩子」的媽媽，因之他的書銷路不是很大，但仍產生間接的巨大影響。「行為學家相信，沒有一樣是從內發展出來的，一開始，如有個健康的身體、手指、及腳指數目正常，且出生時有少數基本的活動，則除了這麼粗糙的原料之外，很少需要其他來造就一個人，不管這個人可能是個天才，是個有教養的紳士，一個野夫，或一個殺手。」行為學派以「行為」來解釋一切的心理現象，比如說：「思想（考）」(thinking) 是一種「內顯（潛）的行為」(implicit behaviour)，有許多肢體活動配合思考出現，如點頭、皺眉、揚眉、聳肩、嘆氣……」。(Thayer, 233–234) I.Q. 測驗也證明後天「教育」對 I.Q. 成績的影響。William C. Bagley 教授指出，北方黑人（教育較佳）的 I.Q. 高於南方之白人；教育較發達的州，I.Q. 成績較高。(Thayer, 237)。Bagley、West、及 Holt 的論點皆有行為主義色彩。

Freud 的學說在養兒育女的應用上，注重兒童的情緒發展，人格適應上

較准許兒童的自由活動；對於傳統的教養方式以及學校教育之牢守成規，很不以為然。1920's 及 1930's 年代藉 Laura Spelman Rockefeller 紀念基金（Memorial，創辦於 1918 年，由 John D. Rockefeller 為紀念其妻而設，捐出五千八百萬作基金）為本部，藉 Freud 學說，宣揚兒童研究工作。不只吸引家長參加，且全國知名學者如 Johns Hopkins 大學的 Adolf Meyer，耶魯大學的 Arnold Gesell（G. Stanley Hall 的學生），哥倫比亞大學師範學院的 Helen Thompson Woolley，以及年輕的 Margaret Mend 加入陣容。同時，一位年輕的小兒科醫生 Benjamin McLane Spock 在紐約市開業，也在紐約心理分析研究所 (Psychoanalytical Institute) 作博士後研究，應書局之邀，為家長出版了一系列的養兒育女之書，觀點取自 Freud。

　　Spock 生於 New Haven 富有家庭。上過 Yale 大學及 Yale 醫學院 (Medical School)，作過實習及住院醫師，經由 Freud 門徒 Dr. Bertram Lewin 學過 Freud 的心理分析說，認識當時進步主義派學者，其中影響他最大的是 Carolyn Beaumont Zachry 女士。她在哥倫比亞大學師範學院接受杜威高足 William Heard Kilpatrick 之指導，獲得博士學位，博士論文是學童人格的調適。1930's 年代還向 Carl Jung 另一 Freud 高足學習 Freud 學說，對心理矯治大有研究。由於 Spock 是小兒科權威，Carolyn Beaumont Zachry 在 1938 年邀他為家長寫養兒育女手冊，但他沒答應。其時，Zachry 是 PEA「中學課程委員會」(Commission on Secondary School Curriculum) 的主要負責人，也是「個人發展研究所」(Institute for the Study of Personal Development) 的創辦人之一。Spock 長年來視 Zachry 為恩師，1943 年 Spock 終於答應撰述兒童養育手冊，小冊名為「健全的小兒科醫學及健全的心理學」(Sound Pediatric with Sound Psychology)。由於大戰時當軍醫稍有妨礙，1946 年才完成寫作，書名《嬰兒及孩童照料手冊》(*Pocket Book of Baby and Child Care*)（後更名簡化為 *Baby and Child Care*），一出版即洛陽紙貴，「一飛」(took of) 沖天，光是頭十個月就賣出五十萬本，1972 年增加到兩千四百萬冊。

　　在整體架構、實質內容、及文筆上，Spock 的手冊都異於以往，與 Holt 不同的是 Spock 比較注重家長的責任，也比較強調「正常」的兒童發展過程。與 Watson 有別的是 Spock 在序言中明示讀者，不要太嚴肅的看待他的

各種建議，他警告著：「書上所寫都是一般性的，並不一定在各種可能的特殊狀況之下適用。」因此只能供參考，不可當定論。他要家長們來欣賞他們生下來的孩子，與他們「自然」相處，自己決定是否親自哺乳，不必太在意吮指頭或手撫摸性器官，也不應出言恐嚇、限制、或處罰來革除該習慣，使用奶嘴也未嘗不可。以家庭之愛來管教孩子，如此就可贏回孩子之愛。Spock 一再的說：「信任自己」；不過最好還是經常請教醫生。

　　Spock 的書不只是美國家長教育的分水嶺，且也是蓄水庫，將上一代有關家長教育在知識上及價值判斷上的變遷，匯聚在一起；也把兒童局的資料、雜誌、著作予以整合。嬰孩夭折率高，乃因不在醫院生產，通常只請教有經驗者，頂多是助產士到家助產而已。因為中下階層民眾無經濟能力可以支付醫院生產的費用。親自以母乳定時餵奶，但母親如需外出工作，則也很難遵照此種建議；提醒家長，孩子不生活在陽光底下，「會如同植物一般的枯萎」；因此孩子房間應該是選在日光照射到的地方，且時間越長越好。住在大廈公寓，是最會「枯萎」（drooping）孩子的，最應被譴責。二十世紀早期，牛奶常有不潔，因此母乳最補，也最新鮮。兒童發燒疾病多，應該趕緊求助於醫生。除了醫學上的建議之外，他也作道德上的訴求。如果與傳統倫範或階級價值觀念不合，這倒是問題的所在。不過許多證據證明，各階層的美國人民廣泛的閱讀 Spock 的手冊，認字率越高之後，幾乎人手一冊。國會議員買該手冊致送同仁，變成時尚；且讀者反應投書給兒童局及 Spock 者甚多，有評論也希望提供更多資料。

　　實際的影響如何，這是個有趣的議題。與 Jane Addams 及 Julia Lathrop 在 Hull House 同時代的一位醫生 Alice Hamilton，其後在工業衛生的發展上是個先驅者，他回憶在 Hull House 工作時代，一般母親養兒育女的習慣，在孩子洗完澡後，「我向媽媽提出所學到的最佳建議給她們作參考，餵食在生牙之前，最好的食物是奶，不過媽媽卻常以薰肉或香蕉餵食。這些義大利裔的媽媽，實在比那位 Ann Arbor（Michigan 大學所在地）教授更清楚了解嬰孩所愛吃的是什麼。」她還記憶猶新的說：「記得一個年輕的媽媽帶了新生嬰孩來看我，三歲左右的男生展示出她教養得多好。她告訴我這位小男生小時候所遭遇到的困難，『我給他母乳吃，我的乳汁很多，但他卻一再

的哭個不停。有一天我正在煎蛋，正想餵奶給他吃以防止他哭之時，我給他一個煎蛋，他就不哭了。隔日我作蛋糕時，我也給他一塊，其後我手裡有什麼就讓他吃，他長得白白胖胖的，也不再哭了。』」雖然 Spock 的手冊影響力並非全面性的，不過，影響倒是一種不容忽視的事實。1940's 及 1950's 年代美國媽媽照料孩子的方式的確有變化，兒童教育的研究者是反映該變化還是主導該變化，或是該變化係依其他管道而來，還是這三者可以合一，只是變數太多。行為之變化，教育只不過是其中之一而已；且教育的資料很多，並非單靠某個人或某本書就可以奏效的。

三、學校

　　二十世紀初期，進步式人士視家庭為教育的重要所在，是養育子女在道德、心理、及生理發展上的最先場所。其中，媽媽是主角。不過另一方面，進步式人士也不盡然皆信賴媽媽。無知、疏忽、執著於過時的方法，許多媽媽無法履行職責。到頭來，卻進行反教育措施。家庭教育一定要按最新研究出來的知識來進行。家長有時為了省錢，結果給孩子吃營養不良的東西，還送孩子去工作以賺取家用，不知孩子需要照料及養育，尤其移民來美的家庭更是如此。文盲的家長一抵美之後，如不能找到學校接受教育，則青少年犯罪之路就為他們打開大門了。

　　進步式人士視學校是個教育機構，至少可補家庭教育之不足。甚至糾正家庭教育的錯誤。學校協助家庭共同教育孩子，也為暴虐家庭提供孩子的庇護所，更是涵養移民者美國化的所在，使之成為健康、幸福、且受過良好教育的美國公民。為窮者供應餐點、醫療服務、輔導情緒不穩者；老師及護士到家拜訪，以便照料生理上無法上學的孩童，遣送孩子到診所、資訊中心、或其他社會機構，去處理學校所無法處理的問題。十九世紀，福音傳播時代以教會為教育主軸，二十世紀進步式人士則以學校來取代教會的地位，學校的地位顯然高過於家庭。

　　不過仍有圈內人並不以為然。1909 年麻州公民團 (Massachussetts Civic League) 團長 Joseph Lee 就傷感的指出，學校取代家庭地位的不當：

　　　　　這個時代的重要現象，就是從來被認為是家庭的功能，現在卻被其
　　　　他機構代勞了。家庭已不再是個工技單位，公寓房子的出現，家庭
　　　　不能作一些家務事了。裁縫、烹飪、及理家等，工技及家務的訓練，
　　　　在家已不見蹤影，而由學校來履行其職責。在人口密度相當高的城
　　　　市裡，即令是幼兒，也無法在家有個遊戲場，而由學校的運動場來
　　　　取代，二者的鴻溝因此彌平。在身體的醫療照料上，學校也有醫生
　　　　及護士，這種功能本來也可由家長來充當。至於飲食，學校也供應
　　　　餐點，目前是一天一餐，但是孩子不吃早點或不用晚飯，那是不對
　　　　的。解決這些問題的距離不會太遠。清新空氣是生命及活力所必須，
　　　　如同吃好食物一般，我看公共的睡眠空間，大概也勢必出現。

　　Lee 的說法並非質疑學校教育不能作上述事項，而是學校與家庭之間
是否有個「看不到的界線」(invisible line)，二者不要踰越，應謹守各自的
本分。家庭應履行的界線內工作，是為年幼孩子提供品德及身體上的照顧。
界線之外，則由其他教育機構來負擔。親子關係是社會關係中最古老也最
基本的，缺乏此種關係，則人淪為動物了。Lee 認為「家庭是情愛之母，
是最好的學校，也是第一所學校，是培養堅毅耐力之師，也是造就可靠服
務的榜樣。是國家的第一種形式，也是各國師法的對象，更是組成各國之
成為各國的單一細胞」。要是家庭的功能重新分配到其他機構，也為其他機
構代勞，致使家庭角色萎縮，則文明將窒息不存。

　　有這種論調者絕非只有 Lee 一人，他的進步式同僚中不少人點頭同意
他的說法。不過，家庭與學校二者的分界線要在哪兒劃上，的確是困難重
重。理想家庭又似乎不存在，若存在，數量也很少。尤其在大都市中，經
濟條件及價值觀念的衝突，理想家庭的可能性又大為降低。特別是那些非
美國人的家長，「他們不知道社區有權利要求社區內的小孩必須上學若干
年，義大利的農夫擬追求一點點財富而作個街道工人；他們的小女兒要不
要上學，對他們來說根本不重要，嫁妝多以便得到好丈夫，卻變成重要無
比；不要她們到校，要她們去工作，只是希望幫助她們完成願望而已。」即
令孩子上了學，家長也深覺不智，因為他們發現孩子在美國漸漸的比較難

以管教。

　　許多教育機構可以補家庭教育之不足。其中，學校是最受大家考慮的。隨著各地方及各州通過強迫教育法令之後，認為七或八歲到十四或十五歲的學童、接受學校教育極為必要。1890～1918 年之間，二十三個先前未制訂強迫教育法案的州都已有強迫教育法了。1918 年時，全部四十八州都有普及教育法。從前認為家庭負完全的兒童教育責任，現在已向前邁了一大步。經過許多反對之後，認為州政府有責任來設學校提供兒童教育，並且視察這些學校。此種觀念，已實現在公立學校制度及強迫教育法之中。不過，兒童局一位官員 Ella Arvilla Merritt 更一針見血的指出：「漸漸的，我們不得不承認，家庭或學校若不予以幫助，則都無法正確地保障兒童的福利。我們需要州的力量來保護孩子，使他免於受粗心大意及自私自利之害。因為孩子是脆弱的，而他的自然保護者及其個體，也同樣是脆弱的。在這個世界上，光靠母愛及照料，無法免於因制度有缺失或有污垢所帶來的害。我們需要知悉照料孩子更正確的方法，這方面，政府比其他單位較能獲得資料，也可以分發這些資料。」她力言州政府在這方面應有更大的權力，以便保護年幼者、弱者、及被剝削者。

　　1870's 年代時，入學年齡多半是六歲或七歲。十八世紀雖常有二歲或三歲就入校之情事，但十九世紀則是罕事。因為對這麼年幼的孩子來說，大家咸認家庭是最佳的教育場所。不過，單親家庭以及雙親皆需在外工作的家庭，孩子的教育就得另有安排。有的是把孩子放在親族家或請鄰居幫忙，有的是請兄弟照顧，有的則流浪街頭，有的則伴隨爸媽左右作工。此時白天育兒班或托兒所也就出現。有些家庭願意收容孩子，有些慈善團體作私人式的企業經營，在大都市更應時而生。1892 年光是紐約一市就有二十八個正式的托兒所，大半是教會或慈善機構所辦理，為一百五十萬的人口服務。其中估計五歲以下的孩子約有二十萬，不然這麼多的孩子，就在街頭遊蕩或聚集在貧民窟裡。這是 Jacob Riis 在 1892 年出版《貧窮的孩子》(*The Children of the Poor*) 一書中的記載。

　　Riis 也有個活生生的描繪托兒所的情形，不只在紐約，也在全國各地。大部分由慈善心懷的中產階級婦女來興辦，收容貧家子女，托兒所的地方

大都與教會相連。一週六天，一天十二小時。特別照料孩子的身體健康、餵食、洗澡，遠離街道，培養清潔乾淨習慣、服從、勤勉。Riis 稱為「肥皂治療」(soup cure)，即一邊洗澡一邊施以道德訓練。托兒所與幼兒園同一所在，但強調遊玩，那是來自於 Froebel 的哲學。二者年齡之差別並不明顯，孩子若能圍著眾人走一圈，就可入幼兒園；若只是會爬及呱呱而言，就入托兒所。二者有時可在運動場上活動，這也十足的表現出進步式的思想。

理念雖佳，但實際運作上，經常是托兒所及幼兒園皆是孩童太多，守秩序及機械呆板的訓練變成常規，活動根本無意義。玩具少，有也是有錢人家的子女所不要的，且經常放在櫃子裡而不在孩子手中。工作人員沒受過專業訓練，且腦筋也鈍。不過收容的孩子多，也印證了孩子的照顧有其必要，總比把他們放在街上閒蕩好得多。

白天的托兒所之經辦者，有些也為媽媽著想，開有裁縫班、烹飪班、英語班、及孩子照料班。另有俱樂部，請人演說有關孩子教育問題。此外，也有訓練班，透過廚房及洗衣設備，教導媽媽如何處理家務，幫她們找工作。孩子太早離家在托兒所，這種措施也令人詬病。進步式人士辯護，這是權宜的暫時之計，俟貧窮解決了，就不必有這種家庭的代替品。部分人士則認為，再怎麼說，托兒所總比貧民窟中的家較佳。「母親愛孩子，但無知於健康法則，又住在租金便宜的大雜屋，不如把孩子送到有條不紊的托兒所。」

讓媽媽留在家以便教育自己的孩子，二十世紀初期，媽媽年金 (mothers' pension) 運動因此展開。1909 年有個「照料失依兒童會議」(Conference on the Care of Dependent Children)，總統 Roosevelt 致開幕詞，提及寡婦的困境以及幫助寡婦留在家照顧自己的孩子。閉幕時有個決議：「家庭生活是文明社會中最高級也最好的產品，最具品德規範及心靈陶冶力。孩子除非有緊急及迫切理由，否則不應離開家庭。凡是品德良好的家長，由於暫時的不幸；或能力佳操守可的媽媽但缺少正常的謀生之計，這些媽媽的孩子都應與家人住在一起。政府應提供必要的補助，以便有個適宜的家來養育子女。」1911 年密蘇里州及伊利諾州立法通過媽媽年金。其後七年，四十

八州中的三十七州跟進。領取此項年金的媽媽，必須是「正當的人，在身體、心理、及道德上皆適合於養育其子女」，但須提清寒證明，且孩子年齡在十四歲或十六歲之下。此種年金制實施的結果，因為經費太過龐大，不足以實質的幫助所有的申請者，導致於有些夠資格領取者，沒有申請到年金；而真正領到者，金額太少。領到者是不准去工作的，有些地方規定媽媽必須上親職教育班作為領取年金的條件。1931 年除了 Georgia 及 South Carolina 兩州之外都有此種安排。

1918 年之後，由於婦女年金制度之實施，白天托兒所受到了重大影響；雖然年金數額不足，但較多媽媽可以留在家裡且照料自己的孩子。其次，公立學校接辦幼兒園工作，也使幼兒園及托兒所的教室大減。而 1920's 年代的幼兒學校運動，更改變了白天托兒所工作的性質。1911 年倫敦的 Rachel 及 Margaret McMillan 姊妹合辦一所戶外學校，收六名住在 London 地區貧民窟的孩子。1916 年芝加哥大學教授兼家長者設了一所合作式的幼兒學校，1919 年紐約市「教育實驗局」(Bureau of Educational Experiments) 也設實驗幼兒學校。此類運動在 1920's 年代受到 Laura Spelman Rockefeller 紀念基金 (Memorial) 大力支助。1924 年「美國大學婦女學會」(AAUW—American Association of University Women) 成立，全力檢討全國性的幼兒學校，呼籲幼兒學校不要增加太多。1930's 年代時有三百所，也促使原先的托兒所從本來只重視看護之責、身體照料、及少數的道德訓練，轉變為較寬廣的社會、教育、及發展的機構。除了提供孩子的住、吃等外，還注意健康、心理衛生、建構性的遊玩、社會化、說故事、探討大自然及藝術表演，並且也作為兒童研究的所在。

四、青少年教育

1903 年 Florence Kelley 有句格言，大意是說，最好的童工法是最強有力也最清楚明白的強迫入學法。反過來說，也是事實，即最好的強迫入學法，是最強有力也最清楚明白的童工法。不過，即令她相信，法規之完善有其必要，但從實務來看，不管是童工法或強迫入學法，其效力不僅要看是否兒童、家長、雇主，以及通過該法的官員是否遵守該法，並且還得仰

賴「整個社會的良心」；除非課程修訂能讓家長認為有價值，對兒童具吸引力，否則用強力來執法，並不見管用。她的分析中肯，十足的代表了進步式的觀點。

1903 年時，三分之二的州已制訂強迫入學條例，也有三分之二的州通過童工法，對工作年齡有所限制。但同一州通過兩法者卻並不多。不過由於立法文字不是很清晰，確實令人困惑不解。入學年齡並不與限制童工年齡一致，漏洞百出，例外頻傳，且又執法不力。1900 年的人口普查，年齡在十～十五歲之間，有一百七十五萬的孩子從事賺錢的工作，占全部該年齡人口九百六十萬中的 18.2%。此數目並不高，因為列舉者把半工半讀以下的孩子排除在外。用 Kelley 的話來說：「社會的良心」還未覺醒。

進步式人士中的「救救孩子」運動者，目睹此種狀況，覺得必須採取激烈的改革措施，「以兒童訓練來取代童工」(Put child training in the place of child labor)。首先，社會大眾應該對年幼孩子的觀念有所轉變。其次，教育應轉型為孩子提供教育。年幼的「小伙子」(lad) 或「少女」(lass) 從來被認為足以獨立謀生，在紡織廠作工賺錢或在百貨店打雜，現在應改變此種觀念了。他們還得依賴大人而活，需要給予教導、型塑、與照顧；對他們的教育，注重實用，充滿吸引力，又強調實際經驗。學校應好好經營，裡面有各種俱樂部的組織、運動場、帳篷露營，及其他管理用的設備，來幫助十幾歲年幼孩子變成既聰慧又具生產力的公民。

改變時人對年幼孩子的觀念，最具貢獻的學者莫如 G. Stanley Hall，他發表了一本著作《青少年》一書，該書提及青少年與心理學的關係。《青少年與生理學、人類學、社會學、性、犯罪、宗教與教育的關係》(*Adolescence: Its Psychology and Its Relations to Physiology, Anthropology, Sociology, Sex, Crime, Religion and Education*, 1904)，十年之後再版，頁數達千，內容有許多引人入勝的環球科學資料，提出自古希臘以還權威的意見，以及個人高度自我回憶及闡釋童年的往事。Hall 認為這是他的「第一本書」(first book)，也是他的「鉅著」(*magnum opus*)，純屬個人的文獻記錄，把他所知及所想的一切有關人之發展及其教育，皆包括在內。他早年研究「青春發動期」(juvenile) 階段的發展，發現與「青少年」(adolescent) 階段的發展，二者之

間有個強烈的對比；即八歲到十二歲年齡層與十二或十三歲到二十歲年齡層，差別很大。前者在生理上的發育緩慢，也比較穩定，佛洛伊德其後稱之為「潛在期」(latency)。「知覺」(perception)「非常敏銳」，但理性、道德感、宗教觀、同情心、愛、及美的欣賞，則「只不過稍有發展而已」。人生沒有一段時間比這階層「更敏於紀律與操練，更具彈性的習於任何要求，也更能調適新的情境」。Hall繼續說，相反的，青少年年齡層則呈現不穩及不可預測性，生理生長迅速，不管身高體重及力道都加倍成長，個別差異也開始顯著。「組成人格特性的因素，彼此之間的內聚力」鬆了，反常頻傳，性開始作怪，也造成傷害。「以隱藏的邪惡，低級的趣味，病態 (enfeebled heredity) 的方式來表達」，也用「嫌惡的心態」(repulsion) 對待家庭及學校，開始注意成人生活及職業。

　　青少年這個階段的教育，Hall認為是美國最缺乏的。青少年希望繫住他們的「栓繩」長一些 (a longer tether)，但學校仍繼續緊緊的操練他們，也不理會青少年之所需；青少年期盼「擴大生活整體性」(large living wholes)，但學校化整為零，支離破碎；青少年易於作即興式的變化，但學校所供給的是標準化的課程規劃；青少年對「熱力十足的激勵」(zest-provoking) 教學方式來引發「心理上的覺醒」(mental awakening)，樂意予以回應，但學校卻以片斷又點點滴滴式的講課方式，來提供教學資訊。他傷感的說：「機械式及形式化戰勝了教材內容及實質資料，文字壓過精神，只重知識灌輸，而缺人的情調；只要求趕進度、按課表上課、及注意聽講，而喪失了真正的教學，只有皮毛而無骨肉，只有背誦但無了解，分數重於薰陶，技巧第一，內容其次。」美國在科學的應用上，工業發展上，以及「物質文明的空前成就上」，是全世界之首，同時也是禮儀、道德、及宗教的帶步者，但似乎忘了，「年輕人要完全作個生活的學徒，需要歇歇、閒暇、美術、傳奇、浪漫、想入非非，也就是說人道情懷，以便進入大人的王國時，具備最佳的條件來履行世上最崇高的工作。」

　　Hall對青少年心境那種充滿情調的描述——歇歇、閒暇、美術、傳奇、浪漫、想入非非 (repose, leisure, art, legend, romance, idealization)，讓吾人體會到青少年與兒童不同，也與成人大異其趣；加上青少年的可塑性強，又

有叛逆之弊，因之在知德兩方面的教養上確實比較需照料。此種說法，為進步式教育提供一種科學基礎。把青少年送入壓榨勞力的工廠，從個人發展的角度來看，十足的剝奪了年輕人變成純良大人的機會；若從社會發展的角度來說，按 1909 年「照料失依兒童會議」(Conference on the Care of Dependent Children) 的報告，也是完全無視於「把具有生產力的人民予以保存下來，也把公民生活的高水準格調貯藏起來」。Hall 扼要的摘下了 Julia Lathrop 的一句話：「以兒童訓練來取代童工。」

　　青少年的訓練，與其他年齡階段的訓練一般。進步式人士仍然看好家庭教育，深覺家庭教育的重要性不可忽略。不過到底家庭如何善待青少年，則見解也極為分歧。隨著 Hall 著作問世，一般新的「科學」性資料也就陸續出現，為家長教育青少年提供不少建議。其中有必要一提的是 U. of Wisconsin 教授 Michael V. O′ Shea 的作品，他是《世界百科》(*The World Book Encyclopedia*) 的主編，該書尤側重青少年方面，同時也負責編輯《青少年家庭雜誌》(*Junior Home Magazine*)，是一本討論青少年的期刊；此外他又是《兒童及少年系列》(*The Childhood and Youth Series*) 的編輯，那是給家長、教師、及社會工作者看的，提供「最佳的現代知識來了解兒童，內容淺易又有趣」。而 U. of Iowa 教授 Irving King 也出了一冊《中學年齡》(*The High-School Age*, 1914)，把十三～十九歲 (teenage) 視為緊要年齡，是決定未來的階段。建議家長及教師如何用積極性的方法來解決該年齡層必然會出現的問題。另有討論誠實的培育、勤儉、消費、及習慣的塑造。而最為有趣的莫過於 Dorothy Canfield Fisher 所編的《自信：教導現代兒童有關自信、創作、負責的教學方法》(*Self Reliance: A Practical and Informal Discussion of Methods of Teaching Self-Reliance, Initiative and Responsibility to Modern Children*, 1916)，論點取自杜威在 1899 年所發表的《學校與社會》(*The School and Society*) 一書。杜威認為兒童早期在家裡的生活，因參與家計而學會了自我信賴感，但過都市及工業社會生活時，此種機會就漸漸被剝奪。Fisher 建議，家長應該在家裡塑造一種情境，以便孩子學會自我信賴，如同杜威建議教師在學校裡應該塑造相同的情境，以便養成孩子的自我依賴感一般。

有趣的是，兒童局存在的初期，並不出版有關青少年的教育資料，顯然是在避免與教育局搶生意。不過到了 1930's 年代時，兒童局倒發行了《青少年指南》(*Guiding the Adolescent*, 1933)，係採 Irving King 於 1914 年的著作資料，認定青少年即將面臨一些問題，家長應該有所準備。

少年法庭 (juvenile court) 以及緩刑制 (system of probation) 之成立，都是進步式人士的奉獻成就之一。他們不滿孤兒院、感化院的兒童照顧工作，這些機構在十九世紀及二十世紀之交，數量已不少。1899 年芝加哥及丹佛 (Denver) 成立少年法庭，少年若有犯法情事，有個特殊的法庭予以審理案情，氣氛比較不拘形式，法官也比較對少年心理有專業了解。少年人的犯罪如被判以緩刑，則執行緩刑的官員就代表法院陪著少年到家以「待觀察」(on probation)。雖然此種制度需要人員及經費，但進步式人士堅持此制，是相信在家教養或「處分」孩子，總比送年幼少年去感化院好得多，因為「家」仍是最好的教養場所。

十三歲以上的年輕人，進步式人士除了強調家庭教育的重要性外，對學校就比較寄以厚望。Hall 在 *Adolescence* 一書中說，這些年青人對職業工作頗感興趣，因此中學就應提供給男生工業、農業的教育，女生則給家政教育。年輕人要納入「較大的生活整體圈」，中學就應走綜合課程路線，強調整體的社會科，而非單設歷史科及政治科。年輕人有性的嚮往，中學就應該有家庭生活及性教育活動。青少年個別差異越發明顯，中學課程就應分化，各色各樣的科目應有盡有；青少年精力旺盛，體力充沛，想入非非，中學就應舉辦體育競賽及社會服務工作。青少年可塑性高，變動性大，前途走向不明確，反覆無常，中學就應開設輔導課，引導正途。1918 年的「中等教育重建委員會」(Commission on the Reorganization of Secondary Education) 提出《中學教育主要原則》(*Cardinal Principles of Secondary Education*)，大體上係遵照 Hall 的指示而來。

進步式人士除此之外，還設立不少附屬機構，以佐學校及家庭在青少年教育之不足；其中，俱樂部組織之教育用途很高。透過十九世紀福音傳播運動所成立的 YMCA 及 YWCA 等，二十世紀有「美國男童俱樂部」(Boys' Club of American, 1912)、「美國男生童子軍」(Boy Scouts of America,

1910)、「女生營火隊」(Camp Fire Girls, 1912)、「女童軍」(Girl Scouts,1912)。也發行刊物，成立各地分會，普設運動場來發洩青少年過盛精力，即孩子的「玩本能」(play instincts) 及青少年的結夥本能 (gang instincts) 等。透過休閒活動的舉辦，來規範年輕人成為具有社會習性且負責任的公民。1906年美國「運動場協會」(Playground Association of America)，在全國各地普設公立運動場，至於十九世紀末所興起的夏令營，在二十世紀初期更普受歡迎，在短時間內提供「全套的教育環境」(total educational environment)。俱樂部大部分屬私人性質，童子軍活動則為中產階級人士所喜愛，運動場則為下層子弟服務，也是平民常去的所在，都為培養好公民而服務。

一次世界大戰結束時，執行童工法及強迫入學法較具效力，上學人數劇增。上中學的學生數如下：

1901 年　一百一十一萬五千人　　　(1,115,000)

1920 年　兩百五十萬人　　　　　　(2,500,000)

1930 年　四百八十一萬二千人　　　(4,812,000)

但經濟大恐慌時 (1930's 年代 Depression)，羅斯福 (Franklin D. Roosevelt, 1882～1945，1933～1945 為第三十二任總統) 總統極力推動「新政」(New Deal) 措施，主要重點還非放在學校教育上，倒重視「青年問題」(Youth Problem)，現象之一就是「青年失業」(Youth unemployment)。解決之道就是於 1933 年 4 月 5 日成立民防團 (Civilian Conservation Corps，簡稱 CCC)，規定十八歲到二十五歲的青年人參與「防衛設計」(conservation projects) 的工作。此外，也於 1935 年 6 月 28 日成立青輔會 (National Youth Administration，簡稱 NYA)，提供經費幫助十六～二十四歲的青年人家境清寒者半工半讀機會，使他們也可在校持續接受教育，同時貧窮年輕人擬獲工作經驗而有利於社區者，也提供經費幫助。

CCC 及 NYA 二者，前者較具新意，影響力也較大。羅斯福總統於 1932 年 7 月的談話中明確表示，政府政策是向土壤腐蝕以及木材荒 (Timber famine) 宣戰。1933 年遂要求農業部、國防部、勞工部、及內政部共同擬訂 CCC 計畫，國會通過後，總統於 3 月 31 日簽署該計畫，一週內付之行動，

應徵者月薪三十美元。其中大部分分配給家庭支用，勞工部負責挑人，國防部提供吃住，將工作服運送到工作營區；農業部及內政部負責監督，其後 CCC 的工作由國防部統其責。4 月 6 日開始報名，4 月 7 日首度有人被錄用，4 月 27 日第一團成立。原先擬收二十五萬人，1934 年增為三十六萬人，1935 年又增為五十二萬。有經驗者優先錄用，如木工。其後，退伍軍人及印地安人也加入行列。一年工作六個月。❺

　　CCC 本身就是一種教育，來自不同經驗者聚集在一起，生活工作在一起，學習種樹植林，吃住同地，共同維護衛生水平，他們共同為社區服務，賺錢養家活口。此外，正式與非正式的教育工作也配合產生。這些受雇的工人中有三萬五千文盲學會了寫字讀書，超過一千人獲中學文憑，三十九名得學院學位，人人學了木工、林工、製作汽鍋、金工，還會一點點哲學、經濟學，並了解社會問題。1937 年之前是自教性的，其後是強迫要上課，輔導工作也加入在內。目的有六：(1)發展自我表達力，及自我教化力；(2)發展合作精神；(3)了解社經狀態，以謹慎思改善；(4)保存良好衛生習慣；(5)相互幫助以謀退役後謀職；(6)發展欣賞自然及鄉村生活 (Cremin, *Transformation*, 320)。

　　二次世界大戰開始時的 1941 年，CCC 遭到白眼冷落，從原先對國土資源之保護，林木之種植，土壤腐蝕之防範，公園之興建，休閒場所之開闢，這種 1930's 年代經濟不景氣時代的應急措施，現在轉而要求應付戰時之準備工作。總統極力希望 CCC 保留原樣，但國會及輿論則不予支持。1942 年國會通過終止此項計畫，此計畫共運作九年，共徵召二百五十萬人，但不包括女性，對黑人有配額限制，二百五十萬中黑人占二十萬，其實受經濟不景氣之害的黑人尤甚於白人。儘管如此，在美國史上，CCC 是最大也最值得探討的教育實驗之一。該項實驗與美國現存的大樹、公園、休閒區一樣，共同為美國人長相懷念，也是後人對「新政」時期引發想像並感

---

❺　4 月 9 日《紐約時報》(*The New York Times*) 報導：「一群唱歌歡欣鼓舞的群眾，吹吹打打的在報到處排隊，整日隊伍有好幾哩長，軍隊煮了飯，廚房警衛共同發放好多食物，年輕人哼著歌『幸福日子在此重現』，大吼『為新政歡呼！』聲繞四周，隨時可以聽聞；從軍人手中拿起掃把，在風中用力打掃。」

謝當時貢獻的一種。

五、結語

1964 年 1 月 8 日，Lyndon Baines Johnson（1908～1973，1963～1969 為第三十六任總統）總統向國會兩院聯席會發表國情諮文，宣布「無條件向貧窮宣戰」。此種戰爭，「不只解除貧窮的症狀，並且還要拯救貧窮，阻止貧窮」。在這個戰爭中，救救孩子扮演重要角色。因為此種宣戰中的目的之一，就是為新生一代提供新機會，來使貧窮無法循環下去。

一般皆以為美國是「富裕的社會」(affluent society)，1962 年 Michael Harrington 出版《另一種貧窮，美國》（*The Other America: Poverty in the United States*），指出美國人有四千萬到五千萬是窮人，政府應尋求各種努力來改善窮人的狀況。此書引起高層的注意。凡年收入低於三千美金者，屬貧窮階級。窮者當中，黑人的比例很高，窮人無地位也無政治影響力。幸而民權運動的聲勢日漸高漲，甘迺迪總統於 1963 年的國會諮文中就提到：「讓黑人有權住旅館及飯店，但要是他們沒頭路，口袋沒錢，則對他們而言，一點價值都沒有。」他積極推動反貧窮立法，但 1963 年 11 月 22 日他卻被暗殺身亡，繼任者加速度來完成此項計畫。1964 年 8 月 20 日，「經濟機會法案」(Economic Opportunity Act) 生效，1965 年大中小學教育法案 (Elementary and Secondary Education Act, Higher Education Act) 通過，鉅額經費花在經濟不利者身上，提供窮人的醫療照料，貸款給貧窮的農夫，其中以「社會行動方案」(Community Action Program) 來解決當地貧窮問題最為顯著。「帶頭銜」(Head Start) 為貧窮孩子提供學前教育幫助，對能力優秀但家境清寒的中學生提供「上進計畫」(Upward Bound Program) 使之能上大學。

「帶頭衝」(Head Start) 計畫，在 1965 年夏天付之實施，特色如下：

1. 教育心理學家如 U. of Chicago 教授 Benjamin Bloom 深信，生命中的頭幾年是人生發展中的「關鍵時期」(critical period)，教導時機最佳，可以增加智力的發展。這與 1904 年 Hall 的看法恰好對比，Hall 認為青春期 (adolescence) 才是關鍵時期。

2.「早年學習」(early learning) 由 Susan Gray and Martin Deutsch 於 1960's 年代予以實驗的結果，證明對年幼孩子進行一些教學策略及行動，有助於「豐富」(enriching) 孩子的智力潛能，比如讀書給孩子聽，與孩子交談，與孩子玩耍，與孩子一起工作。這些活動，在中產階級的家庭是常有的事，但在貧窮家庭則很少。

3.「社區行動計畫」對窮人最具實質幫助，又不會危及地方政府的權威地位。此計畫包括的範圍頗廣，針對四或五歲的窮人孩子進行身心健康的服務，提供兒童福利與休閒，補救教學，家長參與計畫或當義工。光是 1965 年夏天就有五十萬孩子受惠。不只孩子入學後較有滿意的表現，且日後求職就業也較具能力。

1962 年「人力發展及訓練法案」(Manpower Development and Training)、及 1963 年「職業教育法案」(Vocational Education Act) 通過，對職業技能取得後，青少年就獲「可以待價而沽的技巧」(Salable Skill) 了，對謀職有甚大幫忙。

表四十八　1890～1960 年 14～17 歲入中學數

年代	入學數		14～17 歲年齡		14～17 歲入學占該學齡人口比例
	數	增加率（以 1890 為例）	人口數	增加數	
1890	357,813	–	5,354,653	–	7
1900	695,903	94.5	6,152,231	14.9	11
1910	1,111,393	210.6	7,220,298	34.8	15
1920	2,495,676	597.5	7,735,841	44.5	32
1930	4,799,867	1,241.4	9,341,221	74.5	51
1940	7,113,282	1,888.0	9,720,419	81.5	73
1950	6,240,000	1,643.9	8,303,000	55.1	75
1960	10,242,000	2,762.4	11,341,000	111.8	90

(Gross and Chandler, 411)

第八章　美國教育的全球化

第一節　大眾傳播媒體

收音機廣播的結果，在二十世紀時代，可能產生文明上的混亂，或
是一種文明上的世界秩序。不管它造成什麼結果，都根據於廣播是
否作為一種教育的工具，還是作為一種達到私利的手段而定。

—— Joy Elmer Morgan

一、報紙

1876 年 11 月 8 日，恰值 Hayes-Tilden 雙方競選激烈之際，（最後由
Rutherford Birchard Hayes 當選，1877～1881 為第十九任總統）紐約《太陽
報》(Sun) 賣出二十二萬份，宣稱單日銷售量這麼大，是美國報業史上無前
例的現象。1896 年 11 月 5 日 McKinley-Bryn 的競選作殊死戰時，（最後由
William McKinley 當選，1897～1901 為第二十五任總統）紐約《晨報》
(Morning Journal) 及《世界報》(World) 都印了一百五十萬份。前後相差二
十年而已，報紙銷售量懸殊，顯示美國報業科技及觀念上的革命。此種改
革發生在大都市，深深的影響了教育。美國報紙對美國大眾產生了重大的
教育改變力。

1847 年的印刷術，一小時可印八十四張報紙，1880's 年代時可印二千
四百張。而紙張來源及造紙技術的改良，印刷機器的發明使用，都一日千
里。美國識字率從 1870 年的 80% 增加到 1900 年的 89.7%；但大都市文盲
率也高，因為外來移民多；外國移民雖非文盲，但卻不懂英文。都市化的

結果，識字的男女集中在都市裡，報紙分送較為容易。「新新聞業」(New journalism) 從此誕生。Joseph Pulitzer(1847～1911) 及 William Randolph Hearst (1863～?) 是 1880's 年代及 1890's 年代最重要的報業要角，尤其前者為最。Pulitzer 生於 1847 年的匈牙利，1864 年尋求軍事生涯來美作陸軍騎兵，1865 年在 Missouri 州 St. Louis 作過《德文日報》(*Westliche Post*) 的記者，當過 Missouri 議員及律師，創辦 St. Louis 《遣送郵報》(*Post-Dispatch*)，開始領略到「新新聞業」的滋味。1883 年到紐約買下了紐約的《世界報》，全心全力步上了新新聞事業的道路。

「新新聞事業」是一種努力來建立銷售網，使報紙內部及性格有所轉型，並使本來不閱報者來看報。Pulitzer 的奮鬥最具典型，他的《世界報》有下述幾個特色，與眾不同：

1.把大眾最感興趣的材料擺在第一頁，有聳人聽聞的犯罪及醜聞消息，有活生生的富人生活描述。以醒目的標題、字體擴大的篇幅、動人的故事，來打動讀者的心，滿足讀者的口味。

2.增加體育休閒版面，充滿戲劇性的記載比賽運動的情景。拳擊、棒球、腳踏車賽等，都深入報導與賽者或彼此對抗者的資料，阿飛少年成群的鬧事來打擾，破壞比賽的進行，或選手的特殊賠償等。

3.耍噱頭造氣氛，連番報導運動比賽的正反意見。新聞記者假扮瘋人以便進入瘋人院，來了解該院的爆炸事件，或募款為自由女神像建立基座等。

4.有卡通及漫畫和圖表：卡通及漫畫對象是新聞界的名人，犯罪現場圖中以 X 作記號，表示屍體被發現之處。政治卡通痛責 Pulitzer 所反對的人。

5.有婦女、小孩、及青少年版面：婦女版包括如何使用化妝品，評比咖啡的好壞，室內裝潢介紹，另有拼圖、故事，青少年及兒童讀物。

6.廣告引人，有標語兼圖。消息與娛樂兼而有之，但後者比重居多。有百貨店出售的產品消息，流行服飾式樣。市政、州政、國家、及環球政治消息。埃及、土耳其、中國、非洲的生活介紹，科學發明，及運動趣聞等。標題有助於移民者學英文，故事深為男女孩童所喜歡。提供婦女養育

子女的觀念，政治人物的特寫有助於選舉時投票決定人選的參考。

在「新新聞事業」上，Pulitzer 是個想像力豐富的改革家，Hearst 則是個令人目眩的實行者，1863 年生於舊金山的富有住處，上過 St. Paul's School 及 Harvard College，但皆沒畢業，不過已對新聞事業深感興趣，也花時間去研究。1885 年被 Harvard 開除，他取 Pulitzer 為榜樣，作《世界報》記者；1887 年慫恿其父經營舊金山的《檢驗報》(*Examiner*)，那是他父親於 1880 年買下來作為政黨機關報用的，但七年來虧損累累。改仿 Pulitzer 的做法來經營報紙，報導犯罪、性、及運動比賽，激烈反對南太平洋鐵軌 (Southern Pacific Railroad) 之興建。又進軍紐約市場，買下紐約《晨報》(*Morning Journal*)，與 Pulitzer 成為敵手，惡性競爭，削價賣報。

《世界報》及《晨報》兩大報因報導美國及西班牙戰爭遂由競爭變成火併。古巴脫離西班牙統治，早在 1860's 及 1870's 年代即有起義事件。美國因投資古巴的糖業加上關稅政策，不得不介入古巴事務。有關西班牙殘酷的壓制起義之故事很多，「侮辱」(insults) 美國商船的報導也屢見不鮮，這些消息，都變成醒目的頭條新聞。

1896 年 12 月，Hearst 買下一條船，希望作家 Richard Harding Davis 及畫家 Frederick Remington 去哈瓦那報導西班牙當局與古巴義軍的衝突事宜，但受阻於戰線 (War zone) 外，沒什麼可以報導；畫家電報給老板：「此地一切平靜，無麻煩事發生，沒戰爭，想回去了。」Hearst 答以「請續留下，你需作畫，我則供應戰爭。」畫家回去了，但作家還留在古巴，報導西班牙警察盤查美國開往佛羅里達的船上三名古巴女乘客，聲稱這三名女乘客攜帶訊息到紐約的古巴義軍總部。Hearst 把此消息放在頭版，還敘及據 Remington 的目睹，三名婦女被西班牙警察脫光衣服來檢查。但 Pulitzer 的報紙則報導三名婦女經過訪問，檢查是由女性來執行而非男警察。

雙方之競爭維持數個月，美國船 *Maine* 號奉令赴哈瓦那來保護美國人民及財產，卻於 1895 年 2 月 15 日於哈瓦那港爆炸，兩報充分報導此事，《世界報》曾做詳查工作，《晨報》宣稱發現一個被壓下來的電報，從船長打來，內容言爆炸並非意外，還刺耳的呼籲全國應復仇，以免喪失國家尊嚴。1898 年 4 月 11 日，William McKinley 總統要求國會授權干預，兩報及

一些持干預態度的報紙，銷售量遽增。戰爭期間，該類報紙銷售量奇佳。不過 Pulitzer 於戰後決定不再與「友」(敵) 報競爭，認為他所經營的《世界報》被 Hearst 所買下的《晨報》之逼迫而採過分競爭措施，結果破壞了品質。

此種「新新聞事業」的影響，既深且遠。芝加哥的《每日論壇報》(*Daily Tribune*)，波士頓的《前鋒報》(*Herald*)，都對 Hearst 及 Pulitzer 的好戰愛國 (jingoism) 作風有所回應，也採用其技倆。Adolph Ochs 辦的《紐約時報》(*New York Times*) 及 Whitelaw Reid 的紐約《先鋒報》(*Tribune*) 亦然。不過後兩報的風格不同，雖也注重情緒性的宣傳語文以吸引讀者，但娛樂取向也占了不少篇幅版面，卻也強調客觀的事實描述，不偏不倚。有時還考慮何種消息「適合於刊登」(fit to print)，這是 Ochs 的座右銘。雖然後兩報銷售數較少，但讀者卻能從中受到良好教育。訂閱者之態度較為保守不激進，屬中產階級。

全美的日報數在 1910 年時有二千六百種。其中《世界報》、《晨報》、《紐約時報》、及《每日論壇報》最具代表性。大部分的日報銷售量並不多。1910 年時各報平均一天銷售量為九千，週日則為二萬五千份。此種局勢的發展，有三個層次與教育有關：

1.廣告使全國人民的各種喜愛漸趨一致，在食物、衣飾、家電用品方面，如 Campbell 及 Ivory 的香皂、Kokak 的照相機、Ingersoll 的手錶，變成全國風行的用品。廣告用詞含有社會教育意義，也帶有民主意味——提供多樣選擇。廣告用詞普為全民喜愛，撰寫者懂得群眾心理。

2.報紙與雜誌的分際越來越模糊：報紙有副刊，Hearst 主編的《晨報》有週日版。但《美國婦女家庭雜誌》(*American Women's Home Magazine*)，《美國雜誌》(*American Magazine*)，及《美國幽默家》(*American Humorist*)，內容有兒童教養，與當時最暢銷的雜誌如《素描家》(*Delineator*) 及《淑女家庭雜誌》(*Ladies' Home Journal*，Kate Douglas Wiggin 及 Margaret Sangster 主編)，內容大同小異。

3.報業連鎖及組織形成：1848 年「紐約報業協會」(New York Associated Press) 成立，充分運用電報的功能，1882 年「聯合報系」(United Press)

出現，與前者對抗。兩大報系提供的資料新聞，非其他報或地方報所可比擬。報紙內容比較保持中立，因讀者群有不同黨派，報紙皆想吸引他們的閱讀。

　　1911 年，芝加哥的重要廣告公司把「廣告」定義為「強迫行動的文學」(literature which compels action)。報紙是否引發美西戰爭，與 1890 年的抽煙成為風尚，這些是否與報紙廣告有關？諸如此類問題，皆無確定答案。但報紙在傳遞訊息、型塑觀念態度及行為模式上，倒有不受懷疑的功能。

二、電影

　　1896 年報紙銷售量達到頂點，而美國電影也引發大革命。該年首部電影在紐約市公演，隔天《紐約時報》(New York Times) 曾有報導，特別指出：「兩位標緻的年輕女人在舞臺上跳兩傘舞」，以及「狂浪擊打沙灘，附近有個硬石碼頭」的特別景觀；令人興奮的「雜耍式拳賽，一方是高瘦的小丑，另一方是矮胖者」，以及一種諷刺性的暗喻「門羅主義」(The Monroe Doctrine)。據該報報導，觀眾如醉如痴。電影公演如電一般的迅速傳遍全國。1910 年成千上萬的男女老幼，在各大小都市定時排隊到電影院，作為娛樂的活動。該年紐約作個調查，該市約有電影院四百五十間，座位共十五萬。芝加哥有電影院三百一十間，費城一百六十間，St. Louis 市一百四十二間，總共席位二十萬。有些戲院早場、晚場皆客滿，觀眾老闆兩相得利。觀眾中還包括本土出生及外來移民。1913 年《美國雜誌》(American Magazine) 有一個作家稱電影已是「新的世界語」(new universal language) 或「民主藝術」(Art democratic)；「只花五分錢就可以使一個浪人燃起驚奇之情，他的生活原本只是做苦工及睡大覺；他看到陌生人，開始了解他們與他多麼相似；他看到勇氣、願望、煎熬，開始了解自己，也開始感受到有個朋友，就可以有許多夢」。

　　報紙、科技、及都市化，都促使電影有重大改變。科技使電影畫面改善了許多，自 1870's 年代開始，即有長足進步。這方面，歐美兩地都有貢獻，而美國的 Thomas Alva Edison(1847～1931) 是大發明家。都市化使工作時間從每週五十五或六十小時降為五十小時，休閒時間增加。為了逼真，

以假人取代真人的畫面也出現。《處死瑪麗》(*The Executive of Mary, Queen of Scots*) 在斬首時，女主角由假人取代，頭被砍了下來。《射殺叛亂俘虜，美西戰爭》 (*Shoting Captive Insurgents, Spanish-American War*)，打的是空砲彈，觀眾看得都嚇呆了！宗教影片及性愛影片也陸續出現。《打字生》(*The Typewriter*) 中，雇主吻了他的祕書，被其太太發現。《吻》(*The Kiss*) 一片中，也如片名所言，結果招來刪剪，因涉及猥褻。

《國家的誕生》 (*The Birth of a Nation*) 主角 David Wark Griffith (1875～1948，生於 Kentucky 州) 說：「在世界上要作些新的任務，《聖經》早就預言有種世界語言，創造此種世界語言的力量，放在電影製片人手中。電影終止戰爭，帶來永世和平。電影帶來人人之相互了解，也給世界帶來和平。」本片含有電影企業精神及福音傳播的狂熱，Griffith 的父親是 Confederate (南北戰爭時南部的邦聯) 時代的騎兵，其母是美以美教派 (Methodism) 的福音傳播者。影片內容有 Thomas Dixon 小說《族人》(*The Clansman*) 及《豹的斑點》 (*The Leopard's Spots*) 情節。加上 Griffith 自己回憶其父告訴他的內戰及重建故事，分成上下兩部。第一部是內戰之前的各種事件到內戰本身。包括 Robert Edward Lee(1807～1870) 將軍的投降及林肯 (Abraham Lincoln, 1809～1865) 之被暗殺。第二部則描述北方人到南方壓榨被釋放的南方黑人，南方的惡棍，三 K 黨 (Ku Klux Klan)，解放了南方擺脫北方的束縛，以及異族通婚之愚蠢。影片片尾結束時，呈現出法律及秩序重新來到，降臨在這塊受摧殘的土地上，基督顯靈來督導大眾，美國步上千禧年。兩片共達三小時，比當時一般影片長二倍。由於影片技術新穎，內容充實，觀眾都被迷住。內戰之前的墾荒生活，戰爭的壯觀場面，情節的感性動人，北方人勝利的邪惡嘴臉及報復心態，色鬼式的黑人威脅強姦白種女人；凡是看過該影片的觀眾都不禁哭泣、喊叫、鼓掌，一股可怕的影響力潛藏在觀眾心中。

Dixon 的書都含有理念，目的與《國家的誕生》同，都在促進「民主」，也為「民主黨」(Democrats) 加油打氣，使觀眾看了，喜歡投該黨一票。Dixon 致信給 Woodrow Wilson （1856～1924，1913～1921 為第二十八任總統，1919 年獲諾貝爾和平獎）總統，請求該電影可以在白宮上演，其實兩人在

Johns Hopkins 大學就讀時早已認識。總統答應了，也與閣員及總統府官員在 1915 年 2 月 18 日觀賞該影片。總統的評論是：「把歷史寫得猶如閃電般的快速，我覺得唯一遺憾的是太過逼真了。」 (It is like writing history with lightning. And my only regret is that it is all so terribly true.) 雖然沒有證據證明 Wilson 支持該影片，但其他觀賞者，則因看到影片中的情節而覺得種族偏見及歷史事實，太過殘暴。Jane Addams, Lillian Wald，及 Jacob Schiff 直接譴責該片。Addams 稱呼此影片是一部「對黑人人種有害的諷刺畫」 (a pernicious caricature of the Negro race)：「你可利用歷史來展現你認為是真的事實，強調道部分而排除其餘。」在接受紐約《郵報》(Post) 的訪問時，她這麼指控該影片，該報的主編 Oswald Garrison Villard 也不滿的說：本片在處理美國黑人時，「不適當、不道德、不正義」 (improper, immoral, and unjust)。NAACP 向法院控告，向報社投書，也向「國家檢查局」(National Board of Censorship) 檢舉，但唯一的成效是報紙的社論在內容上有稍許改變而已，批判及抗議聲卻被如潮湧般氾濫的喝采聲壓倒，其中最具代表性的莫過於 Hearst 的《晨報》：「孩童一定要去看這部好片，家長如疏忽沒帶孩子去觀賞，是冒犯了教育權。沒有一部影片比 Griffith 的最近製品更具教育意義。」

顯然地，Addams 與 Wilson，NAACP 及《晨報》之間的差異，在於對種族問題持不同的態度，同時也對電影在美國人生活中的影響有差別的看法。除了娛樂之外，電影含有教育作用。重要事件的事實訊息，地方性及全國性的利益，世界名人的生活，以及外國人的生活方式，都傳給觀眾了解，也向全美的人描繪新興大都市人民的活動、舉止、及工作，更提供給新移民到美國者一種初步性的了解美國人的人生觀及習俗，雖然這部分是經過挑選的。用心的評論家如 Addams，知悉這種教育用意，她也比任何當代的人更體認出影片對大都會人口產生的心態影響是非同小可，尤其是青年人。不過她也看出影片也有不良的效果，擔心移民的家長較無法管束他們的孩子耽於娛樂，那是開始為惡的跡象。盡情沉迷於電影，她也感嘆萬千。電影既有正反價值，進步式人士及衛道者雙方都提出要求，希望電影應有「教訓」味 (didacticism)；製片者應挑選有價值的影片，大家遵守規則，

最好自我剪接，由製片家自律。美國最高法院在《共同影片公司對 Ohio 州工業委員訴訟》(*Mutual Film Corporation* v. *Industrial Commission of Ohio*, 1915) 案件的判決上，強力支持此種要求，認定電影是一種乾淨簡單的事業，不是一種言論喉舌因而可以享有州及聯邦憲法的言論自由保護權。直到 1952 年，*Burstyn* v. *Wilson* 案件中，才又作了不同的判決文，將電影視為傳播理念的重要媒體，因此同樣享有言論自由的保障權。

電影在使人娛樂之餘，帶有提供訊息之意，但還未止於此。如同戲劇，歷史上，戲劇影響觀眾的態度及觀念，太大了；尤其把事件予以虛構化之後。加上電影技術及電影語言修辭文法之進步，鏡頭剪輯之巧妙安排，如轉為黑白，表示時間的改變；銀幕畫面的漸顯 (fade in) 及漸隱 (fade out)，表示地點的不同；特寫鏡頭 (close-up) 凸顯其特殊意義；燈光代表情境氣氛及心情等。觀眾看久了，就習於此種新的媒體功能，是否為一種世界語還未可知，但也形成舉國一致共同能夠領會的語言表達。Dixon 藉此來助民主黨一臂之力，Griffith 則藉此來促使世界美國化。

三、公共輿論

一次世界大戰深深的影響了美國教育，Wilson 總統漸漸的、也不太甘願的，從中立政策改變為介入政策，支持「同盟國」(Allied Powers)。雖身為總統，他深悉當時美國人的文字宣傳與新聞檢查意見極度分歧，並不一致。工商團體及勞工界雙方，為工資、工作時間、及工作環境，吵得亂翻天。進步式的改革家，強力要求財團大公司應接受某些方式的公共約束。主和派聲勢高漲，各地皆高舉大旗吶喊不可參戰；數以百萬計的新移民，包括第一代及第二代的德裔、奧裔、及匈牙利裔美國人，面臨了國家效忠及種族奉獻的衝突問題，這是 Wilson 總統第一任幾次公開演說所談的課題。第二次競選連任，贏得極為危險，他的競選口號是「他讓我們免於戰爭」(He keeps us out of war)；對手指控他偏英，對美國不忠。選後不久，他赴國會一再提出嚴厲的要求採取軍事行動，終於在 1917 年 4 月 6 日宣布參戰。全國陷入正反雙方意見摩擦的衝突中，這是史無前例的。Wilson 自己也說過：「為了戰事，我們目前要訓練以及要籌劃的不是一支部隊，而是

一個國家。」履行此任務，Wilson 要求美國教育機構應負責任，也因此，美
國教育步入了新紀元。

　　總統設置了「公共資訊委員會」(Committee on Public Information)，這
是孕育數月之久的果實。1917 年 2 月初，美國之參戰似乎已箭在弦上，
Walter Lippmann 從紐約寫信給 Wilson，警告他在民主國家中徵召兵源的困
難。在其後數封信及備忘錄中，Lippmann 想到一種可能性來推動公共輿論，
為了較持久的和平，不得不戰爭；他向總統建議成立一個政府的機構，來
提供各種訊息並掃除謠言及謊話。3 月，總統以前的一位學生 David
Lawrence，時任紐約《晚報》(Evening Post) 記者，也寫信給 Wilson，希望
他在任何宣戰文告中，明白揭示德國政府及德國人民二者之間的區別，強
調美國絕對不會與德國人民敵對。同樣在 3 月，一位新聞業者名叫 Arthur
Bullard 出版一本書《美國動起來》(Mobilishing America, 1917)，該書必為
總統的親信 Edward M. House 上校所看過，書中指出有必要使全民作精神
總動員，充分運用各種教育及傳播機構，如此方能介入現代化的戰爭，且
贏得勝利。也同樣在 3 月，總統內閣閣員尤其是國防部長 (Secretary of War)
Newton D. Baker 及海軍部長 (Secretary of the Navy) Josephus Daniels 與新
聞界見面，表示政府無意採取歐洲國家的許多嚴屬新聞檢查措施，倒可大
量報導各種消息，但只要是涉及軍隊調動及戰爭計畫時，應予保密。限制
不多，如此而已。

　　新聞檢查議題上報之後，一位 Wilson 的長期支持者 George Creel 寫信
給友人 Josephus Daniels，表示對於任何有關於新聞檢查的努力感到興趣，
但他認為「公布真相」(publicity) 讓大眾了解，總比「禁刊」(suppression) 好
很多，政府有責任成立機構來負責此種事宜。「公共資訊委員會」之議終於
慢慢成型。美國正渴切希望信心、熱情、及服務，除非人人有一股「股東
感」(feeling of partnership)，充分坦白的陳述公共事務的意見，否則難望成
功。該委員會主席最好由文人出任，作家更佳；有勇氣、能力、及遠見，
取得新聞界的合作，全國作家共為國家服務。Wilson 總統終於以行政命令
成立該委員會，任命 Creel 為主席，以「表達」(expression) 來取代「壓制」
(suppression)。1920 年時曾作如下的回憶：

美國的召喚，全民已毫無疑問的有所回應。但我們記得在三年半的中立態度之下，全國已因各種分裂性的偏見而分崩離析，憤怒及迷惘的聲音震耳欲聾，正反利益的拔河，美國陷入泥淖中。這種處境是不能容許的。目前吾人所要的，不是表面上的統一，卻應熱切的深信美國是為正義而戰。此種訴求，可以把全國人融合在白熱的大眾本能上，博愛、付出、勇敢、死不足惜。

以文宣讓全國人民了解事實真相，共體時艱，粉碎不實謠言，並希望公理正義出頭。此種政策予以實踐，就要經過立法程序，一手舉紅蘿蔔，一手持棍子。即令在 4 月宣布參戰之前，北卡羅萊納州出身的參議員 Lee S. Overman 及眾議員 Edwin Yates Webb（皆是民主黨員），都在國會提案要定義間諜活動並予以處分；國會雖通過，但白宮卻予以否決。4 月 2 日，Wilson 發表戰爭咨文時，Webb 再度重提老案，經過修正後終獲通過。Wilson 也在 6 月簽字生效，該法案中明確的刪除報紙檢查條款，報業也自我慶賀一番。但通過的修正案也出現了底下一段文字：

> 當美國在參戰當中，故意的報導或製作錯誤的報告或錯誤的敘述，意圖干擾美國海陸軍的作戰行動或成功戰果，或助長敵人氣焰；並且在美國參戰中，故意的造成或影射美國海陸軍的屈服、不忠、兵變，不踐履義務；或故意阻礙徵兵動員來從軍，對服役於美國造成傷害。則處罰款一萬美元以下，或判二十天以下徒刑，或二者得兼。

此外，違反該條款的任何資料之郵寄，都屬違法。四個月後（即 10 月），國會又立了一法，授權美國行政部門有權檢查美國及國外之通郵及通信；凡以外語編輯的雜誌及報紙，除非經過鄭重的英譯，不准由參戰國寄來美國；美國地區人民也不准將該種雜誌及報紙寄往參戰國；郵政人員有權剪開郵包予以檢查。若刊載無疑問的資料，則不受此種約束。七個月之後（1918 年的 5 月），國會又擴大間諜法的適用對象：「凡對美國政府、憲法、海陸軍、國旗、軍人制服，使用不忠、猥褻、謾罵、或下流詛咒的語言文字，或使用的語言有輕蔑、斥責、藐視、侮辱，或不敬，都屬違法。」「表達」

(expression) 之中也有許多限制 (suppression)。

還好，Creel 積極的網羅一批較自由派及改革心意的報業人員來「表達」，向美國人及全球人士說明美國參戰之合理性。撰寫者都是著名學者，刊行十六頁的小冊《全國學校服務》(National School Service)，分發給全國的學校及家庭，討論舉國上下共同面臨的重要抉擇；並作影片，歌頌愛國明星，發行「名人四分鐘談話」(Four Minute Men)，聘七萬五千名人，錄他們的說話，在各影院、音樂廳、及公共聚會場所播放。「美國的危險」(The Danger to America)、「為何我們參戰」(Why We Are Fighting)、「真正敵人是什麼」(What Our Enemy Really Is)；另有「名人四小時談話」(Four Hour Men)，由 Chautauqua 專院 (Institution) 校長 Arthur E. Bestor 負責，邀請名人講述美國軍人的英雄事跡。Bestor 還期望把該校變成愛國的宣導機構。

廣告及海報到處可見。能源保存，消滅老鼠，婦女之英勇挺身而出，鼓勵丈夫及兒子報效國家，描繪她們是德國殘酷殺戮的受害者，為美國民主及自由而奮鬥；寫信向前線官兵致意慰問，凡能促進以戰止戰的目的，各種手段皆可採用。同時也鼓舞同盟國的軍民士氣，中立國繼續保持中立；不過告訴他們美國參戰的原因，想辦法把正確的戰爭消息送到「被騙的軸心國」(Central Powers) 軍民，也要他們相信一項鐵的事實，美國是「打不倒」(invincibility) 的。透過無線電，經由海軍之協助，把每天的新聞送到歐、亞、拉丁美洲地方，也告訴外國人有關美國人的生活、文化、及習俗，致送給他們美國宣傳影片。

對海外的工作最大的貢獻，可能就是提高了 Wilson 的國際知名度及國際政治外交上的地位。美國也從此變成舉世的領導國家。參加和平會議時，在 Versailles 變成眾所注目的對象，無他國出其右。在國內貢獻更大，但引來爭議也多；一來眾心一意集中火力參戰的宣傳團體不少，如紅十字會 (Red Cross)、YMCA 等，皆不遺餘力；二來 Creel 的 CPI 委員會 (Committee on Public Information) 雖標示「表達」而不「壓制」，但大家的印象，卻是「壓制」多，「表達」少。1918 年 5 月 28 日，該會把報紙分為三類：有危險的、有問題的、及例行性的 (dangerous, questionable, and routine)，三者有別，還予以評價，直接涉入了「核可」(authorized) 或「通過」(passed) 的

審查作業，也先觀看影片，來斷定是否適合在國內外上演。最後，在間諜罪及叛亂罪法 (Espionage and Sedition Acts) 之下，有二千二百人被起訴，一千人以上被判有罪。全國的教育及傳播界，似乎吹了一股冷風；CPI 是一個中央政府負責的機構，進行全國式的教育工作；「以戰止戰」(A war that would end all wars)，「讓全世界為民主而安全」(make the world safe for democracy) 的口號，四下可聞，到處可見，也是 Treaty of Versailles（凡爾賽和約）時的重要準則。不過參與宣傳文宣工作的人，尤其是 Walter Lippmann 及 Edward Bernays，卻不認為民主是一種政府的形式（民主屬於政治層面），也不信理性的男女公民係依據事實來下決定；他們對教育失去了信心。教育與宣傳二者有別。倒是他們也知悉，一般人在參與公共事務時，也可學到比較明智的行為模式。

四、廣播

1920 年的總統大選，主張「回歸原狀」(normalcy) 的參議員 Warren G. Harding（俄亥俄州）擊敗俄亥俄州的州長而成為共和黨的總統候選人；他也打垮了代表民主黨出馬角逐總統而擬延續 Wilson 路線的 James M. Cox。當時收音機廣播已盛行於美國。1921 年，總統 Harding （1865～1923，1921～1923 為第二十九任總統）任命 Herbert Clark Hoover （1874～1964，1929～1933 為第三十一任總統）出任商務部 (Department of Commerce) 部長 (Secretary)，總統也答應授權提高該單位在內閣中的發言分量。Hoover 調整 Creel 政策，強調合作而非處處依法行事，「意願」(voluntarism) 最重要。相關單位應共提計畫，共同利用傳播媒體。1922 年 2 月 27 日，在華府召開全國廣播會議 (Washington Radio Conference)，討論收音機的教育問題是其中一項目。Hoover 常說：「我們不能被喋喋不休的廣告所淹死。」(drowned in advertising chatter) 政府應規定收音機的廣播時間，電臺電波不可干擾公立電臺的使用，廣播內容也應有所取捨。1924 年的廣播會議中，Hoover 刻薄的說：「要是把總統的談話，當作是如同兩個專利醫學廣告中三明治式夾著的肉來使用，則沒有收音機也罷。」其後決議，廣播事務由廣播業者相互協商，而不要政府涉入。因之 NBC (National Broadcasting Company，國家

廣播公司)、CBS（Columbia Broadcasting System，哥倫比亞廣播公司，本名為聯合獨立廣播公司，United Independent Broadcaster)、及 ABC（American Broadcasting Company，美國廣播公司）相繼成立。廣告業者變成大股東，聽眾就是消費者了。連續劇、運動節目等，大為聽眾所垂愛，尤其是婦女（前者）及青年人（後者）。

經濟不景氣時候 (Depression)，教育家、宗教人士、農工領袖，對廣播的空中汙染 (pollution of the air) 大為不滿；廣告之不入流，生活之粉紅觀點 (roseate)，埋葬了美國的傳統信念及想法。1931 年 NEA 的 Joy Elmer Morgan 指控：「美國史上從未曾有過一種先例，管理這麼不當，看法如此沒有遠見，影響卻又大且深，那就是把廣播頻道完全置於商人手中。」1932 年 Franklin D. Roosevelt 選上第三十二任總統，他堅持改革，希望廢除原有的節目，重新規劃新節目，至少保留 1/4 頻道作為教育、宗教、農、工、互助、以及其他非營利節目之用。1940 年全國共八百四十七處廣播電臺，二千八百萬戶收聽廣播，4/5 的家庭已有收音機。

1930's 年代是美國收音機的黃金時代，Roosevelt 總統稱之為「火爐旁閒聊」(fireside chats)，不只聽眾百萬，給白宮的書信也紛至沓來，表達他們的意見；紐約的歌唱團 (philharmonic)、NBC 的交響樂、大都會歌劇團 (Metropolitan Opera)、及其他娛樂節目，古典樂介紹、戰爭報導、新聞評論及分析，以及「生活路」(Road of life)、「後臺太太」(Backstage Wife)、「生活可以更美好」(Life Can Be Beautiful)、「小孤兒安妮」(the Orphan Annie) 等節目，是童叟皆知。據 1945 年的一項研究顯示，美國一般人對電臺廣播的印象，遠優於對教會及學校的印象，不少人希望節目中有廣告，因為從廣告中可以得到有用的知識。廣播節目給他們很多教育啟示，增加他們知識、實用訊息、文化欣賞，並且解決個人的問題，如肥皂劇 (soap opera)，各種咖啡品牌的商標廣告等。

美國人加入二次世界大戰前夕，經由三種不同廣播媒體之不同的廣播節目，以及與政府相處的三種不同關係，結果產生正反兩方面的教育成果。第一，電臺廣播效力最大，收聽者最多，從柏拉圖在《共和國》(Republic) 的著作內容，到莫札特的交響樂；從個人家庭的歡樂到 irium 的優點、及某廠

牌牙膏的成分。第二是電影,尤其在 1927 年之後有聲電影的發明。一週看一次電影者已超過八千萬人,Disney 公司出品的《白雪公主及七矮人》(*Snow White and the Seven Dwarfs,* 1938) 等,風靡全國甚至全球(敘述白雪公主 Cinderella 故事)。第三是報紙,1940 年,報社數量稍降為一千八百七十八家日報社,該年銷售量也達四千一百萬份。其中 Scropps-Howard 報集團有十九家報社,是全國最大的報業集團,Hearst 有十七家;Munsey 則在 1925 年 Frank Munsey 去世時分裂。報社提供社論、方塊、文章、專欄、滑稽連環卡通,左右了人民的心理。最後,雜誌之影響力也不容忽視,1923 年之《週末晚報》(*Saturday Evening Post*),Collier 的《生活》(*Life*)、《展望》(*Look*)、《時代》(*Time*),以及 1933 年的《星期週刊》(*Newsweek*),變成討論當時發生各種事件的場所。

1941 年美國宣戰,宣傳的議題又再度上演。「美國之音」(Voice of America) 及 Frank Carps 的《我們為什麼宣戰》(*Why We Fight*) 影片,前者對外,後者對內。此時美國人民比 1917 年對國家的忠誠度較為一致,大家也比較傾向於支持戰爭;但對於「無條件投降」(Unconditional surrender) 的口號,是否有利或拖延戰爭的結束,則內部有過爭執。1941～1945 年之間,各種傳播媒體在報導美國人的生活習慣及方式時,從不報導對少數人的歧視,比較強調希望、力量、及樂觀,卻也因此孕育一股美國人優越感的心理。

五、電視

若二次世界大戰期間是收音機的年代,則二次大戰後就是電視的天年了。1939 年 4 月 10 日開始,美國電視正式出世,當天是配合紐約世界博覽會 (N.Y. World's Fair),總統 F. D. Roosevelt 初次上電視臺,宣布新的紀元來臨。一年之內電視臺達二十三個,觀眾一睹電視,種種驚奇之情都溢於言表。但大戰的影響,阻止了電視的普及化;大戰後男女百姓經過四年的限制、匱乏、及犧牲,終於獲得疏解,紛紛排隊購買電視機。原先電視零件轉為軍方用途的,現在已大量作為製造電視機之用。1946 年有三十家商用電視臺,1950 年增為一百零四家;1946 年有八千戶裝有電視機,1950 年已增為五百萬了。十年後,商用及非商用電視臺共六千家,四千五百七

十五萬戶裝有電視機，占總戶數的 80%。

集合收音機及影片於一身的電視，初期的電視機裝在客廳，為全家所共娛。節目安排各有不同，週一到週六早午，為婦女及孩童製作；放學時間、黃昏、及週日早上，則為學生製作。原則與其他廣播一般，注意公共利益（興趣）、方便或需要 (public interest, convenience, or necessity)。電視的優點非其他廣播所能比擬。1955 年，六千五百萬美國人在電視上觀賞 Mary Martin 演的「小飛俠」(Peter Pan)，1969 年，全球六億人口看到阿姆斯壯 (Neil A. Armstrong) 及艾德林 (Jr. Edwin Aldrin) 登上月球，是史上最為壯觀的一幕。

一般說來，1950's 年代最受歡迎的節目，早期是戲劇文選，晚期則是猜謎益智 (quick shows) 及西部片 (Westerns)，1960's 年代則是喜劇，如《我愛露西》(I Love Lucy)。其他如溜冰、賽馬、拳擊、兒童卡通，以及 B 級好萊塢電影之夜間影片 (Late Show)。1954 年專題報導 Joseph R. McCarthy 參議員，1954 年採訪陸軍及 McCarthy 的聽證會，1960 年 Kennedy-Nixon 總統大選，1960's 年代的人權運動，1967 年 ABC 電視臺的非洲歷史實錄，1968 年 CBS「飢餓在美國」(Hunger in America) 的歷史實錄等，收視率都高。

商用電視的廣告，多半不是高品質的，有時是含有不可原諒的暴力、逃避花招、容易引導青少年攻擊性的行為，也使成人在道德及智力上產生催眠作用。此種指控，如同 1920's 年代人們對收音機的責備一般。保留一些線路作為教育電視臺之用，尤其與聯邦捐地而興建的大學合作，在中西部各洲出現；但教育電視臺的經濟拮据，節目範圍狹小，收看者也有限。還好，福特成人教育基金會 (Ford Foundation's Fund for Adult Education) 等單位大力資助，其後紐約卡內基基金會 (Carnegie Corporation of N.Y.) 也予以幫忙；1965 年 11 月，後者宣布成立教育電視臺，斥資 50 萬美金，又由 M.I.T. 校董會董事長 James R. Killan Jr. (曾是 Dwight D. Eisenhower 總統的科學顧問)，哈佛校長 James B. Conant, C.I.A. （加州理工學院，California Institute of Technology）校長 Lee A. Du Bridge 等人，為電視臺董事，催促政府注意電視廣播的教育層面。1967 年國會通過「公共廣播法」 (Public

Broadcasting Act)，總統 Johnson 簽署生效，公認是 1862 年 Morrill Act 以來最重要之教育史文獻。1969 年政府花了五百萬美金、1980 年增加到一億五千二百萬美金，於公共電視節目上。

1960's 及 1970's 年代公共電視的品質，的確高過於商用電視，把教育與娛樂二者合而為一，如 1977 年演莎士比亞的《亨利八世》(Henry VIII) 及《羅密歐與茱麗葉》(Romeo and Juliet)，另有「兒童電視工作坊」(Children's Television Workshop)，把學校課程與電視製作技術冶在一起，經費除了聯邦政府支助之外，由上述兩大財團的基金會幫忙。《芝麻街》(*Sesame Street*) 於 1969 年首次上演，是給未入學的小孩欣賞的，尤其是窮家小孩，以節奏式的律動來教讀書認字。1971 年又製作《電力公司》(*Electric Company*)，為稍大小孩觀賞之用，1974 年為十多歲小孩製作《感覺好好》 (*Feeling Good*) 節目，強調健康教育。《芝麻街》深入貧民窟，90% 以上的小孩觀賞該節目，對於他們入學校閱讀識字，提供良好的準備。

其後，政治力介入，如 Nixon 總統任命保守派人士出任 CPB 負責人。而 1970 年之後，媒體革命加速進行，錄影帶、CD 等大量被使用，1977 年在 Columbia 大學校長 William J. McGill 引導之下，聯邦政府改設 Public Telecommunication Trust（公共電信公司），1985 年斥資六億美金，不過當時總統 Jimmy Carter 及國會並不十分熱衷，年撥款六億也只是曇花一現而已。

最後有一點必須一提。1940's 及 1950's 年代時，有人就作可怕的預估，隨著新媒體的發明，報紙將破產，電影院會關門，廣播電臺也日薄西山。不過時間卻證明上述媒體並未消失，只是轉型。1980 年時，2/3 美國人仍看報紙，比 1970's 年代早期的 3/4 略少。1971 年報紙銷售六千三百萬份，1980 年則為六千二百萬份。報紙搶不過電視的「獨家新聞」(scoop)，但可大幅且完整的報導獨家新聞。報紙漸像雜誌，而雜誌在內容上更趨專業化。電影院受影響最大。1940's 年代晚期，每週看一次電影以上的觀眾是九千萬，1960's 年代時則不到一半，1970's 年代大降為一千九百萬。但電影院也調適自己，上演對特定年齡層感興趣的影片。廣播電臺在 1970's 年代幾乎無所不在，商用電臺有七千五百個（四千五百為 AM，三千為 FM），二

百個非商用電臺，聽眾約一億人口（比電視觀眾稍少）。但收音機可裝在廚房、客廳、起居間、臥室、浴室、汽車、及工作站，各扮演不同的教育功能。

六、結語

二次世界大戰後，美國立即成為影片、新聞、及電視節目的最大輸出國。在這方面有趣的一件事是，美國在一次世界大戰後，脫下了宣傳的機制，但二次世界大戰後則否。戰爭情報局於 1945 年結束，但國務院還透過海外單位來進行一些活動，也經由美國之音 (Voice of America) 向各地宣揚美國人的生活、觀念、以及內政及外交政策，美國駐外之大使館及領事館更負責其事。

紐約市是世界新聞集散地，新聞如路透社 (Reuters) 之消息，雜誌如 *Time*、*Life*、*Newsweek*，及《讀者文摘》(*Reader's Digest*)，皆遍布各大洲。光是《讀者文摘》在 1970's 年代中葉，銷售量達一千一百五十萬本；影片則由好萊塢所獨占，1974 年美國影片占全球影片 50% 的市場，三千萬人看過美國片；加拿大由於大部分人口皆位在美加邊界，因此直接收聽（看）美國電視節目。「美國世紀」(American Century) 已然來臨。觀看美國影片、新聞、及雜誌者，在外國都是該國的知識菁英，西方的現代化變成全球性的現象；都市化之後識字率增加；而識字率增加，就也增加了媒體的揭露消息，這又連帶促動了經濟力的成長及政治的參與，如投票。此種現象，在各種族、膚色、信仰的不同國度裡，都一再出現。而西方扮演此種角色的尤以美國為最，低度開發及開發中國家都步美國後塵，經由媒體之傳播，漸漸的走入都市化、工業化、富足化、及民主化。

教學媒體的進步，等於是教學方法及技術的改善，當然是教育的一大福音，但如果太偏重於此，結果使手段凌駕過目的，那也是教育的大弊。方法第一，有助於環球教育的全民化，Comenius 在十七世紀時早已提出普及教育的理念，他說：

我們一旦成功的找到了正確的方法，則教起孩子來，就沒什麼困難，

教多少學童都能隨心所欲，猶如印刷機可以一天印一千張紙且印得極為清楚一般；也如同 Archimedes 的力學，可以舉動屋子、塔樓、及重物；更如同船可渡洋，開到新世界一樣。整個過程，也是如同一個鐘錶一般，走動起來毫無障礙。因為它的動力，來自於重量的均衡。(Keatinge, 1896: 248–249)。

教學成為科學，即系統化、機械化、單純化、快速化的獲取知識，教學效果可以預測且可觀察，根據人性原則。這也就是當前的「教育工學」(technology of Education)

但媒體的帝國主義 (media imperialism)，如同政治及經濟帝國主義 (political and economical imperialism) 一般，都引起第三世界的他國之反感與抵制。當教育科學（尤其是教育工學）強過於教育哲學時，此種現象都難免發生。欲速則不達，十九世紀初，Lancaster 及 Bell 的導生制（班長制教學）也嘗到同樣的惡果。

第二節　文化機構及活動

博物館是一個教育機構。建了博物館，又營運了博物館，實有助於社區中的每一個成員較為快樂、聰明且更有效率。只有使用過博物館者才能如此，而知道博物館的人才會使用它；知道越多，獲益更多。

—— John Cotton Dana

一、出版事業

自我成功的典範，在十九世紀末及二十世紀初，仍然為數不少。有人只受過小學教育之後，就終生學習，從他們寫的自傳中就可看出端倪。大發明家愛迪生 (Thomas A. Edison)，從學校退學後就在家受其母之教育，他的閱讀範圍非常廣泛。其他自學成功的人很多，富蘭克林的《自傳》(Auto *biography*) 鼓舞了許多美國人；並非全部的美國人都識字，也並非全部識字的人都想讀書，有人根本沒書可讀，有人只看報紙或雜誌；報紙及雜誌比書較容易得到。讀書的人，用意很多，有的當消遣，有人當研究，有人則作自我改變之用。讀書的型態也千百種，有的人單獨一個人看書，有的人則闔家讀書；另有些人在圖書館、教堂、大中小學校、YMCA、YWCA、婦女俱樂部、以及巡迴演講場合 (Chautauqua circles)，男女相互讀詩吟詞。

　　書可作為教育用途，所有作者，好歹都是教育家。而出版商更決定哪個作者才能發揮教育功能。內戰後人口增加，識字率大幅上升，紐約、波士頓、費城、及芝加哥是出版社最多的數個大都市。1880 年約出版二千種，以小說、青少年讀物、宗教、傳記、教育、及語言居多，1910 年上升到一萬三千種，1919 年降低到谷底，只六千種。經濟大恐慌時也情況不佳，二次世界大戰後東山再起。1880's 到 1890's 年代，法律書超越過傳記；二十世紀初，則哲學、文學、科學、及社會科學也小勝小說及青少年讀物。

　　1876 年《出版家週刊》 (*Publishers Weekly*) 贊助一項競賽，給訂戶或訂戶代理人（尤其是出版家、書商、及店員）票選那些作品最值得放在書架，大家把銷售量最大的書作排行榜，結果：

1. 傳記類：John Foster, 《狄更斯傳》(*The Life of Charles Dickens*)

　　　　　Washington Irving, 《華盛頓傳》(*The Life of George Wash-ington*)

　　　　　James Boswell, 《約翰生傳》(*The Life of Samuel Johnson*)

　　　　　Plutarch, 《古代英雄傳》(*Lives*)

　　　　　Frederic W. Farrar, 《基督傳》(*The Life of Christ*)

2. 小說類：(Bulwer, Dickens, George Eliot, Scott、及 Thackeray 除外，因分屬各類)《簡愛》(*Jane Eyre*)。另有參考書類，除了《聖經》之外，是 Webster 的完整本字典（非精簡本）。小說類的前五名作家皆女性。

　　　　　Dinah Maria Muloch, *John Halifax, Gentleman*

　　　　　Mrs. Alexander (Annie F. Hector), *The Wooing O T*

　　　　　Augusta J. Evans, *St. Elmo*

Blanche Willis Howard, *One Summer*

上述諸書，都在內容上含有教育意味。傳記類描述偉人的典範生活；小說類透過布局及情節的發展，皆以中產階級的價值觀作結尾，如 John Halifax 是個孤兒，由於品性優良，也揚名於世；*St Elmo* 中的英雄 Edna，嫁給 Sir Roger 這位玩世不恭的人物，經過她的開導，丈夫從此改過自新。參考書則提供不少資料訊息。

說教的書，大為流行；相反的，違反當時觀念及輿論的著作，就在被禁之列。1842 年國會立法禁止輸入猥褻書刊雜誌，1865 年及 1872 年禁止該種書刊雜誌付郵，1868 年紐約州法宣布，猥褻文學屬犯法；新教福音傳播牧師也是社會大改革家 Anthony Comstock(1844～1915) 在紐約勢力如日中天，禁書雷屬風行。不過由於猥褻淫蕩定義難下，大文豪蕭伯納（George Bernard Shaw, 1856～1950, 1925 年獲諾貝爾文學獎生又對禁書政策予以公開指責，1933 年終於稍為解禁。大眾的口味擴大；政府的禁書政策，每每由法院裁示無效。最後，市場機能取代了政府規章，變成決定出版與否的判官。

出版物由市場機能來取捨，導致出版品更為五花八門，評斷標準也就紛然雜陳了。《聖經》仍是銷售量當中位居第一，其次是烹飪方面的作品；偵探小說及神祕小說，宗教性書籍，青少年讀物類（如幼童軍及女幼童軍手冊等），養兒育女讀物，及參考書工具（字典）等又次之。

指導如何自我進修的書也不少，包括如何閱讀，何時讀，在何處讀，讀什麼。獲得知識的方法並不簡單，非經幫助，只靠自己也是無能為力；光是自我觀察，單依經驗的累積，效果也不大；唯一的方法卻也是困難煩人的方法，就是把自己的想法、觀察、及經驗，與別人的想法、觀察、及經驗經由書本作一番比較，才能獲取真正的真理。這是文字學會 (National Institute of Letters) 會長 John C. Van Dyke 於 1883 年的作品中所陳述的意見。Mortimer J. Alder 於 1940 年的《如何讀一本書》(*How to Read a Book*)，是該年的最佳暢銷書，其後被譯為法、西、瑞典、德、義文。「教育仍然為全民開放，不管我們是否上過學校，只要我們曉得如何讀書，我們就在接受教育。」他的作品與前人不同，比較不談何時、何處讀書，而比較注重讀

什麼及讀的方法。他認為恰當的讀書應含三個階段：⑴了解大意；⑵了解作者論證的程序；⑶讀者對作者論證的評估，是否同意作者之所言。一個人如懂得如何讀，則剩下的就是要讀什麼。唯一值得去讀的就是經典著作，也就是可以禁得起時間考驗的作品。他列出兩種值得一讀的書之清單，一是西洋史上的「巨」著 ("great" books)，其中十九世紀以後的都不提；另一種是「好」書 ("good" books)，是當代作品。他與好友共同修訂巨著的書目。

美國中央政府農業部 (United States Department of Agriculture) 也與美國政府出版處 (United States Government Printing Office) 合作，把政府出版的有關農業、園藝、動物、飼養、以及農田管理等資料，送到農家。

二、 自願性團體

自我教育配合自願性的團體，則追求知識，就不只讀書研究或上演講廳而已，還相互在圖書館、俱樂部、YMCA、YWCA、及 Chautauqua（位於紐約）等共同討論心得，交換意見，切磋琢磨。Chautauqua 提供暑期授課的學生課程，有文字報告也有考試，共修四年；讀的書在 1880's 年代時有暢銷書如英國史、羅馬史、天文學、人體生理學、政治經濟學、社會主義的優劣等。修完四年課程者可得一文憑，在紐約州北部 Chautauqua 的年會中，有個「識別日」(recognition Day)，開會頒授並慶祝。第一年有八千男女參加，四年後獲文憑者共一千七百一十八名，其中八百名出席「識別日」。1890's 年代時，註冊人數增加到二十萬人，1918 年更增加到三十萬人。其後因媒體廣播時代的來臨，人數開始下降。每個地方或社區都成立小圈圈 (Circle)，最初的二十年中，共有「地方圈」一萬個；其中 1/4 的地方圈，是在人口約五十人的村莊；1/2 的地方圈，人口在 500～3,500 之間。參加者共同參與彼此的知識交流，有的購買望遠鏡研究地球上的火山口，有的研究化學，有的讀經作戲劇表演。

St. Louis 市的哲學學會 (Philosophical Society) 扮演學習者自學的角色。會員研讀、翻譯、討論黑格爾及康德的作品，出版《思辯哲學雜誌》(*Journal for Speculative Philosophy*)，也是與各國交換哲學思考的中心，發展出美國黑格爾主義 (American Hegelianism)，對美國教育影響頗深。St.

Louis 市還有「科學院」(Academy of Science)，成立於 1856 年，會員研究環境周遭及自然物新種屬、岩石結構、及地質形成，該市變成美國的雅典(Athens of America)，「知識的棲息地」(habitats of knowledge) 於焉形成。使職業性及業餘性、教者及學習者、理論家及實踐家、知識的創見者及普及者，二者之界線並不十分分明。其後科學的進步越來越尖端化，二者才有比較大的鴻溝出現。不過對普及知識，二者皆功不可沒。

芝加哥不讓 St. Louis 專美於前，1871 年「大火」(great fire) 之後，興建了「芝加哥公共圖書館」(Chicago Public Library)，收藏來自英國及歐洲各國的書；同年也設芝加哥科學院 (Chicago Academy of Sciences)，功能與St. Louis 同，聘請專業科學家出掌院務，出版刊物，定期辦活動，聚會討論花草樹木、地質現象及變化，特別注重魚的生態，因有密西根湖之便；另有博物館，雖毀於「大火」，但 1894 年重建，規模較小，作為科學教育之用。為各勞動人口特設 Athenaeum，設於 1871 年，開課講學；有許多美術、音樂、文化的俱樂部、學會、及社團，提供族群的（有 Orpheus Gesan-grerein 族群的人）、宗教的（有 YMCA 組織）、及專業的（有 Chicago Acade-my of Design，芝加哥設計學院）等活動。尤其 1879 年之後，「文化泛愛」(Cultural philanthrop) 立即湧現。一群銀行家、大商人、及富翁先把芝加哥設計學院改為芝加哥美術院 (Chicago Academy of Fine Arts)，前者為畫家而設，後者則包括美術的一切；最後又改為芝加哥美術館 (Art Institute of Chicago)，也是市內博物館，收藏歐洲繪畫及雕刻當中最高級的作品。此外，Newberry Library 及 Crerar Library 也是市內有珍本書的圖書館。並且 John D. Rockefeller 斥資結果，興建了芝加哥大學。隨著 1893 年的世界展示會(World Columbian Exposition，在芝加哥)，也設有大博物館（名為 Field Columbian Museum），來置放自然史的展示場。專業學者、資本家兼慈善家、科學家兼人文學者，共同都有教育意旨，在這些機構中提供教育眾人的活動，希望 Chicago 可以比美文藝復興時代的 Florence（佛羅倫斯，徐志摩譯為斐冷翠，好文雅的譯法），也可以比美當代倫敦；也把芝加哥居民的紛擾不安性，教化馴服下來。當地人口非常複雜，族群、信仰、階級、及黑白衝突時常爆發，若以文化當要角，向居民展示世上言行中最佳者，就可避

開無政府社會所帶來的災難。溝通裂隙，只好用文化來彌補。

紐約市亦然，首先是中央公園 (Central Park) 的闢建，在漂亮及井然有序的環境裡，市民可以在公園內產生同質性的互動關係。規劃者園林建築師 Frederick Law Olmsted(1822～1903) 還規劃河濱公園 (Riverside Park) 及晨邊公園 (Morningside Park)，都在紐約市。如同南方公園 (South Park) 於芝加哥，華盛頓大學校區 (Washington U. campus) 於 St. Louis，都具教育意義。紐約市另有「美國自然歷史博物館」(American Museum of Natural History, 1869)、「大都會美術館」(Metropolitan Museum of Art, 1870)、「紐約公共圖書館」(New York Public Library, 1895)。最後把 Columbia College 轉型為 Columbia University，紐約也變成一個教育及文化型態的都市了。

華盛頓特區則有不少政府機構供科學家任職，如 Smithsonian Institution、國會圖書館 (Library of Congress)、美國人種局 (Bureau of American Ethnology)、地質鑽探隊 (Geological Survey)、氣象局 (Weather Bureau)、海軍觀測所 (Naval Observatory)、國家動物園 (National Zoological Park)、國家樹苗場 (National Arboretum) 等無數單位。作為國家首都，除了政治中心之外，另扮演文教科學角色。科學發展學會 (American Association for Advancement of Science)、華盛頓哲學學會 (Philosophical Society of Washington)、人類學會 (Anthropological Society of Washington)、國家科學會 (National Academy of Sciences)、華盛頓科學會 (Washington Academy of Sciences)、以及宇宙俱樂部 (Cosmos Club)。

其他大都市如波士頓、費城等，也大同小異，但差別也容易分辨出來。波士頓的清教徒 (Puritan) 具上層社會階級性格，在十九世紀末，比費城的教友派 (Quaker) 的上層階級較具整齊劃一性，也較有社會責任感。波士頓作為美國歷史上的悠久地位又有一所最古老的大學，因此在 1880's 及 1890's 年代時比芝加哥擁有較多且較專業的知識分子。大都市人口的數量及族群也不同，華盛頓特區及 St. Louis 比芝加哥人口少很多，族群也沒那麼複雜，高等學府的活動力也表現各異。U. of Chicago 於 1890's 年代比 Harvard 小很多，但較新；U. of Pennsylvania 於 1890's 年代比 Clumbian University（位於華盛頓特區，後改名為 George Washington U.）更老，發展更

齊全。費城曾於 1876 年舉辦過世界展示會，芝加哥則在 1893 年、St. Louis
於 1904 年也舉辦過，但華盛頓特區及波士頓則未辦過一次。

　　十九世紀後半的美國文化哲學思想，代表美國維多利亞式精神 (Amer-
ican Victorian)。基本上，此種精神是以英美為基調 (British-American in
character)，使說英語的人民有一股「現代風味」(climactic era of moderniza-
tion)，且以新教及中產階級的價值觀為樞紐，人們應有高度的自覺心態；
植基於宗教復甦的福音，但同時也接受新科學精神，致力於個人的改善及
社會的革新。視野是宏觀的，而不局限於當地；舉國規模的，而非局部區
域性的；教派互動式的，而不受束於某一特定教派。文化優於物質，陶冶
重於自由，理性強於情性，卓越大於平等，不分派的改革優於某一政黨的
革新。追求德性藝術，該藝術有利於品德的提升，利用各種方法及技巧來
進行教化工作；說服他人，無所不用其極，使行為標準合乎要求。對十九
世紀晚期美國大中小學的教育影響甚大，也支配了許多出版物、婦女俱樂
部、圖書館、博物館、及理科學會的活動內容。

　　不過英美兩國在此時的文化作風上仍有差別。以藝術而言，英國文化
展現在大都市，取文藝復興時代的繪畫及雕刻為展覽項目；美國則把博物
館置於移民開墾地帶，以展覽移民者及技術工人的原始工具為主要內容。
此外，移民美國者，除了英人之外，德人也不少。St. Louis 的德人區很多，
他們出版刊物，辦演講，演戲劇，設圖書館及展覽室；辦報紙，皆以德國
文化為主。芝加哥的族群更多更雜，華盛頓特區有黑人區，但也有高水平
的文化機構，黑人報紙有《蜜蜂》(Bee) 及《有色的美國人》(Colored Amer-
ican)；另有師資學府最有名的黑人大學 Howard。不過一般說起來，德人對
美國維多利亞精神的貢獻最大，如 St Louis 的「哲學學會」(Philosophical
Society)；而黑人的中產階級也出現不少知識分子。這些文化都各自競秀，
融合交雜，變成美國十九世紀末的文化社會景觀。

　　美國人力圖振作，絕不讓歐洲國家在文化上專美於前。芝加哥的慈善
財團及其他大都市的企業家，希望建造大型文化機構來與英國之「大英博
物館」(British Museum)、法國之「羅浮宮」(the Louvre)、及德國之「美術
館」(Uffizi Gallery) 相抗衡。在短時間之內，由於財富累積及雄心大，這

些抱負也立即實現，是世界水平級的文化建物，展覽美術、音樂、及文學作品；但展覽內容即比較不及於美國土生土長的文化，且多數展覽集中在紐約市。

十九世紀末，美國的維多利亞精神還持續維持到二十世紀，甚至到2000 年也如此。不過在 1890's 年代晚期，出現了不少批評聲音：

1.社會科學家及社會哲學家指責該精神有族群、宗教、及白種人的「我族中心主義」(Ethnocentrism)。

2.一次世界大戰後，美術家及作家對「維多利亞精神」(Victorianism) 的攻擊較為直接、集中，且攻擊面也較廣；咸認維多利亞精神流於唯物性、鎮壓性、統一性、及令人害怕性。往好方面想，它是溫溫彬彬，抑阻又克制；但往壞來看，卻是假仙 (hypocritical)。

不管怎麼說，此時期中最明顯的文化建築物，如博物館及圖書館，都能發揮無比的、長期的、及非正式的教育功能。

三、圖書館、博物館、及美術館

1890's 年代中葉，美國圖書館擁有藏書一千冊以上者約有四千所，這包括二十九個州及 D.C. 的社區圖書館。私人圖書館如 Newberry 及 Crerar (Chicago)，Enoch Pratt (Baltimore) 及 N.Y. Public 都是資金雄厚；而國會圖書館 (Library of Congress)，藏書更多。有人稱圖書館是「人民學院」(people's colleges)，最具知識普及意義。

Andrew Carnegie(1835〜1919) 大筆捐三千九百萬美元給一千四百零八個社區興建圖書館，這是 1898〜1909 年的盛事，這位於 1848 年自英格蘭移民來賓州的鋼鐵業巨子之所以看重圖書館作為泛愛及慈善對象，理由有許多，因為他本人身受其益，在匹茨堡當童工時，即常到當地一小圖書館看書。圖書館的確可以幫助自學者獲取知識，且圖書館一成立，當地居民及政府必然努力繼續維持圖書館的開放及藏書工作。Carnegie 希望他出資成立的圖書館，都是社區型，財產屬公，也開放為公。其後之維持，由稅收來支付。1904 年他向許多申請設立圖書館者說：「我不認為社區如不願維持圖書館者應該擁有圖書館，倒應該要有一種感受，即圖書館屬於任何

一位公民所有，不管貧富，都會給他們心靈滋養物。我所捐的圖書館建物，財產應歸公，也由公眾支持。」美國圖書館協會 (American Library Association) 早在 1876 年成立，經過 Carnegie 的努力，全國社區圖書館已到處可見。大學也設有圖書館，Columbia 及 Syracuse（紐約），Drexel Institute（費城），Simmons College（波士頓），及 U. of Chicago，圖書館儼然已成為「社區智力服務社」(Community intelligence service) 了。

社區有了圖書館，但使用率卻不高。1930's 年代由 U. of Chicago 的圖書館學院 (Library School) 院長 Louis R. Wilson 所作的調查發現，新英格蘭及加州使用率高，東南部及中南部各州較低，黑人區最低。Mississippi 州使用不到住民的 2%，但加州則有三分之一人口使用過圖書館。十年後哥倫比亞大學圖書館服務學院 (School of Library Service) 的院長 Robert D. Leigh 也作過調查，發現社區民眾喜歡有個圖書館，但大多數民眾卻沒有使用過它，圖書館似乎只是社區當中一個隔離的機構。二次世界大戰後，聯邦及州政府對社區圖書館大力經營，圖書館的設備充實了，活動多了；社區民眾雖然也可以在大眾傳播媒體及大中小學開設的課程中吸取「智力服務」，但圖書館在 1970's 至 1980's 年代已變成社區民眾重要使用的教育機構了。

博物館早在 1890's 年代中就有數百所之多，出名的如費城美術博物館 (Philadelphia Museum of Art)，紐約大都會博物館 (Metropolitan Museum of Art in N.Y.)，波士頓藝術博物館 (Boston Museum of Fine Arts)，及芝加哥藝術學院 (Art Institute in Chicago)。比較重要的科學博物館如：自然科學館（Academy of Natural Science，費城），美國自然歷史博物館 (American Museum of Natural History, N.Y.)，田野博物館 (Field Columbian Museum, Chicago)，Smithsonian 國家博物館 (National Museum of the Smithsonian Institution, Washington)。小的如自然史博物館 (Natural History Museum, Boston)，軍人醫療醫學博物館 (Medical Museum of the Armed Forces Intitute of Pathology, Washington)。

這些博物館從一開始，就帶有教育功能。有些大學院校也有博物館，不過一般而言，博物館通常是保存第一，研究、展覽、管理第二，傳播、

闡釋、及普及第三。難能可貴的是 Boston 美術博物館 (Museum of Fine Arts) 成立於 1870，1876 年開放；以及紐約大都會博物館 (Metropolitan Museum) 都旨在作教育用途。

1910 年全國博物館約有六百所，1939 年增加到二千五百座。大部分興建於一次世界大戰後，且分門別類。有兒童博物館，如舊金山青少年休閒博物館 (Junior Recreation Museum of San Francisco)，有科學及美術展覽、野生動物足跡保護區博物館，如野生動物館 (Todd Wild Life Sanctuary at Hog Island，緬因州)，有公司博物館，如交通博物館 (Studebaker Museum of Transportation at South Bend，印地安納州)，有公共學校學制博物館，如洛杉磯公立學校自然展示 (Nature Exhibit of the Los Angeles Public School) 等。

1906 年成立美國博物館協會 (American Association of Museums)。雖然有些博物館負責人認為博物館的功能與教育無涉，但多數博物館學者皆主張博物館的教育影響力非同小可。花公款只作收藏書籍、古物、或藝術品之用，這並非是圖書館及博物館的善用及正用。若不能作為教育用途，倒不如不設。這些機構應有助於社區民眾生活較為幸福或聰明，工作較有效率。位於 New Jersey 州的 Newark 博物館負責人 John Cotton Dana，於 1917 年就說出本節開頭所引用的一段話。而博物館所收藏的，若與社區民眾的生活無直接又清楚的相關度，則社區民眾當然就不關心也不知悉博物館的存在了。引發社區民眾對博物館的興趣，就得在收藏或展覽內容上多加考慮。1970's 及 1980's 年代時，博物館已為美國人所喜愛，觀看文化展覽就如同欣賞職業運動比賽一般。博物館可補大學院校的設備不足，供教育及研究用途。U. of Chicago 與藝術與田野博物館 (Art Institute 及 Field Columbian Museum) 合作，展出該市的文化生活，當時第一任校長 William Rainey Harper(1856～1906) 還擬將後者的兩個單位納入大學成為一個學系。這三個機構的董事會，許多董事皆重疊。

John Cotton Dana 不只思想清新，還是一位熱心奉獻的人，致力於把圖書館及博物館作為教育用途。在 Colorado 州的 Denver 作過圖書館員 (1889～1897)，也在麻州的 Springfield 服務過 (1898～1901)。延長開放時

間，把館內圍檻拿掉，去除上鎖的玻璃桌面，採開架式書櫥，善本書也妥加使用。館內收藏品種類及數量都擴增，外語資料給移民者參閱；另有兒童讀物，專業書櫃，工商農業學者亦有適合資料可資使用。在 Newark 作過圖書館兼博物館館長，收集動植物、花卉、礦物、繪畫、印刷、技工、手工藝品等，與別社區互通有無，發動社區各種組織來使用。此種觀念及作法，就是到了他於 1929 年去世時，還是極為新穎。

圖書館及博物館應為大眾開放，是大眾喜歡進來的機構，此種措施漸為人所接受。但館內應收容與當地有關的材料，則不容易為別人所認同；時人仍以為文化是有關歷史的、遠離的、且深奧難懂的；不過，一般旅外的美國人到歐洲後，重新發現美國（祖國）的文化價值。1927 年名小說家 Louis Bromfield(1896～1956) 從巴黎寫信回來，熱情洋溢的說：「我覺得此時我更愛美國。」文評家 Malcolm Cowley（生於 1898）在《浪子回頭》(Exile's Return) 中更說：「在巴黎或 Pamplona（西班牙），寫作、飲酒、觀看鬥牛或作愛，總好想有個肯塔基的小丘茅屋，愛荷華或威斯康辛的農舍，密西根的森林，Juniata 的蔚藍天。但這樣的國家，失去了，唉! 失去了。」1920's 年代美國人矯情的羨慕歐洲，1930's 年代則重新肯定美國一般平民生活的本質與意義，及文人藝作之傑出表現。早期作為取笑之本土文化，現在反而予以珍惜。美國文化並不狹窄，也並不膚淺。馬克吐溫 (Mark Twain，本名為 Samnel Langhorne Clemens, 1835～1910) 及 Henry James(1843～1916) 也能各自寫出《新英格蘭花朵》(The Flowering of New England, 1936) 及《新英格蘭印地安夏季》(New England Indian Summer, 1940) 的優秀作品。

這個時候也就是「新政」(New Deal) 雷厲風行之際。公家機構如郵局、法院、及社區中心，都有壁畫並予以美觀化，以描繪美國人民的成就為主旨。羅斯福 (Rossevelt) 總統深切期望，「新政」在社會正義上，以充實更豐富的文化作為核心，其中藝術活動是不可或缺的，藝術創作也是社會改造的楷模，使社會意識從此覺醒。門的把手，風向儀的雕刻，也可代表美國精神；交響樂之演奏，國內國外都帶有普及與宣揚美國音樂之作用。

二次世界大戰後，美國發生「文化爆炸」(Culture explosion)。此種現象配合著普及教育、經濟起飛、閒暇時間變多、科技發展等都是互為因果，

參觀與欣賞美術作品的人增多不少。而繪畫、印刷、電影、戲劇、演奏、寫小說的人口也增加；利潤交稅、買票進場、與作慈善奉獻也不乏其人。樂觀者認為新的文藝復興來臨，文化普及、且也民主化；悲觀者卻認為量多質會壞，文化越普及，文化氣味會越淡薄。

　　政府應該補助經費來展示何種藝術作品，在 1950's 年代曾引起爭論。密西根州的眾議員 George Dondero 大力批評「立體主義」(cubism)、「達達主義」(dadaism)、「表現主義」(expressionism)、「超現實主義」(surrealim)、及「抽象主義」(abstractionism) 的作品，一點都「不是美國人」(un-American) 的作品，也不代表美國人民。他所鍾愛的是古典作品。此種爭論引發一個議題，即政府是否有必要出錢來補助藝品。畫家 Larry Rivers 說：「政府如在美術上扮演角色，猶如大猩猩 (gorilla) 穿針一般，先是聰穎的，繼而是懶散笨拙的，大多數是不可能如願的。」但 1960's 年代時，許多人文學者及美術家都希望政府仿補助自然科學的展示一般，予以經費補助。甘迺迪主政時，有零星的補助來自中央政府，但 1965 年 Lyndon B. Johnson 大敗 Barry Goldwater 的總統大選，使聯邦政府對美術文學的支出大幅度成長，咸認國家的高度文明，不應僅限於科技而已，其他文化活動及研究亦不可小視，價值不容忽略。包括語言、文學、歷史、法律等人文科，也包括音樂、舞蹈、戲劇、民俗、創造性寫作、建築、繪畫、雕刻、攝影、圖文藝術、工業設計、服飾、電影、電視、廣播、錄音及錄影等美術活動，都應予以補助。1966～1980 年，經費增多約四十倍，也鼓勵私人捐助。

　　大都會歌劇團 (Metropolitan Opera) 及洛杉磯交響樂團 (Los Angeles Symphony) 受到補助之外，也研究「歸營鼓」(Tattooing)，以及傳統波多黎各的樂器、Mohawk 印地安人的纖籃、美國黑人在密西西比製作棉被技巧；除了補助把古希臘哲學家 Theophrastus(371～287 B. C.) 的斷簡殘篇予以整理之外，還開會討論洛克思想與 1680's 年代的政治哲學二者之關係，更研究美國土生土長的宗教，探討種族認同，追查古巴在佛羅里達的難民及東南亞在俄亥俄州的難民之歷史。研究 Fresno 這個加州都市，就可以發現有六十種到七十五種族群的活動。美國文化的多元性有增無減，美國文化也大量輸往國外，為外國人所模仿。巴黎及東京的年輕人跳美國搖滾舞 (rock and roll)，巴黎及東京的富人收藏家也購買美國的抽象派畫作。聯邦政府撥大筆經費補助藝文活動，也支援大中小學的藝文教育。1970's 年代以來，全國三萬所圖書館（不包括中小學校內圖書館）及五千所博物館都提供分門別類、各色各樣的藝文活動，作為教學用途。美國文化的大眾化，已是有目共睹的事實。

第三節　專業教育

在紐約市有一種「合理的藝徒制度」，在學校教室內他們取一個老舊蒸汽幫浦，把空氣予以壓縮，讓學徒看出怎麼個作法，檢視其葉瓣，畫出各部分的圖樣，計算圓錐體內立方體積，研究各部門的機械運作，到店裡去磨葉瓣。換句話說，開始學習幫浦，就應學會算術、幾何、機工繪圖、機器操作等，這些都與幫浦的功能有關。

—— Carroll D. Wright

一、農業之科技化

內戰之後的工業化，給農夫帶來了好多痛苦的問題。1870 年有 51.6% 的人口從事農作，1880 年降為 48.8%，1890 年又下降為 42.5%，1900 年時已只剩下 37.7%。仍然務農維生者經驗到了好多財經上的困擾，穀價巨幅下降，小麥價格在 1866～1896 年之間下降四分之三，玉米下降三分之二，土地價格則上升。土地耕作機械化及商業化、鐵路運輸、倉庫儲存、銀行利息之費用，加上成衣廣告、罐頭食品、廚房餐具之製造、汽油燈的使用等，皆使傳統農民叫苦連天。年輕人紛紛棄農從商，到大都市尋求更舒適的生活。

農業組織及團體在十九世紀末，利用農業科學來幫助農民增加生產量，也普及科學知識於農民身上。農夫聆聽演講，共同討論農作及生產，改善家畜，增加果菜產量，提升品質，土壤翻耕（深耕優於淺耕）；婦女則仍然

料理家務，烹飪，製作罐頭，以及花園整理。安排當地農夫相互切磋、琢磨，在農產品博覽會中相互學習，採用新農具，聘請農業學院教授講解淺白的話題，皆大受農夫歡迎。

其次，農業組織及團體即「農莊」(Grange) 及農盟 (Alliances)，遊說州政府提供農業課程，期限一天或兩天，在農業學院實施，並設置農業實驗站。1887 年的 Hatch Act，聯邦答應年撥一萬五千美元在全國普遍設立農業實驗站，由聯邦政府農業部負責其事；加上 Morrill Act 的農工學院 (A & M College，A 指 Agriculture，農科，M 指 Mechanics，工科)，農夫可以經由此種管道，了解「有用且實際的訊息知識」。對於「科學研究及實驗，在農業科學理論及實際」的提升上，大有幫助。1962 年農工學院立校一百年慶祝大會時，全美一半以上的理科人物從 A & M 畢業，三十六個諾貝爾得主中，十八位在 A & M 得學位，有人發明 TV、改良玉米、鏈黴素（抗生素 Streptonycin）、迴旋加速器 (cyclotron)。

農夫人生觀的改變，也接踵而至。Jefferson 時代的人民，以為自己是上帝所挑選的，過著自我且正當的生活，現代則要到大都會裡求生過活。一方面，生產家大舉利用土地，自組一集團，免受銀行家及政客之剝削；另一方面，小生意人在市場上爭奇鬥勝，各自獨立作業營工商生活。為了對抗前者，農夫組成了「人民黨」(People's Party) 予以抵制，在 1890's 較為得勢；應付後者，則農民也開始比較有興趣於子女及本身之教育，經由進步主義的推動，希望獲取農工學府的知識，及實驗站所研發出來的農業及收穫技巧；小冊、雜誌、俱樂部、機構、博覽會、演講、及短期課程，都提供農夫進修階梯。不過即使到了廿世紀初期，受過較佳教育的農夫仍然少之又少，願意順科學知識來改變作息習慣者，仍然不多。

體認此種問題之嚴重性者，當以首倡農場示範法的農學家 Seaman A. Knapp(1833～1911) 為最，他是紐約客，曾在聯合學院 (Union College) 接受過教育，也至該州北部一所私立的實科學校教過書；1866 年赴 Iowa 州先學耕種，後當該州州立學校及盲生的督導，最後在 Ames 地方的 Iowa 農學院 (Agricultural College) 當教授及校長。早年即對養家畜感到興趣，以科學方法為之；在 Iowa 州的 Ames，組成「改善家畜畜養協會」(Iowa Improved

Stock Breeders Association)。1882 年努力促成聯邦在 Iowa 設實驗站，1885 年轉赴 Louisiana 的 Charles 湖負責一項農業工業化實驗。除了提供農業科學知識及技巧給一般農人外，也教導農人改變生活習俗及觀念，展示科學技巧來改善農作的量與質；尤其其後在德州的展示農場，大受當地農民的支持與喜愛。1903 年德州的蝗蟲災害，全國皆知，美國農業部迅速採取行動，經由 Knapp 的展示，德州的農作生產變成奇蹟。難怪有人說 (1905)，「德州有兩所大學，一在 Austin，另一就是 Dr. Seaman Knapp」。

農工學府的科學知識及訊息，以及實驗站的農耕技巧，都設法廣被於全部農民身上。這是中央農業部及農業學院之間應行協調的工作；且地方性的農作問題，其妥善解決的方式，也應普遍為全國人知悉，採取相同的措施以便解決全國各地的農業危機。農業人口的勢力越來越大，農業經營已採大型企業管理的模式，到了 1980's 年代時，原有的小農家生活及農耕已消失不見。

二、 藝徒制度的轉型

賺工資謀生的人口，從 1880 年的二百七十萬，1900 年的四百五十萬，到 1920 年已增為八百四十萬。大生產公司員工數也有增無減，費城的 Baldwin 機動車工廠 (Locmotive) 有員工六百人 (1855)，1875 年增為三千人，1900 年為八千人；芝加哥的 McCormick Reaper (收割機廠) 員工在 1850 年有一百五十名，1900 年四千名，1916 年一萬五千名。全國大工廠集中在東北部，四分之三的工廠員工超過一百人，3% 的工廠員工超過一千人。

快速工業化的結果，傳統的藝徒制度式微。雖然印刷、水電修理、砌磚、木工等仍需學習一段時間才能出師，但藝徒教育已變成非正式性。有些工作，工人一到工廠，稍學即會，因此藝徒制度也沒有必要，如紡織；其次，如製鞋工作已完全機器化，工人要知道的，不是製鞋技術，卻要學如何操作機器。尤其在 1906 年成立「全國工業教育促進會」(National Society for the Promotion of Industrial Education) 之後，職業學校已取代了藝徒制度的功能。不過，麻州 Worcester 的 Clerk College 校長 Carroll D. Wright，一方面承認舊有的藝徒制度之不足，因為學習時間太長，又無效率，只知

其然不知其所以然，藝徒也不知所學的意義，更趕不上技術變遷時代的需要；但一方面也發現職業學校仍有弊病，職業學校雖提及理論基礎，教起來較受人敬重，但畢業生充當技工，仍是未當。最佳的方式是二者合一。

1908 年 Wright 受託於聯邦教育局，作了一個「現代藝徒制度」調查，建議把教室學習與工廠工作聯合在一起，如同 1876 年「費城百年展」(Philadelphia Centennial Exposition) 一般，促成手工訓練學校與工商學校合作。GE（General Electric Company，奇異公司）在麻州的 Lynn 安排四年制藝徒制度，由公司負責，理論與實際合一。頭兩年學術性課程，有算術、初等代數、三角、測量、機器初步、能量轉換、物質力、力學、初等電學、機器製圖、機器設計、鑽模裝置等，實習操作則由技師帶領，實地練習。紐約中央鐵道公司 (New York Central Railroad) 則採用反方向，先實際後理論；本章開頭引的話，就是學徒的學習活動要旨。

威斯康辛州於 1911 年通過法律，規定十四至十六歲的受雇工人，必須每週到校上課四小時，所有學徒也必須一週到校上課五小時，包括英語、公民、商業實習、生理學、衛生、及安全裝備的使用。雇主要出示與學徒的契約。1915 年，藝徒制度須受州政府的監督，州政府有權仲裁公司與學徒之間的糾紛。

一次世界大戰後，各大公司或百貨店都有員工教育計畫，除了訓練他們的知識外，更培養氣質及禮儀，對公司的忠誠與員工的合作及關懷，並提升福利，免受工會哄騙引誘或其他公司的挖角，更提升對美國的認同。注重員工家庭的和樂與穩定，安排娛樂休閒活動，捐資給附近小學，讓員工子弟享受較佳的教育環境。1900 年以來，各大公司又發展出實驗室，如「奇異研究實驗室」(General Electric Research Laboratory, 1900)，「西屋研究實驗室」, (Westinghouse Research Laboratory, 1903)，「美國電話及電報公司」(American Telephone and Telegraph Company) 發展研究及實驗部門 (1907)，研發新產品，改善舊產物，提高生產量。工作人員皆是高度科技人士，注重科學管理。並與各大學建教合作，其中尤以 Bell 的「電話公司」(Telephone Company) 之成功範例最佳，接線生及電話安裝工人，皆接受充分的教育。

1.公司的教育訓練中心，以忠誠及勤勉為宗旨。「陶冶、組織、精確、及服從」(dicipline, organization, precision, & obedience)，效率第一 (efficiency)，福利優先，利用科技資訊來使公司進步。

2.工人也自行組織教育活動，與公司活動對抗。工會組織自行訓練自己的會員，如何協調、如何申訴。在示威進行時，此種活動更為加強，團體感加深。一次世界大戰後，美國廠商共同組織「美國計畫」(American Plan)，宣揚反工會主義之好處。美國工人於 1919 年發動三千六百次示威予以抵制，參加工人約四百萬人，對提高工資、減少工時，有很大幫助；與社會主義的知識分子合流，利用各種教育機會，發手冊、傳單、書籍、期刊；演講、巡迴說明、研究性讀書會、聚集討論會，來正式批判資本主義之不當。集體談判及共同抵制，乃是對付廠商的利器；仿英模式在 London 的工人學院 (Workingmen's College) 及 Oxford 的 Ruskin College，美國大學也講課說明勞工運動。Brookwood 勞工學院 (Labor College, 1921~1937) 於紐約的 Katonah 為社會主義學者所主持，教授社會史及哲學，強調工會組織，分析示威情境，編寫並主演勞動戲劇，為生活 (life) 而活，非為「生計」(livelihood) 而活。有文學、歷史、衛生、科學及現代工業社會的種種，不只談工會及示威遊行而已。

三、專業教育的改進

內戰後，專業人員快速增加數量。傳統的專業人員，如醫生、律師、及神職人員，人數增加神速。他如牙醫、工程師、教師、護士、及圖書館人員亦然。1870 年，專業人員有三十七萬二千，1890 年增為九十四萬四千，1910 年已是一百七十五萬八千人。從藝徒制度轉變為學校來培養專業人員，正是時代潮流。

表四十九　專業學府的增加表

年　代	醫學校	法學校	神學院
1876	78	42	124
1910	135	114	184

醫學校以病理學家 William Henry Welch(1850～1934) 及其同僚在 Johns Hopkins 大學醫學院 (Medical School) 之工作最具成效，法律學校則以 Harvard 大學法學院院長 Christopher Columbus Langdell(1826～1906) 等人在 Harvard 法學院 (Law School) 的研究最為有名。神學教育本是大學院校的靈魂。茲分述如下：

1.醫學教育：Welch 於 1884 年被任命為 Johns Hopkins 的大學教授，當時的醫學教育是研讀醫學教科書，有解剖學、生理學、及醫學；入學者須先經過醫學方面的初期訓練，由當地醫生或醫學會負責教學，也有解剖學、生理學、化學、開刀、醫藥學、治療學、藥理學、及產科醫學，期限一到三年不等。Welch 作了三種重要改革。⑴以實驗探討精神來教學解剖、生理學、藥物學、及病理學，仿歐洲名醫方式，如 Pierre Louis 及 Louis Pasteur（巴黎），Carl Lndwig（萊比錫）、及 Robert Koch（波蘭的 Breslau），以事實取代理論，以研討代替說教。⑵以病理學為醫學教育核心：疾病的診斷及治療，是醫學科學的重點工作。⑶附屬醫院是醫學教育的樞紐：師生可以實地把理論與實際在此合而為一，見習生在專家指導下犯的錯，總少於其後沒經驗因而犯的差池，且後果較不嚴重。醫學教授也在教學醫院操業。

2.法學教育：Langdell 於 1870 年被任命為 Harvard 法學院院長時，法學教育也與醫學教育同，學生先在律師處作見習生，唸法律教科書，研讀法律評論文章。Langdell 的課程改革，側重案例的研究，不訴求於教科書，卻希望學生從案例中應用基本原則，以蘇格拉底式的問答法，層層剝除疑點的「引出」法條，用理性方式理出頭緒。律師必須受過法理上的專業訓練，法學院必須與大學結合在一起。為了令學界尊重，法律研究應走入科學途徑。法學院之案例，猶如物理系之實驗室一般重要，個案研究對法學院師生而言，是額外多出的一項，猶如麵包師之「打」(Daker's dozen, 其數為 13)，比別種行業之「打」(其數為 12) 多一一般。其他十二項需注意學習的是財產法、一般法答辯、契約、民事過失（侵權行為）、刑法、平等權、證據、法人、買賣、代理權、人身借據、及憲法。

3.神學院的教育比醫學及法學教育更不成系統。1883 年，Charles W.

Eliot 提出〈神職人員的教育〉(On the Education of Ministers) 一文，希望神職人員必須修過大學部的希臘文、拉丁文、希伯來文、及德文，說寫精通的英文；及心理學、政治經濟學、歷史、自然科學，然後修三年的專業課程，包括閃族研究、新約評註、宗教教會史、比較宗教、心理學、倫理學、宗教哲學、系統神學、講道學。通過教會考驗，不得有淫蕩、性情不節制、不安貧樂道、更不可犯罪。1890's 年代的 Harvard 神學院 (Divinity School) 即採此路線，不特屬何種教派，以客觀中立為主要訴求，重歷史史實的探討。該校採選修制，文理科學生也可入神學院選修上述科目。不過，哈佛此種措施並不為他校所模仿。類此的是紐約聯合神學院 (Union Theological Seminary)，但兩校並無連帶關係，兩校也不影響到他校。相對於醫校及法校而言，神學院教育走多元途徑。

專業化當然不可以只是一種特殊性的教育而已，它也含有專業組織、州政府授予證書、遵守倫理規範、及獲得專業資格者有個最低的水準要求。牙醫仿醫學模式，哈佛也在醫學院設 D.M.D. 課程（牙醫師課程）；工程師教育也發展出人文的通識教育，另有數學、科學、及專門科目的繪畫、機械、應用科學、修理廠工作等。大學教師需接受三年的研究所學術訓練，中小學教師則以師校（中學級）或師院的教育為主，重點放在教材教法的研究而排除學術性科目。工商管理則學法學教育模式，圖書館館員、會計、藥劑師亦然；護士訓練重理論與實際程度，只是中學層次，與師校同。

各種不同的專業所表現的差異，正是歷史事實本身的反映，就男女專業而言，此種差別最為明顯。1920 年時護士及醫生皆要受專業的科學訓練，但護士多為女生，受雇於私人，在慈善性質的醫院服務；醫生則是男人，自我開業。此外，護士在護士學校受訓前，只接受過小學程度的教育，醫生則需要中學畢業才可入醫校就讀；醫生可以為病人開處方，護士則要聽命於醫生。在全部職業工作演變成專業化的過程中，卡內基提升教學基金會 (Carnegie Foundation for the Advancement of Teaching) 扮演重要的角色，該基金會首任會長也是天文學家 Henry Smith Pritchett 深感憂心，由於十九世紀末葉工業社會及都市社會造成社會及智識上的不安，深盼該基金會能作為「大機構」(great agency) 來改善美國教育，使之有效培養科學訓練的

專家，作為社會、政治、及知識上的領導者。在這些專家當中，他認為醫生位階最高，中小學教師的專業地位最低。有名的 Flexner 報告書就把重點放在醫學教育上，唸醫學的人要嚴格限定人數，標準要高；而中小學教師的培養是一種職業教育而非專業。由於其後專業化的趨勢有增無減，中小學教師也應達到專業的水平。

接受更多的教育，此種壓力越來越大。但從事教學的人（教師）並不因此更受其他專業領域者的肯定。醫學及法學教育已提高到研究所的水平，採 Welch 及 Langdell 模式，牙醫及眼科醫生馬上步其後塵。工商業人員、工程師、新聞記者、會計師、圖書館人員、中小學教員、護士、以及社會工作者，則亦步亦趨，他們的教育水平，或到高中、或到專科、或到大學、或到研究所階段，要求不一參差不齊。其他新興行業人員如旅舍管理員等的教育，也要求有社區學院畢業的資格，或接受學士或碩士學位課程。即令在 1960's 年代，師資水平已大幅提高，但有關教師權益的爭取，仍然仿工會集體談判模式，而非用專業角度來達到目的。有人戲稱，教師只不過是「半專業」(semi-profession) 而已。這在 1960's 年代尤其明顯。但「半專業」又是何意，也不十分清楚。

專業的教育發展有四項評論：

1. 1870～1910 年大部分的專業教育都是在課堂內進行，Welch 的作法是唯一例外。即令 1970 年時也是如此，但皆有實習活動及實驗課程，也都有附設學校、實驗學校、或實際見習，另有建教合作。軍校有作戰演習，新聞業可在報社作實習生，醫學院的醫院，法學院的法庭，商學院的商場，農學院的農場，師範學院的附屬學校，都是專業學府的重要機構。邊作邊學，比藝徒制度較有規劃，較具系統，成效也較佳。二次大戰後，專業人員的在職進修及終生學習，更助長專業教育的發展。先是採自願式，後是由政府支助，專業學會又加以鼓吹，廠商如 Bell 電話公司的帶頭，使得專業教育活動，方興未艾。

2.各種健康服務的專業教育，一枝獨秀：醫護、營養、保健、醫藥、臨床心理學、公共健康工作、醫院社會工作、以及醫院行政管理等，醫學院的教育極為熱門。醫院除了作研究及教學所在之外，另也提供醫學服務。

3.十九世紀早期即已存在的師範學校之附屬學校，如同醫學院之附屬醫院一般，變成附屬學校的年輕人之重要教育場所，其實更是師校教師的教育所在。杜威等人在芝加哥創辦的名稱為「實驗學校」 (laboratory school)。師校之附屬學校大舉模仿醫學院所附設的教學醫院之措施，進行系統式的教育實驗，來研究教學問題，其中之顯例，除了芝加哥大學之外，就是哥倫比亞大學師範學院，威斯康辛大學，伊利諾大學，及洛杉磯加州大學等。在二十世紀中葉之後，由於附屬學校專收該大學教職員工之子女，且收費昂貴，因此比較受人批評。不過實驗學校或附屬學校出現諸如學校護士、學校營養師、輔導諮商人員、課程專家等，這些設置就大量被其他學校所採用。

4.創造新知識的機構，在二十世紀更顯其重要地位，尤其是研究型的大學學府、實驗室、及圖書館。教授不只教學生，本身還作獨立研究，或相互學習。研究型機構，重要的如下：

Smithsonian Institution in Washington

National Institutes of Health in Bethesda

National Bureau of Economic Research in Cambridge

Battelle Memorial Institute in Columbus

Rand Corporation in Santa Monica

Huntington Library, Art Collections, Botonical Gardens in San Marino

研究型的大學，有各學院、中心、研究院、實驗室、博物館、觀測站、附屬醫院、及學校，是最大規模的創造知識的專業學府。

四、軍事學校的教育

軍事教育是一種多層因素的結合體，有非正式的生員訓練及灌輸，使之長幼有序 (vestibule schools)，並加強技術及專業訓練。這在內戰後軍事學校快速擴充以應國家緊急需要時，更是如此。美西戰爭時，召募兵員二十三萬六千，1901 年減少為十一萬二千，參加一次世界大戰時又募兵及徵兵達三百萬兵員，其中有三萬四千婦女是志願入營者；1922 年又減少為二十七萬名，二次世界大戰，兵員暴增為一千二百萬，其中婦女志願入營者

有三十萬。戰後兵員裁減並不明顯，因為緊接著是韓戰及越戰。1973年廢
徵兵制，所有兵員都是志願入營者。

　　十九世紀初期，軍隊對於募兵入營者施予專業訓練，以便擔任軍職。
1802年「西點軍校」(United States Military Academy)正式立校，在 Sylvanus
Thayer 於 1817～1833 年主政之下，規劃了獨特的課程，具前瞻性達一世紀
之久。課程包括訓練項目及軍事教育。訓練項目是軍階嚴明，軍校新生服
從高年級生，向軍官致敬；教學採小班制，課程全是必修，共四年，側重
工程。有繪圖、數學、法文（工程及數學教本皆是法文）、化學、自然哲學、
地理、歷史、道德哲學，夏天則軍事演習。1845年海軍軍校成立，也採 Thayer
制度。內戰時正規的軍校生都作軍官，招募入營者接受軍官的指導與教學，
懂得如何用槍、騎馬、或航海；模仿、嚐試錯誤、糾正、及重覆練習，就
是方法。1862年的 Morrill 法案硬性規定，聯邦捐地而興建的農工學院，課
程包括軍事科學及戰略學；Morrill 認為一般性的學府提供軍官專業化的教
育，效果可能優於西點軍校所提供的訓練，此種觀點，影響了其後的美國
陸軍教育。

　　內戰到一次大戰期間，軍官的專業教育大為擴充，募兵的一般性教育
反而萎縮。陸軍及海軍官校仍沿用 Thayer 制度，持續強調工程、數學、及
技術科目；捐地學院設有軍事課程之後，國會又下令，就讀該種學校之學
生必修軍事科學及兵法。此外，特殊兵種如步兵、砲兵、經理兵、工兵、
及測繪兵，都應接受更高級的分科訓練及教育。另有海軍學院 (Naval War
College)、陸軍學院 (Army War College)、陸軍指揮官學校 (Command and
General Staff School)。募兵入營者之一般性教育，尤重美國史，那是 1866
年國會所規定，1889 年更成為陸軍強迫性的規約。不過，一次世界大戰前
的軍校，在美國社會裡是一塊孤離的機構；軍校組織嚴密，訓練嚴格，與
修道院無別。

　　一次世界大戰是個分水嶺。美國參戰前夕，軍人共十八萬人，十九個
月後立即增加到三百萬人，大部分是徵兵而來者，具有美國人口的代表意
義。其次，徵兵兵員中有不少是最近才移民來美者，其國家忠誠度頓成大
家關懷的所在，雖然外國人在軍中比例不超過 10%，軍人成為文宣的對象。

由於機槍掃射及壕溝死傷之慘重，美國參戰時恰是法軍兵變之際，因此，地面部隊的士氣，乃是軍中教育的重點所在。地面部隊的移民者又最多，戰爭初期，美國陸軍不願處理士氣問題，卻希望一些私人機構如 YMCA、「全國天主教福利會」(National Catholic Welfare Board)、「猶太福利會」(Jewish Welfare Board)、及「救世軍」(Salvation Army) 來負責其事。1918年春，由於 Edward L. Munson 將軍的努力，一群醫療隊認為「軍隊作為一個作戰力量，其戰力顯然依靠軍中每個人的心甘情願，為理想也為觀念而戰，犧牲生命在所不惜」。士氣之維持與提升，遂為軍隊要務，"Will to Win"（戰贏）運動也就因此展開。

士氣之外，有關軍人的文字、技術、及領導訓練，也變成重點。由於 Army Alpha 及 Army Beta 測驗結果，募來的兵種中約有四分之一是文盲（包括不懂英語但卻會說外語，以及未受過至少三年學校教育者）。有些文盲與身心障礙者，皆送入「發展營」(development battalions)，以便彌補他們的缺失，許多軍人在軍中學會簡單的讀書識字或計算。1918年2月，國防部另設「教育及特殊訓練小組」(Committee on Education and Special Training) 來訓練技術人員，八週的密集訓練，利用職校、大專院校、及訓練營，聘請非軍人來擔任教學，培養好多技術人員。該小組又組成「學生軍訓團」(Student's Army Training Corps，簡稱 SATC)，在大學院校中訓練預備軍官，以備急需之用。此舉使軍方及校方兩蒙其利，兵役年齡由二十一歲降為十八歲時，恰是學生入大學院校年齡。1918年10月1日下令實施此制，但11月休戰訂約後取消。

休戰後，「美國遠征軍」(American Expeditionary Forces) 成立，為了快速遣散兵員，一方面使退伍軍人入中小學，或接受技術訓練；另方面則在1919年3月19日開始有遠征法國的軍隊訓練，六千名學生註冊，提供二百種課程；此外六千名美國學生入法國的大學如 Sorbonne 巴黎大學及 Toulouse，二千名入英國的牛津及劍橋大學。

一次世界大戰時，估計約50%的美國軍人，受過專門技術訓練後成為技術人員，1942年中葉，就是二次世界大戰期中，需要接受技術訓練來履行技術職責者，高達63%，1943年，此種百分比上升到90%。軍中不得不

提供多種課程，花數週使文盲者變成識字者，花數個月來訓練機車騎士、飛機零件修護師、書籍管理員、木工、牙醫衛生人員、特殊醫療人員、藥理助手、軍艦經理人、打信號官、魚雷手；花數年來訓練工程師、氣象師、航海家、日語流暢者，及開刀手術師。尤其重要的是，必須讓全體官兵知悉為何而戰，也應了解戰後遇有休閒時間就應接受教育，那是休閒時間最有價值也最有意義的用途。此外，遠征軍還到戰前本是敵對的國家服役，因為占領德國及日本較久，有必要在該兩國駐紮更多的軍隊。

空軍官校於 1954 年才成立，也走 Thayer 路線，但比較重視通識教育，且課程為選修。ROTC 及 NROTC 仍是預備軍官制度中的主流，在韓戰及越戰中，許多在大學院校受過該種訓練的大學生到軍營服役。新專門技術人員在大學及研究所機構學習核子潛艇、飛彈及反飛彈戰爭的一切。韓戰期間（1950's 年代），除了加強宣傳戰之外，也重視反宣傳戰，讓官兵了解事實真相。1967 年，社會學家 Charles C. Moskos, Jr. 研究發現，27/34 的軍人在戰地裡懷疑他們為何到此，咸認倒楣命衰者才被徵召入伍。

1948 年 7 月 28 日，Harry S. Truman 總統下令軍中不准有種族分離措施。二次世界大戰前夕，黑人占所有軍人中的 5.9%，只有五名黑人軍官，其中三人是軍中傳教士。海軍允許黑人入營，但只能作服務生或伙夫，艦艇根本不許黑人入內。大戰期間，黑人服役，自成一團，只能作勞動性的苦工。1948 年之後，此種局勢，快速改觀，軍中黑人數量也增加不少，1950's 年代中葉，*Brown v. Board of Education* 案件判決之前，軍中早走在時代前端，黑白混在一起，已變成常事；教育機會平等，流動也自然。隨著公立學校之改善，黑人也夠條件入學。越戰期間，黑人被徵召入營，作戰勇敢。軍中為貧窮的黑人提供技術教育，以及退役後提供職業教育。黑人福利，增加不少。

1948 年公布「婦女從軍法案」(Women's Armed Services Act)，在三軍軍營裡，從此出現裙釵。與以往的黑人們一樣，婦女獨自成為一個單位，黑人從事勞力及低賤的工作，婦女則專門負責看護病人、營內管理、及一些雜事。黑白軍人混合，比男女軍人混合，問題少很多。不過婦女除了在三軍官校受過教育之外，在軍中也有技術及專業化的職務，對她們的求職

增加了不少機會。

　　1973 年徵兵制終止。二次世界大戰後，美國人之從軍又再度維持志願性質，男女軍人可受一般性、技術性、及專業性的教育，這在軍事史上都是無前例的。但諷刺的是男女軍人卻更不領會他（她）們的任務是什麼，這也是戰爭史上所未見。與其說這種現象是一種諷刺，不如說是一種警訊；1970's 及 1980's 引發大家熱烈討論，此種軍隊如何在戰爭中作戰。在軍中服役到底是一種職業或是一種生涯規劃，還是一種公民責任。社會學者 Morris Janowitz 於 1983 年發表《愛國主義的重建：公民自覺的教育》(*Reconstruction of Patriotism: Education for Civic Consciousness*)。從軍服役不只是一種公民義務而已，卻是公民教育中最至高無上無可比擬的。公民教育應教導美國人有責任享受公民權利，但美國人正在放棄該種性質的教育，恰好如同美國的學校有計畫的放棄愛國教育及為公奉獻的教育一般；此種結果，危機必然來臨。解決之道，是重建一種甘願為國家服務的觀念，不管公私機構，也不管軍事或民間學府皆可。Janowitz 知道得頗為清楚，接受此種課程規劃，除了花錢不少外，最大的障礙是年輕人對此都持負面的態度。但他認為，只要真正的公民自覺意識抬頭，則除了為國服務外，別無他途可資選擇。大中小學在教導政治義務上，似乎無能為力，Janowitz 也知悉此種困境，學生多半拒絕，掉頭而去。「民主式公民的活力，不能光靠現存的政治形式如投票及政治參與等來維持。從歷史上來看，公民及愛國都含有各種地方型自助形式，致力於為社區及為國家服務工作。參與這些活動，就會給義務感賦予一種具體的意義。……第一個步驟就是提供給青年男女許多機會，自動自發的為國家服務。」

　　戰後馬歇爾計畫 (Marshall Plan)，即 1948 年的「經濟合作法案」(Economic Cooperation Act)，主要是針對歐洲，但東方及東南亞也包括在內。這些地區的經濟復興與重建，美國貢獻最大。未開發國家的資源使用，新科技產品的輸出，及工廠的興建等，美國變成這方面最大的輸出國。專家出國協助變成熱門，進行交換師生計畫，最後則是美國學制的為全球所模仿，美國教育也變成世界各國教育的榜樣。臺灣瘧疾的消失，從中獲益良多。

　　促進國際和平教育，是人類共同的旨趣。六百年之前 Pierre DuBois 就倡言以戰爭儉省下來的錢來辦國際學校。捷克大教育家 Comenius 提議建泛智學院 (Pansophic College)，網羅世界知識上的精英，促使世界永世和平。十九世紀法人 Marc-Antoine Julien 建議成立一機構來收集並散播歐洲教育，促進各地人民之相互了解。

　　「和平團」(Peace Corps) 於 1961 年由甘迺迪總統所創。美國年輕人到海外參與公共服務，這是他競選總統時的文宣口號。忍受痛苦，幫助外國人訓練人力，利用資源，讓外國人更了解美國人民，他們也更了解外國人民。參加者大部分是年輕的大學生，年齡約二十多歲左右，採自願性。1962年報名者四千名，1963 年增為七千名，1965 年則有一萬兩千名，1967 年最多，為一萬五千名。服務的國家數目如下：

1962 年	37 國
1963 年	46 國
1967 年	50 國
1974 年	69 國

　　他們充當學校教師，教外國人英語，另進行農業實驗工作；提供職業訓練、鄉下社區發展、年輕人俱樂部組織、及公共健康教學等。

　　低開發或未開發國家，經過開發國家或已開發國家的技術援助，應該可以樂觀的預見全球各地現代化的來臨。但 1970's 年代此種看法已漸失勢。由於社會、政治、及文化背景的殊異，根深蒂固的抗拒心理作祟，現代化的途徑非常坎坷。食物生產倍增甚至三倍以上，但人口出生率之增加更為驚人。工商發達雖可期，但第三世界國家的政局不穩，不利於起飛；人民之財富增加，但社會上的財富懸殊卻比以往更為惡化。此種問題不解決，光靠人力是一無所成的。

第四節　世界觀（大都會）教育
(A Metropolitan Education)

除非「大社會」(Great Society) 轉化為「大社區」(Great Community)，
否則公眾 (Public) 力量仍大為遜色。光靠語言溝通就可以營造一個
大社區。吾人鬧哄哄的語言產生雜亂的通天塔 (Babel)，不只是口舌
多而已，且是一種記號或象徵，缺乏這些，分享的經驗就不可能了。
　　　　　　　　　　　　　　　　　　　　　　　　　——杜威

　　新世界的發現，使歐洲居民多了一種選擇，所有來此的殖民者，除了
黑人之外，都是自動的逃亡者，那些運氣好，根深蒂固者，以及懶人才留
在家。因此美國人是歐洲最冒險的人，或是歐洲最冒險的人的後代子孫，
過去所存在的，尤其是遠古所存在的，對美國人而言，不只不當它是權威，
且視之為無涉；較差，或是陳腐。(George Santayana, *The American Image*,
1920) (Rippa, 398)

前　言

　　1876 年之後的美國，已變成一個「大都會的社會」(metropolitan soci-
ety)；十九世紀的「島國社區」(island community)，組織鬆散；在二十世
紀已轉換成一個「大都會社區」，各部分緊密聯繫成整體。在這種社區裡，
每個人都由種族、階級、族群、宗教、及職業來界定他的身分，而不靠他
所住的地方；他的行為越來越受到政府、專業團體、及正式機構的規定所
約束，而較不聽令於當地傳統不成文的法律所禁止。大都會型社區的特色，
是經濟、政治、及社會制度彼此相輔相成，藉大宗生產、快速運輸及交換、
大規模組織、綜合型計畫、及科層管理來運作，其中涉及的教育，從孩童
養護到社會服務，都極為複雜。大中小學提供更標準化的課程，收容更大
群的學生，文化機構致力於文理科知識的提升及普及，大眾傳播網路的四

通八達，滿足大眾知的胃口，同時也提供全民訊息、知識、及娛樂。

　　大都會型的社會，在規模、範圍、及特色上是無前例可循的，它的出現，學者及評論家都有不同的反應；樂觀、悲觀雜陳。樂觀者認定大都會是一種市場，產品增多，平凡的個人都有機會享受此種黃金時代。悲觀者則予以冷嘲熱諷，Freudian 及 Marxian 的評論家都是此類；他們認為大都會是個人的失落，形同退處在蠻荒時代。德國社會學家 Gerorg Simmel(1858～1918) 於 1903 年發表一文，題目是〈大都會及心靈生活〉(The Metropolis and Mental Life)，廣為美國社會科學家所拜讀。該文一方面提出大都會生活經驗帶來強烈的刺激，交易時要求準時，工於算計、精確；與陌生人交往接觸，要有所保留，甚至最少的忍受度也不得放棄；人際關係是非人性的，彼此不相認識。另一方面，「生活倒很容易，每個人都處在一種情境裡，四面八方都會湧入各種興奮的及有趣的刺激。時光的珍惜，意識的覺醒，如同潮流一般的把人沖走，很難游出自己的路線；不過另一方面，生活就是由更多的非人際內容所組成，彼此之對應缺乏純真的個人色彩，相容共存性更不足。結果造成每個人都得費盡力氣的來彰顯自己的獨特性及奇異性，核心人格才能獲得保存。他必須過分誇張他的個人屬性，別人才知道他的存在，他的聲音甚至連他自己都無法聽到。」這兩種性格的人，都在奮鬥掙扎中。「大都會的功能就是提供一種場所，一方面奮鬥掙扎，一方面協調和解。」半世紀之後，Harvey Cox 於 1965 年出版《世俗之城》(The Secular City) 一書，強調擺脫大都會生活的積極面及消極面，慶賀大都會生活的充滿自由性，歡迎大都會的居民都加入來欣賞大都會的特色。

　　Simmel 時代的英國人牛津及倫敦大學教授 Graham Wallas(1858～1932)，同樣也警覺到大都會化已變成一種新天地，大大的改變了人性的本質；若希望公共幸福仍能保存，則有必要對大都會化先進行根本的研究，然後採取行動。在《大社會》(The Great Society) 一書中，他說：「吾人必須讓心智完全自由的把玩生活的所有條件，才能驗證肯定吾人的文明或改變吾人的文明。」該書是他的學生 Walter Lippmann 所著。Lippmann 早年即有志於在這方面下功夫，但他越了解大都會的存在性質，就更放棄一種樂觀的社會主義路線，產生悲觀的精英主張；他認為社會如由廣大平庸的男

女來管轄，則好社會的希望就極為渺茫。杜威於 1916 年出版《民主與教育》 (*Democracy and Education*)，1927 年又出版《公眾及其問題》(*The Public and its Problem*)，也藉 Wallas 的《大社會》一書來反駁 Lippmann 悲觀論調。大都會環境的多元性及變異性，有助於個人人格的充分發展，真正的問題是把大社會 (Great society) 轉而為大社區 (Great Community)。半世紀之後，曾任美國國會圖書館館長的史學家 Daniel J. Boorstin（生於 1914）諷刺的描繪大社會的發展，「到處都是社區，浮游於時間及空間之上，男女聚在一起，不是由於希望而是由於需要，男女有產品，也買產品，相互學習一切。」

最值得注意的是，這些評論者寄託教育，視教育為一種力道十足的工具，可以影響數以百萬計的人民之觀念。「公共輿論」(public opinion) 刻板印象存留在人們的腦海裡，這得靠報紙印刷資料來達成。但理論上如此，實際上則不然。面對各色各樣的大都會提供的教育層面，個人依其性情、歷史背景、目的，都會有不同的反應模式。同一班裡的小孩上同樣的課程，也會有不同的心得解釋，有同有異，大人也如此。年輕男女參觀同一博物館，同一都市或不同都市；不同國家的家庭共同觀賞電視連續劇如 *Dallas*（中譯「朱門恩怨」），反應也各異。大都會的教育太複雜了，有意外、諷刺、及矛盾，所教的不一定是所學的，反之亦然。即令所教與所學相同，所學也是依各種脈絡及個別性來學，所學也不一定與所教的有關，所學的大部分是學習者按己意來進行的活動。所教即令相同，所學一定不一，這是大都會教育的自然現象。

一、家庭

這種工具（電視）可以拿來當教學用，也具啟迪之功，更具激勵信心之能事。它之所以能夠如此，也只是因為人們決定用它來達成目的，否則它只不過是箱子內的一堆電線及燈泡而已。向無知、不能容忍、及不關心宣戰，此戰是一種決定性的一役。在這種戰役中，電視倒是一項可資運用的武器。

—— Edward R. Murrow

1876 年之後，美國家庭有了大變，成員越來越少，組織也越來越多樣。婦女大量投入屋外的謀生工作，充當教師及擔任社會服務事業；而大眾傳播媒體也進入室內。室內室外的教育，都與以往大相逕庭。

美國單一家庭的人口，平均下降許多，1890 年每家平均 4.9 人，1920 年每家平均 4.3 人，1950 年每家平均 3.4 人，1980 年每家平均 2.8 人。不過，大家族及非常小的家庭仍到處可見，家仍是維繫親人的網站。一般說來，美國家庭的小孩及成人較少，也就是說，較少兄弟姊妹、叔叔伯伯、嫂嫂嬸嬸、姑姑、祖父母等共同住在家內。離婚率及離婚人口皆增加，再婚比率雖高，但單親家庭為數不少。此外，已婚婦女或育有在學年齡兒女的媽媽，她們投入工作行列，尤其二次大戰期間及其後為然，這種婦女在 1948 年占 26%（已婚，小孩又在六至十七歲之間）。1974 年則為 51%，這些都會影響到家庭教育的重大變遷。

美國家庭越來越多元，一次大戰之前，由全球尤其歐洲移民來美的家庭，有增無減。1930 年至 1950 年，大部分移民來自歐洲及拉丁美洲；1960 年至 1970 年，則大部分來自拉丁美洲、中東、及東南亞。隨著美國化的努力，第一代、第二代及第三代的移民人口，夾雜著各種不同的種族、信仰、傳統，多多少少帶有「不能融合性」(unmeetable) 的因素在內。來自於日本在加州的移民，堅持他們的子女要學日文；在德州的墨西哥家庭，子女非學西班牙語不可；密蘇里州的路德教派家庭，子女一定要學德文；紐約的猶太人家庭，決心要子女學希伯來語。不過各家庭處在大社區中，即令想要孤立自己與外界絕緣，也是絕不可能的事。有些社區有其家庭傳統特色，如 Shaker 殖民地中，成人皆獨身，不生小孩；另有社區開放婚姻，同一社區中的男人可以與同一社區的婦女共妻共夫，大家一齊承擔小孩的養育責任。

二十世紀初，有人企圖研究「典型的美國家庭」(typical American family)。Roberts S. Lynd(1892～1970) 及夫人社會學家 Helen Merrell Lynd（1896～1982），共同研究 1920's 及 1930's 年代位於印地安納州的 Muncie 家庭，作為典型的美國家庭。該地經過工業化的洗禮，美國人的價值觀及

人格也跟著有了變化。所謂的「典型」，標準是該社區是自足的，都市人口在二萬五千到五萬，其中有少量的黑人及外國移民，位處美國地理位置之中央（即中西部），經驗過社區快速的成長，體認出快速變遷中滋生的痛苦。Muncie 社區是個工業城市，人口有三萬八千，居民絕大多數是白人。十九世紀時，該地人民生活寧靜，靠大地為生；但工業化之後就改觀了。社區人民生活分成六大項：謀生、成家、訓練年輕人、利用休閒時間、參與宗教活動、及參與社區活動。

家庭成員是白人，土生土長於美國，在美國地理上的中心地。此種家庭就是 Lynd 夫婦所認為的「標準美國家庭」。獨立門戶，工人家庭的室內空間較小，庭院也較狹窄，人口較多；商人家庭則恰相反，子女養育是依大家所公認的原則來進行，「好」「壞」家庭也是依此來判別。1920 年代時人感嘆，家庭之外有許多組織或團體的活動機會，家人要完全按傳統來行事就顯有困難；而家長也漸與學校共同合作來承擔兒女的教育責任。男女工作有別，媽媽理家，教導女兒烹飪、縫紉、家事；爸爸教兒子養家活口的技巧。但工業化之後，改變了一切。父親已無法完全用學徒制度方式來教孩子謀生技巧了，而媽媽也得外出工作，少有時間與女兒相處。學校的責任加重，另外也有教會或學校興辦的俱樂部歡迎青少年參加。經過仔細安排的活動，也能教導年輕人一些謀生的知識及技能。此種情況到中學更為明顯；青少年共同聚集討論電影及雜誌，俱樂部活動或約會等，明顯增加。55% 的男生及 44% 的女生，一週晚上在家的日子少於四晚，與上一代相比，有天地之別。且家內所傳授的價值觀念與家外又極為懸殊。有些家庭擬重掌威權治家方式，有些則調適新社會，發展出較民主的方式來處理兩代之間的問題，雙方較坦誠交換意見。

兒童的生活經驗，這對夫婦作如下的描述：

> 從出生到五、六歲，孩童在個別的家裡由雙親扶養。在家裡的環境之下，也依據家裡的計畫（或沒計畫），培養出孩童的習慣及性向。他可能生活在一個謀生頗為不易的家庭裡；或生活在一個媽媽至少要花不少時間在孩童身上的家庭裡；他也可能生活在一個富有情愛

氣氛的家庭裡，或生活在父母常常吵架的家庭中，也可能生活在宗教信仰或政黨屬性很不同的家庭裡。休閒時間的應用也差異很大，他可能被打屁股或被哄騙來「提神」(made to mind)，或者他變成家裡的管制者，他可能受鼓勵讀書，別人告訴他「不可問許多問題」；他也可能被教導要說真話，或編造虛假情節來逃避被罰，反被恭維為「精明」。除非他被虐待，否則沒有人會去干預他。五、六歲到十二、三歲，家庭是教養小孩子的主要正式機構，不過強迫入學以及偶爾進行的宗教訓練，加上友伴的影響，可以補家庭教育的不足。十二、三歲之後，家庭地位退縮，其他可以規範孩子的機構共同出現。直到十八、十九歲時，孩子被認為是個年輕成人，比較不依雙親的威權而獨立過活。

此外，儘管有更多的婦女出外謀職，勞工家庭及商業家庭的媽媽，也一週至少花十六個小時以上來照顧孩子。在商業家庭裡，父親有長輩的責任感，更關心如何履行他們在家庭裡的重要職責。小孩除了由大人教導之外，另有更多活動，可以彼此相互學習，在男女各自的俱樂部內可以獲得知識，回家還可繼續討論。電視臺廣播節目、電影、或雜誌，都可提供談天的題材，分享回憶的經驗。也有不少例子是孩童在教導大人，比如說：女兒在校學家政課，回家就教導媽媽如何理家；孫子教導祖父如何啟動機車，如何彈奏喇叭 (tenor banjo)。當孩子或孫子結婚建立家庭之後，家庭教育的程序又繼續進行，又有電話可聯繫，不只 Muncie 市內的訊息暢通無阻，與其他城市也如此。

荷人 Edward Bok(1863～1930) 於 1870 年移民來美，他觀察 1920's 年代的美國，印象是美國人浪費、奢侈、重量不重質。簡便，如 Janyary（英文一月的古寫法）寫成 Jan., Company（公司）寫成 Co.。不守法，法律不是保護人民的，大家都想犯法、違法、逃避法律的約束，法律也不在保障人民。視警察為敵人，荷人視警察為友人，荷人也較節省。警察出現，大家都「拘泥不安」(stiffen up)，他一走，大家便「鬆了一口氣」(let loose)。這位費城《婦女家庭雜誌》主編拒登專賣菸廣告，1921 年榮獲普立茲獎。

「一個媽媽告訴她的小孩，假如不聽話，警察就會把小孩抓入袋裡帶走，或把耳朵割掉。」(Ripper, 254) 此種現象與臺灣在日據時代的社會一般。但美國給的是「機會」，Russia 可能是第二個美國，但那是在二十世紀初期。

其後又有兩種研究頗具意義，一是來自於 Lynd 夫婦的研究，時間是 1930's 年代，主旨在了解經濟不景氣對 Muncie 文化的衝擊；一則是在 1970's 年代由 Theodore Caplow 的研究，想探討 Muncie 半個世紀來的文化變遷及其延續性。其實兩項研究都把文化的變遷及持續性當成重點。

1. Lynd 夫婦研究 1930's 年代的 Muncie 家庭，發現社會的經濟階級，差異有如霄壤。下層階級貧無立錐之地，排長隊待領食物分配券；另一則是新興的上層階級家庭，在「西端」(West End) 新蓋豪宅別墅，家風因之不同，且根深蒂固，包括家庭教育。而家庭教育的內容，尤其是價值觀念，越來越為混亂與衝突；雖然都維持古風，但對年輕人而言，卻也展現出廣闊的選擇空間，因為所謂的「正道」(right way)，定義並不明。雖然「城中區精神」(Middle town spirit) 較具樂觀性及激勵性，且廣為各社會階層的人民所分享，但仍有懼怕及不確定感，尤其是下層人民為然，因為他們深受經濟大蕭條之苦。就教育而言，家庭教育的程度及模式仍然照舊。家庭教育與其他機構的教育，彼此之間卻有緊張狀況存在，課程倒比十年前更不確定。

2. Caplow 的研究發現，家庭生活的連續性非常明顯。以離婚而言，1920's 年代及 1970's 年代之間的離婚率並不增加太多。Lynd 夫婦看出 Muncie 在 1920's 年代的離婚率高於全國的平均數。印地安納在 1920's 年代時是密西西比河以東離婚率最高的州，但 Caplow 則懷疑該種比率的正確性，也不相信 1960's 年代及 1970's 年代的高離婚率。至於兩代之間的代溝問題，Caplow 也發現沒預期來得大，反而 1880's 年代到 1920's 年代間的變化，大於 1920's 年代及其後的變化。傳統過渡到現代化家庭，正是從童工過渡到延長教育時間，從手工到機器操作，從隱蔽到開放社區，這些都在 1925 年完成。當代人們的經驗，是累積上代經驗的結果，也預期下一代的經驗事實。社會變遷中最為顯著的是大眾傳播媒體的侵入家庭生活，98% 的 Muncie 家庭，至少有一臺電視，50% 以上的家庭有兩臺、甚至三臺

或四臺，看電視的時間增加非常驚人，全國看電視者平均一週花二十八小時左右。婦人是三十五小時、老男人及中年婦女是三十二小時、學前幼童是二十九小時、青少年是二十一小時。Caplow 茫然於這些光陰從何而來，看電視取代了什麼活動？看報，聽收音機，看電影，讀書，看運動比賽？這個問題無解。

Muncie 人口於 1970's 年代時增加兩倍，共七萬人，但整個社區還不是典型的美國大都會社區。Muncie 的多樣化比起洛杉磯、匹茲堡、或亞特蘭大，是小巫見大巫。二次世界大戰後，都市化漸漸成型，家庭教育的特色也改變，市中心的敗壞生活，不可小視。上述的研究，帶動了美國學界「市中心」(Middle town) 的研究熱。

義大利裔美國人的家庭教育，若與 Muncie 相比，則又呈現另一景觀。來自義大利的移民，大多住在 Buffalo（紐約州北部）、Rochester（紐約州西部）、Omaha（Nebraska 州）、或 Cleveland（Ohio 州），先是男人抵美，可以維持生計後，就把太太及孩子接過來，這期間大約是三或四年。義大利社會重男輕女，團結力強，家庭觀念深，性別歧視有悠久歷史。大人決定小孩未來的婚姻及職業，族群相互扶持，社區是同質性的。但移民之後的第二代及第三代，接受了公立學校教育、教區學校教育、以及大眾傳播媒體的消息後，年輕人不一定走老祖先的路，卻另闢蹊徑，發現其他的價值觀念更為引人，有些人還與其他種族通婚，家庭教育的影響力已式微。1970's 及 1980's 年代才有尋根 (roots) 運動的流行。

位在西南方的墨西哥裔美國人亦然，其種族性格與義大利人同，也是重男輕女，家族觀念極深，說西班牙語，在聖者紀念日大肆慶賀，熱衷傳統的治療師，唱民謠，說祖先故事；但工業化後，婦女出外謀生者日多；下一代美國化之後，要求自由的幅度增大，家庭教育的觀念也跟著改變。

二、教會

1943 年美最高法院 *West Virginia Board of Education v. Barnette* (319 U.S. 624) 「在我們憲法的星座中如有一顆固定不變的行星，那

就是沒有一個高或低層級的官員可以指令，什麼是政治上、國家主義上、宗教上、或其他意見上的正統，然後逼迫人民以言行來履行該正統。」(Thayer, 330)——「中立」(neutrality)，作為社會或國家機器之一的公立學校，不准進行宗教教學。

表五十　美國人口及歸屬教會之數量統計表 (1890～1980)

	1890	1916	1936	1960	1980
人口	63,056,000	101,961,000	128,181,000	180,671,000	226,546,000
教會會員	21,699,000	41,927,000	55,807,000	114,449,000	134,817,000
%	34	41	44	63	60

1957 年人口普查，96% 的人口都有宗教教會上的偏愛，其中七千八百萬是新教 (Protestant 其中以 Baptists，Methodots 人數最多)，三千萬是舊教 (Catholic)，四百萬是猶太教 (Jewish)，一百萬是其他，四百萬無教會上的偏愛或無宗教信仰 (4%)。

1. 1890's 及 1960's 年代的宗教復甦運動，教會人口增加不少。

2. 1890's 年代來自歐、亞、中美、南美、非、中東、俄之移民較多。1960's 年代來自 Dominican 及越南天主教徒，阿拉伯之回教徒不少。

3.十八世紀後不准有州教或國教，教會的世俗化變成趨勢，教會不介入政治也變成潮流。

4. 1970's 及 1980's 年代有反墮胎運動。

5. 1940's、1960's 及 1970's 年代的蓋洛普 (Gallup) 民意調查，90% 以上的美國人相信有上帝存在，此百分比比亞歐各國都高，上教堂者中有三分之一至二分之一的美國人每週皆上教堂，二分之一是每個月上教堂一次。

教會活動多樣化，課程活潑化，希望信教者及非信教者皆能入內聆聽教義或作宗教活動。教會裡有孩童照顧、職業訓練、一般教育、職業安頓、休閒娛樂、體能競賽、家庭諮商、教移民者英語、公民教育、禁煙禁酒運動、討論政治及社會議題，教會更提供給無家庭者一種家庭教育，教會裡也有各種俱樂部、興建教會學校、主日學校、圖書館、博物館、巡迴演講、論壇、研究單位、夏令營、冬令營、鄉間寧靜地區、博覽會、出版社、廣播社、影片製造廠、專業知識學會、商會、兄弟會及姊妹會。1860's 及 1870's

年代美國大多數圖書館是教會所興辦，1960's 及 1970's 年代大多數的兒童照顧中心，也是教會所負責；另有醫院裡的牧師或神職人員，旨在服務病人，監獄中亦然，旨在改正犯罪者。流浪街頭無所事事者也受街頭牧師的開導，全方位的宗教活動於是展開。Robert Lynd 畢業於紐約聯合神學院 (Union Theological Seminary) 本要當長老教會牧師，但其後從事社會調查工作。

　　Caplow 等人發現，宗教活動仍在 Muncie 大行其道，但宗教信仰的堅持，改以信仰的寬容；個人堅信自己的教派，但並不強加自己的信仰於他人身上。「宗教上的狂熱不再與福音傳播攜手併進。」在時代邁向世俗化的同時，宗教勢力並不退縮，唯一不予關注的是政治；在私人領域內，宗教仍獨領風騷。

三、中小學校

㈠中小學學生數及課程變化

　　1870's 年代以後，六或七歲到十二歲的兒童，都到小學唸書。1940 年，平均二十五歲以上的美國人接受過 8.6 年的學校教育。1980 年時，平均二十五歲以上的美國人接受過 12.5 年的學校教育。1900 年時，每學年上課日為一百四十四天。1950 年時，每學年上課日為一百七十八天，其後三十年仍然如此。

　　1876 年以後，城市的學制系統化，也作了重大革新，小學共八年。聯邦政府教育局於 1888～1889 年向八十二個城市作調查，八年制的小學生平均上課時數共七千小時。其中，讀書一千一百八十八小時，算術一千一百九十小時，拼音六百一十六小時，寫字五百五十九小時，地理五百小時，文法三百小時，歷史一百五十小時，共四千五百零三小時，其餘二千四百九十七小時，合計七千小時。其餘包括科學、唱歌、繪畫、體育、手工（男生）、縫紉及烹飪（女生）。每天上課為五小時。七千除以八等於八百七十五小時（一年上課時數），八百七十五除以一百七十八等於 4.91…（一天上課約五小時）。

　　鄉下學校則較不系統化，也不詳細分級，許多學校只有一間教室，只

一名教師，負責六至十二、十三或十四歲兒童的教育，也負責低年級、中年級、及高年級的小學教育。低年級有讀、寫、拼音、及算術，中年級有地理及自然研究，高年級則有歷史及文法。三個年級都有繪畫、唱歌、及道德教學。

1876 年以後，中學自成一格，成為中等教育機構。公立中學學生數超過私立中學（大部分是實科學校）。從 1889～1930 年，每十年的公立中學學生數皆增加一倍。由於中學畢業後不想唸大學院校者增加很多，因此中學課程也大幅擴充。

1890～1910 年「十人委員會」(Committee of Ten) 對「中學科目」(Secondary School Studies) 大肆調整，有拉丁、德文、法文、英國文學、歷史、代數、幾何、物理、及化學。1910～1930 年，年輕學子學拉丁、德文、代數、幾何、物理、及化學者大減，學法文、英國文學、及歷史者增加，而學新增科目如科學、手工訓練、家政、簿記、打字者快速成長。前已述及，1918 年的「中等教育重組委員會」(Committee on the Reorganization of Secondary Education) 建議傳統科目應予以轉型，須考慮學生的興趣及需要。學生既有個別差異，則課程也應個別差異。

(二)幼兒園及初中

美國學制的規劃，有兩個新層次在學制中占有恆久的地位，一是幼兒園教育，一是初級中學。

1.幼兒園在 1850's 年代時出現，私人設立，由德國教育家 Friedrich Froebel(1782～1852) 的門徒引介進入美國。第一所公立幼兒園創設於 1873 年的 St. Louis，當時該市教育局長是 William T. Harris(1835～1909)。一位 St. Louis 市民 Susan E. Blow，跟 Froebel 去世後守寡的夫人所教出來的一名學生 Maria Boelte 學幼兒園教育後，擬免費教幼兒園的老師有關 Froebel 的方法時，Harris 立即同意提供教室及設備，供其實驗，實驗頗為成功。Blow 遂終生為幼兒師資之訓練奉獻，其他地方立即跟進。十九世紀末，全美有二十二萬五千三百九十四名幼兒上幼兒園，其中 58% 為公立。美國的幼兒園夾雜有 Froebel 的「觀念主義」(idealism) 及兒童發展的「科學研究」

表五十一　1879~1980年上學學生人數（以千計）

年代	小學及中學①	公立學校			私立學校			高等教育②			總數①+②
		總數	幼兒園~八年級	九年級~十二年級	總數	幼兒園~八年級	九年級~十二年級	總數	公立	私立	
1879~1880	—	9,868	9,757	110	—	—	—	116	—	—	—
1889~1890	14,334	12,723	12,520	203	1,611	1,516	95	157	—	—	14,491
1899~1900	16,855	15,503	14,984	519	1,352	1,241	111	238	—	—	17,092
1909~1910	19,372	17,814	16,899	915	1,558	1,441	117	355	—	—	19,728
1919~1920	23,278	21,578	19,378	2,200	1,699	1,486	214	598	—	—	23,876
1929~1930	28,329	25,678	21,279	4,399	2,651	2,310	341	1,101	—	—	29,430
1939~1940	28,045	25,434	18,832	6,601	2,611	2,153	458	1,494	797	698	29,539
1949~1950	28,492	25,111	19,387	5,725	3,380	2,708	672	2,659	1,355	1,304	31,151
1959秋	40,857	35,182	26,911	8,271	5,675	4,640	1,035	3,216	1,832	1,384	44,072
1969秋	51,119	45,619	32,597	13,022	5,500	4,200	1,300	8,005	5,897	2,108	59,124
1970秋	51,272	45,909	32,577	13,332	5,363	4,052	1,311	8,581	6,428	2,153	59,853
1979秋	46,645	41,645	27,931	13,714	5,000	3,700	1,300	11,570	9,037	2,533	58,215
1980秋	46,318	40,987	27,674	13,313	5,331	3,992	1,339	12,097	9,457	2,640	58,414

(scientific studies)，前者有「恩物」(gifts) 及「作物」(occupations)，後者則有編製的歌曲、故事、遊戲，各色各形狀的玩具可增加兒童的感官印象，進而實施 Froebel 的「宇宙一體性」原則 (principle of unity)、以及由對立取得協調原則 (mediation opposites)。一開始，有人批評正統的 Froebel 方法太過形式化、僵化，因此，根據 Froebel 的精神而闡釋出來的幼兒教育作風，就五花八門。1920's 及 1930's 年代，有大量的婦女投入勞動生產行列，而收容三或四歲兒童的托兒所，也應用幼兒園的教育方法。1980 年時三或四歲的幼兒入校者占 36.7%，五歲入學者則占 93.2%。

2.初級中學之誕生乃因時人對八年制的小學及四年制的中學深感不滿，覺得效率不佳。早在 1880's 年代的 Charles W. Eliot 就認為小學的第七年及第八年是浪費時間之年，因為都在不停的溫習，重覆溫習。Eliot 認為與其如此，不如把中學的一些科目放在小學的七、八年級來上，如代數、幾何、自然科學、及外語，尤其是針對那些不打算升大學的學生。其後的「十人委員會」，Eliot 是主席，就把此想法納入在該會所提出的報告中。二十世紀初，中小學學制的八四制雖是標準型，但也有不少地方實行 7–4、9–4、8–3、或 8–5 方式，有些地方更採取不同的實驗模式，如 6–6、6–2–4、或 6–3 制。1909 年 Columbus（俄亥俄州）及 Berkeley（加州）以三年為一單位，把小學的七、八年級加上中學的一年級叫做「初級中學」(junior high school)。此種型態漸漸成為主流。

三年制的初級中學一成定型，支持者遂予以理由化。兒童心理學家指出有必要在青春發動期的「狂風暴雨」(Sturm und Drang) 階段，特別設學校予以教育。主張效率第一的專家指出，此舉對小學七、八年級學生較具學習效果，從經濟學角度來說也較能節省浪費；學術界也明示，初中提供給年輕學生更大的機會，來開展各種不同的就業可能性，同時也兼開拓不同的學業成就性。因此單獨分設初級中學，在一次世界大戰之後，已極為普遍。不過 1950's 及 1960's 時，另一種新式學制又出現，即 4–4–4 制，而非 6–3–3 制，認為第九年級應歸為高中。由於美國孩子較為早熟，青春發動期提早來臨，因此小學四年即夠。

有關課程的重大改變是，⑴新科目入列；⑵傳統科目內容大幅改變，

組織也重新編排；⑶有些科目在中小學教育上有所移轉變動；⑷所謂的「課外活動」，在各種學校中出現。茲分述如下：

⑴新科目入列

①小學：美術、音樂、戲劇、舞蹈、體育是新增科目，不過這些科目的上課時間只占 20% 而已。

②中學（初中及高中）：美術、體育、職業教育、個人發展科目包括駕駛教育是新科目。

⑵傳統科目內容的改寫，組織也重新編排

即把原有的地理、歷史、及公民改為社會科。

①小學的社會科：個人與家庭、個人與社區、個人與其他文化如 Eskimos 文化的關係、健康及環境的問題。

②初中：美國史地、世界史地、學校所屬的州的史地。

③高中：美國史及政府，另有經濟學、心理學、人際關係、及當前事件的選修科。此外，將讀、寫、說、文學改為語言藝術，也將生物學、物理學、地質學、及化學改為一般科學。

⑶科目在中小學教育上的移動

以 1950 年為例，原本大學所教的「集合論」，在「新數學」科目下移到小學來教，人類學從大學下降到初中，電算機課也從大學轉到學術取向的高三來教。

⑷課外活動

各校有俱樂部、有學生政府、體育競技隊伍、交響樂團、合唱團、戲劇團、辯論社、及外地旅行隊伍。

十九世紀被 Henry Barnard 稱之為「附加的學校」(Supplementary Schools)，二十世紀照樣存在，如啟聰學校、啟明學校、心智遲滯發展者的學校、青少年管制學校，這些教育機構先是由慈善團體或教會組織來辦理，但 1870's 及 1880's 年代之後已漸成為州政府公立學制的一部分。由於診斷及治療方法的改善，加上時人也漸認定心智發展遲滯或不良少年，都有可教性，且他們也有權利接受教育。州政府在教育上的花費較為慷慨大方，因此上述學校的擴充也極為迅速。這種學校大部分是住宿性質，因此費用

大。但有些這種機構形同地獄，由於經營者無知，兒童飽受虐待。儘管如此，此種學校之數量有增無減，直到 1960's 及 1970's 年代，特殊教育的教育家之觀念有了重大改變，認為把走入歧途、殘障、或心智發展遲滯者孤離在另一個場所，提供特殊班級及特殊人員設備，這種政策即令是為了這些學生的好處著想，在道德上都是錯誤的，在教育上也是不應該的。這群學童「不應予以定型化」(deinstitutionalization)，讓他們回歸教育主流，然後為他們提供特殊服務，則對他們更有好處。此種理念，在 1975 年的「障礙兒童教育法案」(Education for All Handicapped Children Act) 中寫得極為清楚。由聯邦政府提供計畫來改善障礙兒童的教育措施，讓他們在限制最少及最適宜他們需要的環境來接受教育。此種法案，使得兒童的特定學校漸漸關門。

㈢公立小學

二十世紀時，美國兒童約有 90% 上公立小學就讀，由下述百分比可知一斑：1899～1900 年是 92%，1919～1920 年是 93%，1939～1940 年是 91%，1959 年是 86%，1980 年是 89%。

各公立小學的規模及性質差別極大，因各州學制不一；有些州以稅款來辦小學，有些則補助較少；有些地方的小學，居民財富較足，並且因學校所在地的族群、宗教、及社會階級，也影響小學的教育規模及性質。學校規模有越來越大的趨勢，因為學區漸漸擴大，學區數減少許多。1939～1940 年有 117,000 學區數，1959～1960 年有 41,000 學區數，1980 年有 16,000 學區數，只剩下原有學區數的八分之一。

小學的教育性質也漸漸趨向一致，因教科書大量印刷。全州性及全國性的測驗、慈善基金會、專業學會、及聯邦政府所作的全國性報告，在這方面都具有重大的影響力。

公立小學以「公共」(common) 為豪，收容全民入學，不分種族、宗教、及族群背景，都入相同學校就讀，這是美國邁向民主化頗值得肯定的貢獻。美國不像歐洲存有社會及宗教的明顯懸殊階級色彩。除了美國兒童上公立小學外，升上中學者也以綜合中學為主。不過公立學校之「公」(commonness) 卻也有些限制，「法理上」(*de jure*) 在南方的黑人以及西部的美國原住民，

只能上分離式的「公立學校」；而「事實上」(de facto) 北部的黑人及波多黎各人，西南部各州的墨西哥裔美國人 (Chicano)，遠西 (Far West) 各州人的亞裔兒童，也上分離式的「公立學校」。此外，各種不同宗教信仰地區的兒童，則分別上教會所轄教區所辦的私立學校，如愛爾蘭信舊教者 (Irish Catholics) 在 Boston，德國信路德教派者 (Germam Lutherns) 在 Milwaukee（Wisconsin 州），有錢人上 Groton School（Massuchusetts 州）等。1970's 及 1980's 年代時公共的「公立學校」觀念受到嚴厲的挑戰，因為社區中的教派也辦理小學，尋求公家補助，且不少家長認為公立學校 (public school) 並非就是「公共學校」(common schools)。Public 與 Common 是有別的，Public 是公家所辦，Common 則有私校成分。

(四)私校

私立學校的規模及性質，依設校目的，立校時的政策，財源資金，以及立校地方之種族、宗教、及社會階級而有不同。大部分的私校皆由教會辦理，而教派中又以羅馬天主教會 (Roman Catholic Church) 所辦理者最多。1920's 年代私校之存在曾受到質疑。1922 年奧瑞岡州有一群人要求所有小孩都應強迫入公立學校，利用創制複決權立法，規定 1926 年開始，該州八歲至十六歲兒童一定要上公立學校。但 1925 年美國最高法院裁示，未經過法定程序就剝奪私立學校及教會學校的財產，這是違憲的。因之，1925 年之後，教會學校的學生增加了不少，直至 1960's 及 1970's 年代時，由於財政吃緊加上就業困難，逼使羅馬天主教會的學校無力收容全部擬入校的學生。

最後，在二十世紀時有不少的非教會辦理之私校出現，稱為「獨立學校」(independent schools)。有些是慈善性質，有些則是企業式的經營，收容特有目的及特殊社會階級的學生入學。所開課程是公立學校所無者，有注重傳統學術課程者，有注重進步式教育者，有加強品格發展者，有注重軍事訓練者，有重點放在體育或美術者。早在十九世紀，就有 Phillips Academy 於 Andover（麻州），St. Paul's School 於 Concord（新罕布夏州），Abbot Academy 於 Andover（麻州），及 Stuart Hall School 於 Staunton（維吉尼亞州）等私校出現。為了與公立學校一較短長，這些學校遂變成住宿性精英

式學府。另外像 Miss Porter's School 於 Farmington（康乃迪克州），Miss Hall's School 於 Pittsfield（麻州）都有創校者依特殊的教育理念來經營學校。此外，障礙的學生、長期疾病的學生、或問題學生，也有特殊學校來收容他們。

學校分「公」、「私」二者，方便於討論學校的行政體系；不過學校之有公私之分，大體上有其傳統因素及社會背景。由「聖心會」(the Religious of the Sacred Heart of Jesus and Mary) 所辦的羅馬天主教學府，以收容上層階級之女生為主，對富有家庭來說，比羅馬天主教的市內教區學校，更像個公立學校。鄉下一所新教辦的學府，位於伊利諾州南方，則比芝加哥市區任何公私立學校，更接近鄉下的公立學校；而東北部各州市中心的中學，強調以數學及科學為主，則性質又比綜合中學更像是個羅馬天主教的教區學校。1970's 及 1980's 的課程及教學，有日趨一致化傾向，但各校的校風及素質卻仍有極大的差別。

(五)師資

幼兒園、小學、及中學的教師數量，隨著學生入學數增多：

1890 年共 399,047 名教師	其中女教師之增加最快 1890 年占 60%
1920 年共 719,188 名教師	1920 年占 86%
1950 年共 1,045,125 名教師	1950 年占 79%
1976 年共 2,465,340 名教師	1976 年占 67%

1911 年的研究，發現「典型」的美國教師是女性，她的雙親是道地的美國人，她本人也是美國人，年齡平均二十四歲。十九歲時開始教書，受過小學教育之後的四年訓練即可充任教師，執教五年之後的年薪是 485 美元，其後教書越成為專業之後，她的教育程度越高。

1960 年 62% 的教師擁有學士學位，24% 有碩博學位。

1976 年 62% 的教師擁有學士學位，38% 有碩博學位。

薪水也增加：1960 年年薪 5,174 元（公立學校），1976 年年薪 13,895 元。1966 年時中小學教師一日工作七小時二十分，一週 47.5 小時。(Hughes, 29) 包括課內及課外，有酬及無酬，教學及行政工作。

隨著時間之演變，早期中小學教師在教育程度、薪水、性別、外觀上

的差別已縮減，而學校越為系統化、合理化、及科層體制化之後，不少學校行政主管跟著來臨，他們大部分都是男性，但課堂內的教師仍以女性居多數。男女教師比，女多於男：1958～1959 年時 27.3% 是男師，1968～1969 年 31.9% 是男師。依 NEA 的調查，公立學校中，1968～1969 年時 14.7% 是男師（小學），53.5% 是男師（中學）。(Hughes, 74～75) 1963 年 3 月，美國都市型學校（小學）只有 28.8%，每班人數少於三十一人。(Hughes, 158) 此外，教師組織也相繼成立，1960's 展現其活力，AFT（American Federation of Teachers，美國教師聯盟）的影響力日大，NEA（National Education Association，全國教育會）的勢力也不可小覷，對教育立法與爭取教師權益貢獻不少。

四、大學院校

內戰後，新成立的大學院校，如雨後春筍，以 1880's 年代為高峰，入學學生也增加許多。1910 年之後，更增加神速，在學年齡是 18～24 歲。住宿且授予學位的學生，在 1880 年占 1.6%，1910 年占 2.9%，1920 年占 4.7%，1930 年占 7.2%，1940 年占 9.0%。二次世界大戰後，高等教育真正達到大眾化的目的。大量獎學金及助學貸款（男生居多），這是 G. I. 民權法案 (Bill of Rights)、1958 年的「國防教育法案」(National Defense Education Act)、1965 年的「高等教育法案」(Higher Education Act)、及 1972 年的「高等教育修正案」(Higher Education Amendments) 的最大貢獻。1980 年時，全國高等教育學府共三千所，學生數達一千二百多萬 (12,097,000)。

如同內戰前一般，新學府的設立，目的是多樣化的，有專為特定學生而設的，如女校、黑人學校、西班牙人學校、或美國土著學校；有專設學科科目如工程、商業、師範、醫護、農、軍事、科學「巨著」(great books)、「科技整合」(interdisciplinary studies) 者，有專為特殊宗教信仰或某一地區而設者。並且如同內戰之前的情況一般，並非所有新設的學府都存活下來，例如在 1970's 設有七十六所新私立學府，但那段時間共有一百四十一所關閉，44 所不得不與他校合併。其實有不少新設的學府是原有的教育機構升格的結果，商校及實科學校改為初級學院 (junior colleges)，初級學院改為

高級學院 (senior colleges)，師範學院改為教育學院，教育學院改為州立學院，最後再由州立學院改為州立大學。

大學院校的數量增多，大學院校學生的來源也複雜化：

1. 女生增加不少，1880～1920 年增加最快，其後下降，1950's 晚期又恢復增加度，到 1970's 年代末期，已占 50% 以上。

2. 社會階級於 1880～1920 年分殊化；但一項研究指出，文學院大學部學生在 1920's 年代中葉時，有 98% 是土生土長的美國人，另外有 88% 的父親及 90% 的母親也是土生土長的美國人；91% 的雙親來自於「老」移民家庭，他們的祖先來自北歐及西歐。黑人入黑人學府，農夫子弟及工人子弟入師範學府或送醫護學校。

3. 1880～1910 年學府學生數增加最多的不是州立大學，也非依 Morrill Act 而興建的農工學院，而是醫校及護校、教育學府、以及小型私立的男女同校學府。這些學府大半由教派所經營，為特定地區提供教育服務。二次世界大戰後，州立大學院校及初級學院才吸引大量學生入學。

內戰之後半世紀之內，高等教育的重大改革，是把美國的大學變成一種研究所性質的高等學府，在文理科及專業學科上加重科學原創性研究，發現新知識並作為公共服務之用。十九世紀早期，此種企圖也曾經出現過，Michigan 大學在 Henry Philip Tappan 校長以及南方大學 (U. of the South) 在 Leonidas Polk 主政之下，都擬發展為純正的大學；但 Tappan 的雄心卻落入大學政治的淺灘中動彈不得，Polk 則困於內戰漩渦中。要等到 1870's 年代企業大亨的斥資興學，以及政府的投下大筆教育經費，加上具有大學視野的領導人出來領航，才脫離險境，使美國的真正大學揚帆出海，真正的大學以不同的形式在各州出現。

真正大學的願景來自於歐洲，尤其源於德國的大學，特別是哲學系。以 *Wissenschaft*（知識真理）為主軸，換句話說，就是偏重純粹的、條理井然的科學知識；只有超然不偏的科學研究，才可能有此種果實。為數不少的美國學者曾留學德國大學，十九世紀之前半段將近二百人，後半段則更多，有九千人，光是 1880's 就有二千人之多。親自領會真理的系統研究之滋味，配合「教自由」(*Lehrfreiheit*) 及「學自由」(*Lernfreiheit*) 的原則，鼓

吹教師及學生都擁有「學術自由」(academic freedom)。

　　相形之下，當時美國存在的大學院校就顯得格局小、眼界淺。這批留德學生一返國之後,乃下定決心以德國大學的模式來重建美國的高等學府。內戰之前，條件不足，1880's 及 1890's 年代時則已萬事皆備，又不欠東風了。依 Morrill 法案而設的農工學院，聯邦政府及州政府花大筆經費在高等教育上，並透過諸如 Ezra Cornell, Johns Hopkins, Jonas Clark，及 John D. Rockefeller 等百萬富翁之有志興學，他們不只責無旁貸的操心他們事業的未來，並且也感受到美國要想在全球舞臺上扮演重要角色，就得倚賴美國真正大學的成功。Cornell 配合 Andrew Dickson White，Clark 找上了 G. Stanley Hall，Rockefeller 則看上 William Rainey Harper，而 Daniel Coil Gilman 則利用 Johns Hopkins 的遺產，共同建立了四所現代化的美國大學。此外 Charles W. Eliot 一方面心中存著德國的理念，一方面也感受到 Gilman 創辦 Johns Hopkins 的壓力，遂慫恿波士頓的財閥出資讓他改組哈佛大學。Nicholas Murray Butler 在紐約也整頓哥倫比亞大學，Charles Van Hise 則聯手議會來重組威斯康辛大學，James Burrill Angell 也與議會合作，讓密西根大學登上新式大學寶座。

　　在 Gilman 主政之下的 Johns Hopkins，是個典型的純研究型大學，只設研究所，後來才增建大學部。Andrew Dickson White 崇敬創辦人 Ezra Cornell 一種理念:「設立一所學府，任何人都可學任何學科。」Cornell U. 就具此種特色；雖然與創校者的原始初衷不見完全符合，但該校校風與 Johns Hopkins 顯有不同。威斯康辛大學及密西根大學了解到州立大學的經費取源於州民，特別加強為民服務工作，服務對象在威斯康辛大學是農夫，在密西根大學則跨越州境。John D. Rockefeller 認為他對 U. of Chicago 的捐款是:「我一生中最好的投資」，但相反的 Jonas Clark 則不迷於 G. Stanley Hall 之雄心萬丈來建造一所大型大學，結果該大學雖以他為名，他對該大學並無情愛，且也撤回他的經濟支助。哈佛大學及哥倫比亞大學則在二十世紀初期投資成功，轉型大學也順利；Johns Hopkins 堅持大學校董會要以 Baltimore 及 Ohio Railroad 股票作為大學資金的主要來源，在股票大跌時，大學發展受創頗深。上述諸例，就足以顯示出美國新式大學的發展，含有理

念、財源、領導人、及運氣因素在內。

　　研究型大學的出現，使二十世紀的美國高等教育產生許多現象。第一、純知識的研究既作為大學宗旨，因之知識學科之種類及性質也就五花八門。學科領域及次學科領域之專業化越來越深，也越來越博。這對學者也構成壓力，一位 1880 年的歷史教授在 1910 年要教歐洲史或美國史，在 1940 年則要深悉古代史、中古代、現代歐洲史、殖民地時代的美國史、或十九世紀的美國史。各學系因之紛然雜陳，為了網羅人員及經費爭取，大學不得不另設行政單位來處理。第二、大學變成由數個學院、學系、及研究所來組成，行政主管就得協調各單位彼此之緊張競爭關係。校長在過去對外扮演經理、教學、募款角色，對內則要訓勉學生，現在變成 Thorstein Veblen 所說的，校長成為學界中之「博學船長」(captains of erudition)；如同「工商界船長」(captain of industry) 一般。他要掌龐大的大學業務，猶如「標準石油公司」(Standard Oil) 及「美國鋼鐵公司」(United States Steel) 一般的繁重。大學校長之下另設置副校長、院長、館長、系主任、及行政主管，也儼然形同一家大公司；組織複雜，工作項目多，科層體制隱然成型，注重效率及公平性。但科層體制倒影響了學術活動。

　　新式大學的領導人除了是個經理人之外，也是個組織者及大學向心力的核心人物。在大學的大傘之下，把以往比較散亂及各自為政的單位結合在一起，共同為團隊努力。William Rainey Harper 在這方面是個楷模，他把 U. of Chicago 及其他四個附屬性的文科學府 (Des Moines College、Kalamazoo College、John B. Stetson University、及 Bradley Institute)，及一所醫學院 (Rush Medical College) 都作為該大學的一部分。此外，又把 Colonel Francis W. Parker 的師資訓練機構且附設小學 (Chicago Institute) 併入，Chicago 手工訓練學校 (Manual Training School) 也併入，一所預備學校即南方實科學校 (South Side Academy) 也歸屬大學，與「大學附屬小學」(University Elementary School) 合併。杜威夫婦在 1896 年創設而成為新的「教育學院」(School of Education)，也是大學的一部分。並且又透過 Wallace W. Atwood 教授的努力，與 Chicago 科學院 (Academy of Sciences) 關係密切。當 Jane Addams 拒絕 Harper 的要求，擬把 Hull House 作為大學的一附屬單位，他

乃新設「大學社會服務安置所」(U. of Chicago Settlement)，成為師生研究
社會服務的中心。此外，他還新設大學出版部 (University of Chicago Press)，
與波士頓出版家 D. C. Health 協商經營但不考慮商業取向，在協商破裂之
後，Harper 乃掌控出版部，出版了許多學術性的刊物，是十九世紀末及二
十世紀初各大學所無法望其項背者。Harper 鼓勵各學系及教授們積極參與
芝加哥市的市政事務，尤其有關學制、社會福利活動、及都市改造計畫。
大家稱該大學是 "Harper's Bazaar"（雜貨店）。不幸 Harper 因得癌症，死於
1906 年，只享壽四十九，後繼者實在無法實現他這麼雄偉的計畫。

　　最後，新式大學的掌門人還得扮演一種重要角色，使大學的課程標準
化、學術化、及專業化，更令執教者能贏得學界的信賴。與取法的德國大
學模式不同，美國新式大學可以有效的把培養出來的博士，讓他們出任公
職，在公共事務上位居要津，而非只能使擁有最高學位者任教於學術界及
專業界（德國大學模式）。大學畢業生尤其是法學院畢業生，漸漸被選上市
議員及政府首長。在這方面，東北部各州的著名私立大學，南部、中西部、
及西部的各州立大學，的確發揮不少的影響力；享有研究博士頭銜者，並
不能位居公共事務的領袖，不過獲博士學位者可以在大專學院及專業學府
任職，又是專業學會的會長，也負責公立學校學制的規劃，在學術及專業
身分的認定上獨享大權，此種影響力也非同小可。同時，在作學會會長及
慈善基金會會長時，更可發揮無比的號召力。1906 年成立的卡內基教學改
善基金會 (Carnegie Foundation for the Advancement for Teaching) 是最佳範
例，該基金會提供退休金給退休教授。首任會長是 Henry S. Pritchett，第一
任董事會董事包括哈佛的 Eliot 校長、哥倫比亞的 Butler 校長、史丹佛的
David Starr Jordan 校長、康乃爾的 Jacob Gould Schurman 校長、普林斯頓的
Woodrow Wilson 校長、及耶魯的 Arthur Twining Hadley 校長。他們的工作，
先是確認誰夠資格成為教授，後是把美國教育予以標準化。

　　二次世界大戰後，由於聯邦政府的大量撥款於研究型的大學，上述傾
向的明顯性增加百倍，科層體制喊得震天價響。政府要求的計量化，人員
要求規定的明確化，更加填於大學本已有的運作機制上。學院、學系、研
究機構，尤其是自然科學及醫學單位，可以獲得政府及基金會最多的資金

補助，在大學形成最具發言力的單位，幾乎變成獨立體了。如聯邦斥資成立又以研究導向的醫學院，變成大學行政的核心；許多副校長都經營醫學業務，特別在 1950's 及 1960's 大學大肆擴充時為然。校長已越來越不是個「博學的船長」，倒越來越像 Clark Kerr 所稱的「科層體制隊長」(captain of the bureaucracy) 了，他的角色也不亞於一個「自己船上囚犯的船長」(galley slave on his own ship)。團隊精神的向心力，仍無情的要求校長要能稱職此種角色。因此大學繼續與新成立的專業工作密切合作，如警政或旅店管理。並且大型的應用科學儀器設備，也裝置在大學校園裡，從原子武器到基因工程，都無所不包。大學無形中也涉入了政治與經濟的領域，作政府的顧問，認可專家的資格也授予專家的學歷。學術水平的標準化更落到大學身上，從專業課程、科學分類、到資訊系統，都沒有遺漏。

　　變成研究型大學，只不過是美國大學改造之一而已。其實許多高等學府並不走這條路，有些老學院在 1880's 及 1890's 年代時感受到知識與虔誠之間的緊張關係，也體認到作大學條件之一的專業化或分殊化，以及致力於造就「全人」的傳統課程之間，二者存在著不協調關係。Amherst College 校長 Julius H. Seelye 在 1887 年就職校長時說：「整個教育建構物的奠基石、上樑物、以及通告的法則」，是基督信仰與基督自由。他一再叮嚀的說，Amherst 的措施不是專業學術性的，而是陶冶及教化。「教育是品德的塑造及訓練，讓學生知道人是什麼，而不是要他們知悉什麼知識，這才是測驗學府成敗的效標。」這是他在 1893 年給 Amherst College Church 的新任牧師課予的責任。

　　Amherst 決定不成立「大學」，願意維持舊觀，保存傳統模式；密西根州的 Olivet College 及威斯康辛州的 Beloit College 亦然。其他學府如緬因州的 Bowdoin College 及康乃迪克州的 Wesleyan College 半推半就擬成立大學但未成，仍配合需要，維持一種學寮式的傳統教育方式；而加州的 Occidental College 及 Maryland 的 Hood College 一成立，即明示提供傳統的文雅教育。但吾人必須了解，當時所謂的傳統式文雅教育，樣式也各有不同。1880's 及 1890's 年代的 Wesleyan 設有選修，Amherst 則不鼓勵選修。五十年後，Amherst 改變初衷，但馬里蘭州的 St. John's College，因致力於西方

世界的「巨著」課程，因此並不鼓勵選修。此外仍有一些學院開設技術、半專業性及專業性課程，領域是農、法、藝術、《聖經》研究、商、神、工、醫、護理、藥學、及教學。二次世界大戰後，初級學院登上舞臺，科目的複雜化還包括航空學、製陶術、電算機、法院報告書、時裝設計、科學研究、喪葬服務、博物館研究、及祕書學習等。但這也只不過是其中的部分而已。

　　不管一個學府是大學、學院、文科教育、或技術教育，它的課程都拓寬不少。只有少數的學府如馬里蘭州的 St. John's 才規定所有學生在四年中應修同樣的學科，少有機會選修。大學的文學系新成立之後，不管科目一再的予以統整，科目數量仍不少。舉例言之，1870's 年代中，Amherst College 開有八十三種三學期的科目，十九世紀末，該數目增為二百零三種，1920's 年代中葉，全年科目有一百一十二種。經過十年的努力，校長 Alexander Meiklejohn 及院長 George Daniel Olds（其後升為校長）之努力整合，1950's 年代中，一學期仍開有三百五十三門科目。文雅教育側重核心課程，所有學生皆應修習，但此種觀念已成明日黃花，現在變成校長履行就職演說或畢業典禮演說上的主題。取而代之的是「通識教育」(general education)，那是必修科加上選修科的設計。通識教育注重「西方傳統」或「自然科學」。另也規劃「統整討論課」(integrating seminars)，開在大四，那是把學生的功利取向立場、教授們的政治考量、加上教育成本計算下妥協的產物。1970's 年代由卡內基高等教育小組 (Carnegie Commission on Higher Education) 的研究中，英國名科學家兼教育家 Sir Eric Ashby 非常精巧的以《任何人皆可學任何科目》(Any Person, Any Study, 1971) 為報告書的書名。十年之後，卡內基高等教育審議小組 (Carnegie Council on Higher Education) 最後作一個宣布，書名為《三千個未來》(Three Thousand Futures, 1980) 其精巧性更不亞於前者。後者的書名，絕不只是學府作平衡開支起見而已，也不是針對大學院校預估在 1980's 及 1990's 年代人口減少而作機會平均措施，其實更是對三千所大學院校的五光十色作一評論。除了目的不一之外，如技術訓練、基督教文化、個人生長、社區服務、及純為真理研究，大學院校發展出極為不同的「文化」，學生呼吸其間。Jane Addams 及 Ellen Gates Starr

在 Rockford 神學院 (Seminary) 當學生時，該校的「文化」以為基督服務出名，以福音傳播為務，正式學科的學習皆孕育此種文化氣息。該校此種作風自 1890's 年代開始，持續到二十世紀初期，在高等學府內自創一格。若與 Bryn Mawr College（賓州）相比，則大異其趣；後者特別注重嚴謹的學術性及系統性研究，是專收男生的典型文科學府作風。至於紐約市的 Hunter College，則又與上兩個學府走不同路線，該校是免費入學，通勤上課，專門培養女教師為主，以便擔任該市公立及社區學校教師；由於入學學生多半屬中下階層，因此校風及校園「文化」，也與學生的社會及經濟背景有關聯。

最後，學生本身也在大學院校扮演重要的教育角色。他們組成辯論社及政治團體，Walter Lippmann 的學生生活即深受其影響。Fisk U. 及 Howard U. 學生曾抗議太過嚴格的管教方式，這兩所黑人大學造就出「新黑人」(New Negro)，1925 年黑人哲學家 Alain Locke 對此曾有生動的描繪；而 1920's 及 1930's 年代政治左派團體也從中產生，社會理論家 James Wechsler, Daniel Bell, 及 Irving Howe 就是這個時候的學者。在 1960's 年代則出現民權運動以及反越戰示威遊行，勢力龐大驚人，美國大學院校的結構也跟著改組。David Riesman 曾提到美國高等教育如同「蛇行」(snake-like procession)，哈佛當蛇頭，其他學府則繼起仿效；即令哈佛已變，但蛇行照舊。此種隱喻有點誇張，因為各大學院校都有特色。

在所有大學院校的組成人員中，二十世紀的教授越來越在課程及教學法上扮演舉足輕重的地位。內戰之後，學術界生涯已有鉅變，尤其新式大學成立之後。教授來自世俗界而非教會，他們的教育背景是分門別類的專業，而非廣泛的科目學習，重精與專，而非博與寬；他們獲得由大學頒授的博士學位，而非由教會授予神職任命狀；研究取代了教學，至少前者的比重加大，專業的資格也漸漸異質性。雖然二十世紀的美國大學院校教師仍以白人、道地美國人、基督徒、及男性居多，但各專門教師的分殊化已越來越明顯，其中教育學系的女教授先於物理系出現，而社會系之出現猶太籍教授也早於英文系，社會工作學院開放給黑人教授早於醫學院。1870 年時 12% 的美國教授是女性，1880 年時是 36%，1890 年時占 20%。由於

女子學院、師範學院、及護理學院新設者不少，1950 年時女性教授又上升
到 28%，1970 年時則為 25%。至於研究所的教授中，女性約占 5%，外籍
及黑人教授更微不足道，不過雖然人少，但也在校內發揮校政影響力，校
外發揮公共事務的左右力。

五、新聞媒體

二十世紀，大學院校從精英機構轉型為大眾化學府；有更多的人民入
學，除了上大學院校之外，參與非正式及正式的成人教育活動，也到處可
見；他們經由函授學校 (correspondence schools)、註冊立案學校 (proprietary
schools)、職業訓練課程、以及由基督教會、猶太教會、圖書館、及博物館
的資助而舉辦的課程，參加人數也增加甚多。1980's 年代估計全國有二千
一百萬成人參加上述的活動，占全部成人人口的 13%。此外，大眾傳播媒
體所發揮的教育功能，更非大中小學及上述活動可比。以電視的影響力最
無所不在，幾乎沒有一個人不看電視。

1870's 年代的報紙已具美國特色，由私人作企業式的經營，自十八世
紀晚期起，地方政府及州政府已不作新聞檢查事宜，加上憲法第一修正案
的通過，聯邦政府更不過問此事，雖然 1798 年也有「煽動叛亂罪法案」(Sedi-
tion Law)。在交通不便、價格較貴、全國化郵政系統未完成之前，美國報
紙是地方性的，1870 年全國有五百七十四家日報，銷售量二百六十萬，有
四千二百九十五家週報，銷售量一千零六十萬。報紙先以一般性的及大眾
化的內容為主，其後再分殊化；閱報人也比較特定。版面有五：

1.食物及服務廣告，內容是商業消息。

2.公共事務新聞：如重要政策之說明，議會辯論，法院判決，外交及
軍事活動，以及地方性及全國性興趣等事項。

3.對公共事務的意見。

4.特寫：如謀殺案審理、體育競賽等。

5.文化版面：文學、詩詞、教育（如何烹飪、如何出人頭地）。

由 Pulitzer 及 Hearst 所發展出來的「新新聞」(new journalism)，活化了
新聞內容，使不同的讀者都能發生興趣。娛樂版面增多，公共事務消息減

少。但上述五種版面都持續存在。

1.**企業經營，利潤優先:** 在 Pulitzer 及 Hearst 經營時代，報紙已變成一種大企業，商用電臺及電視則一開始就是大規模的企業經營，董事長與總經理分家，科層體制出現，提高最大利潤是經營目標。

1978 年十家最大的報社集團，控制 17% 的全國日報量，銷售量占全國的 39%。報紙集中只剩少數數家，此種現象好壞參半；贊成者認為此舉帶來更大的效率，也提高報紙內容的品質；反對者則認為因此減少了更多的社論意見及內容。廣播一開始就由少數幾家獨占，即 CBS （哥倫比亞廣播網，Columbia Broadcasting System）、NBC （全國廣播公司，National Broadcasting Company）、ABC （美國廣播公司，American Broadcasting Company）。二次世界大戰期間，經營報社的集團也兼營電臺及電視，1970's 此種情況改觀，政府限定此種跨越性的投資經營，以保障大眾能獲得更多的資訊。下表所示，只有兩家或兩家報社以上的都市越來越少，廣播電臺及電視臺亦是如此。

表五十二　二十世紀美國報紙統計表

年度	報社集團數	日報數	報社集團辦報占全部日報比率	報社集團所辦的日報銷售量占全部日報銷售量比率
1910	13	62	–	–
1930	55	311	16.0	43.4
1960	109	552	31.3	46.1
1978	167	1,095	62.5	72.2

表五十三　都市報社數目表

年度	一家報社	兩家或以上	兩家以上報社的都市比例
1923	1,297	502	38.7
1943	1,416	137	9.7
1963	1,476	51	3.5
1978	1,536	35	2.3

媒體一方面牟利，一方面注意品質問題。把冒犯大廣告商的報導壓下來，犧牲公共利益，且在報導公共事務時，只選擇投眾人所喜好的項目，這都是令人憂心之事。某些大報如《紐約時報》(*New York Times*) 及 Washington 的《郵報》(*Post*)，可以一方面大賺其錢，一方面也維持獨立又優秀的社論，但這是少數的例外，並非常規。1958 年 Edward R. Murrow 向電視聯播網協會發表演說時，就特別指斥媒體無所不用其極的追求利潤，卻無視於公共事務的報導，他說出本章開頭所引用的一段話。

2.**報紙在社會上的力量驚人：**二十世紀時仍有文盲，各種媒體的廣告（報紙、廣播、雜誌、郵購、路邊廣告牌的廣告、及電視廣告等），配合市場經濟，擴大了消費者文化的地盤，告訴消費大眾價值觀及態度。標準式的物件、標準式的格式、標準式的封套包裝、標準式的價格，變成美國工業社會的常事。經過系列處理過的食品、成衣、家用器具、傢俱及裝備、及獲專利的醫藥等等，零售商店就設計來展示，並販賣這些東西，都市大百貨店更是如此。交易時，不必面對面來認識商品，對商品也可以一無所知，消費者就非常信賴廣告所介紹的產物，並且造成搶購風潮。生活習慣非得用固定廠牌出品的牙刷、牙膏、照相機、衣服、或汽車不可。廣告內容包括介紹廣告物的特色、品質、與其他同類型產物的競爭比較、價格、在哪購買及購買方式；其次，刺激消費者購買的企圖，包括買後的好處，如身價的提高等。第三，肯定購買該產品的價值，絕不會後悔。這些都具教育意義。

電臺及電視的廣告也極為驚人，1935 年全國的媒體廣告共花即 17 億，其中報紙占七億六千二百萬，電臺占一億一千三百萬。1970 年全國媒體廣告花一百九十六億，其中報紙占五十七億，電臺占十三億，電視占三十七億。廣告用語也變成消費者及一般大眾習慣的用語。

3.**媒體內容：**報紙在 1920's 年代，本來以政治報導、社論、文化資訊為主，現改為體育運動報導、警匪消息、流行時裝、及家居生活故事，娛樂版增加。1930's 年代的電臺，如下表所示，主要以音樂及戲劇（連續劇）為主，1950's 的電視亦然。戲劇、音樂、喜劇、益智節目，如「朝代」(*Dynasty*)之收視率甚高。二次大戰後，由於媒體集中成數家而已，各地的全國人民皆聽到也看到幾乎相同的訊息、觀念、報導。全國一致性的「教育」功能，也靠媒體來完成。

公共事務及社論意見的表達，自 1932 年之後，有了大轉變。Woodrow

Wilson 總統最先使用總統新聞記者會，羅斯福 (Franklin D. Roosevelt) 總統最擅長於在該會掌握新聞處理，也利用電臺向全國民眾直接宣布他的政策，以便贏得全國民眾的支持。由於電臺能立即廣播當下發生的各種事件，其後電視把此項功能發揮得更為窮盡，又有具體可目睹的畫面，這是報紙所望塵莫及的。報紙只好作特寫報導，或深度報導。其實，電臺及電視也可如此，不過報紙版面較大，電視節目時間較短；其次，報紙之報導者用比較「客觀」的態度來報導消息，電視記者在報導事件時，則因身歷其境，有臨場感，因此比較有主觀心態。不管如何，二者也都發揮「教育」的功能。

　　隨著報紙、電臺、電視等專業化之後，新聞人員也隨著專業化。版面及節目既分為娛樂、運動、社會動態及文化事務，因此記者就有必要專業分工。1910 年有十所四年制的大學課程來培養新聞業人士，1980 年已增為三百種新聞課程了，註冊學生九萬一千人。不過，仍有不少新聞業人士並不經正式教育管道。此外，從前 (1900) 的新聞業者清一色是白人、新教徒、男人，1980's 年代時女性已占 30%，黑人也占 4%。1880's 年代大都市名記者年薪 5,000 美元，其餘大部分則只有 800～1,200 美元；1980's 年代男記者年薪 21,000 美元，女記者 15,000 美元。電視主播 100,000 美元，而名評論家兼新聞播報員則超過 2,000,000 美元。CBS 的 Walter Cronkite 在美國人民的眼光中，廣為人知，又為大眾所信賴，其知名度可與美國總統比美。

表五十四　　NBC 及 CBS 電臺廣播節目內容比例表

廣播項目	NBC		CBS	
	1933	1939	1933	1939
音樂				
古典及半古典	26.9	14.1	8.8	6.2
舞曲及輕音樂	40.4	43.1	45.4	30.8
戲劇	11.2	20.1	18.1	26.6
其他	21.5	22.7	27.7	36.4

第五節　大融灶、馬賽克、萬花筒

> 美國交響樂曲是由各國籍組曲所構成，各有各的調，也有獨特的調，
> 但同時與別國籍的調取得和諧音。這是個膚色、景致、性格、及特
> 色的交響曲──並非大鎔爐式的融和，卻是展現不屈不撓、忠誠不
> 二、快樂奮鬥的和諧。
>
> ── Judah Leon Magnes

　　美國式的 *Paideia* 把美國賦予神聖使命，國內及海外都能邁向基督福音王國前進。1830's 及 1840's 年代的 Lyman Beecher 於 Ohio 谷域 (Valley) 早已發起此運動，1880's 及 1890's 年代由 Josiah Strong 繼之，認定新教主義 (Protestantism) 及美國作風 (Americanism) 二者不可分，可互換。

　　二十世紀之初，以「大鎔爐」(melting pot) 來隱喻美國，形成風尚；中葉時改以「馬賽克」(Mosaic) 作比喻，認為部分之修飾有助於整體之美化。慶賀立國二百週年時 (1976)，Timothy Smith 又提出「萬花筒」(Kalei-doscope) 來描繪這個國家。但最佳的描述，是 Magnes(1877～1948) 的「交響曲」(Symphony)

　　美國猶太復國運動的健將 J. L. Magnes 期望美國奏出美妙悅耳的交響曲，一方面大家共同聽指揮，一方面各樂器又奏出各具特色的曲調，這種難度頗高。以教育而言，如何使少數族群心甘情願的認同美國，讓他們發展個自的潛能，的確大費周章。

一、黑人教育家的主張

　　內戰後，美國黑人教會的性質丕變，教會作為黑人教育的機構，重要性也大增。十九世紀結束前，黑人已掌控了他們的宗教機構。

　　重建 (Reconstruction) 時期，教會興辦教派學校，1895 年時有二十七所學院，其中 Wilberforce University, Lincoln University, 及 Berea College 在

內戰前即有；六十二所中學，另有十三所黑人農工學院，係依 1890 年第二次 Morill 法案 (Act) 而設，黑白分開。在二十世紀早期「大移民」 (Great Migration) 之前，這些學府皆是教導美國黑人識字求學問的場所，大部分校址位於南方及邊疆區。黑人在剛解放之初，教育問題形同中國人、印度人、及非洲人一般；知識水平、科學技藝、道德觀念上，美國白人之對付這些黑人，就像他們到海外對待異教徒一樣。設立的學府，名稱即令稱為學院或大學，其實程度與中學甚至小學沒什麼不同；規模小，能讀到畢業者也少。1890's 年代時，除了北卡羅萊納州的 Bennett College，及 Biddle University 兩學府的教授及校長清一色是黑人之外，大部分的學府，校長及教授皆是白人。有些則屬專業性學府，如 Meharry 醫學院 (Medical College)，Gammon 神學院 (Theological Seminary)，Richmond 神學院 (Theological Seminary)；而 Berea College 是黑白合校，Spelman Seminary 則專收女生。

教派辦的大學院校，畢業生紛紛到南部傳教或成為學校教師。1875 年 Atlanta 大學一位教授夫人有如下的描述：師生手持《聖經》文及祈禱書，晚餐後吟唱，宗教氣氛頗濃，不只言行要虔誠及奉獻，且不許飲酒抽煙，兩性關係要正常。教化黑人如同教化中國人一般，他們都是依賴的、粗心的、對上帝不誠敬的，且是享樂主義者。1891 年 W. E. B. Du Bois (1868～1963) 反對國會通過法案賦予南方人政治權，因為有許多國人不適合於承擔共和政府的責任，黑人不是要有投票權，也不是要有法律權，黑人所需要的是道德的提升。

1960 年 Du Bois 出版《受過大學教養的黑人》(The College-Bred Negro) 一書，資料顯示福音傳播已造成黑人基督教化的預期效果。在一千二百五十二名黑人大學畢業生中，52% 的職業是教師，17% 是教會職員。黑人中等教育及高等教育的指標，是培養黑人社會的領袖，他們被問及以何種方式可以解決種族問題時，皆回答道：使用宗教福音傳播工作中的德性，如：勤奮、接受教育、自律、及操守，是最佳途徑，這顯然是清教精神。

黑人既受阻於從政服公職，他們只好傾全力於教會及大中小學的教育工作上，不只黑人入學人數快速增加，且也掌控了諸如 Wilberforce U. 及 Livingston College 等十幾所學府的校政權。黑人牧師的需求量也大增，黑

人學府的教師及校長之需求量亦然。

　　黑人教育的課程安排，引來兩派人士之爭議，一方是 Tuskegee 學院的（Albama 州）的 Booker T. Washington(1856～1915)，一方是 Atlanta 大學（Georgia 州）W. E. B. Du Bois(1868～1963)。二者皆對福音傳播的黑人教育有微詞。Washington 畢業於 Hampton Institute 及 Wayland Seminary，後者係位於華盛頓特區的一所小神學院。他發展出一套工技式的課程訓練，實施於 1880's 年代的 Tuskegee 學院 (Institute) 中，反對黑人接受太理論性及太過知識學術味的教育，黑人應有一技之長可以獨立謀生，以此獲得自尊及經濟自主。他譴責當時的黑人教育並無鄉土教學，學生知悉撒哈拉沙漠 (Sahara) 的所在，也查出中國首都在何處，但是女生竟然不知刀及叉子在餐桌上應擺的位子，或麵包及食物如何擺放。這猶如臺灣人不知馬公在澎湖一般的荒謬。他太太 Miss Olivia A. Darldson 膚色較不黑，有人要她在麻州工作，別人不曉得她是黑人，但她說她從不願騙人，她樂意公開說她是黑人。當時有黑人七十歲，捐六個雞蛋，表示為 Tuskegee Institute 的支持。但來求學者，擬畢業後不從事勞動工作，Washington 本人親自拿鋤頭以身作則。Booker T. Washington 本是奴隸，解放後與其母遷到 West Virginia 的 Charleston 定居，挖煤礦賺取家用，晚上隨一名黑人學校的教師學習，十七歲時步行三百英里到 Hampton Institute 就讀，學作磚石匠，且作大門管理員來獲取住宿條件，校長 Samuel C. Armstrong(1839～1893) 將軍頗為賞識，推薦他在 1881 年就任 Alabama 州的 Tuskegee Institute 校長。

　　1903 年發表〈黑人的工藝教育〉(*Industrial Education for the Negro*) 一文，指出：

　　　　多年以前，當我們決定要裁剪 Tuskegee Institute 的訓練課程時，我驚奇的發現，整個國家沒有一個受過教育的黑人，能夠教別人如何作衣服，他們之中倒有不少人會教天文、神學、拉丁，或文法，但沒有一個人會教裁縫，而裁縫是一年當中的每一天都會用到的，我好失志啊！我到南部看到我們種族中的家庭，也發現婦女可以很聰慧的與人聊抽象的題目，但卻說不出如何改善烹飪，也無法提供更

佳的麵包與食品，這是他們一天三餐都要吃到的。一個女孩會告訴
你，地球上的國家之地理位置，但她卻不知在餐桌上碗盤要擺在何
處；婦女知悉理論化學，卻不會正確的洗衣及燙衣服，這種現象多
令我傷心啊！

我這麼說，請不要誤以為我限制黑人的智能發展，任何一個種族要
提升自己，但如果心靈不覺醒、不強化，則都無濟於事。在工藝訓
練中，也應注重心靈及道德訓練，但只是抽象知識的灌輸於腦袋裡，
這是沒什麼意義的。

作個奴隸時，黑人被動的作工；作個自由民時，黑人一定要學習如
何作工。現在仍有不少人懷疑黑人在沒接受指揮與支持時，是否有
能力來自己開路，步入文明。說夠多的抽象理論，說得再動聽感人，
是無補實際的。耐心、沉著、毅力、不屈、堅忍不拔，不管冬夏，
不管晴天陰天，自我犧牲、有遠見、誠實又勤勉，吾人應該拿出成
果來代替爭辯。買一塊地，蓋一間房子，家屋收拾雅觀；交最多的
稅，銀行存款最大筆，維持學校或教堂，成功的經營工廠，田園好
好耕種，病人由黑人醫生診治痊癒，牧師好好講道，準時上下班，
生活潔淨——這比抽象式的雄辯，更有說服力。 (Ripper, 232–235)

漸進政策，黑人努力作工，在經濟上獨立，與白人合作；但三 K 黨 (Ku
Klux Klan) 的恐怖政策，南方白人對黑人的私刑，不准黑人享有選舉權，
使 Washington 的緩和說法，大受批評，尤以 W. E. Burghardt Du Bois 為最。
他的祖先為黑人，他以此為傲，在 Oberlin 及 Harvard 受教，不妥協不讓步，
相信黑人也有精英（1/10 的秀才）(Talented Tenth)。1905 年在 Niagara 瀑
布 (Fall) 發表主戰派宣言，變成 Niagara 運動 (Movement)，要求終止教育及
人權的種族歧視。四年之後受到 Jane Addams 及 John Dewey 的支持，成立
黑白種族的全國增進有色人種權益協會 (National Association for the Ad-
vancement of Colored People, NAACP)。認為只有經過學術性及專業性的教
育，高品質的訓練來造就 1/10 的優異分子，才足以出面領導黑人社會。1903
年出版《黑人民族的靈魂》(The Souls of Black Folk)，指出 Washington 只

顧設小學及工技訓練，貶低高等教育學府的價值。要是黑人沒受過大學院校的教育，則又那能有黑人小學的存在呢？就是成立 Tuskegee 也是不可能的。只有設備優秀的大學院校才能訓練黑人成為教師、專業人士、及黑人領袖。光有經濟上的自主獨立，但欠缺公民權及經濟權的平等，就無法獲得真正的自尊。單是工技教育不足以造成民權及政治權的平等。

　　Berea College（Kentucky 州）畢業後到 Chicago 及 Harvard 大學深造且於 1912 年獲 Harvard 哲學博士學位的傑出史學家 Carter Woodson(1875～1950)，在三十年之後的 1933 年，對上述兩位黑人教育家的觀點皆不予贊同，認為兩人的主張皆不切實際；黑人接受工技教育，畢業時工技水平已落在時潮之後，因為技術推陳出新，在學校所學的那套已陳舊；並且找工作時又因種族歧視，無法使黑人順利就業。而黑人如與白人同受學術性的知識教育，白人畢業後即可作社會的領導分子，黑人則不然。「受過高深教育的黑人，心目中仰慕希伯來文、希臘文、拉丁文、及日耳曼 Teuton 文，瞧不起非洲」；眼睛裡已看不到非洲遺產，與黑人社會疏離。以此種意識型態要來了解美國黑人，是辦不到的。而要他們灌輸那種白人的傲氣於黑人身上，徹底過美式白人生活，對黑人而言是不可行的。《黑人的錯誤教育》(*The Mis-education of the Negro*, 1933) 一書中，有露骨的敘述。

　　1964 年名社會學家 Edward Franklin Frazier(1894～1962) 也把批評對象朝向黑人社會，這位傑出的黑人社會學家畢業於 Howard U. 後至 U. of Chicago 深造。「重建」時期，黑人教會的努力是把獲得解放的奴隸變成公民，但在納入更大的美國社會中同化為美國人的一分子時，卻遭受阻力。低層社會的黑人躲在一個角落，受某一教派、聖靈降臨的情緒撫慰，也有教派向他們灌輸種族分離政策；更有教派向他們灌注烏托邦迷湯。中級社會的黑人則擬往上流動，換教會跑道，成為長老教會、公理教會、聖公會(Episcopal)、或羅馬天主教會會員。

　　內戰結束之時，92% 以上的美國黑人住在南部，且絕大多數住在鄉下。十九世紀末及二十世紀初，黑人快速的往都市移動，1890's 年代時，向東北及北中部各州移民者最多，也從鄉下轉往城市。1980 年時，南方黑人所占的全國黑人數已不到一半，而 3/4 的黑人都住在都市或城市附近地區，

他們密集於紐約、芝加哥、費城、底特律、華盛頓、及洛杉磯；其他次大的都市也有不少的黑人區。此種人口移動，更增加黑人教會的責任及影響力。

此種局面之下，教會培養出來的黑人教會領袖，最明顯的一位就是 Martin Luther King, Jr.(1929～1968)，在其父的教會中感染宗教氣息，一生決定作個教區牧師，遂到賓州上 Crozer 神學院 (Theological Seminary)，發現大詩人 Henry David Thoreau(1817～1862) 的「不服從公民權」(civil disobedience)、印度獨立建國之父 Mahatma Gandhi(1869～1948) 的「消極抵抗」(passive resistance) 觀念、及神學教授 Walter Rauschenbusch(1861～1918) 的「社會福音」(Social Gospel) 主張，非常受用；後來上 Boston U. 形成了他的社會行動哲學。他的求學歷程也顯示出，南方黑人中等家庭者，除了上黑人學府如 Crozer 外，一到北方，即選上白人大學（如 Boston U.）。1955～1956 年，他服務的教區位於 Alabama 州的 Montgomery 發生汽車司機杯葛事件，他運用不合作行動大為成功，遂成為全美及全世界聞名的黑人領袖。但 1968 年 4 月 4 日被謀殺去世。他希望教育是變遷的，是解放的。且在一個整體性的社會裡，美國黑人基於完全平等的立場，有權利參與此種社會的型塑運動。不過，有些人不同意此點，年輕的分離主義者，及希望遠離美國白人的「惡魔」(devilishness) 掌控者，是他的死對頭。

1954 年，美國最高法院對 *Brown* v. *Board of Education* 案件作判決，使美國境內的教會及學校不得不作調整，南方及北方的學校及教會都朝向黑白合一。當年公立高等教育的快速擴充，黑人學生發現，傳統教派辦的黑人大學院校，更具吸引力。黑白分離時，黑人學府最為興盛。但兩次世界大戰、以及黑白合一，這些黑人學府失去了不少學生，也耗損了不少財力，雖然這些學府有經驗來處理男女黑人的特殊需要及問題，但總是振作不起。加上在學術聲望上，難與白人學府及黑白混合學府一較短長，因此已時不我予。到了 1980 年時，教派黑人的學府已是搖晃不穩，蹣跚而走，不得不改變初衷，改為公立的種族混雜學府了，甚至轉為第一流的學術研究中心，享有獨特的歷史地位。

二、天主教及猶太教的教育活動

羅馬天主教會在十九世紀晚期，由於歐洲移民來美者漸多，已成為美國單一教會中教徒最多的教派。1880 年，全美共五千多萬人口 (50,155,783)，羅馬天主教徒就有六百多萬 (6,259,000)；1910 年時又快速增加到一千六百多萬 (16,363,000)，1920 年又增加至近二千萬 (19,828,000)。新舊教之對立，儼然成形。羅馬天主教認定美國是個多元社會，不能只是一種新教的 *paideia*。天主教也發展出獨特的教區 (parish) 來進行教育工作，不只辦教區學校，還經營報紙、雜誌、俱樂部、文化社團、青年組織。尤其他們的教區中小學校，勢力頗旺，還在華盛頓特區於 1889 年設有一所「美國天主教大學」(Catholic University of America)。

天主教會的教育活動中，引發爭議的是女子教育問題，1890's 年代自由派教會人士如 Isaac Thomas Hecker(1819～1888) 認為，女性有權作任何職務，她們的智慧及能力皆可勝任，天主教教會必須提供此種教育。保守之士則持另一種論點，認為婦女的命運，上帝早已排定，就是為人妻及為人母。

1960 年時，天主教徒計有四千二百萬，1980 年有五千萬 (50,450,000)，設有一萬三千所中小學，學生數五百六十萬，另有四百所大學院校，規模大小不一，大的如聖母院 (Notre Dame)、復旦 (Fordham)、及美國天主教大學。不過誠如天主教史學家 John Tracy Ellis 所直言的，天主教學校比較缺乏為學問而學問的熱忱，泛道德主義濃厚，此種情況如黑人學府一般，只是為少數族群提供更多的教育機會而已，學術水平並沒什麼突出。加上經費拮据，教師奉獻付出多，收入少。且美國公共教育甚為普及，不少人提出根本的問題，即羅馬教會自成系統的學制，與美國公立學制並行，卻無法與之抗衡，實在沒有必要自成一格。加上內戰時，天主教主張奴隸制度，又強調對羅馬教皇的效忠，遂引發美國人的不滿及北方人的反對。(McCluskey, S. J. ed., 22) 教徒也深信，生活中無宗教，也等於沒有道德，這種社會真的如同達爾文所描述的生物世界一般，弱肉強食，優勝劣敗，適者生存，天主教是反對達爾文主義到底的。

　　美國的居民大部分是新教徒，黑人、天主教、及猶太教都是少數，後者為求生存，在面臨主流文化的強力同化之下，也能保存各自獨特的族群文化遺產，尤其是 1930's 及 1940's 年代，歐洲發生大規模的毀滅 (European Holocaust)，更使世人懷念追憶猶太人的過去。

　　1880 年時美國猶太人有二十三萬人，大半是從德移民來此（1840's 及 1850's 年代左右），因「祖國」經濟蕭條。他們散布在美國各地，除了紐約及費城（賓州）外，北至 Rochester (New Hampshire 州)，西到舊金山（加州），南到亞特蘭大 (Georgia 州)、Mobile (Alabama 州)、及新奧爾良 (Louisiana 州) 都有他們的足跡。與在歐同，先作小本生意或擺攤子，但卻勃起成為中產階級，且迅速融化為道地的美國人。入鄉問俗，是猶太人的性格。猶太教教會有風琴、吟唱隊、講道、以及英文閱讀，非猶太教人士也可入內，不少猶太人變成暴發戶或金牛級人物。

　　但 1881～1914 年，約有二百萬猶太人從俄國、奧匈帝國、及羅馬尼亞移民來美，由於受盡集體謀殺，嚴重的經濟紊亂，以及無情的政治經濟歧視，逼使他們來美定居，期望在美找到「金地」 (*goldeneh medina*, golden land)。與早期由德來美的猶太人不同，他們聚居於紐約的「下東區」(Lower East Side)、芝加哥的「西區」(West Side)、費城的「城下區」(Downtown)、波士頓的「北盡頭」(North End)，他們也不是小販，卻作成衣及製造業，當技工、麵包師傅、屠夫、或伙食供應販。1880 年全美猶太人二十三萬人中，來自於東歐者約占 1/6，1920 年則占 5/6（總共四百萬）了。

　　在美的老猶太人（德裔），如何教化新猶太人（東歐裔）使之成為美國化，這就有賴教育了。以紐約市為例，該市住的猶太人最多，1864 年基督教福音團為猶太住區設一所學府在「下東區」，教希伯來文，並使猶太兒童轉化信仰基督教。「正統及改革的猶太人」(Reform and Orthodox Jews) 集結起來予以抵制，也設一所全天上 Hebrew 的免費學校予以抗衡，由於成效良好，紐約市其他地區也紛紛設立，且組成希伯來文免費學校社 (Hebrew Free School Association)。另設立午後學校，供學童下午從公家學校下課後學習猶太史、猶太宗教、學習猶太語言。1870's 年代時此類學校出現頹勢，不是關閉就是學生大量流失。但該社卻能為東歐猶太人的禮儀、清潔、及美

國生活方式，盡教導之責，且也保存猶太傳統文化。

仿 YMCA 方式，1870 年猶太人也組成 YMHA (Young Men's Hebrew Association)，但作為社交娛樂及文化機構，而非福音傳播團體，目的在為新移民與美國社會搭建溝通橋樑。另有慈善團體支助英語班的設立，教導成人勞工，也為男生開設一所希伯來文技術學校 (Hebrew Technical School)。最具勢力的莫過於 1889 年成立教育聯盟 (Educational Alliance)，由上述機構共同組成，以德裔猶太人為班底來教導東歐猶太人，廣設一系列的教育機構，推展教育活動，使猶太美國化。設有幼兒園、希伯來語班級、歌唱團、社交俱樂部、閱覽室、展覽廳、演講堂、英文班、體育活動，1899 年更設立高等學府的 Breadwinners College，由 Thomas Davidson 負責；為節省開銷，還創「一分錢天堂基金」 (Penny Provident Fund)。為增進年輕人健康，到湖邊辦露營。開家長會來討論父母養育子女問題，解決子女在新的美國環境之教養問題。為了猶太教的美國化，最後也設有一所宗教工作學校 (School of Religious Work) 及一個「人民教堂」(People's Syn-agogue)。

1880's 年代來自東歐及南歐的移民漸多，他們多半住在城市中的不利地區。這批「新移民」(new immigrants) 牢守他們的古老家園，只願與自己人見面打交道，不願認同美國富有階級，也不願與「新移民」相處。「社會福音」 (Social Gospel) 的神職人員譴責新移民犯罪率高，道德行為不檢，說的話曖昧不清；工會不滿新移民之失業，降低工資，只聽老板指揮就去投票，無已見。有人則要求應立法限定新移民的人數。但不管如何，已經來的總得設法解決他們的問題。但什麼叫做美國化，意義卻也混淆不明。Ellwood P. Cubberley （Stanford 大學教授）簡單明白的指出：「美國化就是安立甘化」(Americanize was to Anglicize)。來自東歐及南歐者，本身就是「文盲、懶散、缺乏自信，也無創意，不具安格魯條頓 (Anglo-Tentonic) 人民的法律、秩序、及政府觀念。他們的蒞臨，大幅度的稀釋了我們的國家儲存，敗壞了我們的市民生活」。教育工作，應該瓦解他們的特定地盤 (ghettos)，讓他們融入成為美國民族的一部分，與美國人結合在一起，儘可能的教導他們的小孩，認識 Anglo-Saxon 的正當觀念，及有關法律、秩序、及

政府的想法，喚起他們對民主體制的敬重。(Cremin, *Transformation*, 67–68)
Cubberley 是個典型的進步式教育家。1890 年成立的「美國革命之女」
(Daughters of the American Revolution) 更指出：「在德國泡菜 (Sauerkraut) 及
林堡 (Limburger) 的乳酪氣氛中，滋長出來的美國意識又將是什麼呢？」「一
個人的呼吸氣都帶有濃烈的蒜頭臭味，如何算是美國人？美國人 (American)
是『不加連字號 (hyphen) 的』(如亞裔美國人或土裔美國人，如 Asian-Amer-
ican，或 Turkish-Amarican)。」紐約的猶太神學院 (Jewish Theological Semi-
nary) 神學家 Israel Friedlaender，於 1907 年說：「這塊土地上呈現在吾人眼
前的一般性文化，如同銅牆鐵壁一般，如果我們用頭去猛撞，會猶如堅果
裂開一般的破開。唯一的解決之道，就是採取適應手段，這種適應並無損
及猶太教的基本教義，非但對猶太教無害且有利。應充分的考慮環境上的
需要，但也得保存且孕育猶太的特色及原始風格。」(Cremin, *Transformation*,
69) 交響樂已有序曲了。

　　值得一提的是，1886 年成立的美國猶太教神學院 (Jewish Theological
Seminary of America) 重振活力。Johns Hopkins 大學的閃族語言 (Semitics)
教授 Cyrus Adler 大力奔走，猶太企業家出資，網羅美歐名師來此任教，奠
定了二十世紀的「保守猶太教」(Conservative Judaism) 在美生根發展。該
神學院也附設師範部，成立於 1909 年，校名為「神學教育學院」(Teachers
Institute of Seminary)，該教育學院因與 Columbia 大學的師範學院 (Teachers
College) 鄰近，學生可以去旁聽 John Dewey 及 William Heard Kilpatrick 的
進步主義教育學說，因此獲益匪淺。

三、黑白學生分離政策的廢除

　　1870's 及 1880's 年代的美國黑人，大部分在美國出生，而大部分在這
以前也都是奴隸或是奴隸之子女，他們生存在美國社會裡。解放之後，黑
人地位重新予以認定。由於複雜的種族歧視，使黑人地位及身分之解釋極
為棘手。在種族隔離中，黑人教會收容黑人；二次大戰後，黑人教會也為
他們爭取公民權。

　　美國思潮中認為教育是一種機制，*Brown* 的判決 (1954) 用來適應美國

社會的變遷及需要。不管此種說法叫做「進步主義」(progressivism)，或如杜威晚期作品中所稱的「自由主義」 (liberalism)，都不可避免的會探討不平等的問題。黑人在美國許多地方沒有投票權，就是能夠接受教育，頂多也是那種屬於劣等的教育；婦女即令是白人，也到 1920 年時才有投票權，但也阻隔於接受高等教育、專業教育、或技術教育之外；其後，這些教育機會才為她們開放。美國土著及亞洲人不准享有公民權，在獲公民權或教育權的途徑中，命運多舛，非常不穩定；其他來自愛爾蘭、義大利、波蘭、西班牙、猶太及羅馬天主教背景者，教育機會及求職機會也大受限制。植基於種族、性別、族群、及宗教信仰上的歧視，持續存在於美國社會。John Dewey 或 Jane Addams 所構想的政治或教育，要把全民都納入在內，是有點天方夜譚的。瑞典經濟學家於 1974 年獲諾貝爾經濟學獎的 Gunnar Myrdal 於 1944 年用「美國困境」(American dilemma) 一辭，在他的經典著作中，指出「黑人問題」 (The Negro Problem) 已經是進步社會必須去處理的問題。Myrdal 說，美國人是真的相信「自由、平等、正義、及每個人都應有公平機會」此種理想，不過美國人同樣也認為某些人比較低劣，且基於某種狀況及自我利益，也確實相信如此；因之對許多認同進步主義論調陣營者來說，就有必要找條途徑來使言行能夠一致，這就變成二次世界大戰後重要的政治及教育話題了。

努力的方向是多元的，戰略及戰術也層出不窮。其中最引人注目的是黑人的奮鬥。政治上的打拼，始自內戰前的「廢奴」 (Abolitionist) 運動。1909 年，新的運動來臨，當時「全國黑人會議」(National Negro Conference) 成立了「全國有色人種增進福利協會」(National Association for the Advancement of Colored People，簡稱為 NAACP)，議決經由六十名傑出公民共同「呼籲」 (call) 來討論黑人政治及公民平等權獲得的手段。

Dewey 及 Addams 都贊助由白人及黑人共同組成團體，行動派人物包括許多安頓作業的工人、工會人物、及投票權鼓吹者，採取進一步更具攻擊性的行動來抵制「新奴隸制度」(new slavery) 所帶來的罪惡。「新奴隸制度」係 1890's 年代的產品，反對全民的投票權，主張歧視政策，默許警察的殘酷及群眾的暴動。早期的議程還包括教育的不公平問題。NAACP 向國

會遊說，希望聯邦政府撥款補助大中小學採取黑白分離的學校教育。在北方處於第一次世界大戰的大移民時代，NAACP 反對隔離學校的擴充，調查大學院校裡研究所教育及專業教育中的歧視現象。不過，該協會成立之初的頭二十五年，主力工作不是放在教育上，倒是比較關注於與生活及自由有立即關係的項目；直到 1930's 年代時，才以教育作為注意焦點；1930's 年代的改變，導致於 1950's 及 1960's 年代民權革命的開始。

NAACP 祕書長 Walter White(1893～1955) 的決定，是政策轉變的主力。他及其同僚費心血在法院審理黑白事件中，為黑人爭取到政治及民事的平等權利。他們委由一位傑出的法律戰略家 Nathan Ross Margold 力爭依 *Plessy* 判決，各州可以設立「分離但平等」的設備給黑白學生，而不違反憲法第十四修正案。針對此種判決，他一語即道破其缺陷，並非質疑州的分離政策訓令有什麼問題，而是州的此種訓令，是否真正作到平等保護的效果，那是第十四憲法修正案所規定的。NAACP 敦促 Howard 大學的法學院院長 Charles W. Houston 出面來提出異議，希望廢除分離政策。

Houston 是不二人選，美國最著名的黑人大學 Howard，在精明幹練的 Mordecai W. Johnson 於 1926 年出掌校長之權，即成為培育一流的黑人領袖之重鎮，獲國會不少撥款補助，網羅了名哲學家曾被 Johnson 前任 J. Stanley Durkee 短暫解聘的 Alain Locke(1886～1954) 回校任教；這位黑人教育家於哈佛畢業後，赴牛津及柏林大學深造，獲哈佛博士學位。另外社會學系也來了名教授 E. Franklin Frazier(1894～1962)，政治學系有了 Ralph Bunche（1904～1971，1950 年獲諾貝爾和平獎），且醫學系也有 Charles R. Drew（1904～1950，世界公認的血液學權威，黑人），同時希望 Houston 來籌劃大學法學院。Houston 在哈佛畢業時也獲榮譽獎狀，Johnson 及 Locke 等人希望 Howard 轉型為黑人文化中心，且強力的為改善美國黑人的命運迎面而戰，Howard 遂成為 NAACP 運動的主力。

在 Johnson 主政時代，Howard 大學充滿了改革氣氛，兩位學生特別有助於 NAACP 的努力，一是 Thurgood Marshall，1930～1933 年唸法學院，1967 年是第一位最高法院黑人大法官；另一是 Kenneth B. Clark，1932～1936 年唸大學部，此後到哥倫比亞大學完成心理學博士學位。Marshall 在法律上的戰術，使 NAACP 於 1954 年贏得 *Brown* v. *Board of Education* 的判決，而 Clark 是個社會科學家，收集並解釋各種資料，對 Marshall 之上法庭辯護，提供莫大的幫助。此案的演變與過程，涉及到教育的複雜觀念，但終於在美國最高法院審理此案件時，複雜觀念獲得釐清，法院的判決終於定讞而成為法律。該法案之前，早有 1938 年的 *Missouri ex rel. Gaines* v. *Canada* 案件，州內學生享有平等權接受該州的法律訓練。若只是提供學費補助使黑人到別州上法學院而不准在州內上法學院，這是不足的。

NAACP 又繼續打 *Alston* v. *School Board of the City of Norfolk* (1940) 的官司，美國聯邦最高法院認定，為合格教師制定不同的薪資表，黑白教師同工但不同酬，顯然違反程序正義，也違反第十四憲法修正案，即違反公平保護的條款。1948 年又打了 *Sipnel* v. *Oklahoma Board of Regents* 官司，法院下令州應該提供給黑人及白人學生同樣的法律教育，且一種族有此種教育之後，應即刻為他種族提供相同的教育。1950 年的 *Sweatt* v. *Painter* 判決，為德州黑人居民提供的一所分離的法學教育，實質上並不能與德州大學法學院提供給其他種族的法學教育，同等齊觀。1950 年 *McLaurin* v. *Oklahoma State Regents* 的判決，也認定黑人學生接受研究所的教育時，所受的規定及約束都與其他學生不同，使黑人無法享受法律的同等保障。

Marshall 除了 Gaines 案件之外，參與所有的訴訟案件，他認為時機已趨成熟。原則上，如設備分離，本身的性質就已不平等。依社會科學家芝加哥大學教授曾到中國的文化人類學家 Robert Redfield(1897～1958)，及 Howard 大學教授 Charles Thompson 的論點，種族分離本身的災害，就是造成種族不平等，不止法律學者如此說，且一大群社會學家、人類學家、心理學家、精神病學家、史學家、政治學家、及教育學家皆加入陣營，共同來推翻 *Plessy* 案件的判決。有人以洋娃娃來實驗黑白學童對洋娃娃的反應，加上各科學家所蒐集的資料，使得 1954 年 5 月 17 日最高法院的判決，是全體無異議的通過，咸認教育是喚醒學童領會文化價值的工具；學童如在公立學校中有種族分離的教育措施，則對黑人學童而言，是致命的傷害，也剝奪了他們的平等機會權。「我們的結論是，在公共教育這個領域內，『分離但平等』這種說法，是沒有地位的。」「教育設備若予以分離，本身就不

平等。」

　　法院既作如此裁決，NAACP 乃提出五項要求，使分離制度有效的消失且把種族騷動減少到最低。(1)由具聲望的權威單位提出清楚不拖泥帶水的政策說明；(2)由權威單位表示堅定的強化此種政策的改變，也要面對原先的抗拒；(3)若有違反情事，完全訴諸法律來裁決；(4)權威單位表明拒絕任何寬容的藉口；(5)以宗教上兄弟之情的原則來訴求個人，要求實現公平比賽及平等正義的美國原則（即美國信條）。不過有人卻採漸進政策，聯邦政府雖要求「儘速」廢除分離政策，但留給各學區去執行。像紐約市，有些學區的劃分含有種族歧視因素，因此此種學區規劃有必要予以打破，並重新調整，使更複雜背景的學童能夠在同一屋簷下接受相同的教學。一般來說，黑人學生的抱負水準較低，教學條件也較差，考試成績較劣，只有白人及黑人通力合作，將分離且不平等的機構轉化為不分離且平等的機構，則社會變遷的勢力會更為增強，變遷力也大。美國人的心目中，不應再存有「黑人貧民窟」(dark ghetto) 的陰影。

　　除了南北戰爭及兩次世界大戰，*Brown* 的判決幾乎可以說是美國聯邦政府自從宣布解放黑奴 (Emancipation Proclamation) 之後最重要的政府舉動。教育的重要性在美國人的心目中，分量大增，教育平等的議題最為熱門。1966 年 Chicago 大學名社會學家 James S. Coleman(1926～) 及其同事共同編了一本《教育機會平等》(*Equality of Educational Opportunity*) 的書，其中提出，平等的意義到底是機會平等還是結果平等 (equality of opportunity or equality of result)？前者是立足點平等，後者是齊頭點平等；而所謂機會平等是指機會完全相同，還是因應情境及需要而給予不同的機會？不管如何，1960's 及 1970's 年代所言民主當中的教育，都漸漸關注平等問題，到底是 equality(平等) 抑或 equity(合理)，大家爭論不休。

　　由 NAACP 掌舵來促進黑人的教育福利，其他少數民族也相率仿之。1966 年 Betty Friedan 及其友人共同組成「全國婦女組織」(National Organization for Women)，馬上處理兩個性別歧視的案件。他如美國土著（原住民）、波多黎各人、墨西哥人等，皆組成教育基金會，由福特基金會及卡內基基金會等出資贊助。而美國猶太人、美國天主教徒、及其他宗教信仰派

別者，也同樣組成團體來爭取各自的教育平等權，他們都利用社會科學家所提供的資料，作為訴求的根據。雖然在法律訴訟當中的兩造，都會引用社會科學家的觀察或研究結果，有時社會科學家也站在控方及辯方兩邊，但法律與社會科學結合，變成教育案件不可少的面貌。並且雙方的社會科學家也可在法庭交手，各顯神通，在重新制定教育政策的過程中，已失勢的大眾被重新召喚回來，大眾已非 Lippmann 所稱的幽靈，而是 Dewey 所尋覓的伙伴，而為各自特殊利益團體提供社會科學資料。此種情況也正如 Dewey 在《大眾及其問題》(*The Public and Its Problems*) 一書中所陳述的一般。不過無論如何，就如同 Brown 案件的判決書上所說的，教育已變成舉國及各地政府的重要討論領域。

最後但也是最重要的地方，是 Brown 的判決改變了美國人對教育的想法。共和國的先父們走古代希臘羅馬的路，他們研讀古籍，深信法律具有教育意義；心中既有如此盤算，乃刻意的制定行為常規及模式，以法律來型塑價值觀念、態度、及信念。1960's 及 1970's 年代，許多地方並不遵從 Brown 的判決，Myrdal 所說的美國「困境」有擴大的趨勢，美國人也更想擺脫這種進退維谷的兩難。偏見、歧視、及不平確實並未消失，但最高法院、行政部門、及立法機構，卻也儘量將 Brown 的精神貫穿入美國人的生活中，強化平等觀念成為美國人信念的核心，使歧視、偏見之力道消褪。在這個當中尤必要一提的是，以學校作為撫平歧視傷痕的主力，此種想法漸為全民所共識。在解決社會問題上，訴求於教育尤其委諸於學校，將是最後的手段。此外，Brown 的判決也影響了求職就業、住屋、旅行、及休閒活動，整個社會變成較可接納的場所。此種教育氣氛，有助於該判決所想要達成的目標。雖然判決之後約三十年，並無完全實現該目標，但也並不因此黯淡了該判決所散發出來的光芒，對美國人的生活及想法，產生更大的影響力。

第六節　交響樂

> 根據現有的各種指標，紐約已達到最大都會型的都市。無疑的，該市有最高度的組織，也是集體表現美國社會生活最具特色的都市。
>
> —— Herbert Croly

一、紐約

以紐約的教育發展為例，最足以說明 1876 年之後，大都會中各種不同的教育機構輻輳活動的現象。

紐約市在十八世紀末即已人口爆炸，1900 年人口已達三百四十萬，兩年後又併入 Kings、Richmond、及 Queens 的一部分而形成為大紐約 (Greater New York)。1920 年大紐約人口有五百六十萬，1950 年七百九十萬，1980 年減少為七百十萬。在教育機構中，以高等學府的輻輳活動以及教育的全球化最為明顯。

1. 市立學院 (The College of the City of N.Y.) 成立於 1847 年，早先是個免費實科學校 (Free Academy)，全收男生，免費入學。此校也經營 Townsend Harris 中學。

Hunter College 立校於 1870 年，原先是師範學校，全收女生，免費，也經營 Hunter College 附屬小學 (Model School) 及 Hunter College 附屬國中 (High School)。

Brooklyn College 立校於 1930 年，Queens College 立校於 1937 年，兩校全部免費，公家設立，屬住宿性質。

上述四校於二次世界大戰後合併，而成為市立大學 (City University of N.Y.)。有一研究所，十個四年制大學部，七個兩年制社區學院，一所醫校及一所法學院。該大學成為世界上最大的市立高等教育學府。

2. 1930's 又出現了許多「大學」，先是兩所獨立的老大學（哥倫比亞大

學及紐約大學）及新成立的長堤大學 (Long Island U.)，加上教會辦理的學校 Fordham University (Roman Catholic)、Wagner College (Lutheran)、及 Yeshiva U. (Jewish)。

專門性質的學府如 Finch College，Pratt Institute，Pace Institute，Parsons School of Design，N.Y. Law School，N.Y. Medical College，N.Y. School of Interior Design，American Academy of Dramatic Arts，Juilliard School of Music，Brooklyn Polytechnic Institute，以及 Rockfeller Institute。二次大戰後都辦得有聲有色，Pace Institute 還轉型為規模龐大的多功能大學。

哥倫比亞大學在 Frederick A. P. Barnard (1864～1889)、Seth Low (1889～1901)、及 Nicholas Murray Butler (1902～1945) 當校長時，凝聚各種努力，把該大學邁向一所大的研究型大學。Barnard 女子學院 (College)，師範學院 (Teachers College)，藥劑學院 (N.Y. College of Pharmacy)，及外科學 (College of Physicians and Surgeons)，加上附屬的長老教醫院 (Presbyterian Hospital)，都併入於哥倫比亞大學裡，還與神學院 (Theological Seminary)，自然史博物館 (American Museum of Natural History)，植物園 (Botanical Garden)，及其他許多學術文化機構，共同合作教學及研究，出版學術性期刊，1904 年就有三十五種期刊從哥倫比亞大學出版。大學出版社也成立，專門出版學術性著作。還設有推廣部，普及大學知識於社會大眾身上。另外大學特別關照紐約的市政及公共事務，Low 校長於 1896 年要求董事會作下決定：「本大學在紐約市」(Columbia University in the City of N.Y.)，要求大學本身及教授，絕不可置身度外不過問紐約的公共事務。他的後繼者 Butler 又把哥倫比亞大學推向全國及全球。哥倫比亞大學也從此躋身於世界一流大學之林。

紐約大學 (New York University，簡稱 N.Y.U.) 在校長 (Chancellorship) Henry Mitchell MacCracken (1891～1910) 及 Elmer Ellsworth Brown (1911～1933) 主政之下，就有意把該大學經營為「一所大都會型大學」(A Metropolitan University)。其中大都會法學院 (Metropolis Law School) 入學資格很嚴，獲學位要三年而非二年，仿哈佛大學 Langdell 法學院，走個案研究的例，併入於 N.Y.U. 中成為該大學的法學院。也合併 Bellevue Hospital and Medical School 成為醫學院及醫院。另外，New York-American Veternary College（獸醫學院）也併入本大學，而 N.Y. College of Dentistry（牙醫學院）於 1925 年也與大學合併。大學另設 School of Commera（攝影學校），與 N.Y. State Society of Certified Public Accountants（公共證照會計師協會），School of Retailing（零售部），以及好多紐約市的百貨店合併。藝術學院（College of Fine Arts）也與 National Academy of Design（設計學府）合併。大學有兩個校區，一在 Washington Square，一在 Bronx；用意在擴張本大學勢力及於全市。前者是大學部，它的法學院男女合校，提供女性更多的教育機會，接受文雅及專業教育；1916 年又設大學出版部，還與「紐約廣告俱樂部」(Advertising Club of N.Y.) 共開短期的廣告班。本大學的「國際財政研究所」(Institute of International Finance) 又與「美國投資銀行協會」(Investment Bankers' Association of America) 共同合作。

哥倫比亞大學及紐約大學都是研究型的大學，特別強調大都會環境的研究、創新、且普及知識，成果卓越。但這兩大學的研究層次卻有差別，哥倫比亞大學於 1880 年首設一所非專業的研究所，稱為「政治學研究所」(School of Political Science)，使年輕人為未來公職生活作準備，為了達成此目的，該單位發展出來的「政治學」課程，即政治經濟學、政治史及憲法史、憲法、國際法、及行政法等，使該大學頗具特色。紐約大學的走向則更具功利性，校長 MacCracken 說：「把大學視為一種知識傳播場所，但卻不針對某特色對象、也不與年輕人生計有關，這種觀念是了無意義的。」該大學的目的，就是要造就年輕男女為社區發展負起責任。換句話說，該大學是大都會型的大學。

Columbia 大學師範學院的前身是 New York College for the Training of Teachers（紐約州師資訓練學院），而這個機構的前身是廚房花園協會 (Kitchen Garden Association)，由 Elizabeth Dodge Huntington Clarke(1884.8.10～1976) 所創辦。這所目前最享教育學術研究盛名的「師範學院」(Teachers College)，併入哥倫比亞大學之後，不但沒有損及哥倫比亞大學的學術聲望，反而如虎添翼。

二、大融灶對上交響樂：

> 美國的大都會，是由各種不同的人民來自不同的國家所組成。他們
> 的文化經過了修正，在歷史上或在當今的世界上，還未見過有別的
> 都市運用了大都會的影響力，使之作用於一個國家上，同時也影響
> 了那個國家。
>
> —— Mark Sullivan

> 一種教育制度由國家來掌管，透過教育過程來充分的完成社會目的，
> 此時要免於受到限制、禁止、或敗壞，這是可能的嗎？
>
> —— John Dewey

　　上述的前一段話是美國的新聞人員 Mark Sullivan 於一次世界大戰前夕所說的，他尤其以紐約市為例。1930's 年代時，紐約市的義大利人比羅馬還多，愛爾蘭人超過都柏林，黑人多於任何非洲都市，猶太人也多過世界上任何都市。在紐約市的人民「再生」(born again)，此種再生過程，含有濃厚的教育意涵。美國是個「大鎔鍋」(melting pot)，或是個「大鎔鍋」(cauldron —— Charles Whibley 所說)，或是「雜種」(hybrid，Sullivan 的用詞)，還是個大交響樂團或是馬賽克 (mosaic)，皆是事實；倒是紐約市的人民，個性輕快活潑、富有發明力、動作敏捷、判斷力無礙，但貧富懸殊、智愚分明、美醜互見、傾向新潮；留意此種性格培養的教育過程，將是一件頗具意義的工作。

　　"Melting-Pot vs Symphony" 之辯上場。

　　Israel Zangwill 的戲劇《大鎔爐》(The Melting Pot)，先在 1908 年 10 月 5 日上演獻給 Theodore Roosevelt 總統。1909 年轉到紐約上演，結果引發猶太裔美國人的大辯論。一方認為美國是「上帝的一只坩堝，是可熔金屬 (God Crucible) 的一個大鎔鍋，歐洲所有種族都鎔在其中且重新鑄造新形狀」。

> 你們所站的，好友伴們！你們站在五十種人群、五十種語言及歷史、
> 另有五十種仇恨及競爭對手之中。但不久，你們就不會如此了。兄

弟們啊！你們來到的地方，就是上帝之火的所在。是的，上帝之火！
一片無花果可以化解你們的宿怨及血仇！德國人及法國人、愛爾蘭
人及英國人、猶太人及俄國人，你們都進入大鎔爐中，上帝正在鑄
造美國人。

但另一方卻認為美國不是一個大鎔爐，卻是一個「交響曲」(Symphony)。
各種族都能保有「獨特及各自的調」，與其他姊妹種族的調相調和。意見雖
不同，但紐約市所有猶太人，在 1908 年市警局指控該市犯罪案件中 50% 是
猶太人時，他們群起激昂的表示異議，要求市警局要收回該項指控，市警
局答應照辦。德裔（住在上城，uptown）及東歐裔（住在下城，down town）
的猶太人遂組成猶太「社區」(kehillah，是希伯來文，意是 community) 於
1909 年，來改善猶太人的形象，設立教育部門及慈善單位來處理猶太人的
子女教育問題。利用杜威的看法 (*The School and Society*, 1899)，希望「家
庭及猶太教會，社區生活及社會控制力，都能目睹猶太人學校的重振活力
及生機」。教會及學校應攜手合作，共同承擔這個世界的一切任務。

以色列於 1948 年建國，兩次世界大戰對猶太人極盡慘殺之能事。
1920～1980 年之間，美國猶太人又有重大的社會流動，不只住處走出大都
市的猶太社區，邁向都市中心，且社會身分也從下層階級升到中產階級。
這種改變，都對猶太人的教育產生巨大影響。美國猶太人的教育仍持續偏
賴世俗學校及文學院的教育，除了 Yeshiva 大學之外，只有 1946 年成立的
Brandeis 大學與猶太社區有直接關聯，但這所學府並不屬任何教派。

1960's 年代有不少研究發現，即令美國化的過程使外來移民及非白人
變成美國人，但族群意識及宗教信仰意識的獨特性，仍然未完全消失。在
Detroit，有四個主要教派——白人新教、黑人新教、羅馬天主教、及猶太
教。他們雖同稱為美國人，卻仍有各自教派的認同。紐約市的族群有五，
即黑人、波多黎各人、猶太人、義大利人、及愛爾蘭人。即令他們原先的
語言特色已漸消失不見，但風俗及文化特色，在美國新經驗後卻換上一種
新裝出現。

這就是所謂的「萬花筒」(Kaleidoscope) 面貌，也是二十世紀美國社會

動態中的一種。1876 年以來，新教徒企圖以福音傳播方式來先讓全美國人都在 *Paideia*(文教樂園) 過活，然後全球人也如此，但此舉宣告失敗。一方面是福音傳播者本身對此一信念未見有共識，另一則是遭遇其他教會團體對此一信念的挑戰；其他族群及宗教派別也各自努力來達成自認的美國的 *Paideia*。美國的回教徒，華人的佛教徒等，也是如此。使同一個人同時接受兩種不同的教育方式，在價值觀、文化觀、及教育觀上，都產生不同的態度，這是美國大都會型社會生活的常態。

紐約的格林威治屋 (Greenwich House) 住有法、義、及愛爾蘭的音樂家，他們表演歌劇來豐富美國人的生活。其他大都市也都設有形形色色的組織，來教導各國的語言、文化、藝術、及音樂。1909 年，美國曾作大規模的調查，發現全國三十七個大都市中，57.8% 以上的學童是在外國出生，麻州的 Chelsea 及 Minnesota 的 Duluth 更高達 74.1%，紐約是 71.5%，芝加哥是 67.3%，波士頓則為 63.5%。而族群之多，有高達六十種以上者，學童多半不說英語。　以「交響曲」觀念來取代「大鎔爐」及「萬花筒」，是正確的走向，如何完成此任務，正考驗了美國的「教育」。

二十世紀的美國教育，大眾化及多元化似乎是車的兩輪，缺一不可。第一、學校教育的普及已十分成功。配合教會、報紙、及雜誌的知識宣揚，廣義的教育，無所不在。第二、教育的新型態與模式，遍傳全國。接受教育的人口，已屬全民。第三、教育機構以社區為中心。茲分述如下：

1. 中小學教育的普及在 1870's 年代時即已十分明顯；1918 年時，每一州都制定強迫入學法令，其後又強化該法令；雖然仍有少數兒童如佛羅里達州的美國土著，西南部的西班牙農夫之子等，未能享受教育機會。1920 年時，7～13 歲兒童中 90%，1950 年時，此種百分比已上升到 96%，1980 年時又將近一百。留校時間也增加，1972 年唸到五年級的學生是 100%，1976 年唸到九年級是 99%，1978 年唸到十一年級是 89%，1980 年唸到中學畢業是 75%。1925 年 Oregon 案件 (Case)，該州規定學生只能唸公立學校，美聯邦最高法院依憲法第十四條修正案判奧瑞岡州政府的規定違憲——家長有選擇子女之教育機構權。

1960's 年代電視加入教育陣營。學童入學之前，早就看過電視，入學

後亦然，畢業後更如此。上電視節目課並不等同於上課堂的課，但有些電視節目課上得比老師上課精采。

2.教育型態種類增多，方法、教材、及時間安排各有不同。「白天照顧孩子中心」給孩子同年齡友伴，為新移民者設置安頓場所，提供外國小孩英語教學。農工廠展示所提供職業訓練。圖書館、博物館、動物園、植物園、氣象行星館、歷史博物館、及國家公園等，更提供多方面的教育資源與活動。報紙、廣播、電視也提供許多生活指導。實用的科目在各級學校開設。

3.所有教育機構都變成社區機構，為社區、國家、世界服務，如同普林斯頓大學校長 Woodrow Wilson 所言，該校「為國服務」(in the nation's service)；Horace Mann 早就說過，公立學校是邁向「共和國」(republicanism)而設計，不教有爭議的議題，不教各教派教義，而教共同可以接受的價值觀念。杜威更明言，學校不只教學生要有獨立思考及想法清楚的能力，還得致力於為全民及全社會作犧牲奉獻；他的同事 George S. Counts 於 1932年寫出一本書，提出一個問題：「學校敢於建造一個嶄新的社會秩序嗎?」(Dare the school build a new social order?) 杜威回答道，只靠學校是無能為力的，但學校如結合社會的政治勢力，就可望有成，師生都應有個覺醒，自我意識到身負改變社會的重責大任。

美國教育在掃除文盲上大有成績,文盲的定義是沒有接受過任何教育。請看下表：

表五十五　　1870～1980 年文盲比例表

年　代	1870	1890	1910	1930	1947	1959	1970	1980
十歲以上文盲率 （三年以下的教育）	20.0	13.3	7.7	4.3				
十四歲以上文盲率 （五年以下的教育）					2.7	2.2	1.0	0.5

1970's 年代時已有 3/4 人看報紙，但 1980's 年代卻降為 2/3。看報比較吃力，要用腦袋；看電視比較「軟」，也比較可以不必聚精會神。電視更有立即性，報紙則提供較多事實、看法、和意見。二者在掃除文盲上，都具教育效果。

教育在量上的發展，極為顯著；質呢？

1.1960's～1980's 年代，International Evaluator of Educational Achieve-ment（國際性教育成就評量）曾就美國人口中的十歲組、十五歲組、及中學畢業生組，評量他們所學的項目如科學、閱讀、領會力、文學、法文（外文）及公民教育的教育成就，發現美國學生在文學及公民科表現，較世界其他國家學生為優，科學則較差，法文及數學最差。

2.「教育進步評量」(National Assessment of Educational Progress)：對象為九歲組、十三歲組、十七歲組（只以美國學生為主），科目有公民、文學、數學、閱讀領會、科學、及社會科（十七歲組的評量測驗，如知悉堪薩斯州、麻州、及德州的大小，相對濕度的意義，殖民地的人為何背叛大英、二次方程式的使用等）。結果發現在 1970's 及 1980's 年代都比以往成績低落，可能的原因是：中學有選科、公眾對學校的期待下降、家庭孩子數增加、學校經費減少、未能實施補救教學及加強教學等。

3.1970's 年代由 Herbert H. Hyman 等人所作的一種研究，在評量教育效果的問卷時，方式之一是由各行業中具有代表性的人來回答；由運動界、娛樂界、公共事務界、公共人物，加上擁有一般學術知識的人來出題目。方式之二是由上述諸人來作價值判斷。1949～1971 年他們作全國性的調查，取樣有五十四個，向七萬七千個對象發問，問題如：

事實部分	①那顆行星最接近太陽？ ②你知道哪兩位參議員的名字？ ③你知道 1956 年 Olympics 在那裡舉辦？
價值部分	①下面項目中，那三項是兒童最應該學習的：好儀態、用心打拼、誠實、清潔乾淨、判斷力佳、自制、像個男生（或女生）、與他人和諧相處、尊敬雙親、負責任、關懷他人、作個好學生、擬追究事情發生的原因及如何發生。 ②無神論者可以有投票權嗎？
結果發現	①教育程度（學歷）的高低，與「事實部分」的作答之正誤呈正相關。學校教育機構提供學生的「事實」，與其他機構並不衝突（雖有些分心或阻礙）。 ②教育程度的高低，與個人對價值部分的作答相關度較低，但也呈正相關；學校教育機構提供的價值觀念，常與其他機構所提者唱反調。

交響樂是「同中有異」，但「異中有同」；前者是多元與分殊，這是「民主」社會的特色；後者更是「教育」之努力方向。在這兩方面上，學校理應更積極些，主動的建構美國人全國的共同價值觀念，塑造美國人的性格與精神。其實，所有的「教育」機構，不只是學校而已，都應往此目標邁進。使所有美國人皆能活躍無比的在文教樂園中，共奏交響樂章，一齊聽從指揮，歡喜甘願的表現各自特色。

三、全球教育的美國化

十九世紀末及二十世紀，美國變成全球最具影響力的國家❶。1902 年《評論界之評論》(*Review of Reviews*) 年刊以「寰宇美國化」(The Americanization of the World) 為主題，認定「美國之出現為全球最具權力的國家，這是吾人這一時代最大的政治、社會、及經貿現象」。美國影響力不僅及於大英帝國的領域，也遠至歐亞、中東、以及中美及南美各地。美國宗教、文學、新聞、科學、藝術、運動、及休閒娛樂，在將世界予以美國化的過程中扮演吃緊的角色。「美國成功的祕密是什麼?」因素絕非一個而已。在一塊未開拓過的處女地上，一群年輕又活力十足的美國人，可以盡情的挖掘無止境的財富，無封建傳統制度作祟，又可以把「各種異質性的精力匯聚

❶　1926 年成立 CIC（Commission of International Coorperation，國際和平委員會），成員是世界級的知名人物，有居禮夫人 (Madame Curic, 1859～1906)，柏格森 (Henri Bergson, 1859～1941)，英古典學者摩雷 (Gilbert Murray, 1866～1957) 等人。

任務是：①計畫並組織各種會議，來促進全球各大學、圖書館、博物館、及其他教育機構的合作事宜。

②讓兒童熟悉國際聯盟 (League of Nations, 1919～1946) 及其任務。

③體檢各國教科書，刪除或修正國家主義的偏見教材。

④檢討大眾傳播工具，加強國際合作及和平。

但由於與各國的國家主義作對，上述任務功敗垂成。1925 年，民間學者在 Geneva 組成國際教育局 (International Bureau of Education)，1929 年轉為各政府之間的組織，由參加會員的國家政府出資來舉辦國際會議，出版比較教育，發行年刊，並建一座國際教育圖書館。但由於連美英兩大國皆不是會員國，無兩大強國政府予以支持，因此功效不彰。

在一起，成為一股大的推動力」，這是各種族間互相融合的結果。大家群策群力共同為工業發展而賣力。該刊主編 William Thomas Stead 更具體的指出，美國成功的祕密有三：

1.物質生產的誘因，機器取代勞工。

2.擁護民主體制，使雄心壯志可以發揮。

3.普及教育，這個才是關鍵；不只中小學普及，且大學院校、圖書館、及技術學府也林立。他認為大英應學美國這種模式。

該刊的訂戶大部分是美國人及英國人。此文一登，評論緊跟而至。十九世紀以來，認為凡是學制最具效率及效力者，將是全球的大國，這種觀念一直延續到二十世紀。因此世界各國紛紛研究與學習學制。美國學制之為外國所採用，是不令人驚異之事。其實，美國的學制來自外國者也不少，但其後卻變成外國回過頭來學習美國的學制。

(一)引自外國者

Maria Montessori 的兒童教育、Sigmund Freud 的兒童養育、Shinichi Suzuki（日本）的教導嬰兒學小提琴之觀念，另有丹麥民俗學校那種非正式的教育活動，以及 BBC (British Broadcasting Company，英國廣播公司) 的文化廣播節目等。

(二)輸出外國者

十九世紀以來，新教福音傳播及於全球：

1.對中國的影響：Sarah Luella Miner 畢業於 Oberlin College (1884) 後到北京傳教 (1887～1935) 四十八年，教地質學及歷史，為中國寫第一本地質學的教科書，還當過濟南的齊魯大學女子部主任，力主中國婦女應接受教育。但有趣的是她不主張男女合校，因為男女合校時，辦校者主力都放在男生的教育。

2.杜威於 1919～1921 年到東方，1919 年 2 月及 3 月間在日本東京帝大發表演說，1919 年 4 月到中國的北大、清華、北師大、南京師大等發表演說。赴美國深造的中國學生接受杜威指導，於芝加哥及哥倫比亞大學求學者不少；對中日兩國的哲學概念影響不大，但影響教育則深，尤其中國；直到 1949 年中共取得中國政權前，中國的教育思想界是一片杜威風；但

1949 年之後，他卻變成毛澤東一群人的批判對象。二十世紀結束前，卻又有重新讚美杜威的意味。

　　3.外國人赴美國深造後返國，移植美國學制者更是風潮。1950 年外國學生三萬，1979 年則有二十八萬六千。

　　4.慈善基金會之輸出美國學制：

　　⑴the Phelps-Stokes Fund 向非洲黑人輸出 Hampton-Tuskegee 學制。

　　⑵紐約的 Carnegie Corporation 輸出圖書館，Carnegie 本人捐給他的出生地蘇格蘭的 Dunfermline 一座圖書館，也給大英不少社區興建圖書館；此外與澳大利亞及紐西蘭籌設教育研究會 (Council for Educational Research)。

　　⑶1921 年成立於北京的「協和醫學院」(Peking Union Medical College) 號稱為「中國的 Johns Hopkins」，在設校慶祝會上，Jr. John D. Rockefeller 說，該學府帶給中國「西方最好的文明，不只包括醫學科學，還包括心靈發展與精神文化」。

　　⑷Commonwealth Fund 不只在美國各大學及都市設有兒童實驗臨床輔導，也在 1927 年於倫敦設「兒童輔導中心」(Child Guidance Council)。

　　⑸Ford Foundation 於二次世界大戰後，在各國設置許多教育機構，有展示農場、教育廣播電臺、高級工商管理學校於非洲、中美洲、拉丁美洲、以及東南亞洲。

　　杜威在 1916 年《民主與教育》一書中，提出一個問題：由國家政府來辦理的教育，在實現社會目的時不會有所限制、禁止、或敗壞，這是可能的嗎？不是只教導學生領會戰爭的可怖以及和平的好處，還要教導人們如何集體的合作來作人性的追求。

四、Margaret Mead(1901～1978)

　　要是說 Kenneth Clark 強力引介一種願景，以學校教育來扮演種族協合的角色，並促進民主社會的發展，則他的朋友 Margaret Mead 更賦予教育一項任務，來推動文化變遷。這位舉世聞名的人類學家，利用她的科學研究來解釋許多世界重要的問題，如大都市生活產生了非人性化的結果，尤其是她應用進步式的想法來思考教育問題。1979 年她過世後一年，獲總統自

由勳章，這是美國公民最高榮譽。

　　1923 年畢業於哥倫比亞大學的 Barnard College 後，接受該大學人類學家 Franz Boas(1858～1942) 的指導，Boas 終生獻身於一種研究，目的在展示人類的種族在經過各種文化的變遷之後，基本上仍是一體的。他的研究對象限定在原住民的社會上，因為還未被「文明社會」所「污染」，乃派遣還只二十四歲的年輕女生（即 Mead）去研究位於東太平海的 Samoa，來觀察 Samoa 青少年時期的發展狀況，Mead 與 Samoa 人共住九個月，回美後撰寫了一本書，名為《Samoa 弱冠之年》(*Coming of Age in Samoa*, 1928)，其中提及 Samoa 的年輕男女在「轉為大人」時比較不發生緊張心理；而在成為大人的過程中，產生忌妒、衝突、及情緒失控的情況也不像美國年輕人那麼嚴重。最後一章，她舉出美國教育應從 Samoa 學到教訓。在 Samoa 沒有緊張，因為孩子由大家族的人來扶養，旁系家族也有分，而非只是由父母所照顧；早年分配給孩子的工作，也都考慮到年齡因素，責任較易承擔；孩子的選擇範圍及機會也不如美國孩子那麼多。他警告美國社會雖不能模仿 Samoan 的社會，但卻應該設計出一套適合於美國文化的教育，培養國民「如何想，而不是想什麼」(how to think, not what to think)，此種教育可以紓解美國年輕人的焦慮。

　　在 Samoa 工作兩年之後，她與丈夫 Reo Fortune 回到南海 (South Seas)，安頓定居於一個村莊來研究 Manus 的文化（位於新幾內亞, New Guinea）。1930 年出版《新幾內亞兒童的長大成人》(*Growning Up in New Guinea*)，發現 Manus 文化與 Samoa 文化二者不同比如霄壤。前者是個物質的、競爭的、沉默的民族；Mead 說，此種情形與美國人沒什麼兩樣，也允許孩子好多自由。該書最後一章提及教育，她說：「人性是最為原始的材料，最無區別差異性，只有社會才予以型塑各種模式；文化傳統予以型塑或鑄模之前，實在不值得吾人去辨識它是什麼形狀。」因此，「單純的、同質的」社會，其教育也到處皆同。「不管採用什麼方法，也不管年輕人如何予以關注、講授、有意的教導、准許狂野奔跑、或與大人世界作對，結果人性皆同。小 Manus 孩童變成大 Manus 成人，也如同小 Indian 變成大 Indian。傳統如單純，就是全部傳統的總和在影響新生的一代時，只要根據各種原住民資料

之所得，吾人也可以得到一種可能的結論，即採取任何方法皆證明人性無別。」在 Mead 的觀念裡，這種說法對美國教育理論的影響是不可置疑的。學校或其他社會機構都不能改變原住民的社會秩序。事實上，有意的改變他們的社會秩序只有一條途徑，即較大的成人團體自覺有必要改變社會秩序。不過即令如此，改變也是緩慢的，且微小的。

1930's 年代早期，夫婦倆人再度回 New Guinea，此次她的研究重點，放在性別對性情的影響上。與三個原住民社會共住一段時間，一是高山居民的 Arapesh，一是河邊住民的 Mundugumor，一是湖邊住民的 Tchambuli。1935 年出版了她的研究成果，名為《三個原住民社會的性與性情》(*Sex and Temperament in Three Primitive Societies*)，本書倒無明確的提及教育，但在討論文化中，性別的差異以及性別角色的差異係「社會製造出來的」(socially produced)，這些論點，也提供在社會化的過程中，更重要且更寬闊的面貌。

其後約四十年光景，她把上述研究作一番定向，並從中引發出一些洞見，這些對教育都有深沉的影響。從 1940's 年代她洞悉食物習慣的改變，到 1960's 年代她又研究原住民成年禮儀式。不過二次世界大戰後，她所作的三種研究，尤與教育有直接關係，一是分析學校教育的性質，二是檢驗社會變遷及文化轉型，三是將大都會型的世界定義為較具人性化、平和化、及耐久化。

1.學校教育的分析，她在南海的研究中即已開始，也是她一生生涯的重點。1950 年在哈佛大學作講演 (Inglis Lecture) 中，以「美國文化中的學校」(The School in American Culture) 為題，指出有一系列的「形像」(images)呈現在美國的學校教育史上。單一教室形的村莊小學 (one-room rural school)，其「形像」是「小且紅的校屋」(the little red school house)；獨立學校或實科學校 (independent school or academy) 是為特權階級而設的；城市學校 (city school) 則為移民子女而建。第一種類型的學校建構，由父母這一代傳導給下一代，社會是穩定的；第二種類型則是祖父母這一代傳導給下一代，社會更屬穩定型；第三種類型則雖如同第一種類，是父母這一代傳導給下一代，但社會正在快速變遷，抄寫技巧多變。社會快速變遷，使

得上述三類型的學校都無法跟上腳步。現在需要的是提供一種嶄新的機構，為教師作在職訓練，才能使教師接觸社會變遷的實質，使之產生「一種全新的教學方式，以一種前所未知的方法來解決未知的問題」。

八年後，她在哈佛大學發表一篇廣被閱讀的文章，題目是「為什麼教育已是過時？」(Why Is Education Obsolete?) 她意有所指的放棄了把學校當作是精明處理社會變遷中的重要機構，「沒有人願意生活在如同他剛出生時的世界那個樣子，也沒有人願意死在如同他成熟年齡時那般的世界。」只考慮到「縱」的面，卻未及「橫」的面。她說：「大人、成熟者、及有經驗的教師，把試驗過的及真正的東西，向年輕一代作『垂直的』(vertical) 的傳遞，就注定是過時的；取而代之的是把知識作『側面的』(lateral) 的傳遞。」「知識分享給知者及不知者，不管年齡。」學校分成大、中、小，純粹是依時間上「垂直」式的安排。

「垂直式」及「側面式」既有所區別，她重新定義中小學的教育。小學教育教導孩童應該知道的，使之在世上成為真正的人，「包括基本技能如讀、寫、算、數目字、金錢、地理、交通及通信、法律、以及全世界的國家。」中等教育植基於基本教育，是個人在一生中任何時間都能上的教育，也可能接受任何性質及數量的教育。1970 年她發表《文化及奉獻》(*Culture and Commitment*)，討論兩代之間的關係，系統完備。她說世界上有三種文化，一是「後影文化」(postfigurative culture)：現代是過去的影子，成人能夠把傳統轉移給孩子。一是「合影文化」(cofigurative culture)：現代引導未來，成人與孩子互相教導。一是「前影文化」(prefigurative culture)：成人向孩童學習，因為有些孩童的經驗，成人沒有。Mead 說，一件不能拒絕的事實，二十世紀晚期，是「前影文化」的世界，過去已無法作為未來的示範，在這種世界裡，年輕人當道，是時代的代表，也是未來的領航人。

Mead 以社會的快速變遷作為主題，來分析文化的變遷與轉型。Harry S. Truman(1884～1972, 1945～1953 為第三十三任總統) 總統的「第四點計畫」(Point Four Programs)，旨在提供美國的科技知識、技術、及設備給貧窮國家。但 Mead 提出警告，她說，文化是整合的，科技輸出，也一定會造成文化價值的輸出，只有文化價值才能支持科技的發展，科技也應嵌入

文化價值；吸入了科技，就一定會產生巨大的社會變遷，整個社會就將開始動盪。為了加強她的論點，1953 年她又回到 Manus 族，研究二次世界大戰對 Manus 文化的衝擊。澳大利亞人在大戰開始之際，即已逃離該地，日本人來了也占領了該地，其後美國人把日本軍人趕走，該地作為太平洋戰爭中的主要戰略地點。在這個過程中，Manus 人學習了美國的科技、美國的醫療照顧、美國的人際關係模式、以及美國人的價值觀念及態度。當地一位名叫 Paliau 出現了，組織「新方向」(New Way)，為 Manus 人找出路，斷絕了 Manus 文化的各個層面，從衣不蔽體到穿著服飾，且鰥寡孤獨者的教養方式都發生變遷。這與 1920's 年代她所研究的原住民文化，有了重大的不同；基於此種發現，她在 1956 年出版的《舊年代的新生活：Manus 文化轉型，1928～1953》(*New Lives for Old: Cultural Transformation—Manus, 1928～1953*)，慎重的希望勿把觀念單純化，也不要以為科技與窮國人民分享，就可以經由此轉型把他們變成現代國家的國民。其實成敗的關鍵，在於文化、環境、及領導風格是否在各重要項目上能有互動。

研究文化變遷，自然會把教育定義在較廣的層面上；國際資訊的相互交流遂，變成她晚年的主要興趣所在。1960's 年代中，她就深信工業國家的外援是失敗的政策；將工業成品讓全球人分享，此種善意措施，就以為是普及識字率、提供醫療服務、促進自動化、大規模企業組織化、機械化、世界級貿易、及都市化的萬靈丹，那是注定會大失原先所望的。相反的，卻有更多人受災受難，呻吟悲傷與不幸，且此種痛苦，比以往更變本加厲。任何的大計畫未能成功，主因為何，Mead 的答案是，人民的無知。為人民所設計的都市，以及建造的房子都太過擁擠、不宜人居，輸入的科技儀器並沒有考慮到「人的組合」(human component)。

這種安排，即令在前原子時代 (preatomic age) 都是無法忍受的，更不用說在下述一種時代中更無法忍受，即國際資訊之交流若無法順暢，則極易毀滅全人類。她的解決方案呢？依「人性的尺寸」(human scale) 來建造城市，這是她的友人及同事 Constantinos A. Doxiadis 所建議的。科技發展應配合「人的組合」，即應請教使用者及其效應；充分使用國際級的「人之都市」(City of Man)，人民及理念之移動在地球上甚為輕易，人類的願望

及地球的有限資源，二者取得一種新的平衡點。「太空船地球」(Spaceship Earth) 及「地球村」(Global Village) 的問題，Mead 答以人類社會在二十世紀結束時，既非太空船也非一個村莊。太空船是科技產品，是工程師的精心傑作，但對人類社會而言卻是不良的模型，而村莊是村裡居民能面對面的彼此相互認識，這在 1970's 年代時已經少見了。她倒樂意舉一種「小島」(a small island) 來作為隱喻，島上居民可以足夠的分享一套價值系統，且依此來解決共同困難。

價值共享，文化也共享，這才是 Mead 最後希望全球人民奮力以求的目的。1965 年，她以「建立一個以分享文化為基礎的未來」(The Future as a Basis for Establishing a Shared Culture) 為題，為科學及文化的座談會而寫，提出「環球式的分享文化」(worldwide shared culture) 觀念，有個世界共通語言，各國人民就可以相互溝通；在分享文化中也有知識的共同核心，那是全球人民蒐集而來的；並且舉世的人皆應共同致力於教育，由各代的人全部參與，終生學習。最後她提議有個全球皆加入的跨國性政治及教育組織，那才是解決世界問題的唯一答案。

Mead 精力過人，一生中接觸的人種很多，著作等身，各種學術會議，她都會出席。跨學科領域的參與各種學會，也關心美國文理科學院 (American Academy of Arts and Sciences)、美國科學促進會 (American Association for the Advancement of Science，她當會長)、世界教會諮議會 (World Council of Churches)、及聯合國文教組織 (UNESCO) 的發展。常在報刊雜誌上為文暢談其理念，其作品形式多種，包括純學術性及技術性的人類學專論，有些當中含圖表及照片。由於風格辛辣，文筆流暢，即令純學術論文也有大批讀者。同時也對美國政府提供一系列的計畫，從二次世界大戰時建議人們如何吃比較有營養的食物，到 1950's 年代如何對付俄國人，1960's 年代為提升女權而努力，建議政府應比較公平的對待婦女。她環球演說，直接向成千的聽眾宣揚她的理念，透過收音機及電視，也傳達到數以百萬計的人民。在美國，她的養育子女看法，影響甚為深遠。雖然討論學校教育的部分不多，但卻甚具意義，重要的是她要美國人討論教育時，範圍應擴大，如同 Kenneth Clark 一般。她知悉在討論教育事務及制定教育政策時，社會

科學家具有較大的影響力；也如同 John Dewey、Jane Addams、及 Walter Lippmann，她使得人們在思考教育本身時，方式有了重大且實質的改變。

　　美國樂章不只奏給美國人欣賞，且音量要擴大到全部地球上的每個角落。十七世紀墾殖人士的宗教使命感，帶了古希臘雅典的文教樂園 (*paideia*) 觀念，能否實現在美國這塊沃土上，的確問題多多。二十一世紀剛要開始之時的 2001 年 9 月 11 日，掌控世界金融及政治中心的紐約市，發生恐怖分子控制民航機衝毀世界貿易大樓，造成數千人的死傷慘劇。看來，交響樂的願望還遠在天邊。美國文化的世界擴散，如果造成其他族群對美國產生深仇大恨，這就大大違背了「教育」在情意上的基本要求。愛、關懷、尊重，是全部美國人及世人應該共同來營造的。二十一世紀已然來臨，作為教育改革標竿的美國教育，能否記取上次世紀末的大災難，正考驗著美國教育學者的智慧及勇氣！

書後語

　　由於美國學者對美國教育史的研究，資料太多，且有意義者也不少，尤以 Lawrence A Cremin 的著作至為重要。本書之撰寫除了引用他人之著作另作資料出處之交代外，沒註明者，皆從 Cremin 的書中得來。書後所列參考資料，並不窮盡。但筆者對那些資料皆予以詳讀，這是為學的真誠所要求的。其次，外國中之地名及人名，通通譯為中文，也不十分必要，有些也很難音譯為中文，因此保留原名；但為了行文方便，有時外文之地名及人名有中譯，但同樣的地名及人名在他處時就仍保留原名。國人要世界化，一些簡單常用的英文，不必中譯，讀者也應該能夠領會才對，雖然有全書不一致的缺憾，但那也是不得已的措施。

　　美國地名出現時，筆者都儘量查出屬於哪州；人名登臺時，都稍介紹其來歷，但如果百科全書也難以查出其生卒年代者，只好從缺。

　　研究美國教育史，如能看出一些令人感動的事跡或有意義的史實，那才是閱讀教育史書的旨趣。

林玉体

2002 年 11 月

參考書目

1. 林玉体，《西洋教育史》，臺北：文學。

2. 林玉体，《西洋教育史專題論文集》，臺北：文學。

3. 林玉体，《西洋教育史》，臺北：師大書苑，1999。

4. 林玉体，《教育哲學》，臺北：文學，2001。

5. 林玉体，《哈佛大學史》，臺北：高等教育，2002。

6. 林玉体，《美國高等教育史》，臺北：高等教育，2002。

7. 林玉体譯，《高等教育哲學》，臺北：高等教育，2002。

8. Bailyn, Bernard. *Education in the Forming of American Society.* Chapel Hill: U. of North Carolina Press, 1960.

作者自認是一本假設性的歷史，因為他所獲得的資料是散見四處，且也不完全，但他的分析極具爆發性。殖民地時代的教育史，傳統史家都把焦點放在公立學校立校基礎的尋求上，Bailyn 卻對「教育」採新的定義，認為教育是「文化代代傳承的全部過程」。因此教育應不只包括大中小學校，卻也應將家庭、教會、及社區包括在內。敘述教育史，就應包括五項領域：

第一、正式學校活動承擔了新文化的傳遞責任。因為家庭已由英式好幾代同堂的生活方式 (extended family structure) 轉變為美式的兩代同堂生活方式 (nuclear family structure)。

第二、土地大，勞動力特別值錢，藝徒制度快速地達成了某些傳統教育功能。

第三、改變印地安人為基督徒，學校扮演了教化的新社會角色。

第四、公立學校並非為了教育理念而形成風潮，卻係因私人財富長期欠缺對學校教育的支持而來。

第五、十八世紀末，美國教育扮演一個鉅烈的轉變任務，但這是社會、文化、經濟、及宗教轉型運動中的一部分。此種鉅變才催生了日後的公立學校運動，而非清教徒在教育立法上的努力。

上述五項的結集，才是美國教育先「移植」(transplantation) 而後「轉型」(transformation)

的過程，這是由於十八世紀美國文化的特殊狀況使然。Cremin 的美國教育史之寫作，係依 Bailyn 之觀念而來。

9. Bestor, Arthur. *The Restoration of Learning, A Program for Reading the Unfulfilled Promise of American Education*. N.Y.: Alfred A. Knopf, 1956.

10. Boorowman, M. L. (ed.) *Teacher Education in America*. N.Y.: Teachers College, Columbia University, 1965.

11. Bowen, J. *A History of Western Education*. London: Methuen, 1981.

12. Brubacher, J. S. & Rudy, W. *Higher Education in Transition: A History of American Colleges and Universities*, 1636–1996. N.Y. Harper & Row, 1996.

13. Bullock, H. A. *A History of Negro Education in the South from 1619 to the Present*. Harvard University Press, 1967.

14. Butts, F. *The College Charts Its Course: Historical Conceptions and Current Properties*. N.Y.: McGraw–Hill, 1939.

15. Butts, F. & Cremin L. A. *A History of Education in American Culture*. N.Y.: Henry Holt, 1953.

16. Butts, F. *The Education of the West*. N.Y.: McGraw–Hill, 1973.

17. Connel, W. F. *A History of Education in the Twentieth Century World*. N.Y.: Teachers College, Columbia University Press, 1980.

18. Cremin, L. A. *Transformation of the School*. N. Y.: Vintage Books, 1964.

19. Cremin, L. A. *American Education: The Colonial Experience, 1607–1783*. N.Y.: Harper & Row, 1970.

Lawrence A. Cremin 是哥倫比亞大學 Frederick A. P. Barnard 教育學教授，教育哲學及教育政治學研究所所長。1949 年即是該所大學 Teachers College 的教授，1958 年後，也是 Teachers College 的哲學及社會科學系系主任，1961 年也同時是該大學歷史系教授。

1925 年 10 月 31 日生於紐約市，就讀於 Townsend Harris High School, College of the City of N.Y.，被選為 Phi Beta Kappa 會員。在哥倫比亞大學獲文學碩士 (Master of Arts) 及哲學博士 (Doctor of Philosophy) 學位。

1957～1958 年得過 Guggenheim Fellowship 獎，項目是美國教育史。1964～1965 年

獲選為 Fellow, Center for Advanced Study，項目是行為科學。1969 年也是受獎者，由 American Educational Research Association 頒給他對教育史研究的貢獻。1959 年擔任 History of Education Society 會長。1961 年是 National Society of College Teachers of Education 會長。1970 年時仍是 National Academy of Education 會長，還擔任 Dalton Schools 及 Children's Television Workshop 的 Board of Trustees。著 *The Transformation of the School*，於 1962 年獲頒 Bancroft Prize，主題是美國史。育有二子。

20.Cremin, L. A. *American Education, The National Experienct, 1783–1876*. N.Y.: Harper & Row, 1982.

21.Cremin, L. A. *American Education, The Metropolitan Experience, 1876–1980*. N.Y.: Harper & Row, 1990.

22.Cubberlery, E. P. *Public Education in the United States*. Honghton Mifflin, 1934.

23.Curti, Merle. (Frederick Jackson Turnor Professor of History, U. of Wisconsin), *The Growth of American Thought*. (3rd ed.) N.Y.: Harper and Row, 1964.

24.Fleeman, Darid. (ed.) *The Supreme Court and Education* (3rd ed.). N.Y.: Teachers College, Columbia University, 1976.

25.Good, H. G. & J. D. Teller. *A History of American Eduction*. London: McMillan, 1971.

26.Gross, Carl H. (Michigan State U.) & Charles C. Chandler (Kent State U.), *The History of American Education Through Readings*. Boston: D. C. Heath and Company, 1964.

27.Hofstadter, R. *Anti-Intellectualism in American Life*. N. Y.: Vintage Books, 1963.

28.Hofstadter, R. & A. Smith. *American Higher Education*. Chicago: The University of Chicago Press, 1968.

29.Hughes, James Monroe. *Education in America*. 3rd ed. N.Y.: Harper & Row, 1970.

30.Jaeger, Werner. *Paideia: The Ideals of Greek Culture*. Vol. 1–3. Oxford:

Oxford University Press, 1973, 1986, 1986.

31. Kaestle, Carl F.(ed.) *Joseph Lancaster and the Monitorial School Movement, A Documentary History*. N.Y.: Teachers College, Columbia University, 1973.

32. Keatinge, H. W.(ed.) *The Great Didactic of John Amos Comenius*. London: Adam & Charles Black, 1896.

33. Meyer, Adolpher Erich. *An Educational History of the American People* . N. Y.: McGraw–Hill, 1967.

34. Miller, Perry. *Errand into the Wilderness*. N.Y.: Happer Torchbooks, 1956.

35. Neil G. McCluskey, S. J., (ed.) *Catholic Education in America, A Documentary History*. Teachers College, Columbia University, 1964.

36. Rippa, S. Alexander (U. of Vermont), *Educational Ideas in America, A Documentary History*. N.Y.: David McKay Company, 1969.

37. Schneider, Herbert W. (ed.) *Benjamin Franklin, the Autobiography and Selections from His Other Writings*. N.Y.: The Liberal Arts Press, 1952.

38. Thayer, V. T. *Formative Ideas in American Education: From the Colonial Period to the Present*. N.Y.: Doad, Mead & Company, 1969.

39. Veysey, Laurence R. *The Emergence of the American University*. Chicago: The University of Chicago Press, 1970.

40. Yarrington, Roger. (ed.) *Junior Colleges: 50 States 50 Years*. N.W.: American Association of Junior Colleges, 1969.

索　引

教育叢書書目

三民大專用書書目——教育